金文研究

汉语古文字研究系列丛书

姜宝昌 著

山东人民出版社·济南
国家一级出版社 全国百佳图书出版单位

图书在版编目(CIP)数据

金文研究 / 姜宝昌著. — 济南 : 山东人民出版社,
2024.2
ISBN 978-7-209-13677-8

Ⅰ.①金… Ⅱ.①姜… Ⅲ.①金文—研究
Ⅳ.①K877.34

中国国家版本馆 CIP 数据核字(2023)第 167093 号

金文研究
JINWEN YANJIU
姜宝昌 著

主管单位 山东出版传媒股份有限公司
出版发行 山东人民出版社
出 版 人 胡长青
社　　址 济南市市中区舜耕路 517 号
邮　　编 250003
电　　话 总编室 (0531) 82098914
　　　　 市场部 (0531) 82098027
网　　址 http://www.sd-book.com.cn
印　　装 山东新华印务有限公司
经　　销 新华书店

规　　格 16 开 (185mm×260mm)
印　　张 38.25
字　　数 647 千字
版　　次 2024 年 2 月第 1 版
印　　次 2024 年 2 月第 1 次
ISBN 978-7-209-13677-8
定　　价 98.00 元

前言

此书是著者为山东大学中文系汉语史专业古文字学方向的硕士研究生讲授必修课时所用的教材。自1990年算起，已经授过四遍。应研究生和其他同好的要求，遂将旧稿略事整理，准备出版。

这里我要感谢山东大学国际教育学院王祖哲老师，是他帮我校稿并将全文打印出来，省去了我誊正的辛苦。不过电脑字库里不存汉语古文字及其偏旁，因此许多古文字及其偏旁，需要我插空补上，这是一件细活儿，其凝神走笔之功，确也不亚于女红的描金绣凤！

1998年至1999年，我应邀赴韩国成均馆大学任教。其间，认识了韩国华侨青年联合会副主席、首尔教育大学教授谭道经先生。看过书稿以后，他慨然以此书在韩国之刊布为己任。其传扬中华文化的精神，令人感佩不已；其成人之美的风范，实为当世楷模。

本书共分五章。第一章《概说》，简要讲述青铜器的形制、纹饰和成分。其目的是为第三章的《青铜器分期断代研究》做好铺垫。第二章《金文研究的历史回顾》，意在从时代纵线上布列与展示金文研究的特点和成果。第三章《青铜器分期断代研究》，著者依照主以文字学方法，辅以形象学和考古学方法的原则，并参照诸多学者的意见，提出了（文字）“六期说”，庶可达到较便于操作的目的。第四章《金文常用字释例》和第五章《金文铭辞选读》是本书的重要内容，其篇幅大致为全书的六分之五。金文常用字，著者选定300个，其中象形文字200个，象意文字50个，形声文字50个。这些字出现的频率都比较高，弄通它们的本义，以及在金文铭辞中的用法，对通读铭辞来说具有决定性的意义。如果加上各篇铭文注释过的字，总字数将超过1500个。掌握了这些字以后，遇到一般的青铜器铭文（它们不太冷僻，不太诡异），大致都可以粗通下来。第五章《金文铭辞选读》，按照商晚期、西周早期、西周中期、西周晚期、春秋期和战国期这样六个期别，选定50篇铭文，加以通释，为方便读者识读，每篇随文作释，［因此，极少数疑难字（如“⿰鬲重豪”等）之释或有重复，在所难免。］并附上现代汉语译文。通读铭辞，既是金文常用字的实际运用，又是从广度和深度两方面，进一步学习金文常用字或次常用字。换言之，在第四章学到的是静态金文，而在第五章学到的是动态金文。必须说明，讲授内容之所以这样安排，是受了恩师殷孟非先生“动观文字学”的启发。

著者水平有限，书中不妥之处一定不少。请专家和同行惠予指正。

姜宝昌

2023年12月22日

目 录

第一章　概说

中国青铜器是我国先民的无与伦比的伟大创造，是我国辉煌灿烂的古代文化遗产的重要组成部分。由于青铜工（器）具的使用在考古学时代上介乎最早的石器时代与较晚的铁器时代之间，如果石器时代大致属于原始社会的社会形态，铁器时代大致属于封建社会的社会形态，那么，青铜时代就大致相当于奴隶社会的社会形态。我国的文献记载和考古资料表明，以奴隶主占有制为主导生产方式的社会形态经历了夏（前 21 世纪—前 16 世纪）、商（前 16 世纪—前 11 世纪）、西周（前 11 世纪—前 771）、春秋（前 770—前 476）和战国（前 403—前 221）这样五个历史时期。从这个意义上说，我们可以把夏至战国这段漫长的历史时期称为青铜时代。

青铜器也简称铜器。在先秦时代，铜器通常是用铜锡（内有少量铅）合金铸制的器物。它们由奴隶们制造出来，而为奴隶主占有和享用。史称周公“制礼作乐”实际上是奴隶主阶级为使自己的统治法律化、制度化所作的一系列规定。一些用于祭祀和宴飨的青铜器一时被蒙上一层神秘的色彩，被赋予“神道设教”的意义，成为维护奴隶主阶级礼制的体现。所谓“藏礼于器”，其源盖出于此。这类体现奴隶主礼制的器物，通常称为礼器或彝器。彝者，常也。礼器的使用，从种类到数目，都有严格的规定，象征着天子、诸侯、大夫、士等不同阶层的奴隶主统治者的权威。这被认为是天经地义、无可更易的事。当然，随着奴隶制度的日渐衰落，到春秋时期，已出现“礼乐不兴”的局面，僭越之举不断发生，甚至有楚王“问鼎”之议。既然违古之事频频上闻周天子，所以才有孔子“觚不觚”的慨叹！

第一节　青铜器的种类

青铜器包罗范围甚广，举凡青铜工具、农具、兵器、车马、饰器、镜、带钩、度量衡器、炊器、食器、酒器、水器、乐器等，概莫能外。但通常范铸或镂刻铭文的，大抵有兵器、度量衡器、炊器、食器、酒器、水器、乐器几类。我们研究的范围也仅限于这几类。

一、炊器，包括鼎、鬲、甗

1. 鼎

《说文》：“鼎，三足两耳，和五味之宝器也。昔禹收九牧之金，铸鼎于荆山之下。入山林川泽，魑魅魍魉，莫能逢之，以协承天休。”《玉篇》：“鼎，器也，所以熟食者。”鼎，金文作（商・鼎卣）、（周早・盂鼎），小篆作。本为象形字，象三足两耳圆腹之器之形，亦有四足方形者。盛行于商周。先用于烹煮或盛载食品，后置于宗庙作旌功之用。春秋战国之际，鼎时或别称鼾、锰、礁、𩞄、鼾、饮𩞄等。此外，据《尔雅・释器》：“鼎绝大谓之鼐，圆弇上谓之鼒，附耳外谓之釴。”鼐、鼒、釴亦当是鼎之别称。如图所示，图 1–1 为三锥足立耳分裆圆鼎，图 1–2 为有盖三柱足附耳方鼎。

图 1–1

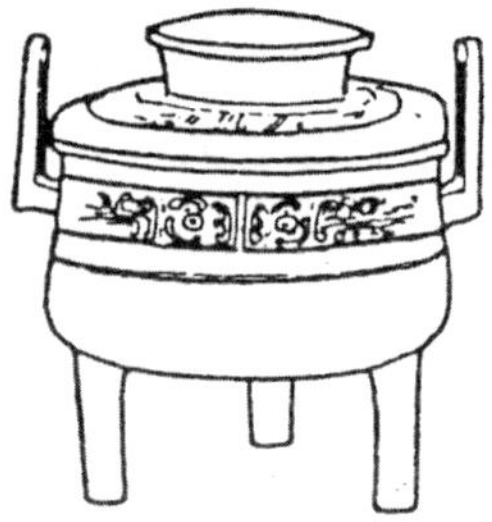

图 1–2

2. 鬲

《说文》：“鬲，鼎属，实五觳，斗二升曰觳。象腹交文，三足。䥶，鬲或从瓦。𤮍，汉令鬲，从瓦，厤声。”《尔雅·释器》：“鼎绝大谓之鼐，圆弇上谓之鼒，附耳外谓之釴，款足者谓之鬲。”郭璞注：“鼎曲脚也。”郝懿行义疏：“鼎款足，谓足中空也。足中直者必直，空者必曲，故郭云：‘鼎曲脚也。’”鬲，甲骨文作（甲 2132），金文作（盂鼎），小篆作。本为象形字，象鬲唇、身与三足之器之形。盛行于商周，至汉绝迹。用于烹煮食品。鬲之别称有鼎、齍、齍鼎、餗齍、齍鬲、餗鬲、羞鬲、醴鬲、荐鬲等。如图所示，图 1–3 为柱足附耳斜领束颈分裆鬲，图 1–4 为马蹄足无耳平缘鬲。

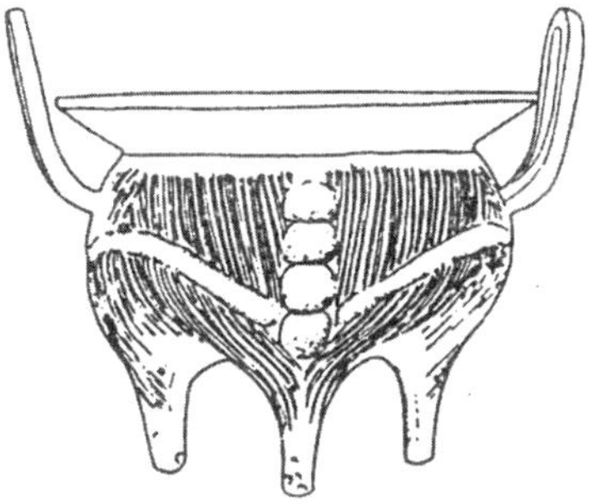

图 1–3

图 1–4

3. 甗

《说文》：“甗，甑也。一曰穿也。从瓦，鬳声，读若言。”桂馥义证：“‘一曰穿也’者，当云‘一穿也’，衍‘曰’字。”段玉裁注：“陶人为甗，实二鬴，厚半寸，唇寸。郑司农云：‘甗，无底甑。’无底即所谓‘一穿’。”《方言》：“甑，自关而东谓之甗。”甗，铭文中作鬳或獻。盛行于商周，至汉代绝迹。用于蒸炊食品，乃合甑、鬲二器构成。二器之间并有十字孔或直线孔之横隔，类似于后世之

图 1–5

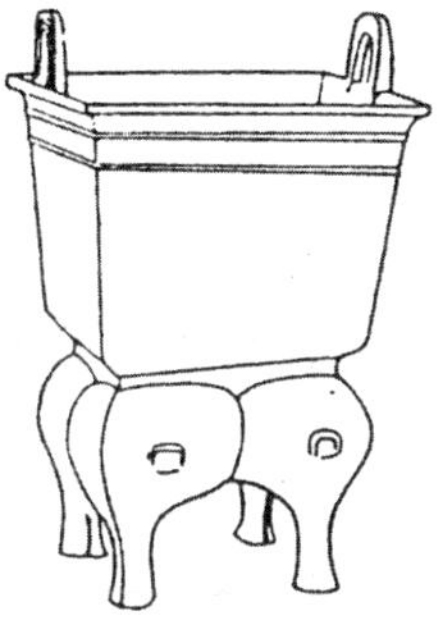

图 1–6

算。有上下一体铸成者，亦有分铸组合者。下方之鬲置水，上方之甑置食品。举火煮水，水化为蒸汽而上腾，并借以蒸炊食品。如图所示，图 1-5 为嵌饰纹马蹄足附耳环纽圆腹分体甗，图 1-6 为马蹄足立耳侈口合体甗。

二、食器，包括簋、簠、盨、敦、豆、盂

1. 簋

《说文》：“簋，为黍稷方器也。从竹，从皿，从皀。匭，古文簋，从匚飢。匦，古文簋，或从軌，杋，亦古文簋。”段玉裁注：“合三字会意。”《周礼·考工记·旊人》：“旊人为簋，实一觳，崇尺，厚半寸，脣寸。”又《地官·舍人》：“凡祭祀，共簠簋，实之陈之。”郑玄注：“方曰簠，圆曰簋，盛黍稷稻粱器。”许云簋方而簠圆，郑云簋圆而簠方。验之实物，则郑是而许非。簋，本字作𣪘，经籍作簋。所当申明者，自宋吕大临《考古图》误释𣪘为敦，相沿成习，直至清钱坫《十六长乐堂古器款识考》始辨其正。簋，盛行于商和西周，至春秋战国，所用骤稀。用于荐盛食物。自天子以至庶人均可用于祭祀、宴飨。用簋之数，或二，或四，或六，或八，多至十二。如图所示，图 1-7 为圈足兽首耳弇口簋，图 1-8 为高圈足鸟首耳垂珥浅腹簋。

图 1-7

图 1-8

2. 簠

《说文》：“簠，黍稷圆器也。从竹，从皿，甫声。医，古文簠，从匚，从夫。”《周礼·地官·舍人》：“凡祭祀，共簠簋，实之陈之。”郑玄注：“方曰簠，圆曰簋，盛黍稷稻粱器。”郑氏簋圆簠方之说为是。簠，始见于西周晚期，至战国时绝迹，用于荐盛食物。簠之别体甚多，如�、钻、匿、盙、敃、祜、匳、匲、笑等。经籍中常以“胡簋”连文，实则胡乃簠之误。如图所示，图 1-9 为四马蹄足附耳折壁浅腹簠，图 1-10 为有盖四方足附环耳斜壁深腹簠。

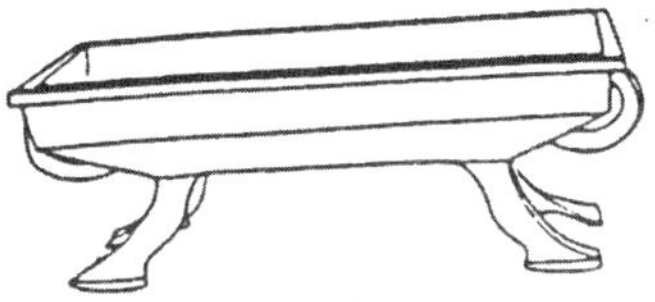

图 1-9

图 1-10

3. 盨

《说文》:“盨，橐盨，负戴器也。从皿，须声。”许慎不知盨之形制。自宋吕大临《考古图》以来，将盨称为簋而将簋称为敦，至清代钱坫《十六长乐堂古器款识考》始定毁为簋而非敦，但却将《迟盨》《立盨》之“盨”字亦释为簋。容庚《商周礼乐器考略》增设盨之器名，始将簋盨分开。金文“盨”或作须，而“盨”之为物，不见于《周礼》《仪礼》和《礼记》。一般认为，盨由弇口圈足簋演化而来，器物亦有径名盨为“簋”者，如《瘈盨》《伯鲜盨》等，亦用来荐盛黍稷稻粱等食物，出现于西周中期，流行于西周晚期，至春秋初期逐渐绝迹。如图所示，图 1-11 为圈足接四附足兽耳椭方盨，图 1-12 为有盖圈足附耳圆盨。

图 1-11

图 1-12

4. 敦

《尔雅·释丘》疏引《孝经纬》云：“敦与簠簋容受虽同，上下内外皆圆为异。”《礼仪·少牢馈食礼》疏引《孝经纬·钩命诀》云：“敦规首，上下圆相连。”由此可知，敦之为物，或盖与器身各为半球或半椭球，合之则成球形（西瓜鼎）或椭球形，或盖与器身并非对称，合之类似有盖之簋。又有所谓废敦者，见于《礼仪·士丧礼》，云：“新盆、盘瓶、废敦、重鬲皆濯，造于西阶下。”郑玄注：“废敦，敦无足者，所以盛米也。”《礼仪》中敦与簋不分。宋代以来的金石图录每称簋为敦，每称敦为鼎。验之自名为敦之实物，知敦乃由鼎与簋复合而成，亦用于盛黍稷稻粱。出现于春秋中期，盛行于春秋晚期到战国晚期，秦而后绝迹。如图所示，图 1-13 为无足环耳四环纽不对称敦（废敦），图 1-14 为圈足兽首耳鸟形纽不对称敦。

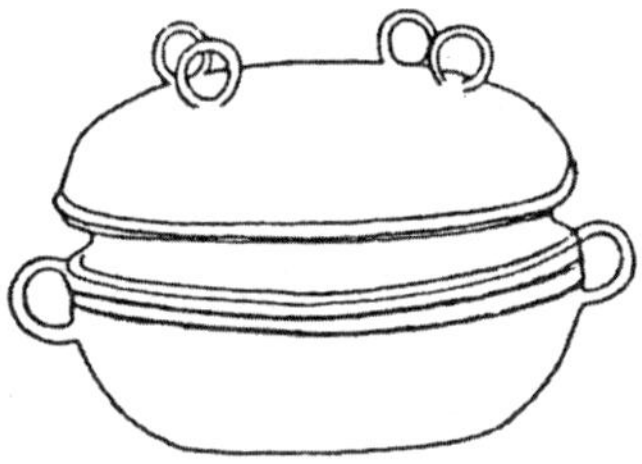

图 1-13

图 1-14

5. 豆

《说文》："豆，古食肉器也。从口，象形。"《尔雅·释器》："木豆谓之豆，竹豆谓之笾，瓦豆谓之登。"郭璞注："豆，礼器也。"《诗·大雅·生民》："卬盛于豆，于豆于登。"毛传："木曰豆，瓦曰登。豆，荐菹醢也。"《国语·吴语》："在孤之侧者，觞酒、豆肉、箪食。韦昭注："豆，肉器。"豆，甲骨文作（甲 1613），金文作（豆闭簋），小篆作，象形字，象高柱圈足之器之形。由此可知，豆之为物，形似高脚碗，或有盖，用于盛荐肉类。出现于新石器时代，盛行于商周。初多陶制，后有青铜、木、竹之制。铜豆有铭曰铺、甫、匿者，均豆之别名。如图所示，图 1-15 为高柱浅腹豆，图 1-16 为有盖环耳三半椭圆纽粗柱深腹豆。

图 1-15

图 1-16

6. 盂

《说文》:“盂，饭器也。从，皿，亏声。”段玉裁本作“饮器也”。并注:“饮，大徐及《篇》(按，指《玉篇》)、《韵》(《广韵》)、《急就篇》注作‘饭’，误。”徐锴《说文系传》:“盂，饮器也。”《汉书・东方朔传》:“上尝使诸数家射覆，置守宫盂下，射之，皆不能中。”颜师古注:“盂，食器也。”《韩非子・外储说左上》:“为人君者犹盂也，民犹水也。盂方水方，盂圆水圆。”《礼记・玉藻》:“出杅(盂)。”郑玄注:“杅，浴器也。”《公羊传・宣公十二年》:“古者杅不穿。”何休注:“杅，饮水器。”出土器物中有鼎而自铭为“尊锰”(如《鄀公鼎》)、“飤盂”者(如《王子吴鼎》)，有簋而自铭为“馀盂”者(如《匽侯簋》);也有匜而自铭为“盥盂”(如《齐侯匜》)、“饮盂”者(如《鲁大司徒元匜》)。由此可见，盂之为物，多圆腹侈口、圈足、附耳，形制与簋相近，故原或为饭器，而后又演变为饮水器和盛水器。盂，早见于商代晚期，流行于西周，春秋亦偶有所见，战国时渐渐绝迹。如图所示，图 1-17 为宽唇无耳盂，图 1-18 为有盖侈口附耳敛腹盂。

图 1-17

图 1-18

三、酒器，包括爵、斝、角、觚、觯、尊、觥、卣、壶、方彝、罍、𬭚、缶、罐、盉、瓮等

1. 爵

《说文》:“爵，礼器也。象爵之形，中有鬯酒，又持之也，所以饮。器象者，取其鸣节节足足也。”段玉裁注:“古说今说皆云爵一升。《韩诗》说爵、觚、觯、角、散(当为斝之误字，王国维说)，总名为爵。”宋王黼《博古图录》云:“爵之字通于雀，前若噣，后若尾，两柱为耳，足修而锐，若戈形。”李孝定《甲骨文字集释》按语:“契文爵字即象传世酒器爵斝之爵，两柱。侧视之，但见一柱，故字只象

一柱、有流腹空、三尺、有耳之形。”爵，甲骨文作（存 1458）、（京津 246），金文作（父癸卣）、（伯公父勺），小篆作，象形字，象前有流，后有尾，有二柱、有鋬、下有三足之器形。用于盛酒或温酒，盛行商及西周前期，后则渐渐绝迹。如图所示，图 1-19 为平底宽体不分段爵，图 1-20 为平底宽体分段爵。

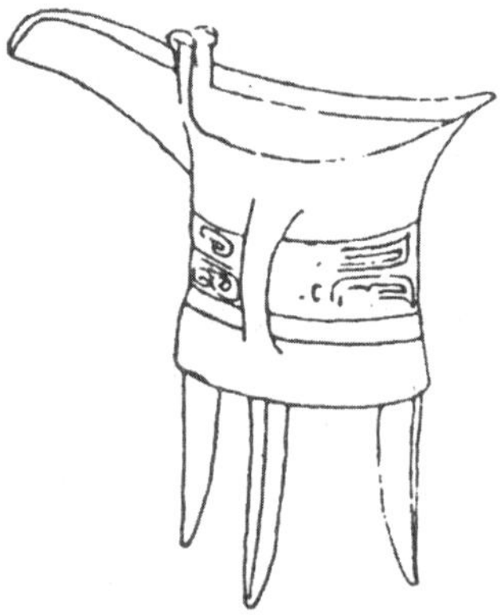
图 1-19

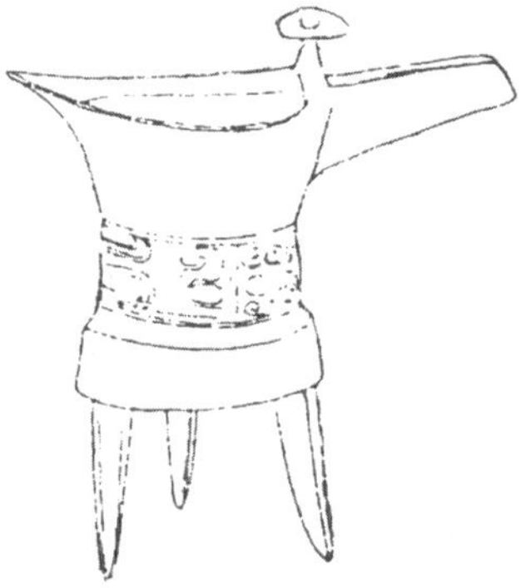
图 1-20

2. 斝

《说文》：“斝，玉爵也。夏曰琖，殷曰斝，周曰爵。从吅，从斗，冂象形。”《广雅·释器》：“斝，爵也。”《诗·大雅·行苇》：“或献或酢，洗爵奠斝。”陈奂传疏：“斝，爵也。”斝，甲骨文作（前 5. 5. 3）、（后下 7. 10），金文作（斝彝），小篆作，象形字，象有两柱、鋬、三足之器之形。其加者，象以手持之。许书所从之，盖由讹变而来。所从之斗，盖由讹变而来。由此可见，斝为变体之爵，有二柱、一鋬、三足，而其口呈圆状，无流与尾。用于盛酒与温酒。盛行于商及西周初期，后则渐渐绝迹。斝之名称，屡见于三礼，但传世青铜器中无自名为斝者。礼经说及酒器，每以散角或斝角连文。于是，罗振玉曾经怀疑散即斝。罗氏《殷墟书契考释》云：“案斝从吅，不见与爵同意之状，从冂，亦不能象斝形。卜辞斝字作，上象柱，下象足，似爵而腹加硕，甚得斝状。知许书从吅作者，乃由而讹。卜辞从，象手持之，许书所从之斗，殆又由此而转讹者也。由古彝文有字，与此正同，但省耳。其形亦象二柱三足一耳，而无流与尾，与传世古斝形状吻合，可为卜辞字之证。又古散字作，与字形颇相近，故后人误认斝为散。《韩诗》说诸饮器，有散无斝，今传世古酒器，有斝无散，大于角者，惟斝而已。诸经中散字，疑皆为斝字之讹。”如图所示，图 1-21 为空锥足圆底斝，图 1-22 为柱足分裆斝。

图 1-21

图 1-22

3. 角

《仪礼·特牲馈食礼》：“南顺，实二爵，二觚，四觯，一角，一散。”郑玄注：“角，四升。”《礼记·礼器》：“宗庙之祭，尊者举觯，卑者举角。”郑玄注：“四升为角。”《周礼·考工记·梓人》引《韩诗》云：“一升曰爵，二升曰觚，三升曰觯，四升曰角，五升曰散。”朱骏声《说文通训定声》：“疑古酒器之始，以角为之，故觚、觯、觞、觥等字多用角。”1934 年秋至 1935 年秋，前中央研究院在安阳西北冈一墓穴中掘得一组酒器，有爵二、觚一、觯二、角一、斝二、卣一、方彝一、共十件。由此可见，角为变形之爵，但上无柱，亦无流、尾，而有二长锐之角，如鸟翼飞张状。用为盛酒或温酒。盛行于商及西周，后则渐渐绝迹。如图所示，图 1-23 为锥足圆底折口角，图 1-24 为锥足折口束颈分裆角。

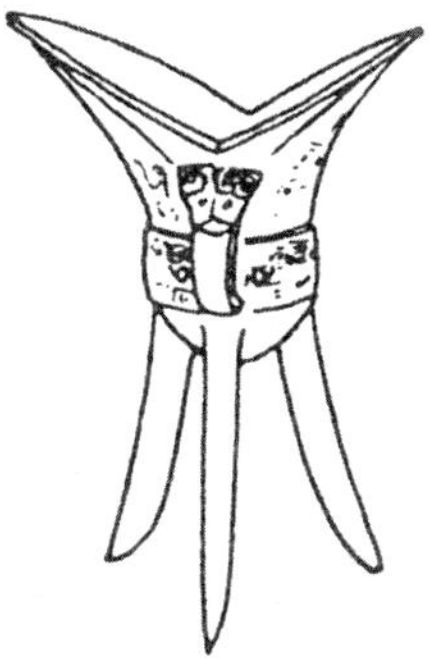

图 1-23

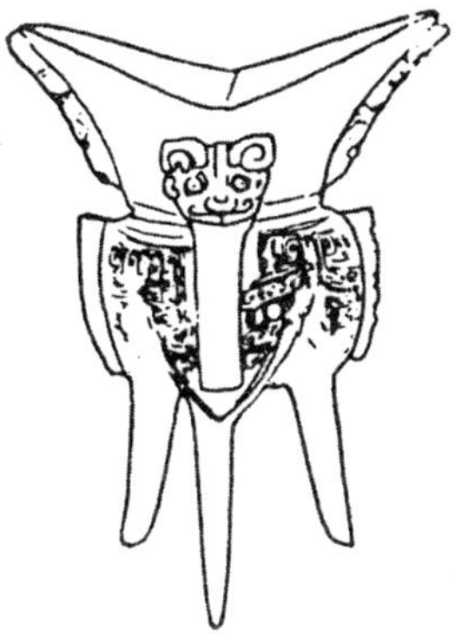

图 1-24

4. 觚

《说文》:“觚，乡饮酒之爵也。一曰觞受三升者谓之觚，从角，瓜声。”《广雅·释器》:“二升曰觚。”《礼记·礼器》:“尊者举觯，卑者举角。”郑玄注:“凡觞，一升曰爵，二升曰觚，三升曰觯，四升曰角，五升曰散（斝）。”《仪礼·特牲馈食礼》:“南顺，实二爵，二觚，四觯，一角，一散（斝）。”郑玄注:“旧说云爵一升，觚二升。”《论语·雍也》:“觚不觚，觚哉，觚哉。”朱熹注:“觚，棱也。或曰酒器，或曰木简，皆器之有棱者也。”《周礼·考工记·梓人》:“梓人为饮器，爵一升，觚三升，献以爵而酬以觚。”由此可见，觚，长身，细腰，阔底，大口，有的腹部与圈足有棱。用为饮酒器。盛行于商及西周初期，后则渐渐改其形制。至春秋时，已有无棱之觚，故孔子有“觚不觚，觚哉，觚哉”之慨叹。如图所示，图 1-25 为宽体无棱觚，图 1-26 为高体细腰腹足有棱觚。

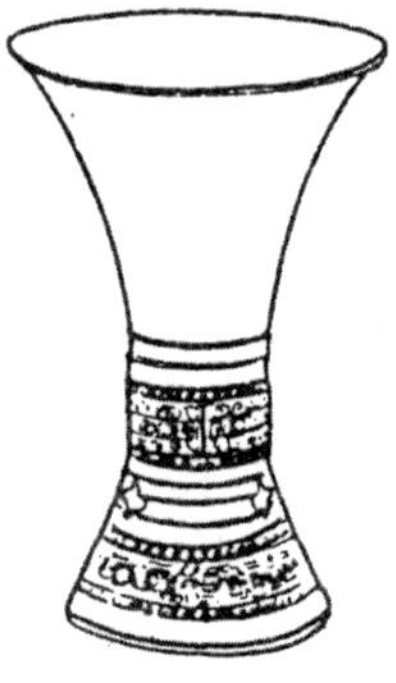

图 1-25

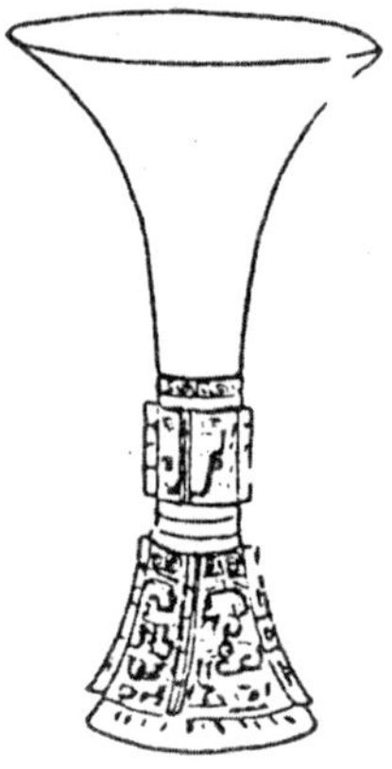

图 1-26

5. 觯

《说文》:“觯，乡饮酒角也。《礼》曰：一人洗举觯。觯受四升。从角，单声。觗，觯或从辰。觗，《礼经》觯。”《礼记·礼器》:“尊者举觯，卑者举角。”郑玄注:“凡觞，一升曰爵，二升曰觚，三升曰觯，四升曰角，五升曰散（斝）。”又此可见，觯之为物，有圆体与扁体两种。侈口圈足，有的有盖，有棱，用为饮酒器。盛行于商及西周初期。此外，《郐（徐）王义楚耑》二器形与觯同而细长，自名为耑或锑。王国维谓觯、觛、卮、䏝、𦠆五字同声，当为同物。王氏《释觯觛卮䏝𦠆》云：“徐器二出江西高安县。其一铭曰:‘郐王义楚，（择）其（按，‘其’乃‘余’之误）吉金，自作祭锑。’其一曰:‘义楚之祭耑。’其器皆觶也。锑、耑二字，张公束大令以为即《说文》‘巵耑’字。余谓《说文》觶、觛、卮、䏆、巵耑五字实一字也。《说文》：‘觶，乡饮酒角也，受四升。’其重文作觗、觝二体。而《汉书·高帝纪》注引应劭曰：‘卮，乡饮酒礼器也，古以角作，受四升。古卮字作觝。’其说本于叔重，是觶、卮为一之证也。《说文》：‘觛，小觶也。’又《急就》篇颜本：‘蠡斗参升半卮觛’，皇象本觛作箪，盖假箪为觶，是觶觛为一之证也。《说文》：‘卮，一名觛。’又卮、觛为一之证。䏆、巵耑二字亦本为一字，古书多以耑为专，《急就》篇颜本之‘踌踝’，皇本作‘踹踝’，贾谊《服鸟赋》‘何足控摶’，《史记》、《文选》作‘摶’，《汉书》作‘揣’。《急就》篇皇本、颜本之‘槫榼’，宋太宗本作‘椯榼’，而‘槫’即‘䏆’，‘椯’即‘巵耑’，尤为䏆、巵耑为一之证。徐之祭器名锑、若耑，而形与觶同，又䏆、觶为一之铁证矣。此五字之音又同出一源，觶、觛、䏆、巵耑四字，于形声皆在元部，巵耑，《说文》读为棰击之棰，于古音在歌部，今在支部。觶之重文作觗，氏声，今与觶卮亦皆在支部。支部之音与歌部最近，歌、元二部又阴阳对转，单声之字，如郸、瘅、驒、鼍等字，古多转入歌部，蝉字又转入支部（《汉书·地理志》乐浪郡黏蝉县，服虔音提），耑声之字亦然。此五字同声，亦当同物。”自王氏说出，学者皆遵从之，而以名锑之器附于觶类。唯《郐王义楚锑》乃为春秋时器，其行用时间迟于觶也。如图所示，图 1-27 为扁体鼓腹觶，图 1-28 为圆体筒腹单耳觶。

图 1-27

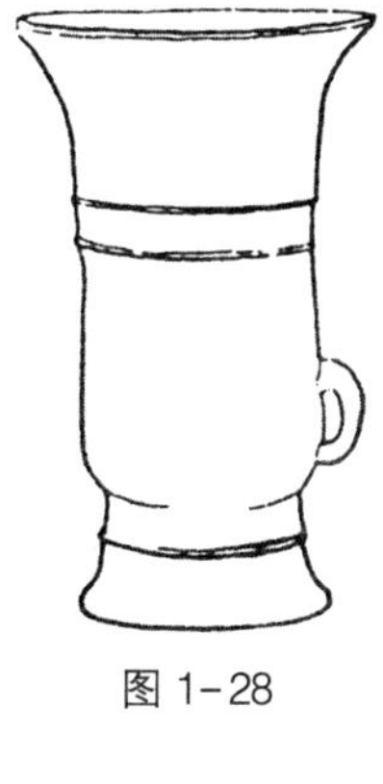

图 1-28

6. 𢍜（尊）

《说文》：“𢍜，酒器也。从西，廾以奉之。《周礼》六尊：牺尊、象尊、著尊、壶尊、太尊、山尊，以待祭祀宾客之礼。尊，或从寸。”段玉裁注：“凡酌酒者，必资于尊，故引申为尊卑字……自专用为尊卑字，而别制罇、樽为酒尊字矣。”《周礼·春官·小宗伯》：“辨六尊之名物，以待祭祀宾客。”郑玄引郑司农云：“六尊：献尊、象尊、壶尊、著尊、大尊、山尊。”王国维《说彝》：“尊彝皆礼器之总名也……然尊有大共名之尊（礼器全部），有小共名之尊（壶卣罍等总称），又有专名之尊（盛酒器之侈口者）。彝则为共名而非专名。”尊，甲骨文作（前 5.4.7），金文作（作父辛鼎），（三年痶壶），小篆作，或体作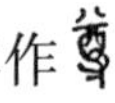，会意字。从，持酉（酋），会两手捧尊之意。传世商周彝器中有自铭为尊彝者，实乃共名而非专名。共名者所指或为礼器之通称或为酒器之通称，姑置毋论。其为专名者，乃指侈口圈足而形体较大之酒器，而器身或类似于觚，或类似于觯，或类似于壶；或圆口而圈足，或方口而方圈足，或圆口而方圈足，亦或作各种鸟兽状，形制多种多样。如图所示，图 1-29 为高体大圆口束颈鼓腹圈足尊，图 1-30 为低体大圆口束颈鼓腹圈足尊。

图 1-29

图 1-30

7. 觥

《说文》：“觵，兕牛角可以饮者也。从角，黄声。黄状觵觵，故谓之觵。觥，俗觵作觥。”邵瑛《群经正字》：“今经典唯《周礼》作觵，《毛诗》皆从俗作觥。”《诗·周南·卷耳》：“我姑酌彼兕觥，维以不永伤。”毛传：“兕觥，角爵也。”郑玄注：“罚爵也。”又云：“旅醻必有醉而失礼者，罚之也所以为乐。”《周礼·春官·小胥》：“觯其不敬者。”陆德明释文：“《韩诗》云容五升，《礼图》云容七升。”《考古图》《博古图》皆无兕觥之名。前人因为器形与匜相似，而名之为匜。王国维以为有盖作牛首状者为觥，其无盖者 为匜。王氏《说觥》云：“案自宋以来所谓匜者有二种，其一器浅而钜，有足而无盖，其流狭而长；其一器稍小而深，或有足，或无足，而皆有盖，其流侈而短，盖皆作牛首形。《博古图》十四匜中之《启匜》《凤匜》《三夔匜》《父癸匜》《文姬匜》《遍地雷纹匜》《凤夔匜》七器；《西清古鉴》三十匜中之《司寇匜》《祖匜》《伯和匜》《女匜》《山匜》《般匜》《利匜》《举匜》《二牺匜》《饕餮匜》十器及端（方）氏所藏《诸女匜》《责弘匜》《甫人匜》三器，皆属此种，余以为此非匜也。何以明之？甲类之匜，其铭皆云‘某作宝匜’，或云‘作旅匜’，或云‘作媵匜’，皆有匜字，而乙类三十余器中绝无匜字。此一证也。匜乃燕器，非以施之鬼神。而乙类之器，其铭多云‘作父某宝尊彝’，其为孝享之器而非沃盥之器可知。此二证也。古者盥水盛于盘洗，匜惟于沃盥时一用之。无须有盖。而乙类皆有之。此三证也。然则既非匜矣，果何物乎？曰：所谓兕觥者是已。……觥者，光也，充也，廓也，皆大之意。”由此可知，觥之 为物，腹呈椭圆体或方体，有流有鋬，下有圈足或柱足，上有牛首形或其他兽形之盖，亦有通体作兽形者，系饮酒器兼盛酒器，容五升或七升。盛行商及西周晚期。如图所示，图 1-31 为虎首盖椭圆体方圈足觥，图 1-32 为象首盖椭圆体圈足觥。

图 1-31

图 1-32

8. 卣

《说文》无卣字。《尔雅·释器》：“卣，器也。”郭璞注：“盛酒尊。”邢昺疏引孙炎云：“尊，彝为上，罍为下，卣为中。”《周礼·春官·鬯人》：“庙用脩。”郑玄注：“脩读曰卣。卣，中尊，谓献象之属。”《书·文侯之命》：“用赉尔秬鬯一卣。”孔注：“卣，中罇也。”《尚书·洛诰》：“以秬鬯二卣。”《诗·大雅·江汉》：“秬鬯一卣。”《盂鼎》：“锡汝鬯一卣。”王国维以为古文字“卣”象盛鬯之形。王氏《释由》云：“者古文之卣字也。卣字（古文）作（盂鼎）、作（毛公鼎）、作（伯晨鼎）、作（录伯及吴尊盖），石鼓文逌字亦作，而殷墟卜辞盛鬯之卣则作（《殷墟书契前编》卷一第十八页）、作（同上卷六第四十一页，《戬寿堂所藏殷墟文字》第二十五页，同其辞曰‘鬯五，知确为卣字矣），知所从之即之省，又知《说文》𦉲𦉲二字一从𠙹由一从甾，

即与之变，实一字而繁简异也。卣为尊属。”卣，甲骨文作（乙7835）、（缀合85）、（京津4334），金文作（昌壶）、（毛公鼎），象酒器之形。盖专门用以盛放香酒“秬鬯”之器皿。卣之为物，多为椭圆口，鼓腹，圈足，有盖，有提梁，体有扁圆体、圆体、筒形和方体之分，亦有作鸟兽形体者。盛行于商及西周，东周以后绝迹。如图所示，图1-33为扁圆体斜肩垂腹卣，图1-34为扁圆体斜肩垂腹有棱卣。

图1-33

图1-34

9. 壶

《说文》：“壶，昆吾圜器。象形，从大，象其盖也。”高鸿缙《中国字例》：“字原象器形，上为其盖，非从大……古代之壶则极类葫芦，而附有裙足，颈旁并有两耳。”《玉篇》：“壶，盛饮器也。”《周礼·秋官·掌客》：“壶四十，鼎簋十有二，牲三十有六，皆陈。”郑玄注：“壶，酒器也。”《公羊传·昭公二十五年》：“国子执壶浆。”何休注：“壶，礼器，腹方口圆曰壶，反之曰方壶，有爵饰。”《诗·大雅·韩奕》：“清酒百壶。”《殳季良父壶》：“用盛旨酒。”《曾伯陭壶》：“用自作醴壶。”《郑楙叔壶》：“作醴壶。”壶，甲骨文作（存1239）、（前5.5.5.）、

图1-35

图1-36

（后下 28. 12），金文作（佳壶爵）、（齐族壶），小篆作，象形字，象盛酒器之形。壶之为物，多为圆腹，长颈，有耳，圈足，有的有盖，有提梁，形体有圆体、扁体、瓠体、方体、椭方体之分。作为礼器，壶少见于商，多见于周，盛行于春秋和战国。如图所示，图 1-35 为有盖有提梁长颈圆体鼓腹壶，图 1-36 为贯耳扁体鼓腹壶。

10. 方彝

《说文》："彝，宗庙之常器也。从糸，糸，綦也。廾，持。米，器中寶也。彑声。此与爵相似。《周礼》：'六彝：鸣彝、鸟彝、黄彝、虎彝、虫彝、斝彝，以待祼将之礼。'䋻𢑱，皆古文彝字。"徐锴《说文系传》"寶"字作"實"。《尔雅·释器》："彝、卣、罍，器也。"郭璞注："皆盛酒尊，彝其总名。"《书·益稷》："宗彝。"孔安国传："宗庙彝樽。"《左传·襄公十九年》："且夫大伐小，取其所得以作彝器。"杜预注："彝，常也。谓钟鼎为宗庙之常器。"《新唐书·礼乐志一》："设尊彝之位于庙堂上下，每座斝彝一、黄彝一，牺尊、象尊、著尊、山罍各二，在堂上，皆于神位之左。"王国维以为彝为礼器之总名而非专名。王氏《说彝》云："尊彝皆礼器之总名也。古人作器，皆云'作宝尊彝'，或云'作宝尊'。然尊有大共名之尊（礼器全部），有小共名之尊（壶、罍、卣等总称），又有专名之尊（或盛酒之侈口者）。彝则为共名而非专名。吕与叔《考古图》虽列彝目，其中诸器有无足方鼎，有甗，有尊，有卣，有《博古图》以降所谓彝，则吕氏亦未尝以彝为一专名也。"容庚、张维持《殷周青铜器通论》："《博古图》始以侈口的簋为彝。其实此类是盛黍稷的器而非盛酒的器，应称它为簋。其中有长方高身似尊而有盖的，当为盛酒的器，应别为一类，因其别无系属，姑名之曰方

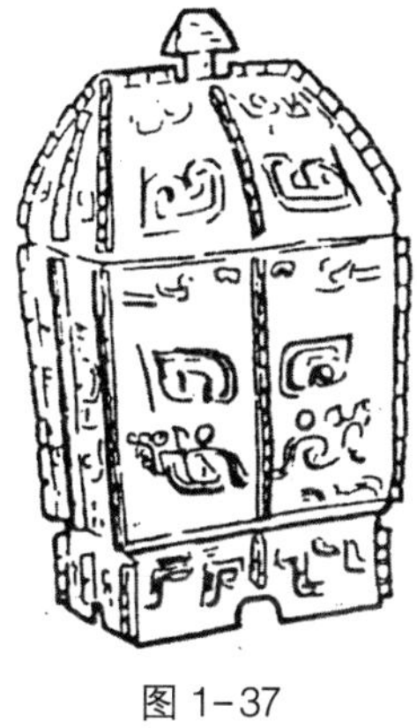

图 1-37

图 1-38

彝。”彝，甲骨文作（前 5.1.3），金文作（者女觥）、（瘐爵），小篆作说，会意字，会以手捧鸡供奉之意。当为尊爵之类之酒礼器之通称。王国维《说彝》谓之“诸家所谓彝之形制与尊壶卣等绝不类，当为盛黍稷之器而非盛酒之器”，恐不然也。而方彝之称，古籍中从未见之，宋人始方其器形而命名之，一直沿用至今。总之，彝为礼器之通称，而方彝则为方体似尊有盖之盛酒器。其形制特征为盖形有似屋顶，盖上之纽亦似屋顶。器体有直腹者，有曲腹者，亦有腹侧有附耳上出者。如图所示，图 1-37 为直壁高体方彝，图 1-38 为直壁低体有棱附耳垂珥方彝。

11. 罍

《说文》：“櫑，龟目酒尊，刻木作云雷象，象施不穷也。罍，櫑或从缶。罍，櫑或从皿。䨻，籀文罍。”《尔雅·释器》：“彝、卣、罍，器也。”郭璞注：“皆盛酒尊。”邢昺疏：“罍者尊之大者也。”《篇海类编》：“罍，酒樽也。”木、缶，所以表其质料也，皿所以表其为器皿也。《诗·周南·卷耳》：“我姑酌彼金罍。”陆德明释文：“罍，酒尊也。”《诗·小雅·蓼莪》：“缾之罄矣，惟罍之耻。”毛传：“缾小而罍大。”又，《篇海类编》：“罍，盥器。”《仪礼·大射礼》：“设洗于阼阶东南，罍水在东。”《新唐书·百官志二》：“盥，则奉匜，取盘，酌罍水，赞洗。”由此可见，罍之为物，敛口，广肩，深腹，圈足，或有盖，容量较大之盛酒器，亦可用于盛水。初见于商代晚期，盛行于西周晚期，春秋中期以后少见。如图所示，图 1-39 为短颈圆肩附耳平底罍，图 1-40 为束颈广肩附兽耳衔环圈罍。

图 1-39

图 1-40

12. 𦉜

《说文》𦉜：“𦉜，瓦器也。”王筠句读：“字与瓦部瓴同。”《玉篇》：“𦉜，瓦器，似瓶有耳。”《集韵》：“鐳，或从令。”《周金文存》曾著录三器（按指五：二七—二九），自载其名曰“尊霝”或“旅鐳”。《函皇父簋》：“两罍两錇。”由此可见，鐳之为物，有类瓶壶，小口，圆肩，有耳，鼓腹，平底，为盛酒之器。鐳罍二字，一声之转。观之器形，鐳极有可能由罍演变而来。鐳出现于西周晚期，沿用至春秋。如图所示，图 1-41 为有盖高体广肩有双兽首耳四环纽假圈足鐳，图 1-42 为低体短颈有两贯耳平底鐳。

图 1-41

图 1-42

13. 缶

《说文》：“缶，瓦器，所以盛酒浆。秦人鼓之以节歌。象形。”王筠句读：“凡器皿字，惟缶壶有盖，皆盛酒者也。”《尔雅·释器》：“盎谓之缶。”《急就篇》第三章：“甀、缶、盆、盎、甕、罃、壶。”颜师古注：“缶、盆、盎一类耳。缶即盎也，大腹而敛口。盆则敛底而宽上。”《易·坎卦》：“樽酒，簋贰，用缶。”《礼记·礼器》：“五献之尊，门外缶，门内壶。”又，段玉裁《说文解字注》：“缶，有小有大，如汲水之缶，盖小者也。”即谓缶乃汲器（小缶）。《左传·襄公九年》：“具绠缶，备水器。”杜预注：“缶，汲器。”陆德明释文：“汲水瓦器。”

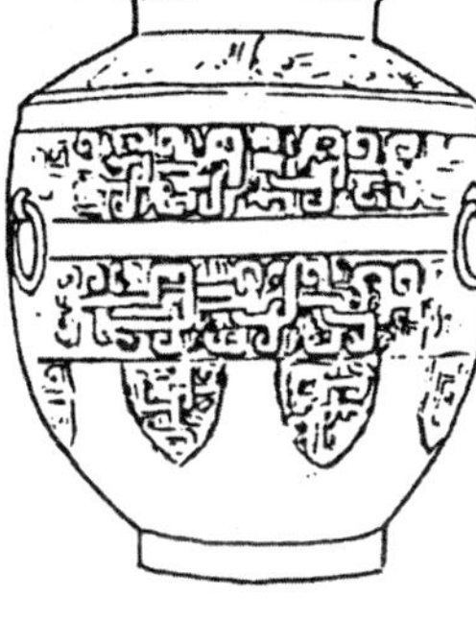

图 1-43

图 1-44

缶，甲骨文作（G7751）、（前 8.7.1），金文作（蔡侯岳）、（栾书缶），小篆作，象形字，象瓦器之形，上象盖，下象器。盖初为瓦制，后亦有铜制，用以盛酒，亦或用为汲水之器，秦人又或用为打击乐器。如图所示，图 1-43 为敛口短颈有耳环卵形缶，图 1-44 为有三纽盖高颈广肩四系环鼓腹平底缶。

14. 罐（甔）

阮元《积古斋钟鼎彝器款识·齐侯罐》："罐即甔字。"杨树达《积微居金文说·工师佸罐再跋》："罐字《方言》卷五作甔，其字从瓦，与铭文从缶者义同。"《广雅·释器》："甔，瓶也。"《史记·货殖列传》："酱千甔。"裴骃《集解》引徐广云："甔，大罂缶。"《方言》："罃，陈、魏、宋、楚之间曰甂，或曰瓶。燕之东北、朝鲜、洌水之间谓之瓺。齐之东北、海岱之间谓之儋。"郭璞《音义》："儋，音儋荷字，或作甔。"罂、罃音近，当为同类器之异构。由此可见，罐（甔）之为物，形制与瓶（《说文》："缾，甖也。从缶，并声。"）罂（《说文》："罂，从缶，贶声。"段注："缶器之大者。"《广雅·释器》："罂，瓶也。"）相类，敛口，大腹，用以盛酒，见于春秋战国时期。如图所示，图 1-45 为短颈广肩四兽首耳衔环平底罐，图 1-46 为短颈广肩四龙耳衔环鼓腹平底罐。

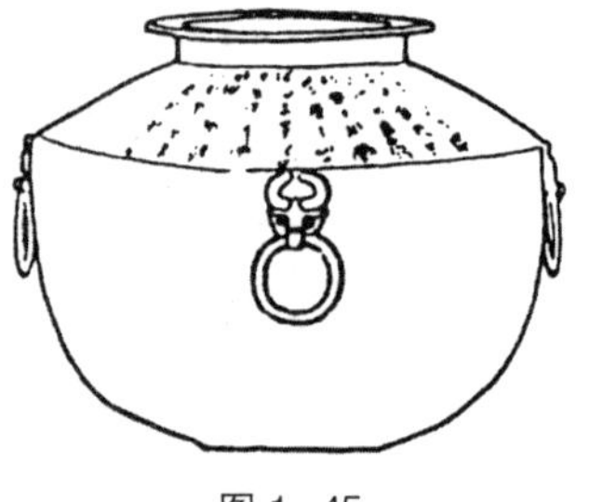

图 1-45

图 1-46

15. 盉

《说文》："盉，调味也。从皿，禾声。"段玉裁注："古器有名盉者，因其可以盉羹而名之盉也。"王国维以为盉为酒水调和之器。王氏《说盉》云："盉见于宋人书中为最早。欧阳公《集古录》已著录一器，其铭曰：'伯玉敦子作宝盉。'然古未尝知有是器，亦未尝有是名也。《说文》：'盉，调味也'，不云器名。自宋以后，知其为器名，然皆依傍许氏之说，以为调味之器也。余观浭阳端氏所藏殷时斯禁上列诸酒器，有尊二、卣二、皆盛酒之器，古之所谓爵也。有勺二，则自尊挹酒于爵者也。诸酒器外，惟有一盉，不杂他器。使盉为调味之器，则宜与鼎鬲同列。今厕于酒器中，是何说也？余谓盉者，盖和水于酒之器，所以节酒之厚薄者也。古之设尊也，必有玄酒，故用两壶。其无玄酒而但用酒若醴者，谓之侧尊，乃礼之简且古者。惟冠礼父之醴子，婚礼赞之醴妇，醮媵及聘礼礼宾等用之，其余嘉礼、宾礼、吉礼，其尊也无不有玄酒。此玄酒者，岂真虚设而但贵其质乎哉？盖古者宾主献酢无不卒爵；又爵之大者恒至数升，其必饮者礼也，其能饮与不能饮者量也。先王不欲礼之不成，又不欲人以成礼为苦，故为之玄酒以节之。其用玄酒奈何？曰：和之于酒而已矣。”由此可见，盉之为物，深腹而窄口，前有流，后有鋬，上有盖，下有三足、四足或圈足，用为酒水调和之器，以节制酒之浓淡。又郭沫若《长安县张家坡铜器群铭文汇释》：“金文盉，从禾者，乃象意兼谐声，故如《季良父盉》……象之手持麦秆以吸酒，则盉之初义殆即如少数民族之咋酒罐耳。”可备一说。如图所示，图 1-47 为顶流圆体三袋足盉，图 1-48 为颈流有提梁瓠形三柱足盉。

图 1-47

图 1-48

16. 瓮

《说文》：“瓮，罂也。从缶，公声。”段玉裁注：“瓮，罂也。罂者，甀也。甀者小口罂也。然则瓮者，罂之大口者也。”《方言》：“甀、瓮、瓿、㼚，罃也。自关而西，晋之旧都河汾之间，其大者谓之甀，其中者谓之瓿、㼚。自关而东，赵魏之郊谓之瓮，或谓之罂。”《说文》：“瓿，甂也。从瓦，音声。”又：“甂，似小瓿，大口而卑，用食。从瓦，扁声。”《广雅・释器》：“甀，瓶也。”瓮，又作甕，通作罋。《仪礼・既夕礼》：“甕三。”郑玄注：“甕，瓦器，其容一斛。”由此可见，瓮，或称罃（罂）、甕（罋）、瓿，与甂、甀、㼚同类，盖瓶之属也。惟甀较大，瓿（罂、甕、甕）适中，甂较小，是其异也。瓿用以盛酒浆，行用于商早期至晚期，当罍用之时，此器则逐渐归于消失。如图所示，图 1-49 为有贯耳广折肩圆体圈足瓿，图 1-50 为圆肩深鼓腹圈足瓿。

图 1-49

图 1-50

四、水器，包括盘、匜、鑑、盆

1. 盤（槃）

《说文》："槃，承槃也。盤，籀文，从皿。"《正字通》："盤，盛物器。或木或锡铜为之，大小深浅方圆不一。"《左传·僖公二十三年》："乃馈盤飧，置璧焉。"又："盤，浴器亦曰盤。"《礼记·丧大记》："沐用瓦盤。"孔颖达疏："盤贮沐汁就中沐也。"汉曹操《上杂物疏》："有客五石铜澡盤一枚。"《礼记·内则》："进盥，少者奉槃，长者奉水，请沃盥，盥洗卒，授巾。"郑玄注："槃，承沃水者。"《国语·吴语》："一介嫡男奉槃匜以随诸御。"韦昭注："槃，承盥器。"传世铜器有自铭曰"盥盤"（夆叔盤）、"颒盤"（嚣伯盤）者。由此可见，槃（盤）之为物，敞口，扁浅，或有耳，或无耳，或三足，或圈足，用以盛水，多与匜配合使用。一注一接，所谓沃盥者即此也。或用于盛食品。早见于商代，流行于西周中晚期和春秋战国时期。战国以后沃盥之礼渐废，"盤"则逐渐为"洗"所代。如图 1-51 所示，此为窄唇敛足圈足盤。

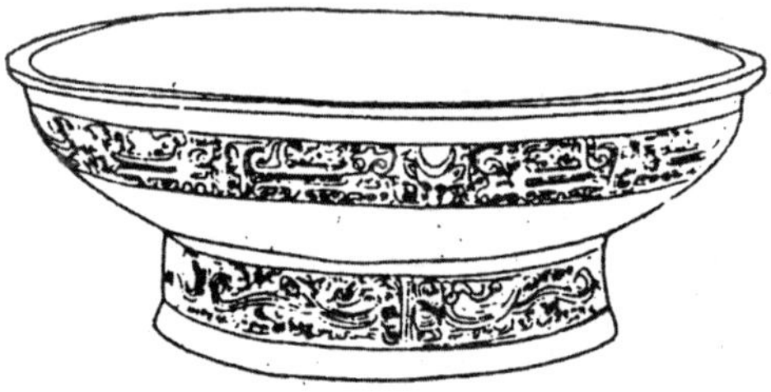

图 1-51

2. 匜

《说文》："匜，似羹魁，柄中有道，可以注水。从匚，也声。"段玉裁注：

“斗部曰：‘魁，羹枓也。’枓，勺也。匜之状似羹勺，亦所以挹取也。《仪礼·公食大夫礼》：“小臣具盘匜，在东堂下。”《左传·僖公二十三年》：“（怀嬴）奉匜沃盥。”孔颖达疏：“匜者，盛水器也。”《礼记·内则》：“敦、牟、卮、匜，非馂莫敢用。”郑玄注：“卮、匜，酒浆器。”由此可见，匜之为物，形似水瓢，盖由半瓠之形演化而来，前有流，后有鋬，下有三足或四足或圈足，用于盛酒或盛水。其用为酒水器时，常与盘相须而设，所谓“奉匜沃盥”者也。匜最早见于西周中期，流行于西周晚期和春秋时期。如图所示，图 1-52 为短槽流兽首鋬深腹四马蹄足匜，图 1-53 为长槽流兽首鋬四马蹄足匜。

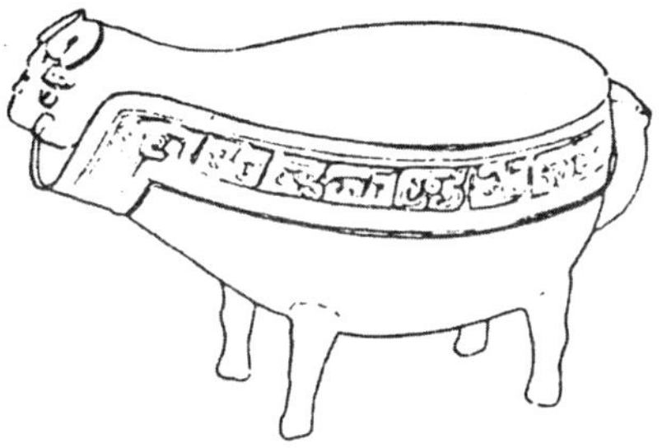
图 1-52

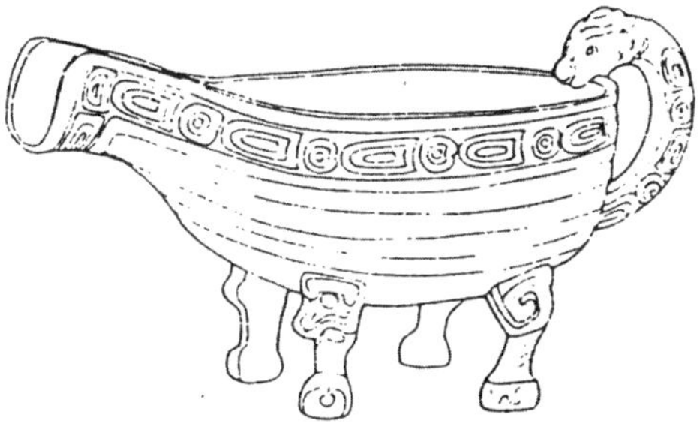
图 1-53

3. 鉴

《说文》：“鉴，大盆也。”段玉裁注：“盆者，盎也……字从金，必以金为之也。”徐灏笺：“鉴，古通作滥。《庄子·则阳》：‘卫灵公有妻三人，同滥而浴。’……皆盛水器，即所谓大盆也。”《墨子·节葬》：“几梴壶滥。”《集韵》：“鉴，陶器。如甀，大口，以盛冰。或从水，亦作覽。”《周礼·天官·凌人》：“春始治鉴。”郑玄注：“鉴，如甀，大口，以盛冰，置食物于中，以禦温气。”贾公彦疏：“汉时名为甀，即今之甕是也。”《宋书·礼志二》：“二庙夏祠用鉴盛冰，室一鉴，以禦温气蝇蚋。”又，《广雅·释诂》：“鉴谓之镜。”《广韵》：“鉴，镜也。”《左传·庄公二十一年》：“郑伯之享王也，王以后之盘鉴予之。”陆德明释文：“鉴，镜也。”由此可见，鉴之为物，有似大盆，大口，深腹，或圆体，或方体，用以盛水、盛冰（以保存食品），又可用以临照形容，盖盘皿盛水，自能成影于水中也。甲骨文作（宁沪 1.500）、（佚 932）（京都 401），金文作（攻吴王鉴），象人临皿水照影之形。如图所示，图 1-54 为窄唇直颈兽耳垂环敛腹平底鉴，图 1-55 为宽唇直颈四兽耳鼓腹平底鉴。

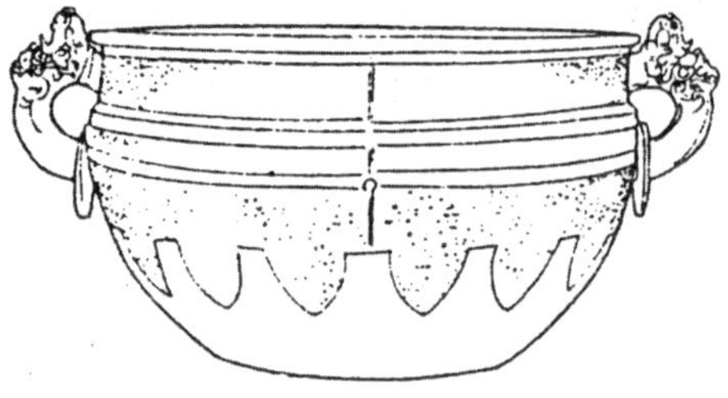

图 1-54

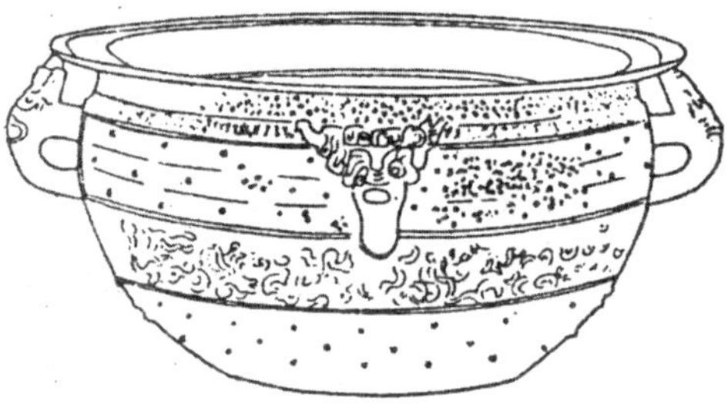

图 1-55

4. 盆

《说文》："盆，盎也。从皿，分声。"《急就篇》第三章："甀、缶、盆、盎、甕、罃、壶。"颜师古注："缶、盆、盎一类也。缶即盎也，大腹而敛口；盆则敛底而宽上。"《方言》卷五："罃、甈谓之盎，自关而西或谓之盆，或谓之盎。"《周礼·地官·牛人》："凡祭祀，共其牛牲之互与其盆簝以待事。"郑玄注引郑司农云："盆、簝，皆器名，盆所以盛血，簝，受肉笼也。"《仪礼·士丧礼》："新盆槃瓶。"郑玄注："盆以盛水。"传世铜器有自铭为"盆"（曾大保盆）、盨（晋公锥盨），盨即甑，形制与盆相同，可以认为盨为盆之别称。又，《礼记·礼器》："夫奥者，老妇之祭也，盛于盆，尊于瓶。"郑玄注："盆，缾（瓶），炊器也。"由此可见，盆之为物，圆形，口大底小，比盘为深，用以盛水或血之器，有时或用为炊器，以盛食品。盆盛行于春秋时期。如图所示，图 1-56 为侈口折肩兽首耳垂环敛腹平底盆，图 1-57 为豆状盖宽平唇直颈圆肩有环耳三短足盆。

图 1-56

图 1-57

五、乐器，包括钟、镈、铙、钲、铃、钩镗、錞于、鼓

1. 钟

《说文》："鐘，乐钟也。秋分之音，物穜成。从金，童声。古者垂作鐘。銿，鐘或从甬。"《玉篇》："钟，乐器也。"《荀子·富国》："故必得撞大钟，击鸣鼓，

吹竽笙，弹琴瑟。”《国语·吴语》：“（吴）既陈，去晋军一里，昧明，王万秉枹，亲就鸣钟、鼓、丁宁、錞于、振铎，勇怯尽应。”《左传·襄公十九年》：“季武子以所得于齐之兵，作林钟，而铭鲁功焉。”《周礼》春官之属有钟师、镈师等官。《考工记》详记凫氏为钟之法。《孟子·梁惠王上》文中有以牛衅钟之说。由此可见，钟之为物，似钲而大，柄在上而口在下。钟柄悬于架上，钟身为两侧斜直尖锐之扁体共鸣器。盛行于西周及春秋战国时期。据凫氏为钟命名一节，附以《周纪侯钟命名图》，可定名称为：共鸣箱之平顶为“舞”，正背中上部之阔且直条状带为钲，其两边突出之乳钉为“枚”，枚之上下间隔为“篆”，枚和篆之下部为“鼓”，拱曲之下弯口为“于”，两侧尖端处称“铣”，悬挂钟体之柄状物为“甬”，甬之顶端为“衡”，中段突出部分铸为兽形者为“干”，干上用以悬钟之孔为旋。

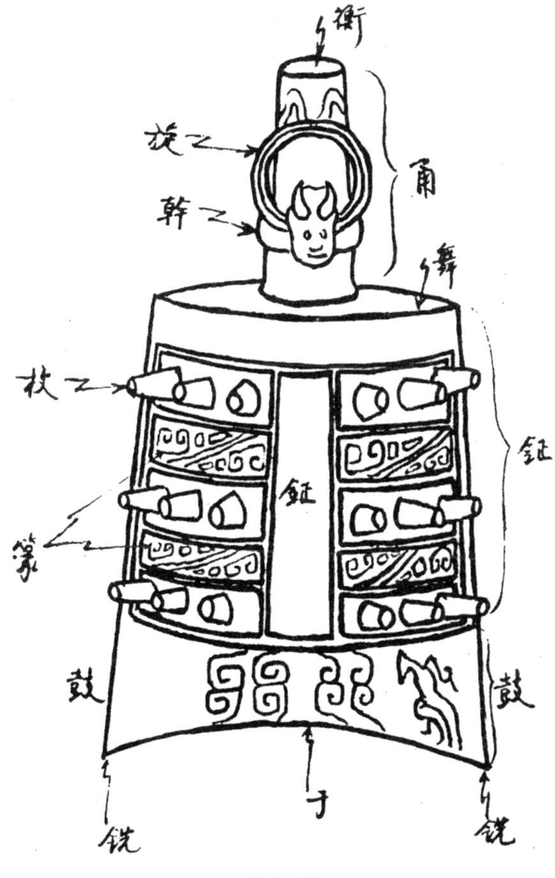

图 1-58

钟悬于架上，呈倾斜状，称甬钟。西周中期直悬之钟，称纽钟。一般来说，钟有数枚，或三枚，或四枚，或五枚，或十一枚，或十二枚，或十四枚，乃至六十四枚，编成一组，故称编钟。一组完整的编钟称一肆。《周礼·春官·小胥》："凡悬钟磬，半为堵，全为肆。"钟用以合乐，铭文称为龢钟。西周编钟又称"大𨱑钟""宝𨱑钟""大林龢钟"，简称"林钟"。由钟名可知，龢歌之钟亦称为歌钟，龢乐之钟称为乐钟，军中乐队用钟称为行钟、从钟或走钟。如图所示，图 1-59 为阔腔八棱甬钟，图 1-60 为长腔长纽窄体钟。

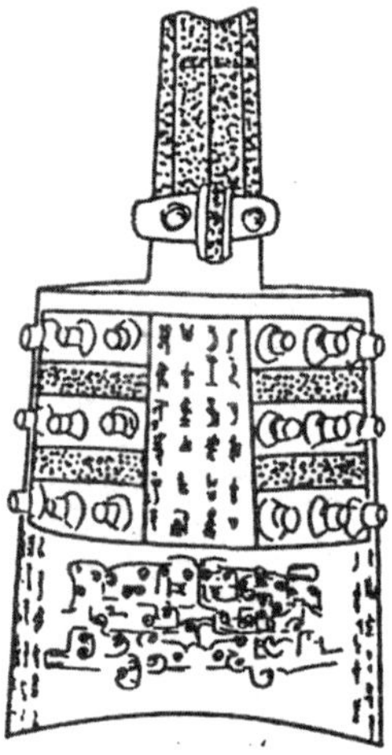

图 1-59

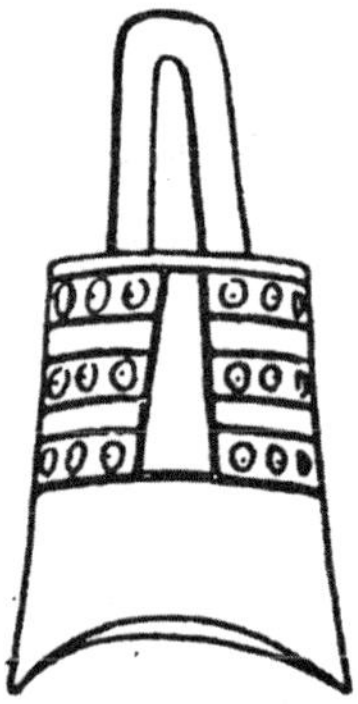

图 1-60

2. 镈

《说文》："镈，镈鳞也。钟上横木上金华也。一曰田器。从金，尃声。《诗》曰：'庤乃钱镈。'"镈，经籍作镛，《说文》："镛，大钟，淳于之属，所以应钟磬也。"《仪礼·大射礼》："其南镛，皆南陈。"郑玄注："镛如钟而大，奏乐，以鼓镛为节。"又，《国语·周语下》："细钧有钟无镈，昭其大也。"韦昭注："钟，大钟；镈，小钟。"传世铜器自铭为镈者仅𪔉镈一器，铭云："遳仲之子作子仲姜

图 1-61

图 1-62

宝镈。”其形如深腔之平口纽钟，高 65. 8 厘米，重 65. 2 千克，故其形特大。由此可见，镈之为物，类钟而大，系单个打击乐器，宴飨祭祀奏乐时，与编钟、编磬相和相应。镈盛行于春秋战国时期。如图所示，图 1-61 为食兽蟠曲飞龙纽镈，图 1-62 为透雕蟠龙纽镈。

3. 钲

《说文》：“钲，铙也。似铃，柄中，上下通。从金，正声。”段玉裁注：“镯、铃、钲、铙四者，相似而有不同。钲似铃而异于铃者，镯、铃似钟有柄，为之舌以有声。钲则无舌。柄中者，柄半在上，半在下，稍宽其孔为之抵拒，执柄摇之，使与体相击为声。”《说文》：“铙，小钲也。”又，“镯，钲也”。罗振玉《古器物识小录·铙》：“钲与铙不仅大小异，形制亦异，钲大而狭长，铙小而短阔。钲柄实，故长，可手执；铙柄短，故中空，须续以木柄，乃便执持。盖铙与钲皆柄在下而口在上。”《诗·小雅·采芑》：“方叔率止，钲人伐鼓。”毛传：“伐，击也。钲以静之，鼓以动之。”陈奂传疏：“《诗》言誓师，则钲即《大司马》之铎、镯、铙矣。……《国语》作‘丁宁’，韦注云：‘丁宁，谓钲也。’郑司农注《周礼》亦以铎、铙为钲之属，然则钲其大名也。”《周礼·夏官·大司马》：“如战之陈，辨鼓、铎、镯、饶之用……卒长执铙。两司马执铎，公司马执镯……群吏以旗物、鼓、铎、镯、铙，各率其民而致。”《周礼·地官·鼓人》：“以金镯节鼓，以金铙止鼓。”可见镯、铙应是不同乐器之名。考古籍中未见钲、镯并言者，而镯之为用亦与钲同。就声音考之，镯、钲乃一声之转，故知镯或即是钲。钲又称丁宁。《国语·吴语》：“王乃秉枹，亲就鸣钟、鼓、丁宁、錞于、振铎。”韦昭注：“丁宁，谓钲也。”《左传·宣公四年》：“伯棼射王，汏辀，及鼓跗，著于丁宁。”杜预注：“丁宁，钲也。”此外，出土遗器中有自铭为“钲鋮”（南疆钲）者，有自铭为“征

图 1-63

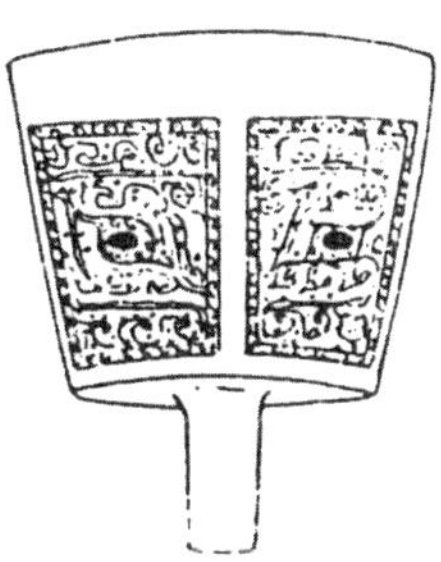

图 1-64

墬”者（徐䚗尹钲）者，丁宁、钲鏲或是钲之缓读名称。由此可见，钲之为物，似钟而狭长。有长柄可执，击之而鸣，柄下口上，是其异也。钲与铙为同类之物，惟稍大而已。其为用也，行军以节步伐。又称丁宁、钲鏲。早见于商代晚期，流行于春秋战国。如图所示，图 1-63 为长柄无旋钲，图 1-64 为短柄无旅钲。

4. 铙

《说文》：“铙，小钲也。军法：卒长执铙。从金，尧声。”段玉裁注：“钲铙一物，而铙较小，浑言不别，析言则有辨也。”罗振玉《古器物识小录·铙》：“钲与铙，不仅大小异，形制亦异。钲大而狭长，铙小而短阔，钲柄实，故长，可手执；铙柄短，故中空，须续以木柄，乃便执持。盖铙与钲皆柄在下而口在上。”《周礼·地官·鼓人》：“以金铙止鼓。”郑玄注：“铙，如铃，无舌，有秉，执而鸣之，以止击鼓。”由此可见，铙之为物，似钲而小，用为退兵时指示停止击鼓之乐器。初见于商代晚期，盛行于春秋战国时期。如图所示，图 1-65 为阔腔高柄凹弧于锐铣铙，图 1-66 为阔腔短柄平于钝铣铙。

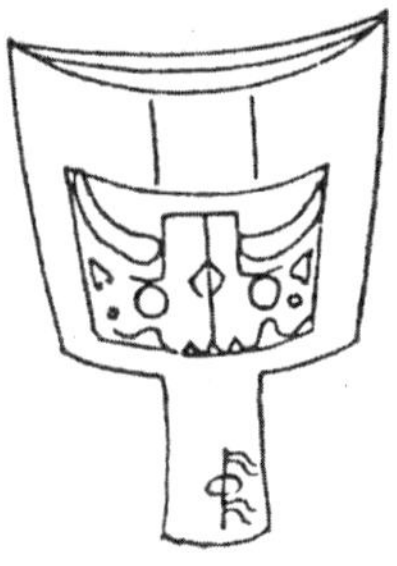

图 1-65

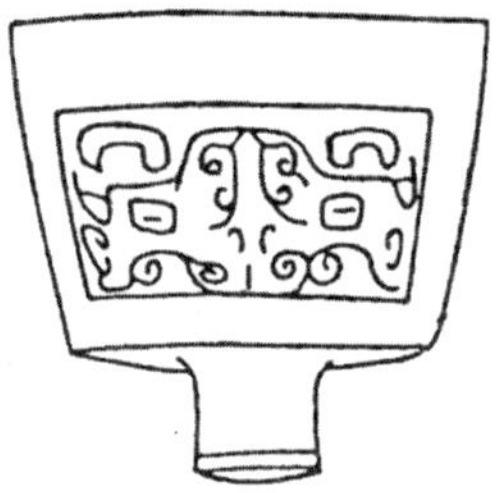

图 1-66

5. 铃

《说文》：“铃，令丁也。从金，从令，令亦声。”段玉裁注：“《广韵》曰：‘铃似钟而小。’然则镯铃一物也。古谓之丁宁，汉谓之令丁。”《周礼·地官·巾车》：“大祭祀，鸣铃以应鸡人。”郑玄注：“鸡人主呼旦，鸣铃以和之。”出土铜器或称铃钟（楚王领钟）或称钟铃（邾君求钟）。由此可见，铃之为物，似钟而小，用于应和鸡人呼旦。初见于商代早期，盛行于西周和春秋战国时期。如图所示，图 1-67 为半环纽阔腔平于钝铣铃，图 1-68 为长柄狭腔多金舌铃。

图 1-67

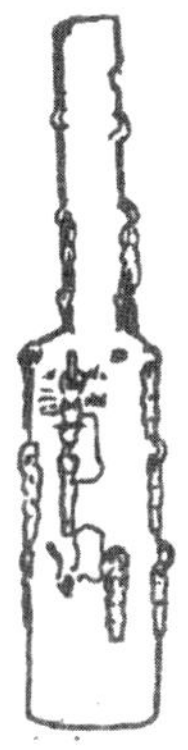

图 1-68

6. 铎

《说文》：“铎，大铃也。军法：五人为伍，五伍为两，两司马掌铎。从金，睪声。”徐灏注笺：“镯、铃、钲、铙、铎五者，形制皆同，惟铃铎有舌为异耳。”朱骏声《说文通训定声》：“按金口金舌为金铎，所以奋武事。”《书·胤征》：“遒人以木铎徇于路。”孔安国传：“木铎，金铃木舌，所以振文教。”《周礼·地官·鼓人》：“以金铎通鼓。”《周礼·夏官·大司马》：“群司马振铎，车徒皆作。”由此可见，铎之为物，铃之大者，形如铙钮而有舌，振舌发声，宣布教令或激励师众时用之。盛行于春秋成国时期。如图所示，图 1-69 为短柄阔腔凹弧于锐铣附环舌铎，图 1-70 为短柄阔腔浅凹于锐铣不附舌铎。

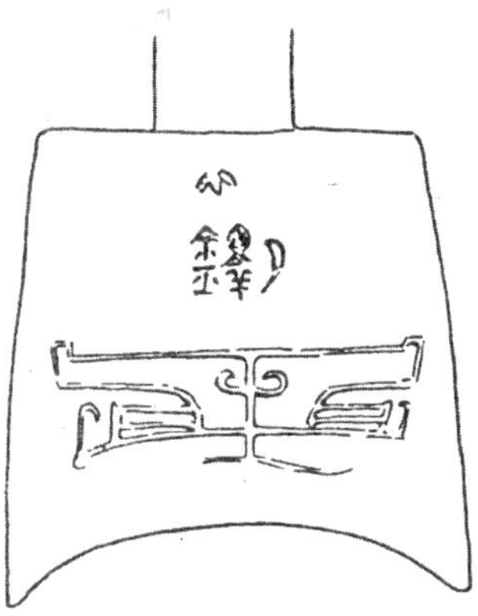

图 1-69

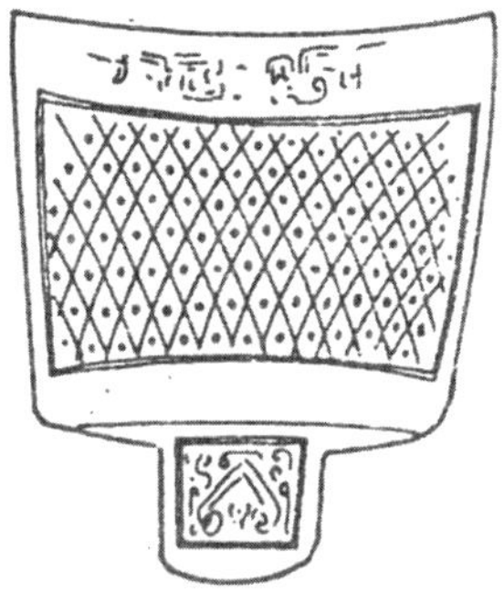

图 1-70

7. 钩镭

清吴大澂《说文古籀补·补遗》：“镭，铎之大者，似钟而口向上，军中所用之器，执而鸣之，所以止鼓。疑即古铙字。”传世《姑冯句镭》铭云：“自乍（作）商句镭。”郭沫若《两周金文辞大系图录考释·姑冯句镭》：“‘句镭’上冠一商字，余谓即殷商之商，盖句鑃之制作实仿自商人也。句鑃除徐、越外无所见，有与之相近之器，旧称为‘商铎’或‘商铙’者，其实即句鑃若征墭之蓝本。”由此可见，钩鑃之为物，形似铙铎，柄下口上，以槌敲击，用于祭祀或宴飨。盛行于春秋战国时期。如图 1-71 所示，此为长柄扁方深腔弧凹于锐铣钩鑃。

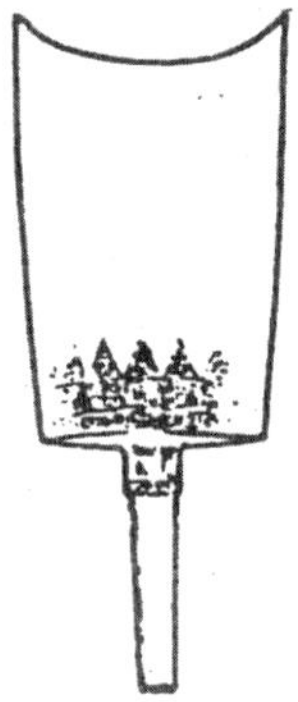

图 1-71

8. 錞于

《周礼 · 地官 · 鼓人》：“以金錞和鼓。”郑玄注：“錞，錞于也。圆如碓头，大上小下，乐作鸣之，与鼓相当。”《国语 · 晋语》：“是故伐备钟鼓，声其罪也，战以錞于、丁宁，儆其民也。”韦昭注：“錞于与镯各异物，军行鸣之，与鼓相应。”云南晋宁石寨滇族祭祀贮贝器上群像中有錞于和铜鼓悬于同一笱虡上者，一人执槌而鼓，正与鼓相和之象。庚午錞于铭云：“用享以孝，子子孙孙永保鼓之。”由此可见，錞于之为物，形如碓头，大上小下，击之可以奋军，与鼓相和，亦可用于祭祀和宴飨。始于春秋战国之际，盛行于战国至西汉前期。如图所示，图 1-72 为圆肩半环纽錞于，图 1-73 为扁圆肩桥纽錞于。

图 1-72

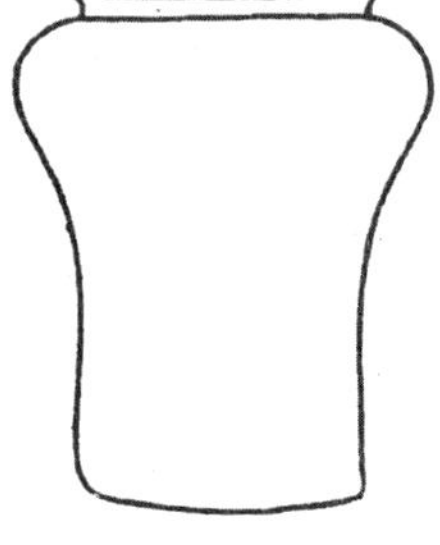

图 1-73

9. 鼓

《说文》：“鼓，郭也。春分之音，万物郭皮甲而出，故谓之鼓。从壴。支，象其手击之也。《周礼》：‘六鼓：靁鼓八面，灵鼓六面，路鼓四面，鼖鼓、皋鼓、晋鼓皆两面。’鼙，籀文鼓。从古声。”王筠《句读》：“鼓，廓也。张皮以冒之，其中空也。”《玉篇》：“鼓，瓦为控，革为面，可以击也。”《周礼·地官·鼓人》：“掌教六鼓。四金之音声，以节声乐，以和军旅，以正田役。教为鼓而辨其声用，以雷鼓鼓军事，以鼖鼓鼓役事，以晋鼓鼓金奏。”《周礼·春官·籥章》：“掌土鼓豳籥。”郑玄注：“杜子春云：土鼓，以瓦为匡，以革为两面，可击也。”《墨子·三辩》：“息于钟鼓之乐。”《诗·商颂·那》：“奏鼓简简，衎我烈祖。”郑玄笺：“奏鼓，奏堂下之乐也。”《吕氏春秋·音初》：“饮食必以鼓。”高诱注：“鼓，乐也。”殷墟出土之鼓，木框与革面早已朽坏，所存为鼓之坯形而已。惟其如此，可证殷时已有木制之鼓。传世铜鼓似仿土鼓制成。鼓，甲骨文作（京津 1560）、京都（1839），金文作（瘐钟）、（王孙诰钟），小篆作，会意字。《说文》：“鼓，击鼓也；从攴，从壴，壴亦声。”唐兰《殷墟文字记》：“金文‘鼓’字，或从，或从，殊无别。卜辞则有从‘支’从‘殳’二体。盖古文字凡象以手执物击之者，从‘支’从‘殳’或从‘攴’，固可任意也。‘壴’为‘鼓’之正字，为名词；鼓、鼓、鼓，为击鼓之正字，为动词。《说文》既以鼓为名词之鼓，遂以鼓专动词。”由此可见，鼓之为物，为古之打击乐器。远古时以陶为框，后以木为框，多为圆筒形或扁圆体，中空，两面蒙皮，节声乐、和军旅、正田役均可用之，其用至繁。如图所示，图 1-74 为枕形座饕餮纹长方瓣圈足鼓，图 1-75 为二鸟座怪神纹四乳足鼓。

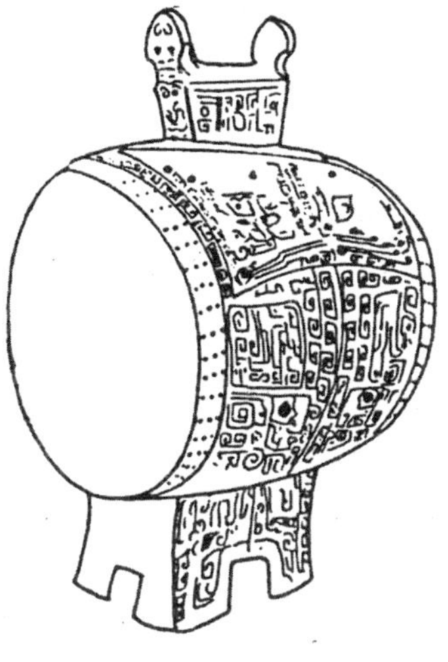

图 1-74

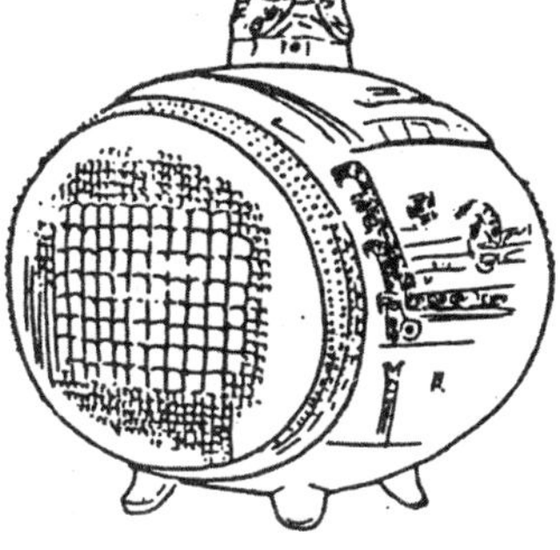

图 1-75

六、兵器，包括戈、戟、矛、铍、钺、刀、剑

1. 戈

《说文》：“戈，平头戟也。从弋，一横之，象形。”徐锴系传：“小枝上向则为戟，平之则为戈。”罗振玉《增订殷墟书契考释》：“戈全为象形。丨象柲，一象戈，非从弋也。古金文或作弋，形已失矣。许君于象形诸字每云从某者，因字形失而误会也。”《小尔雅·广器》：“戈，钩孑戟也。”《书·顾命》：“四人綦弁，执戈上刃，夹两阶戺。”《汉书·刑法志》：“魏氏武卒，衣三属之甲，操十二石之弩，负矢五十个，置戈其上，冠胄带剑。”由《周礼·考工记·冶氏》所载“戈广二寸，内倍之，胡三之，援四之”可知戈之各部分之名称如下：长条形锋刃部分称援，援之尖锋称锋，援之下刃称刃，连援插入戈柲部分称内，刃之延长且靠近戈柲部分称胡，胡上穿皮索之孔称穿，援内之间突出部分称阑。戈，甲骨文作（珠 458），金文作（戈卣），小篆作，象形字，象平头钩兵之形，安于长柲之上，以利钩杀。早见于商代早期，商代中晚期、西周以及春秋战国时期亦大量使用，为战争中消耗量大之兵器。如图所示，图 1-77 为狭援长胡三穿内刃戈，图 1-78 为狭援三刺胡三穿内刃戈。

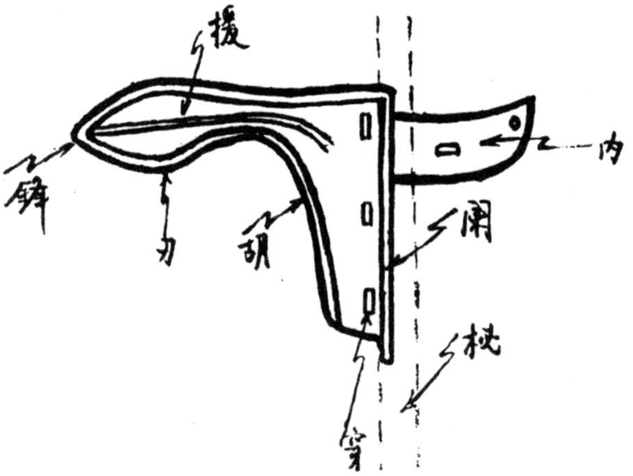

图 1-76

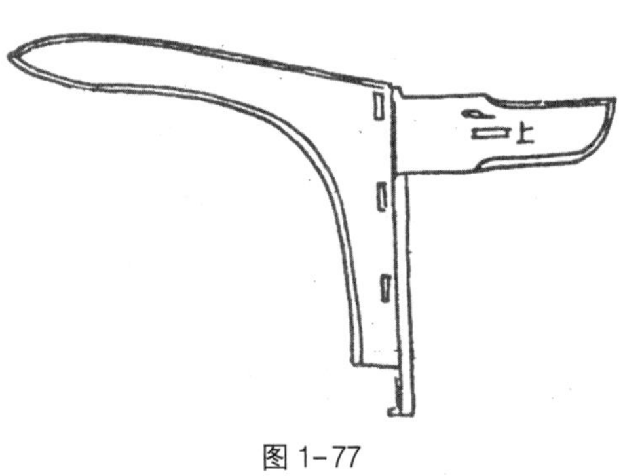

图 1-77

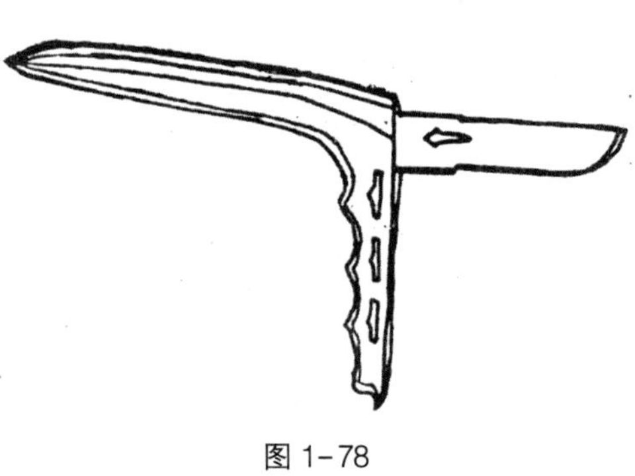

图 1-78

2. 戟（戟）

《说文》：“戟，有枝兵器也。从戈倝。《周礼》：‘戟长丈六尺。’读若棘。”邵瑛《群经正字》：“汉碑戟或省作戟。”段玉裁注：“戟为有枝之兵，则非若戈之平头而亦非直刃，似木枝之衺出也。”《玉篇》：“戟，三刃戟也。”《周礼·考工记·冶氏》：“戟广寸有半寸，内三之，胡四之，援五之。”郑玄注：“戟，今三锋戟也。内长四寸半，胡长六寸，援长七寸半。”《左传·襄公二十五年》：“或以戟钩之，断肘而死。”《诗·秦风·无衣》：“修我矛戟。”郑玄笺：“戟，车戟常也。”《淮南子·氾论训》：“出犀甲一戟。”高诱注：“戟，车戟也，长丈六尺。”由此可见，戟之为物，类戈而上出枝兵，钩刺之兵器也。如图所示，图 1-79 为刺戈合体直内戟，图 1-80 为长刺短胡刃内戟。

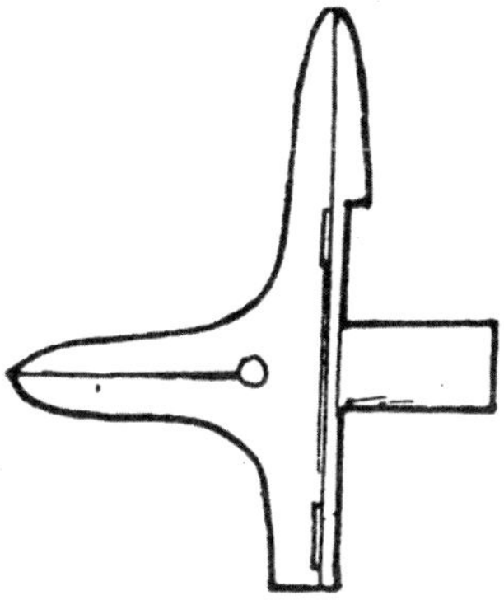

图 1-79

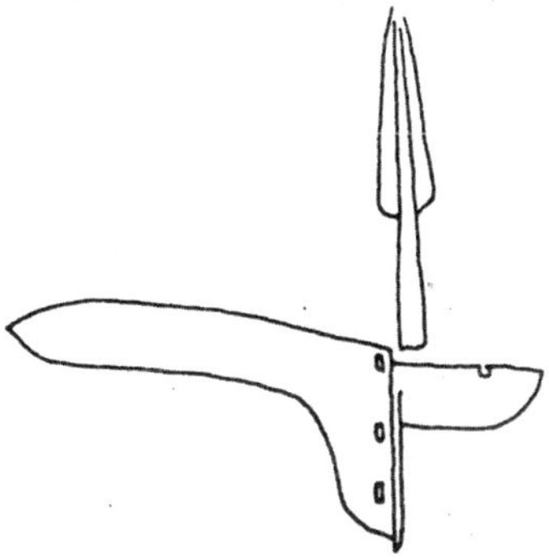

图 1-80

3. 矛

《说文》：“矛，酋矛也。建于兵车，长二丈。象形。𢦏，古文矛，从戈。”段玉裁注：“《考工记》谓之刺兵。”于省吾《双剑誃殷契骈枝续编》：“（金文矛）上象其锋，中象其身，下端有銎，所以纳柲，一侧有耳，耳有孔，盖恐纳柲于銎之不固，以绳穿耳以缚之，亦有两侧有耳者。”《书·牧誓》：“称尔戈，比尔干，立尔矛，予其誓。”《周礼·考工记·庐人》：“酋矛当有四尺，夷矛三寻。”《诗·秦风·无衣》：“修我戈矛，与子同仇。”郑玄笺：“矛长二丈。”汉枚乘《七发》：“白刃硙硙，矛戟交错。”矛，金文作（㦸簋），小篆作，象形字，象刺兵之形。矛之为物，盖为直刺兵器。由锋刃和銎两部分构成。锋刃又分前锋刃与两翼刃。早见于商代早期，西周、春秋战国时期亦有所见。如图所示，图 1-81 为狭叶刃方銎双耳矛，图 1-82 为阔叶刃长銎双耳矛。

图 1-81

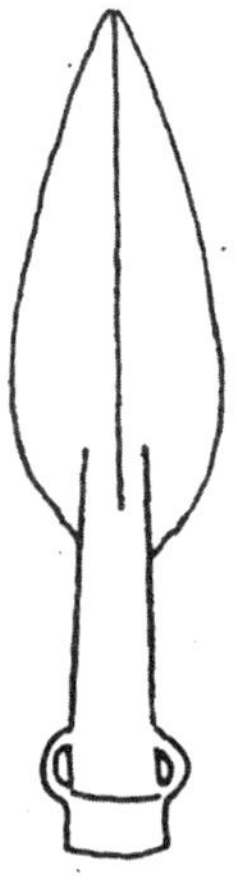

图 1-82

4. 铍

《说文》:“铍，大鍼也。一曰剑如刀装者。从金，皮声。”段玉裁注:“剑两刃，刀一刃，而装不同。实剑而用刀削裹之是曰铍。”徐灏笺:“盖为两刃如剑而形制如刀，故曰剑刀装。”《左传·襄公十七年》:“贼六人以铍杀诸卢门合左师之后。”《睡虎地秦墓竹简·法律答问》:“铍、戟，矛有室者，拔以斗，未有伤殴(也)，论比剑。”又《方言》卷九:“锬谓之铍。”郭璞注:“今江东呼大矛为铍。”钱绎笺疏:“大矛谓之铍也。”由此可见，铍之为物，如矛而大，形如刀，有两刃。如图 1-83 所示。

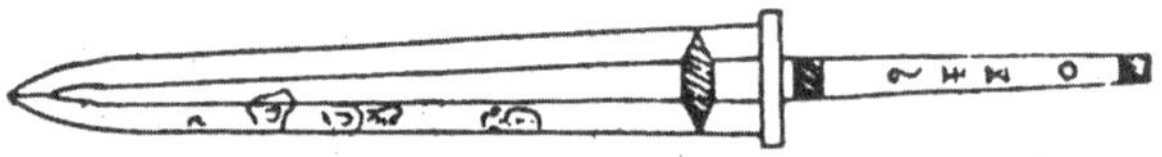

图 1-83

5. 钺（戉）

《说文》:“钺，车銮声也。从金，戉声。《诗》曰:‘鑾声钺钺。’”段玉裁注:“以戉声之字状銮声，尤殊不类。鐬从濊声，濊从戌声。戌声、濊声则与銮声相似。”“疑古《毛诗·泮水》本作‘鉞鉞’，后乃变为‘鐬’字。”“《说文》‘鉞’篆讹‘钺’。”《集韵》:“戉，《说文》:‘斧也’，或从金。”又，《说文》:“戉，斧也，从戈，𠃊声。”罗振玉《增订殷墟书契考释》:“戉字象形，非形声。”《小尔雅·广器》:“钺，斧也。”《广韵》:“戉，《说文》曰:‘大斧也。’《司马法》曰:‘夏执玄戉，殷执白戚。’又作钺。”朱骏声《说文通训定声》:“《字林》:‘钺，王斧也。’按:王者，大也。《书·牧誓》:“王左杖黄钺。”孔安国传:

“以黄金饰斧。”陆德明释文：“钺，音越，本又作戉。”《尚书·顾命》：“一人冕执钺。”郑玄注：“钺，大斧也。”戉，甲骨文作（后上 31. 8），金文作（戉父癸甗）、（虢季子白盘），象形字，象圆口大斧之形，商、西周、春秋直至战国皆有所用。如图所示，图 1-84 为大孔弧刃狭内钺，图 1-85 为小二孔卷刃有銎连内钺。

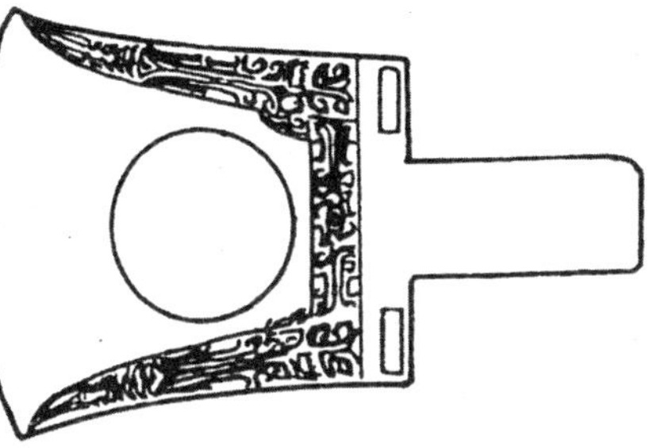

图 1-84

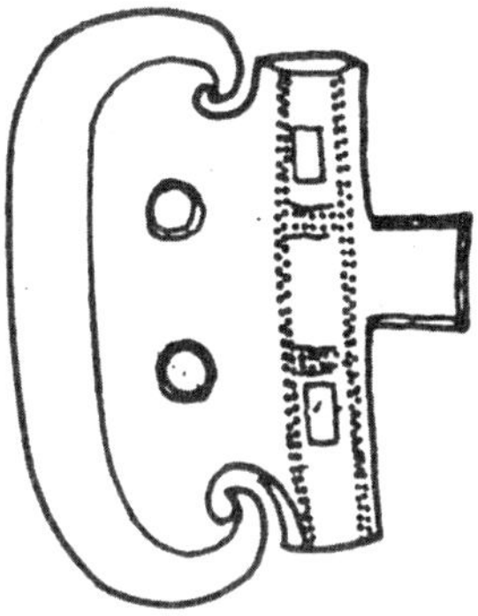

图 1-85

6. 鏚（戚）

《说文》：“戚，戉也。从戉，尗声。”段玉裁注：“戚小于戉。”王绍兰《说文段注订补》：“戚刃蹙缩，异于戉刃开张，故戉大而戚小。”《玉篇》：“戚，戉也。或作鏚。”《诗·大雅·公刘》：“弓矢斯张，干戈戚扬。”毛传：“戚，斧也；扬，钺也。”《礼记·明堂位》：“朱干玉戚，冕而舞大武。”郑玄注：“戚，斧也。”《山海经·海外西经》：“（刑天）乃以乳为目，以脐为口，操干戚以舞。”郭璞注：“戚，斧也。”由此可见，鏚之为物，斧属，似钺而小，用于砍杀。初见于商代早期，商代中晚期以及西周时期，均见使用。如图所示，图 1-86 为直边弧刃鏚，图 1-87 为曲边弧刃鏚。

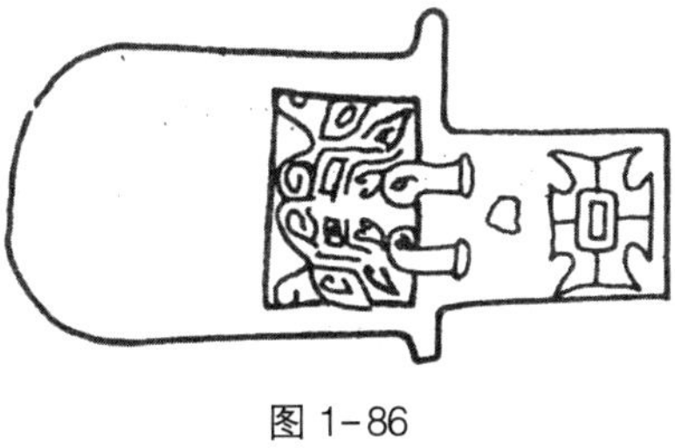

图 1-86

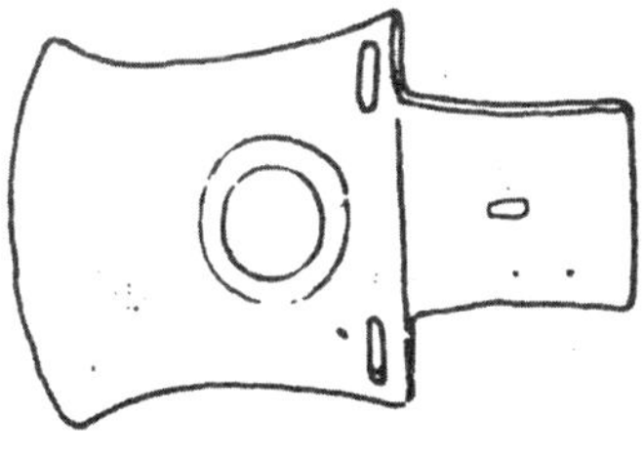

图 1-87

7. 刀

《说文》：“刀，兵也。象形。”桂馥《义证》：“兵也者，《急就篇》：‘矛、铤、镶、盾、刃、刀、钩。’颜注：‘刀，大小众刀也。’”王筠《句读》：“《周礼》五兵无刀，《考工记》以郑之刀与斤、削、剑并数，亦不尽是兵器，疑或鸾刀之类。”《诗·大雅·公刘》：“何以舟之？维玉及瑶，鞞琫容刀。”毛传：“容刀，言有武事也。”刀，甲骨文作（甲 3085）、（粹 1184），小篆作，象刀之形，古代用为砍杀兵器。早见于商代早期，商代中、晚期以及周早、中期发现更多。如图所示，图 1-88 为短柄翘首无脊饰刀，图 1-89 为短柄翘首有脊饰刀。

图 1-88

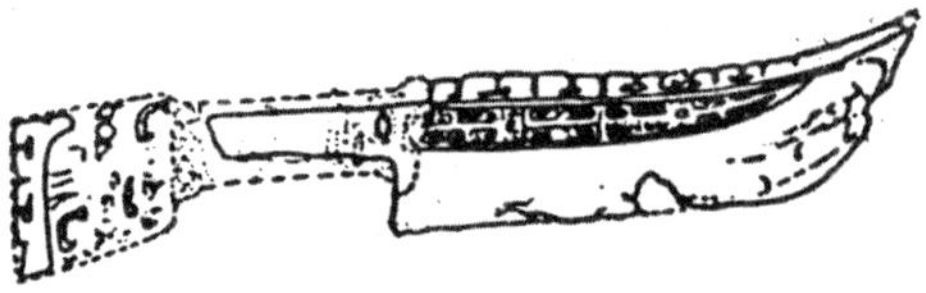

图 1-89

8. 剑

《说文》：“劒，人所带兵也。从刃，佥声。劍，籀文劒从刀。”段玉裁注：“今之匕首也，人各以其形貌大小带之。”《释名·释兵》：“剑，检也，所以防检非常也。又，敛也，以其在身时，拱敛在臂内也。”《周礼·考工记·桃氏》：“身长五其茎长，重九锊，谓之上制，上士服之；身长四其茎长，重七锊，谓之中制，中士服之；身长三其茎长，重五锊，谓之下制，下士服之。”由此可见，剑之为物，前面有锋，两面有刃，系古代贵族士大夫随身佩带用以表明等级身分或用以自卫防身之兵器。剑由剑身及剑把两部分构成，每个部分各有其专名。剑身部分，

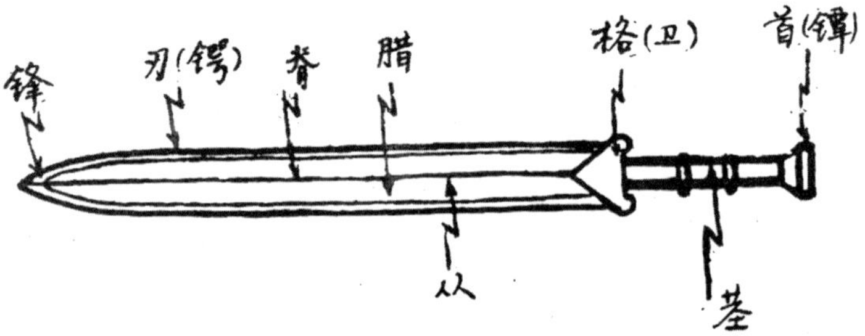

图 1-90

前端尖突称“锋”，剑中央凸出之棱称“脊”，脊之两旁称“从”，从两旁之刃称刃或锷，合“脊”和两“从”称“腊”；剑把部分，圆形或扁形之把手称“茎”，茎与腊相接呈凹字形或中间条形物称“格”，又称“卫”，茎末端圆形内凹部位称“首”，或称“镡”，绕在茎上之绳称“缑”。剑均有鞘。如图所示，图 1-91 为无

格斜从扁茎剑，图 1-92 为斜宽从狭锷厚格圆茎有箍剑。

图 1-91

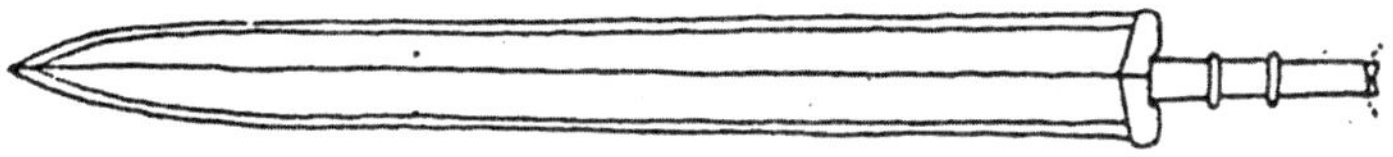

图 1-92

七、工器（含工具、农具），包括铲、镬、锄、镰、锛、斧、斤、凿

1. 铲

《说文》："铲，镤也。一曰平铁。从金，产声。"徐灏注笺："平铁者，平木器之铁也。"《释名・释用器》："铲，平削也。"《广雅・释器》："铲柄长二尺，刃广二寸，以铲地除草。"《六书故・地理一》："铲，状如斧而前其刃，所以铲平木石者也。"王士祯《农书》卷十三："铲，《纂文》曰：'养苗之道，锄不如耨，耨不如铲。柄长二尺，刃广二寸，以刬地除草。'"《诗・周颂・臣工》："庤乃钱镈。"钱即铲。铲又作刬。由此可见，铲之为物，状如斧，而前有刃，或用以铲平木石，或用于铲地除草。早见于商代晚期，西周以至春秋战国广泛应用。如图所示，图 1-93 为长方銎长方体圆肩平刃铲，图 1-94 为椭銎长方体方肩宽刃铲。

图 1-93

图 1-94

2. 镬

《说文》："镬，大锄也。从金，矍声。"王筠《句读》："其用与锄同，其形与锄异，老圃用之，其名不改……可以斫地，因名曰斫。"《淮南子・精神训》："今

夫蹠者揭钁臿，负笼土，盐汗交流，喘息薄喉。”高诱注：“揭，举也；钁，斫也。”王士祯《农书》卷十三：“盖钁斸器也。农家开辟地土，用以斸荒。凡田园山野之间用之者，又有阔狭大小之分，然总名曰钁。”由此可见，钁之为物，似锄而长，厚体窄刃，刃或单面或双面，有銎。直柄前曲，纳之于銎。用于起土或除草。早见于商代早期，西周和春秋时广泛应用。如图所示，图 1-95 为长方銎直体宽刃钁，图 1-96 为长方銎直体狭刃钁。

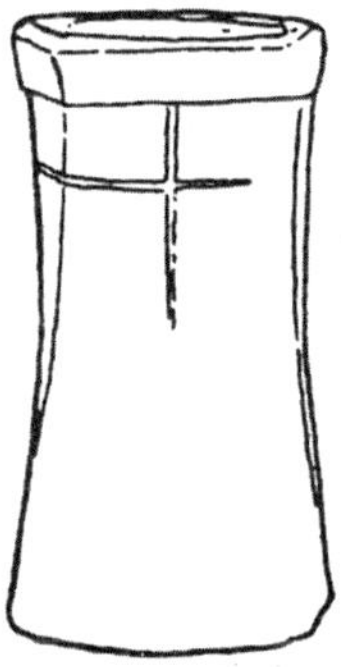

图 1-95

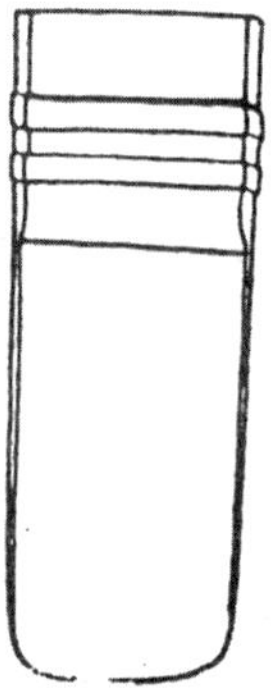

图 1-96

3. 鉏（锄）

《说文》：“鉏，立薅所用也。从金，且声。”段玉裁依《广韵》改为“立薅斫”，云：“薅者，披去田草也。云立薅者，古薅草坐为之，其器曰槈，其柄短。若立为之，则其器曰鉏。”《玉篇》：“鉏，田器也。”《史记·齐悼惠王世家》：“非其种者，鉏而去之。”《后汉书·独行传·李善》：“乃脱朝服，持鉏去草。”由此可见，锄之为物，状如钁，直柄曲端，纳之于銎，刃口或作弧线形，或作直线形，用于除草松土。出现于西周，广泛使用于战国时期。如图所示，图 1-97 为长方銎直体平刃锄，图 1-98 为长方銎直体宽刃锄。

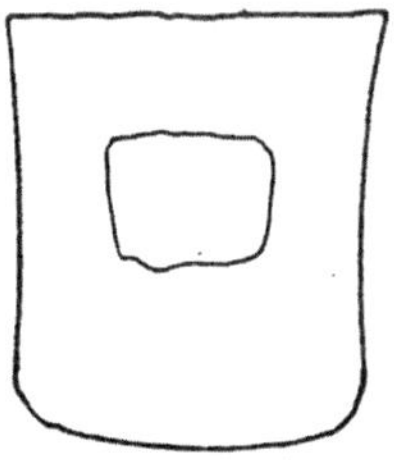

图 1-97

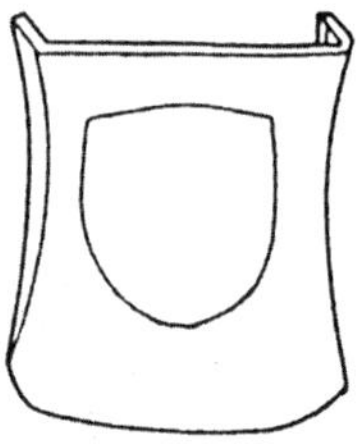

图 1-98

4. 镰

《说文》：“镰，刈钩也。”手镰又称铚。《说文》：“铚，获禾短镰也。”《小尔雅·广物》:“禾穗谓之颖,截颖谓之铚。”柄镰古称之为艾、乂、刈。王士桢《农书》卷十四:“镰,刈禾曲刀也。……《风俗通》曰:‘镰刀自揆,积刍荛之效。’然镰之制不一:有佩镰,有两刃镰,有袴镰,有钩镰,有镰裥之镰,皆古今通用芟器也。”由此可见,镰之为物,形曲如钩,用以刈大。如图所示,图1-99为无齿有孔柄镰,图1-100为有齿有孔手镰。

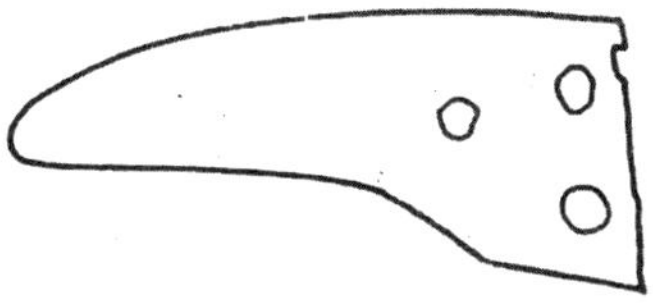

图1-99

图1-100

5. 锛

《改併四声篇海》引《余文》:“锛,平木器。”清张慎仪《蜀方言》:“劈木器曰锛。”唐兰《中国青铜器的起源与发展》:“古代的兵字是两个手捧一个斤字,斤就是锛,既可以作兵器,也可以作农具或工具。”《农政全书·蚕桑·栽桑法》引《务本新书》:“栽二年之上桑,榖雨时,其间但有芽叶不旺者,以硬木贴树身,去地半指,以斧截断,快锛更妙。”由此可见,锛之为物,其状如斧,但斧为两面刃,锛为偏刃,为其异也。锛之背面微呈拱曲形,有长方或菱形之銎,以纳曲形横柄。或用于开垦荒地,或用于治平木面。早见于商代晚期,至西周、春秋时期亦多有发现。如图所示,图1-101为长方銎长体平刃锛,图1-102为长方銎长体弧刃锛。

图1-101

图1-102

6. 斧

《说文》:“斧,斫也。从斤,父声。”段玉裁注作“所以斫也”。于省吾《释斧》:“()字象横列斧形,即斧字的初文……甲骨文后期从斤父声的斧字只一

见，西周后期金文的斧字数见，均为从斤，父声，后世一直沿用，而初文遂废。”王筠《句读》：“斤之刃横，斧之刃纵。”《说文》：“斨，方銎斧也。”段玉裁注：“銎者，斤斧空也。毛传曰：‘隋（椭）銎曰斧，方銎曰斨。’”徐灏笺：“隋（椭）銎谓其銎为长圆形。”《诗·齐风·南山》：“析薪如之何？匪斧不克。”由此可见，斧之为物，状如斤，刃纵向，有平刃和圆刃两种，可以纳柄，用于斫木。早见于商代晚期，西周、春秋时期，其用甚广。如图所示，图 1-103 为方銎直体平刃斧，图 1-104 为长方銎宽体弧刃斧。

图 1-103

图 1-104

7. 斤

《说文》：“斤，斫木也。象形。”徐锴《系传》：“斫木斧也。”段玉裁注：“凡用砍物者皆用斧，砍木之斧，则谓之斤。”徐灏笺：“斧斤同物，斤小于斧。”王筠《句读》：“斤之刃横，斧之刃纵，其用与钁相似，不与刀锯相似。”《孟子·梁惠王上》：“斧斤以时入山林，林木不可胜用也。”汉贾谊《治安策》：“至于髋髀之所，非斤则斧。”周纬《中国兵器史稿·周代砍劈长兵（斧、戉、戚、斤）》：“斧之用为直劈，兵之用为横断也。”斤，甲骨文作（前 8.7.1）、（坊间 4.240），金文作（天君鼎）、（仕斤戈），小篆作，象形字，象横刃斧形，较斧略小，

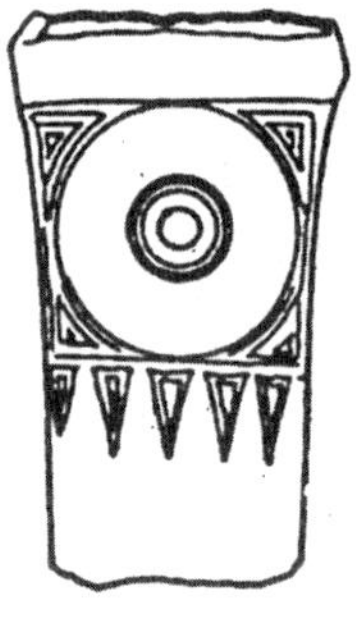

图 1-105

图 1-106

用于砍物。大汶口文化时期或更早，人们便已使用斤。莒县陵阳河出土陶器中有。唐兰释为“斤”字。（参见《从大汶口文化陶器文字看我国最早文化的年代》）商、西周以至春秋战国，均有广泛应用。1957 年，河南信阳长台关战国楚墓出土一柄青铜斤，长方銎，銎中置一曲木髹漆之柄，与甲骨文形象一致。如图所示，图 1–105 为长方銎直体平刃斤，图 1–106 为长方銎直体有耳平刃斤。

8. 凿（鑿）

《说文》：“鑿，穿木也。从金，糳省声。”段玉裁改“穿木”为“所以穿木也”，并注云：“穿木之器曰凿。”《释名 · 释用器》：“凿，有所穿凿也。”《尸子》卷下：“利锥不知方凿。”《广雅 · 释诂三》：“凿，穿也。”《论衡 · 效力》：“凿，所以入木者，槌叩之也。”《天工开物 · 锤锻 · 凿》：“凡凿，熟铁锻成，嵌钢于口，其本空圆，以受木柄。”《诗 · 豳风 · 七月》：“二之日，凿冰冲冲。”由此可知，凿之为物，其体细长，上宽下窄，上端有銎，下端有刃口，刃部或为尖刃，或为弧刃，或为平刃，用以挖槽或钻孔。凿，至迟殷商时期即已使用，凡卜用龟甲，均需钻凿，即其明证。西周、春秋时期，续有使用。如图所示，图 1–107 为长方銎扁体尖刃凿，图 1–108 为长方銎狭体弧刃凿。

图 1–107

图 1–108

八、货币，包括布（币）、刀（币）、贝（币）、圆钱

1. 布

朱骏声《说文通训定声》：“古以布为币，后制货泉即以名之。”《诗 · 卫风 · 氓》：“抱布贸丝。”毛传：“布，币也。”《史记 · 平准书》：“虞夏之币……或钱，或布，或刀，或龟贝。”《汉书 · 食货志下》：“是为布货十品。”颜师古注：“布亦钱耳。”1959 年，山西侯马晋国故城遗址出土 12 枚春秋大型耸肩尖足空首布。布

币盖仿青铜农具镈（铲）形状范铸而成，此乃先民原始交换之媒介物多与农具、工具，以及装饰品相关之反映。布币早见于西周，至春秋时大量铸造。有方足布、圆足布和尖足布三种形式。一般铸有地名和标值。主要流通于三晋和东周。齐、楚等国也有铸造。如图所示，图 1-109 为尖足布，上铸“平周”二字，图 1-110 为方足布，上铸“安阳”二字。

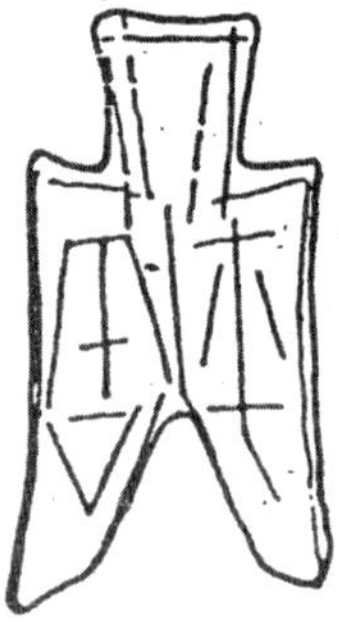

图 1-109

图 1-110

2. 刀

《玉篇》：“刀，亦钱名，以其利于人也，亦名布，分布人间也。”《荀子·荣辱》：“余刀布，有囷窌，然而衣不敢布丝帛。”杨倞注：“刀、布，皆钱也。”《史记·平准书》：“虞夏之币，金为三品，或黄，或白，或赤；或钱，或布，或刀，或龟贝。”司马贞《索引》：“刀者，钱也。《食货志》有契刀，错刀……以其形如

图 1-111

图 1-112

刀，故曰刀，以其利于人也。”刀币盖仿兵器刀范铸而成。刀之应用至广，故先民于原始交换媒介物亦用之。目前所见，皆为战国刀币。有大刀币和小刀币两种式样。其大者乃齐国货币，上铸国名或邑名；其小者为燕国货币，上铸“明”字，又称为“明刀”。如图所示，图 1–111 为齐大刀，上铸“即墨之厺（法）化（货）”五字，图 1–112 为燕小刀，其上铸“明”字。

3. 贝

《说文》：“贝，海介虫也。居陆名曰猋，在水名蜬。象形。古者货贝而宝龟，周而有泉，至秦废贝行钱。”段玉裁注：“象其背穹隆而腹下岐。”《易·震卦》：“亿丧贝。”《盐铁论·错币》：“夏后以玄贝，周人以紫石，后世或金钱刀币。”《宋书·何尚之传》：“中领军沈演之以为：‘龟贝行于上古，泉刀行自有周，皆所以阜财通利，实国富民者也。’”贝，甲骨文作（前 5.10.2）、（甲 777），金文作（辛巳簋）、（师遽簋），小篆作，象形字，象用为货币之海贝之形。战国时期，楚国仿穿孔之海贝铸造贝币，俗谓之“鬼脸钱”“蚁鼻钱”。其上所铸之字，少数可明，多数不可得而知。如图所示，图 1–113 为下穿贝，上铸“君”字，图 1–114 为上穿贝，其上铸字不明。

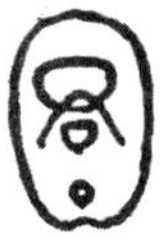

图 1–113

图 1–114

4. 钱

《说文》：“钱，铫也，古田器。从金，戋声。《诗》曰：‘庤乃钱镈。’”段玉裁注：“云古田器者，古谓之钱，今则但谓之铫，谓之臿，不谓之钱。而钱以为货币之名。”《说文系传》：“钱，一曰货也。”段玉裁注：“大徐无此四字。按《贝部》下曰：‘古者货贝而宝龟，周而有泉，至秦废贝行钱。’”姚文田、严可均《校议》：“按：古布如铲，象田器之形，是货也。”《正字通》：“钱，冶铜为钱，易货也。古之为市，所有易所无。布币金刀龟贝之类法穷，钱始行。周制以商通货，太公望立九府圆法，钱外圆而内孔方，轻重以铢，圆者为均通也。……汉以后大小轻重不一，名称各殊。国家改元，必更铸以年号为文，轮廓如旧。”《国语·周语下》：“景王二十一年，将铸大钱。”韦昭注：“钱者，金币之名，所以贸买物，通财用者也。古曰泉，后转曰钱。”《史记·平准书》：“或钱，或布，或刀，或龟贝。”司马贞《索引》：“钱本名泉，言货之流如泉也。故周有泉府之官，及景王乃铸大钱。”钱之形制，盖仿玉璧范铸而成，中有圆孔或方孔，于一面铸地名或币值，产生于战国中期，主要通行于秦国和东西周国，三晋也有铸造。战国末年，齐国、燕国也铸造使用。秦始皇统一中国以后，以圆形方孔之半两钱作为法定货币。如图所示，图 1-115 为圆形圆孔之圆钱，上铸“垣”字。图 1-116 为圆形方孔之圆钱，上铸“半两”二字。

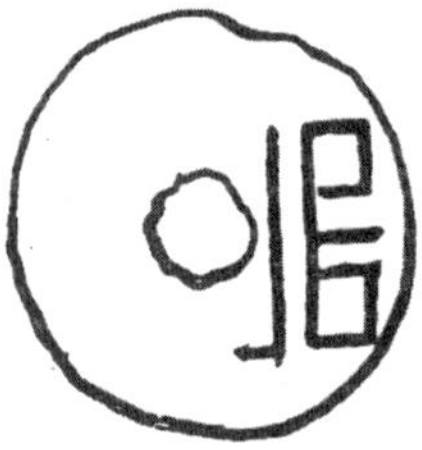

图 1-115

图 1-116

九、其他器，包括镜、权、量、虎符

1. 镜

《说文》：“镜，景也。从金，竟声。”段玉裁注：“景者，光也。金有光可照物谓之镜。”《广雅·释诂三》：“镜，照也。”《六书故·地理一》：“镜，炼冶铜、锡铸而摩之，其明足以见形也。”《墨子·非攻中》：“镜于水，见面之容。”《韩非子·观行》：“古之人，目短于自见，故以镜观面。”显见，镜之为物，圆形，正面磨光发亮，背面铸以饰纹，用以照人或照物。镜在距今四千多年前的齐家文化时期即已出现。商代晚期、西周及春秋战国时期应用渐广。如图所示，图 1-117 为虎鹿鸟纹镜，图 1-118 为蟠龙纹附细纽镜。

图 1-117

图 1-118

2. 权

《广雅·释器》："锤谓之权。"《广韵》："权，称锤也。"《论语·尧曰》："百姓有过，在予一人，谨权量，审法度，修废官，四方之政行焉。"何晏《集解》："包曰：'权，称也；量，斗斛。'"《汉书·律历志上》："权者，铢、两、斤、钧、石也，所以称物平施，知轻重也。"显见，权之为物，称之重锤，施之于衡，所以知轻重也。现已出土之铜权均为春秋战国时物。楚权为圆环形，一套数枚，使用于天平，一如后世之砝码。秦权则呈钟形或瓜形。如图所示，图 1-119 为圆环形权，图 1-120 为瓜棱形权。

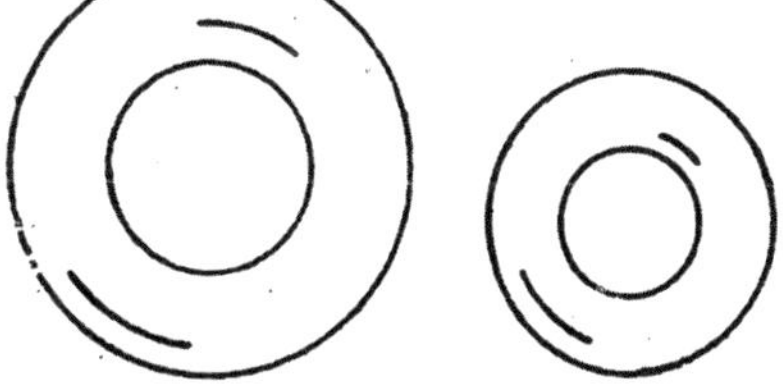

图 1-119

图 1-120

3. 量

《说文》："量，称轻重也。从重省，曏省声。，古文量。"段玉裁注："此训量为称轻重者，有多少斯有轻重，视其多少可辜摧其轻重也。"王筠《句读》："《能改斋漫录》引《符子》曰：或献百二十年豕于燕昭王，王养之十五年令衡官桥而量之，折十桥，豕不量。命水官浮舟而量之，其重千钧。案：此固以量言权者也。"显见，量之为物，量度米粮多少之标准器。铜量最早出现于战国时期，其形制多种多样。如图所示，图 1-121 为双耳壶体量（子禾子釜），图 1-122 为方体量（商鞅方升）。

图 1-121

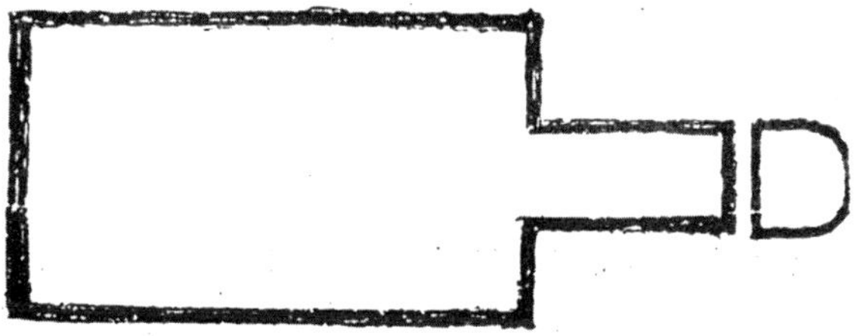

图 1-122

4. 虎符

《说文》："符，信也。汉制以竹，长六寸，分而相合。从竹，付声。"《史记·信陵君列传》："公子诚一开口请如姬，如姬必许诺，则得虎符夺晋鄙军。"《汉书·文帝记》："九月，初与郡守为铜虎符、竹使符。"颜师古注："应劭曰：'铜虎符第一至第五，国家当发兵，遣使者至郡合符，符合乃听受之。竹使符皆以竹箭五枚，长五寸，镌刻篆书，第一至第五。'张晏曰：'符以代古之圭、璋，从简易也。'师古曰：与郡守为符者，谓各分其半，右留京师，左以与之。"显见，虎符之为物，古时调兵之信物，铜铸，虎形，背有印文，分而为二，右半留中，左半授予统兵将帅或地方长官，两半符合验，方可用兵。传世虎符皆秦时所用，为杜虎符、新郪虎符、阳陵虎符等。如图 1–123 所示，为新郪虎符。（本节器形参考马承源主编《中国青铜器》）

图 1–123

第二节　青铜器纹饰

我们的先人在创造物质文明的同时，也创造了精神文明。每一件青铜器物，从实用角度看，它是物质文明的成果；从工艺角度看，它又是工艺美术作品。鼎、鬲、甗、簋、盨、敦、豆、盂、爵、斝、角、觚、觯、尊、觥、卣、壶、方彝、罍、𬭚、缶、𬯀、盉、瓮、盘、匜、盆、钟、镈、钲、铙、铃、钩镏、錞于、鼓、戈、戟、矛、铍、钺、鏚、刀、剑、铲、䦆、钼、镰、锛、斧、斤、凿、布（币）、刀（币）、贝（币）、圆钱、镜、权、量、虎符等，其物之形制，或大不相同，或小有区别，可谓匠心独运，工巧绝伦。其在艺术方面所达到的高度，每令其他民族自叹不如。不仅如此，聪慧睿智的先民们，通过对自然界诸多客观事物的悉心观察，归纳成若干纹样，装饰于器物表面，以求取锦上添花之效果。自1927年以来，我们发现了数以百千计的或整或残的陶器。它们分属于仰韶文化时期、大汶口文化时期、龙山文化（下层）时期、良渚文化时期、史前末期，以及有史早期。其中有不少刻有纹饰，如直线条纹、曲线条纹、绳纹、席纹、动物纹等。此外在出土的属于龙山文化时期和良渚文化时期的玉器上刻有兽面纹或蚌形级。毫无疑问，陶器上的这些纹饰，正是后来青铜器纹饰的发端。遗憾的是，文献古籍中关于铜器饰纹的记载却非常少，且语焉不详。《尚书·皋陶谟》云："余欲观古人之象，日月星辰山龙华虫作绘宗彝。"《吕氏春秋·先识览·先识》云："周鼎著饕餮，有身无首，食人未咽，害及其身，以言报更也。"（高诱注："《广雅·释言》：'更，偿也。'"）又，《审分览·慎势》云："周鼎著象，为其理之通也。"又，《审应览·离谓》云："周鼎著倕而龁其指，先王有以见大巧之不可为也。"又，《离俗览·适威》："周鼎有窃曲（一作穷曲），状其长，上下皆曲，以见极之败也。"又，《恃君览·达郁》云："周鼎著鼠，令马履之，为其不扬也。"仅记周鼎铸刻饕餮之象、象之象、倕龁其指之象、窃曲之象、鼠之象，以为装饰，而于纹样则未加任何解释。至宋吕大临《考古图》方有铜器纹饰的明确记载，如于《癸鼎》下云："文（纹）作龙虎，中有兽面，盖饕餮之象。"于《云鼎》下云："鼎足及身皆以云气为饰。"于《直耳饕餮鼎》下云："鼎腹有饕餮象文（纹），皆隐出。"于《方乳曲文鬲》下云："有界篆方乳曲文（纹）为饰。"等等。至《西清古鉴》，乃以夔龙、夔凤、蟠虺、蟠夔、蟠螭、云雷、盘云、雷纹、夔纹、云龙、风纹、虬纹、鳞纹、蟠龙、垂云、山纹、云螭、风纹、篆带、旋纹等命名青铜器文饰。1934年郭沫若编著《两周金文辞大系图录考释》，其序说——《彝器形象学试探》将中国青铜器分为四大期：第一期滥觞期（当于殷周初期）；第二期勃古期（殷商后期及周初康昭穆之世）；第三期开放期（恭懿以后至春秋中叶）；第四期新式期（春秋中叶至战国末年）；且将器物之形制和纹绘作为分期标准，云："滥觞期目前当无若何明确之智识，然为事理上所必有，盖青铜器脱胎于陶器、石器等之幼稚时期也。此期有待于将来之发掘。勃古期之器物为向来嗜古者所宝重，其器多鼎而鬲罕见。多'方彝'、无盖之簋而无簠，多尊卣爵斝之类而无壶，盘匜所未见，有铎而罕钟，形制率厚重。其有纹绘者，刻镂率深沉，每于全身雷纹之中施以饕餮纹。夔凤、夔龙、象纹等次之。大抵以雷纹、饕餮纹为纹绘之领导。雷纹者，余意盖脱胎于指纹。古者陶器以手制，其上多印有指纹，其后仿制之而成雷纹也。彝器之古者多施雷纹，即其脱胎于陶器之一证。饕餮、夔龙、夔凤均想象中之奇异动物。开放期之器物，鼎鬲簋簠多有之，‘方彝’绝迹，有器名盨者出，酒器则卣爵斝觚之类绝迹，有壶出而代之。盘匜初见，钟镈之类渐多。形制率较前期简便。有纹绘者刻镂渐浮浅，多粗花。前期盛极一时之雷纹几至绝迹。饕餮失其权威，多缩小而降低于附庸部位（如鼎簋等之足）。夔龙夔凤等化为变相夔纹、盘夔形、变相盘夔纹，而有穷曲纹起而为本期纹绘之领袖。《吕氏春秋》云：‘周鼎有穷曲，状甚长，上下皆曲。’揆其纹意盖仿鬼柳或榉柳之木理。古器多以木为之。《庄子·天地篇》云：‘百年之木破为牺尊’，《孟子·告子上》云：‘以杞柳为杯棬’，《考工记》：‘梓人为饮器’，皆其证。鬼柳等之木理至幻美，或如盘云，或似长虹，又或似龙蛇飞舞，故铸器亦仿效之也。象纹绝迹，有鳞纹、回纹等出现。凡此均本期纹绘习见之定式。大抵本期之器已脱去神话传统之束缚，而有自由奔放之精神，然自嗜古者言之，则不免粗率。新式期之器物于前期所有者中鬲甗之类罕见，盨亦绝迹，有敦盏诸器新出，而编钟之制盛行。形制可分堕落式与精进式两种。堕落式沿前期之路线而益趋简陋，多无纹绘，其简陋之极者几与后来之汉器无别，旧亦多误为汉器。精进式则轻灵而多奇构。纹绘刻镂更浅细，前期之粗花一变而为极工整之细花。发明印版之使用，器之纹绘多为同一印版之反复。纹样繁多，不主故常，与前二期之每成定式大异其撰。其较习见者，为蟠螭纹或蟠虺纹，乃前期蟠夔纹之精巧化也。有镶嵌错金之出现，有羽人飞兽之跃进，附丽于器体之动物，多用写实形而呈生动之气韵。古器至此期，俨若荒废之园林一经精灵之吹嘘而突见奇花怒放。”容庚于1933年著录《颂斋吉金图录》，1938年著录《颂斋吉金图续录》，于器物图象之后附以文字拓片和花纹拓片。容氏又于1934年著录《武英殿彝器图录》，各器均摹拓款识与花纹，开始注意于铜器纹饰的研究，可谓领风气之先。此后于省吾《双剑誃吉金录图》、商承祚《十二家吉金图录》、关百益《新郑古器图录》等，均踵其步武，摹录花纹，但录而不释，未免缺憾。容庚1941年著《商周彝器通考》，始辟专章论析青铜器纹饰。郭、容、商、于、关诸氏于青铜纹饰研究或领首倡之功，或施推挽之力，一俟形制与纹饰成为铜器分期标准一事得到学术界公认之后，纹饰研究才得到进一步拓展和深入。现将商代、西周、春秋和战国时期若干种比较常见的铜器纹饰简释如次。

一、几何形纹饰，包括云雷纹、圈带纹、涡纹、波形纹、绳形纹、三角形纹、方形纹

1. 云雷纹

《说文》云："雲，山川气也。从雨，云象雲回转形。云，古文省雨。，亦古文雲。"徐锴《系传》："从雨，云声。"于省吾《殷契骈枝续编》："云为雲之初文，加雨字为形符，乃后起字；云，甲骨文作（乙 108）、（存下 956），《说文》古文作，作，象云气回转之形。雷，《说文》作靁，云："靁，阴阳薄动，靁雨生物者也。从雨，畾象回转形，，古文作靁，古文靁，，籀文靁，间有回，回，靁声也。"雷（靁），甲骨文作（前 4. 10. 1），（前 7. 26. 1）、（明藏 395），金文作（雷甗）、（盠驹尊），《说文》古文作，象雷电回转形。因此，云雷纹之特征在于线条的左右或上下回转，即单线或双线自某一中心向外环绕，并且连续重复构图。其中，云纹回转线条呈圆转形，而雷纹回转线呈方折形。商代早期已出现连续带状云雷纹作为主纹的器具，商代中期饕餮纹之主体，有以大量云雷纹构成者，商代晚期、西周早期饕餮纹、龙纹、鸟纹空缺之处，常填以雷纹。春秋战国之际，于饕餮纹、龙纹等的体躯也饰以各种云雷变形图案。战国开始，云雷纹发展成为线条活泼的流云纹。如图所示，图 1-124 为横向单体细线圆转形云雷纹，图 1-125 为横向断裂反向回转双钩圆转云雷纹。

图 1-124

图 1-125

2. 圈带纹

圆是最常见的几何图形之一。圈带纹是由若干半径相同的圆等距离地布成长带形。二里头文化期爵和斝的腹部，已出现实体连珠纹。商代早、中期之连珠纹，变为空心圆圈或圈中有点的横向等距排列，或作为主纹，或作为饕餮纹、龙纹、

雷纹上下之界栏的次要饰纹。这种圈带纹通行于商代和西周，以后很少见到。如图所示，图 1-126 为直线型单列圈带纹，图 1-127 为曲线型双列点圈带纹。

图 1-126

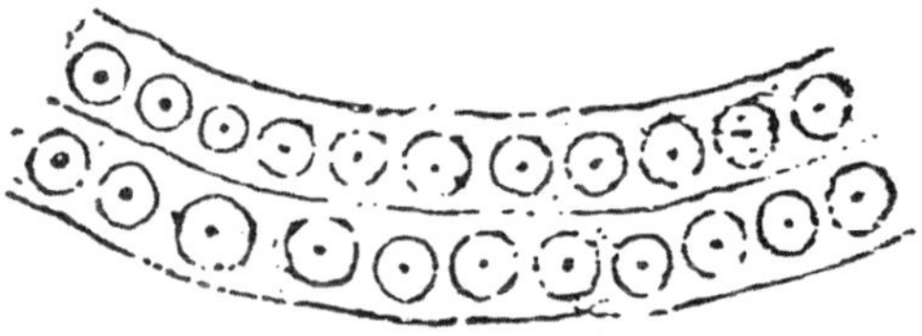

图 1-127

3. 涡形纹

涡纹乃圈纹之发展和繁化，或为单体，或呈现四花瓣形，或在四花瓣形上迭加变形云雷纹饰。涡纹见于商代。如图所示，图 1-128 为单体中有隆起圆点涡纹，图 1-129 为单体中有圆圈和圆周有五条涡线涡纹。

图 1-128

图 1-129

4. 波形纹

波纹可以看作圈带纹的派生物。如将若干等半径圆并拢而呈相切形态，则前一圆之上半圈与后一圆之下半圈必在切点处相切，两半圆相续相接，构成波纹。当时，作为铜器波纹形，每附以其他纹样，殊少独立出现。波形纹通行于西周时期。如图所示，图 1-130 为单体双线附眉形口形波形纹，图 1-131 为复体附鼻口形、子形双线波形纹。

图 1-130

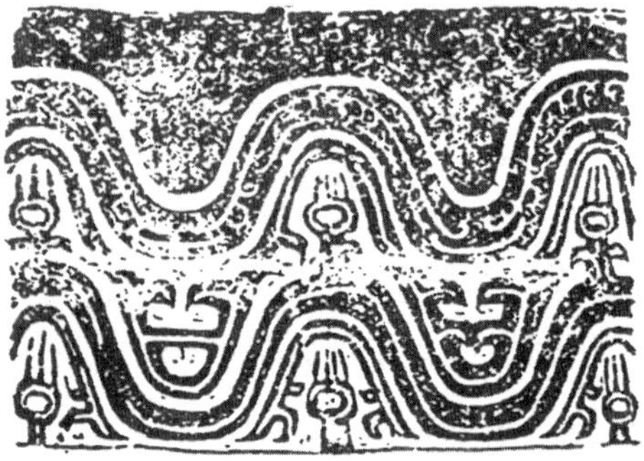

图 1-131

5. 绳形纹

绳形纹乃两波纹形的迭合和纽结。其迭合处，呈现于外者有线，而被迭于内者无线，从而富有立体感。绳形纹通行于春秋战国时期。如图所示，图 1–132 为两线并行绳形纹，图 1–133 为四线并行绳形纹。

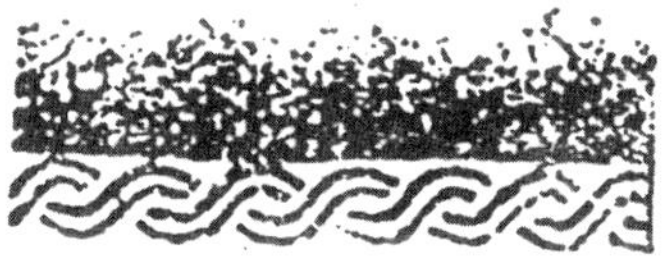
图 1–132

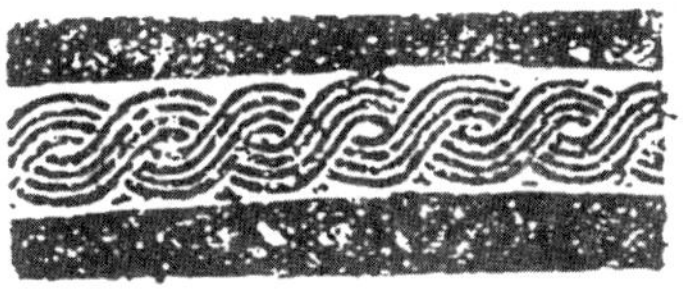
图 1–133

6. 三角形纹

三角形也是最常见的几何图形之一。三角形纹用于青铜器装饰，均取等腰三角形或正三角形。若干等腰、等底或等边的三角形，或并列排列，或迭压排列，构成三角形纹。当然，三角形纹每附以其他纹样，并不单独出现。三角形纹通行于春秋战国时期。如图所示，图 1–134 为底上顶下附夔纹三角形纹，图 1–135 为顶上底下附窃曲纹并列三角形纹。

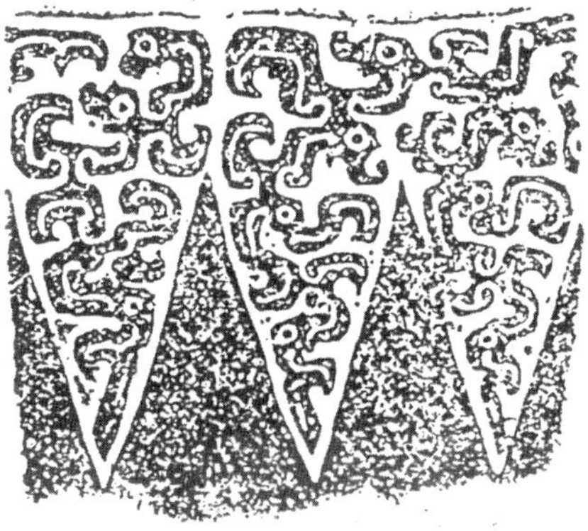
图 1–134

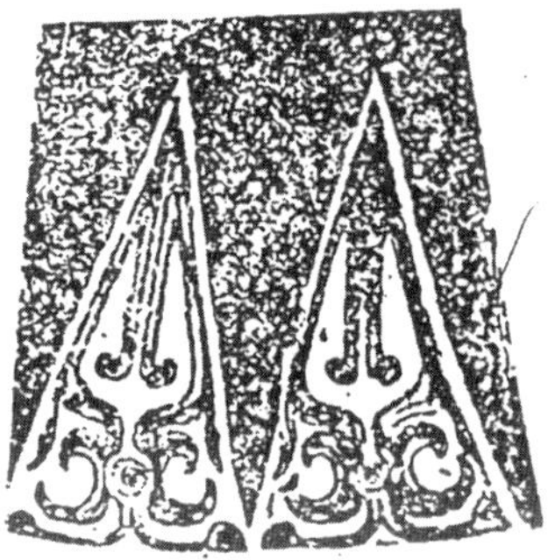
图 1–135

7. 方形纹

方形也是最常见的几何图形之一。作为青铜器纹饰，正方形、长方形多用为诸多饰纹之界栏，而真正用以作饰纹的方形均采用变形和加强形态，并常附以其他纹样。方形纹通行于西周晚期。如图所示，图 1–136 为前圆角后锐端粗线双套四方形纹，图 1–137 为含乳纹方折型云雷纹斜四方形纹。

图 1-136

图 1-137

二、动物形纹饰，包括饕餮纹、龙纹、夔纹、凤纹、鸟纹、窃曲纹、象纹、鹿纹、牛纹、鱼纹、龟纹、贝纹、虺纹、蚕纹、蝉纹

1. 饕餮纹

《说文》：“饕，贪也。从食，號声。叨，饕或从口，刀声。饕，籀文饕从號省。”《广雅·释诂二》：“饕餮，贪也。”王念孙《疏证》：“贪财、贪食，总谓之饕餮。饕餮一声之转，不得分贪财为饕，贪食为餮也。《吕氏春秋·先识》：‘周鼎著饕餮，有首无身，食人未咽，害及其身。’盖饕餮本贪食之名，故其字从食。”《玉篇》：“饕贪食贪财也。”《左传·文公十八年》：“缙云氏有不才子，贪于饮食，冒于货贿，侵欲崇侈……天下之民以比三凶，谓之饕餮。”杜预注：“贪食为餮。”《汉书·礼乐志》：“贪饕险诐，不闲义理。”颜师古注：“贪甚曰饕。”《说文》：“餮，贪也。从食，殄省声。《春秋传》曰：‘谓之饕餮。’”《玉篇》：“餮，贪食也。餮，同上。”《广韵》：“餮，贪食。《说文》作餮。”因此，所谓饕餮，凶恶贪残之兽名。用于青铜器纹饰，仅有首而无身。其为首也，有眉，有目，有鼻，有口，多有夸张虚化之味。恐为先人想象中之恶兽，难以定指为何兽。饕餮纹具有神秘威严色彩，成为商代和西周初期青铜器的主要纹饰。大致说，饕餮纹有浑然一

图 1-138

图 1-139

体与左右两半两种形态。其为浑然一体形态者，有眉，有鼻，有口，而鼻作鼻形；其为两半形态者，有眉，有鼻，有口，而鼻变为上下贯通之直线，该线成为左右两半图形之对称轴。当然，作为主纹的饕餮纹之外，每附以其他纹样，其中最为常见者为云雷纹。如图所示，图 1-138 为附夔纹云雷纹为一体饕餮纹，图 1-139 为附刀形戟形云雷纹为一体饕餮纹。

2. 龙纹

《说文》："龙，鳞虫之长。能幽能明，能细能巨，能短能长，春分而登天，秋分而潜渊。从肉，飞之形，童省声。"罗振玉《殷墟书契考释》："龙，卜辞或从，即许君所谓'童省'，从，象龙形，其首，即许君所谓从肉者，其身矣。或省，但为首角全身之形。"《广韵》："龙，灵虫之长也。《易》曰：'云从龙。'"《左传·昭公二十九年》："虫莫知于龙。"《礼记·礼运》："麟凤龟龙，谓之曰灵。"龙，甲骨文作（前 4. 53. 4）、（京津 1293），金文作

图 1-140

图 1-141

（龙母尊）、（祖仲无龙鬲），象有角、喙、身之龙形。因此，龙亦神话传说中之动物，有首，有角，有身，有尾、有鳞，有足，难以定指其为自然界之何兽。先人以为龙能兴云致雨，泽及天下，故被敬为灵物，并且进入人们的社会生活。商代及西周的青铜器饰纹亦多见龙形纹。如图所示，图 1–140 为附云雷纹爬行龙纹，图 1–141 为附夔纹、云雷纹蟠曲龙纹。

3. 夔纹

《说文》：“夔，神魖也。如龙，一足，从夊，象有角、手、人面之形。”《国语·鲁语下》：“木石之怪曰夔、魍魉。”韦昭注：“木石，谓山也。或云：夔，一足，越人谓之山缫……或作猱，富阳有之，人面猴身，能言。”《庄子·达生篇》：“桓公曰：‘然则有鬼乎？’曰：‘有……水有罔象，丘有峷，山有夔，野有彷徨，泽有委蛇。’”陆德明释文：“夔，司马云：状如鼓而一足。”《文选·张衡〈东京赋〉》：“残夔魖与罔象。”薛综注：“夔，木石之怪，如龙，有角，鳞甲光如日月，（见）则其邑大旱。”因此，夔亦为先民神话传说中之怪兽，难以定指其为自然界中之何兽。或谓乃爬行动物之神异化，以一足一角区之于龙。夔纹有时也伴以其他纹饰，如云雷纹等。商代、周初铜器多用之。如图所示，图 1–142 为附云雷纹爬行夔纹，图 1–143 为附云雷纹巨口吞物夔纹。

图 1–142

图 1–143

4. 凤纹

《说文》“鳳，神鸟也。天老曰：凤之象也，鸿前麐后，蛇颈鱼尾，鹳颡鸳思，龙纹虎背，燕颔鸡啄，五色备举。出于东方君子之国，翱翔四海之外，过昆仑，饮砥柱，濯羽弱水，莫宿风穴，见则天下大宁。从鸟，凡声。，古文凤，象形。”《诗·大雅·卷阿》：“凤皇于飞，翙翙其羽。”毛传：“凤皇，灵鸟，仁瑞也。雄曰凤，雌曰皇。”陆玑疏：“或曰：凤皇一名鶠，非梧桐不栖，非竹实不食，非醴泉不饮。”《礼记·礼运》：“麟、凤、龟、龙，谓之四灵。”凤，甲骨文作（掇 2. 15. 8）、（京津 518），象高冠、丽翎、长尾之鸟形。因此，凤亦先民深话传说中之灵异之鸟，无以质其为自然界之何鸟，以高冠、丽翎、长尾区于众鸟。凤纹多见于西周时期之铜器，亦见于战国时期之铜器。如图所示，图 1-144 为单体凤纹，图 1-145 为附云雷纹单体凤纹。

图 1-144

图 1-145

5. 鸟纹

《说文》：“鸟，长尾禽总名也。象形。鸟之足似匕，从匕。”林义光《文源》：“匕象鸟足形，非匕箸字。”段玉裁注：“短尾名隹，长尾名鸟。析言则然，浑言则不别也。”《玉篇》：“鸟，飞禽总名也。”《书·舜典》：“畴若予上下草木鸟兽。”鸟，甲骨文作（甲 2904）、（乙 6664），金文作（子作弄鸟），小篆作，象形字，象立鸟之形。甲骨文中还有鸣字，作（甲 2415）、（后下 6. 13）、（佚 580）、（京津 4012）。鸟及其鸣声很早便进入先民意识中。作为青铜器纹饰，商代鸟纹大抵作短身垂尾状，西周鸟纹大抵为长身卷尾形。鸟纹与凤纹之区别在有无高冠。有高冠者为凤，无高冠者为鸟。如图 1-146 所示，有二鸟上下布列，下鸟之首向前，而上鸟之首回顾。

图 1-146

6. 窃曲纹

《吕氏春秋·适威览》："周鼎有窃曲，状甚长，上下皆曲，以见极之败也。"窃曲纹可以看作两兽之某一部分，如头部、躯干部、尾部相互联接而得的纹饰，而联接处多为一目。窃曲纹通行于西周中、晚期和春秋时期。如图所示，图 1-147 为上下夔形连目窃曲纹，图 1-148 为附云雷纹上下夔形三连目窃曲纹。

图 1-147

图 1-148

7. 象纹

夏商时代，中原地区气候温润，雨量充沛，既有龟沉浮于水中，亦有象出没于林间。甲骨文象作（前 3.31.3）、（乙 960），金文作，象巨首长鼻丰身之象之形。其时象早已被人驯服。甲骨文爲字作（前 5.30.4），金文作（曶鼎），从爪从象，会"役象以助劳"之意。由此，进入先民的社会生活并用于西周铜器纹饰。如图所示，图 1-149 为附云雷纹单体象纹，图 1-150 为附云雷纹左右对称二体象纹。

图 1-149

图 1-150

8. 鹿纹

《说文》："鹿，兽也。象头角四足之形。鸟、鹿足相似，从匕。"甲骨文作（甲 1233）、（粹 953），金文作（貉子卣）、（命簋），象形字，象鹿之全形。鹿情好群居，分布极广。殷墟甲骨刻辞用料除龟甲、牛胛骨而外，也用鹿头骨之类。卜辞也多有隻（获）鹿若干的记载。凡此，皆足以说明在殷商时代甚至更早，先人们就与鹿打交道了。尽管如此，作为青铜器纹饰的鹿纹并不多见。就所及见者而言，早则周早期，迟则春秋战国时期。如图 1-151 所示，此纹饰中二鹿为一组，作卧而顾盼态。

图 1-151

9. 牛纹

《说文》："牛，大牲也，牛，件也。件，事理也。象角头三封尾之形。"甲骨文作（乙 3228）、（甲 795），金文作（昌鼎）、（师寰簋），小篆作，象形字，象头角之形。《世本·作篇》："胲作服牛。"说明我国先民在夏商时代就已知道役牛以助人劳。殷墟甲骨卜辞中每以牛牲、大牢致祭，其数几、十几、几十不等，足见其与先民生活之不可分。商周铜器肩部、鋬部、足部也每见牛头图

图 1-152

案装饰。尽管如此，牛之全形用于铜器纹饰非常少见。就所仅见者而言，系商晚期之尊。如图 1-152 所示，此纹饰中二牛相向作奔突状。

10. 鱼纹

《说文》：“鱼，水虫也。象形。鱼尾与燕尾相似。”甲骨文作（佚 812）、（前 4.55.7），金文作（犀伯鼎）、（番生簋），象形字，象鱼之全形。大量网坠和骨矢的出土，表明早在史前时期，先民们已知道使用鱼网、鱼叉来捕鱼。甲骨文渔作（前 5.45.4）、（粹 1565），显为以手钩鱼、以手网鱼之意。鱼与先民生活之紧密关系宛然如绘。商周鱼纹并不多见，且多出现在盘上。如图所示，图 1-153 为上二鳍下二鳍方形鳞单体鱼纹，图 1-154 为上一鳍下二鳍弧圈形鳞单体鱼纹。

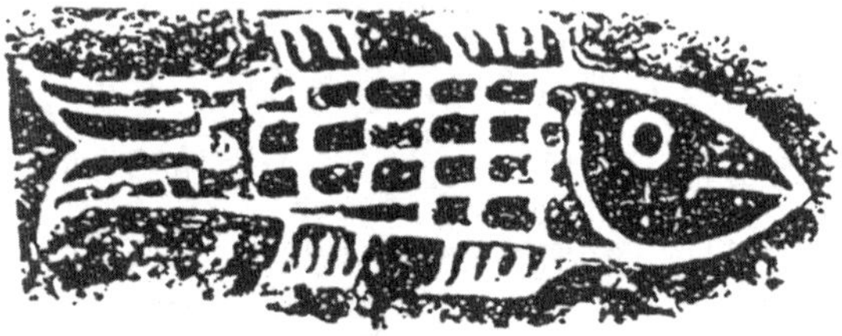

图 1-153

图 1-154

11. 龟纹

《认文》：“龜，旧也，外骨内肉者也，从它，龟头与它头同。天地之性，广肩为雄。龟鳖之夸，以它为雄。象足、甲、尾之形。，古文龟。”甲骨文作（甲 984）、（京津 220），金文作（龟父丙鼎），小篆作。《尔雅 · 释鱼》：“俯者灵，仰者谢（射）。”《礼记 · 礼运》：“麟凤龟龙，谓之四灵。”龟，爬行纲龟科动物，生命力强，耐饥渴，其寿可达百岁以上。又可狎习，似通人性，经驯习之龟多有救助其主人者。上古宝龟，其理在此。甲骨刻辞多以龟甲为用料，所谓龟卜者也。《史记》有《龟策列传》。凡此，均说明龟与先民们社会生活之关系可谓大矣。龟鱼皆为水族，故龟纹有时与鱼纹同时出现（如《龟鱼纹盘》，（《邺中》上 29）。鱼纹使用较少，而且多在商代铜器上出现。如图所示，图 1-155 为上首下尾龟纹，图 1-156 为下首上尾首作饕餮形龟纹。

图 1-155

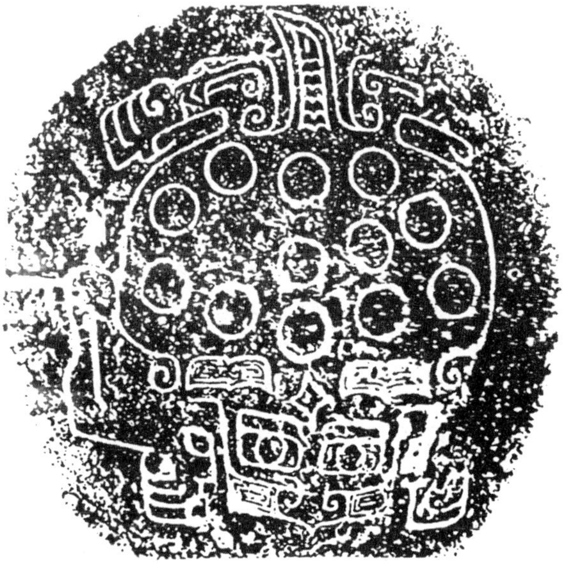

图 1-156

12. 贝纹

《说文》："贝，海介虫也。居陆名猋，在水名蜬。象形。古者货贝而宝龟，周而有泉，至秦废贝行钱。"甲骨文作 （前 5. 10. 2），金文作 （丙申角）、（辛巳簋），象形字，象海贝之形。远在仰韶文化时期，半坡人以贝作颈饰，大量出土的串贝充分说明了这一点。上古换货媒介物，多是先民日常生产或生活必需品，故而后世有布币、刀币、贝币出现。凡此，都足以说明贝与先民社会生活之密不可分。其可作为铜器纹样，自是情理中事。当然，贝纹一般不作主纹，而多以其他纹饰的辅助纹饰身份出现。贝纹通行于春秋战国时期。如图 1-157 所示。

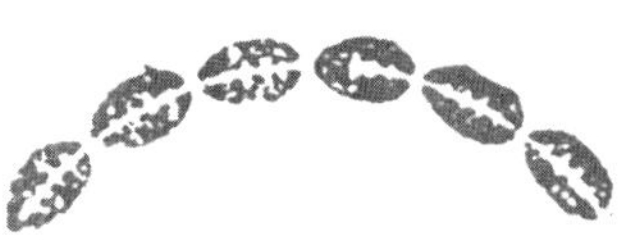

图 1-157

13. 虺纹

《说文》:"虺，虺以注（咮）鸣。《诗》曰：'胡为虺蜴。'从虫，兀声。"段玉裁注："上文'雖'下云'似蜥易'；下文'蜥'下云：'蜥易'。则虺为蜥易属可知矣。"《诗·小雅·正月》："哀今之人，胡为虺蜴。"孔颖达疏："陆玑疏云：虺蜴一名蝾螈，水蜴也。或谓之蛇医，如蜥蜴，青绿色，大如指，形状可恶。"又《尔雅·释鱼》："蝮、蛇，博三寸，首大如擘。"邢昺疏："案，舍人曰：蝮，一名虺。江、淮以南曰蝮，江、淮以北曰虺。孙炎曰：江淮以南谓虺为蝮，广三寸，头如拇指，有牙最毒。"郝懿行义疏："《尔雅》所释乃是土虺，今山中人多有见者，福山、棲霞谓之土脚蛇，江淮间谓之土骨蛇，长一尺许，头尾相等，状类土色，人误践之，跃起中人。"因此，虺或即蛇。《说文》："它，虫也。从虫而长。象冤曲垂尾形。上古草居患它，故相问无它乎。蛇，它或从虫。"《国语·吴语》："为虺弗摧，为蛇将若何。"韦昭注："虺小蛇大。"青铜器饰以虺纹，大约在春秋战国时期。如图 1-158 所示，自上而下，布三层虺纹，每一层一单元有四条虺虫，其中两条蟠曲纠缠，另两条蜷尾独立。

图 1-158

14. 蚕纹

《说文》："蠶，任丝也。从䖵，朁声。"段玉裁注作："蚕，任丝虫也。"并注云："言惟此物能任此事，美之也。'丝'下云：'蚕所吐也。'"《书·禹贡》："桑土既蚕。"孔颖达疏："宜桑之土，既桑之土，既得桑养蚕矣。"蚕，甲骨文作（铁 185.3）、（前 6.66.3）、（后上 28.6），象形字，象桑蚕之形。殷墟发掘物中有玉蚕。商代青铜器表面有丝织物印痕。甲骨文有丝字，作（后下 8.7）、（通别 2.5）、（簠，天 38）、（燕 151），有从系之字十多个。所

有这些，都说明我国至迟在商代已开始养蚕缫丝。如果说中国是世界上桑蚕事业发展最早的国家，决不是什么夸饰之辞。艺术源于生活，蚕被用于青铜器饰纹纹样，自是理所当然之事。现已见到的蚕纹多出现在青铜器的口部、腹部或足部，其两眼突出，身体蜷曲之状，一望而知，是蚕的蠕动前行之摹写。蚕纹通行于商代和周早期。如图所示，图 1-159 为附云雷纹两蚕纹，图 1-160 为四蚕纹。

图 1-159

图 1-160

15. 蝉纹

《说文》："蝉，以旁鸣者。从虫，单声。"段玉裁注："《考工记·梓人》文。郑云：'旁鸣，蜩蜺属。'正义云：'蝉鸣在胁。'"蝉之翼薄而纹理清晰，先民所制丝绸细而薄者，一如蝉翼。《急就篇》第二章："绨络缣练素帛蝉"，其中蝉即一种薄绸之名。由此，蝉亦进入先民社会生活和艺术造型之中。惟蝉纹每不作主纹，而附其他纹样之上或之下，且外围作三角形。施之于器上部、中部、足部以及提梁。如图所示，图 1-161 为附云雷纹三角形纵向蝉纹，图 1-162 为附云雷纹横向蝉纹。

图 1-161

图 1-162

三、叙事画纹饰

战国时代，青铜器纹饰的构形又辟一新境，由原来单体鸟兽逐渐向反映人的丰富多彩的生活图画方面转化，涉及人物狩猎、战斗等若干活动场面，表现出比较明确的图画意义。如图所示，图 1-163 为宴饮作乐纹，图 1-164 为弋射纹。（本节纹形参考容庚、张维持《殷周青铜器通论》、马承源《中国青铜器》）

图 1-163

图 1-164

第三节 青铜器成分

青铜器是铜（Cu）和锡（Sn）的合金，我国夏商周青铜器中又往往含有少量的铅（Pb）。作为合金的青铜，比纯铜硬度高、熔点低（见表 1-1 和表 1-2），具有熠熠的金属光泽和较好的抗腐蚀性能。锡加入铜中，可使铜有更高的硬度和光亮的色泽；铅加入铜后，可使青铜液体有较好的流畅性，并且易于成型。

表 1-1

类别	铜量	锡量	铅量	硬度
纯铜	92%—98%	0.60%以下	0.58%—5%	36
铜加铅	82.83%	0.12%—2.19%	11.58%	45
铜加锡、铅	79.71%	12.05%	6.25%	80
铜加锡	82.08%	15.76%	0.60%以下	94

纯铜熔点为 1083℃，锡为 232℃，铅为 327℃。今以 100 为合金基数，而各加以等量之锡或铅之后熔点变化情况如下：

表 1-2

所加百分比（%）	5	10	20	25	30	35
所加为锡（℃）	1050	1010	890	800	750	730
所加为铅（℃）	1050	1040	1000	990	980	960

*引自陈梦家《殷代铜器》，《考古学报》第七册，1955。

中国青铜器合金成分的记载，见于《考工记·冶氏》：“金有六齐（剂）：六分其金而锡居一，谓之钟鼎之齐；五分其金而锡居一，谓之斧斤之齐；四分其金而锡居一，谓之戈戟之齐；参分其金而锡居一，谓之大刃之齐；五分其金而锡居二，谓之削杀矢之齐；金锡半，谓之鉴燧之齐。”对此郑玄未作明确的比例注释。因此人们有几种不同的解释：其一，“六分其金而锡居一”，意谓含铜六分之五，而含锡六分之一；其二，含铜五分之四至六分之五，含锡五分之一至六分之一；其三，含铜七分之六，含锡七分之一。余类推。生产实践证明，含锡量达到25%以上的器具硬而脆，易于迸裂，不能使用，至于含锡量达到50%以上者，更有随时碎裂的危险。由此，当以第三种解释为可取。现将以上的记载列表表述如下：

表 1-3

合金名称	含铜（%）	含锡（%）
钟鼎之齐	6/7=85.71	1/7=14.29
斧斤之齐	5/6=83.33	1/6=16.67
戈戟之齐	4/5=80	1/5=20
大刃之齐*	3/4=75	1/4=25
削杀矢之齐**	5/7=71.43	2/7=28.57
鉴燧之齐***	2/3=66.66	1/3=33.33

*钱镈之类；**书刃和矢；***平面和凹面镜。

解放后，梁树权和张赣南对44种殷周铜器的成分进行了分析，结果如下：

表 1-4

时代	样品数	含铜（%）	含锡（%）	含铅（%）	含锌（%）	含铁（%）	含镍（%）
殷	8	79.12—96.06	1.83—20.32	0.05—2.59	0	<0.13	<0.1
西周	18	68.43—94.52	1.93—16.88	0.00—21.54	0.04—0.93	0.04—0.59	<0.05
东周	18	64.88—81.05	11.12—20.25	0.00—14.41	0.04—0.27	0.02—1.04	<0.18

两相比较，《考工记·冶氏》所记青铜含铜量为66.66%—85.71%，而梁张二氏分析结果为殷：79.12%—96.06%；西周：68.43%—94.52%；东周64.88%—81.05%，殷、西周不类，唯东周相似。又，《考工记·冶氏》所记青铜含锡量为14.29%—33.33%，而梁张二分析结果为殷：1.83%—20.32%；西周：1.93%—16.88%；东周：11.12%—20.25%，亦唯东周相似。1978年5月湖北随县擂鼓墩出土战国早期《曾侯乙编钟》，取样分析结果为：含铜84.4%—86.5%，含锡为

12.5%—14.6%，含铅一般不超过2%，亦与《考工记·冶氏》之记载相似。由此看来，《考工记》不会是西周的作品，而是战国时期的著作。这与郭沫若先生的考证："《考工记》实系春秋战国末年各国所记录的官书"大致相合（参见《〈考工记〉的年代与国别》，载《天地玄黄》）。

陈梦家曾依据梅原末治《支那铜利器之成分之考古学的考察》(《东亚考古学论考》，分析者：山内淑人、小泉瑛一)、《四五之尊彝之化学成分》(《东亚考古学论考》，分析者：山内淑人、小泉瑛一)、道野鹤松《由化学上所见古代支那之金属及金属文化》(《东方学报》，东京第四册，1933)、《古代支那之纯铜器时代》(《日本化学会杂志》，第九期，1934)、W. F. Collins：The Corrosion of Early Chinese Bronzes JOURNAL OF THE INSTITUTE OF METALS，Vol. XLV 1931，分析者：C. H. Desch、明义士《商戈》，1942年稿本（录其所述1940年伦敦博物院9种殷周青铜器之分析，分析者：A. A. Moss)、H. C. H. Carpenter Preliminary Report or Chinese Bronzes，(1933，安阳发掘报告第四册）这七种材料所提供的分析记录，综合归纳得"殷周铜器合金表"如表1-5。

表1-5

品	铜	锡	铅	总	时代
铙	68.90	11.80		81.20	殷
铙	73.72	12.17		86.51	殷
戈之内	89.93	8.23	0.09	99.57	殷
祭器	62.70	21.30		84.00	殷
鼎		10.20			西周
尊	82.39	15.42	0.45	100.80	西周
𣪘之耳	79.80	10.00	2.54	94.75	西周
祭器	75.80	12.20	8.80	96.80	西周
祭器	75.10	11.50	10.30	97.10	西周
祭器	61.10	14.70	16.20	93.60	战国
祭器	59.80	7.10	30.30	97.70	战国
祭器	75.70	13.90	3.10	93.20	战国
祭器	66.98	8.62	21.64	97.41	战国

表1-5再次说明，殷商和西周时期，青铜成分与《考工记·冶氏》之记载有较大出入，战国青铜器锡的含量与《考工记·冶氏》大体相似，而铜的含量有所减少。这是大量用铅的缘故。如果把含铜量与含铅量加在一起，其数值亦与《考工记·冶氏》大体相似（参见陈梦家《殷代铜器》，《考古学报》第七册，1955年）。

马承源及其同事们综合归纳了《殷墟妇好墓》《文物》、上海博物馆、美国的弗利尔美术馆等国内外已经发表的材料，得到如下数表：

其一，商晚期礼器成分分析

表1-6

编号	器物名称	铜	锡	铅
1	好连体甗	84.71	11.85	1.80
2	妇好三连甗架	84.61	13.33	1.16
3	好大型盂	82.02	11.93	4.42
4	妇好偶方彝	80.02	14.16	1.69
5	亚弜大圆鼎	80.07	14.95	1.20
6	司母辛大方鼎	83.60	12.62	0.50
7	司母戊大方鼎	84.77	11.64	2.79
8	龙纹盘	87.20	9.90	0.40
9	凤柱兽面纹斝	82.30	12.20	1.00
10	兽面纹斝	80.00	14.30	4.70
11	凤纹方尊	79.70	13.60	2.00
12	龙形盉	78.40	13.60	3.10
13	史觚	76.70	15.20	4.90
14	兽面纹扁壶	76.40	18.10	3.00
15	莆亚器角	76.30	15.30	6.90
16	钩连雷纹壶	73.70	12.40	12.10
17	百乳雷纹瓿	71.70	12.20	13.90

其中，器 1—10 含铜量在 80.00%—84.71%，含锡量在 9.90%—14.95%，含铅量在 0.40%—4.42%，成分相对稳定。许是王室铸器，冶官由专人充任所致。器 11—17 含铜量在 71.7%—79.7%，含锡量在 12.20%—18.10%，而含铅量在 2.00%—13.90%，起伏波动较大，许是非王室铸器，其非专人亦非一时所铸明矣。

其二，西周礼器成分分析

表 1-7

编号	器物名称	铜	锡	铅
1	趞卣	83.30	15.10	0.10
2	趞尊	82.20	14.80	0.70
3	伯矩觶	83.10	15.10	0.10
4	鼎	83.64	11.70	3.30
5	梁其簋	81.20	14.00	1.40
6	令方彝	77.70	21.50	1.20
7	作册大方鼎	77.70	14.90	5.50
8	士上盉	71.10	15.70	12.30

其中，器 1—5，其成分与前表器 1—10 相类；器 6—8，其成分与前表器 11—17 相类。

其三，东周礼器成分分析

表 1-8

编号	器物名称	铜	锡	铅
1	智君子鉴	70.80	12.80	14.70
2	子作弄鸟	74.10	13.60	10.80
3	鼎之足	70.32	12.92	16.27
4	豆	69.50	9.76	20.22
5	变形龙纹方壶	66.78	9.92	20.06

这些数字告诉我们，含铜量降低，而含铅量升高，大约是出于浇铸流畅，成型容易的考虑。试看《智君子鉴》和《子作弄鸟》器形之别致和纹饰之精美，便

知此种揣想不无道理。

其四，商晚期戈成分分析

表 1-9

编号	铜	锡	铅
1	92.91	0.75	3.21
2	91.04	7.06	1.61
3	88.49		8.51
4	82.63	1.31	15.43
5	81.98	8.62	9.12

以上数据说明，商晚期常见兵器的成分配比很不一致。很难寻出一个常值。许是用量太多，致有多处铸造，多人经手，成分不一之弊。

其五，西周戈成分分析

表 1-10

编号	铜	锡	铅
1	87.92	5.91	5.54
2	87.48	8.66	3.66
3	86.37	4.82	7.70
4	83.93	10.22	4.76
5	78.06	0.67	17.14
6	74.39	1.54	23.81
7	70.67	0.51	24.64
8	70.10	3.71	24.37
9	65.52	1.97	28.85
10	60.39	4.34	27.57

以上数据表明，同商晚期一样，西周常见兵器的成分配比很不一致，难以得到一个正常值，大约是多处多人制造的结果。

其六，东周戈成分分析

表 1-11

编号	铜	锡	铅
1	82.02	16.64	0.41
2	81.44	15.75	1.27
3	81.24	17.71	0.26
4	80.74	18.09	0.17
5	80.55	12.89	5.91
6	79.93	13.69	4.21
7	79.80	16.90	3.40
8	79.61	15.57	3.40
9	79.53	16.33	3.49
10	77.09	14.63	5.88
11	76.65	21.75	0.76
12	75.62	13.17	10.29
13	73.32	14.33	11.06

以上数据说明，东周戈含铜量多数在 75.62%—80.74%，含锡量多数在 13.17%—16.90%，含铅量多数在 3.40%—5.91%。成分配比较之商晚期和西周要均一、稳定，显然是总结了此前的经验教训，常见兵器制造逐步走上规范化的结果。还应该指出，上述数据与《考工记·冶氏》所给出的数据大致相类，又一次证明《考工记》是春秋战国时的著作。（表 1-1—表 1-6 参见马永源主编《中国青铜器》）

第二章 金文研究的历史回顾

商周时的青铜器，流传于世者固然不少，长埋于地下者亦大有可观。流传于世者，史籍代有所徵。《墨子·耕柱》：“昔者夏后开（启）使蜚廉采金于山川，而陶铸于昆吾。……九鼎既成，迁于三国；三国失之，殷人受之；殷人失之，周人受之。”长埋于地下者，或由殿宇丘墟之自然原因，或由窖藏陪葬之人为因素。殷墟曾是盘庚至帝辛的八代十二王王都所在。周革殷命之后，顿失昔日繁荣。几经沧桑之变，大批刻有卜辞的甲骨和为数众多的铜器掩埋地下。1939 年河南安阳武官村出土的通高 133 厘米，器口长 110 厘米、宽 78 厘米，重 875 公斤的“司母戊方鼎”，即是商代后期王室的祭器。商周统治者出于某种需要，有意将铜器埋藏于窖坑之中。近八十年来，在陕西岐山县东北和扶风县北部的所谓周原地区，发现了铜器窖藏近三十处，出土西周中晚期铜器达千余件，其中有三五十字至一二百字铭文者有近百件，就是其中一例。《墨子·节葬》：“又必多为屋幕，鼎、鼓、几、筵、壶、鉴、戈、剑、羽、旄、齿、革，寝而埋之。”指斥战国时代贵族士大夫阶级以铜器殉葬的陋习。战国时代如此，春秋时代、西周乃至商代莫不如此。1976 年春，中国科学院考古研究所对妇好墓进行了科学发掘，墓内共出各类殉葬品 1928 件，其中铜器 460 件，包括礼器 210 件和武器、工具、乐器、杂器 250 件，刻有铭文“妇好”或“好”者 109 件。山川陵夷，人事变迁，由于自然原因和人为因素长埋地下的铜器，其数量之多，分布地域之广，是可以想见的。山川效灵，地不爱宝，人既需物，物亦需人。后世陵谷之变，以及人们耕作、营造、掘沟、挖井、盗墓之举，铜器之类终有重新面世之日。大约春秋战国时期，或即有铜器出土，所惜史籍失载，无以质证。自汉至唐，出土渐多，《说文·叙》：“郡国往往于山川得鼎彝，其铭即前代之古文”，已明言之矣。其时，偶得古鼎，或至改元，颂称祥瑞，书之史册，以标永久。或有能识鼎铭者世称奇绝。于汉，有如下数事：《史记·孝武本纪》载，元鼎元年（前116）夏六月，得鼎汾阴（今山西万荣县），时人以为天赐祥瑞。武帝以鼎荐之宗庙，并改年号为元鼎。又《汉书·郊祀志》载，四年六月得鼎于后土祠旁。又《后汉书·明帝纪》载，永平二年六月，王雒山出宝鼎，庐江太守献之，诏陈鼎于庙。又《窦宪传》载，和帝永元元年元月，窦宪伐单于，遗宪古鼎，容五升，其旁铭曰：“仲山甫鼎，其万年，子子孙孙永宝用。”又《郊祀志》载，宣帝时，美阳得鼎献之。当时朝内诸臣主张援武帝时旧例，以鼎荐献宗庙。京兆尹张敞急辨之，指出“此鼎殆周之所以褒赐大臣，大臣子孙刻铭其先功，藏之于宗庙也”，因而，“不宜于荐见于宗庙”。并释铭文曰：“王命尸臣，官此栒邑，赐尔旂鸾黼黻琱戈，尸臣拜手稽首，曰：敢对扬天子丕显休命。”《三国志·吴志》载，吴赤乌十二年，宝鼎出临平湖，又出鄮县。《南史·符瑞志》载，宋元嘉十三年，武昌县章山出神鼎。二十二年，新阳获古鼎，有篆书四十二字。泰始五年，南昌获古鼎，容斛七斗。七年，义阳郡获鼎，受一斛。《唐会要》载，唐贞观二十二年，遂州涪水中获古鼎，旁有铭刻。开元十年，获鼎，改河中府之县名宝鼎县。十二年，后土祠获鼎二，大者容四升，小者容一升，色皆青。十三年，万年人获宝鼎五，献之。四鼎皆有铭。铭曰：“垂作尊鼎，万寿无疆，子孙宝用。”二十二年，眉州得宝鼎，重七百斤，有篆书。天宝元年，平凉获古鑴鼎，献之。元和二年，诏以湖南所献古鼎，付有司，重一百二十斤。以上所述，钟鼎宝器虽代有所出，但零零散散，且仅宝之献之而已。即有如汉张敞之辨美阳鼎铭文之例，亦属偶以为之之逸事，不足以开风气，昭后学，只能目为金文研究之滥觞。

如作公证之论，则当云金文研究肇始于宋代，兴盛于清代，发展于民国，大成于解放以后。兹详述如次。

第一节 宋代金文研究

东汉安帝建光元年（121）九月，许慎之子许冲将《说文解字》奉献朝廷。此书大约在东汉之末广为流传，郑玄注《三礼》、应劭著《风俗通义》，都曾引证过。西晋有吕忱《字林》之作，南朝梁陈间有顾野王《玉篇》之作，实承《说文》余绪。自梁沈约倡四声，学人靡然从之。一时间，音韵之学大兴，《说文》研究反见式微。南唐徐锴《说文解字系传·序》说："自《切韵》、《玉篇》之兴，《说文》之学湮废泯没"，所言极是。唐李阳冰于"安史之乱"以后刊定《说文》为三十卷，其功不可没。但不免过逞己意，有悖许氏原旨。徐锴《说文解字系传》中《祛妄》篇，专刺李氏之谬。宋徐铉奉宋太宗赵光义之诏校订《说文》，并颁行全国。经李氏和二徐尤其是大徐的刊定，《说文》之学又得推广，研讨字学一时成为习尚。这是宋代开始研究金文的原因之一。

自汉而降，铜器代有所出，累至宋代，所出愈多。秘阁太常既多藏器，士大夫家亦往往有之。其数目，其种类，均已蔚然可观。据王国维《宋代金文著录表》所载，共 643 器。除疑为伪器 19 件外，秦汉以后器 60 件，三代器 564 件。宋徽宗敕撰、王黼主编《宣和博古图录》，收录古铜器 839 件。南宋薛尚功撰集《历代钟鼎彝器款识法帖》，集录夏、商、周三代，以及秦汉铜器铭文 504 篇。这是宋代开始金文研究的又一原因。

《说文》之学兴盛，出土铜器日多，加之墨拓方法普及，不少以好古为事的学者开始将出土铜器及其铭文墨拓并著录成书，金文研究于是成为专门学问。应当指出，金文研究者往往是《说文》研究专家。宋咸平三年，乾州献古铜鼎，有古文 21 字。直昭文馆句中正与杜镐详其文曰："维六月初吉，使信父作鬻甗，斯万年，子子孙孙永宝用。"句中正即是同徐铉刊定《说文》的学者之一。

宋代的金文研究者为数众多。他们争相收藏古铜器，并集录其图形、铭文，公之世人，而开风气之先者当推刘敞。欧阳修《集古录跋尾》云："嘉祐中（1056—1063），刘敞为永兴守。长安为秦汉故都，多古物奇器，埋没于荒基败冢，往往为耕夫牧竖得之，遂得传于人间。刘氏喜藏古器，由此所获甚多。"于是，就家藏十一器图其象，摹其文，刻诸石，名之曰《先秦古器记》，其自序中具言研究古器物之方法云：礼家，明其制度；小学，正其文字；谱谍，次其世谥。此书可谓宋代金文研究之开山之作。此后，各种著作如雨后春笋，纷然而出，一时成为士大夫阶级著述之公好。即使在高宗南渡之后，其流风余韵仍可见北宋时代恢宏博大之梗概。两宋金文著作大致可分为以下四类：其一，既图其形制，又摹其铭文。如北宋吕大临撰《考古图》十卷，将御府之外三十七家所藏铜器 211 件，玉器 13 件，按其图形，一一绘画，又将出土之地、收藏之家及器之大小尺寸，悉为详注。又作释文一卷，取铭识古字，以《广韵》四声分部编成。王黼编《宣和博古图录》三十卷，此书踵李公麟《考古图》之作，著录宣和殿所藏古铜器 839 件，分二十类以图写之，每类各有总说。又作释文列于图绘之下。其器之尺寸大小和容量轻重，亦有注明。又南宋无名氏续大临之书而作《续考古图》，共收录二十七家藏器 93 件。此外尚有玉器 3 件、瓦当 4 件。但录器先后不以类从，仅随见随录而已。铭文释读亦不完备，或有铭而不摹其文字，或有文字而不释其音义。其收藏名姓皆载图说之首。其二，不绘图形，仅摹铭文，并加考释。如薛尚功撰《历代钟鼎彝器款识法帖》二十卷，将铭文摹刻于石，故称为“法帖”。凡录 501 器，其中，夏器 2，商器 209，周器 253，秦器 5，汉器 42，(磬鼓 11 器为石器，琥玺 4 器为玉器，当剔除)。先摹录铭文，次列释文，并笺订考释。其所摹录，虽大抵以《考古》、《博古》二图为本，而蒐辑之广，实出两书之外。凡宋代所出铜器，什九在于是书。又王俅辑《啸堂集古录》二卷，编录 345 器，其中，殷商彝器 275，秦权 1，汉器 16，汉印 37，汉至唐蜀镜 15，墓铭 1。自楚钟以下，另起排列，疑为补编。先摹录铭文，次列释文，未作考证。铭文摹录，间有删节，如齐侯盘 17 字，只录 7 字；齐侯匜 17 字，只录 6 字；谷口甬 45 字，只录 32 字。镜铭所删字数尤多。又王厚之辑《钟鼎款识》一卷，其书凡录商周、汉晋铜器铭文拓本 60 篇，以毕良史青笺 15 篇为最佳，系将秦熺、朱敦儒等所藏之器裒集而成。此书宋时并未刊印，稿本为清阮元所得，刊于嘉庆七年（1802）。其三，不绘形制，不摹铭文，仅载名目，或稍加考语。如北宋欧阳修撰《集古录》十卷，收集历代金石拓本 1000 件，其中，撰有跋尾者 400 件，又南宋赵明诚撰《金石录》三十卷，共集录金石拓本 2000 件。而撰有跋尾者 502 件。又张抡著《绍兴内府古器评》二卷，共录 196 器，其中 50 器见于《博古图》。《四库提要》以为“明代妄人剽《博古图》而伪作”。实则靖康北徙，器亦随迁，此书所录，或金人掳掠之所余。

又黄伯思《法帖刊误》二卷和《古器说》426篇，与其子访所著论辨题跋，合而刊之，总名曰《东观余论》。又董逌《广川书跋》十卷，著录古器款识及汉唐以来碑帖，论断考证，人称精当。（以上类别参考高亨《文字形义学概论》而斟酌损益之）其四、宋人笔记涉及古器物之事。此类之作虽非金文著录与研究专著，但内中不乏铜器及其铭文研究之论。如张世南之《游宦纪闻》，内辨古器款识及颜色制度颇详。赵希鹄之《洞天清录》，内载钟鼎彝器辨考二十余条，属铜器鉴别之作。翟耆年之《籀史》，内有金石学原委之论列，可作金石学史研究之参考。

应当说明，宋代钟鼎文字著录、研究每与石刻文字著录、研究同时进行。换言之，宋代金文著录与研究在很大程度上还未能从金石并列著录与研究中独立出来。而且，多数著录与研究者亦即收藏者，因此我们不能不说宋代金文研究带有某种程度的士大夫阶级鉴玩古董的色彩。同时，由于研究未深，方法欠妥，疏漏纰谬，亦所在多有。但是，研究者人数之多，著作之富，为以前数代所不可比拟，其成果在金文研究史上的地位和作用，是应当予以充分肯定的。综计宋代金石学者及金石著作，李遇孙《金石学录》载61人，杨殿珣《宋代金石佚书目》则列89种，即容媛女士《金石书录目》作最保守的统计，亦有学者22人，书籍30种。王国维在《宋代金文著录表》序言中，总论宋代金文著录与研究成果时说："国朝乾嘉之后，古文之学复兴，辄鄙薄宋人之书以为不屑道。窃谓《考古》、《博古》二图，摹写形制，考订名物，用力甚钜，所得亦多，乃至出土之地，藏器之家，苟有所知，无不毕记，后世著录家当奉为准则。至于考释文字，宋人亦有凿空之功。国朝阮、吴诸家不能出其范围。若其穿凿纰谬，诚若有可讥者，然亦国朝诸老之所不能免也。"应该承认，王氏的评价是确当的、中肯的和令人信服的。

第二节　清代金文研究

靖康之后，宋室南迁，偏安江南，民心局促，经济不振，学术停滞。金文研究承北宋余绪，也有几分繁荣之象，但实力无继，胜景难再。至南宋末期，转呈衰落之状。元、明两代，虽有（金）党怀英《钟鼎集韵》、（元）杨鉤《增广钟鼎篆韵》、（明）朱云《金石韵府》等金文字汇面世，但皆模仿（宋）王楚《钟鼎篆韵》和薛尚功《广钟鼎篆韵》而作，价值不大。就宏观而论，此道式微，几于中绝。及至清代，复又兴盛，学者既多，著作亦丰，金文研究蔚成巨观。究其原因，盖有如下数条：其一、满清皇帝大多为汉文化的崇拜者，他们自己爱好并大力提倡收藏和整理古代青铜器。清高宗先后命梁诗正、王杰等人编写《西清古鉴》《宁寿古鉴》《西清续鉴甲编》和《西清续鉴乙编》，即其明证。其二、清代《说文》研究已达鼎盛，出现段玉裁、桂馥、王筠、朱骏声四大家。《说文》研究的深入，推动了金文研究的发展。如段玉裁在《诗经小学》中说："许氏以后，三代器铭之见者日益多，学者摩挲研究，可以通古六书之条理，为六经辅翼。"王筠《说文释例》中引用了不少金文，以阐释和订正许氏说解。其三、宋代的金文著录和研究成果成为清代金文研究的巨大启动力，吕、王二氏《考古》《博古》二图及其释文、薛氏《款识法帖》《广钟鼎篆韵》等的规范和导向作用，无论如何估计，也不过分。其四、清代铜器出土空前之多，估计至少为宋代的十倍。据王国维《国朝金文著录表》和鲍鼎《国朝金文著录表补遗》《王氏原本夺漏诸器表》统计，清代著录铜器共 7143 件，其中夏商周器 5804 件，列国先秦器 164 件，以及汉以后器 1176 件。

清代金文著作大致有如下几类：

其一、绘其图形，并附铭文考释。此宗法王黼《宣和考古图录》之类别也。如清高宗敕编、梁诗正等编纂之《西清古鉴》和《宁寿古鉴》。前者凡四十卷，乾隆十六年（1751）成书，二十年有内府刻本，收录彝器 1436、镜 93，又附钱录十六卷 。后者凡十六卷，未载编纂年月。1913 年涵芬楼依宁寿宫写本石印小本，收录彝器 600、镜 101。又清高宗敕编、王杰等编纂《西清续鉴甲编》和《西清续鉴乙编》。前者凡二十卷，又附录一卷，乾隆四十六年（1781）年开编，至五十八年成书。宣统二年（1910）涵芬楼依宁寿宫写本石印小本，收录彝器 844、镜 100，附录唐以后古印及杂器 31。后者凡二十卷，编纂时间与甲编同，收录彝器 798、镜 100。以上四书，所收伪器不少，铭文缩小，摹写每有失真，考定亦欠精审。又钱坫著《十六长乐堂古器款识考》，凡四卷，收录古器 49。此书摹录器形、铭文，一依原器为准，力避失真。所附考释，皆颇精覈。即对器之定名，亦持慎重态度，能订正千百年来相沿成习的错误器名。如《兮仲簋》条辨"𣪘"之为"簋"而非"敦"，即其例。又曹载奎辑《怀米山房吉金图》一卷，收录彝器 60，器记大小、轻重，并摹释铭文。又刘喜海辑《长安获古编》凡二卷，收录 器物121，无考释，器物之大小轻重亦失载。又吴云著《两罍轩彝器图释》，凡十二卷。吴氏先曾著录私藏而撰《二百兰亭斋收藏金石记》，收彝器39、石刻5，后增加彝器，删除石刻而成《彝器图释》。此书收录彝器110，笔录铭文，详为考释，且记器之大小、轻重。又潘祖荫著《攀古楼彝器款识》，凡二册，潘氏所藏极丰，见于《攀古楼藏器目》者450器，而此书仅收录殷周器50，由吴大澂绘图，王懿荣楷书，周悦让、张之洞、王懿荣、胡义赞及潘氏考释。图形、释文、考释皆称精善，历来为世人所宝重。又吴大澂著《恒轩所见所藏吉金录》，凡二册，收录吴氏部分私藏彝器136，全书除《盂鼎》一器外，均无释文，且不记器之大小尺寸。又端方著《陶斋吉金录》，凡八卷，续录二卷，又附补遗。全书收录447器，每器均记大小尺寸。续录自序云："释文四卷，别自为书，期于诠故文，昭旧迹。"但其书未传。

其二、唯录铭文，并详加考释。此宗法薛尚功《历代钟鼎彝器款释法帖》之类别也。如阮元编录《积古斋钟鼎彝器款识》，凡十卷。此书之编录，旨在续薛氏之书，由朱为弼编订审释。全书收录551器，考释洽博精覈，为人称道。卷首有《商周铜器说》二篇，又有《商周兵器说》一篇，均为铜器和铜器铭文研究之重要著作。又吴荣光撰《筠清馆金文》，凡五卷。因《筠清馆金石录》未刻石文，故取今名。此书之编录，旨在补正阮氏之书。全书收录自藏及他人所藏267器，凡吴氏自藏之器，详记其形制花纹、尺寸、大小，并予考释；凡他人所藏之器，则记其藏主，亦予考释。但释文错误不少，考证亦多失实。近人杨树达氏著《读筠清馆金文》（见《积微居小学述林》），揭发颇多。孙诒让作《古籀拾遗》三卷，即为订正薛氏、阮氏二《款识》及此书之作。又徐同柏著《从古堂款识学》，凡十六卷。全书以藏器人为序，收录彝器铭文365通，由徐士燕摹录，徐氏加以考释。又吴式芬撰《攈古录金文》，凡三卷九册。此书以铭文字数多少为序，自一字始至四九七字终。收录殷周器1334，其藏家则著于《攈古录目》中。摹刻之工俱称精美，木刻金文之作无与匹敌者。但考释亦间有错讹。孙诒让《古籀余论》三卷，即为订正此书而作。又方濬益著《缀遗斋彝器款识考释》，凡三十卷。此书之作，旨在续阮氏之书，从蒐集拓片到编录成书，历二十六年之久。其严谨持重之作风，令人敬仰。卷首《彝器说》三篇，上篇考器，中篇考文，下篇考藏，为不可多得的铜器及铭文研究论文。全书收录1383器，但豆、登、缶、瓯多属瓦器。于古器，但称三代，不复分殷周，不免浑沌，且有伪器杂于其中。方氏学识渊博，考释每有发明，令人耳目一新。又刘心源撰《奇觚室吉金文述》，凡二十卷。全书收录2203器，刘氏考释，于文字形体颇多新义，但于音韵训诂之学则研习未深，不免悖谬。又吴大澂著《愙斋集古录》，凡二十六分册，释文賸稿二卷。此书收录1144器，其中，殷周器1408，秦器19，汉器76，晋器1（有盖之器每盖器分计，未确，实则1029器）。此书原为吴氏所藏铭文拓本与札记，后人取以成书。藏器未能尽数收入，考释亦间有间无，且或有讹误，但不失为金文要籍之一（以上材料参考容庚、张维持《殷周青铜器通论》，第148—149页）。由此可见，金文大家辈出，如群星争辉，金文著作宏富，如玉山琼林。这就为民国以后金文研究走向收获季节，准备了充分而必要的资料。

其三、订补《说文》之作。此古文字工具书之类别也。如吴大澂著《说文古籀补》，凡十四卷。此书初写于光绪九年（1885）。十多年后，吴氏于湖南巡抚任上又重加增订。增订本正文收1409字，重3345字，附录536字，重119字。收字以金文为主，兼及石鼓文、陶文、玺文和货币文字，用以补《说文》说解之偏，救《说文》形义之弊，开订许之先河。其胆识，其见解，洵为世人楷模。又著《字说》一卷，共收说字短文32篇，阐发文字形义，与《说文古籀补》互为帮衬，亦为订补《说文》之佳作。

其四、推求考释方法，探究文字源流之作。此古文字研究方法之类别也。如孙诒让著《古籀拾遗》，原名《商周金文拾遗》，重订后改用此名。此书上卷订正薛尚功《历代钟鼎彝器款识法帖》14条，中卷订正阮元《积古斋钟鼎彝器款识》30条，下卷订正吴荣光《筠清馆金文》22条，书末附《宋政和礼器文字考》一篇。又著《古籀余论》，订正吴式芬《攈古录金文》105器以及本人旧说谬误之处。上述二书意在订正前人铭文考释之纰谬。文字解说之中，自觉运用“通校金文，参互推案”之比较法和“以所从偏旁析而斠之”之偏旁分析法，为后人分析字形指出门径，实为凿破鸿蒙之功。光绪二十五年（1899）殷墟甲骨文发现以后，又著《名原》，“以略摭金文、龟甲文与《说文》古籀互相勘校，揭其歧异，以箸省便之原，而会最比属，以寻古文、大小篆沿革之大例”，为探究文字形体演变开山之作。由此可见，清末的金文研究已从器物图录、铭文考释之一器一物的研究，过渡到文字形体和构造规律的研究。换言之，清末金文研究已带若干理性色彩，这自然是金文研究跃上新台阶新层次的重要标志。

总之，清代金文研究已经与石刻文字研究分道扬镳，成为一个独立的学术研究领域。在这个研究领域中，学者多，著作丰，金文研究之繁荣，于此可见一斑。不过大量的金文著录与研究著作，墨守宋代图录、释文、考释之成见，虽就一器一物而言，亦可谓果实累累，但金文研究的总思路，毕竟未有大的突破。时届清末，出现丕变景象，吴大澂以古籀订补《说文》，孙诒让更以甲金籀篆互相参校，寻求文字形体嬗变之迹，都带有宏观研究之性质，作为一门独立学问的金文学或古文字学的胚胎已经形成。它在发育，在成长，距离呱呱坠地的时间已经不远了。这便是金文研究的出路和方向。

第三节　辛亥革命后至新中国成立前的金文研究

辛亥革命宣告了清王朝的终结，也宣告了中国长达两千年的封建社会的终结。五四运动既是政治领域中的反帝反封建斗争，也是文化领域的反对旧礼教提倡新科学的斗争。日本明治维新的巨大成功，触动并启发了中国人，应该打开国门，学习西洋的先进科技与文化，一场翻天覆地的历史性变革正在酝酿之中。这一酝酿过程是长期的，也是曲折复杂的，它一直持续了四十年。这一历史时期的金文研究在清代金文研究取得重大成果的基础上继续向前发展，取得了辉煌的成就。究其原因，不外以下几点：其一，清代金文研究从资料方面做了全面的准备。其二，1899 年殷墟甲骨文的发现，激起了学者们研究甲骨文的兴趣，加上石鼓文研究又取得新的进展，使得甲金籀篆研究呈现全面开花的繁荣局面。将金文放在甲金籀篆这一系统中进行研究与孤立地进行金文研究，其收效自然不可同日而语。其三，从清末孙诒让开始的文字构形规律的研究，经过罗振玉、王国维、郭沫若、唐兰等人的不断丰富、深化和完善，可以说已经初具规模。作为文字学分支的古文字学，从其本质特征到研究范畴，都已大体具备。科学的古文字学作为一门独立的学科，已成为呼之欲出之事。理论一旦成为人们研究的锐利武器，其威力之大是不言而喻的。其四，先进的科学方法的使用，将使金文研究获得长足进步。王国维提出的“二重证据法”便使 学林普受其惠。

在此期间古文字著作大量问世，大致可分为如下几类：

其一，摹录铭文，或加考释。此踵武宋、清铭文考释之类别也。如邹安辑《周金文存》，凡六卷，附补遗。全书以铭文字数多少为序，共集录铭文拓片1545器，不加考释。每一器目之下记字数并记藏家，每卷之后有附说。又罗振玉撰集《贞松堂集古遗文》，凡十六卷，由其子罗福颐一一摹录。此书共集《攈古录金文》、《愙斋集古录》以前诸书所未著录之铭文2217器，并附考释，唯铭文略有缩小，是其不足。又刘体智辑《小校经阁金文拓本》，凡十八卷。此书共收6456器，包括殷周以至元明之彝器、兵器、度量衡、杂器、泉范、镜及造像。附有释文，间有各家题识。收罗可谓宏富，但鉴别未精，是其缺憾。又罗振玉辑《三代吉金文存》，凡二十卷，此书系罗氏总辑其平生蒐集金文拓片而成。共收录殷周铭文4835器，可以说传世名拓大致完备于兹。全部铭文均以原大拓片付印，且拓本多系精品，鉴别亦严。印刷精美，视之不让原拓。论量论质，均称甲天下。后其子罗福颐作《三代吉金文存释文》，所惜出版甚晚。此书实为我国三十年代一部高质量的金文合集。一书在手，其他未印拓片之金文书籍几可不睹。罗氏前曾编有《殷文存》，王辰编有《续金文存》，所收拓片，大致皆见于此书。但此书仅印铭文，不加考释，仅有提供资料之功，金文初学者或感不便。又邹安辑《双玉玺斋金石图录》一卷。此书共收31器，全书系影印而成，摄影大小漫无标准，后附文字拓本，无考释。我国青铜器图录以摄影印行者，以此书为肇始。又罗振玉辑《梦郼草堂吉金图》，凡三卷，续编一卷。此书正编共收器150，续编共收器220。全书亦影印而成，首印图象，后印铭文拓本，不记尺寸大小，且无考释。其中，32器用拓本，不用摄影，著录形式颇不一致。又邹寿祺编《梦坡室获古丛编》，凡十二卷。此书乃邹氏编次周庆云藏器而成，共收器259，无释文，但附考释。又容庚著《宝蕴楼彝器图录》，凡二册。此书系作者从《西清续鉴乙编》所收盛京行宫古器800件中选出92器影印而成，且对《续鉴》之名称、形状、大小、尺寸、考释等方面的错讹颇多订正，但仍误将伪器三件收入，是其不足。又关百益撰《新郑古器图录》，凡二卷，此书乃在蒋鸿元《新郑出土古器图志》基础上改编而成，分图与录两册，图收器93，录分七章，一曰史略，二曰正名，三曰分类，四曰修补，五曰度量，六曰释文，七曰疑年。器经修理，故与《图志》所载略异，记述亦较《图志》为详。又孙壮编《澂秋馆吉金图》，凡二册。此书乃孙氏编次陈承裘藏器而成，均收器85，均以全形拓本缩印，器多精审。每器均记尺寸大小，重量多少，间收罗振玉、王国维、吴大澂、丁佛言诸人释文考释。又容庚著《颂斋吉金图录》一册，续录二册，共收录殷周以来铜器 173 器，其中，正录收器 39，多为前人未曾著录者，图象之后，附以文字拓片及花纹拓片，实为铜器饰纹研究之开端。续录收器 134，半得之刘氏善斋。又容庚著《武英殿彝器图录》，凡二册。此书系作者从热河行宫所藏中选录铜器 100 件，摹拓铭文及饰纹，并加考释而成。其中，《颂壶》考释长达四千字，诸家之文字训释，悉汇于兹，其参考价值之大自不待言。又刘体智辑《善斋吉金录》，收录其私藏 5728 器，分为十录，全书绘制图象，摹拓铭文，记录尺寸，但无考释。又容庚著《海外吉金图录》，凡三册。此书系作者专选日本所藏而成，凡 158 器。著者原计划续编欧美所藏，后因日寇侵华而未果。又商承祚著《十二家吉金图录》，凡二册。此书系作者集录十二藏家之彝器 169 件影印而成。全书摹拓铭文花纹，并加考释。又黄濬辑《邺中片羽》初集、二集、三集。此书系北京尊古斋古董商人黄濬据其所见所藏殷墟古物编辑而成。初集收彝器 32，二集 40，三集 61。所收除铜器外，尚有陶器、玉器、甲骨之属，不记尺寸，亦无考释。又容庚著《善斋彝器图录》，凡三册。此书系作者选取刘体智《善斋吉金录》中礼器、乐器部分器物照片 175 件，附以铭文，并予诠释而成，以与刘氏《吉金录》相参证。又黄濬辑《尊古斋所见吉金图》凡四卷。此书收殷周至清铜器 191 件（我簋器、盖分列）。其中，殷周彝器约占十分之六，不记尺寸，亦无考释。又容庚著《西清彝器拾遗》一册。此书系作者从日寇即将侵华时颐和园南迁藏器中选取 20 器，拓影铭文并附考释而成。又李泰棻著《痴盦藏金》一册，续集一册。正集收 70 器（兕尊为玉器，不应列入），续集收 43 器，首列考释，以新尺新权量为标准，记其轻重大小，并记其花纹、质色、坑锈，间亦记其出土地点，次缩影原器，拓其铭文及花纹。又于省吾著《双剑誃古器物图录》，凡二卷。此书收殷至宋古器物 97 件，其中卷上收金类彝器之属 40 器，兵器之属 12 器，卷下收金类杂器之属 10 器，玺印之属 6 印，石类 9，玉类 6，甲骨类 8，陶类 6。所列比此前《双剑誃吉金图录》更为精美。全书不记尺寸，亦无考释。又梁上椿著《岩窟吉金图录》，凡二册，共收 142 器。每器记出土地点及时间，记尺寸大小和分量轻重，对于铭文、花纹、形制、锈饰、颜色等亦均详加说明。图版除影印器体外，并拓印铭文，间拓饰纹（以上材料引自容庚、张维持《殷周青铜器通论》，第 143—146 页）。又吴闿生编《吉金文录》，凡四卷。全书按铜器不同的名称排列，共收 414 器，每器皆有释文，并附说明。

其二，图录、铭文、考释总纂。此断代分国研究之类别也。如郭沫若著《两周金文辞大系图录考释》。此书以年代、国别为条贯，凡西周铭文，求年代之可徵者，以列王为次，计 137 器。凡春秋战国铭文，按三十二国别分，记 114 器。铭文或拓或摹，又附释文，且有简要考释。书前有《列国标准器年代表》和《图录序说——彝器形象学试探》。此考乃金文研究走向科学化道路之鸿篇巨制，为治文史者必读之书。应该指出的是，郭氏在此书中已经成功地运用了“标准器系联”这一科学断代法。正如郭氏自己所说：“我是选定了彝器中已经自行把年代表明了的作为标准器或联络站。其次，就这些彝铭里的人名事迹以为线索，再参证以文辞的体裁，文字的风格和器物本身的花纹形制，由已知年的标准便把许多未知年的贯穿了起来。其有年月日规定的，就限定于范围内的历朔考究其合与不合，把这作为副次的消极条件。我用这个方法编出了我的《两周金文辞大系》，在西周我得到 162 器，在东周我得到 161 器，合共 323 器。为数看来，很象有限，但这些器铭多是四五十字以上的长文，有的更长，到四五百字，毫不夸张地是为《周书》或《国语》增加了 323 篇真正的逸文，即使没有选入《大系》的器皿，我们拿着也可以有把握地判断它的相对时代了。因为我们按照它的花纹形制及至有铭时的文字形体，和我们所已经知道的标准器相比较，凡是相近似的，年代便相差不远。……周代的彝器，我相信是找到了它的历史的串绳了。”（参见郭沫若《青铜时代》自序）当然，《大系》中某些年代国别之论，不无可商，考释亦间有疏漏，是大瑜中之小疵也。

其三，文字、文化、社会综合研究。此通过金文探索阶级社会生产力发展和思想意识变化之类别也。如郭沫若著《殷周青铜器铭文研究》，凡二卷。在谈及研究动机时，作者说：“我研究殷周金文，主要目的是在研究古代社会。为要达到这个目的，必须做好文字研究工作。这种工作，看来是很迂阔的，但舍此即无由洞察古代的真相。”（参见郭沫若《殷周青铜器铭文研究》重印弁言）又郭沫若著《金文丛考》，凡四卷。其内容包括：（一）《周彝中之传统思想考》，集周金文中宗教、政治、道德的思想与《诗》、《书》中传统思想互相印证，以考见为历代封建统治者所利用的儒家正统思想体系之渊源。（二）《金文所无考》，考证常见于文献典籍中之“四时”“朔晦”“地及后土”“八卦五行”“三皇五帝”“畿服”“五等爵禄”等，皆非金文所有，疑为后人所创。（三）《周官质疑》，论定《周官》为荀子弟子所作。（四）《汤盘孔鼎之扬搉》，论定《礼记·大学》所载汤之盘铭：“苟日新，日日新，又日新”乃古戈铭“兄日辛，且日辛，父日辛”之讹；

论定《礼记·祭统》所载卫孔悝鼎铭虽录自古器，但经后人改易。(五)《谥法之起源》及（六)《讳不始于周人辨》，论定《逸周书·谥法解》谓周公旦、太公望制谥之说，乃出后人伪托，讳制不始于周。(七)《彝铭名字解诂》，实仿王引之《春秋名字解诂》而作。(八)《金文韵读补遗》，乃订补王国维《两周金石文韵读》之作。(九)《金文余释》，收释名物之论文十七篇。(十)《金文余释之余》，收释名物论文二十一篇。(十一)《器铭考释》，收彝铭考释论文八篇。(十二)《金文续考》，收古器物题跋十二篇。作者说：“这部书和《两周金文辞大系》是姊妹篇，它们是相辅相成的。更严格一点说，应该是《大系》为主，《丛考》为辅。”（参见郭沫若《金文丛考》重印弁言）又说：“从周代金文的研究中，除文辞与文字的考释之外，在史实上我是得到了重要的认识的。其首要者，如两周及春秋时代颇有关于奴隶制的资料，为旧有文献所缺佚，足以定历史阶段，而旧有文献的真伪与时代性，在此也找到了一个可靠的尺度。”(同上)

其四，铜器综合论述。此通论铜器及其铭文之类别也。如容庚著《商周彝器通考》，书分上下两编。上编通论十五章，下编分论四章。通论包括：（一）起源，说明彝器制作之原起。(二）发现，叙述自汉以来各地之重要发现，发掘时地与器数，凡已经知道的，都分别说明。（三）类别，分食器、酒器、水器、乐器、杂器五类。(四）时代，先叙述各家关于考定时代的方法，后依郭沫若断代方法分为四期：商时期、西周前期、西周晚期、春秋战国期。(五）铭文，阐明商周及春秋战国各时代铭文的衍变。(六）花纹，取所见花纹，就其特征加以诠释。(七）铸法，参证古籍说明殷代铜器的范铸。(八）价值，记述各代关于古器的价值。(九）去锈，说明各种去锈的方法。（十）拓墨，说明拓墨技术。(十一）仿造，记述宋明两代仿造之多。(十二）辨伪，把作伪之器分为三期，辨别伪器甚详尽。(十三）销毁，列举古器遭受六次大宗的销毁。(十四）收藏，记载自宋至清各藏家对于青铜器之收藏。（十五）著录，详介自宋以来关于青铜器重要书籍 57 部。下编则分类评述各种器物。此书约 30 万言，系青铜器综合研究巨著。

其五，金文著录表列。此列表统计著录铜器及其铭文之类别也。如王国维编《宋代金文著录表》(见前)，又编《国朝金文著录表》，辟“器名”“诸家著录”“字数”“杂记”四栏目，表列 4292 器。又鲍鼎著《国朝金文著录表补遗》，共补列 2754 器。鲍氏又编《王氏原本夺漏诸器表》，补列 93 器。又编《元明金文表》(附《国朝金文著录表补遗》后)，列元明器 123。总括王氏《宋代金文著录表》

《国朝金文著录表》和鲍鼎《国朝金文著录表补遗》《王氏原本夺漏诸器表》《元明金文表》，共著录7909器，可见传世铜器之富。

其六，考释或跋尾。此详考器名、名物、文字、或铜器及其铭文札记之类别也。如王国维作《说斝》、《说觥》、《说盉》、《说彝》、《说俎》（上）（下）、《说环玦》、《说珏朋》等（参见王国维《观堂集林》卷三和卷六）。又作《释史》、《释由》（上）（下）、《释辥》（上）（下）、《释天》、《释昱》、《释旬》、《释西》、《释物》、《释牡》、《释弼》、《释滕》、《释礼》、《释觯觛卮䏌𧹞》等（同上）。又作《商三句兵跋》《北伯鼎跋》《散氏盘跋》《克鼎跋》《铸公簠跋》《楚公钟跋》《邵钟跋》《邾公钟跋》《遹敦（簋）跋》《庚嬴卣跋》《齐国差𦉜跋》《吴王大差鉴跋》《王子婴次卢跋》《秦公敦（簋）跋》《秦新郪虎符跋》《秦阳陵虎符跋》《新莽四虎符跋》《隋铜虎符跋》《伪周二龟符跋》《元铜虎符跋》等（参见王国维《观堂集林》卷十八）。其中，有许多见解已成定论。如“斝”即经典中之“散”，“觥”乃有盖且作牺首状之盛酒器，“盉”为调味之器，“彝”为礼器之总名而非专器之名，上古“史”“吏”“事”乃一字，“天”本象人形而其首独巨，“昱”十九指斥次日，亦有指第三、第四日者，“旬”为殷人指斥自甲至癸之十日，且每于此旬之末卜下旬之吉凶，等等。

其七，阐发构形规律，探讨释字方法。此研讨文字理论之类别也。如唐兰著《古文字学导论》。作者在谈及写作此书的目的时说：“把我所持的理论和所用的方法写出来，和学者们共同讨论，使古文字的研究能成为科学。”（参见唐兰《古文字学导论》自序）《导论》是古文字学从传统文字学分离出来，成为一门独立学科的重要标志，也是古文字学的奠基之作。此书涉及古文字学的研究对象、任务、原理、规律和方法等问题。其最重要的贡献在于提出了文字构形“三书说”，归纳出释读古文字的四种方法，发现了字形演变和通转规律。唐兰率先打破传统的象形、指事、会意、形声、转注、假借的“六书说”，而以象形文字、象意文字和形声文字的“三书说”取代它。唐氏又归纳出比较法、推勘法、偏旁分析法和历史考证法以释读古文字。所谓比较法，即用《说文》中的小篆、六国古文对照和用各种古文字互相比较，从而论定未识之字当为何字。所谓推勘法，即由寻绎文义相勘出未识之字当为何字。所谓偏旁分析法，即把已识之字分析为若干单体偏旁，遇有未识之字，也要将它分析为若干单体。如能认得每个单体，则合而思之，整字往往可以认读。所谓历史考证法，是指未识之字用偏旁分析法“还不能认识或者有疑问的时候，就得去追求它的历史。……搜集材料，找求证据，归纳出许多公例。……每一个字有它的历史，每一小组文字，或相近的文字，在演变中有共同的规律。”（参见唐兰《古文字学导论》第 190 页、第 201 页）运用这些已经归纳出来的公例或规律，未识之字有可能变为可识之字。唐氏在论述这一方法时列举了字形演变规律和字形通转规律各若干条。在今天看来，唐氏的理论虽有不完善不严谨之处，但其基本观点，至今对我们仍有重要的指导意义。此外，罗振玉和王国维分别在自己的论著中亦提及有关考释古文字的方法问题。罗氏在谈到甲骨文字考释时说：“卜辞中所载文字，汰其重复，殆不过千字，而就此千字以考许书，所得至巨：一、知史籀大篆即古文，非别有创改；二、知古象形文字第肖物形，不必拘拘于笔画，繁简略同；三、可与古金文相发明；四、可纠正许书之违失。”（参见罗振玉《殷商贞卜文字考》自序）又说：“由许书以上溯金文，由古金文以窥卜辞。”（见罗振玉《殷墟书契考释》自序）王国维在谈到古文字考释时说：“自周初迄今，垂三千年，其迄秦汉亦且千年。此千年中，文字之变化，脉络不尽可寻。故古器文字有不可尽识者，势也。古代文字，假借至多。自周至汉，音亦屡变。假借之字，不能一一求其本字。故古器文义有不可强通者，亦势也。自来释古器者，欲求无一字之不识，无一义之不通，而穿凿附会之说以生，穿凿附会者非也。文无古今，未有不文从字顺者，今日通行之字，人人能读之，能解之。《诗》《书》、彝铭亦古之通行文字，今日所以难读者，由今人之知古代不如知现代之深故也。苟考之史事与制度文物，以知其时代之情状；本之《诗》、《书》，以求其文之义例；考之古音，以通其义之假借；参之彝器，以验其文字之变化，由此而之彼，即甲以推乙，则于字之不可释、义之不可通者，必间有获焉。然后阙其不可知者，以俟之君子，则庶乎其近之矣。”（参见王国维《观堂集》卷六）

其八，编纂字汇。此依《说文》部类编辑工具书之类别也。如容庚编著《金文编》。此书乃继清末吴大澂《说文古籀补》（后丁佛言踵其事撰《说文古籀补补》，又后强运开更踵其事撰《说文古籀三补》）之后第一部详明的殷周金文字典，按《说文》体例分部，有疑义或不可识之字入附录中。全书收罗文字丰富，注语简明慎重，为习金文者常备之工具书。1925 年贻安堂初版，1939 年经作者修订后，由香港商务印书馆再版，1959 年作者再次增修，由科学出版社出版增订本。后作者又一次做了修订，并经张振林、马国权协摹，1985 年由中华书局出版。初版正编收殷周金文1804字，重文12736字，附录1165字，重文966字。增订本正编收2420字，重文19357字，附录收1351字，重文1132字。又容庚曾编著《续金文编》，1935年由商务印书馆出版。所收为秦汉金文，为《金文编》之姊妹篇。正编收951字，重文6048字，附录34字，重文14字。

总之，辛亥革命至新中国成立前是金文研究的发展时期。其表征之一是金文研究大家辈出，金文著录与研究之作大量问世。罗振玉、王国维、邹安、刘体智、于省吾、郭沫若、唐兰、商承祚、容庚等等均卓然大家。《贞松堂集古遗文》《三代吉金文存》《善斋吉金图》《小校经阁金文拓本》《周金文存》《双剑誃吉金图录》《宝蕴楼彝器图录》《颂斋吉金图录》《武英殿彝器图录》《海外吉金图录》《十二家吉金图录》等，均著录之大作。《两周金文辞大系图录考释》《金文编》《古文字学导论》等均研究之鸿篇。其表征之二是古文字学已经建立，《古文字学导论》是其奠基之作。其表征之三是金文研究走上科学化、细密化、严整化之道路，《两周金文辞大系图录考释》和《金文编》的出版就是证明。

第四节　新中国成立以后的金文研究

全国解放以后，各项事业都获得突飞猛进的发展，学术研究自不能例外，而金文研究所取得的前所未有的巨大成就，正是整个学术研究工作飞速发展的一个缩影。金文研究飞速发展并取得巨大成就的原因，不外以下几个方面：其一，文博事业的发展，专业学会的成立，带来了金文研究专业队伍的空前壮大。其二，由中国社科院牵头，组织科研人员，制订科研计划，大打科研攻坚战。其三，基本建设以史无前例的规模和速度进行，铜器出土数量空前增多。其四，随着社会主义精神文明建设的不断深入，全民族保护文物的意识得以加强，包括铜器在内的古代文物成为中华民族灿烂文化的象征，于是形成了金文研究大发展的文化氛围。在四十多年的时间里，金文著录和金文研究著作接连问世，迎来了金文研究的金色秋天。

金文研究和金文著录，大致可以分为以下几类。

其一，图录与铭文。此传统著录之类别也。如于省吾编《商周金文录遗》一册。此书收录金文拓铭616件，其中作者自藏者407器，借自郭沫若、容庚、商承祚、唐兰、陈梦家、胡厚宣、陈保之诸家者209器。全书所收拓本，多为三十年代以来出土铜器，而原器多数已流往国外，并为罗振玉《三代吉金文存》所未收录，因此《录遗》为罗氏《文存》出版后二十年来的重要补充材料。又陈梦家编（发表时用中国科学院考古研究所名义）《美帝国主义劫掠的我国殷周青铜器集录》，书中收铜器照片845件，铭文500件。此书系陈氏旅美期间在美各博物馆、大学、古董商肆所见我国商周青铜礼器的摄影纂集。又附铭文，记录尺寸，尤其应该指出的是，此书对同类礼器作分型研究，可谓开青铜礼器分型研究之先河。《集录》《录遗》和《文存》三书大体上包罗了新中国成立前传世的所有金文资料。又徐中舒主编《殷周金文集录》，发表于《文物》《考古》《考古学报》及其他刊物上的新中国成立三十多年出土的铜器铭文937件，按各省、自治区、直辖市所属市县顺次编号，由黄波摹录，附有释文，并说明出土地点。又安徽省文物管理委员会、安徽省博物馆编《寿县蔡侯墓出土遗物》，此书收录1955年5月安徽寿县西门内偏北处出土的大量青铜器，每器均有器物图象、花纹和铭文拓片，并作若干说明。又陕西省文物管理委员会、陕西省博物馆编《青铜器图释》，此书收录陕西地区新中国成立后至1957年发现的商至战国时代的青铜器129件，每件附有图版、说明和释文。又陕西省文物管理委员会、陕西省博物馆编《扶风齐家村青铜器群》，此书汇集1960年10月扶风县齐家村窖穴出土的青铜器39件，其中，有铭者28件，每器皆附图录、尺寸及简要说明。又马承源主编《上海博物馆藏青铜器》，凡二册。此书系从上海博物馆馆藏中选取商至西汉的100器，编成正附两册，正册为彩色图版100幅，附册除对每器一一做出说明之外，还有铭文和花纹拓本，书前有长篇序言，按照青铜器艺术发展的历史，将商周时代青铜器大致划分为五个时期：一、育成期，即商代早期。此期是青铜器艺术形成和开始发展的时期。二、鼎盛期，包括商代晚期到西周康、昭之间。此期是青铜器艺术蓬勃发展的时期。三、转变期，包括西周穆、恭到春秋早期。此期列国青铜器大量出现，且形制、纹饰和铭文书体，都出现显著变革。四、更新期，包括春秋中晚期到战国。此期青铜器艺术出现新的高潮。五、衰退期，汉代后由于早期青瓷和釉陶的广泛应用，青铜器艺术反成颓势。又陕西省文物管理委员会、陕西省考古研究所、陕西省博物馆编《陕西出土商周青铜器》，凡六册。此书对陕西历年出土的商周时代青铜器进行了全面的收集和系统的整理，按地区编为六册，每册按时代排列，每器附器形图象、铭文、释文、尺寸、重量和说明。书前有吴镇烽《陕西出土商周青铜器概述》一文。第一册收全省各地出土的商代青铜器和岐山县出土的西周青铜器共207器。第二册收扶风县出土的西周青铜器369器。第三册收宝鸡地区出土的西周青铜器197件。第四册收宝鸡市、铜川市、咸阳地区和陕北、陕南出土的西周青铜器197器。第五册收西安市和渭南地区出土的西周青器。第六册收全省各地出土的春秋战国青铜器，以及附录、补遗等。又中国社科院考古研究所安阳工作队编《殷墟妇好墓》。此书收录1976年安阳妇好墓发掘所得随葬器物，其中青铜器468件，占整个随葬品的24.3%。这批青铜器中礼器品种较全，有200余件，形式多样，在殷墟发掘史上尚属首次。青铜器上有妇好、司母辛、司䲞母、亚弜、亚其、亚启等九组铭文。又中国社科院考古研究所编《长安张家坡西周铜器群》。此书系1961年10月在陕西省长安县张家坡发掘的西周青铜器窖藏集录，内有簋、鬲、壶、盘、盉、鎣、豆、杯、斗、匕等53器。其中有铭者32器。每器皆有图象、线图和铭文、饰纹拓片。书前有郭沫若《长安县张家坡铜器群铭文汇释》和中国科学院考古研究所沣西工作队《长安张家坡西周青铜器群的说明》，详述发掘经过。（以上材料引自马承源主编《中国青铜器》，第574页，第577页，第578页）又中国社科院考古研究所编印《殷周金文集成》。该书和《甲骨文合集》一样，是郭沫若五十年代交办的任务。1963年在陈梦家先生主持下着手编纂，中经许多变故，至1987年方得出版。其收集的金文资料包括铭文、图象、释文和索引，而以铭文为主，涵盖殷商、西周、春秋和战国时期的各类器物，年代下限断至秦统一以前。书中采用的拓片主要来源有五：1. 考古所多年积累的旧拓本；2.《考古学报》和《考古》的档案；3. 编辑组同志前往各有关单位新拓制的拓本；4. 若干文博单位提供的拓本或拓本原大照片；5. 若干单位或个人借给的拓本。还有一定数量的器铭系剪贴《三代吉金文存》《商周金文录遗》等书，或由考古所技术室按比例复制其他著录书而成，总收器铭在万件以上。本书采取传统的金文著录方式，以器类为纲，按照字数从少到多排列，而器物的年代、国别和同组、同坑关系等项，分别载于各个分册的文字说明和全书末尾的辅助索引中。本书收罗广博，材料宏富，文字精要，印刷精美，不愧为体大思精的殷周金文集大成之作。

其二，铜器及其铭文综合研究。此就铜器制作、形制、花纹、铭刻、用途、分期等方面进行全面论述之类别也。如容庚、张维持著《殷周青铜器通论》。此书系在商氏《商周彝器通考》基础上增补修订而成，应视为金文研究走上科学化道路之代表作，是中国古代史、考古学、文物，以及古文字研究者的重要参考书。又马承源著《中国古代青铜器》。此书系学习铜器的入门读物，收录传世及近期出土的重要青铜器 84 件，并附有各种形式的货币。共有图版 88 幅。文字部分包括三个组成部分：第一部分，商周青铜器概况，包括商周青铜器的铸造、生产工具、兵器、礼器、青铜器的造型纹饰和封建社会初期的青铜器。第二部分，以时代先后为序，介绍在考古学和古文字学方面具有重要意义的青铜器。第三部分，作为附录，简述食器、酒器、水器、兵器等铜器形制。又马承源主编，陈佩芬、吴镇烽、熊传新编撰《中国青铜器》。此书系文博干部培训教材。

其三，铜器断代研究。此铜器按朝代之次或王次做深入探讨之类别也。如陈梦家著《殷代铜器》，发表于《考古学报》第七册。附图版 43 幅。此书是作者进行青铜器断代研究的尝试之作。作者认为应该进行铜器的区域分组合分类研究。他说："所谓区域，有政治的与地理的两种意义：前者如战国初因三晋的入据中原，带来了三晋系的铜器；后者如燕赵的接壤，所以燕赵的铜器自成一系。研究殷代铜器，我们不仅注意到不同地区的殷代遗址（如安阳、辉县、郑州等）的地域性，还要综合诸地域中所出铜器的共同性。所谓分组合，有种种的组合，如（1）同墓共存的组合；（2）同墓的成套的组合（如成套的兵器、饮器、饮食器等；（3）同族名的组合等。同墓的不一定成套，同族名的不一定同墓，也不一定同时代。所谓分类者，如对于刃具的分类研究，对于鼎和卣的分类的发展史，等等。这三方面的研究，又当联系之综合之，如殷代安阳的成套食器，殷代河南的成套兵器。这三方面的研究都必须是断代的，而所谓断代，必须至少是殷，西周初、中、晚，春秋初、中、晚的分代。分代又必须在铜器本身上归纳出分代的标准，即归纳出形制、花纹和铭文三者的分代标准，而形制、花纹和铭文在时代上是一脉相承的、发展的、延续的，在地域上有互相影响的关系。"（参见陈梦家《殷代铜器（三篇）》，《考古学报》第七册，第 15 页）很明显，《殷代铜器》正是作者在上述的按区域分组合研究铜器，亦即断代研究铜器的思路指导下写成的。又著《西周铜器断代》，发表于《考古学报》第九至十四册。全书将西周武王至懿王的 98 件彝器按王次排列，每器目下，指出图象、铭文出处之后，标定释文，并详作说明，如铭文字数、器物尺寸大下、花纹、出土地点、藏家、考证等。作者采用郭沫若铜器断代方法来整理西周铜器。他说："郭沫若先生的《两周金文辞大系》分为图录与考释两部分。图录部分是根据器形排列的。由此可寻见铜器形制、花纹的发展过程；铭文部分于西周是分王朝为先后的，于东周是分国的。这种做法，才为铜器的断代研究奠定了基础。”（参见陈梦家《西周铜器断代（一）》，《考古学报》第九册，第135页）陈氏对天亡簋到蔡簋这98件彝器所做的王次归属，在很大程度上成为学者们进行铜器断代的依据。

其四，彝器题跋。此读彝铭札记之类别也。如杨树达著《积微居金文说》，收《令鼎跋》至《叔夷钟六跋》等286篇，涉及彝器239件。作者以王念孙王引之父子校书之法治彝铭，态度严谨，功力深厚，时有创获，为人称道。杨氏说：“平生喜为经史诸子校勘之学，私独好高邮王氏所著书，叹为绝业。近代学人虽复力求踵武，亦步亦趋，然谨严审核，未能逮也。彝铭之学，用在考史，不惟文字。然字有不识，义有不究，而矜言考史，有如筑层台于大漠，几何其不败也！余受性椎鲁，不自揣量，妄欲用王氏校书之法治彝铭，每释一器，首求字形之无牾，终期文义之大安，初因字以求义，继复因义而定字。义有不合，则活用其字形，借助于文法，乞灵于声韵，以通假读之。”（参见杨树达《积微居金文说》自序）因此，此书实为不可多得的彝铭训诂之作。新识前人缺释或误释之字四五十文，通读之字，数亦称是，可谓富矣。卷首有《新识字之由来》，总结释字之法十四则：一曰据《说文》释字，二曰据甲文释字，三曰据甲文定偏旁释字，四曰据铭文释字，五曰据形体释字，六曰据文义释字，七曰据古礼俗释字，八曰义近形旁任作，九曰音近声旁任作，十曰古文形繁，十一曰古文形简，十二曰古文象形会意字加声旁，十三曰古文位置与篆文不同，十四曰二字形近混用。这些行之有效的释字方法给学人带来了极大的方便。此外，作者又著《积微居小学金石论丛》和《积微居小学述林》，内多读彝铭札记或读金文著录之书札记，如《新嘉量铭跋》《金文编书后》《读十六长乐堂古器款识考》《读续考古图书后》《读独笑斋金石文考》《读缀遗斋彝器考释》《读奇觚室吉金文述》《读筠清馆金文》《读愙斋集古录》《读梦郼草堂吉金图》《读宝蕴楼彝器图录》等。

其五，用彝铭考史证史。此用地下材料正文籍记载之疏误、补史籍记载之不足之类别也。如唐兰著《论周昭王时代的青铜器铭刻》，发表于《古文字研究》第二辑。此书以南征荆楚等有十分明显的证据的标准器为核心，汇集了65件铜器的53篇铭文、每篇有铭文拓片和释文，并作考释，然后对它们就日辰、重要事件、重要人物、器形装饰、铭辞中的专名、惯语、文法、文字结构和书法等方面做综合研究，试图恢复周昭王时代的历史真面目。又著《西周青铜器分代史徵》。此书可以说是《论周昭王时代的青铜器铭刻》的扩展。作者选取从周武王到周穆王彝铭176通，每器于铭文拓片和释文后作译文，并附注释。又附周穆王至周宣王彝铭114通于后，系唐氏生前欲作而未及作者。先生曾说过："我本打算做整个西周铜器的研究，蒐集铭文近千篇，从武、成到宣、幽，分十二王……补充西周史是今后研究青铜器铭刻的新的重大任务。司马迁在两千多年前写的《史记·周本记》所依据的史料，贫乏得太可怜了。我们如果把全部西周铜器都整理了，以大量可靠的地下资料为依据，结合文献资料，写出一部新的比较详尽的西周史，难道不是值得一做的巨大工作吗？西周时代——奴隶社会最后的一个王朝到底是什么样子，是应尽可能把它搞清楚的。"（参见《论周昭王时代的青铜器铭刻》结束语，《古文字研究》第二辑）事有不顺，天不永寿，先生之愿，未得实现。但他的事业，他的精神，极大地鼓舞了后来者。

其六，铭刻考释。此专释铜器中有疑之氏族徽号或文字之类别也。如马叙伦著《读金器刻词》。作者对氏族徽号和铜器文字共260组进行考释，借以说明汉字源于图画之理。作者说："余向以从事许书，更得娴雅。谮讨金石甲骨之书，虽所见殊陋，而熹奋笔。既为《石鼓文疏记》，实率然致兴，愧于粗疏。比以假得孙丈诒让手校《攈古录金文》九卷，不觉神往。以吴式芬所引旧释多误，孙丈诛正，亦颇有可商，遂择余之能读者诠而出之，名曰《读金器刻词》，意非止于此耳。余既本于吾国文字出于图语之信念，又略以今之民族社会之情状，推之金石刻词中之词简而似图语者，以意撰释，不信古之钟鼎仪物必出于贵族而尽为明勋受赏之作。"（参见马叙伦《读金器刻词》自序）此书于1940年起曾在《学林》杂志分期发表。1962年中华书局调整版面，影印出版。

其七，铜器群综合研究。此对墓葬青铜器组合进行系统研究排比之类别也。如郭宝钧著《商周青铜器群综合研究》。此书系作者遗著，由邹衡、徐自强整理出版。书后有邹衡等评论文章。

其八，校文详考。此对文字详为考释，以求通读彝铭之类别也。如马承源主编，陈佩芬、潘建明、陈建敏、濮茅左编撰《商周青铜器铭文选》，凡五册。第一册为商、西周青铜器铭文拓片533器。第二册为东周青铜器铭文拓片392器。第三册为商、西周青铜器铭文释文及注释。第四册为东周青铜器铭文释文及注释。

第五册为索引。这是一部仿郭沫若《大系》之作，商器由于资料不足，无由定其王属。西周器则多数已定王属，其有疑者，列入“某王或某王”或“西周某期”中。东周器按列国排次，先吴越而后秦。断王属国之体例，力求精详之注释，都为读者提供阅读之便。

其九，青铜器纹饰图录。此铜器饰纹资料汇编之类别也。如上海博物馆青铜器研究组编《商周青铜器饰纹》。此书在编辑方法上采取按纹饰特征分类的原则进行归纳，而以器物所属时代为排比同类纹饰的主线，从而对各种纹饰进行条理化处理。全书共收夏、商、西周、春秋和战国的纹饰1006幅，根据纹饰特征分为十类：一、兽面纹类；二、龙纹类；三、凤鸟纹类；四、动物纹类；五、火纹类；六、日纹类；七、兽体变形纹类；八、几何变形纹类；九、半人半兽纹类；十、人物画像类。书前有马承源《商周青铜器纹饰综述》一文，论述了研究商周青铜器纹饰的重要性，指出它是作为鉴定器物相对年代的一种手段，又对纹饰的艺术作用、纹饰的演变根源和发展做了分析。

其十，文字汇编。此仿容氏《金文编》体例而作金文字典之类别也。容氏《金文编》有1959年之三版增订本和1985年之增修本，已见前节。高明编《古文字类编》，全书分为三编：第一编为单体文字，列“甲骨文”“铜器铭文”和“简书及其他刻词”和秦篆四栏，共收单字3056个，连同重文，共17005个，其中，“铜器铭文”为商和两周时代的金文。第二编为合体文字，列“甲骨文”“铜器铭文”和“盟书及其他刻辞”三栏，其中，“铜器铭文”为商和两周时期的金文，收合体字304种，连同重文共536种。第三编为为徽号文字，列“甲骨文”“铜器铭文”两栏，其中，“铜器铭文”为商周金文，收徽号文598种，连同重文共942种。又徐中舒主编《汉语古文字字形表》，凡三卷。字表列“殷代”“西周”“春秋战国”三栏，以历史层次分栏，不受甲骨、金文、竹帛、陶玺等种类的限制。其中，“殷代”栏内所收金文数不多，“西周”栏内均为金文，“春秋战国”栏内也有大量金文。共收列甲骨文、金文和战国文字的字头约3000个，古文字体约10000个。又张守中撰集《中山王礜器文字编》，此书系张氏将1977年河北省平山县战国中山王墓地出土的大量铜器铭文的文字个体纂集而成，共录2458字，分编为单字（505字）、合文（13种）、存疑（19字）三个部分，内有过去字书中从未见过著录的149字。《文字编》为我国古文字研究增添了一批至可宝贵的新资料。

其十一，金文历朔研究。此以历朔为切入点研究铜器断代标准之类别也。

如吴其昌著《金文历朔疏证》，凡二册。作者以《啸堂集古录》《历代钟鼎彝器款识法帖》《攈古录金文》《窸斋集古录》《周金文存》《贞松堂集古遗文》《缀遗斋彝器考释》和《善斋吉金录》八书为取材之主，而以自宋至今海内外著录吉金之群籍辜较六十余种为之辅，审择其间有历朔或人名、地名、记事、记史，可直接间接推算考证者，凡三百一十二器，皆入本编疏证，且表而出之。其余器文在三十字以上，有裨史实，而器或未铭历，或虽铭历而未全，致皆无可推算，因而未入本编疏证者，凡二百三十四器，亦皆一一胪列其目。作者用“三统历”推算并条贯诸彝器，看似严密，实则不足信从。因为周代是否使用汉代“三统历”尚属疑问。此外，西周各王在位年数迄无定论，也为西周历朔研究带来若干困难。

其十二，金文教材。此文字学教材中专章论列金文之类别也。如高明著《中国古文字学通论》中辟第七章《商周时代的铜器铭文》讲解商周时期的铜器和铜器铭文、商周时期铭文研究情况、周代彝铭断代和分区，以及商周时期彝铭选读等内容。又在第八章《战国古文字资料综述》讲解战国兵器刻辞、战国玺印等内容。又裘锡圭著《文字学概论》中辟第四部分《形体的演变》（上）讲解商代文字、西周春秋文字等问题。又姜宝昌著《文字学教程》中辟第三章《金文》讲解金文释字举例、金文铭辞选读等问题，又在第六章《古文字形旁及其形体演变》中列“两周金文”栏目说明古文字形旁及其变化，又在第七章《古文字构形通例》中大量列举金文说明构形通例。又刘翔、陈抗、陈初生、董琨编著《商周古文字读本》，于第一部分《古文字文选》部分选 25 器疏析讲解，又在第二部分《古文字概述》部分专做《金文语法的几个问题》的阐释。

其十三，金文简目、索引。此金文著录资料检索之类别也。如中国社科院考古研究所编《新出金文分域简目》。此书仿柯昌济《金文分域编》二十卷（1935年出版）、《续编》十四卷（1937 年出版）体例，将 1949 年新中国成立以后至 1981 年底已公开发表的各地新出土的殷周金文资料以省、自治区、直辖市所辖县市为序，一一编次而成。每项发现，先标明地点、年代和性质（窖藏、墓葬或个别铜器），再简述其出土情况，注出资料来源，进而将所出有铭铜器逐一列举，至于同出无铭铜器情况，以及有关参考文献，则载之每项末尾。又孙稚雏著《金文著录简目》，此书收录对象以《三代吉金文存》《商周金文录遗》《文物》《考古》《考古学报》三杂志及各种铜器图录中有铭文拓本者为主，编者见过原拓而未见著录之器，近代学者引用较多的宋代、清代著录金文，也酌情收入。本编以容庚校补的《三代秦汉金文著录表》为基础，加以增补、改编而成。国外部分则参考了陈梦家《美帝国主义劫掠我国青铜器集录》、周法高等编《三代吉金文存著录表》、白川静《金文通释》等书的著录。又孙氏编《青铜器论文索引》，此书系《金文著录简目》之续编，收录1982年以前的金文专著、各种论文集和报刊杂志上刊登的有关青铜器和金文研究的中文论著、译文。除此而外，还兼收陶文、盟书、简帛、刻石、玉器铭及汉代鸟篆等文字材料。为便应用，还于部分篇目下加了提要，提要的内容包括该文所引述的青铜器的名称、字数、论文的细目和简单的按语。

总之，新中国成立四十多年来是金文研究获得巨大成功的时期。前一时期的金文研究大家及其著录或研究之作，哺育了金文研究的后来者，使他们有可能向金文研究的深度和广度进军，从而创建超乎前人的业绩。国家制定政策，落实措施，发展教育，加强科研投入，组织学术梯队，形成若干金文研究基地，如北京大学朱德熙、裘锡圭、高明先生及其同仁，中山大学容庚、商承祚先生及其门弟子，四川大学徐中舒先生及其门弟子，中国社科院历史研究所张政烺、李学勤先生及其同仁等。他们的集体研究成果已经问世，其中不乏填补空白之作和集大成之作。把西周金文研究同西周史研究结合起来，更使金文研究找到了自己的归宿，唐兰著的《西周青铜器分代史征》和郭沫若主编的《中国史稿》（第三章）是这方面的代表作。文字毕竟是信息和知识的载体，金文研究不能限于就字论字，在识字之后，更要以发掘铭辞的社会意义和文化内涵为其主攻方向。就这一点而言，唐兰、郭沫若及其先导者王国维的贡献是值得大书特书的。

第五节　香港的金文研究

很长时间以来，金文研究在香港、台湾以及域外也开展起来，而且得到了可喜的成果。这些成果与大陆方面的成果交相辉映，又互相促进，把金文研究推向了更新的发展阶段。

在香港方面，这些年最有影响的成果是周法高主编、研究生张日昇、徐芷仪、林洁明参编的《金文诂林》。全书正编收容庚增订三版《金文编》正编所收之1894字，编号为0001—1894，重13950字，罗致诸家之说列于每字之下，书名则仿丁福保《说文诂林》而体例微异。丁书剪贴原书加以影印，此书则因说字各条多采自殷周铜器铭文考释，与说字之书迥异，故不得不一一摘抄。每条下列举所出彝器及文句，约得一万八千条，《金文编》未取者，复列举于每字下，约得两万条。丁书汇集群言，不著一字己见，而周书在许多字下，既罗列诸说，又加上按语，周氏旧著《金文零释》十万言，泰半采入本书，又新加按语若干条，张日昇加按语八万言，林洁明加按语三万言，徐芷仪草金文编刊误万五千言。全书1967年开始编著，至1974完成，历时六年。全书正编十四卷，分装15册，加附录1册，共16册，9700余页。1982年李孝定撰《金文诂林读后记》一册，按0001—1894编号，凡有疑有补者，即系于某字之下，系订补《金文诂林》之作。1976年周氏又与李孝定、张日昇编著《金文诂林附录》上下卷，合装一册。本编依容庚增订三版《金文编》附录编次，图形文字不可识者为附录上，形声之不可识者、考释犹待商榷者为附录下。容氏《金文编》附录上列562字，重751字，《金文诂林》附录上列字号为2001—2571，多出9码，即2002，2003，2110，2111，2113，2117，2124，2262，2515。或当删，而分别与前一条号码合为一条，容氏《金文编》附录下列638字，重234字。《金文诂林》附录下所列字号为3001—3642，多出4码，即3124，3207，3438，3564，或当删，而分别与前一号码合为一条。本书罗列众说及彝铭文句，并由李孝定按语，体例与正编大致相同。周氏于1978年去台湾以后，又撰《金文诂林补》十四卷，连同附录、补遗及别册，共为八册。《补编》体例与正编大体相似而稍有不同，《补编》增录三十年来出版之青铜器铭文七百余通，逐字编为索引，附于有关各条之下，正编据容庚三版《金文编》所收之字，《补编》则增加三百余字，且于每字下加按语。《诂林》、《附录》及《补编》收集资料丰富，卷帙浩繁，但引文重复，且偶有抄写错误，即按语也多有可商之处。尽管如此，《金文诂林》仍是目前汇集金文研究成果最为详密、使用价值最大的一部大型工具书。

第六节　台湾的金文研究

台湾方面多年来问世著录金文之书颇为可观，如巴纳、张光裕合编《中日欧美澳纽所见所拓所摹金文汇编》，共十册，收录商周青铜器铭文 1813 通，按铭文字数由多到少加以排列，每篇有尺寸及著录书目。又如邱德修编《商周金文集成》，十册，全书收集历代传世、国内庋藏、海外流传以及 1982 年以前的出土资料，收录商周金文拓片、影本和摹本共 8974 帧，按青铜器器形分为五十六类。第一至第九册为金文资料，第十册为全书引得。铭文是以器类为主，每类器又以铭文之多寡为序排列次第。本书所收资料以铭文为主，一部分铜器还附以形制或纹饰。引得部分为每器编号、名称和著录情况，供读者查检之用。又如严一萍编《金文总集》十册，收铜器 7996 种，包括鼎、鬲、甗、簋、�（与匡）、簠、盧、鐙、匕、爵、角、斝、盉（与鎣）、尊、觥、方彝、卣、罍、瓿、壶、瓶、鑐、缶、鑰、鉳、觚、觯（与耑）、杯、勺、盘、匜、鉴、盂、盆、盨、㿿、铙、钟、鎛、勾鑃、（与征壑等）、铎、铃、钟钩、戈、戟、矛、剑、杂兵、量器、权、符节、车马器、其他等五十六类。所收以三代铜器之铭拓为主，其有摹绘之器形及前人题跋，亦一概入录。每器之下必详注所见书名，考释之文亦复列入。器物之出土地点，凡可知者，亦皆注于各器之下。

第七节　日本的金文研究

日本为中国近邻，日本文化与华夏文化有渊源关系。自来汉学研究之风甚盛，金文研究亦不例外。就近几十年而言，金文著录及金文研究有影响之书亦颇不少。如梅原末治编《新修泉屋清赏》二册，共收录铜器 419 件，其中商周青铜器 200 件，汉唐以后器 57 件，铜镜 162 面。书前有《中国古铜彝器概况》一文，内容有六：一、殷周彝器类；二、乐器类；三、战国时代以降的古铜器类；四、铜利器类；五、铜杂器类；六、佛像类。又有《中国古镜概况》一文，分五章：第一章，战国、汉、三国诸镜；第二章，仿制诸镜；第三章，六朝末隋唐诸镜；第四章，宋镜及高丽镜；第五章，和镜。每器均有图象、尺寸及说明。又有林巳奈夫著《殷周时代青铜器之研究》，本书分为上下两册，上册第一编为总论，包括前言、发现、搜集、研究史、器种的命名、殷及西周时代礼器之类别与用法。第二编为殷至春秋前期的青铜器，包括器形之时代变迁。下册为图版，按器物之时代和分型排列。每型又收集具有某些差别的器物，计刊图 3538 器。每器注明藏所及尺寸，凡有铭文者皆与器型同刊（上述资料引自马承源《中国青铜器》，第 382 页、第 584 页）。又如赤塚忠、伊藤道治、梅原末治、贝塚茂树、白川静等所编《书道全集》第一卷，从编号 13《表示动物的殷代金文》到编号 114《楚王酓忎盘》，录殷周至战国铜器铭文，并有释文、说明文字和著录书名。

第三章 青铜器分期断代研究

不久前，中国社会科学院考古研究所《殷周金文集成》编辑组曾经做过如下的认真统计：已经著录和未曾发表的铜器铭文拓片在一万件以上，如果加上有铭文而未有拓片的和无铭文的铜器，那么我们说传世或出土青铜器总数大约在15000件以上，大概并不是夸诞之词吧。如前所述，铜器出土，自汉以来，代有所记。铜器出土，视为祥瑞，或书之史册，或陈之家庙，甚或改元，以标神异。这就使铜器及其铭文研究蒙上神秘庄严色彩，成为庙堂之事。不消说，一般士人是不得与于其事的。降至宋代，铜器出土空前之多，《说文》研究复得昌盛。于是，铜器及其铭文研究成为一种专门学问。不过，那时的铜器及其铭文研究不外是摹录形制、饰纹、铭文，并加考释。人们著录铜器，或以器形为序，或以字数多少为序，不分时代，不分地域，这就免不了带有某种鉴赏古董的意味，带有某种被动的、盲目的清雅性质。因为这种研究只把铜器视为文物，丝毫不具有文献史料价值。正如郭沫若所说："殷代铜器传世不多，且容易识别，在铜器本身及作为史料的研究上没有多么大的难题。而在百分之八十以上的周代铜器，虽然容易认为周代铜器，但周代年限太长，前后绵亘八百年，在这儿仅仅以'周器'统括之，实在是一个莫大的浑沌。因而周器的断代研究便成了一个重要的课题。时代性没有分划明白，铜器本身的进展无从探索，更进一步的作为史料的利用尤其是不可能。就这样，器物愈多便愈感觉着浑沌，而除作为古玩之外，无益于历史科学的研讨，也愈感觉着可惜。"因此，铜器断代就成为对铜器及其铭文进行全面、深入研究的一项必不可少的内容。（参见郭

沫若：《青铜时代·青铜器时代》，《郭沫若全集》第一卷，第602页）

第一节 铜器断代研究的酝酿

如前所说，不对青铜器及其铭文进行断代研究，就不能还传世或出土铜器及其铭文的原来面目，就不能使这些古董具备其应有的史料价值，即不能把它们作为补史籍记载的不足、正史籍记载之疏误的第一手资料。对此，古人也有意无意地加以注意，换言之，古人也曾有意无意地做过一些为铜器及其铭文断代的工作。《汉书·郊祀志》记云："上（指汉武帝）有故铜器问少君。少君曰：'此器，齐桓公十年，陈于柏寝。'已而按其刻，果齐桓公器。"少君之语，即铜器断代之类也。惜乎，少君何以断为齐桓公之器，史未明载。宋吕大临《考古图》以器名为序著录器铭，其于《郱敦》下记云："按（郱敦）《集古》（指欧阳修《集古录》）作《毛伯敦》云：'刘原父（指刘敞）考按其事，谓《史记》武王克商，尚父牵牲，毛叔郑奉明水，则此铭谓郑者毛叔郑也，铭称伯者爵也，史称叔者字也。敦乃武王时器。"（参见［宋］吕大临、赵九成：《考古图·续考古图·考古图释文》，第43页，中华书局宋人著录金文丛刊本）刘敞断代固然错误，但他用以断代的方法是把彝铭和史籍相印证，则是可取的。又吕氏于庐江李氏所藏之《庚鼎》《辛鼎》《癸鼎》后记云："右三鼎皆得于京师。庚鼎高六寸有半，深三寸有半，径五寸三分，容二升有半。辛鼎……容五升，癸鼎……容一斗。铭皆有一字在其腹。按《史记》夏商未有谥，其君皆以甲乙为号，则此鼎疑皆夏商之器。"（参见［宋］吕大临、赵九成：《考古图·续考古图·考古图释文》，第7页）吕氏之言夏器，固无足信，但言商器，且以商王乃用日干命名之故事定之，亦地下材料与纸材料相印证之法，自有可信之处也。又吕氏于庐江李氏所藏《郑方鼎》下记云："李氏录（指李伯时《考古图》）云《春秋左氏传》（按，昭公七年）：'晋侯赐郑子产莒之二方鼎。'今得之新郑，盖郑鼎也。"（参见［宋］吕大临、赵九成：《考古图·续考古图·考古图释文》，第15页）此亦地下材料与纸面材料相印证之法。又吕氏于河南文氏藏《王子吴饫鼾》下记云："按此器铭云'作饫鼾'。鼾字字书所不载，其形制则鼎也。字体与《许子钟》相似。盖周末接战国之物。”《许子钟》乃春秋晚期许国之物，吕氏以《王子吴饫鼾》字体与《许子钟》相似，而定其为“周末接战国之器”，断代既正确，以《许子钟》为标准器并做系联之法亦正确也。又吕氏于河南文氏所藏《乙鼎》下记云：“右得于邺郡亶甲城。高五寸八分，深三寸七分，径五寸二分，容二升，铭二字。按鼎铭‘乙’下一字不可识。考其形制文字及所从得，盖商器也。”（参见［宋］吕大临、赵九成：《考古图·续考古图·考古图释文》，第20页）吕氏释为毛恐误。但以器物形制似《癸鼎》，铭文中有“乙”字，或即商王日干名字，且此器出土地为河亶甲城，曾为商之王都，故而断为商器，可信从。图象学方法、文字学方法、考古学方法同时并用，洵可依凭也。又吕氏于邺郡窦氏所藏《饕餮鼎》下记云：“右得于邺郡漳河之滨。高五寸有半，深三寸四分，径四寸有半，容二升一合。铭一字。按鼎铭一字，奇古不可识。亦商器也。愚谓铭文疑作戊，盖《乙鼎》、《庚鼎》之属。”（参见［宋］吕大临、赵九成：《考古图·续考古图·考古图释文》，第21页）吕氏释为戊恐误，但将其归于《乙鼎》、《庚鼎》等以日干命名之类，则以《乙鼎》、《庚鼎》为标准器并做系联之法也。又吕氏于庐江李氏所藏《丁父鬲》下记云：“《李氏录》云：‘《尔雅》“款足曰鬲”。此器自腹所容，通足间若股腨然，三体合为一，丁父所作，商器也。’”此处，吕氏以其形制与《尔雅》所记相印证，定为鬲，而鬲甗等物皆为商或早周之器，吕氏断为商器虽少嫌武断，但不为无据也。又于商《兄癸彝》下记云：“右得于邺。高七寸，腹径三寸，有奇。口径少差，盖底皆有铭。铭皆廿六字。按，何亶甲居相，即邺郡。其文又称九祀（铭文曰：‘丁巳，王锡□□□贝，在□，用作兄癸彝。在九月，隹王九祀。劦日。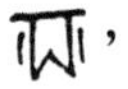’），为商器无疑。云兄癸者，商以兄弟相及之辞也。故祀其先王，或称祖，如祖丁卣之类，或称父，若父辛旅彝之类，或称兄，若此彝之类。商人无谥，皆以甲乙记之。”（参见［宋］吕大临、赵九成：《考古图·续考古图·考古图释文》，第67页）以邺郡出土、称年为祀和日干命名三条件定《兄癸彝》为商器，其断代结论与方法均属正确。又于《散季敦》下记云：“以太初历推之，文王受命岁在庚午，九年而终，岁在乙卯。《书》曰：惟九年大统未集，武王以明年改元，十三年壬午伐纣，实（以上十五字，今刻本脱之，据《籀史》补足之）武王即位之四年。敦文曰：惟王四年，盖武王也。是年一月辛卯朔，《书》曰：惟一月壬辰旁死魄，旁死魄二日也。是岁二月后有闰，自一月至八月小尽者四，故八月丁亥朔，与敦文合。武王之时，散氏惟闻散宜生，季疑其字也。”（参见［宋］吕大临、赵九成：《考古图·续考古图·考古图释文》，第39页）吕氏断《散季敦》为周武王器，恐未确，但用历朔推步之法确定器物年代，自吕氏始。

王黼编《宣和博古图录》鼎鬲总说云：“历代之鼎，形制不一，有腹著饕餮而间以雷纹者，《父乙鼎》《父癸鼎》之类是也；有铢色如金著饰简美者，《辛鼎》《癸鼎》之类是也；有缘饰旋花奇古可爱者，《象形鼎》《横戈父癸鼎》之类是也；有隐起饕餮间以夔龙或作细乳者，《亚虎父丁鼎》《文王鼎》《王伯鼎》之类是也。或如《盂鼎》之侈口，《中鼎》之无文，《伯硕史颈鼎》之至大，《金银错鬲》之绝小，或自方如簠，或分底如鬲，或设盖如敦。有大小不同而制作一体，有款识虽异而形制不殊，或造于一时，或沿于异代。按之求之，若辨黑白。大抵古人用意，皆有规模，岂特为观美哉？”（参见［宋］吕大临、赵九成：《考古图·续考古图·考古图释文》，第4页）指出铜器形制、饰纹，与断代有关。又云：“若乃款识名氏，虽曰夏商从高阳之质，以名为号，配以十干，而加之以父，然齐有丁公、乙公、癸公，幽公之弟曰乙，齐悼之子曰壬，则十干之配未必皆夏商也。周大夫有嘉父，宋大夫有孔父，齐顷之臣有丑父，召公之后有父乙，则加之以父，未必皆夏商也。”（参见［宋］吕大临、赵九成：《考古图·续考古图·考古图释文》，第5页）又指出名字中有干字、加父字，未必尽夏商之器。其于商《父乙鼎》下记云：“此商人作之以享父乙于寝庙，而言乃及此者，盖寝庙，宗庙也。《书》曰：‘用命赏于祖。’在宗庙之中，作册以锡有功，是亦赏于祖之意。乙之号，其在商也有天乙，有祖乙，有小乙，有武乙，而惟太丁之子止曰乙，且此言父乙，盖不知其为何乙也。”（参见［宋］吕大临、赵九成：《考古图·续考古图·考古图释文》，第8页）王氏虽云铭为日干之字，且加父字，未必皆夏商之器，但此器，乃商人作之无疑也。又于商《瞿父鼎》下记云：“是器耳足纯素无纹，纯缘之外作雷纹饕餮，历年滋多，如碧玉色，宜为商器也。”（参见［宋］吕大临、赵九成：《考古图·续考古图·考古图释文》，第9页）王氏以饕餮云雷纹定商器，可取。

宋薛尚功《历代钟鼎彝器款识》卷一列夏器款识，卷二至卷五列商器款识，卷六至卷十七列周器款识，卷十八列秦器款识。其于《夏琱戈》下记云：“右琱戈铭六字，旧藏龙眠李伯时家，钿紫金为文，不可尽识……昔夏禹以九牧之金铸鼎，垂运巧思以镌镂之书以象形。庾肩吾《书品》论曰：‘蚊脚旁舒，鹄首仰立’，正此书也。”（参见薛尚功：《历代钟鼎彝器款识》，辽沈书社，1985年本，第1页）又于《夏钩带》下记云：“右钩带铭二十三字，钿紫金为文，不可尽识，龙虎虫鸟书也。庾肩吾《书品》论曰：‘鱼犹舍凤，鸟已分虫，仁义起于麒麟，威刑发于龙虎’，盖此类也。肩吾虽稽古而为此说，乃未之见也。钿金为篆，实出邃古。张怀瓘《书录》云：‘往在翰林见古代铜钟二枚，高二尺许，有古文三百余字，纪夏禹功绩，字皆紫金钿，似大篆，神采惊人，盖虞夏之时乃有此字也。’”（参见薛尚功：《历代钟鼎彝器款识》，辽沈书社，1985年本，第3页）薛氏所谓钿紫金为文者，乃鸟虫篆之类也。盖春秋战国南方诸国之特有字体，非夏时字体也。其断代之误明矣。但其援引庾、张二氏所记书体以定戈、钩带之为夏物，示非杜撰，其所用字体比较系联之方法应予以肯定也。所惜《书品》《书录》所云夏时字体出于拟测，不足凭依也。又于商《乙鼎》下记云：“右鼎铭曰‘乙作’，盖作器者乙也。商之名乙者甚多，唯太丁之子独曰乙（按：大丁之子为大甲，薛氏误）。今铭止曰乙，得非太丁之子乎？”（参见薛尚功：《历代钟鼎彝器款识》，辽沈书社，1985年本，第16页）又于《子父己鼎》下记云：“按三代之间惟商为尊神。凡于祭祀必致其尽，故其鼎间作子象以持刀，非特鼎也，尊之与卣，悉著此焉。盖供子之职者不如是不足以见其竭力从事之意。是以先王之事亲，于羞剂则执鸾刀，入舞则执戈戚，至于藉田则秉耒焉。必躬必亲，每每如此，又况尊神之世乎？迹其商之世曰父己者，雍己也。鼎彝用享其父则必识以其子，继雍己者乃其弟太戊，则所谓子果谁邪？岂非继其后者乃为子邪？”乙并非太丁之子，己子亦恐非雍己之子。但薛氏于此意欲考定此二商器究属何王，其用心诚可嘉也。又于《辛鼎》下记云：“右辛鼎铭亦止一字，按陶隐居《刀剑录》云：‘夏孔甲在位四十八年，以八年九月岁次甲辰采牛首山铁铸剑，一铭曰甲。’”（参见薛尚功：《历代钟鼎彝器款识》，辽沈书社，1985年本，第10页）铭止一字。器铭一字者多夏商之器也。”夏孔甲铸剑，恐系传说，铁之使用系春秋以后之事。但商王以日干命名则是事实。薛氏援此商代故事断代，其方法自有可取之处。又于周《太叔鼎》下记云：“《博古录》云：‘按《春秋·隐公元年》书“郑伯克段于鄢”，盖郑伯者即郑庄公也。庄公弟有曰共叔段者，尝请京，使居之，因谓之京城大叔。则大叔者，庄公之弟耳。太叔强跋，遂缮甲兵以袭郑而公伐京焉。太叔入于鄢。公又伐鄢。故《春秋》书其恶，以为昆弟之戒，而诗人有曰《叔于田》，以刺其多才而好勇者是也’。然则是器乃太叔居京而作之耳。其为周器无疑。”铭文“太叔作鼎”之太叔是否京城大叔，姑且置之不论。薛氏以地下材料与纸面材料相印证之法断代，无疑是正确的。

宋王俅《啸堂集古录》著录器铭亦仿薛氏，于器校前冠以“商”或“周”或“汉”字，如《商父乙鼎》《商召夫鼎》《商亚虎父丁鼎》《周文王鼎》《周王伯鼎》《周中鼎》《汉孝成鼎》《汉定陶鼎》《汉李氏鼎》等。王俅书无考释，无由知其断代之依据。但既有其断，必有其所以断。不知其所以断，无碍于我们对王氏铜器断代意识的肯定。

清阮元撰《积古斋钟鼎彝器款识》，按朝代并以器铭为次序，著录彝铭，加释文并考释。卷一、卷二列商器款识，卷三至卷十列周器款识。其于商《董武钟》下考释云：“嘉定钱献之（坫）云：古戎字从甲，泰绎山碑戎从十。十本古甲字。吴，古虞字。此篆奇古，是商初之器。”（参见阮元：《积古斋钟鼎彝器款识》卷一，第1页）此钟字体系鸟虫书，乃战图艺术字体，阮氏以字体奇古定为商初之物，自然大错。但其以字体作为断代标准，又当予以肯定。又于商《旅鼎》下考释云：“商人以生日为名字。商之器先有上甲微，《史记》索隐曰：‘皇甫谧云，微字上甲，其母以甲日生故也。商家生子以日为名，盖自微始。谯周以为死称庙主曰甲也。’案此曰日乙（按《旅鼎》铭文：‘唯八月初吉，辰在乙卯，公锡旅仆旂，用作文父日乙宝尊彝。’）他器有曰日庚、日辛者并庙主之称。”以商人以日干命名之故事为铜器断代，虽不无可议处，但不能不承认，此法有其可取之处。又于《重屋父丁彝》下考释云：“重屋形，父丁。……案《考工记》：殷人重屋之制四阿重屋。此正重檐复笮之象形。”（参见阮元：《积古斋钟鼎彝器款识》卷一，第22页）断《重屋父丁彝》为商器，大致正确。阮氏用按考古代典籍之方法论之，亦可取。

清吴大澂《愙斋集古录》亦以器名为序著录彝铭。其于《癸山敦》下记云：“陈簠斋所藏商敦‘癸山’二字，乃祭器之第十器也。（按，“癸”字恐系人名用字，非表十次也）《明堂位》：‘山罍，夏后氏之器也。’彝器中作‘山’字者，其山罍之遗制欤。”（参见吴大澂：《愙斋集古录》第七册，涵芬楼影印本，第2页）吴氏

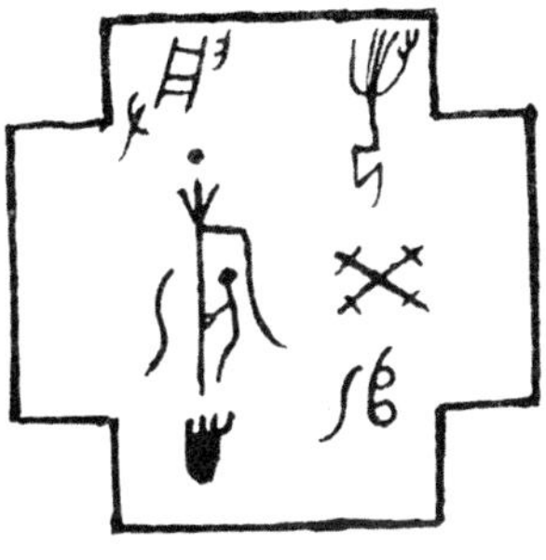
图3-1

定《癸山敦》为夏器，殊不可信。但其用地下材料与纸面材料相印证之法则应予以肯定。又于《亚形母癸敦》下记云：此亚形之最大者，潘文勤公藏敦，手理发形当即母字。自字加反乙字疑古追字。两手奉舟形，疑古受字，子执旂形亦旌武功之义。足迹形取绳武之意。商器文简，多象形文字。又于《毛公鼎》释文后记云："'王若曰：父厝，不显文武'，是鼎言文武，言先王，知为成王册命之词。《诗·伐木》传：'天子谓同姓诸侯、诸侯谓同姓大夫曰父。'《左氏传》：'鲁卫毛聃，文之昭也。'毛公为武王之弟，故成王称父。《汉书·古今人表》列毛叔郑于武王时，是武王之弟毛公名郑不名也。徐同柏谓厝非毛公名。以晋文侯名仇字义和之例推之，《书》称父义和而不名，知厝为毛叔郑之字也。"（参见吴大澂：《愙斋集古录》第六册，涵芬楼影印本，第5页）此乃吴大澂断《毛公鼎》为周成王器与所以定为周成王器之根据也。虽断代错误（郭沫若定《毛公鼎》为周宣王器），但其缘史籍记载以进行断代之方法则无误也。又于《师坴父鼎》下记云："鼎文第三行坴字中画近上，是王非玉，从大得义，从王得声，当即太师皇父之器。《竹书纪年》：'周宣王二年锡太师皇父司马休父命。'此其册命之词欤？井，古邢（邢）字，司马邢伯右师坴父，言邢伯相师坴父入门也。《礼仪·觐礼》：'太史是右'，注：'右读如周公右王之右。'古者入觐之礼，必有相礼之人，右与侑同义，犹《特牲馈食礼》'祝侑主人拜'之侑。《师虎敦》'井伯内右师虎'，当即此人。敦文系宣王元年六月锡召穆公之册命，此鼎系二年六月，相去亦不远也。"（参见吴大澂：《愙斋集古录》第六册，涵芬楼影印本，第27页）

吴氏释坴为皇，不确。因此，以大师坴父为《竹书纪年》"周宣王二年锡太师皇父司马休父命"之太师皇父，亦不确。进而定其为周宣王时器，亦必不确。（按《师坴父鼎》应为恭王时器）但其所用方法则应予肯定。又于《盂鼎》释文后记云："是鼎于道光初年出眉县礼村沟岸中。为岐山令周雨樵所得，旋归岐山宋氏。同治间项城袁小午侍郎以七百金购获之。今归吾乡潘文勤公。癸酉冬，大澂视学关中，袁公出示是鼎，高约四尺余，口径约三尺余，重约七百余斤。大可容四石，为文十九行，行十五字，以文义绎之，当系成王时物，南公之孙盂所作。首曰隹九月，末日隹王廿又三祀，当成王即位二十三年九月也。'文''武'从'王'，它器未见，当亦臣子奠先王意，特加王以别之。"（参见吴大澂：《愙斋集古录》第六册，涵芬楼影印本，第四册，第15页）吴氏断《盂鼎》为成王器，虽不中，不远矣。(《盂鼎》应定为康王器)，其尤可称道者，吴氏将铭首之“隹九月”与铭末之“隹王廿又三祀”合而观之，似乎已知，此乃西周早期交代时间之常用文例与词语。又“文”“武”二字作“玟”“珷”，从“王”，亦西周早期彝铭文字之特殊写法。二者均可取作断代之条件。

综上所述，自宋至清，学者们于有意或无意中提及之断代方法大致有如下数点：1. 出土地点，如定邺出之器为商器；2. 形制纹饰，如定分裆如三体合一之鬲为商器，定饕餮云雷纹饰之器为商器；3. 铭文文例与词语，如铭文简质，甚或仅有一二字或二三字之器为商、周早之器，以日干命名之器为商、周早之器，以“隹王×祀”纪年之器为商器；4. 与文籍记载相印证，如以《左传·隐公元年》“郑伯克段于鄢”之故事定《太叔鼎》为春秋器（确否未敢遽定)；5. 铭文字体，如以《王子吴饮鼾》字体与《许子钟》相似而定其为周末接战国之器；6. 推步历朔，如以太初历推《散季敦》为周武王器（恐未确)；等等。其尤当指出者，以某器之形制、纹饰、铭文字体、文例、词语等作为参照物进行比较系联的方法已在自觉不自觉地使用着，而这正是标准器断代方法的胚胎。

1899 年（清光绪 25 年)，殷墟甲骨文面世，这是商代器物存于此间之确证。罗振玉纂集出土的安阳器物，成《殷文存》二卷。其断为商代遗物所用之条件，不外以日干命名和多象形文字两项。正如罗氏所说：“考殷人以日为名，通乎上下，此篇集录即以此为埻的。其中象形文字或上及于夏器，日名之制亦沿用于周初，要之不离殷文者近是。”(参见罗振玉：《殷文存》序)

结合甲骨文研究铜器断代，其功至著者当推马衡。马氏 1925 年发表《中国之铜器时代》，论列铜器与甲骨文文例或词语相同者可定为商器。如同于殷墟甲骨文记时文例为“×日……×月惟王×祀”之铜器可定为商器。这样，《乙酉父丁彝》(辞铭为：“乙酉，赏贝。王曰：‘帀，□□工，毋不戒。’遘于武乙，(在）四月，惟王六祀。肜日，崔内□□赏丰，用作父丁尊彝。帀子。”)《己酉戍命彝》(辞铭为：“己酉，戍命尊宜于召，□赓□九律，□赏贝十朋，□牝，用宧丁宗彝。在九月，惟王十祀，劦日。五惟来束。”)《兄癸卣》(辞铭为：“丁巳，王锡□□贝，在□，用作兄癸彝，在九月，惟王九祀，劦日。。”)《戊辰彝》(辞铭为：“戊辰，弜师锡肆亯户□贝，用作父乙宝彝，在十月，惟王廿祀，劦日，遘于妣戊武乙爽，豕一。旅。”)《小臣艅尊》(辞铭为：“丁巳，王省夔且，王锡小臣鮽夔贝，惟王来征人方。惟王十祀又五，肜日。”）和《宰椃角》（辞铭为：“庚申，王在阑，王各，宰椃从，锡贝五朋，用作父丁尊彝，在六月，惟王廿祀翌又五。”）皆可断为商器。又如，同于殷墟甲骨文记祭祖妣必以祖妣名之日干字的铜器可定为商器。这样《乙酉父丁彝》（“乙酉……遘于武乙”）、《戊辰彝》（“戊辰……遘于妣戊武乙爽”）均可定为商器。又如同于殷墟甲骨文常见词语“遘”“爽”“曶日”“肜日”“翌”“来征人方”等的铜器可定为商器。这样《乙酉父丁彝》（“遘于武乙……肜日”）、《己酉戍命彝》（曶日）、《兄癸卣》（“曶日”）、《戊辰彝》（“曶日”）、《小臣鮽尊》（“肜日”、“惟王来征人方”）、《宰椃角》（“唯王廿祀翌又五”，即唯王廿祀又五，翌［日］），均可定为商器。

高本汉（B. Karlgren）发表《中国殷周铜器》一文，认为亞形（）、析子孙形（）和举形、向形（、）三种标识为殷器所独有，故可作为断定商器之标准。很明显，殷代铜器有此三种标识，西周铜器也有此三种标识。因此，单独使用这一标准恐怕靠不住，如能同时使用多种标准，则断代庶几近之矣。

二十世纪初叶，一批考古学者留学回国，带回了西洋考古的新方法新成果。如以未经扰乱的层位和窖坑关系处理器物之相对年代一事，成为断代利器而被用于殷墟发掘之中。董作宾说：“未经扰乱的地层，同出有残铜器、绳纹陶片，或陶器、石刀、骨镞、贝蚌制器等，皆可确认为商代遗物，且土色层次，一望而知。而此处甲骨出土的记载，亦极为重要，因同时可根据甲骨文字，以证明他种遗物之属于商代。”又如对出土物之成分进行化学分析和显微镜查验，也用于殷墟出土青铜器的化学成分的分析中。结果是：“试料一——镞的化学分析的结果：纯铜59.21%，锡10.71%，铁1.14%，矽酸7.34%，其余为水、泥质及二氧化碳。试料二——镞的化学分析的结果：纯铜28.09%，锡5.60%，铁2.16%，银微量，铅微量，矽酸3.66%，其余为水、泥质及二氧化碳。试料三——刀的显微镜下估计的结果：纯铜85.00%，锡15%。试料四——镞的显微镜下估计的结果：纯铜83%，锡17%。试料五——戈头的显微镜下估计的结果：纯铜80.00%，锡20%。试料六——礼器残片的显微镜下估计的结果：纯铜—%，锡10.20%。试料一与试料二因氧化过深，分析所得的成分，自难与未受氧化的原物成分相符合。试料六也因为腐蚀过甚，对于铜的含量竟无从估计。三、四、五这三份试料，虽也受腐蚀，但仍有未被腐蚀的低凝体存在。从上面估计所得的成分，除有百分之二的差错（从显微镜下估计，这2%的差错是常有的）外，都很可靠。”（参见刘屿霞：《殷代冶铜术之研究》，《安阳发掘报告》第四期，第692—693页）

中国历史从西周共和元年（前841）开始有明确的纪年，而周器又多有年、月、日、月相（初吉、既生霸、既望、既死霸）之记载，这是周器可以用推步朔历进行断代的依据。自南宋吕大临首用此法以言断代之事，但吕氏之后，则无人问津于此。直到1936年吴其昌等著《金文历朔疏证》二册，“审择其间铭有历朔、或人名、或地名、记事、记史，可直接间接推算考证者，凡三百一十二器，分别编入武王（含周公摄政）、成王、康王、昭王、穆王、恭王、懿王、孝王、夷王、厉王（含共伯和）、宣王、幽王之下。其中铭辞中凡年、月、月相、日四者俱备者42器，铭辞中凡年、月、月相、日四者之中只备其三而缺其一者75器，铭辞中凡年、月、月相、日四者之中仅列其二而缺其二者24器，铭辞中凡年、月、月相、日四者之中仅存其一而缺其三者16器，铭辞中年、月、月相、日四者俱缺，无可推算，然其人名、地名、记事、记史之文，有可以直接或间接考证，确实可任者155器”。作者使用刘歆“三统历”进行推算，用力颇勤，费力甚巨，看似详明，但不可信从，因为西周时究行何历，我们至今仍不甚了了。例如，诸家考定的武王克商之年，颇为分歧。汉末刘歆推为公元前1122年己卯，后汉殷历派推为前1070年辛未，唐初僧一行推为前1111年庚寅，近代王国维推为前1027年。此外，西周诸王在位年数，亦诸说纷纭，如周恭王在位年数，《太平御览》八十五引《帝王世纪》云在位二十年，《通鉴外纪》云在位十年，又引皇甫谧说在位二十五年，后世《皇极经世》诸书复推算为十二年，日本人新城新藏曾研制《金文历日适合表》，依据此表之推算，则西周帝王中适合《散季敦》铭文“惟王四年”者，有成王、康王、孝王、夷王，使人感到莫衷一是。因此，只凭推步历朔而断代，恐不可靠。必须在使用其他的主要断代方法时，才可以有条件地使用历朔推步法。

甲骨文发现以后，尤其殷墟科学发掘以后，学者们用以为铜器断代的方法又加上了地层层位和分析合金成分两项，这就使断代方法更全面、更严密、更科学。至此首先确定标准器，然后加以类推系联的铜器断代理论，已经近在咫尺，成为呼之欲出之事了。

第二节　标准器断代方法的诞生

铜器断代方法历经千余年的长期孕育过程，至二十世纪三十年代已经在铜器及其铭文研究的母体中发育成熟，大体言之，宋、清两代，铜器断代研究是盲目的、被动的、朦胧的，其方法也是经验性的。进入二十世纪以来，由于殷墟甲骨文的发现，由于王国维“二重证据法”被学术界普遍接受，由于西方考古术的传入，由于建立新史学的需要，铜器断代研究渐渐成为比较自觉、比较主动、比较明确的领域了。其所以如此，乃在学者们意识到，应把彝铭视为文献、视为史料来运用。正如郭沫若所说：“传世西周彝器，其有铭者已在三四千具以上。铭辞之长有几及五百字者，说者每谓足抵《尚书》一篇，然其史料价值殆有过之而无不及。”（参见郭沫若：《西周金文辞大系考释》序文）但传世或者出土铜器散漫无纪，代次王次不明，亟须整理条贯之。正如郭沫若所说：“……频年以来，有志于中国古代社会之探讨，乃潜心于殷代卜辞与周代彝铭之释读。卜辞出土于一地，其出土之地层，近由发掘，亦略得明其真相，据为史料，无多问题。然至周彝，则事乃迥别。彝器出土之地既多不明，而有周一代载祀八百，其绵延几与宋、元、明、清四代相埒，统称曰周，实至含混。故器物愈富，著录愈多，愈苦难驾驭。寝馈于此者，数易寒暑，深感周代彝铭在能作为史料之前，其本身之历史尚待有一番精密之整理也。”（参见郭沫若：《西周金文辞大系考释》序文）彝器整理之方法无它，必以年代与国别为之条贯。国别信息，每于铭文中明记之，不烦稽考。但年代之考定，殊非易事。但有一事可以断定王次而为前人所忽视者，彝铭或每直接间接透露时王之名或时王加年次。如《趞曹鼎》第二器铭云：“唯十又五年五月既生霸壬午，龏王在周新宫，王射于射庐”，龏王即恭王，谥法当是春秋中叶以后之事，故此龏王应为生称。足证《趞曹鼎》为龏（恭）王十五年之器无疑。如《献侯頣鼎》铭云：“唯成王大桒，在宗周”，足证《献侯頣鼎》乃成王之器无疑。如《遹簋》铭云：“唯六月既生霸，穆穆王才葊京……穆穆王窺易遹髅。遹拜首稽首，敢对扬穆穆王休。”足证《遹簋》乃穆王之器无疑。如《利簋》铭文云：“珷王征商，唯甲子朝”，足证《利簋》乃武王克商之年之器无疑。《何尊》

铭云："唯王初郾宅于成周，复称珷王豊自天……唯王五祀"，足证《何尊》为成王五年之器无疑。又《匡训》铭云："唯四月初吉甲午，歅（懿）王在射庐"，足证《匡尊》为懿王之器无疑。又《㝬簋》铭云："用𩐋保我家、朕位、㝬（胡）身……㝬其万年，实朕多御"，足证《㝬簋》为厉王（名胡）之器无疑。又《大丰簋》铭云："王衣（殷）祀于王不显考文王"，则《大丰簋》自当为武王之器。又《盂鼎》铭云："用牲啻（禘）周王□王成王"，则《盂鼎》自当为康王之器。此外，《保卣》铭云："乙卯，王令保及殷东或（国）五侯"，而《史记·周本纪》："召公为保，周公为师，东伐淮夷，残奄，迁其君薄姑。"可定铭文中保即《史记·周本纪》中之召公奭，而王命太保召公奭逮捕殷之东国王侯之事，与《史记·周本纪》所记成王时"召公东伐淮夷，残奄，迁其君薄姑"之事相合。由是《保卣》当为成王之器。又《令簋》铭云："唯王于伐楚伯，才（在）炎"，而《左传·僖公四年》："昭王南征而不复"，二者所记之事相合。由是，《令簋》当为昭王之器。如此等等。凡此明确王次之器，均可作为标准器，并以标准器为中心，以铭文内容、彝铭文例和词语、器物形制和纹饰、出土地点、层位及同墓同窖器物组合等项加以类推与系联，从而推定相关器物之年代，此谓之"标准器断代法"。至于以后世历术以事推步之法，则因殷周古历迄未确知，且周代列王之年代亦多有歧义，故必当慎而用之。郭沫若说："余于年代之推定……专就彝铭器物本身以求之，不怀若何之成见，亦不据外在之尺度。盖器物年代每有寸铭文透露者，如上举之《献侯𪧀鼎》、《宗周钟》（即《㝬钟》，此乃厉王自铸器。郭氏谓昭王器，误）、《遹簋》、《趞曹鼎》、《匡卣》（尊）等皆是。此外，如《大丰簋》云'王衣祀于王不显考文王'，自为武王时器；《小盂鼎》云：'用牲啻（禘）周王□王成王'，当为康王时器，均不待辩而自明。而由新旧史料之合证，足以确实考订者，为数亦不鲜。据此等器物为中心，以推证它器，其人名事迹每有一贯之脉络可寻。得此，更就文字之体例、文辞之格调及器物之花纹形式及参验之，一时代之器大抵可以踪迹，即其近是者，于先后之相去要必不甚远。至其有历朔之记载者，亦于年月日辰间之相互关系求其合与不合，然此仅作为消极之副证而已。"（参见郭沫若：《西周金文辞大系考释》序文）郭氏又定《者减钟》、《王子婴次卢》、《齐太宰归父盘》、《国差𦉜》、《秦公钟》（及簋）、《宋公戌钟》、《庳壶》、《叔夷钟》、《邾公牼钟》、《洹子孟姜壶》、《邾公华钟》、《儠儿钟》、《徐王义楚锚》、《宋公䜌鼎》、《晋公锥盦》、《攻吴王夫差鉴》、《陈逆簠》（及簋）

等7具春秋器和《曾姬无卹壶》《姑冯句鑃》《楚王酓章钟》《中子化盘》《郾侯车（载）彝》《屭羌钟》《陈侯午敦》《陈侯因資敦》《商鞅量》《陈骍壶》《楚王酓忎鼎》等11具战国器为列国标准器。由此，郭氏罗列西周铜器年代可考或近是者凡162器，又罗列东周三十二国且亦贯以年代之铜器凡161器，共323器，大抵存世彝器之精华尽在其中矣。标准器断代方法终于诞生，其功应属郭氏，自无任何异议。

郭氏首倡于三十年代，后之学者靡然从之。标准器断代方法又趋完美，势所必然之事也。事至当今，学者将此前所用之铜器断代方法按学科之不同分归如下四种：第一种，考古学方法，即对科学发掘而得之铜器，考察其地层层位，考察同一文化堆积层之共存物以及铜器与共存物之器物组合特征。第二种，成分分析法，即用化学方法分析铜器的合金成分配比、冶炼铸造特征。第三种，形象学方法，即对铜器外在造型、饰纹进行综合排比。第四种，文字学方法，即对铜器铭文的徽号、文例、词语与涉及的人名、官职、历史事件等进行对照、案验。当然，每一铜器之断代，不是用哪一种方法所可奏效，而是往往同时使用以上四种方法的某几种，方可最后决断。但对我们古文字学者来说，主要是利用文字学方法，同时参考考古学、化学分析和形象学等方法来为铜器断代的。因为作为类推系联中心的标准器就必须通过对铭文的各方面的考察，才能得以确定。标准器确定以后，通过以下几个途径与未定年代的铜器进行对比、考察和案验：一、未定器是否与标准器同坑或同墓出土；二、未定器形制、纹饰是否与标准器相同或相近；三、未定器的铜、锡、铅等组成成分是否与标准器相同或相近；四、未定器铭文中是否有与标准器相同的历史事件；五、未定器铭文中是否有与标难器相同的官职人物；六、未定器铭文中是否有与标准器相同的徽号文字；七、未定器铭文字体是否与标准器相同或相近；八、未定器铭文文例和词语是否与标准器相同或相近；九、未定器铭文所出年月日辰与标准器是否有某种内在联系。［据张振林：《试论铜器铭文形式上的时代标记》（载《古文字研究》第五辑，第50—52页）一文斟酌损益之］如此，未定年代之器与标难器如有一方面或数方面相同或相近，就可断其年代，或与标准器同时，或前后少有参差，亦可断其地域，或与标准器同国、族，或范围少有出入。中固中矣，即不中，不远矣！就时间而言，自盘庚迁殷至秦统一中国，就地域而言，东至齐鲁，西至秦晋，北至卫燕，南至吴楚，散落于由时间（纵向轴）和空间（横向轴）构成的时空直角坐标系中的万千铜器，大体上都可给出其坐标。当然，理论上是如此，实际上并非没有困难。但框架已定，只要一步一步扎实做去，总有成功之日。

第三节 关于青铜器的分期问题

郭沫若提出的首先确定标准器，然后加以类推系联的断代方法，给青铜器及其铭文研究带来了革命性的变化。不少有明确王世纪年的青铜器，以及由此类推系联而得的青铜器，我们自然可以断定其为何王甚或何王何年之物，但是，有明确王世纪年的青铜器毕竟只有少数，由此类推系联而得其仿佛的青铜器数量当然不可能太多。不得已而求其次，学者们只好转而进行青铜器的分期研究。1933 年董作宾发表《甲骨文断代研究例》，以世系、称谓、贞人、坑位、方国、人物、事类、文法、字形和书体十项标准将盘庚迁殷至帝辛失国的 273 年的甲骨卜辞分为五个期别。这一划时代的伟大创举，为青铜器的分期研究开创了先例，树立了榜样。很显然，青铜器及其铭文分期是将青铜器按照铭文、形制、纹饰和出土情况等条件，划分为相对意义上大致可以互相区分的若干时期，而作为区分条件的铭文、形制、饰纹和出土情况取决于标准器。

最早对青铜器作分期研究的是郭沫若。1935 年郭氏撰《彝器形象学试探》，按铭文、形制、饰纹，将商周青铜器分为四期：第一期滥觞期，大率当于殷商前期；第二期勃古期，殷商后期及周初成康昭穆之世；第三期开放期，恭懿以后至春秋中叶；第四期新式期，春秋中叶至战国末年（参见郭沫若《两周金文辞大系图编序说——彝器形象学试探》）。郭氏分期属美术考古分类，大体说来，符合青铜器发展的实际情况。此后，学者们踵事增华，续有补苴。1964 年马承源主编《上海博物馆藏青铜器》，同样按铭文、形制、饰纹将郭氏四期说改为五期说：第一期育成期，商代盘庚迁殷以前；第二期鼎盛期，自殷墟期至西周昭王，这是青铜艺术出现第一次高潮的时期；第三期转变期，西周穆王以后至春秋早期，这是青铜艺术转变为抽象的时期；第四期更新期，春秋中期至战国、秦，这是青铜艺术的更新时期，即出现又一次高潮的时期；第五期衰退期，两汉时期，这是青铜艺术的衰退期（参见《上海博物馆藏青铜器》序言）。所当说明者，马氏之“五期说”与郭氏之“四期说”大致相同，其微异者有三：其一，名称有异；其二，每期起迄或微有出入；其三，郭氏之第四期新式期包括精进与堕落二式，“绵延至之秦汉，随青铜时期之退禅，堕落式日趋于堕落而终于消亡，精进式则集中于鉴镜而别构成文化之一环矣”。（参见郭沫若《两周金文辞大系图编序说——彝器象形学试探》）显然，郭氏所论“新式期”中已涉及马氏“五期说”的第五期“青铜艺术的衰退”的问题，仅未展开论列而已。1981 年，郭宝钧《商周青铜器群综合研究》发表，文中用铸造技术将商周青铜器分为六段，与历史进程不符，例如，分铸之技术在殷墟时期甚至商代早期就已普遍使用，郭氏列为第五段，时在春秋中期至战国，显然不确。正因为如此，铸造分段法未能得到学术界的重视。1981 年张振林发表《试论铜器铭文形式上的时代标记》一文，以铭文（包括族氏文字、文字的点画结构、铭辞的表现形式和一些特殊的单字和词语等）这一条件，将商周青铜器及其铭文分为九期：第一期商前期，从成汤至盘庚迁殷前；第二期商后期，从盘庚迁殷至受辛失国；第三期西周前期，从武王至昭王；第四期西周中期，从穆王至懿王；第五期西周后期，从孝王至幽王；第六期春秋前期，从周平王东迁至周匡王末、周定王初；第七期春秋后期，从周定王初至周敬王末；第八期战国前期，从公元前 475 年至公元前 350 年左右；第九期战国后期，从公元前约 350 年至公元前 221 年秦灭六国，统一中国。（参见张振林：《试论铜器铭文形式上的时代标记》，《古文字研究》第五辑）张氏纯用文字学方法，即通过对族氏文字、点画结构、章法布局和文辞形式诸方面的考察，将郭沫若的四期细化为九期。他抓住了铭文、形制、饰纹、出土情况诸条件中的主要环节——铭文——作为立论的主要依据，又把郭氏分期加密加详，应予充分肯定。但将形制、纹饰、出土情况等分期断代标准完全置之不顾，又不能不说是一种缺陷。1986 年马承源主编《中国青铜器》，依据铭文、形制、饰纹、出土情况诸条件，对商至秦汉青铜器做了全面系统的分析，分为十二期：第一期二里头文化期，公元前 1900 年至公元前 1600 年；第二期商代早期，公元前 16 世纪至公元前 15 世纪中叶；第三期商代中期，公元前十五世纪中叶至公元前 13 世纪；第四期商代晚期，公元前 13 世纪至公元前 11 世纪，包括殷墟时期前段和殷墟时期后段；第五期西周早期，武王至昭王；第六期西周中期，穆王至夷王；第七期西周晚期，厉王至幽王；第八期春秋早期，公元前 770 年至公元前 7 世纪上半叶；第九期春秋中期，公元前 7 世纪上半叶至公元前 6 世纪上半叶；第十期春秋晚期，公元前 6 世纪下半叶至公元前476年；第十一期战国早期，公元前476年至公元前4世纪上半叶；第十二期战国晚期，约自公元前4世纪中叶至公元前221年。（参见马承源《中国青铜器》第五章第三节）马氏综合运用文字学方法、考古学方法、图象学方法，对夏商周至秦汉的青铜器进行了认真地实事求是地排比研究，得出了一个相当严密的铜器分期框架，实属难能可贵之作。但期别十二，为数嫌多，实际上不便使用。

我认为，利用主以文字学，辅以图象学、考古学的分期方法，考虑到特点分明、便于掌握的原则，商周青铜器可以分为八期，今将各期特征略述如次。

第一期　商早期

此期铜器无铭文。

此期铜器仅发现饮酒器爵，其流狭而较平，尾短，无柱，底平，体较扁，下承三足。

此期铜器一般无饰纹。少数爵体有一排或两排圆钉状饰纹。

此期铜器集中出土于河南偃师二里头。新郑望京楼和商丘地区也有少数发现。

第二期　商中期

此期铜器无铭文。

此铜器已发现饮食器鼎、大方鼎、鬲、甗，饮酒器爵、斝、觚、尊、罍、瓿、壶，水器盘等。鼎、鬲等食器有三足，有的一足与耳在一垂直线上。如骤然视之，或有不平衡之感。有的三足与两耳呈对称状，成为后世圆鼎固定形式。鼎、斝等柱足或锥足，或与器腹相通。大方鼎器身巨大，且作正方深斗形，与商晚期方鼎器身呈长方槽形者全然不同，爵体或扁或圆，底或平或鼓，流或狭或宽，斝有平底、袋足之分。觚、罍、瓿等器圈足例有亞（）形大孔。有必要指出，此期出土铜器有爵、觚、斝组合现象存在。

此期铜器已有饰纹，且以饕餮纹为主。有的饕餮纹系以繁复的云雷纹和整齐的羽毛纹构造而成。饕餮纹多已变形，除大而圆的兽目外，其他条纹并非该兽某一具体部位的写照。饰纹多平雕，少数主纹利用浮雕。所有饕餮纹均独立而不以云雷纹为衬。此外，云雷纹、连珠纹、乳钉纹也已出现。

此期铜器出土于郑州二里冈、白家庄、张寨南街、杨庄、南关外、铭功路、二七路等原商城墓葬或窖藏。另外湖北黄陂盘龙城、安徽嘉山泊岗、江西清江吴城、河北藁城台西、北京平谷刘家河、河南灵宝东桥、河南安阳小屯等地也有重要发现。

第三期　商晚期

此期铜器铭文字数较少，一般只有一二字或三四字，大多为铜器主人的族氏徽号，如“”“妇好”，或被祭者的日干，如“父甲”“司母戊”，或祭祀者加祭者之祖或父或母或妣或兄的日干，如“戈父己”“子申父己”，等等。帝乙、帝辛时出现较长的记事铭辞，或十几字，或二三十字，最长的《四祀邲其壶》共四十六字。铭文格式大致为：“干支日，某易某贝，用乍祖或父某尊彝。”“王易”“王商”“羽（翌）日”“才×日”“隹王×祀”等词语可作为本期铭文的代表词语。铭文文字象形意味甚浓，如王作、大作、且作，个别字捺笔作波磔状，如父作。结体比较自由，字的大小、方向、繁简不受拘束。诸形族氏徽号铜器，有将亞字冠于族氏徽号之首者，有将族氏徽号置于亞字之中者，亦有将全部铭文包于亞形之内者。

此期铜器已发现饮食器鼎、甗、鬲、簋，饮酒器爵、觚、斝、尊、瓿、壶、觯、卣、觥，水器盂等。鼎的式样有所改变，分裆鼎已出现。甗均作甑鬲连铸形，甑体大而深。鬲多为深袋足形。簋为圈足，且有增高之趋势，有无耳和双耳二型，其双耳者又有带长垂珥者，较为晚出。爵的形制与前不同，扁体爵减少，圆体爵盛行，平底爵不再出现。爵柱位置后移。觚的胆部变细变长，器口扩展成喇叭形。形大孔退化成十字形，或徒存形式而已，绝不透通。斝之三足明显增高，而鋬上每多铸兽首。尊的圈足亦见增高。瓿之无颈弇口而有盖者，为新出现之器形。壶颈高而体椭扁。觯敞口束颈而体椭扁。卣有提梁而体椭扁。觥有鸟兽形和圈足两式，其作鸟兽形者，有象之形，有豕之形，有双羊形，有鸟形，有前虎后枭合体形等。盂为新出现器形，器壁侈斜，当为盥洗用器。

此期铜器饰纹最为繁缛壮美。饕餮纹仍为主要纹饰，且施之于铜器各部位，亦间有夔纹、凤纹、象纹，以至蚕纹者。此期动物纹饰之有别于前期者，在于动物之物象比较具体，一望而知其为何物，乃至某物之何种部位，又多用柔圆式和锋枝式浮雕手法，且作为主纹的动物纹均以繁密的地纹云雷纹作为衬托，层次极感分明。

此期铜器出土于殷墟5号墓、殷墟西区43号墓、小屯村北18号墓、大司空村51号墓、西北岗1004大墓、小屯圆葬坑、小屯238号墓、山东益都苏埠屯商晚期墓群，山西石楼后蓝家沟、湖南宁乡黄村等地。

第四期　西周早期（周武王至昭王）

此期铜器铭文除少数继承前期记载“某时，作器者因受长上之赏赐为祖考作器”者外，亦为记事长铭。举凡克殷建邦、择地迁都、平定叛乱、勅诰大臣、征战犒赏等大事无不入铭，借以记恩宠、显尊荣、勉后嗣。此期族氏徽号文字渐少，且多系于文末，而族氏徽号文字之下或两侧著两“册”字（如），或在相当于族氏徽号文字的位置著连续三个或六个数字符号的铭文［如（一五八）、（六六六六七八）］时有所见。铭文格式或为“族氏徽号文字或官名加被祭者日干”，或为“某作祖考宝尊彝。著族氏徽号文字”，或为“×日，王蔑某历，赐贝或金，作祖考宝尊彝，才×月，隹王×祀”，或为“隹×年×月、月相（初吉、既生霸、既望、既死霸）干支日，蔑某历，赐人鬲或卣或金或贝朋或车马，某对扬王宖（休），作祖考尊彝”。“小臣”“大保”“匽侯”“宗周”“成周”“不㔻”“初吉”“既生霸”“既望”“既死霸”“蔑历”“对扬王宖”“才×月”“隹王×祀”“乍宝尊彝”等词语，可作为本期铭文的代表词语。文字象形意味颇浓，表现人体之字或偏旁，腿作跪跽状（如、），目作横向且内睑作皱襞下垂状（如、），人之首部作重实圆点（如、）。“”作，两边斜行方折，“贝”作，下两笔在边缘轮廓线内部，“公”作，上两笔竖直，且与其下横笔相连，“其”作，上两笔与侧两笔呈垂直状，“障”作，西上两竖笔不冒出横笔之上。又捺笔每作波磔之形（如）。此外，个别字另加笔画或构件，如“文王”之“王”作，“武王”之“王”作；“于”作如；“保”作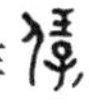等。字形雄峻奇伟，凝重沉稳，但字之大小、繁简以及行列布局尚呈散漫无纪之状。

此期铜器的新发现是三枚成编甬钟的出土。这可能是迄今所见最早的编钟。此外，未曾出现新的器形。不过浅腹分裆鼎十分盛行。圈足方座簋开始使用。卣有椭扁形和直筒形二式，且每多组合使用。尊作无肩觚形。爵之三足均成刀形，且流之前端高于后部。方觥、方罍也已普遍使用。所有这些，都应看作此期铜器形制的特点所在。

此期铜器饰纹多为商晚期式样。饕餮纹仍为主要纹样，但角形中多有内卷角、牛角，作长垂角者亦偶有所见。此外，蜗体或卷体有触角之兽面纹为本期所仅见。应当指出，凤鸟纹较前期有所发展，不仅数量加多，而且纹样更为华美悦人。

本期铜器出土于陕西宝鸡竹园沟和纸坊、澧西马王村、泾阳尚家堡、河南濬县辛村、洛阳砖瓦厂、北京房山县琉璃河黄土坡燕国墓地、昌平白浮、河北元氏西张村、湖北江陵万城、山东滕县滕侯墓等地。

第五期　西周中期（周穆王至周夷王）

此期铜器铭文除一部分记载征战犒赏、换田、诉讼和追孝祖考内容外，多数为册命一类，具有某种相对固定的格式。大致为："隹×年、×月、月相（初吉、既生霸、既望、既死霸）、干支日（以上为时间），王才某宫。旦，王各大室，即立（位）（以上为地点）。某右（佑）某入门，立中廷（以上傧相与受册命者）。王乎（呼）某册命某。王曰：令（命）女（汝）官嗣（司）……易（赐）女玄衣黹屯（纯）……（以上册命赏 赐）。某拜颉首，对扬王休（以上答谢），用乍皇祖考宝尊彝（以上作器）。某其万年，子子孙孙万年永宝用（以上嘏辞）。""王才某宫""旦""王各大室""即立（位）""入门""立中廷""册令（命）""玄衣""黹屯（纯）""赤市""朱黄（衡）""䜌（銮）旂""鋚勒""用事""拜颉首""对扬王休""册佩以出""反（返）入堇（瑾）章（璋）""追孝""祈匄""屯（纯）右（佑）""甬（通）录（禄）""永令（命）""釁（眉）寿无疆""霝（令）冬（终）""子子孙孙万年永宝用"等词语可作为本期铭文的代表词语。文字象形意味相对弱化，只有少数字个别点划残留肥笔现象（如、、、、等）。表现人体之字或偏旁不再作跪跽状。""作。或，或见平折线，或见柔曲线，不再作房屋状的。其作或，上两笔或作平势，或作外向斜杀式，且加一横笔。贝作、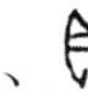、，末两笔或在轮廓线内部，或与轮廓线相抵，或超出轮廓线之外。公作，上两笔有向两侧斜杀倾向，且脱离口而自立。障作或，卣上两竖笔冒出横笔之上，甚

或断裂且向两侧斜杀作八形。总之，大多数字已经成为通体均匀的线条化文字，字形端庄舒展，遒劲厚实，且开始讲究章法，横行竖列，各就规范。

此期铜器器形比较复杂，因为它处于从西周早期到西周晚期的过渡阶段。就鼎而言，流行体宽腹浅的柱足或马蹄足鼎，也偶见大敞口圆底马蹄足鼎，其状如锅。就簋而言，弇口瓦纹的环耳簋相当流行，有的在圈足下又铸三柱足，出现器盖和器腹分别有凹凸同心圆相扣合的敛口簋。就方彝而言，出现器盖两侧各有一象耳，可以把持的新式样。就尊而言，出现带有双耳的方尊，状类方彝。此外，长方形圆角食器盨、大而高圈足的豆形器簠（或作铺、匿）同时出现，与盘相需为用的水器匜也已出现。

此期铜器饰纹有别于前期。饕餮纹已经衰落，构图粗疏，且不施云雷纹作为地纹衬托，即作为主纹的饕餮纹本身，也已发生变化，有的仅兽目可辨，其余部分均以勾曲粗线条拼凑而成，几乎成为轴对称几何图形。有的目纹也已蜕变，以至于无法辨认。凤纹得到进一步发展，凤喙大都作卷曲形，有高而华丽的羽冠著于左右回转顾盼的大凤头上，华彩绚丽，异常动人。又有长尾凤鸟纹，其飘逸之长尾每数倍于鸟身之长，且多与鸟身分离，以趁画面之雍容匀称。同凤纹相同，龙纹也有作长冠或花冠回转顾盼状者。此期出现的新式样为窃曲纹和鳞纹。窃曲纹可以看作云雷纹之畸变，而鳞纹则是龙体鳞片的写照。

此期铜器出土于陕西扶风庄白和强家、岐山董家村、宝鸡茹家庄强伯的墓葬或窖藏。著名的伯𢦚诸器、微氏诸器、裘卫器群，以及长由盉、𠑇匜、师𩛥鼎、即簋、师臾钟等皆为此地出土的名器。

第六期　西周晚期（周厉王至周幽王）

此期铜器铭文承继前期体例，亦多长篇记事文字。《毛公鼎》铭计 32 行，497 字，实乃煌煌钜制。就其内容而言，册命类仍占重要地位。时间、地点、傧相和受册命人、册命与赏赐、答谢、作器、嘏辞一应俱全，所不同者，赏赐较前期品类更多。数量更丰（如《颂鼎》《颂壶》）。此外，征伐类也有相当数量，如搏伐猃狁（如《虢季子白盘》《不嬰簋》）和约剂类（如《散盘》《琱生簋》）亦偶或见到。本期最具特色的彝铭是为追孝祖考类，其格式大致为："某作尊彝，其万年，子子孙孙永宝用。""厰（玁）狁（狁）""駿（驭）方""南尸（夷）""南淮尸""折首""执嚛（讯）""𫄻（搏）伐""戮伐""陟降”“前文人”“敬夙夜”“虔夙夕”“严才（在）上”“异（翼）才下”“豳圂（重恪）大令（命）”“豳亶乃令（命）”“亡康（康）”“昼夜”“用配皇天”“數數纂纂（蓬蓬勃勃或磅磅礴礴）”等词语可作为本期铭文的代表词语。文字象形意味愈加削弱，体现在少数字的个别点划上的肥笔现象已不甚明晰（如旦作，王作，才作），甚至变为平直线条（如王作，才作）。“”作，行笔圆柔，屋宇之形几不可知。“其”作、，上两笔向两侧斜杀或于下部加。“贝”作、，下部封口，且末两笔完全移于轮廓线外，上部或残留贝叉，或竟齐平，与籀文秦篆写法大致相同。字形长方，秀美俊雅，章法严谨，规整划一。

此期铜器形制大致继承前期，无大变化。器腹呈半球形的马蹄足盂鼎盛行，是此期一大特点。簋多敛口盖式，或双耳，或环耳，几与前期无异。盨簠极为流行，簠、豆较少，有莲瓣形盖之壶，有鋬可执，自铭为䀇之款足盉，相需为用之盘与匜，大致可以勾画出此期铜器的基本轮廓。

此期铜器饰纹以窃曲纹为主，鳞纹亦属常见，变形饕餮纹只偶有所见。交龙纹作为一种新的纹样已经出现。此期一改往昔遍体施纹之习，即重器亦为素地，不施纹饰，仅于器物突出部分，如簋耳、匜鋬、耳环、足端等处铸有龙首，以醒其目。

此期铜器出土于河南三门峡上村岭虢国墓地、陕西澧河西岸客省庄和张家坡、山东曲阜齐国故城墓葬、陕西扶风强家村和召陈窖藏、岐山董家窖藏等。必须指出，奇数同铭列鼎和偶数同铭簋或盨或壶，为此期礼器组合的特色，如《函皇父簋》铭云：“乍琱娟般盉尊彝器鼎簋鼏，自豕鼎降十又一，簋八，两𫓧，两壶”；《叔尃父盨》铭云：“乍奠季宝钟六，金尊盨四，鼎七”；《虢仲盨》铭云：“乍旅盨，兹盨友（有）十又二”，等等，都是西周晚期礼器组合制度中奇数鼎、偶数簋（或盨或壶）组合的有力证据。

第七期　春秋期

此期铜器铭文多为诸侯、卿、士大夫自作祭器、用器或媵器的记事之辞，文辞大都相当简要。其格式或为：“×年×月月相干支日，某国某爵某人睪（择）氒吉金，铸某器，以为何用，某其万年釁（眉）寿，子子孙孙永宝用享”，或为其简略式："某国某爵某人乍某器，子孙永宝。"此外，亦有少量长篇叙事铭辞，内容大都为追孝先王（如《秦公簋》《秦公钟》）、训诰后嗣（如《𬭚镈》《叔夷钟》）之类。"睪（择）氒吉金""玄镠""赤镛""吉日""朕（媵）壶""朕盘""用（㠯）征用（㠯）行""㠯（用）烝（蒸）㠯（用）亯""龢钟""大𢿢钟""中（终）翰（翰）𢿢（且）𬦦（扬）""皇皇𧾷𧾷（锽锽熙熙）""元鸣孔皇（锽）""尃受天命""咸有九州""剌剌𧾷𧾷（烈烈桓桓）""万生是勅""锞（镇）静不廷"等词语可以作为此期铜器铭文的代表词语。文字形体丕变，大致秦和三晋之器率多西周传统文字形体，上承《毛公鼎》《虢季子白盘》等器铭文字，《秦公簋》《秦公钟》《栾书缶》《晋公𨯜盦》等文字即其嫡传。其余齐、鲁、邾、薛、吴、越、楚、曾、徐、蔡、江、黄等国，文字稍稍偏离正轨，形体多有变异，不似《秦公簋》《秦公钟》《栾书缶》《晋公𨯜盦》一路器铭文字体势，可以认为是《毛公鼎》《虢季子白盘》等器铭文之庶传。倘细而论之，又有不同，齐、鲁、邾、薛等国文字虽与西周正统文字稍有异趣，但无大出入，其形体朴实秀美，章法秩然有规，如《𬭚镈》《鲁伯愈父簠》《邾公华钟》《薛侯盘》等器铭文字，是其证也。而吴、越、楚、曾、徐、蔡、江、黄诸国文字，则偏离正轨殊远，线条或故作屈曲，或瘦瘠如杆，字形或修长劲峭，或任增点画，甚至出现艺术化字体鸟虫书，正宗与斜支，相隔绝远，几乎不可辨认，如《吴王夫差鉴》《者𣲘钟》《王孙遗者钟》《曾大保盆》《徐王义楚锚》《蔡侯盘》《江小中母生鼎》《黄大子白克盘》等器铭文字，是其证也。

此期铜器形制继承前期，略有变易。其荦荦大者，如盨之绝迹，簋之减少，盆、椭林、敦、尊缶、鉴之出现。盆应为饮食之器。椭杯系两侧附耳之长圆形杯，其较深者更名曰铏。敦为食器，有环耳，有三足，有盖，盖上有三纽，可以却置。簋之渐渐少见，大约是敦之出现并广泛应用，逼使簋不得不因之退位的缘故。簠仍流行，器形亦无大变化。尊缶作酒瓮状，直颈而有盖，两侧有系或有链连耳。鉴为水器，用作盥洗。此期乐器出土甚多，除甬钟、纽钟和平口纽钟等编钟外，镎于已经出现。钲镂、钩鑃和镎于，一般流行于南方的吴越楚曾等国。就鼎而言，吴楚等国出现不少鼎的别称，如鼾、鼾、饮鼎等。鼾或称盂鼎，盖即文籍中的镬。鼾或称升鼎，乃实牲升诸祖考灵位之祭器。饮鼎或称胆鼎，即厨鼎，乃实馐馔之鼎。使用时讲究组合，如蔡侯墓有鼾1、鼾7、饮鼎9，即其一例。

此期铜器饰纹繁缛精美，多用龙纹，或单体独在，或复体纠缭。龙体或作虫龙形，或作翼龙形。亦有以龙为主纹，以云雷纹为衬托者。窃曲纹继续使用，并且愈益规矩精丽。至春秋晚期出现包括龙、凤、兽、鸟在内的复合纹样，并进而出现表现狩猎题材的画像。必须指出，由单纯的、重复出现的饰纹到表现某一具体内容的画像，自然是对传统饰纹的一种突破。

此期铜器出土于河南三门峡上村岭虢国墓地、郏县太仆乡、新郑春秋墓葬、山东曲阜鲁国故城、黄县归城南埠村和烟台上夼村曩国故城、河南光山黄君夫妇墓、信阳平桥樊君夫妇墓、山东沂水刘家店墓、安徽寿县蔡侯墓、固始侯古堆一号墓、山西万荣庙前村春秋大墓、山东莒南大店镇老龙腰莒墓和莒国殉人墓、山西侯马上马村11号墓、15号墓、长子县东周1号、2号、7号、11号墓、河北邯郸百家村57号墓、湖南长沙楚墓、湖北江陵楚墓群等地。

第八期　战国期

此期铜器铭文继承前期体制，长篇记事文字殊少，《鄂君启节》记行舟路线之文，《屭羌钟》记征战志功之文，《曾侯乙编钟》记律吕乐典之文，《中山王譻鼎》《方壶》《妤盗壶》记治国训诰之文，实为少有的例外。铭文多为镂刻而成，与此前铜器铭文之为范铸物大不相同。大抵属“物勒工名”式，无非记器主人、铸造职官、工师、工匠之名，以及器物存放地点、器容、器重等。其在鼎壶，多为简短记事文字，如《楚王酓忎鼎》铭云：“楚王酓忎战获兵铜，正月吉日，窒（室）鑄（铸）以共（供）戴祟（尝）。但（冶）帀（师）盘埜、差（佐）秦忑为之。”铭文交代兵器来源，铸器目的和工师、工匠之名。其在量器，多记容量和重量，如《商鞅方升》铭云：“十八年，齐遾（率）卿大夫众来聘。冬十二月乙酉，大良造鞅。爰积十六尊（寸）五分尊（寸）壹为升。”铭文交代方升容量，即定十六又五分之一立方寸为一升。“升”、“斗”、“斗”（半斗专用字）、“造”、“镎”、“元日”、“於（乌）虖（乎）”、“先王”、“和同”、“不辜”、“寡（寡）人”、“墬（陈）侯”、“皇帝”、“兼并”、“黔首”、“立（莅）事岁”、“其永用”、“男女无（朞）期”、“也也熙熙”、“永保用之”、“永枼（世）母（毋）忘”等词语可作为本期铭文的代表词语。六国文字简率奇诡，难于认识，尤以楚国文字为甚，如“乍”作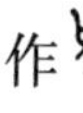，“鑄”作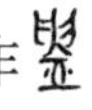，“为”作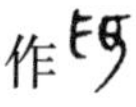，“战”作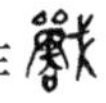，“鼎”作，“冶”作

，“后”作，“大”作，“之”作，等等。但作为战国铜器文字主潮的秦国文字，如《商鞅方升》《新郪虎符》等器铭文字则占主导地位，并且成为稍后小篆的形体基础。

此期铜器形制，大致与春秋晚期无异，鼎之足更短，俗称连裆鼎，致使腹底距地殊近。甗为甑鬲分体式。壶则方（方壶又称钫）、扁、圆者兼备，其盖或作莲瓣四开状，或作凤鸟展翅状，且多有链条连接盖纽和壶鋬。相需为用之盘和匜极为流行。圈足鉴亦有发现。

此期铜器饰纹一方面继承前期多用龙纹，单龙、交龙、直龙、蟠龙，应有尽有。同时，表现某一具体内容的画像数量增多，如汲县山彪镇一号墓水陆攻战画像鉴、狩猎画像钫，成都百花潭镶嵌燕乐画像壶、凤翔高王寺镶嵌射燕壶、辉县赵固镂刻楼室燕乐盘、长治分水岭12号墓镂刻人物、车马、建筑残匜、长岛战国墓镂刻人物、车马、建筑残匜，等等，皆为此期珍品。另一方面出现嵌金、银、铜或绿松石的几何形图案纹饰，如菱纹、勾连纹、三角纹等。纹样流转飞动，令人赏心悦目，代表着铜器饰纹由具体走向抽象的最高境界。

此期铜器出土于安徽寿县朱家集楚王陵（盗掘）、李三孤堆楚王陵、河南汲县山彪镇一号大墓、湖北随县曾侯乙墓、洛阳金村古墓（盗掘）、中州路西2段2712号墓、河北平山中山王䜣墓、河南辉县琉璃阁55号和60号墓、赵国1号墓、山西长治分水岭战国墓地12、25、26、269、270号墓、唐山贾各庄18号墓、长岛战国墓地等。（上述分期所论铜器之形制、饰纹参考马承源《中国青铜器》第三节而斟酌损益之）

第四章　金文常用字释例

传世和出土的青铜器，估计几近万件，其中有铭辞者约为泰半。这数千件有铭辞的青铜器上总共使用的字数，据容庚《金文编》（三版增订本）所收，为3093字，其中已识者1894字。其实在已识字中，常用字不到500个。关于造字方法，《说文》有“六书”说（象形、指事、会意、形声、转注和假借）。清代戴震指出，前四书为造字法，后二书为用字法，此说为历来学者所首肯。因此从造字角度来说，《说文》持“四书”说，即象形字、指事字、会意字和形声字。唐兰先生破“四书”说，而立“三书”说。他认为，“关于文字构成的说法，旧时只有‘六书’，这种学说发源于应用六国文字和小篆的时代，本是依据当时文字所作的解释。这种解释，并不象往昔学者所想的完善，而只是很粗疏的。……有些学者也曾经把文字精密地分析过，但他们不能把这种传统的观念打破，所以尽管列出象形兼指事、会意兼指事、形声兼指事一类琐碎的条目，或更巧立些别的名称，关于文字的怎样构成，还是讲不明白。……指事这个名目，只是前人因一部分文字无法解释而立的。其实这种文字，大都是象形，或象意，在文字学史上，根本就没有发生过指事文字。”（参见唐兰：《古文字学导论》，第86—87页）我们认为，即使在《说文》中，指事字为数也很少，（清代王筠曾对《说文》中所载象形字、指事字、会意字和形声字的数目作过统计，象形字约为300字，会意字约为1200字，形声字约为7800字，而指事字只有约100字）而且这少数字可以归于象形类。所以我们采纳唐先生的“三书”说，即古文字只有象形文字、象意文字和形声文字三类。下面，我们对金文常用的文字予以通释。其中象形文字200字，象意文字50字，形声文字50字。通释中，汇集《说文》以及古今学者之所论，或间下己意决断，并说明在铭辞中之意义。

第一节　象形文字

唐兰先生说：“象形文字的所象，是实物的形，那么只要形似某物就完成了他的目的，至于用什么方法来达到这种目的，那就不用管了。”“为研究的方便，我们可以把象形字分为三类：一是属于人身的形，可以叫做‘象身’，二是自然界一切生物和非生物的形，可以叫做‘象物’，三是人类智慧的产物，可以叫做‘象工’。”（参见唐兰：《古文字学导论》，第94—95页）他的象形文字的定义是：其一，一定是独体字，其二，一定是名字，其三，一定是在本名以外不含别的意义。平心而论，第一、二两点可取，第三点则未必可取。兹不具论。今按第一、二要求，选字解释如下。

1. 元

（元乍父戊卣）　（王孙钟）　（番生簋）

（元年师兑簋）　（晋公惟盏）　（蔡侯钟）

（吉日壬午剑）　（吴季子之子剑）

高鸿缙云：“《说文》：‘兀，高而上平也。从一在人上。读若复。茂陵有兀桑里。’又：‘元，始也。从一，从兀。’按元、兀一字，意为人之首也。从人，而以●或＝指明其部位。《左传·僖公三十三年》：‘狄人归其元’，《孟子·滕文公下》：‘勇士不忘丧其元’，两字皆用本义，训首。后世元兀二字分化，其假借之意亦相差异矣。高而上平为兀之假借义，始亦元之假借义。兀不从一在人上，元亦不从一从兀。”（参见高鸿缙：《中国字例》三篇，第24页）

按：为元之初文，●象人首之形。下著明其为人首，而非为别物也。高说是也。初与兀为一字，后圆实点变为短横成而为。据唐兰古文字“凡字首是横画，常加一画”之构形通例，又变为，如——者然，由是兀、元分化。

“元”在金文中用为“大”意，如《番生簋》：“番生不敢弗帅井皇且考不杯元德”；或用为“第一”意，如《元年师兑簋》：“隹元年五月初吉甲寅”；或用为“长”意，如《晋公𥂴盦》：“否（丕）作元女”；或用为“长”（cháng）意，如《蔡侯钟》：“元鸣无期”；或用为人名字，如《元作父戊卣》：“元作父戊尊彝。”

2. 天

（天乍从尊）（天棘爵）（盂鼎）

（师嫠簋）（颂壶）（齐侯壶）

（蔡侯盘）

王国维云：“古文天字本象人形。殷墟卜辞或作。《盂鼎》《大丰簋》作，其首独巨。案《说文》：‘天，颠也。’《易·睽·六三》：‘其人天且劓’，马融亦释天为凿颠之刑。是天本谓人颠顶，故象人形。卜辞、《盂鼎》之、二字所以坟其首者，正特著其所象之处也。殷墟卜辞及《齐侯壶》又作，则别以一画记其所象之处，古文字多有如此者。”（参见王国维《观堂集林·释天》，第264页）李孝定云：“‘天’之与‘大’，其始本为一字。卜辞‘天邑商’或作‘大邑商’，‘天戊’或作‘大戊’，‘大乙’《史记·殷本纪》作‘天乙’，可为佳证。”（参见李孝定：《甲骨文字集释》，第20页）

按：象人颠顶之形，象人首，下著明为人之颠顶，而非别物也。王说是也。天与大，甲骨文中诚然有时同作，但“天”作（前2.3.7）、（拾10.18）、（乙6857）、（乙6390），（无50），而“大”作（甲387）、（铁23.1）、（京津3857），一般不相混淆。金文“天”“大”二字分别判然。天取义于人之颠顶部分，其下所著之系衬托部分。而大取义于人正面通体之象，而不局限于其首也。李氏之说不足为训也。天本义为人颠顶，引申为人颠顶上方之空间上天，又引申为冥冥中存在于空间中并主宰人世之天神、天帝。

“天”在金文中用为“上天”意，如《毛公鼎》：“隹天𨟻（将）集厥令”；或用为“天帝”意，如《毛公鼎》：“愍天疾畏（威）”；或用为姓氏字，如《天亡簋》：“天亡又（佑）王。”

3. 上

二（大丰簋）　二（臣辰盉）　二（㝬钟）

上（中山王嚳壶）　上（鄂君启舟节）　上（蔡侯盘）

商承祚云：“《说文》：‘丄，高也。此古文上。指事也。上，篆文丄。’按段玉裁改古文丄为二，篆文上为丄，谓‘古文上作二，故帝下旁下示下皆云从古文上，可以证古文本作二，篆作丄。各本误以丄为古文，则不得不改篆文之上为上，而用上为部首，使下文从二之字皆无所统，示次于二之旨亦晦矣’。段改丄为二是也。甲骨文金文皆同。或仰其末笔作𠄟［按，甲骨文上或作𠄟（后下8.7）］，象大物承小物在丄，与下之作⌒，象大物覆小物在下，义一也。所以曲之者，殆因其易与纪数字之二相混，故曲之以示别也。竖起短画为丄，亦此意。”（参见商承祚：《说文中之古文考》，第3—4页）

高鸿缙云：“我初民作一仰弧形，而以一点指明其上。弧形不拘何物，作通象以表之，故上为指事字。金文变为两横画，短者在上。春秋末人复加一直画作上，见蔡昭侯墓出《蔡侯盘》。秦人曲其直作上，见《峄山刻石》，均为隶楷之所本。又按，今本《说文》有丄，谓为古文上。验之甲金文均无睹，当是壁经用晚周齐鲁之俗字。段氏改丄丅丁为二二，罗振玉赞其冥与古合，精思可惊。”（参见高鸿缙：《中国字例》三篇，第61—62页）

按：上甲骨文作二（乙2243反）、𠄟（前7.32.4）、𠄟（后下8.7）、金文作二（虢叔钟），或作长横画上短横画，或作曲画上短横画，或作长曲画上短曲画，皆示上物在下物之上之意，下物与上物，皆不必指其为某一具体之物，以通象视之可也，此其一。与纪数字之二作二者相区别，此其二。商高二氏之说是也。至于“尚”和“让”，则从尚上声、从辵上声之形声字，战国时之形声字也。

“上”在金文中用为“方位”意，如《克鼎》：“顼于上下”；或用为“皇天”意，如《虢叔钟》：“皇考严才（在）上”；或用为“君上”意，如《班簋》：“公告厥事于上”；或用为“前进”意，如《鄂君启舟节》：“自鄂生（往），逾沽（湖），让（上）滩（汉）”；或用为人名字，如《臣辰盉》：“王令士上眔史寅殷（殷）于成周。”

4. 下

（番生簋）　（长由盉）　（蔡侯盘）

（鱼鼎匕）　（曾侯乙钟）

高鸿缙云：“我初民作一俯弧形，而以一点指明其下，弧形不拘何物，作通象以表之，故为指事字。金文变为两横画，短者在下。秦人复加一直作，见《峄山石刻》，为隶楷之所本。又按，今本《说文》有，谓为篆文下，但与峄山刻石不同，应是晚周俗体。”（参见高鸿缙：《中国字例》三篇，第61页）

按：下甲骨文作（乙6672）、（前4.6.8），金文作（长由盉），或作长横画下短横画，或作曲画下短横画，皆示下物在上物之下之意。上物与下物，皆不必指其为某一具体之物，以通象视之可也，此其一。与纪数字之二作二者相区别，此其二。高说是也。

“下”在金文中用为方位意，与“上”相反，如《番生簋》：“广启厥孙子于下”；或用为“下民”之意，如《虢叔钟》：“异（翼）才（在）下”；或用为地名字，如《长由盉》：“穆王才（在）下減应（居）。”

5. 帝

（大丰簋）　（邲卣二）　（井侯簋）

（周愘鼎）　（秦公簋）

吴大澂云：“尝见潘伯寅师所藏旧拓本有一卣盖文曰：‘’，又甘泉毛子静所藏鼎文曰：‘。’古器多称且某父某，未见祖父之上更有尊于祖父之称。推其祖之所自出，其为帝字无疑。许书帝古文作，与鄂（萼）不之同意，象华蒂之形。《周愘鼎》作，《聃敦》作，《𤛔狄钟》作，皆之繁文。惟二字最古最简，蒂落而成果，即草木之所由生，枝叶之所由发。生物之始与天合德，故帝足以配天。虞夏禘黄帝，殷周禘喾，禘其祖之所从生，故禘字从帝也。”（参见吴大澂：《字说》，第1—2页）

高鸿缙云："乃蒂　之初文，郑樵早已言之。兹审其构造，倚（萼柎）画为蒂形，故曰倚文画物，由物形生意，故为瓜蒂之蒂。名词。不从上，亦非朿声（按，《说文》：'，谛也，王天下之号也。从，朿声。，古文帝。古文诸上字皆从，篆文皆从，古文上字。辛、示、辰、龍、童、音、章皆从古文上'），后借为天帝之帝，又借为人王之称，乃加艸为意符作蒂，以还其原。蒂行而帝之本意亡。蒂亦作蔕，蒂为累加字，蔕则形声字也。说解'古文诸上字'以下三十字，疑后人所加，当删。甲文亦借用为祭名，如武丁时卜辞：'贞：于王亥'，周秦间加示旁作禘。如《左传·僖公八年》：'禘于大庙。'《说文》：'，谛祭也。从示，帝声。《周礼》曰："五岁一禘。"'今按汉人说《周礼》禘祭之意义，意见不一。余谓殷人帝祭之意虽不可确知，然每行于远祖，当由根蒂之意引申。"（参见高鸿缙：《中国字例》二篇，第215—216页）

按："帝"甲骨文作（乙6666）、（河383）、（甲1148）、（掇2.126）、（粹1311），金文作（大丰簋）、（周愘鼎），象花蒂之形，盖即蒂之初文，指花与枝茎相连处。《说文》："蔕，瓜当也。从草，带声。"桂馥《义证》云："《埤雅》：瓜当谓之带，带，瓜之系蔓处也。"蔕为蒂之后起形声字，正可作为蒂为花与枝茎连接处之解的内证。吴大澂椎其轮，高鸿缙申其论，其说均无可易也。悉论之，下部之指枝茎以下，指花萼，中之或指花蕊，、、、指示花萼与枝茎相连之部位。由植物花蒂之意引申为人之远祖，再引申为天帝，所谓"王天下之号"之人王则又其引申义也。

"帝"在金文中用为"君王"意，如《邲卣二》："王曰：尊文武帝且乙俎"；或用为"天神"意，如《井侯簋》："克奔走上下帝"；或用为"伟大"意，如《仲师父鼎》："其用享孝于皇且帝考。"

6. 示

（大师虘豆"福"字之偏旁）　　（井侯簋"福"字之偏旁）

罗振玉云："《说文》示古文作。卜辞诸示字亦或从，或从，宗字所从之示亦然。其省作，或下增，则古金文亦未之见矣。"（参见罗振玉：《增订殷墟书契考释》中，第15页）

郭沫若云："古来凡神鬼之事大抵从示。《说文》云：'示，天垂象，见吉凶，所以示人也。从二，三垂日月星也。观乎天文以察时变，示神事也。'按，此所谓光明崇拜之说也。然卜辞示字每作丅形，上不必从二，下不必垂三，其垂更有多至四、五者，如祝或作祝，祀或作祀，宗或作宗，金文《叡钟》之一'用濼好宗'亦作宗。此由字形而言，丅实丄之倒悬，其旁垂，乃毛形也。金文示字其中垂更有肥笔作者。……殷彝有《戈祝盉》曰：'戈祝作父丁彝。'此以卜辞之祝或作祝（后下23.17）若祝（后下19.10）例之，自是祝字，其为象形更显著，可知余说之非妄诞矣。知此则可知卜辞于天神地祇人鬼何以皆称示。盖示之初意，本象生殖神之偶像也。又凡从示之字得此亦顿若明白如画。故宗即祀此神之地，祀象人跪于此神像之前，祝象跪而有所祷告，祭则持肉以献于神。凡此等字均卜辞所有，且多未脱图画文字之畛域，揆其意，实象形文字也。"（参见郭沫若：《甲骨文字研究·释祖》，第12页）

按，"示"甲骨文作丅（拾1.8）、丅（铁10.4）、丅（铁147.1）、示（前1.1.1）、示（前2.38.2）、示（林1.18.10），盖丅为初形，后渐衍生出丅示示。唐兰先生所谓"文字的结构趋向到整齐的方面，因是在许多地方添一些笔画，使疏密匀称"（参见唐兰：《古文字学导论》，第223页），此其一种也。而初形丅为丄即且之倒也，且为雄征，则丅亦生殖器之象征也。郭氏之说可参。

7. 且

且（盂鼎）	且（墙盘）	且（㝬簋）
且（秦公钟）	且（王子午鼎）	祖（䪥镈）
祖（栾书缶）	祖（陈逆簋）	祖（中山王嚳鼎）

郭沫若云："祖妣者，牡牝之初字也。卜辞牡牝字无定形，牛羊犬马鹿，均随类赋形，而不尽从牛作。其字之存者，今列如次：（从马从匕）、（从牛从匕）、（从羊从匕）、（从犬从匕）、（从豕从匕）、（从牛从丄）、（从羊从丄）、（从豕从丄）、（从鹿从丄）。观上所列均从丄匕象征之

字。余谓即祖妣之省也。古文祖不从示，妣不从女。其在卜辞，祖妣字有下列诸形，祖：（前1.1）、（前1.9）、（前1.11），妣：（前1.37），（前1.32）、（前1.32）、（前1.8），是则且实牡器之象形，故可省为。匕乃匕柶字之引申，盖牝器似匕，故以匕为妣若牝也。”（参见郭沫若：《甲骨文字研究·释祖》，第10页）

按：“祖”甲骨文作（前1.9.6），（乙841）、（粹11），金文作（盂鼎）、（秦公钟），象牡器之形。远古之时，生产力极为低下，人自身生产繁衍成为社会发展的必要条件，故有生殖器崇判拜之习，有生殖器之交合，方有新人之产生也。远古之人自后世之人之始祖也，故引申为祖宗字。郭氏之说是也。《说文》：“祖，始庙也，从示，且声”，言其引申之义，可取，而谓其形从示，则后世之字，非初始之形也。《𬸦镈》之、《栾书缶》之，从示，且声，《陈逆簋》之、《中山王譽鼎》之，又加装饰性构件又或更加，皆战国用字，例皆晚出也。

“祖”在金文中用为“父之父”之意，如《盂鼎》：“令女盂井（型）乃嗣祖南公”；又用为“父之父以上”之意，如《𬸦镈》：“𬸦保其身，用享孝于皇祖圣叔、皇礼（妣）圣姜，于皇祖又成惠叔、皇礼又成惠姜，皇丂（考）遀中（仲）、皇母”，其中“皇祖圣叔”之“祖”指曾祖；或通假为“沮”，丧也，如《卣）：“弗敢且（沮）”；或通假为“租”，如《𢼄从鼎》：“我弗敢具付𢼄从其且（租），射（谢）分田邑，则放。”

8. 王

（小臣系卣） （盂鼎） （利簋）

（㝬簋） （王子午鼎） （畬肯盘）

（越王矛） （楚王畬章戈）

吴大澂云：“，大也，盛也。从从，，古火字。地中有火，其气盛也。火盛曰王，德盛亦曰王。”（参见吴大澂：《说文古籀补》，第2页）

商承祚云：“吴大澂《说文古籀补》云：‘王，大也，盛也。从二从，，古火字。地中有火，其气盛也。火盛曰王，德盛亦曰王。’其实王乃旺之本字，王

者借字也。”（参见商承祚：《说文中之古文考》，第6页）

郭沫若云：“《说文》云：‘王，天下所归往也。’董仲舒曰：‘古之造文者，三画而连其中谓之王。三者大地人也，而参通之者王也。孔子曰：一贯三为王。’此乃就后起之字形以为说，非王之本义也。王字古文画不限于三，中不贯以一。今见卜辞王字极多，其最常见者作，与士字之或体相似。繁之则为若，省之则为若。金文王字多作三画一连，然中直下端及第三横画多中肥笔，其第三横画之两端尤多上卷，如《宰甫簋》作，《盂鼎》作。其最显著者《姑冯勾鑃》‘隹王正月’，作，四画，贯者非一，所贯非三。据此可知孔仲尼不识古字，每好为臆说。近人始有新说出焉。吴大澂《说文古籀补》即据《盂鼎》王字注为‘大也，盛也。从二从。，古火字。地中有火，其气盛也。火盛曰王，德盛亦曰王’。罗氏采其说，谓‘卜辞从从，并与同。又或作、作，但存火，亦得盛大之谊’。余按吴氏未见卜辞以为火字，其说自较一贯三之旧解为长。然卜辞既出，则此说又当更正。若实即且若士字之变。罗氏以为并与同者非也。其在母权时代，用毓以尊其王母者，转入父权，则当以大王之雄以尊其王公。且已死之士称之为祖，则存世之示自当称之为王。祖与王，鱼阳对转也。又后起字皇字，金文中其器之稍晚者，如《秦公簋》作，《鄦侯簋》作，《禾簋》作，《陈侯因資敦》作，《齐陈曼簠》作，《齐子仲姜镈》作，《王孙钟》作，《沇儿钟》作，《邾公华钟》作，皆从王作。而器之较古者，如《毛公鼎》之，《宗周钟》之，《颂鼎》之，《善夫克鼎》之，则皆从士作（罗氏以为从土，非也）。是则王与士为同一物之明证矣。余谓士、且、王、土，同系牡器之象形，在初意本尊严，并无丝毫猥亵之意。入后，文物渐进，则字涉于嫌，遂多方变形以为文饰。故士上变为一横笔，而王更多加横笔以掩其形。”（参见郭沫若：《甲骨文研究·释祖》，第16—17页）

徐中舒云：“士王皇三字均象人端拱而坐之形。其不同者，王字所象之人，较之士者，其首特巨，而皇字则更于首上著冠形。……济宁文庙戟门郭泰碑阴画象之右半刻一室，室中上层三人端拱而坐，形与士字无殊（原附插图，此人形作），此即士之原始象形字。士象人形，故古代以为男子通称。甲骨文王字有下列诸体：。据董彦堂先生研究谓乃甲骨文中最早之书体，次之，最晚乃与小篆或今隶同。甲骨中之字实与士字形同……《臣辰盉》士作，下画且较长，其形尤与甲骨文之字相似。古代士庶对称，士为官长，庶为编氓。又治狱之官称士……盖王为帝王，士为官长，故并象其端拱而坐之形。晚期甲骨文王作或者，上一横乃象其首形。盖王与士既然并象人端拱而坐之形，而后人乃特将王字之首增巨以为区别……皇字象王著冠冕形。甲骨文无皇字，但在铜器中则极常见。兹据《金文编》选录如次：（毛公鼎）、（宗周钟）、（录伯簋）、（叔角父簋）、（齐镈）、（沇儿钟）、（王孙钟）、（齐陈曼簠）、（师嫠簋），小篆皇从自。此全未见有从自之形。据此可正小篆之误。汪荣宝先生有《释皇》一文，据《礼记·王制》及《内则》‘有虞氏皇而祭’之文，以为皇训冕（本于郑注），正其本义。小篆弁作，上形作，与古文皇上形极相似，明其同出一源。汪氏此说大致可信。汉画中多绘有周公辅成王图。兹选载其较明晰者一帧（原附插图，成王作），其中成王之冠作形，正象铜器皇字向上三出之形。”（参见徐中舒：《士、王、皇三字释源》，《中央研究院史语所集刊》，第四本，第四分，第441—444页）

吴其昌云：“王字本义斧也。甲骨文作上列诸形，其第一字（按，指）与《作册般甗》之、《白克尊》之合，作者纯粹为斧鈚之类之绘形。”（参见吴其昌：《金文名象疏证·兵器编》）

林沄云：“商金文中的王字作、等形，而甲骨文中的王字最早本作，根本不是什么三画而连其中，可见《说文》的说法是错误的。于是，对王字的造字本义又提出了种种新的解释。有的说王字从火，有的说象王冠之形，有的说象人端拱而坐，又有的说系牡器的象形。在众说纷纭中，吴其昌提出了一个值得注意的见解。他说，（王字乃）斧形之锋刃向下者。今为之进一步论证如下：王字在甲骨文中最常见的形体有、、、、等几种，而以作者最早。武丁时甲骨文均作此形。形乃即戉字之上半部竖置之形。戉字在廪辛康丁时代的甲骨文中多作或形，而王字在廪辛康丁时代正好也多作形。可见王字确与戉字有关。有时戉也写作（如缀合 238、续 174、京津 4862 等），本象斧钺形。由此可知乃象斧钺类武器不纳柲之形。甲骨文中王字有作者（如甲 3358），商代金文中王字间有作者（如小臣系卣），尤可为王字本象不纳柲斧钺形之证。其横画，乃象阑之形，至于字又加一横画变为或，这和金文字又作等形是同一演变规律，只是横竖之别而已。西周金文王字之所以有两类写法，底画或曲或直，正是早期王字对斧钺锋刃部的两种不同表现法的简化。《说文》王字古文作，小篆作，即源于此。更进一步说，即王字的读音也和斧钺之古名有关。《诗·大雅·公刘》：'弓矢斯张，干戈戚扬。'毛传云：'扬，钺也。'是钺有称扬者。《国语·晋语》：'夫人美于中必播于外而越于民。'韦注：'越，扬也。'可为越、扬字通之证。扬王叠韵，又同为喻母字。然则王字之得声，当由于钺之本名扬，扬之音转而为王。可见，王字本象斧钺形，可以无疑……王字本象斧钺形，而斧钺本为军事统帅权的象征物，这有利于说明中国古代世袭而握有最高行政权力的王也是以军事首长为其前身的。”（参见林沄：《说王》，《考古》1965 年第 6 期，第 311—312 页）

按：“王”字甲骨文作（佚 386）、（菁 2.1）、（前 1.2.2）、（甲 246）、（佚 427）、（铁 26.3），象斧钺之形，吴其昌首发其端，林沄更阐其旨，其说无以易也。至于许氏“天下所归往也”及其所引董仲舒“三画而连其中谓之王。三者，天地人也，而参通之者王也”之说和孔子“一贯三为王”之说，均就后起字形以为说，不足信也。郭氏“牡器之象形”之说，吴氏“地中有火，火盛曰王，德盛亦曰王”之说，商氏“旺之本字”之说，徐氏“象人端拱而坐之形”之说，均妄为臆说，亦不足信也。

“王”在金文中用为“天子”意，如《鯀尊》：“王易（赐）小臣鯀夒贝”；或用为“邦国之君”意，如《楚王酓章钟》：“楚王酓章乍（作）曾侯乙宗彝。”

9. 皇

（乍册大鼎）　（㝬簋）　（召卣）

（函皇父匜）　（王孙钟）　（沇儿钟）

（𥝩镈）　（栾书缶）　（陈侯午錞）

朱芳圃云：“皇即煌之本字。《说文·火部》：‘煌，煌辉也。从火皇声。’其字下作，即灯之初文，焚膏以照夜之器也。上作若，象灯光参差上出之形。……《说文·丶部》：‘主，灯中火主也。从，象形。从丶，丶亦声。’王筠曰：‘其下为灯檠，上曲为灯盌，丶则灯炷矣。’按皇与主结构相同，惟一象灯光辉煌，一象灯中火主。又、皆象灯缸，一作俯视形，一作侧视形，是其异也。”（参见朱芳圃：《殷商文字释丛·释皇》，第48—49页）

按：甲骨文无“皇”字。金文“皇”字形体象灯光熠熠上出之形；乃煌之初文，朱说是也。由“辉煌”之义引申为“伟大”之义。《说文》：“，大也。从自。自，始也。始王者，三皇，大君也。会意。自，读若鼻，今俗以始生子为鼻子是。”许氏说皇之义乃引申义也。说皇之形为从自从王，乃就小篆立说，非也。

“皇”在金文中用为“伟大”意，如《毛公鼎》：“皇天弘厌厥德”；或用为“皇帝”意，如《师询簋》：“肆皇帝亡斁，临保我有周”；或用为人名字，如《函皇父簋》：“函皇父作琱妘盘盉尊器簋鼎。”

10. 玉

（穆王鼎） （县妃簋） （郘钟）

《说文》：“玉，石之美者。有五德：润泽以温，仁之方也；䚡理自外，可以知中，义之方也；其声舒扬，尃以远闻，智之方也；不挠而折，勇之方也；廉而不忮，洁之方也。象三玉之连，丨其贯也。古文作。”

按：“玉”甲骨文作（粹12）、（乙7808）、（乙2922）、（乙7799），象数玉片以编连之之形，初当为或或，平视之，则为或或之形。玉片或三或四或五，上下均露贯编之端绪。金文作，片数定式为三，且贯编不再外露。许说是也。又嫌玉（）与王（）之无别，于是，置一短画于右下，遂有《郘钟》之玉行世。又出于对称之构想，终至有出现，此则《说文》玉之古文之所本也。

“玉”在金文中均用为“美玉”意，如《穆王鼎》：“易玉五品。”

11. 气（乞）

（天亡簋） （洹子孟姜壶） （洹子孟姜壶）

于省吾云："三即今气字，俗作乞。《说文》：'气，云气也。'《猎碣》有'迄'字作迄，三画均邪作。然在金文、古玉铭、陶文、古玺文从无邪作者。《雍公缄鼎》作气，《齐侯壶》（按即《洹子孟姜壶》）作气气，古玉铭炁字作气，《陶文编》2.2有吃字作吃，《古玺文字征》附录46有□字，《古籀补补》2.11有□字，上皆从气，下画右曳有点。晚周古文每以点为饰，此例在金文习见。容庚所藏摹本《三儿簋》为晚周器，气作气。以上所列诸气字或从气之字，其三横画皆平而中画皆稍短，尤以其于三字易混，故上画左弯、下画右弯。如七字，卜辞金文均作十，后以其与十易混，故小篆作七以别之。内字卜辞作内，后以其与丙易混，故金文作内以别之。此其画均差于几微之间。《齐侯壶》气字一作气，与卜辞三字相较仅上画微曲耳。则三为气之初文了无可疑。卜辞三既为气，其用法有三：一为气求之气，一为迄至之迄，一为终止之讫。迄、讫经传每互作无别。《尔雅·释诂》：'讫，至也。'《诗·大雅·生民》：'以迄于今'，传：'迄，至也。'《书·禹贡》：'声教讫于四海'，言声教至于四海也。《尔雅·释诂》：'讫，止也。'止与终同训，止与至义相因。迄、讫古并省作气。一、气训气求。前7.36.2：'贞：今日勇圛？王固曰：□（疑），兹气雨。之日允雨。三月。'按是繇辞但曰其雨信否，未可知也，故曰疑。因疑而曰今气雨。但气雨犹未知其信否，故曰允雨而后验也。粹编771：'庚申卜，今日气雨'，后下16.2：'庚戌卜，争贞：王气正河新□允正'，戬12.9：'戊午卜，争贞：气令伐𢀛，受㞢又'，其言'气征'、'气令'者，对贞卜而言，有请求义，故云气也。二、气训迄至。菁1：'王固曰：㞢祟，其㞢来嬉，气至五日丁酉，允㞢来嬉自西'，菁2：'王固曰：㞢祟，其㞢来嬉，气至九月辛卯，允㞢来嬉自北'，通纂别录2.2：'甲辰卜，亘贞：今三月光乎来？王固曰：其乎来。气至隹乙，旬㞢二日乙卯，允㞢来自光'。按气至五日丁酉，即迄至五日丁酉，气至九日辛卯，即迄至九日辛卯，气至隹乙即迄至隹乙。前7.9.3：'其有来迄至'，迄至犹今言及至。前2.28.2：'壬午卜，争贞：气令擘田于先侯。十月'，气令即迄今，亦即《诗·生民》：'以迄于今'之迄今也。卜辞亦言及今。前7.16.4：'及今二月雨'及今犹迄今也。粹编1250：'丙寅气壬申，……戊子，气丁酉，气辛……'，郭氏误释三为，并谓'此例颇特异，为自来所未见'。按三即气，通迄。丙寅气壬申者，由丙寅日至壬申日也。下云'气丁酉'，即至丁酉也，此辞虽残，然文例固一贯也。三、气训讫终，前 7.31.3：之日气来，言是日终有来艰也。明义士殷墟卜辞 2322 及 2324 片均有'隹我气有不若'之语，即惟我终有不若也。总之，气之初文作三降至周代，以其与上下合文及纪数三字易混，上画弯曲作，又上下画均曲作，以资识别。在金文、古玉铭、古陶文、古玺文中，虽上下画有弯曲之分，然横画皆平，中画皆短，其演变之迹固相衔也。气训气求、迄至、讫终，于文义于辞例无不相符。然则三为气之初文断可识矣。"（参见于省吾：《双剑誃殷契骈枝·释气》，第 55—58 页）

按："气"（乞）甲骨文作三（前 7.36.2）、三（粹 524），至周初金文亦作三，嫌与纪数字三相混，故上下两画稍长，而中画稍短。但横画之短长，每难于掌握，故觅他法以别之。一变而为，上横画左曲，再变而为，上画左曲而下画右曲，此则小篆训云气之之所由来也。于氏之说是也。

"气"（乞）在金文中用为"乞求"意，如《洹子孟姜壶》："洹子孟姜用气（乞）求嘉命"；或用为"终讫"（讫）意，如《天亡簋》："不（丕）克气（讫）衣（殷）王祀。"

12. 士

（臣辰卣）　（𠭯尊）　（师寰簋）

（士父钟）　（𧼤簋）

郭沫若云："据余所见，土、且、士，实为牡器之象形。土字古金文作，卜辞作，与且字相近。由音而言，土、且复同在鱼部，而土为古社字，祀于内者为祖，祀于外者为社，祖与社二而一者也。士字卜辞未见，从士之字如吉，于作形之外，多作、、、诸形，是士字古亦作若矣。金文吉字有作若者，与卜辞之作者同。由此形而言，于土、且实无二致。士音古虽在之部，然每与鱼部字为韵。如《礼记·射义》引《诗》'曾孙侯氏'八句（按：指'曾孙侯氏，四正具举。大夫君子，凡以庶士。小大莫处，御于君所。以燕以射，则燕则誉。'《貍首》之诗，今《诗经》所无），以举、士、处、所、射、誉为韵，《诗·大疋·常武》首章（按：指‘赫赫明明，王命卿士。南仲大祖，大师皇父。整我六师，以修我武。’武本作戎，据江有诰校改），以士、祖、父、武为韵。是士字古本为鱼部音读也。”（参见郭沫若：《甲骨文字研究·释祖妣》，第11页）

屈云鹏云：“丄是牡牡等字偏旁所从之丄而笔画偶未连属。按丄当是士字，亦即故书习见作男阴之解之势字。士人之士初义殆为男性之人，义与牡牡等实一致也。”（参见屈云鹏：《殷墟文字甲编释文》，第444页）

按：《说文》：“士，事也。数始于一，终于十，从一从十。孔子曰：‘推十合一为士。’”验之甲骨文、金文，士或作、、，或作、，不从一从十，故所引“孔子曰推十合一为士”之语，自不能合乎士之初义。徐中舒谓“士王皇三字均象人端拱而坐之形”，前已断其非是。郭沫若谓士为牡器，而屈云鹏更进而谓“丄当是士字”，亦即故书习见作男阴解之势字，其说并是。士与且本皆作丄，实为牡器之简写。后且作、作，作框廓，或于其中加二横画，而士作丄、，作单线，或于垂直长画之上加一横画，古文字构形通例固有如是者，不足为异也。

“士”在金文中用为“官职”意，如《貉子卣》：“王令士道归（馈）貉子鹿三”；或用为“士人”意，如《邾公华钟》：“台（以）宴士、庶子”；或用为“男子”意，如《师寰簋》：“殴孚（俘）士女羊牛。”

13. 中

（盂鼎）　（克鼎）　（中钲）

（兮仲簋）　（中山王嚳鼎）

罗振玉云：“《说文解字》中古文作，籀文作。古金文及卜辞皆作或作。斿或在左或在右，斿盖因风而左右偃也。无作者，斿不能同时既偃于左又偃于右也。又卜辞凡中正字皆作，从口从，伯仲字皆作，无斿形。字所从之中作，三形判然不相混淆。唯中丁之中尝见作者，乃偶用假字也。”（参见罗振玉：《增订殷墟书契考释》卷中，第14页）

唐兰云：“罗氏所藏三戈，于‘大父日癸，大父日癸’下承以‘中父日癸’，然后承以‘父日癸，父日辛，父日己’，秩次最为井然。大子中子之别当亦犹是也。由此言之，有大且当有中且，有大匕当有中匕，有大母当有中母，有大妇当有中妇。而卜辞有匕，金文有妇，亦正合符。然则中字施于称谓，本取义于大小之中，而其字体无别。中宗中父中子作，中匕作，中妇作，而中丁兼作二形，皆可证殷以后始以专属中正，而专属称谓，与伯叔相次而为白中。然而六国以后又复不分。及小篆起，遂别造仲为白中之专字也。诸家分两字，盖徒拘于一时之用法，罗氏未能细按卜辞而遽严分别，不能谓非疏失也。三者既为一字，则其形之演变可得而言。今表之如次：

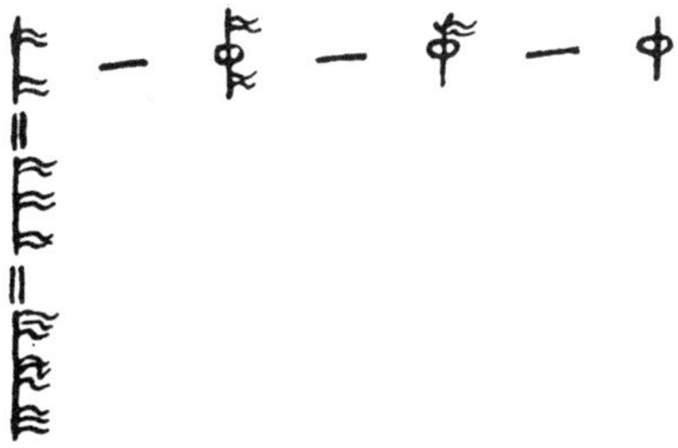

然则，中本斿旗之类也。以字形言之，中与㫃相近而实异。盖㫃形见于古文者作等形，上有一斿，斿下为旗形。中字则作象九斿，作象六斿，作者象四斿均只有斿而已。《考工记》辀人‘龙旂九斿以象大火也；鸟旟七斿，以象鹑火也；熊旗六斿，以象伐也；龟旐四斿，以象营室也。’龙旂熊旗龟旐殆由蜕化而来，本皆中也。其七存之鸟旟，则其后起者耳。然中虽有九六四斿之异，当以四斿者为最古。《周礼·春官·司常》：‘王建太常，诸侯建旂，孤卿建旜，大夫士建物，师都建旗，州里建旟，县鄙建旐。’《周·夏官·大司马》：‘王载太常，诸侯载旂，军吏载旗，师都载旜，乡遂载物，郊野载旐，百官载旟’。旐为县鄙所建郊野所载者，卑之也。所以卑者，旐只四斿而最简朴，适只以表其为县鄙郊野耳。由四斿而增之为六斿、九斿，周时乃并有十二斿，王之太常也，而其变又有七斿五斿之常。中以四斿为最夙，故其字亦以为最古。凡垂直线中恒加一点，双钩写之，因为形，而形盛行，由以省变遂为形矣。《说文》作三形，即形之小变，为之讹，为之讹。许说中

‘从口，丨上下通’。近世学者多说为象矢贯的。此外臆说尚多有之。皆由不知古文本作也。中为旂旗旟旃之属，何由得为中间之义乎？吴大澂谓‘两旗之中立必正’，亦向壁之语。篆形既未显，两旗又何由知其立必正也。余谓中者最初为氏族社会之徽帜。《周礼·司常》所谓‘皆画其象焉，官府各象其事，州里各象其名，家各象其号’。显为皇古图腾制度之孑遗（《周礼》以日月交龙熊虎鸟隼龟蛇等画之，亦皆由图腾变化而来）。此其徽帜，古时用以集众。《周礼》大司马教大阅，建旗以致民，民至，仆之，诛后至者。亦古之遗制也。盖古者有大事，聚众于旷野，先建中焉，群众望见中而趋附。群众来自四方，则建中之地为中央矣。列众为陈，建中之酋长或贵族恒居中央，而群众左之右之，望见中之所在，即知其所立之地，即知为中央矣（若为三军，则中军也）。然则，中本为徽帜，而其所立之地恒为中央，遂引申为中央之义，因更引申为一切之中（如上下之中，前后之中，大小之中等）。后既习用中央等引申之义，而中之本义晦，徽帜之称乃假常以称之（《周礼》记常有十二斿、九斿、五斿，明即中）。中常声相转也。而其分别，则十二斿为常，九斿为旂，七斿为旟，六斿为旗，四斿为旐，而中字遂无用为徽帜之义矣。”（参见唐兰：《殷墟文字记·释》，第52—54页）

按：“中”甲骨文作（前5.6.1）、（前7.16.1）、（前4.3.7）、（前6.2.3）、（铁5.2）、（前3.31.3）、（前4.27.5）、（甲624），金文作（中妇鼎）、（卣）、（乍妣己簋）、（企中且觯）、（中父辛爵）、（兆域图）、（中日官鼎）、（中盉）、（令鼎），初象旗斿随风飘扬之形，后于旗杆中部加一点，一点或作框廓，而旗斿或四、或二、或一，后省斿而作。唐说是也。而许氏“中，内也。从口，丨上下通”之论徒就立说，失之也。

“中”在金文中用为“中间”意，如《同簋》：“焚（荣）白（伯）右同，立中廷”；或用为“伯仲”意，如《郑虢仲簋》：“郑虢中（仲）乍宝簋”；或用为人名字，如《中乍且癸鼎》：“侯易（赐）中贝三朋”；或假借为“终”，如《沇儿钟》：“中（终）翰（翰）叡（且）旟（扬）。”

14. 屯

（颂簋）　（克钟）　（师望鼎）

（颂壶）　（休盘）

高鸿缙云："象草木初生根芽而孚甲未脱之形，以寄难生之难之意。小篆变作。《说文》：'屯，难也。象草木之初生屯然而难'，是也。此处借用为"纯"。《广雅》：'纯，缘也。"（参见高鸿缙：《颂器考释》，第 40 页）

按："屯"甲骨文作（铁 4. 4）、（前 5. 32. 2）、（前 622. 4）、（铁 4. 4），金文作（颂簋）、（颂壶），象草木根芽初生而孚甲未脱之形，高说是也。许氏谓："象草木之初生屯然而难"，解义亦是，而谓"从中贯一，一地也，尾曲"，解形则非。、、、乃根芽而非草叶之中，或乃种子，变而为一，古文字构形通例有如是者，一亦非地之表象也。

"屯"在金文中用为"厚"意，如《令瓜君壶》："承受屯德"；或用为"屯聚"，如《鄂君启舟节》："屯三舟为一舿"；或用为"纯一"意，如《墙盘》："㝵（德）屯（纯）无谏（刺）"；或用为"镶边"意，音 zhǔn，之尹切，如《颂鼎》："易（赐）汝玄衣黹屯（纯）。"

15. 熏

（吴方彝） （师克盨）

（毛公鼎） （番生簋）

高鸿缙云："原从束上画黑点形，由物形黑点生意，故托以寄熏黑之意，或加火为意符，亦得明火熏意。古人束香草以熏之，而歆其臭，故初字从束，而志以黑点。黑点者，烟熏之迹也。"（参见高鸿缙：《中国字例》二篇，第 261—262 页）

按："熏"字甲骨文所无。金文于束上著点，明熏香而留烟迹之意，高说可取。《说文》："，火上出也。从中从黑，熏黑也。"解义近是，解形则非。中乃之上部之讹，而乃中下部之讹也。

"熏"在金文中假借为"纁"。《尔雅 · 释器》："一染谓之縓，再染谓之赪，三染谓之纁。"郭沫若谓"纁乃绛色"。（参见郭沫若：《西周金文辞大系考释 · 吴彝》，第 75 页）

16. 蔡

（蔡大师鼎） （蔡姞簋） （𠭯钟）

（蔡侯鼎） （蔡侯匜） （中山王譽壶）

《说文》："希，修豪兽。一曰河内名豕也。从彑，下象毛足。读若弟。，籀文，，古文。"

郭沫若云："此字卜辞习见，均用为祟字。《说文》希古文作，三体石经春秋残石蔡人之蔡古文作。又杀字《说文》所列古文作。此等均是一字，盖本希之象形字，因音近，假而为杀、为蔡、为祟也。《左传·昭公元年》：'周公杀管叔而蔡蔡叔'，蔡乃假为窜。《释文》云：'上蔡字《说文》作㯲。'《尚书》'窜三苗'，《孟子》作'杀三苗'。《说文》'𡦹'字又下引作'𡦹三苗'。诸字音近相通，则本一希字，可读为祟，可读为杀，可读为蔡，可读为窜矣。"（参见郭沫若：《西周金文辞大系考释·蔡簋》，第103页）

按："希"甲骨文作（铁238.1）、（前5.40.5）、（菁1.1），金文作（蔡侯匜）、（蔡大师鼎），象而身披修毫，其为《说文》训"修毫兽"或"河内名豕"且古文作之希，确然不可移易。以音近得假借为祟、为杀、为窜，亦得假借为蔡，郭说是也。

"希"（蔡）在金文中用为国名字，如《蔡侯匜》："希（蔡）侯乍（作）姬单朕（媵）匜。"

17. 若

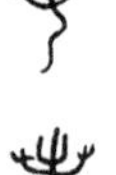（盂鼎）　（克鼎）

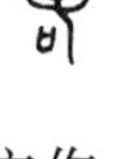（毛公鼎）　（鄦大史申鼎）

"若"在甲骨文作（前4.2.3）、（甲205），金文作（盂鼎）、（克鼎），象人以双手理顺头发之形。后加口作（毛公鼎），口乃装饰性构件，不表义，古文字构形通例有如是者。《说文》："，择菜也。从艸右。右，手也。一曰杜若，香草。"就小篆形体立说，非是。

"若"在金文中用为"顺"义，如《鄦大史申鼎》："子孙是若"；或用为"如"义，如《者减钟》："若召公寿，若参寿"；或用为"如此"义，如《毛公鼎》："王若曰：'父厝，不显文武，皇天引厌厥德，配我有用'"；或用为语气助词，无实义，如《盂鼎》："雩（粤）若竭（翌）乙酉"，雩、若为虚词连用；或用为结构助词，如《毛公鼎》：“告余先王若德”，若犹其、之。

18. 亥

（乙亥鼎） （史話鼎） （扬鼎）

（曶壶） （长田盉） （䊇伯簋）

（善鼎） （虢季子白盘） （𬭚镈）

（邾公华钟）

商承祚云：“按甲骨文作，家字所从同。金文《善鼎》作，为古亥豕一字之证。故‘己亥涉河’而误读作‘三豕涉河’也。小徐本作是也。”（参见商承祚：《说文中之古文考》，第269—270页）

按：“亥”甲骨文作（铁22.3）、（铁57.2）、（后上15.10）、（徐14.2）、（前4.8.3），金文作（乙亥鼎）、（史話鼎）、（䊇伯簋），象豕之变形。豕，甲骨文作（佚277）、（京津752），其形与亥极近。其形变轨迹当如：（豕）——（豕）——（豕）——（亥）。春秋以后，“亥”字既形变且繁化，《邾公华钟》作，此则小篆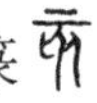形体之所从来。《说文》“亥，荄也。十月微阳起，接盛阴。从二，二，古上字。一人男，一人女也。从乚，象怀子咳咳之形”之说，乃肊必之辞，殊不可信。

“亥”在金文中用为地支第十二位字，如《曶鼎》：“隹王元年六月既望乙亥”；或用为人名字，如《趄亥鼎》：“宋𦝼（庄）公之孙趄亥自乍会（脍）鼎。”

19. 小（少）

（𠙵尊） （𧽊叔簋） （令鼎）

（遣小子簋） （散盘） （吉日壬午剑）

（𨞛侯簋）

马叙伦云：“小少尐一字，皆沙之初文。《礼记·少仪》释文：‘犹小也。’《国语》：‘少溲于豕牢而得文王’，注：‘小也。’《战国策》：‘谋之晖台之下，少

海之上’，吴师道谓少当作沙。其实少即沙字。《孟子》：‘力不能胜一匹雏’，钱大昕、邵瑛皆以匹为尐之讹，赵岐训匹为小，《孟子音义》引丁本作疋，其致讹之由显然。《方言》：‘尐，小也。’《魏石经·左传》‘小’字古文作尐。《易》：‘需于沙’，郑本作沚。甲文有，证以《寰盘》沙字作，少尐皆由变也。”（参见马叙伦：《读金器刻词·小鼎》，第61页）

按：“小”甲骨文作（前1.3.4）、（前1.16.7）、（前1.29.7），金文作（盂鼎）、（秦公钟）。“少”甲骨文作（前5.40.2），金文作（哀成叔鼎）、（楚王酓忎鼎）、（蔡侯钟），古小、少一字，皆象沙粒之形，盖即沙之初文。三点、四点，极状其少，初无定形也。《说文》：“小，物之微也。从八丨，见而八分之。”说义近是，说形则非。马叙伦谓“小少尐一字，皆沙之初文”，是也。

“小”在金文中用为“微小”义，如《盂鼎》：“余隹即朕小学”；或用为“年少”义，如《令鼎》：“有嗣（司）眔师氏小子卿（合）射”；或用为“职位低下”义，如《克钟》：“易（赐）女（汝）史、小臣、霝龠、鼓钟。”

“少”在金文中用为“不足”义，如《眉氏扁壶》：“今三斗二升少半升”；或用为“年少”义，如《嘉鼎》“余郑邦之产，少去父母”。

20. 曾

（易鼎）　（曾大保盆）

（曾子簠）　（曾姬无卹壶）

朱芳圃云：“曾即䰝若甑之初文。象形。《说文·鬲部》：‘䰝，鬵属。从鬲，曾声。’又《瓦部》：‘甑，甗也。从瓦，曾声。’《尔雅·释器》：‘甑谓之鬵。’《释文》：‘䰝本或作甑。’《方言·五》：‘甑，自关而东谓之甗，或谓之鬵。’是甑即䰝之重文，䰝与鬵一声之转，甗与甑同实而异名。《说文·鬲部》：‘鬵，大釜也。一曰：鼎大上小下若甑曰鬵，从鬲兓声，读若岑。’又《瓦部》：‘甗，甑也，一穿也。从瓦，鬳声。读若言。’《考工记》：‘陶人为甑，实二鬴，厚半寸，唇寸……甑实二鬴，厚半寸，唇寸，七穿。’郑注：‘量六斗四升曰鬴。’郑司农云：‘甗，无底甑。’从文字考之，形制如左：（前5.4.1），（前7.37.1），（《趞亥鼎》會字偏旁）。上形如鼎，下形如鬲，中仅一穿者甗也，上大下小，中有七穿者甑也。《仪礼·少牢馈食礼》：‘雍氏概鼎匕俎于雍爨……廪人概甑甗匕与敦于廪爨’，盖甑、甗以炊饭，与鼎以烹肉同。其器下体承水，上体盛饭，中设一箅。金文曾字从，即象其形，《说文·竹部》：‘箅，蔽也，所以蔽甑底。从竹，畀声。’段玉裁注：‘甑者乃蒸饭之器，底有七穿，必以竹席蔽之，米乃不漏。’其说是也。箅为甑之特征，故造字取以为象。”（参见朱芳圃：《殷周文字释丛·释曾》，第102—103页）

按：曾甲骨文作（甲895）、（前5.54.1）、（前6.54.2），金文作（中甗），、象甑之箅形，设箅乃甑之特征，故特写箅形以表全甑也。犹象牛角形，而牛角为牛之特征，故特写牛角以表全牛也，朱说是也。、上之、，象气之越于形。后加，装饰性构件，古文字构形通例固有如是者。由而讹为。《说文》：“，词之舒也。从八从曰，声”，仅以小篆立说，宜其无当于初谊也。“曾”在金文中用为国名字，如《昜鼎》：“使于曾”；或用为姓氏字，如《曾姬无卹壶》：“圣趄之夫人曾姬无卹”；或用为孙之子以下之称，如《曾孙无䪺鼎》：“曾孙无䪺自乍（作）饮𩰫”；或假借为“增”，如《辅师嫠簋》；王乎乍册尹册命嫠曰：“更乃且考嗣（司）辅哉，易（赐）汝载市素黄䜌旂。又今余曾（增）乃命，易（赐）汝玄衣黹屯，赤市朱黄、戈彤沙琱㦻，旂五日，用事。”

21. 豕（隊、墜）

（毛公鼎）　（井侯簋）　（趩簋）

（师寰簋）　（秦公钟）　（郘公华钟）

郭沫若云：“卜辞每见有豕形文，腹中横贯以矢者。罗振玉释彘。《戊辰彝》：‘遘于匕戊武乙爽，一’，亦彘一，文与此同（按：指《周公簋》：‘对不敢彘（豕）’。但此读为豕。疑古豕彘本一字也。”（参见郭沫若：《金文丛考·周公簋》，第308页）

按：“豕”甲骨文作（前4.51.3）、（前4.51.4），金文作（井侯钟），象一矢射中豕形。豕中矢必仆于地上，此豕（墜）之本谊所由生也，郭说是也。《㝬簋》作，从豕从𠂤从土，乃会豕由𠂤上墜落土上之意，即后世之墜字。上部之分离而成小篆之。《说文》："，从意也。从八豕声。"仅据小象为说，形义皆非是。又《说文》："彖，豕也。从彑从豕，读若弛。"王筠《句读》云："彖字疑即豕之重文，音义皆同。家之古文豪，亦可证也。"其说甚是。彖、豕一字，而家毅亦一字。之上出分离为家。之分离而为，之头部分离而为，背、腿、尾部讹化而为，则为。

"家"在金文中用为"墜失"义，如《毛公鼎》："女母（毋）敢家（墜）。"

22. 余

（盂鼎）　（善鼎）　（召伯鼎）

（卯簋）　（南疆钲）　（者沪钟）

（秦公簋）

郭沫若云："由余之最古形观之，当是独体象形之文。用为代名词，自出假借……余实琭之古文矣。古者诸侯之圭均剡上，左右各寸半，有缫藉，中有玄纁之绚组以为系（据《聘礼》）。之上端即剡上之形，中之横枝或上仰，或下屈者，即所系之绚组。其从八者，示有缫藉也。"（参见郭沫若：《金文丛考·释非余》，第252—253页）

按："余"甲骨文中作（铁11.3），（前4.42.2），（前7.13.1），西周金文作（㝬钟）、（吉日壬午剑），象古者诸侯剡上之圭形，即琭之古文。郭说是也。东周金文作（洹子孟姜壶）、（蔡侯钟）于下加八，乃装饰性点划，古文字构形通例固有如是者。《说文》："余，语之舒也。从八，舍省声。"以八为形符，说形非是。以"语之舒"训"余"说义亦非是。

"余"在金文中用为第一人称代词，如《令鼎》："余其舍女（汝）臣十家。"

23. 吉

（敔簋）　（吴方彝）　（㪟簋）

（兮甲盘）　（格伯作晋姬簋）　（𬶍镈）

（中子化盘）

于省吾云："《说文》以吉为士口，乃就已讹之篆文为说，非朔谊也。契文吉字从，象句兵形，下从，为笑篚形。(句兵) 横之则作。近代出土之商代句兵多矣，其未纳柲者作形，左象其援，右象其内，其有胡下垂者，均后起之制。吉字所从之均纵而不横者，必系当时安置句兵之成法……形本象置句兵于笑篚之中。凡纳物于器中者，为防其毁坏，所以坚实之，宝爱之，故引申皆吉利之义。”(参见于省吾:《双剑誃殷契骈枝三编》，第78页)

按:“吉”甲骨文作(铁159.2)、(前4.29.6)、(戬40.14)、(前4.18.4)、(前2.44.4)、(前2.40.1)、(前2.44.4)、(前2.20.5)、(戬10.3)、(后下10.2)，金文作(旂鼎)、(格伯鼎)，等形，象句兵形或斧钺形，为笑篚形，全形象置兵器于笑篚中之形。于说是也。《说文》:“，善也，从士口。”仅就小篆立说，解形非是，解义则取引申之义，非本义也。

“吉”在金文中用为“吉利”义，如《师奎父鼎》:“用‘丏𩕢(眉)寿黄耇吉康’”;或用为人名字，如《兮甲盘》:“兮白吉父乍般(盘)。”

24. 周

(免簋)	(无叀鼎)	(成周戈)
(保卣)	(臣辰卣)	(散盘)
(盂鼎)	(善鼎)	(克鼎)

高鸿缙云:“或字原象箱箧周密以藏贝玉之形，故托以寄周密之意。其后周字从之得音，周(从声)即啁之初字。自假周以代或，久之而或字废，而周亦失其本意。后人又造啁或嘲以还其意。”(参见高鸿缙:《中国字例》二篇，第204页)

按:“周”甲骨文作(铁26.1)、(前6.63.2)、(前4.32.1)、(前6.51.7)，金文作(义仲鼎)、(无叀鼎)、(献侯鼎)、(史兽鼎)。原作，象箱箧周密以藏贝玉之形，或省而作，高说是也。后加装饰性构件作、，古文字构形通例固有如是者。高谓周为啁之初字，则偶失之也。《说文》:“周，密也。从用口”，解义则是，解形则非。

"周"在金文中用为周王朝名，如《毛公鼎》："肆皇天亡旲（斁），临保我有周，不（丕）巩（鞏）先王配命"；或用为周王郡名，如《虢季子白盘》："王各（格）周庙宣廟（榭），爰鄉（饗）"；或用为人名字，如《周生豆》："周乍尊豆。"

25. 各

（宰椃角）　（貉子卣）　（颂鼎）

（善鼎）　（无叀鼎）　（师虎簋）

（庚赢卣）　（𠈌匜）

高鸿缙云："按各字初意为行到，经典多假格为之。字原象（足向内）在门口，向内行之状，由生意，故托足内行之形以寄行到之意。金文有作、作者，加或，于行到字增意符，于构造之旨不异。各与格非一字，经典作格者，同音假借也。"（参见高鸿缙：《中国字例》二篇，第 297 页）

按："各"甲骨文作（前 5. 24. 4），（菁 4. 1），（乙 478）、（乙 8459），金文作（乙亥鼎）、（免簋），象足至居地之形。足趾或作，或作，总以居地为面向，寄意行到，后加彳、辵、走成形声字佫、洛、趦。高说是也。《说文》："，异辞也。从口夊。夊者，有行而止之，不相听也。""异辞"乃"各"字后世之意，"夊者，有行而止之"乃套用"，从后至也。象人两胫后有致之者"，"以有行而止之，不相听"说解众口异辞，牵强不足信从也。

"各"金文中用为"行到"义，如《颂鼎》："王各（格）大室"；或用为"感通"义，如《㝬钟》："用邵（昭）各（格）不（丕）显且（祖）考先王"；或假借为"客"，如《越王钟》："台（以）乐虞（吾）家，歖（喜）而（尔）宾各（客）。"

26. 单

（扬簋）　（单伯鬲）　（蔡侯匜）

（奚单匜）　（平安君鼎）

郭沫若云："單字之见于單諸器者均作，《單尊》文作，今存世古器铭中之單字及从單之字如獸（金文獸字从单），如戰，如旛等大抵均如是作：

單 （單伯钟） （單子伯盨） （扬簋） （叔單鼎）

（蔡侯匜） （單伯鬲） （䣙尊）

獸 （宰峀簋） （员鼎） （史嘼鼎） （先嘼鼎）

戰 （沇子也簋）

旛 （颂簋） （追簋） （蔡大师鼎）

此字一见即知其为象形文。《说文》谓‘單，大也。从吅甲，吅亦声’者，乃沿错讹字以为说。然單所象者究为何形耶？观若文知，單乃捕鸟之器。王国维说之以毕，形制与用途则然矣。今更以声类求之，则單乃罕之初文也。手执干鼎之所从之形正是罕字（旧说为干形，非是）。《说文》：‘罕，网也。从网干声’，乃由形讹变而为形声字者也。段玉裁云：‘《吴都赋》注：罼罕皆鸟网也。按罕之制盖似毕，小网长柄，故《天官书》毕日罕车’。段说罕字，与古文正合。罕复名罕车者，盖罕之柄上有轮，以绾网纲之收纵。字中腰之⊕形，即轮象也。故單为罕之初文毫无可疑。”（参见郭沫若：《金文丛考·壴卣》，第315—316页）

丁山云：“單之见于殷契者与金文不甚远，而其流变也往往似干，干与盾同实而异名，盾單双声而單干叠韵。审其声音递转，窃疑古谓之單，后世谓之干，單干者盖古今字也。何以证之？《嘼部》：‘獸，守备者，从嘼，从犬。’征之金文，《先嘼鼎》作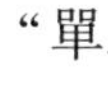，《宰峀簋》作，《父甲鼎》作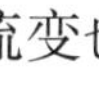，率从犬从單，不从兽。更上征之卜辞，其左亦无不从單作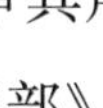（前编六第卌九叶）、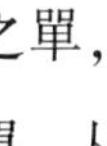（后编下十二叶），罗振玉所谓‘古者以田狩习戰阵，故字从戰省，以犬助田狩，故字从犬’，是也。然獸之见于卜辞者，则不尽从之全形，或省为（前编六第卌九叶）、为（藏龟卅九叶）、为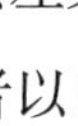（前编六第廿六叶），或省为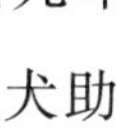（前编一第卌四叶）、为（前编一第廿九叶），左之将谓單乎，将谓干乎？嘼本从單，时或省而为

干。此單干古本不别之证。”（参见丁山：《说文阙义笺》第4—5页）

按：“單”字甲骨文作（前7.26.4）、（后下12.7）、（菁5.1），金文作（扬簋）、（奚單匜），郭沫若谓为捕鸟之器之象形文，即罕之初文，其说近是。然谓中腰之⊕，象罕柄上用以收纵网纲之轮形，则不免求之过苛，则愈违其真之失。丁山谓單即干，古本一字，其说坚确，无可移易。至《说文》：“單，大也。从吅从甲，吅亦声”，说义说形皆非是。

“單”字在金文中用为国名字，如《單伯鬲》：“單白（伯）遼（原）父乍中姞鬲”；或用为人名字，如《小臣單觶》：“周公易（赐）小臣單贝十朋。”

27. 丧

（盂鼎）　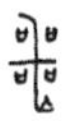（旂乍父戊鼎）　（毛公鼎）

（洹子孟姜壶）　（墙盘）

于省吾云：“甲骨文桑字常见，作形，均以为方国名或地名，或谓甲骨文字形从桑，是也。但不知其何以从口？按桒字本从桑声，其从两口者为初文，其从数口者乃随时滋多所致。其所从之两口代表器形（于氏《释桒》云：‘徐灏《说文段注笺》：“局从口，咢从吅，龠从品，皆各象其器物而非口齿之口。器从㗊象众器，其例正同也。”’）乃采桑时所用之器。由于商代已有丝织品，故以桒为采桑之本字，其以桒为丧亡之丧者乃假借字。周代金文《盂鼎》‘古（故）桒（丧）自’之桒作，《免簋》‘昧𣋡’之𣋡作，应读为爽，以其就时间而言，故从日。又𠷎字见《旂作父戊鼎》（商器）、《毛公鼎》、《量侯簋》，从桒亡声，已变为形声字。《说文》丧字作，并谓：‘丧，亡也。从哭亡声。’按许氏谓从亡声是也，但以从桒为从哭，则殊为妄诞。”（参见于省吾：《甲骨文字释林·释桒》，第76页）

按：“桑”字甲骨文作（佚605）、（前6.53.7）、（粹1027）、（粹470）、（后下35.1），金文作（盂鼎），象桑间置盛器之形，为采桑之专字。甲骨文中每用为地名，且桒每与盂并举，知桒地与盂地相距不远。或桒以桑蚕业发达而取此名。又以同音假借为丧亡之丧。卜辞有云“不桒众”（前6.53.7）、“戋其桒人”（林2.18.20）、“允桒𠂤”（粹1257）者，即“不丧众”戋

其丧人”、“戉其丧人”、“允丧师”也。金文增形符亡作𠸶，或增形符走作䘮，又变而为形声字也。于说可从，惟谓𠸶从桑亡声，恐属偶失，当改为从亡桑声。

“𠸶”（丧）在金文中用为“丧亡”义，如《毛公鼎》：“迺唯是𠸶（丧）我或（国）”；或用为“灾祸”义，如《禹鼎》：“用天降大𠸶（丧）于下或（国），亦唯噩侯驭方率南淮尸（夷）广伐南或（国）、东或（国），至于历内”；或假借为“爽”，如《免簋》：“王才周，昧𠸶（爽），王各于大庙。”

28. 正

（郘卣） （乙亥鼎） （君夫簋）

（盂鼎） （师酉簋） （沇儿钟）

（邾公华钟） （郘大宰簠）

罗振玉云：“《说文解字》：正，从止，一以止。古文从二作正，又从一足作疋。此从口（按，指 ）。古金文作■，此但作框廓者，犹丁之作口，就刀笔之便也。”许君云：“从一‘足’，殆由 而讹。正月字征伐字同。又作 ，从 。知 即正字。”卜辞云：“贞：我弗隻正 ，又曰：‘昔甲辰方正于蚁’，又曰‘告曰：土方征于我东鄙’，以其文观之，皆为正矣。”（参见罗振玉：《增订殷墟书契考释》卷中，第63页）

按：“正”字甲骨文作品 （铁31.3）、 （铁103.2）、 （后下16.4）、 （戬39.3），金文作 （盂鼎），象人征伐方国之形， 、 、 、 ，或二止，或一止，代表人也，口或■，方国之形也，犹《说文·冂部》“冂”下云：“同，古文冂。从口，国邑也。”罗氏“正月字征伐字同”之说是也。后■变而为一，或又增一横为二。古文字构形通例固有如是者，不足为异也。至许氏所谓：“正，是也”，乃引申义，非朔义也。又许氏所谓“疋，古文正从一足”，亦非是。

“正”在金文中用为“正（征）伐”义，如《乙亥鼎》：“隹王正（征）井方”；或用为一年之首月，如《君夫簋》：“隹正月初吉乙亥。”以上读zhēng。又用为“正当”义，如《盠盨》：“厥非正命，迺敢钛讯人”；或用为“整治”义，如《盂鼎》：“殷正百辟”；或用为“考核”义，如《师遽簋》：“王延（诞）正师氏”；或用为“官长”义，如《毛公鼎》：“善效乃友正”；或假借为“政”，如《盂鼎》：“今我隹即井亩（型禀）于文王正（政）德”，《尚书·汤誓》：“舍我穑事而割正夏”，孔传：“正，政也。”《史记·殷本纪》：“舍我啬事而割政。”阮元《尚书注疏校勘记》：“按，段玉裁云：‘孔传：正，政也。言夺民农功而为割剥之政。’”以上读 zhèng。

29. 行

（行父辛觶）　（虢季子白盘）

（曾伯簠）　（南疆钲）

高鸿缙云：“《说文》：‘，人之步趋也。从彳从亍。’徐灏曰：‘行又为道路之称。戴氏侗曰：《诗》云『寘彼周行』，曰『嗟行之人』，曰『行有死人』，是也。’按徐说是行字本义。字原象通衢四达之形，名词，后通假以代衍（从人在道路上行走，行亦声。动词。见甲文及石鼓文）。行乃有行走意。后世既以行（巷）代衍（行走），久之而衍字废，而行亦失其本义，乃造字（见《尔雅》）以还其名词（巷）之原。后人又造字以代。《说文》：‘，里中道，从从，皆在邑中，所共也。，篆文从省。’段玉裁曰：‘道在邑中，人所共由，共亦声也。’九部，隶省作巷，是可见、、、、皆一字之异形。”（参见高鸿缙：《中国字例》二篇，第 33 页）

按：“行”甲骨文作（铁 231.3）、（后下 2.12）、（后下 2.13）、（拾 15.3），金文作（行父辛觶），象通衢四达之形。徐灏之说是也。其又加人者，明喻其人之所行之义。高鸿缙又进而阐发谓，后出之衖、䢽、巷、巷乃行之异形，可参。至《说文》：“行，人之步趋也。从彳从亍”，仅就小篆立说，说义则引申义而非本义，说形则分离字形，非是。

“行”在金文中用为“道路”义，如《曾伯霥簠》：“金衢（道）鐊（锡）行”；或用为“巡视”义，如《陈公子甗》：“用征用行”；或用为“行走”义，如《虢季子白盘》：“是以先行”；或用为“行用”义，如《公父宅匜》：“浮公之孙公父宅铸其行也（匜）”；或用为“实行”义，如《中山王嚳鼎》：“事𡭔（少）女（如）𧗿（长），事愚女（如）智，此易言而难行施（也）”；或用为

“德行”义，如《中山王礜鼎》：“仑（论）其悳（德），眚（省）其行”，读为xìng。

30. 韋（衛）

（弓卫且已爵） （弓卫父庚爵） （子卫爵）

（卫簋） （康侯簋） （卫子簠）

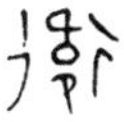（司寇良父簋） （卫尊）

罗振玉云：“《说文》：‘韋，相背也。从舛口。韋，兽皮之韋，可以束枉戾，相韋背，故借为皮韋。’古文作。又‘衛，宿衛也。从韋、帀，从行，行列衛也’。卜辞韋、衛一字，从口从，象众足守衛口内之形。兽皮可束枉戾，故由守衛之谊而引申为皮韋之韋。或从行从止从方［按：如（甲1167）］，古金文作（卫父卣），此省为，又或增为而省方。”（参见罗振玉：《增订殷墟书契考释》卷中，第65页）

按：“衛”甲骨文作（前4.31.60）、（铁133.2）、（戬40.1）、（甲436），金文作（子卫爵），原象众止守衛口之形，从二止从四止，无碍于表意。韋、衛一字，罗说是也。后加形符行而成“衛”字，口易为而成“衞”、衛，口、、，义相通。据唐兰先生：“凡义相近的字，在偏旁里可以通转”（参见唐兰：《古文字学导论》，下编，第55页）之公则，衛、衞、衛一字也。而“衛”又加形符止而成“躗”字，字之初谊未改。许氏解“衛”之义则是，解形则未能尽是。究其原因，在解韋之义形均非是也。

“衛”在金文中用为“保衛”义，如《班簋》：“㠯（以）乃族从父征，徣（出）（城）衛父身”；或用为国名，如《贤簋》：“公弔（叔）初见于衛”；或用为人名字，如《伯衛父盉》：“伯衛父乍嬴䵼彝。”

31. 足

（师晨鼎） （元年师兑簋） （善鼎）

杨树达云：“余谓肱掌指全部为手，股胫蹠跟全部为足。足从口者，象股胫周围之形。人体股胫在上，蹠跟在下，依人所视，象股胫之口当在上层，象蹠跟之

当在下层。然文字之象形但有平面，无立体，故只能以上下表之也。疋部云：'，足也。上象腓肠，下从止。'《弟子职》曰：'问疋何止'。余谓足疋二字义同形近，疋之上画亦象股胫周围之形，与足字同。腓肠第为胫之后部，不能示足之全，许说偏而不备。又足字象形，许云从止，误也。大徐说此字云：'象股胫之形'，其说是也，然立辞太简，不明说象股胫之周围，故人皆不之信，今故为申明之云尔。"（参见杨树达：《积微居小学述林·释足》，第82页）

按："足"甲骨文作（甲2878）、（珠542）、（佚392），金文作（师晨鼎），象趾连胫之形，由而而，、、，胫也，、连于胫之下，则足之为脚意（自膑而至趾）明矣。许氏"上象腓肠"之解固偏而不备，杨氏接受大徐之说，谓"象股胫之形"亦失之未详考甲骨文之构形也。又足与疋初当为一字，至小篆足作，疋作，判为二字。然形体亦极相近，音同为鱼部，其本为一字之证据昭然矣。

"足"在金文中用为"胥相"义，如《元年师兑簋》："王乎内史尹册命师兑足（胥）师龢（和）父嗣（司）广（左）右走马。"

32. 品

（井侯簋）　（保卣）　（穆公鼎）

高鸿缙云："《说文》：'，众庶也。从三口。'按为物形，非口舌之口。三谓众物也，故品有众庶意。"（参见高鸿缙：《中国字例》四篇，第42—43页）

按："品"甲骨文作（前5.35.2）、（粹112），金文作（保卣），象众多物品摆列之形。此处非口舌之口，而象器物之形。徐灏《说文段注笺》云："局从口，咢从吅，龠从品，皆各象其器物，而非口齿之口。器从㗊象众器，其例正同也。"于省吾云："徐氏谓㗊象众器是对的，但所举三例均与事实不符。甲骨文从口之字象器皿者常见，例如贔字作，弖字作，古字作（上从象盾形），鲁字作，这四个字象置贝、弓、盾、鱼于器皿之中。"（参见于省吾：《甲骨文字释林·释㚘》，第256页）徐灏、于省吾所论列，正此例也。又，古人以三表多数，如劦之表众力，雥之表众鸟，芔（卉）之表百草，等等。许氏云

"众庶也"，言其引申义而非朔谊，而云"从三口"，言形则是也。

"品"在金文中用为品物义，但品物涉及范围较广。玉可言品，如《穆公鼎》："锡玉五品"；氏族可言品，如《周公簋》："锡臣三品：州人、策人、人"；土田可言品，如《作册友史鼎》："省北田四品。"

33. 龠

（㝨鼎）　（散盘）　（臣辰卣）　（臣晨盉）

林义光云："《说文》云：'龠，乐之竹管，三孔以和众声也。从品侖，侖，理也。'按品侖非义。古龢作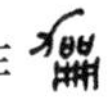（番生簋），象手按龠，则𠯑象管籥相并形。（倒口）在上，所以吹之。"（参见林义光：《文源》）

按："龠"甲骨文作（前 5. 19. 2）、（戬 2. 9）、（前·519. 4）、（簠·人 42），金文作（散盘）、（臣晨卣），其作𠯑形者，象编竹而成之管状乐器之形。下为编竹，上为竹口。其作龠、龠形者，又于编竹而成之管状乐器之上加人口，一如（令）上之为人口（倒口）者然。林说是也。唯以字为龠则非是，当为龢字。许氏"从品侖"之说，仅就小篆形体为说，自不合造字原旨。

"龠"在金文中用为人名字，如《散盘》："淮𤔲（司）工（空）虎季𠯑（龠）丰父"；或假借为禴，祭名，如《臣辰盉》："隹王大龠（禴）于宗周，徣（出）饔（馆）莽（丰）京年，才五月既望辛酉"；或假借为"跃"，如《㝨鼎》："㝨肇从趞征，攻𠯑（跃）无啻（敌）。"

34. 册

（父乙卣）　（吴方彝）　（谏簋）

（睘卣）　（师虎簋）　（颂鼎）

（豆闭簋）　（师嫠簋）　（休盘）

高鸿缙云："《说文》：'，符命也，诸侯进受于王也。象其札一长一短，中有二编之形。，古文册，从竹。'段氏曰：'后人每假策为之。……蔡邕《独断》曰："策，简也。其制长者一尺，短者半之。其次一长一短，两编下附，

札牒也，亦曰简、编、次简。次简者，竹简长短相间，排比也。以绳横联之，上下各一道。一简容字无多，故必比次编之，乃容多字。”’徐灏曰：‘凡简书均谓之册，不独诸侯进受于王也。此举其大者而言，符册亦二事也。’商承祚曰：‘《师酉簋》盖册作，古文所从，殆由而讹也。’按此字但象简编之形，册籍之册也。至于策则为马箠，鞭马之具也。经典多假策以代册，实仅同音通假，并非策有册籍之意。”（参见高鸿缙：《中国字例》二篇，第152页）

董作宾云：“卜辞中册字作诸形，金文中册字作诸形，其中物皆为一长一短之形，而所谓二编者不过一韦束之而已。据上节（新获龟版）‘册六’之文知，此册字最初所象之形非简非札，实为龟版。其证有二：第一，自积极方面证之，吾人既知商人贞卜所用之龟，其大小长短曾无两甲以上之相同者，又知其必有装订成册之事，则此龟版一长一短参差不齐，又有孔以贯韦编，甚似册字之形状，而册当然为其象形字也。第二，自其消极方面证之，《仪礼·聘礼》疏引郑氏《论语》序云：‘《易》、《诗》、《书》、《春秋》、《礼》、《乐》册皆二尺四寸，《孝经》谦半之，《论语》八寸策者，三分居一，又谦焉。’是古代简册虽有长短之异，而其于一种书、一册书中策之长短必同，如六经之册皆二尺四寸，《孝经》十二寸，《论语》八寸是也。简牍与札在一册之中，其形制大小长短必相同，而册字之所象乃一长一短，则非简非札可断言也。龟版之可以名册更可求证于《庄子》。《庄子. 外物篇》云：‘乃刳龟，七十二钻而无遗策’，疏云：‘算计前后钻之凡经七十二，算计吉凶曾不失中’，是训遗为失，训策为谋，于义未谛。余谓策本马箠，以同音而假借为册。同书《骈拇篇》‘则挟策读书’可证也。《释文》：‘策，竹简也。’蔡邕《独断》：‘策者，简也。其制长二尺，短者半之。’又曰：‘单执一札谓之简，连编诸简乃名为策。’可知策即册也。《史记·陈涉世家》：‘不如少遗兵’。《索隐》：‘遗谓留余也’。余以为‘无遗册’言此龟版无有余隙也。盖经过七十二钻，虽尺二之大宝龟，亦将不能留余隙矣。”（参见董作宾：《殷代龟卜之推测》，第127—128页，《安阳发掘报告》一册）

按：“册”甲骨文作（铁165.3）、（前5.11.6）、（前5.17.3）、（前7.25.3）、（后下8.4），金文作（免簋）、（元年师兑簋），象龟版或简札在编之形，册籍之意也。《说文》与高、董二氏之说皆是也。在编之物或龟版，或竹简，或木札。竹木易朽，故今所见出土之竹简、木札仅为春秋战国时物，而已发现龟版之编虽已朽烂，但龟版之束编为册，则可断言。

“册”在金文中用为“册命”义，如《元年师兑簋》：“王乎内史册令（命）师兑足（胥）师龢（和）父嗣ナ（左）右走马，易（赐）汝乃且市、五黄（衡）、赤舄”；或用为“册锡”义，如《寰簋》：“王乎史減册易（赐）寰玄衣、黹屯（纯）。”

35. 干

（豦簋） （毛公鼎） （干氏叔子盘）

郭沫若云：“干字小篆作。《说文》以干犯义说之，云：‘干，犯也。从一，从反入。’字在金文者与此说有异。《豦簋》‘甲胄干戈’作，《毛公鼎》‘干吾（敔敌）王身’作。其从干作之字，如《睘卣》‘王才厈’作，《庚赢卣》‘丹一杆作，《虢季子白盘》‘博伐厰’作，所从干字虽若从反入，而并不从一，类似从一作者亦有之。如《干氏叔子盘》作，《大鼎》之‘攼’字作，《趞尊》之‘王才厈’作，《趞卣》作，《散氏盘》‘杆’字作若，《毛公鼎》有‘闬’字作，《子和子釜》有‘桿’字作，此等字虽似从一作，然实前项从圆点作者所演进也。依古文通例，凡字之肥笔作或从圆点作者，后均演化而从一，如十，如土，如古，如朱，如午，如辛，正举不胜举，此干字亦正其一例耳。故从圆点作之干字必先于从一作之干字。说字之源非采其初字不可也，就圆点作者以观之，余谓古干字乃圆盾之象形也。盾下有蹲，盾上之形乃羽饰也。非洲朱卢族之土人所用之盾正作此形，可为本字之证。”（参见郭沫若：《金文丛考·释干卤》，第188页）

按：“干”甲骨文作（珠1017）、（佚587）、（邺3下39.11），金文作（毛公鼎）、（干氏叔子盘），象盾之形，其中之或●象盾身，其下之象盾蹲，其上之或象盾饰。、或●形变而为一，古文字通例固有如是者，《方言·九》：“盾自关而东或谓之敝，或谓之干。”郭说是也。《说文》仅以小篆形体说解字形，自不能中肯。而说解字义乃用“干”之引申义，稍差一间也。

“干”字在金文中用为“盾”义，如《豦簋》：“易（赐）衣（甲?）胄干戈”；或通假借戰，“保卫”义也，如《师询簋》：“敬明乃心，衙（率）吕（以）乃友，干吾（斁敔）王身”，“干吾”即文籍之“捍御”，《列子·杨朱》：“人者，爪牙不足以供守卫，肌肤不足以自捍御。”

36. 屰（逆）

（亚屰卣）（目父癸爵）（父丁爵）

高鸿缙云：“《说文》：‘，不顺也。从干下屮，屰之也。’罗振玉曰：‘案为倒人形，即倒大字，大即古人字。’商承祚曰：‘案秦绎山刻石逆字从，尚存古谊。后世小篆移于中间，形益晦矣。’按绎山刻石逆字从倒夫，倒夫与倒大同，均是倒人，倒人不顺，故为顺屰之屰。后世逆字从之得声。《说文》：‘逆，迎也。从辵，屰声。’秦汉以来，人多以迎逆之逆代顺屰之屰，日久而屰字废。”（参见高鸿缙：《中国字例》四篇，第4页）

按：“屰”甲骨文作（拾12.10）、（前6.40.5）、（乙3939）、（乙8896），金文作（目父癸爵），作倒大字之形，喻倒逆之意。罗振玉之说极是，高氏更进而论后世训迎之逆取代顺屰之屰，而屰字遂废，亦是。《说文》仅依小篆立说，解形非是，解义是也。

“屰”在金文中用为人名字，如《父丁爵》：“亚中屰父丁。”

37. 共

（亚且乙父己卣）（父癸簋）（共簋）

（善鼎）（禽肯簠）

郭沫若云：“《说文》：‘，同也。从廿収。’案此说有未谛。金文共字作（共簋）若（且乙父己卣）。容庚云：‘两手奉器，象供奉之状。所奉何器，亦泛无所指。’余谓共者拱璧也。《左氏襄卅一年传》：‘叔仲带窃其拱璧。’《释文》云：‘拱璧，大璧也。’《商颂·长发》：‘受小共大共’与‘受小球大球’对文，即言大璧小璧。古人之用璧，盖系于颈而垂于胸次，且时以两手拱之，故称曰拱璧，或单称曰共。乐浪郡第九号墓有璧在胸次，其明证也。今《共簋》文作，双手所奉之圆正象璧形，作者乃形之变。后世更变作（此《叔夷钟》文），故小篆从作矣。古文于圆形之物每以方形作之，如日作（《祖日戈》）若（《索谌角》）。兄之首本系圆颅，而通作（此《蔡姞簋》文），凡金文兄字大率如此，更或作（《子仲姜镈》），此与共之从廿无以异矣。”（参见郭沫若：《金文丛考·释共》，第219页）

按：“共”象双手奉璧之形，供奉之意也。郭、容二氏之说俱近是而未尽谛也。郭氏谓：“共者，拱璧也”，且引《释文》：“拱璧，大璧也”为解，失之过泥也。拱璧读为供璧，其孰能非之？容氏谓：“两手奉器”，未敢遽定所奉之器为璧，亦失之过慎也。至于《说文》，因仅以小篆立说，宜其说义说形俱非是也。

“共”在金文中用为“玉璧”义，如《屄敖簋》：“屄敖用共用璧，用易（赐）鱼（鲁）屄敖金十匀（钧）”；或用为“供给”义，如《畲肯簋》：“吕（以）共（供）戢棠（尝）”；还通假为“恭”，如《善鼎》：“秉德共（恭）屯（纯）”；或用为人名字，如“嗣（司）马共右师艅入门”。

38. 異

（盂鼎） （盂鼎）

（虢叔钟） （作册大鼎）

高鸿缙云：“按原象人戴由（竹器）而以两手扶翼之之形。由人形生意，故托以寄负戴之戴，动词。王静安曰：‘此疑戴字，象头上戴由之形’是也。后人用字，通假異以代状词冀（不同也。从北，異声），而冀复通以代忆（于无形之处用心思虑也，见《玉篇》）。两字递移，久而成习，秦人乃于異上加声作戴，以还異本字之原。《孟子·梁惠王》：‘谨庠序之教，申之以孝梯之义，颁白者不负戴于道路矣。’周时戴应书作異。若论其音，異与戴亦一音之变，亦犹之怡之于台，弋之于代也。”（参见高鸿缙《中国字例》，第268页）

按：“異”甲骨文作（前5.38.6）、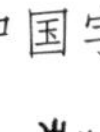（前5.38.7）、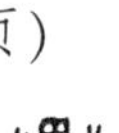（甲394），金文作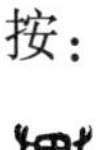（召卣）、（乖伯簋），象人戴竹器由而以两手扶翼之之形，当即翼之初文，王、高二氏之说近是。翼则后世之从羽異声之形声字也。《说文》云：“，分也。从廾从畀，畀，分也。”许氏仅以小篆立论，说形说义均非是。

“異”在金文中用为“翼敬”义，如《虢叔钟》：“皇考严才（在）上，異（翼）才（在）下”；或用为“辅翼”义，如《盂鼎》：“古（故）天異（翼）临子”；或用为“殊異”义，如《召卣》：“召弗敢諲（忘）王休異”；或用为地名字，如《曶鼎》：“井叔才異”；或用为人名字，如《单異簋》：“单異乍（作）父癸宝尊彝。”

39. 革

（康鼎） （革同簋） （鄂君启车节）

张日昇云：“按，《说文》云：‘革，兽皮治去其毛，革更之。象古文革之形。革，古文革从三十，三十年为一世而道更也。臼声。’革为兽皮，字象剖剥象皮，左右两旁展列，有头有尾。知其为象皮者，盖所从与皮字所从，同指一物。《说文》谓皮‘从又爲省声’，实乃爲省形之误。‘爲’为以手役象，金文作若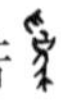，皮革所从并为象之省形。皮之示皮离肉之意，革之若象兽皮展列之形。古文革从臼，亦之讹。”（参见周法高《金文诂林》，第1499页）

按：金文“革”象剖剥象皮左右展列之形。为象之头，为象之尾，、为离肉之皮左右展列。后、讹为，而讹为，致有许氏所谓“古文革从三十”“臼声”之误解。

“革”在金文中用为“皮革”义，如《鄂君启车节》：“母（毋）载金革黽箭”；又通“勒”，如《宰辟父簋》：“昜（赐）女朱市、玄衣、黹屯、旂、攸（鋚）革（勒）。”

40. 鬲

（召仲鬲） （盂鼎） （伯姜鬲）

（鲁姬鬲） （卫姒鬲）

高鸿缙云：“按《尔雅·释器》，鼎‘款足者谓之鬲’。款足，即空足。空足，取其烹易热也。鬲字原象形，后世加瓦意符作甂。至于歷则又后起之形声字也，从瓦，厤声。”（参见高鸿缙《中国字例》二篇，第120页）

按：鬲甲骨文作（供318）、（录843）、（甲2132）、（乙482），金文作（召仲鬲）、（盂鼎），象鬲唇、身与三款足之形。高说是也。《说文》云：“鬲，鼎属，实五觳，斗二升曰觳。象腹交文，三足。”许氏以小篆立论，说义是也，说形未精，其“三足”之论是也，其“腹交文”之论非也。

“鬲”在金文中用为炊器名字，如《仲姞鬲》：“仲姞乍羞鬲”；或假借为“黎民”之“黎”，如《大盂鼎》：“易女邦嗣（司）四白（伯），人鬲（黎）自驭至于庶人六百又五十又九夫”；或用为人名字，如《鬲尊》：“鬲易贝于王。”

41. 尹

（令簋） （作册大鼎） （吴方彝）

（休盘） （鲁侯壶）

李孝定云：“窃疑尹之初谊当为官尹字，殆象以手执笔之形。盖官尹治事必秉簿书，故引申得训治也。筆字作，以其意主于筆，故特象其形作。尹之意主于治事，故于筆形略而作也。”（参见李孝定《甲骨文字集释》，第908页）

按：“尹”甲骨文作（前1.11.5）、（前1.51.6）、（前8.1.2）、（戬25.2）、（甲752），金文作（乙亥鼎）、（颂簋），象以又握笔之形，以喻官尹之意。李说是也。《说文》：“尹，治也。从又丿，握事者也。”许氏说义近是，“治”乃“官尹”之引申义也。说形则未确，丿乃丨之讹变也。

“尹”在金文中用为“官尹”义，如《矢令彝》：“舍三事令罜卿旋（事）寮（僚）罜者（诸）尹罜里君罜百工罜者（诸）侯”；或用为“治理”义，如《矢令彝》：“王令周公子明保尹三事四方”；或用为人名字，如《尹尊》：“尹乍宝尊。”

42. 聿（筆）

（聿壶） （女帚卣）

（者汈钟） （者汈钟）

高鸿缙云：“按字即筆字，倚（手）画笔形，由物形生意，故为書畫之笔。聿与聿乃一形之变，非有二字。后借为语词，如《诗》：‘岁聿云莫’‘聿来胥宇’等，久而成习。秦人乃加竹为意符（筆杆以竹为之）作筆。筆行而聿之本义废。许书存筆之本字于聿，甚是。而歧出聿字，则非。徐灏曰：戴氏侗曰：书传未尝有聿字，聿又作筆，实一字耳。灏按许君固以聿聿为一字矣。聿如非，何以释曰‘所以书也’而从聿建类乎？然则聿即聿之省，而非从巾（按：《说文》：‘，手之疌巧也，从又持巾。’）亦明矣。”（参见高鸿缙《中国字例》二

篇，第 253 页）

按："聿"甲骨文作（甲 2118）、（后下 38.5）、（乙 8407），金文作（聿壶）、（女帚卣），象以手持箪之形，即箪之初文。高说是也。初作聿，后于竖笔下部加—作聿，—，装饰性笔画也，古文字构形通例固有如是者。其为一字明矣。《说文》："，手之疌巧也。从又持巾"，形义之解全误。又"，所以书也。楚谓之聿，吴谓之不律，燕谓之弗。从聿一声"，其解义是，其解形非。许氏仅以小篆形体立论，宜其未能尽是也。

"聿"在金文中用为姓氏字，如《父丁尊》："聿父丁"；或通假为"肆"，列也，如《者汈钟》："光之于聿（肆），女（汝）其用丝（兹）。"

43. 臣

（臣辰父癸鼎） （井侯簋） （曶鼎）

（令簋） （师寰簋）

郭沫若云："臣民均古之奴隶也。生民之初，群居聚处，与禽兽无别，无所谓国家，无所谓政令。继进，因知母不知父，故以母氏为中心而成血族之团集。血族渐演渐进，生齿日蕃，于是由小团集而成大团集，则族与族之间自不能不发生纠葛而互相兼并。甲族吞灭乙族，或虏获其成员而奴使之，于是同族之间始有阶级之分化，有阶级之分化则有统制之必要，则政令于是焉生。血族之团集至此始成为所谓国家，其国家中之被支配者即所谓臣民也。国家愈见进展，则血族之成分愈见稀薄，臣民之构成与其意义亦渐渐转变，然而所谓臣民者固古之奴隶也。彝铭中入周以后多锡臣民之事：《夨令簋》'作册夨令尊俎于王姜，姜赏令贝十朋、臣十家、鬲百人'（'作册'，官名。殷周称史官为作册，犹今言书记或司书）。《盂鼎》：'赐汝邦𤔲四伯，人鬲自驭至于庶人六百又五十又九夫。赐夷𤔲王臣十又三伯，人鬲千又五十夫。'（𤔲，古司字）《周公簋》：'王命荧眔内史曰：井侯服，赐臣三品：州人、东人、人。'《克鼎》：'赐汝使小臣霝龠鼓钟，赐汝井退𦃡人耤，赐汝井人奔于量。'《井侯尊》：'侯赐者䂂臣二百家剂。'《令鼎》：'王曰：令眔奋，乃克至，余其舍汝臣十家。'《阳亥鼎》：'阳亥曰：遣叔休于小臣贝三朋，臣三家。'《不婴簋》：'伯氏曰：不婴，汝小子，汝肇敏于戎公，赐汝弓一、矢束、臣五家、田十田。'《齐侯镈》：'余赐汝釐都□□，其县三百。余命

汝嗣辥釐邑，造国徒四千为汝敌寮。……余赐汝车马戎兵，釐仆三百又五十家，汝以戒戎作。’（釐即莱夷之莱）《子仲姜镈》：‘𨞰叔有成荣于齐邦，侯氏赐之邑二百又九十又九邑，与鄩之民人都鄙。’凡此均臣民与土田都邑器物等同为赐予之物，人与物无别，同为宰治者占有，且可任意转移其所有权，此臣民即奴隶之明证也。赐臣以家数计，可知奴隶乃家传世袭。《诗》所谓‘君子万年，景命有僕。其僕维何？釐尔士女。釐尔士女，从以孙子’，所谓僕，即臣僕，无劳古经学家破字为之解释矣。至奴隶之来自俘虏，则《周公簋》与《克鼎》言之甚明。二器所记乃同时事，盖周人征服井（邢）国之后而瓜分其土地人民也。《左氏定四年传》之‘殷民六族’‘殷民七族’‘怀宗九族’，与此正同意。奴隶本来自俘虏，故奴隶字多有缧绁之象。奴字从又，童、妾、僕等字从辛，辛者，天也，剠也，剠形不易表示，故以施剠之器为之。辛者，古剞劂之象形文也。（说详《释支干》篇‘辛’字下）卜辞有奚字作（前 6. 19. 2）、（前 6. 19. 2）等形。其为缧绁之象尤显著。凡此乃由文字可以证明者也。臣字小篆作，许书云：‘臣，牵也，事君也。象屈服之形。’臣之训牵，盖以同声为转注，然其字何以象屈服之形，于小篆字形实不能见出。近人亦有依小篆字形为说者，然皆以讹传讹也。字于卜辞作若，金文如《周公簋》之‘赐臣三品’作，《令鼎》之‘臣十家’作，均象一竖目之形。人首俯则目竖，所以‘象屈服之形者’，殆以此也。古人造字，于人形之象征，目颇重要，如頁字、夔字、首字，均以一目代表一人或一头首，此以一目为一臣，不足为异。”（参见郭沫若《甲骨文字研究·释臣宰》，第 65—70 页）

按：“臣”甲骨文作（铁 1. 1）、（拾 15. 3）、（前 4. 32. 9）、（菁 3. 1），金文作（易鼎）、（静簋），象竖目之形，而人首下俯则其目必竖，郭说是也。许说形谓“象屈服之形”似指人，而非指目，未当也。说义谓“臣，牵也，事君也”，乃用引申义而非朔义也。

“臣”在金文中用为“奴隶”义，如《令鼎》：“余其舍汝臣十家”；或用为“官吏”义，如《小臣鼎》：“小臣乍尊彝”；或用为“臣事”义，如《井侯簋》：“朕臣天子。”

44. 用

（令簋） 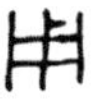（曶鼎） （颂鼎）

（虢季子白盘） （散盘） （师嫠簋）

（都公鼎） （江小仲鼎） （曾姬无卹壶）

于省吾云：“用字初文作，象甬（今作桶）形，左象甬体，右象其把手。近年出土的云梦秦简还以用为桶（1976 年《文物》第七期），进一步证明了这一点。《说文》：‘用，可施行也，从卜从中，卫宏说。’卫宏的说法是望文生义。戴侗《六书故》以为用‘象钟形’，林义光《文源》谓用为古宁字，均不可据。用字初文本象日常用器之桶形，因而引申为施用之用。用甬本是一字，故甲骨文以迵为通。周代金文甬字作，上端加半圆形以区别于用，是后起的分别字。但《江小仲鼎》的‘自作甬器’，《曾姬无卹壶》的‘后嗣甬之’，仍以甬为用。《说文》：‘甬，草木华甬甬然也，从，用声’形义均乖。甲骨文从用的字，如甫字晚于𠂤组卜辞，仍多作或，犹与初文相近。又甲骨文有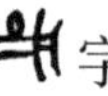字（粹 1579），象盛土于甬中。甲骨文垦殖之垦作或。字象两手持甬以倾出盛土，乃垦殖时铲高填低，平土田以利耕作。……总之，用字的初文作，本象有柄之甬。其演化规律是：由而而而而。周代金文由用字分化出甬字作或。秦汉以来用甬并行，后世遂不知用与甬之初文本是一字。”（参见于省吾：《甲骨文字释林·释用》，第 360—361 页）

按：“用”甲骨文作（前 1. 21. 4）、（拾 1. 12），金文作，象有把之桶之形，即桶之初文，于说是也。

“用”在金文中用为“使用”义，如《夨尊》：“明公用牲于京宫”；或用为介词，用法同“以”，如《虢季子白盘》：“王睗（赐）乘（乘）马，是用左（佐）王”；或用为连词，意为“因为”，如《禹鼎》：“用天降大丧于二或（国），亦唯噩侯驭方率南淮尸（夷）、东尸（夷）广伐南或（国）、东或，至于历内，王迺命西六𠂤（师）、殷八𠂤（师）曰：戮伐噩侯驭方，勿遗寿幼”；或用为连词，意为“因而”义，如《守宫尊》：“守宫对扬周师釐，用乍且乙尊。”

45. 葡（備）

（丙申角） （毛公鼎） （番生簋）

罗振玉云：“《说文解字》：‘箙，弩矢箙也。从竹，服声。’《周礼·夏官·司弓矢》郑注：‘箙，盛矢器也。’《诗·小雅·采薇》：‘象弭鱼服。’笺：‘服，矢服也。’是古盛矢之器也，其字作箙作服。卜辞诸字作盛矢在器中形，或一矢，或二矢。古金文略同，作（丙申角）、（番生簋）、（毛公鼎）、（父癸甗）、（子父己爵）诸形，且有中盛三矢作者（《博古图》卷十《父辛卣》）。《番生簋》文曰：‘簟弼鱼’，《毛公鼎》文亦同，是与确即毛诗及许书之‘服’、‘箙’，其本字本象箙形中或盛一矢二矢三矢，后乃由从一矢之变而为，于初形已渐失，而与葡字形颇相近。古者犕与服相通假。《易》‘服牛乘马’，《说文解字》‘撪’注引作‘犕牛乘马’，《左传》‘王使伯服如郑请滑’，《史记·郑世家》作‘伯犕’，《后汉书·皇甫嵩传》注：‘犕，古服字’，此犕服相通假之证。矢箙之初字全为象形，字乃由转写而为，由又转讹而为葡为犕，又由犕而通假作服，又加竹而为箙，于是初形全晦，而象形字乃变为形声字矣。”（参见罗振玉《增订殷墟书契考释》卷中，第45页）

按：“葡”甲骨文作（铁2.4）、（前5.9.4）、（前5.9.6），（前5.9.7），（前5.10.1），金文作（丙申角），象矢盛器中之形，当为许氏训“弩矢箙”之“箙”之初文。由讹为、，小篆更进而讹为，隶楷作葡、葡，其上部，乃由矢尾讹变而来，其下部𠣘、甬，乃由矢锋和盛器讹变而来。罗说极是。

“葡”在金文中用为“盛矢器”义，如《毛公鼎》：“簟弼鱼葡”；或用为人名字，如《丙申角》：“王易葡亚嚣奚贝。”

46. 爾

（墙盘） （瘐钟）

（洹子孟姜壶） （晋公惟簋）

高鸿缙云：“林义光曰：‘按古作作，实檷之古文，络丝架也，象形，下

象丝之纠绕。’《易》：‘系于金柅’，以柅为之。《说文》：‘，词之必然也。从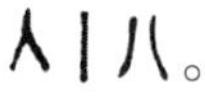。象气之分散。’按入、、八，非义。即‘爾之省，不为字’。按爾为络丝架，象形，名词。后世借为第二人称代名词，用同女同汝，又假为语助词，用同耳。爾又省作尔。借为代词者或又加人旁作你。”（参见高鸿缙《中国字例》二篇，第162页）

按：“爾”甲骨文作（前7.42.2）、（后下12.12），金文作（墙盘）、（𤼈钟），象络丝架之形，当即檷之初文。《说文》：“檷，络丝檷。从木，爾声，读若柅。”段玉裁据《易》释文、《玉篇》改作“络丝柎也”。段注云：“络丝柎者，若今络丝架子。”《通雅·器用》：“檷，似小揽车，中有柄，听丝旋其外而中轴自转。总曰络子。”林说是也。尔为爾之省形，借为第二人称代词，又假为语助词，高说是也。

“爾”在金文中用为“华盛”义，如《墙盘》：“剌（烈）祖文考弋𡨦受墙爾𪉖、福褱、𩒨录、黄耇弥生”，《诗·小雅·采薇》：“彼爾为何？维常之华。”毛传：“爾，华盛貌”；或用为第二人称代词，如《晋公𥂴》：“整辪（乂）爾容。”

47. 奭（母）

（郯卣）　（肄簋）

郭沫若云：“奭字亦见卜辞，作若，异文颇多，有诸形。其用例均作祖某奭某，金文《戊辰彝》言‘妣戊武乙’，语虽略异，而例实同，义则当为配偶。罗振玉释为赫，形义俱难适。余以为乃母之奇文，象人胸头垂二乳也。卜辞亦有母通用之例。如大乙之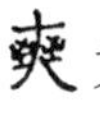为妣丙，亦称大乙母妣丙（《卜辞通纂》别1新3），祖丁之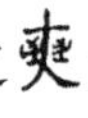为妣己，亦称祖丁母妣己（《通纂》136），即其证。又《说文·林部》‘，丰也。从林奭。奭或说规模字’。然古文無字如《般甗》作，《大盂鼎》作，乃舞之初文，象人执物而舞，字不从林奭，义亦非丰。唯存一奭字，又存一或说以为规模字，尤足证奭母为一事。奭即卜辞或作之若，古盖有用为规模字者，故或说云然。母模同纽，例可通假。《礼记·内则》‘淳母’，郑玄云：‘母读为模’，其证也。故由卜辞知奭奭等字为一字而通其意，

由《说文》或说而得其音。奭爽奭等为母之奇文无疑也。”（参见郭沫若《西周金文辞大系考释·令彝》，第9页）

按：“爽”甲骨文作（粹322）、（乙3073）、（戬33.7）、（明藏422）、（前1.37.3）、（前1.34.3）、（甲1642）、（乙468）、（前1.3.7）、（明藏659）、（京都179.2）、（甲2799）、（前1.2.4）、（前1.8.1）、（前1.34.4）、（后下3.8）、（后上2.5），金文作（邲卣）、（肄簋），象正面人垂二乳之形，象敛手人胸有二乳之形，大俱人也，俱乳也。当为之异构，郭说是也。

“爽”在金文中用为“配偶”义，如《肄簋》：“遘于妣戊武乙爽。”

48. 眚（省）

（散盘）　（㝬钟）　（扬簋）

（豆闭簋）　（𦉢从鼎）

郭沫若云：“‘眚’字作与《大盂鼎》‘相’字作字别而义同。眚乃生之初文。彝铭‘既生霸’‘生’字如《曶鼎》、《扬簋》即作此形，字象种子初发芽之形，并不从目，从目者乃后来之讹变。则分明从目，乃眉目之象形，即相貌字。二字形近，旧时同释为相，近人复多同释为眚，非是。眚假为省，省，视也；相，省视也。《国语·晋语》：‘后稷是相’，即《盂鼎》‘遹眚先王’之意。此言‘遹省文武’（按：此乃《㝬钟》文句），亦谓遹相文武，如今人言观摩也。”（参见郭沫若《两周金文辞大系考释·宗周钟》，第52页）又云：“今就金文中所见相眚二字之例，比列于下：

［相］　（大丰簋）　（宜子鼎）　（公违鼎）　（公违钟）

（盂鼎）

［眚］　（扬簋）　（扬簋盖）　（豆闭簋）　（散氏盘）

（㝬钟）

眚乃生之初文，乃象种子迸芽之形，字不从目。其或从目作者，乃因形近而讹。且最可注意者，五‘相’字所从目形，其内眼角之上眼脸均下垂，形成所谓眼脸绉襞（Epicanthus），此乃蒙古人种之特征。五‘眚’字疑似目形之下部均无此现象。独有《眚觚》一器作，竟从目作；则字之讹变，盖自周代以来矣。”（参见郭沫若《殷周青铜器铭文研究·大丰簋韵读》，第21—22页）

按：（眚）象种子发芽之形，当即生之初文。为种子，为迸芽。郭说是也。“相”甲骨文作（佚999）、（珠1182）、（前1.46.3）、（前3.23.2），其目形均作、、，即内眼角之上眼睑下垂而成绉襞之形。种子与人目判然有别也。眚借为省。《说文》：“，视也，从眉省，从。”又“，省视也。从目从木。《易》曰：‘地之可观者莫可观于木’”。疑古时“省”“相”一字，甲骨文“相”作，从木从中，其义同然。后以为相，以为省，分而为二。与形相近，声亦相近，故借眚为省。

“眚”（省）在金文中用为“生”义，如《扬簋》：“隹王九月既眚（生）霸庚寅”；或用为“省察”义，如《鬲从鼎》：“王令眚（省），史南㠯（以）即虢旅。”

49. 自

（臣卿簋） （沈子也簋） （令鼎）

（召卣） （中子化盘）

高鸿缙云：“《说文》：‘，鼻也。象鼻形。，古文自。’又‘，此亦自字也。省自者，词言之气，从鼻出，与口相助也。’又‘鼻，引气自畀也。从自畀。’按徐灏曰：‘自，古鼻字，象鼻形。中画，其分理也。……因为语词所专。复从畀声为鼻。今自与鼻不同音者，声变之异也’，是也。所谓语词者即借为从、为己也。卜辞曰：‘贞，有疾自，隹有壱?’（乙6385）‘贞：有疾自，不隹有壱?’均用本义。《说文》收二形，均训鼻。罗振玉曰：‘许既以自白为一字而分为二部者，以各部皆有隶属之字故也。卜辞中自字作或作，可为许书之证。但部诸字，以古文考之，多非从，鲁字者字均从，或从，智字等亦

然。许君生炎汉之季，所见古文，舍壁中书而外，固不能如今日之博，自不能无所疏失矣。’”（参见高鸿缙《中国字例》，第92页）

按：“自”甲骨文作（铁50.2）、（铁57.2）、（前2.24.8）、（后下5.9）、（戬37.10），金文作（臣卿簋）、（令鼎），象人鼻之形，为鼻，为鼻孔，或为肉理。《说文》之说是也。卜辞“贞：有疾自，隹有壱”，乃自用为本义之例。后用为反身代词，《姞氏簋》：“姞氏自攸（作）为宝尊簋”，是其例也。又用为介词，《函皇甫簋》：“自豖鼎降十”，是其例也。徐灏、高鸿缙之说是也。

“自”在甲骨文中用为“自己”义，如《曾伯霥簠》：“余用自乍旅匠（簠）”；或用为“自从”义，如《令鼎》：“王归自諆田。”

50. 隹

（盂鼎）　（作册大鼎）　（遹甗）

（麦鼎）　（虢季子白盘）　（无㠱簋）

（曶鼎）　（无叀鼎）　（克盨）

（蔡大师鼎）

高鸿缙云：“隹字象全鸟侧立形。上古之时，隹与鸟非二字。东周时乃渐分化。甲文有隹字无鸟字。今人认为卜辞中有鸟字，实皆非鸟字，乃鸡鸠等字之象形者也。鸟为隹之分化字，始于东周至春秋时。徐《王孙遗者钟》‘鸣’字偏旁作，实乃鸡旁之变。战国秦石鼓‘鸣’字偏旁作，亦鸡旁之变，皆非鸟字。隹古音读为堆，则与都了切为一声之转，其为一字之变无疑。罗振玉曰：‘盖隹鸟古本一字。笔画有繁简耳。许以隹为短尾鸟之总名，鸟为长尾鸟之总名。然鸟尾长者莫如雉与鸡，而并从隹，尾之短者莫如鹤鹭凫鸿，而均从鸟，可知强分之未为得矣。’又，鸟下乃其爪，不从匕。”（参见高鸿缙《中国字例》二篇，第53页）

按：“隹”甲骨文作（铁2.1）、（铁6.3）、（铁81.2）、（前2.22.2）、（前5.38.2）、（甲2299）、（后下3.11），金文作（趞卣）、（师遽方彝），象鸟侧立之形，高说是也。但作鸟之侧立形，无分长尾、短尾，故隹、鸟古本一字，罗说是也。《说文》：“，鸟之短尾总名也。象形”，解形是也，而义泥也。

“隹”在金文中用为发语词“惟”，如《作册大鼎》：“隹四月既生霸己丑”；或用为句中助词“惟”，如《大盂鼎》：“今我隹即井㐭（刑稟）于文王正（政）德”；或通假为“雖”，如《㝬钟》：“有余隹（雖）小子，余亡康（康）昼夜，巠（经）雝先王，用配皇天”；或通假为“谁”，如《中山王礜鼎》：“非訇（信）与忠，其隹（谁）能之。”

51. 舄

（吴方彝）　（师虎簋）　（师晨鼎）

（盂鼎）　（元年师兑簋）　（师嫠簋）

高鸿缙云：“《说文》：‘，鹊也。象形。，篆文舄，从隹昔声。’林义光曰：‘按古作，象张两翼之形。’按林说是也。形似乌而羽旁有白条。疑周人始造此字。《吴彝》变作，石鼓寫字偏旁作，小篆乃变其上作，其形遂不可说。鹊从昔声，昔声与舄声同。舄古亦通假以代履。金文赤舄即赤履也。”（参见高鸿缙《中国字例》二篇，第54页）

按：《说文》：“乌（），孝鸟也。象形。孔子曰：‘乌，盱呼也。’取其助气，故以为乌呼。，古文乌，象形。，象古文乌省。”金文乌作（毛公鼎）、（沈子也簋）、（效卣）、（禹鼎）、（𩣑镈）、（郐王余义钟），为乌侧立形，则乌奋飞形。而、亦象乌张双翼，其形与、、相近，其为乌之同类应无可疑。《说文》：“，鹊也。象形。”其说是也。

“舄”在金文中假借为“鞋”，如《师虎簋》：“易（赐）女赤舄。”

52. 冓

（冓斝）　（叔多父盘）

高鸿缙云：“《说文》：‘，交积材也。象对交之形。’又‘，遇也。从辵，冓声’。按字之为物向下之动象，为物向上之动象。今两动象相通作形，故有遘遇之意。后加一横画于其中，所以志其相遇之界也。后人加

（止为足，有行走意），或加辵（辵即疾走意），以示行走而相遘遇也，其意无别。故冓与遘为古今字。非‘交积材也’。后世又有逅觏等字，皆同意。‘交积材’为構字意，与此别。”（参见高鸿缙《中国字例》三篇，第71页）

按：“冓”甲骨文作（铁12.2）、（前1.40.5）、（前4.51.1）、（前4.51.1）、（拾14.10）、（后下26.6），金文作（冓斝），象两游鱼相遘遇之形。高谓“为物向下之动象，为物向上之动象。今两动象相遇作形，故有遘遇之意”，近是。许氏解义谓“交积材也”，非是。解形谓“象对交之形”，亦稍差一间。徒以小篆形体立说，宜其解形、解义俱失当也。

“冓”字在金文中通假为“婚媾”义，如《叔多父盘》：“兄弟诸子婚冓（媾）无不喜”；或用为人名字，如《冓斝》：“冓乍宝鼎尊彝。”

53. 再

（屭羌钟）　　（陈璋壶）

《说文》云：“再，一举而二也。从一，冓省。”王筠《句读》：“网部曰：‘再也。’则再者两也。而如此说之者，以字形言也。以一字举冓字之中央，则摺叠而成冉，而背面自别有一冉也，故得再之意。冓既摺叠，则一在其上矣，故得再之形。许云‘一举’，职此故也。”

按：“再”甲骨文作（前7.1.3），金文作（陈璋壶），象、对折之形，如此，正面有一、形，背面亦必有、形，由对折言之，一举而必有二。许氏说义是也，王氏析形亦是也，而许氏“从一，冓省”之论不可据也。、下方加=，系装饰性笔画，古文字构形通例固有如是者。

“再”在金文中用为序数“二”义，如《陈璋壶》：“陈旻（得）再立事岁”；或用为纪数“二”（《屭羌钟》：“唯廿又再祀”，即二十二年。

54. 叀

（毛公鼎）　　（谏簋）　　（虢叔钟）

（尉从鼎）　　（克鼎）

高鸿缙云：“《说文》：‘，小谨也，从幺省。屮，财见也。屮亦声。古文叀。，亦古文叀。’又‘，六寸簿也。从寸，叀声。一曰専，纺専（专）’。徐灏曰：‘叀即古専字。寸部専，亦曰纺専。纺専所以收丝。其制以瓦为之。《小雅·斯干》：“载弄之瓦”，传：“瓦，纺専也”是也。今或以竹为之。，象纺専也，上下有物贯之。今云从中、从幺省者，望文为说耳。専从寸，与又同。盖取手持之义。训“小谨”，与専同义，其形亦相承，本为一字无疑也。’按徐谓叀即纺塼之象形文，极是。至専则轉动之初字，甲骨文作作，均象手轉纺専之形，故为旋转。后字形变为専，又借为専志、専权之専，乃复加車旁（車旁取其旋轉）作轉。动词也。而名词纺塼之字则由象形文变为形声字塼或磚或甎，浸假而砌墙之土石瓦块亦曰塼曰磚曰甎，不知其初源于纺叀也。古音与惠同，故惠从心叀声。叀声之谐惠，亦犹耑声之谐瑞也。”（参见高鸿缙《中国字例》二篇，第161—162页）

按：“叀”甲骨文作（铁13.4）、（铁63.4）、（铁138.3）、（铁12.1）、（拾3.5）、（拾5.14）、（前2.33.1）、（后下25.2）、（后下33.5），金文作（谏簋）、（虢叔钟），象纺塼之形。早期甲骨文作，中后期作，金文作，而则增繁之形耳。就、形而言，上部为丝系，中部、为线穗，下部、为线锤。仅以、为之，恐其形不显，且易与他形相混，故以丝系、线穗与线锤之全形为之。后加又作、，许氏谓“一曰専，纺専”，实则叀为纺塼，而専为旋轉之轉之初文。徐、高二氏之说是也。许氏说“叀”之形义全非也。“叀”在金文中用为助词，音义同隹（惟），如《叀卣》：“叀（隹）父戊宝尊彝”；或通假为“惠”，如《毛公鼎》：“虔夙夕叀（惠）我一人。”

55. 玄（幺）

（父癸爵）　（吴方彝）　（师奎父鼎）

（邾公华钟）　（吴王光鉴）

（吉日壬午剑）

林义光云：“《说文》云：‘，幽远也，象幽而入覆之也。黑而有赤色者曰玄。按古作（伯晨鼎）、（邾公华钟），象丝形，本义当为悬。《释名·释天》：‘玄，縣也，如縣物在上也。’縣之义为虚，故引申为玄妙。空虚之处，色黯然而幽，故引申为黝黑。《左传·僖公二十六年》：‘室如縣罄。’縣当为玄之借字，亦空虚幽黑之义也。《说文》云：‘，小也。象子初生之形。’按与子初生之形不类。古玄字。凡幺麿字疑本借幽为之，省作幺，遂与玄相混。”（参见林义光《文源》）

周谷城云：“《说文》云：‘，幽远也。黑而有赤色者为玄。象幽而入覆之也。，古文玄。’许氏的这种解释是错了的。清王筠《说文释例》便曾指出过。我们若把玄字解成懸字，则形音义三方面都很畅通。就形来讲，就是悬起来的东西，如树上结的果子之类。《说文》云：‘，小也。象子初生之形。’这话是不错的。但学者误以子为人的儿子，认为儿子并不象。其实若以子为树上新结的果子，那就很象了。不独如此，而且小的意义、悬的意义，都一齐涌现出来。至于大概就是果子上面覆着的两片树叶，就是果子縣挂之处。两者合起来，就成了或或。玄的縣义最初大概是从果子悬在树上的縣义来的。后来引申，凡縣都用玄来表达。再就音来讲，玄字就是縣字。《释名》里‘释天’、‘释亲’都还保存了这个意义。天谓之玄，意思就是说有物縣在上面。玄孙谓之玄，意思就是说上縣于高祖，本身排在最下。《淮南子·览冥训》里的‘玄圃’也以解作‘縣圃’为较有意思。”（参见周谷城《古史零证·古代对天地的认识》，第17—18页）

按：幺、玄古本一字。，象树上新结果子之形，其字既有“小”义，亦有“縣（玄）”义。縣者，果子縣于树上也。字作者，为树叶。天谓玄，本义当为物悬空虚之中。空虚之处，寂寥无涯。其色黝黑，故玄又引申为幽远、黑色。林氏周氏说“玄（么）”之本义是也。林谓象丝縣，而周谓象果縣，是其异也。许氏说“玄”之义乃引申义，稍差一间，说形则非是。

“玄”在金文中用为“赤黑色”义，如《师奎父鼎》：“玄衣黹屯（纯）”；或用为地名字，如《同簋》：“⿱𠂇又（左）右吴大夫，𤔲（司）昜（場）、林、吴（虞）、牧，自淲东至于㴱（河），氒逆（朔）至于玄水。”

56. 工

（矢方彝）　（史兽鼎）　（沈子也簋）

（散盘）　（虢季子白盘）　（者減钟）

高鸿缙云：“《说文》：‘，巧饰也。象人有规榘也。与巫同意。，古文工从彡。’徐灏曰：‘此字形盖象为方之器。《周髀算经》曰：“圆出于方，方出于矩”，是矩为诸形之本，故造字象之也。引申之凡有职业皆曰工。’‘与巫同意’四字恐为后人所增。按‘巧饰也’应为字之训。当异字。为矩，为巧饰。为方之器，故从工之字，‘式，法也。从工，弋声’，‘巧，技也。从工，丂声’，其意皆可由矩引申。”（参见高鸿缙《中国字例》二篇，第160页）

按：“工”甲骨文作（前2.40.7）、（后下21.3），金文作（散盘），象木匠画方之矩之形，徐、高二氏之说是也。许氏谓：“，古文工，从彡。”彡，毛饰画文也。凡饰物皆从彡，如，笔饰也；彤，丹饰也；彰，青饰也。故，工饰也。许氏“巧饰也”之训当属之于。

“工”在金文中用为“工匠”义，如《矢方彝》：“舍三事令，罕卿旋（事）寮（僚）、罕者（诸）尹、罕里君、罕百工、罕者（诸）侯：侯、田（甸）、男”；或用为人名字，《应侯钟》：“见工敢对扬天子休”；或假借为“功”，如《沈子也簋》：“告剌成工（功）”；或假借为“攻”，如《虢季子白盘》：肁（壮）武于戎工（攻）；或假借为“空”，《卫簋》：“迺令参（叁）有嗣（司）：嗣（司）土（徒）微邑、嗣（司）马单旗、嗣（司）工（空）邑人服罕受（授）田。”

57. 角

（角戊父鼎）　（鄂侯驭方鼎）　（伯角父）

（墙盘）　（曾侯乙钟）

罗振玉云：“《说文解字》‘，兽角也。象形。角与刀鱼相似’。石鼓文作，此作，皆象角形。象角上横理。横理本直文，作曲形者，角用圆体，观其环形，则直者似曲矣。许君云‘与刀鱼相似’，盖未知象角上之横理也。”（参见罗振玉《增订殷虚书契考释》卷中，第31页）

按：“角”甲骨文作（铁62.3）、（前4.35.3）、（菁1.1），金文作

（角戊父鼎），象角之形，、、、为角上横理，非鱼鳞也，为角端，渐变为，后讹为，非刀也，许氏谓“与刀鱼相似”，非也。

“角”在金文中用为“额角”义，如《墙盘》：“桥（齐）角龏（炽）光”；或用为五声之一之“角”，如《曾侯乙钟》：“穆穆之角。”

58. 其

（母辛卣） （其侯父己簋） （沈子也簋）

（盂鼎） （周愘鼎） （鲁伯簋）

（兮仲鼎） （史颂匜） （䣄鼎）

（沇儿钟） （叔向父簋） （叔姞盨）

（剌鼎） （不嬰簋） （秦公簋）

（王孙遗者钟）

商承祚云：“《说文》：‘，簸也。从竹，，象形。下基也。，古文箕省。，亦古文箕。，亦古文箕。，籀文箕。，籀文箕。’案象箕形。甲骨文、金文多作、，又或作，上为舌，下及左右为郭，其交叉者，以郭含舌，舌乃固也。亦象其编织之纹理。甲骨文又作，者地也。者室隅也。所以示地及隅者，箕用以粪秽，明其设置之处也。作，从，象以手簸也。金文整齐之作（《殳季良父壶》《沇儿钟》），以为从，遂有‘下基’之训。乃之写析，故严可均疑为续添是也。……《易》‘箕子’，古本及蜀才作其，盖未借为语词之先，其为箕字，既借之后，箕始加竹。甲骨文已借其为语词，则由来远矣。”（商承祚《说文中之古文考》，第40—41页）

按：“其”甲骨文作（铁218.2）、（拾1.10）、（前1.1.7）、（前1.12.7）、（前4.45.5）、（前6.32.5）、（前7.24.1）、（前6.57.5）、（前6.34.7）、（戬9.16），金文作（沈子也簋）、（叔向父簋）、（䣄鼎）、（剌鼎），象簸箕之形，或象簸箕置于地上、置于搁凳、

置于室隅之形。许云“下基”者，谓、，搁凳也。其作、形者，示人两手奉箕操作也。许说是也，商析亦然。唯谓由变化而来，偶失之词也。“其”被借为语词而后，加形符竹而成形声字箕，以还“簸其”之原。

“其”在金文中用为代词，如《兮甲盘》：“淮尸（夷）旧我員（帛）晦（贿）人，毋（毋）敢不出其員、其賚（积）”；或用为语气副词，如《颂鼎》：“颂其万年釁（眉）寿，畯（畯）臣天子”；或用为结构助词，如《六年琱生簋》：“琱生对扬朕宗君其休，用乍朕剌且（祖）召公嘗簋”；《尚书·康诰》：“朕其弟，小子封”，王引之曰：“其犹之也”；或用为反问语气词，如《中山王譻鼎》：“事尐（少）女（如）张（长），事愚女（如）智，此易言而难行施（也），非恁（信）与忠，其隹（谁）能之？其隹能之？”；或用为人名字，如《梁其簋》：“善（膳）夫沵（梁）其乍朕皇考惠中皇母惠妀尊簋”；或假借为“忌”，如《王孙遗者钟》：“余圅（函）龏（恭）誅（舒）屖（遲），畏（畏）婴（忌）趩趩”；或假借为“期”，如《乙簋》：“釁寿无婴（期）。”

59. 曰

（沈子也簋）　（毓簋）　（盂鼎）

（颂鼎）　（散盘）　（𬭚镈）

（陈侯因資錞）　（邾公华钟）　（者沪钟）

罗振玉云：“《说文解字》：‘，词也。从口，乙声。亦象口出气也。’卜辞从一不作乙。晚周礼器乃有象口出气形者。”（参见罗振玉：《增订殷墟书契考释》卷中，第58页）

按：“曰”甲骨文作（铁2.1）、（前1.9.7）、（前2.33.2），金文作（沈子也簋）、（𬭚镈），象人说话口中出气之形。一 乚皆口中所出之气也。罗说是也。先时作一，至东周始变而为乚。许氏仅以小篆形体立说，宜其说义说形未谛也。曰，说也。许氏谓“词也”，相差殊远。乚指气，许氏谓“乙声”，非是。又谓“（乚）象口出气也”，极确，但作为辅助之解，惜哉！

“曰”在金文中用为“说”义，如《矢方尊》：“明公易亢师鬯、金、小牛，曰：用禖（祓）”；或用为“称做”义，如《趞卣》：“易趞采曰趆”；或用为句首助词，如《墙盘》：“曰古文王，初斆（盭）龢于政（盭，读为戾，定也），上帝降懿德大甹（甹），匍（抚）有上下，迨（合）受万邦。”

60. 乃

（沈子也簋）　（矢方彝）　（曶壶）

（毛公鼎）　（录伯簋）　（鄘侯簋）

（者减钟）

商承祚云：“《说文》：‘，曳词之难也。象气之出难。，古文乃。’案甲骨文、金文、石经之古文皆同篆文。此三折之者，示难意也。”（参见商承祚：《说文中之古文考》，第44页）

按：“乃”甲骨文作（菁3.1）、（后下36.3）、（菁4.1），金文作（沈子也簋）、（曶壶），象出气难之形。许说是也。由而而，此乃字字形演变之迹也。

“乃”在金文中用为第二人称代词，作定语，如《善鼎》：“易汝乃且（祖）旂”；或用为副词，如《鄂侯驭方鼎》：“驭方晉（侑）王，王休匽（宴），乃射”；或用为连词，通“如”《令鼎》：“王曰：令罕奋乃克至，余其舍女（汝）臣十家。”

61. 卣（逌）

（盂鼎）　（毛公鼎）　（臣辰卣）

（录伯簋）　（三年师兑簋）　（虢叔钟）

高鸿缙云：“逌字乃卣之附承舟者，仍是卣字。卣，盛酒之器也。小于罍壶之属而大于爵觯之属。故《释器》（按指《尔雅·释器》）曰：‘中尊也。’有提梁，提梁为之特征。”（参见高鸿缙：《毛公鼎集释》，第95页）

按：《说文》无卣而有卤。《说文》：“，草木实垂卤卤然。象形。读若调。”又“，气行貌，从乃卤声。读若攸”。、一字。读若调，徒辽切，与读若攸，以周切，音同也。王筠《说文例释》谓“卣即卤之变文”，参以金文，卤作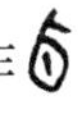（盂鼎）、作（虢叔钟），确象盛酒之器之形。卤即卣可无疑也。卤或作，于之下置薦也。有薦无薦，无碍其为盛酒之器也。故一字，为提梁。为器体，为器薦（可有可无）。许氏解“卤”“逌”之形义

皆非，而所注“读若”实为证知卣逌同字，且为盛酒之器之津梁也。

“卣”（逌）在金文中用为“酒器”义，如《毛公鼎》：“易女鬯（秬）鬯一逌（卣）”；《录伯簋》：“余易女鬯鬯一卣”；或假借为“攸”，如《曶鼎》：“余无逌（攸）具寇。”

62. 于

（保卣） （井侯簋） （大保簋）

（令簋） （克鼎） （追簋）

（虢季子白盘） （静簋） （郘公鼎）

高鸿缙云：“《说文》：‘，於也。象气之舒亏。从一，一者，其气平也。’王筠曰：‘吾意于当为吁之古文。《诗》皆连“嗟”言之，“于嗟麟兮”，传以为叹词，“于嗟乎驺虞”，传以为美之，“于嗟阔兮”，传以吁嗟释之。此三诗盖皆用本义，非有借也。’乌部引孔子曰：‘乌，盱呼也’，取其助气，故以为乌呼。古文作於，故《大禹谟》之‘禹曰於’，伪孔传以叹释之也。按王说是也。字直象吁嗟口气迭出之形，故托以寄吁嗟之意。叹词。自借用（殷代已然）为介词，意同在。周秦间人乃加口旁为意符作吁，以还原意。至甲金文有作者，乃纡之初字，以象纡曲之形，以于为声，当为形声字。”（参见高鸿缙：《中国字例》二篇，第199—200页）

按：“于”甲骨文作（铁1.4）、（拾5.14）、（前1.4.2）、（前8.4.7），金文作（保卣）、（令簋），其作形者象吁嗟口气迭出之形，盖即“吁嗟”之“吁”之初文。乃形声字，从（象气之曲形），于声。许氏说义是也，说形未谛。王氏、高氏说义说形均是。二字在甲金文中通用不别。

“于”在金文中用为介词。可介地，如《何尊》：“隹王初迁宅玗（于）成周”；可介时，如《叔夷钟》：“齐侯左右，母（毋）疾母（毋）已，至于万枼（世）”；可介人，如《麦方鼎》：“乍册麦易金于辟侯”；或用为连词，用同“爰”，如《中山王嚳鼎》：“中山王嚳诈（作）鼎，于（爰）铭曰：於虖，语不竣（悖）哉（哉）！”《尔雅·释诂》：“爰，于也。”或用为国名字，如《师旂鼎》：“唯三月丁卯，师旂众仆不从王征于方。”

63. 虎

（毛公鼎） （师酉簋） （三年师兑簋）

（师虎簋） （番生簋） （召伯簋）

商承祚云："《说文》：'，山兽之君。从虍。虎足象人足，象形。，古文虎。，亦古文虎。'按甲骨文作，金文《毛公鼎》作《师酉簋》作，皆象虎形。后整齐之为（《秦公簋》虢字偏旁）则与篆文同。"（参见商承祚：《说文中之古文考》，第 47 页）

按："虎"甲骨文作（铁 271.2）、（余 17.1）、（前 4.4.4）、（前 4.44.6）、（前 4.45.1）、（前 4.45.2）、（后下 6.8）、（菁 10.13），金文作（毛公鼎）、（召伯簋），象虎之形，以巨口长尾为其特征，或身有纹理，商说是也。许氏说其义谓之"山兽之君"，是也。说其形谓"从虍，虎足象人足"，非也。

"虎"在金文中用为"山兽之君"之义，如《三年师兑簋》："易女鬯一卣、金车、桒较（較）、朱虢（鞹）圅䩸、虎冟（幂）、熏裏、画轉、画轉、金甬、马四匹、攸（鋚）勒"；或用为人名字，如《师虎簋》："井白内（入），右师虎即立（位）中廷。"

64. 豐（豊）

（天王簋） （何尊） （宅簋）

（作册魖卣） （长由盉） （散盘）

（辅伯鼎） （豐簋） （豐器）

商承祚云："豊乃酒醴之本字。《说文》训为'行禮之器'乃引申之谊，复孳乳为豐满之豐。"（参见商承祚：《殷契佚存》，第 37 页）

容庚云："金文醴之偏旁形与豐同，豐与豊为一字。豆之豐满者所以为豊也。汉隶豊豐二字皆作豊。"（参见容庚：《金文编》，第 14 页）

按："豐"甲骨文作（后下 8.2）、（前 5.5.4）、（甲 1933）、（粹 232）、（粹 540）、（铁 238.4）、（铁 2602）、（前 6.61.3），金

文作（天亡簋）、（何尊）、（长由盉）、（散盘），象豆中满实祭物之形。其所实者，或玉或非玉。《说文》：“，行禮之器也。从豆，象形。”又“，豆之豐满者也。从豆。一曰：乡饮酒有豐侯者。，古文豐”。、二篆形体相近，其下部皆为豆，其上部为器中满实祭物之形。徐灝《说文段注笺》谓“，象器中有物也”，王筠《说文句读》谓“，但象豐满之形也”。祭物满实豆中而为“豐”，豆之满实又为豐（禮）神，、之为一字明矣。盖本为一字，许氏分为二字。商、容二氏之说是也。

“豐”（豊）在金文中用为“禮”，如《天亡簋》：“王又（有）大豐（禮）”；或用为“豐收”义，如《墙盘》：“亢（匡）保受天子豁（绾）令厚福豐年，方緣（蛮）亡（无）不规”；或用为地名字，如《宅簋》：“同公才（在）豐”；或用为人名字，如《小臣豐卣》：“賫（赏）小臣豐贝”；或假借为“醴”，如《鄂侯驭方鼎》：“鄂侯驭方内（纳）豐（醴）于玉。”

65. 井

（麦盉） （趞曹鼎） （克鼎）

（散盘） （盂鼎） （番生簋）

《说文》：“八家一井，象构韓形。•，罋之象也。古者伯益初作井。”陈梦家云：“井字在西周金文中有不同的写法，必须澄清。《说文》分别‘井’和‘开’，‘井’是部首而‘开’不是。《说文》分别如下：（1）从‘井’字的有耕、阱、荆（罚罪也）、邦（郑地）、型等字，（2）从‘开’的有刑、（刭也）、形、鉼、荆、邢（周公子所封地）等字。‘井’和‘开’形既相近而由其所孳乳字可知它们音相近，所以互有混淆。然而许慎必须如此分辨者，尤其分别周公后之邢（按：《说文》云：“邢，周公子所封地，近河内怀。从邑开声”）与郑地之邦（按：《说文》云：“邦，郑地邦亭，从邑井声”），一定是有原因的。西周金文隶定为井者，可分为两式。第一式是范形象形，井字两直画常是不平行，而是异向外斜下的，中间并无一点。卜辞井方和殷《尹光鼎》的井方、《井侯簋》和麦组诸器的井侯，都如此作，大多数帅井之井都是沿袭此式的，但有两个例外，《师虎簋》‘帅井’、《它簋》‘井教’和《曆鼎》‘孝友唯井’都当作型讲而作第二式，《兮甲盘》作为刑罚讲之井介乎第一第二两式之间，无点。第二式是井田象

形，井字两直画常是平行的，中间常有一点。井白、井叔、井季、井公、井人的井字，属于此式。许慎分别刑、邢是正确的，但是误以为型从井，误以荆从开，应加修正。吴其昌《金文世族谱》则作如下分别：周公后姬姓之邢的井侯、井白井字中无一点，姜姓之郑井的井叔、井季的井字中有一点。我们根据拓片的观察，则知井叔、井季之井都有一点，两直横都平行，井白之井有两种：（1）两直两横平行而无一点，属于穆王器和较早的共王器；（2）两直两横而有一点，属于较晚的共王器。因此我们以为井白之井属于井叔、井季一类，可以两直两横而没有一点。”（参见陈梦家：《西周铜器断代·免簋》，《考古学报》12 期，第 107 页）

按：“井”甲骨文作（铁 210.1）、（拾 3.11）、（后下 6.13）、（后下 39.6），金文作（盂鼎）、（毛公鼎）、（克鼎）、（禹鼎），象井之构韓四木围匝之形，许说是也。甲骨文皆无一点，其横画、直画之直曲并无寓意。金文作有一点与无一点两式，且其直画作竖直与外斜两式，陈氏遂谓西周金文隶定为井字者可以分为范型象形之第一式与井田象形之第二式，则失之过苛。验之西周金文，两直画竖直作者，或有一点，或无一点，如（曶鼎）和（长甶盉）；两直画外斜作者，亦或有一点，或无一点，如（麦盉）和（井人钟），不可认为两直画外斜作者常与无一点者相对应，两直画竖直作者常与有一点者相对应。“井田”之“井”乃为引申之义；“井（邢），郑地而非周公子所封地之邢白”之“井”（邢）、“帅井（型）”之“井（型）”均为假借之义也。

“井”在甲骨文中假借为诸侯国“邢”，郑地，而非周康王时周公子所封之地邢，如《麦盉》：“井（邢）侯光（贶）厥吏麦”；又假借为“仪型”之“型”，如《录伯簋》：“子子孙孙其帅井（型）受丝（兹）休”；又假借为“刑罚”之“刑”，如《毛公鼎》：“女母（毋）敢弗帅用先王乍明井（刑）。”

66. 鬯

（矢方彝） （毛公鼎） （录伯簋） （叔卣）

高鸿缙云：“《说文》：‘，以秬酿鬱草，芬芳攸服以降神也。从凵，凵，器也。中象来，匕所以扱之。《易》曰：“不丧匕鬯”。’徐锴（系传）曰：‘秬，黑黍也。服，服事也。周人尚臭，灌用鬱鬯。X∵象中秬及鬱形。’徐灏（说文段注笺）曰：‘《大雅》正义曰：“礼有鬱鬯者，筑鬱金之草而煮之，以和秬黍之

酒，使之芬芳条鬯，故谓之鬱鬯。鬯非草名，以其可和秬鬯，故谓之鬯草也。灏按鬯固非草名，即鬱亦非其本名，盖以百草之香者和秬黍之酒，取条鬯之义，命之曰鬯，遂以鬯名其酒，而造字象其器。又取蕴蓄之意，命之曰鬯，因以鬯名其草而以鬯为鬱，盖造字鬯先鬱后，不得以鬱为草之本名也。互言可谓之鬯草，亦可谓之鬱酒，浑而言之，则但曰鬱鬯耳。鬯之言畅也。鬱积久发之必条畅也。”按古者以黄色之香草筑于秬黍之酒中，微火煮之，不使出气，俟其冷而饮之，则酒芬芳而人舒畅。古遂名其酒曰鬯，而多用以灌神。名其草曰鬱金草，王者并常以鬯赐臣僚，曰赐秬鬯几卣。卣，中尊也，有提梁。是以鬯字古原象形，象器中鬱筑香草于酒中之形。许说构造误。所云‘芬芳攸服’者，或以为乃芬芳条畅之讹。攸，條之脱，服，畅之误也。”（参见高鸿缙：《中国字例》二篇，第107—108页）

按：“鬯”甲骨文作（前4.17.2）、（前5.1.5）、（前5.1.7）、（前4.54.4）、（后下28.3），金文作（叔卣）、（录伯簋）、（三年师兑簋），象盛秬鬱酿酒之器之形。为器身，为器座，一如皀之作者，为器身，为器座也。示器中之所实，又或加，装饰性点画，古文字构形通例固有如是者，不必深究其义也。高说是也。许氏说义近是，说形则非。未必为米，乃器座之讹变，非扱取之匕也。

“鬯”在金文中用为“鬯酒”义，如《曶壶》：“易女秬（鬯）鬯一卣。”

67. 爵

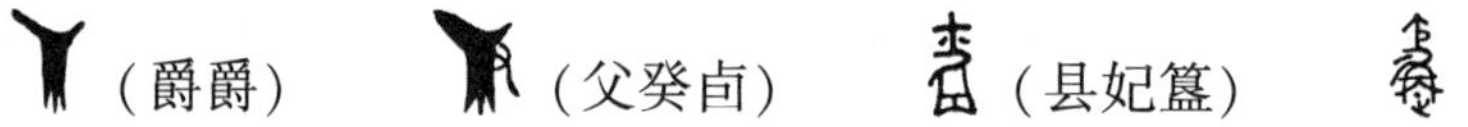
（爵爵）（父癸卣）（县妃簋）（史兽鼎）

商承祚云：“《说文》：‘，禮器也。象爵之形，中有鬯酒。又，持之也。所以饮器象爵者，取其鸣节节足足也。，古文爵。’案甲骨文作、、，有柱有流有尾有鋬有足，正如爵形。”（参见商承祚：《说文中之古文考》，第48页）

按：“爵”甲骨文作（铁250.1）、（拾12.12）、（拾12.15）、（前5.5.1）、（前5.5.2）、（后下7.7），金文作（爵爵）、（县妃簋），象有流有尾有柱有鋬有足之爵之形。只一柱者，侧视之，二见一也。商说是也。或加又，示手持之也。小篆又加，示爵中所盛也。尚得柱之仿佛，则流尾之讹变，大失原形也。

“爵”在金文中用为温酒与饮酒器专名，如《史兽鼎》：“易女爵一鼎一”；或用为酒器之通称，如《伯公父勺》：“白（伯）公父乍金爵。”器形为勺而自铭为爵，则爵通称也。

68. 合

（琱生簋）　（秦公钟）　（陈侯因資錞）

朱芳圃云：“《说文·亼部》云：‘合，合口也。从亼从口。’林义光曰：‘按口象物形，倒之为亼，象二物相合形’（《文源》六，第12页）按林说非也。字象器盖相合之形。會、倉二字皆从此作。”

按：“合”字甲骨文作（前7.36.1）、（菁7.1）、（甲2555）、（乙1425），金文作（琱生簋一），象器物之器与盖相合之形。朱说是也。许氏说义近是，析形则非也。

“合”在金文中用为“会合”义，如《琱生簋一》：“琱生又吏（使）召来合事”；或假借为“答”，如《陈侯因資錞》：“合（答）扬厥德。”合、答上古均为辑部字，故可通假。

69. 今

（盂鼎）　（谏簋）　（克鼎）

（师嫠簋）　（毛公鼎）

林义光云：“《说文》云：‘今，是时也。从亼从乛，乛，古文及。’按亼乛义不可晓。古作（师嫠簋）、作（师兑簋），即含之古文，亼为口之倒文，亦口字。亼象口含物。含从今得声，音本如今。含不吐不茹，有稽留不进之象。与今同音之字，如雲而不为雨为黔（今用陰字），止为禁，不言为噤，咏叹为吟，常思为念，渐渍为涔，并有稽留象。今为是时，亦从稽留不进之义引申。”（参见林义光：《文源》）

按：“今”甲骨文作（铁13.1）、（铁109.3）、（铁261.2）、（前2.17.1），金文作（盂鼎）、（矢尊），象倒口含物之形，今古音为见母侵韵，含古音为匣母侵韵，声相近韵相同。今为含之初文，形、音、义俱近适也。林氏谓今为含之古文，其说是也。《中山王譽鼎》：“今余方壮，智天若否”、“克并之至于今”，“今𠪚（吾）老赒斳（亲）逵（率）参（叁）军之众”之“今”作“含”，“念之𢍉（哉）”之“念”作“悆”，其佳证也。口中含物，不吐不茹，自有“稽留不进”之义。许氏谓“今，是时也”，或由稽留不进之义引申而来。然其谓“从从”则非是。

“今”在金文中用为“现在”义，如《盂鼎》：“今我隹即井（型）亯（禀）于玟（文）王正（政）德。”

70. 入

（盂鼎） （师酉簋） （颂壶）

（大鼎） （𠫑羌钟）

高鸿缙云：“按为出入之入之本字，全为意象。林义光曰：‘按“从上俱下”（按《说文》：“，内也，象从上俱下也。”）无入意，象锐端之形，形锐可以入物也。’是也。锐形不拘何物，故为通象，是以为指事字，动词。后世（殷代已然）假借为数目六，乃加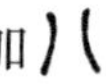为意符作，以还出入之原，及后人（殷代已然）用字，又借为六，于是两形俱为出入之入，又同时为6，久而嫌其无别也，周人乃专以为出入之入，以为数目字6，自此分化为二字。”（参见高鸿缙：《中国字例》，三篇，第40页）

按：“入”甲骨文作（铁44.4）、（拾4.15）、（前2.1.1）、（戬43.7），金文作（盂鼎）、（宅簋），象锐端之形。林说是也。锐端之物可以入于形物之内，故许氏说义谓“，内也”，乃用引申义也。其说形谓“象从上俱下也”，殊未瞭然。上古数字之六与出入之入同音，故借入为之，或作，或作，由而，非加为意符，高氏所论“六”、“入”之用失之自专也。

“入”在金文中用为“进入”义，如《宅簋》：“其万年用鄉（饗）王出入”；或用为“内”（纳），如《颂鼎》：“颂拜䭬首，受令（命）册㠯（以）出，反（返）入（纳）堇（瑾）章（璋）。”

71. 内

（井侯簋） （谏簋） （扬簋）

（师望鼎） （内耳爵） （子禾子釜）

（鄂君启舟节） （中山王𰯌壶）

《说文》：“内，入也。从冂，自外而入也。”

按：“内”甲骨文作（甲 69）、（乙 675）、（佚 8）、（前 4. 28. 3），金文作（趩簋）、（散盘）、（师望鼎），象锐端入物之形。许氏说义是也。“从冂”之“冂”，或谓象屋形，未必然，冂乃为通象，未可泥于一物也。凡锐端“自外而入”之内，即内也。

“内”在金文中用为“里中”义，《毛公鼎》：“令（命）女（汝）辥（乂）我邦我家内外”；或用为“入”，进入，如《师虎簋》：“井白内（入），右（佑）师虎，即立（位）中廷”；或假借为“纳”，如《克鼎》：“昔余既令（命）女（汝）出内（纳）朕令（命）”；或假借为“芮”，如《芮伯壶》：“内（芮）白（伯）户攴（肇）乍盩公尊彝。”

72. 缶

（缶鼎）　（倗缶簋）　（蔡侯缶）

（蔡侯缶）　（栾书缶）

高田忠周云：“《说文》：‘缶，瓦器，所以盛酒浆，秦人鼓之以节歌，象形。’象形者谓，亦字之系也。或作，亦字之系，用以象器有盖。字上形作，亦与此同意。《尔雅·释器》：‘盎谓之缶’，《易·坎》：‘贰用缶’，《礼记·礼器》：‘五献之尊，门外缶，门内壶’，《左襄六年传》：‘具绠缶’，注：‘汲器’，皆其本义也。”（参见高田忠周：《古籀篇》二十二，第31页）

按：“缶”甲骨文作（后上 9. 7）、（甲 261）、（乙 155）、（天 42），金文作（蔡侯缶）、（蔡侯缶），象有盖瓦器形。、为器身，、为器盖。甲骨文盖均作，金文变为、、，或谓从午声，非也。作者乃加形符金为形声字，示缶器之质料非瓦而金也。

“缶”在金文中用为祭器义，如《蔡侯缶》：“蔡侯𩓸之尊缶”；或用为人名字，如《倗缶簋》：“倗缶乍且癸尊彝”；或假借为“宝”（寶），如《𤔲劫尊》：“用乍朕高且缶（宝）尊彝。”

73. 躰

（静簋）　（令簋）　（长由盉）

（趩簋）　（雍伯原鼎）

罗振玉云：“《说文》：‘，弓弩发于身而中于远也。从矢从身。，篆文躲，从寸。寸，法度也，亦手也。’卜辞中诸字皆为张弓注矢，形或左向，或右向。许书从身，乃由弓形讹，又误横矢为立矢，其从寸，则从又之讹也。古金文及石鼓文并与此同。”（参见罗振玉《增订殷虚书契考释》卷中，第45页）

按：“躲”甲骨文作（铁78.1）、（铁233.1）、（铁88.1）、（后下26.1）、（后下38.5），金文作（雍伯原鼎），象张弓注矢射发之形，罗说是也。后加又示以又张弓注矢引射之意。石鼓文作（石鼓·田车），其弓形作，当即小篆误为之由来。

“射”在金文中用为“射发”义，如《令鼎》：“有嗣罕师氏小子卿（合）射”；或用为六艺（礼、乐、射、御、书、数）之一，如《静簋》：“王令静嗣（司）射学宫”；或假借为“谢”，如《鬲从鼎》：“我弗具（俱）付鬲从其且（租），射（谢）分田邑，则放”；或假借为“廚”，如《鄘簋》：“王各于宣射（廚）。”

74. （侯）

（乍且乙簋）　（献侯鼎）　（康侯簋）

（井侯簋）　（矢方彝）　（薛侯匜）

（蔡侯鼎）

杨树达云：“侯者，篆文作。《说文》云：‘，春饗所射侯也。从人从厂，象张布，矢在其下。……，古文侯。’寻龟甲作，与古文同，盖象射侯张布著矢之形。盖草昧之世，禽兽逼人，又他族之人来相侵犯。其时以弓矢为武器。一群之中，如有强力善射之士能保卫其群者，则众必欣戴之以为雄长。古人质朴，能其事者，即以其事或物名之，其人能发矢中侯，故谓之侯也。《礼记·射义》曰：‘故天子之大射，谓之射侯。射侯者，射为诸侯也。射中则得为诸侯。射不中则不得为诸侯。’郑康成注《周礼·司裘》曰：‘所射正谓之侯者，天子中之则能服诸侯，诸侯以下中之，则得为诸侯。’此皆后世演变之说，非复初义。然诸侯之称源于射侯，则犹存古初命名之形影也。”（参见杨树达：《积微居金文说·矢令彝三跋》，第24页）

按：“侯”甲骨文作（铁46.5）、（铁62.1）、（前2.2.6），金文作（康侯簋）、（井侯簋），象矢中张布之形。、为张布，盖即之省也。此即许氏所谓古文。杨说是也。《说文》云：“，春饗所射侯也。从人，从厂，象张布，矢在其下”，乃就小篆形体立说。如革去“从人”之论，则所说形义均是也。

“侯”在金文中用为“诸侯君主”义，如《鲁侯尊》：“鲁侯乍姜亯彝”；或用为“侯服”义，如《大盂鼎》：“我聑（闻）殷述（坠）令（命），隹殷衡（邊）侯田（甸）雩（与）殷正百辟率肄（肆）于酉（酒），古（故）丧𠂤（师）。”

75. 高

（父丁罍） （毓且丁卣） （不嬰簋）

（秦公簋） （陈侯因資錞） （高密戈）

《说文》：“，崇也，象台观高之形。从，与倉舍同意。”孔广居《说文疑疑》：“象楼台层叠形。象上屋，象下屋，象上下层之户牖。”

按：“高”甲骨文作（前1.33.3）、（前1.34.5）、（后上6.7）、（前2.12.3），金文作（作父癸簋）、（父丁罍）、（不嬰簋）、（毓且丁卣），象楼台层叠之形。、、为上层，为有斜向瓦顶者，为下层，为附户牖者，而非口舌之口。古文字构造固有如是者，如之表物品，之表器皿，之表竹管之口，等等。许氏说义谓：“，崇也，象台观高之形”，当为“高”之引申义，说形谓“从，与倉舍同意”，（按《说文》：“，谷藏也。倉黄取而藏之，故谓之倉。从食省。象倉形”，又“，市居曰舍。从，象屋也。象筑也”）非也。孔氏说“高”之义极是，说“高”之形近是，只为下层之户牖，而非上下层之户牖也。

“高”在金文中用为“高大”义，如《不嬰簋》：“女（汝）𠂤（以）我车宕伐𢦚（玁）允（狁）于高陵”；或用为辈份义，如《叔夷钟》：“尸（夷）篑（典）其先旧，及其高祖，虩虩（赫赫）成唐，又（有）敢（嚴）才（在）帝所”（高祖或定指祖父之祖父，或通指远祖）；或用为人名字，如《叔高父匜）：“叔高父乍中（仲）妀它（也、匜）。”

76. 章（墉、郭）

（毛公鼎）　（五年琱生簋）　（章鼎）

（井侯簋）　（国差𨱑）　（拍敦）

高鸿缙云：“《说文》：‘，城垣也。从土，庸声。古文墉。’按墉字金文俱象城垣而有两城楼之形。前 8. 10. 1 更有字，乃象城垣有四城楼之形，周文于《曶鼎》（按即《毛公鼎》）、石鼓均可考见字。又金文城堣坏埤等字均从得义。甲文，通假为肜兮，亦可知其音读为墉。独今本《说文》墉下载古文作，是乃城郭之郭，外城也，古作，非墉字。清小学家皆未能辨。……《说文》：‘，度也，民所度居也。从，象城章之重，两亭相对也。或但从。’按此字乃为外城之名，见《国差𨱑》。字原象城郭之重，两亭相对。秦以后失传，汉以来皆通假郭字代之。《说文》：‘，齐之郭氏虚。善善不能去，恶恶不能退，是以亡国也。从邑𩫏声’。可见，郭为国邑之名，非外城本字也。后人习用通假字既久，遂卒亡其朔。段氏曰：‘《释名》曰：⌊郭，廓也，廓落在城外也⌉。’按城郭字本作郭，郭行而废。”（参见高鸿缙：《中国字例》二篇，第 117 页）

按：“”甲骨文作（京都 3241）、（前 8. 10. 1）、（前 4. 11. 1）、（前 5. 30. 6）、（戬 40. 14），金文作（毛公鼎）、（国差𨱑），象城垣之形，原有四城楼，后因《说文》古行款与齐整之需要去左右二城楼而留上下二城楼。《说文》古文墉作犹存之仿佛，其为余封切之墉之初文可无疑也。《说文》之所从亦犹存之仿佛，其为古博切之（郭，其所从之变而为，又省而为，又变而为）之初文亦无可疑也。城垣之“章”（墉）、城郭之“章”（郭）义相同而音有异，盖先秦之时，不同地域对于城垣（城郭）之方言读音不同，一读余封切，一读古博切，至汉依然，许氏兼收之也。

“章”在金文中用为人名字，如《章鼎》：“章乍宝鼎”；或通假为“庸”，如《毛公鼎》：“余非章（庸）又（昏）”；或通假为“鄘”，如《鄘伯馭簋》：“易章（鄘）白（伯）馭贝十朋。”

77. 京

（矢方彝） （静卣） （静簋）

（井鼎） （传卣） （芮公鬲）

（𠫑羌钟）

《说文》：“，人所为绝高丘也。从高省，象高形。”

郭沫若云：“京字古作，即象宫观厜㕒之形。在古素朴之世，非王者所居莫属。王者所居高大，故京有大义，有高义。更引申之，则丘之高者曰京，囷之大者曰京，麃之大者曰麖，物之大者曰鲸，力之大者曰勍，均京一字之引申孳乳也。世有以高丘为京之本义者，未免本末倒置。”（参见郭沫若：《两周金文辞大系考释·克钟》，第113页）

按：“京”甲骨文作（铁14.4）、（铁262.1）、（前2.38.4），金文作（静卣）、（静簋），象楼台高耸之形，为楼台，为支柱，郭说是也。《说文》说形说义均未谛。许氏仅以小篆立论，宜其不能明彻也。

“京”在金文中用为京都名字，如《遹簋》：“穆王才（在）（丰）京”；或用为姓氏字，如《芮公鬲》：“内（芮）公乍铸京氏妇叔姬朕（媵）鬲”；或用为人名字，如《京叔盘》：“京叔乍孟嬴媵（媵）般（盘）”；或用为地名字，如《𠫑羌钟》：“武侄（挃）寺（邿）力，富（沓）敓（夺）楚、京。”（郭沫若谓楚为楚丘，京为京山，即景山。）

78. 亯（享）

（父乙簋） （且辛且癸鼎） （令簋）

（大盂鼎） （杞伯簋） （丰兮簋）

（无叀鼎） （迟盨） （白者君盘）

（鲁侯尊）（䣄伯匜）（鄦侯簋）

（仲辛父簋）（楚嬴匜）

《说文》：“，献也。从高省，象进孰物形。《孝经》曰：‘祭则鬼亯之’。，篆文亯。”

吴大澂云：“，古亯字，象宗庙之形。”（参见吴大澂：《说文古籀补》，第29页）

按：“亯”甲骨文作（铁113.1）、（前2.38.4）、（前4.21.4）、（铁152.3）、（甲2132），金文作（父乙簋）、（白者君盘）、（无叀鼎）、（令鼎），象宗庙之形。吴说是也。许氏说义谓“献也”，恐系引申之义，说形谓“从高省，象进孰物形”，殊误。

“享”在金文中用为“孝献”义，如《克盨》：“用乍旅（鲁）盨，隹用献于师尹、倗（朋）友（婚）遘（媾），克其朝夕亯于皇且（祖）考”；或用为“祭祀”义，《周恪鼎》：“其用亯于氒帝考。”

79. 畐（福）

（福父辛爵）（季𥁕尊）

（士父钟）（鄂君启舟节）

《说文》：“，满也。从高省，象高厚之形。读若伏。”

朱芳圃云：“字象长颈鼓腹圆底之器，当为瓿之初文。《说文·瓦部》：‘瓿，甂也。从瓦，音声。’连言之则曰瓿甊。《尔雅·释器》：‘瓯，瓿谓之瓵。’郭注：‘瓿甊，小罂。’《方言·五》：‘瓿甊，罂也。……自关而西，晋之旧都、河汾之间，其大者谓之甀，其中者谓之瓿甊，其小者谓之瓶。’《广雅·释器》：‘瓿甊，瓶也。或体作𦈣。’《说文·缶部》：‘𦈣，小缶也，从缶，音声。’是畐为长颈鼓腹圆底之器，恰与字形相符。再从声类求之，凡从畐从音得声之字，音同用通。如《说文·走部》：趞‘读若匍’，又‘以火乾肉’之煏，今俗作焙，是其证矣。”（参见朱芳圃：《殷周文字释丛·释畐》，第90页）

按：“畐”字甲骨文作（前4.23.8）、（戬9.1字偏旁）、（前

4.23.2 字偏旁）、（前 4.2.8 字偏旁）、（戬 41.9 字偏旁）、（后下 22.3 字偏旁），金文作（福父辛爵）、（士父钟），象酒器之形。罗振玉释甲骨文“福”字云：“从两手奉尊于示前（按指），或省（按指），或并省示（按指），即后世之福字。在商则为祭名。祭象持肉，福象持尊。《周礼·膳夫》：‘凡祭祀之致福者’，注：‘福谓诸臣祭祀进其余肉归胙于王。’《国语·晋语》：‘必速祠而归福’，注：‘福，胙肉也。’今以字形观之，福为奉尊之祭，致福乃致福酒，归胙则致祭肉，福字从酉，胙字从肉矣。许君谓‘福，畐声’，非也。古金文中《父辛爵》福作，《周公簋》福作从，均象尊形。”（参见罗振玉：《增订殷墟书契考释》卷中，第 17 页）

罗氏谓为尊，朱氏谓为瓴，要皆长颈鼓腹圆底之器也。二氏之说均是。许氏解义谓“畐，满也”，当为引申之义，畐既为酒器，酒充盈其中，自有满盈之义。许氏解形谓“从高省，象高（厚）之形”，则殊不类也。

“畐”在金文中通作“福”，如《士父钟》：“降余鲁多畐（福）无疆”；或用为地名字，如《鄂君启舟节》：“庚畐焚。”

80. 良

（季良父盉） （季良父簠） （𣪘从盨）

（司寇良父壶） （邕子甗） （格伯簋）

（齐侯匜）

林义光曰：“《说文》：‘，善也。从畐省，亡声。’按非畐之省形。古作（季良父簠），作（司寇良父壶），作（季良父盉），亦不从亡，当即量之古文。象量形，（此象量面形，其旁两耳。古一鬴之量，其耳实一升，覆之，其臀实一豆，盖以一器兼三物之用）。从重省良省声，当为之或体。”（参见林义光：《文源》）

按：“良”甲骨文作（前 2.21.3）、（乙 2510）、（乙 3334）、（乙 2510）、（佚 618），金文作（季良父盉）、（季良父簠）、（邕子甗），象

斜量之形,》（ 为把手， 为器身。器中物之有无不碍其为器身也。林说近是。然其说 为器“旁两耳”，恐非是。后把手形变为 ，而 酷似甲骨文金文之亡，致有小篆 写法出现。

“良”在金文中用为“优良”义，如《徐王臁鼎》：“郐（徐）王臁用其良金铸其 鼎”；或用为人名字，如《司寇良父壶》：“司寇良父乍为卫姬壶。”

81. 来

（般甗）　（宰峀簋）　（录簋）

（不嬰簋）　（康侯簋）　（逨觯）

（长由盉）

罗振玉云：“《说文》：‘ ，周所受瑞麦来辫。一來二缝，象芒朿之形。天所來也，故为行來之來。《诗》曰：“诒我來辫。”’卜辞中诸來字皆象形，其穗或垂或否者，麥之茎强，与禾不同。或省作 作 ，而皆假借为往來字。”（参见罗振玉：《增订殷墟书契考释》卷中，第 34 页）

按：“來”甲骨文作 （铁 4. 2）、 （铁 24. 2）、 （铁 182. 3）、 （前 2. 20. 3）、 （后上 29. 5）、 （后下 36. 3）、 （拾 5. 4），金文作 （般甗）、 （录伯簋），象麥株之形。 为穗， 为叶， 为秆， 为裸根， 则从辵來声之形声字也。來与禾之别有二：其一，禾（ ）之穗硕大，而來（ 、 、 ）之穗或有或无，即有亦较禾为小；其二，禾之叶上出，來之叶上出而折下，此不可不察也。

“來”在金文中用为“來到”义，如《录伯簋》：“白雒（雍）父来自
䛑”；或用为“未來”义，如《曶鼎》：“來岁弗赏（偿），则貸（付）卌秭。”

82. 夒（借为憂）

（无憂卣）　（伯憂觯）　（毛公鼎）

（番生簋）　（克鼎）

高鸿缙云：“《说文》：‘ ，夒也。从犬，侯声。’又‘ ，贪兽也。一曰

母猴似人。从页，巳止夂，其手足。’段注：‘母猴与沐猴、猕猴，一语之转。母非父母字。’《诗·小雅》作猱。毛曰：‘猱，猿属。’《乐记》作獶，隶之变。郑曰：‘獶，猕猴也。’按金文有，字见《三代》二.8鼎（按‘三代’指罗振玉《三代吉金文存》），又有字，见《三代》二.15鼎，与猴字甲骨文俱象形。夒猱獶猴乃一字之异作。唯夒字为象形字，篆文增者盖象其怀子之形。憂字应从心，夒声。憂即夒之变也。”（参见高鸿缙：《中国字例》二篇，第67页）

按：“夒”甲骨文作（拾13.3）、（前6.18.6）、（前7.5.2）、（后下14.5），象猕猴之形，有首有手有止有尾，高说是也。后首部、、、变为，腿部、、、变为，手部、、、讹变为，尾部、变为，止部、变为，而成小篆形。《诗·小雅·角弓》：“毋教猱升木，如涂涂附。”毛传：“猱，猿属。”郑玄笺：“猱之性，善登木。”《礼记·乐记》：“及優侏儒，獶杂子女，不知父子。”郑玄注：“獶，猕猴也。言舞者如獶猴戏也。”陆德明《释文》：“獶，依字亦作猱。”《集韵·豪韵》：“夒，或从憂从柔。”又夒、猱、獶音均奴刀切，均可证夒猱獶为一字。獶又音於求切，故夒可假为憂。唯高氏谓“增者盖象其怀子之形”，则偶失之耳。（番生簋）、（克鼎）则从夒卣声之形声字，读为柔远能迩之柔。

“夒”在金文中假借为“憂”，如《毛公鼎》：“𩕄（緟）（恪）大令（命），康能四国，俗（欲）我弗敢乍先王夒（憂）”；或用为人名字，如《无憂卣》：“无憂乍父丁彝。”

83. 弟

（沈子也簋）　（𠭯簋）　（应公钟）
（殳季良父壶）　（𪔂镈）

朱芳圃曰：“《说文·弟部》：‘，韦束之次第也。从古文之象。，古文弟。从古文韦省，丿声。’按弟象绳索束弋之形。绳之束弋，展转围绕，势如螺旋，而次弟之义生焉。”（参见朱芳圃：《殷周文字释丛·释弟》，第82页）

按：“弟”甲骨文作（乙8818）、（乙484）、（库453），金文作（沈子也簋）、（应公钟），象绳索缠绕木桩之形。为木桩（即弋，

《说文》："弋，橜也。象析木锐邪著形。"），为绳索。朱说是也。许氏说义谓"韦束之次弟也"，乃引申之义，其说形谓"从古文韦省，丿声"则殊不然也。其所附古文弟作，乃之变也。

"弟"在金文中用为"兄弟"义，如《殳季良父壶》："用亯孝于兄弟婚颧（媾）诸老。"

84. 𤇾（桀）

（井侯簋） （盂鼎） （荣伯鬲）

（荣子鼎） （康鼎） （荣簋）

（荣子簋） （师𩞁簋）

于省吾云："按此字上从二火，与艾字迥殊（按：薛尚功释𤇾为艾，见《历代钟鼎彝器款识法帖》，清儒因之），当即𤇾字，今隶作𤇾。《说文》有从𤇾之字而无𤇾字。从𤇾之字凡二十三见，或曰瑩省声，或曰熒省声，或曰榮省声，均不可据。又熒下云：'屋下灯烛之光，从焱冂。'戴侗《六书故》引《说文》从从焱，一说声。按从焱冂或从焱冂声均误。《縈伯簋》縈字作，其所从之炏作，与《公廿𤇾盂》之𤇾作者正同。同，古文字虚郭与填实一也。与中间断续一也。如《𤇾子鼎）𤇾字作𤇾，《邢侯簋》𤇾字作，《𤇾簋》𤇾字作，可为断续无别之证。《古玺文字征》十三.1縈字作，已开小篆之先河矣。盖𤇾字之本义，上从二火，下象交縈之形，故如从𤇾之字如熒、犖、瑩、營、榮、縈等，均有光明交互繁盛之义也。"（参见于省吾：《双剑誃古文杂释·释熒》，第7页）

按"𤇾"字实象两炬火相交之形，用以照明。于说是也。《说文》释熒云："屋下灯烛之光，从焱冂"，其说义谓"灯烛之光"者近是，但冠以"屋下"二字，出于小篆从冂，实从冂非是，两炬火之柄作，或作，或作，后者盖即许氏所谓"从冂"之由来。载籍多假榮（《说文》："榮，桐木也。从木，熒声省。一曰屋梠之两头起者为榮。"）为之。《释名·释言语》云："榮，犹熒也。熒熒，照明貌也"，当即𤇾之义。引申为"光明"义，《吕氏春秋·振乱》："且辱者也而榮"，高注："榮，光明也。"

“榮”在金文中用为国名字，如《康鼎》：“燮（榮）白（伯）内（入），右（佑）康”；或用为人名字，如《井侯簋》：“王令（命）燮（榮）罕内史，曰：‘（割）井侯服，易臣三品：州人、策人、章人’”；或假借为“禜”，如《五祀卫鼎》：“余执龏（恭）王卹（恤）工（功），于邵（昭）大室东逆（朔）燮（禜）二川。”（《左传・昭公元年》：“山川之神，则水旱厉疫之灾，于是乎禜之。”杜预注：“有水旱之灾，则禜祭山川之神若台骀者，《周礼》：‘四曰禜祭。为營欑，用币，以祈福祥’。”）

85. 某（梅）

（禽簋）　　（谏簋）

高鸿缙云：“按某槑楳楳梅五字一物，原作者，倚木而画其上有小果之形，由文木生意，故为梅树之梅。象酸果，非甘字也。前人于说解甘下注一阙字（按：《说文》云：‘，酸果也。从木从甘。阙。，古文某，从口。’）乃不得甘字之解之谓也。其复文作作，其加木作意符者则作。后人另造形声字，从木每声，作，实皆一字之另构也。”（参见高鸿缙：《中国字例》二篇，第220页）

按：“某”（）象树上结酸果之形，当即梅之古文。高说是也。许氏说义谓“酸果也”，是也，说形谓“从木从甘”则非，乃果形之变也。

“某”在金文中假借为“谋”，如《禽簋》：“周公某（谋）禽祝”；或假借为“靡”，如《谏簋》：“女某（靡）否又（昏）。”

86. 朱

（毛公鼎）　　（颂鼎）　　（三年师兑鼎）

（寰盘）　　（吴方彝）　　（师酉簋）

（录伯簋）　　（录伯簋）

郭沫若云：“《说文》：‘，赤心木，松柏属。从木，一在其中。’金文朱多作（此《毛公鼎》文。其他颂器及《番生簋》文与此同），亦作（吴尊）若（《师酉簋》文，郑器之鼄多从此作，《眉脒鼎》《上乐床鼎》亦然）。《录伯戜

簋》两朱字，‘朱虢𠬝𩏽’作，‘虎冟朱里’作。近人商承祚谓朱乃珠之初文，其上下出乃贯珠之系。与卜辞玉或作（前编 6.6.5）同例。若然，则是珠玉一字矣，非也。余谓朱乃株之初文，与本末同意。株之言柱也。言木之幹，故杖谓之殳，击鼓杖谓之枹，门轴谓之枢，柱上柎谓之櫨，均一音之通转也。段玉裁云：‘庄列皆有厥株驹。株，今俗语云桩，桩亦柱也。’今金文于木中作圆点以示其处，乃指事字一佳例，其作一横者，乃圆点之演变（古文字演变之例均如是），作二横者，谓截去其上下端而存其中段也。此与《洹子孟姜壶》折字之作若者同意。左旁中作二横，即示草木之断折。又《录伯𢦏簋》之第二朱字作𥥍者，亦正标明朱之为柱，盖示柱以桩橧穴也。要之，朱当为株，其转语为桩为柱，用为赤色字者乃假借也。”（参见郭沫若：《金文丛考·释朱》，第 222 页）

按：“朱”甲骨文作（后下 12.8）、（珠 121），金文作（毛公鼎）、（吴方彝），象于木之株幹部著一指事符号，当即株之初文。郭说是也。指事符号可作，可作，而又或演变为，无碍其指事作用也。或指木之末梢部为末，指木之根柢部为本，指木之株幹部为朱（株）。至于郭氏谓“（）作二横者，谓截去其上下端而存其中段”，谓“《录伯𢦏簋》之第二朱字作𥥍者，亦正表明朱之为柱。盖示柱以桩橧穴”，则失之过苛也。

“朱”在金文中假借为赤色，如《颂鼎》：“易女玄衣屯（纯），赤市朱黄（衡），䜌（銮）旂，攸（鋚）勒，用事。”

87. 枼（葉）

（𬞞镈）　（拍敦）　（南疆钲）　（𠫑羌钟）

郭沫若云：“，罗释为果。案当是枼葉之初文也。象木之枝头著葉。金文《陈侯午錞》枼字作同此，仅实笔与空笔微异，是犹之作，之作矣。《𬞞镈》作，《拍敦》作，《南疆钲》作，《𠫑羌钟》作，均稍稍变异，后竟讹而从世矣。采字卜辞作从枼，言采取树葉也。”（参见郭沫若：《卜辞通纂考释》，第 89 页）

按：“枼”甲骨文作（前 4.44.5）、（后下 26.5）、（乙 5303），字象树之枝头著葉之形，当即葉之初文。其枝葉由而而而，后者与小篆

（世）形近，致讹为枼。

“枼”在金文中用通假为世，指年岁，如《驫羌钟》：“用明则之于铭，武文咸剌（烈），永枼（世）母（毋）忘。”

88. 東

（父乙尊） （保卣） （效卣）

（臣卿簋） （散盘） （東周左师壶）

丁山云：“徐中舒云：‘東古橐字。《埤仓》曰：“无底曰橐，有底曰囊。”（《史记》索隐引）《仓颉篇》曰：“囊，橐之无底者也。”实物囊中，括其两端形象之。鼎文重字作，象人负囊形。橐以贮物，物后世谓之东西，东西者囊之转音也。’徐说甚是。《毛公鼎》有字，《散氏盘》有字，诸家并释为橐。橐许君谓从橐省，实则所从之即囊字，易爻所谓括囊者也。囊中无物，束其两端，故亦谓之束，暨实以物则形拓大。者囊之拓大者也，故名曰橐。橐与東为双声，故古文借之为東方。”（参见丁山：《说文阙义笺》𣏟字条）

按：“東”甲骨文作（铁 119.2）、（拾 11.18）、（前 6.26.1）、（前 6.26.1）、（前 6.47.8）、（前 6.57.8）、（后上 11.10），金文作（保卣），象括束两端之囊橐之形。東，端母東部字，橐，端母铎部字。東橐二字双声旁转。徐、丁之说是也。《说文》：“，动也。从木。官溥说从日在木中。”以动训東，声训也，非其朔义。为囊橐两端括束之形，非从。、、、、为囊橐实物之形，非从日。许氏只依小篆形体立论，宜其说义说形无当也。

“東”在金文中用为“方位東”义，如《㝬簋》：“南尸（夷）東尸（夷）具（俱）见”；或用为人名字，如《子東壬父辛爵》：“子東壬父辛。”

89. 無（舞）

（般甗） （井侯簋） （盂鼎）

（伯康簋） （善夫克鼎） （静簋）

（颂簋） （虢季子白盘） （麓伯簋）

（秦公簋）　（邾公华钟）　（䄛仲鬲）

（伊簋）　（毛公鼎）　（曾姬无卹壶）

（猶钟）　（王子午鼎）　（曾侯乙钟）

张日昇云："按《说文》云：'，豐也。从林爽。或说规模字。从大。卌，数之积也。林者，木之多也。卌与庶同意。《商书》曰："庶草繁無"。'甲骨文作，金文作，象人有所执而舞之形，乃舞之本字。《周礼·舞师》有兵舞、帗舞、羽皇舞，舞既不同，所持亦异。卜辞乃用其朔义，如：'贞：無允从雨？其雨。'（《甲骨文字集释》页1928引）至彝器则假为有無之無。许氏全非。"（参见周法高主编：《金文诂林》卷六，第3836页）

按："無"甲骨文作（铁120.3）、（前6.21.1）、（粹1312）、（甲2858）、（甲2858），金文作（般甗）、（井侯簋），象人手执羽旄而舞蹈之形，乃舞之初文。、、、，鸟羽旄尾之类也，后变为，又变为，此则小篆之所本也。张说是也。后假为有無之無，又加为。许氏仅据小篆说义说形，全误。

"無"在金文中用为"舞蹈"义，如《洹子孟姜壶》："齐侯既迖（济）洹子孟姜丧，其人民都邑堇（谨）宴（宴）無（舞）"；或用为"亡"，如《邾叔钟》："用旂釁（眉）寿無彊（疆）"；或用为"不""不要"，如《大盂鼎》："𠭰，酉（酒）無敢𩰫（酖）"；或用为人名字，如《無叀鼎》："司徒南仲右（佑）無叀内（入）门。"

90. 才（在）

（丙申鼎）　（免卣）　（盂鼎）

（趞卣）　（毛公鼎）　（㝬钟）

（秦公钟）　（秦公簋）　（才㒰父鼎）

（曾姬无卹壶）

李孝定云："按《说文》：'，艸木之初也。从上贯，将生枝叶。，地也。'契文才字之变体颇多，然则作为正，象在地下初出地上之形。许云'艸木之初'，谓象艸木之初生也。字在卜辞中均假为在。"（参见李孝定：《甲骨文字集释》卷六，第2049页）

按："才"甲骨文作（前2.5.2）、（前1.41.1）、（前2.4.1）、（后上2.7）、（铁5.4）、（前2.4.1）、（后下25.1）、（戬11.1），金文作（丙申角）、（盂鼎）、（才㑅父鼎），象植物幼芽才冒出地表，为幼芽，填实框廓无别，为地表。李氏之说是也。或谓象种子，过泥也。"才"在甲骨文、金文中均读为动词或介词"在"。

"才"（在）在金文中假为"在"，动词或介词，如《𧊒簋》："唯王正月，辰才（在）甲午"；《盂鼎》："王才（在）宗周令（命）盂"；或假为语气词"哉"，如《师訇簋》："哀才（哉）今日，天疾畏（威）降丧。"

91. 之

（善夫克鼎）	（县妃簋）	（君父簋）
（毛公鼎）	（散盘）	（国差𦉜）
（陈子匜）	（沇儿钟）	（邾公华钟）
（𬨭镈）	（秦公钟）	（郐王义楚耑）
（𪒠羌钟）	（者沪钟）	（铸客钟）
（蔡侯戈）	（吉日壬午剑）	

罗振玉云："《说文解字》：'，出也。象艸过中，枝茎益大，有所之也。一者，地也。'按卜辞从止从一，人所之也。《尔雅·释诂》：'之，往也'，当为'之'之初谊。"（参见罗振玉：《增订殷墟书契考释》卷中，第65页）

按："之"甲骨文作（铁5.4）、（铁168.3）、（前1.51.2）、（前4.9.5）、（戬12.2）、（戬45.5），金文作（善夫克鼎）、（县妃簋）、（毛公鼎），象人有所往也。、、、、，人之趾也。一，地也。罗说是也。许氏说义谓"出也"，意有未谛。其说形谓"象艸过中，枝茎益大，有所之也"，则殊非是。

“之”在金文中用为第三人称代词，如《君夫簋》：“君父敢每（敏）扬王休，用乍文父丁■彝，子子孙孙永保用之”；或用为指示代词，义为此，如《何尊》：“余其宅丝（兹）中或（国），自之辥（乂）民”；或用为结构助词，如《善夫克鼎》：“隹王廿又三年九月，王才宗周，王令（命）善（膳）夫克舍令于成周之年，克乍朕皇且釐季宝宗彝。”

92. 叒（若）

（亚若匜）　（我鼎）　（大盂鼎）

（趞簋）　（毛公鼎）　（毛公鼎）

（师寰簋）　（师虎簋）　（扬簋）

（曶鼎）

高鸿缙云：“甲文若作，叶洪渔玉森曰：‘象一人跽而理发使顺形’，是也。其作者，应是诺之初字，从口声。后世假以代，而字废，而（隶定为若）亦失其本意，乃另造诺字（从言与从口同，但既从口复从言，出于后世之累加，遂亦忘其赘矣）以补其缺。”（参见高鸿缙：《毛公鼎集释》，第73页）

按：“若”甲骨文（铁 6.2）、（铁 61.4）、（铁 77.1）、（前 2.16.2），金文作（大盂鼎）、（毛公鼎），象人双手理发使顺之形。叶说是也。而《说文》“，日出东方汤谷，所登榑桑，桑木也”之解殊误。其作者，亦字，口为装饰性构件，不表义，古文字构形通例固有如是者，如周作、，加口作、，是其例也。高谓应是诺之初字，从口声，似是而非。小篆作，误两手为艸，误头发为彐。《说文》：“，择菜也。从艸，右。右，手也。一曰杜若香草。”许氏仅据小篆形体立说，宜其说义说形均非是也。

“叒”（若）在金文中用为指示代词，如《大盂鼎》：“隹九月，王才宗周令盂。王若曰：‘盂，不显玟王，受天有大令（命）’”；或用为结构助词，用同“之”，如《毛公鼎》：“女母（毋）敢妄（荒）宁，虔夙夕，惠我一人，雝我邦小大猷，母（毋）折威（缄），告余王先王若德。”

93. 帀（师）

（师寰簋） （蔡大师鼎） （国差罎） （禽忎鼎）

高鸿缙云：“《说文》：‘，周也。从反之而帀也。周盛说。’段玉裁曰：‘反之谓倒之也。’按，之，往也。不前往则必周帀。”（参见高鸿缙：《中国字例》四篇，第6页）

按：“帀”甲骨文作（后下30.8），金文作（师寰簋）、（钟伯鼎），即反之（“之”作），其意为周帀，以反之为不前往也。金文或作（蔡大师鼎）者。一字首笔为一横画，每于其上又加一横。古文字构形通例固有如是者，如“元”作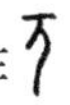，或作；“雨”作，或作，是其例也。师，从帀从𠂤。“帀”在金文中用为师。金文每用字之某一构件代替全字，如以自代皇（皇）〔《穆公鼎》：“自（皇）考幽大叔”〕，以人代秂（季、年）〔《甫人父匜》：“甫人父乍旅匜，万人（秂）用”〕，以日代旻〔《师询簋》：“今日（旻）天疾畏（威），降丧”，（《诗·大疋·召旻》：“旻天疾威，天笃降丧”）〕，以㫃代旂〔《宰辟父敦》：“易女华朱市、玄衣、黹屯（纯）、㫃（旂）、攸（鋚）革（勒）”〕，以革代勒（例同上），以士代吉〔《冀师盘》：“用其士（吉）金”〕，以者代書（书）〔《免簋》：“王受作册尹者（書），卑（俾）册令（命）免，曰：令（命）女（汝）疋（胥）周师嗣歡”〕，以巾代市，（《曶壶》：“易女鬱鬯一卣、玄衮衣、赤巾（市）、幽黄（衡）、赤舄、攸（鋚）勒，用事”〕，以卸代御（《剌鼎》：“王啻（禘），用牡于大室。啻卲（昭）王剌卸（御）”。御，侍也〕，以攴代盤〔《叔多父盘》：“囗叔多父乍朕皇考季氏宝攴（盤、盤）”〕，以戍代肇〔《芮伯壶》：“内（芮）白（伯）戍（肇）乍釐公尊彝”〕，以音代歆〔《弭仲簋》：“用成（盛）术（秫）稻糕粱，用卿（饗）大正，音（歆）王宾”〕，等等。

“帀”在金文中用为“师”字，可组成合成词“大师”，如《钟伯鼎》：“大帀（师）钟伯侵自作石沱”，亦可组成合成词“工师”，如《国差罎》：“攻（工）帀（师）盥西章（郭）宝罎四秉。”

94. 𠂤（師）

（盂鼎） （䢅鼎） （曶鼎）

（克鼎） （东周左师鼎）

李孝定云："按《说文》：'，二千五百人为師。从帀从𠂤。𠂤，四帀，众意也。，古文師。'卜辞或云：'丁亥卜，贞：今夕𠂤（師）亡祸，宁。'（前5.18.3），是假𠂤为師也（𠂤師声同韵近，故得通假）。"（参见李孝定：《甲骨文字集释》卷六，第2069页）

按："𠂤"甲骨文作（前2.13.3）、（前1.49.1）、（铁4.3）、（前1.49.1），金文作（盂鼎）、（曶鼎），即许氏训小𠂤之𠂤。《说文》云："𠂤，大陆山无石者。象形。"小𠂤当即土堆，𠂤即堆。師，从帀从𠂤。金文每用字之某一构件代表全字，故用𠂤为師。

"𠂤"在金文中用为師，即许氏"二千五百人为師"，如《禹鼎》："王迺命西六𠂤（師）、殷八𠂤（師）曰：'𤔲伐噩（鄂）侯駭（驭）方，勿遗寿幼'。"

95. 出

（克鼎） （颂鼎） （师望鼎）

（宅鼎） （毛公鼎）

李孝定云："按《说文》：'，进也。象艸木益滋上出达也。'契文从止从。古文从止者，许君说为艸木有趾，或艸木益滋，盖初形已失，不得其解，故臆说之如此也。诸家释此为出，是也。从，吴清卿说为履（按，吴大澂《说文古籀补》云：'，古出字。从止，止，足也。象纳屦形。古礼入则解屦，出则纳屦'）。从内字作内观之，疑为坎陷之象。古人有穴居者，故从从，而以止之向背者别出入也。"（参见李孝定：《甲骨文字集释》卷六，第2074页）

按："出"甲骨文作（铁10.3）、（铁69.2）、（铁151.2）、（余7.2）、（余8.1）、（后上11.12），金文作（克鼎）、（颂鼎），象人离居地外出之形。、、、为人之止（趾），且外向，、、、为居地。此与各之作例正相反也。李说是也。许氏说形说义均未谛。唯、、表居地，乃通象不必其为坎陷也，李说于此过泥也。

"出"金文中用为"外出"义，如《颂鼎》："颂拜䭫首，受令（命）册佩𠂤出，反（返）入（纳）堇（瑾）章（璋）"；或用为"发布"义，如《师望鼎》：

“虔夙夜出内（纳）王令（命）。”

96. 南

（盂鼎） （㝬驭簋） （翏生盨）

（虢叔钟） （南疆钲） （兮甲盘）

（吴王姬盘） （无曩簋） （禹鼎）

（散盘） （鬲从鼎）

唐兰云：“余谓南本即㱿，㱿者，瓦制之乐器也。何以言之？㱿之动词为㱿，象以殳击㱿，而㱿之孳乳字为㲉，犹声之动词为殸，而殸之孳乳字为磬也。磬为石器，㲉为瓦器，故以石缶为形也。《说文》：‘㲉，未烧瓦器也。从缶㱿声，读若筩莩。’则以㲉义为坏（坯）。坏，瓦未烧也。许氏既不知㱿义而训为帱帐（按，《说文》云：‘㱿，帱帐之象，从冂，㞢，其饰也’），亦无怪其训㲉如坏，失其本义矣。汉时读㲉如莩，莩缶声相近。《易·离·九三》：‘不鼓缶而歌’，《诗·宛邱》：‘坎其击缶。’瓦缶为乐器，其来甚久，㲉即缶耳。以器盛酒浆言之，为缶；以乐器言之，则当以㱿若㲉为正字矣。以字形言之，字上从，象其饰，下作形，殆象瓦器而倒置之，口在下也。其中空，故击之硿然（《说文》㱿苦江切）㱿然（《说文》：“㱿，从上击下也”），可以为乐也。上古陶乐甚多，如敲、土鼓、埙等皆是。铜器盛行后，陶乐渐废，循至鼓缶之俗，只存于秦地，后人遂只知其所鼓者为缶、为盆、为釜，而㱿㲉之名俱湮晦矣。㱿字假借为方向之称，其音变而为‘那含切’者，古从㱿得声之字多转入侯韵，楚人谓乳曰㲅，㲅有‘奴含’一切，与‘南’音极近。以形体言，则自而变为；以训诂言，则作等形，渐专施于南方；以声音言，又变为‘那含切’，于是，南字形音义俱备，与其所从出之㱿字全异。研究数千年前之古文字，其为事至艰。㱿南本一字，释㱿则遗南，释南则又遗㱿。孙诒让释为南，为㱿，虽似分析不精，实则不误。后人以释㱿为非，于是㲉字遂不可识矣。郭沫若以卜辞之‘八㱿’‘九㱿’为‘八南’‘九南’，又以南为铃，为钟镈之属，所以献于祖庙者。不知卜辞言‘㞢于且八㱿’，㞢即右或侑，所侑者必食品而非器物也。卜辞又言‘牢㞢一牛，㞢㱿’‘口牛一㱿’‘一羊一㱿’‘十豕㞢㱿’‘卯一牛㞢㱿’，‘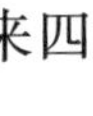一犬一㱿，来四豕

四羊𡴎二，卯十牛，𡴎’‘卯十牛，三𡴎’，由此可知‘𡴎’多与牛羊豕同用，必读为𣫬乃合，古侑牲以黍稷也。读南不可解。若如郭说，则牲与钟镈同献，尤不可通。故必知卜辞之𡴎字用途有二：一假为祭祀，即后世之‘𣫬’；一假为方向，即后世之‘南’，然后可无礙滞耳。”（参见唐兰：《殷墟文字记·释𡴎𣪊》，第92—93页）

按：“南”甲骨文作（前1.13.7）、（前1.10.2）、（后上23.4）、（林1.9.4）、（前1.13.3）、（铁114.4），金文作（兮甲盘）、（无𠬪簋）、（翏生盨）、（𨟻从鼎），象瓦制乐器之形。上部为乐饰，下部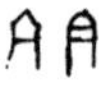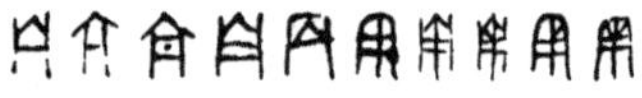为器体而口向下。唐说是也。甲骨文有字，亦有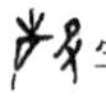字；有字，亦有字；有字，亦有字，为磬，上部业为器饰，下部为磬体；、则加槌以击之；为鼓，上部为器饰，中部为器体，为器架，则加槌以击之；为瓦制乐器，上部为器饰，下部为器体，则加槌以击之，例正同也。《诗经·小雅·鼓钟》：“鼓钟钦钦，鼓瑟鼓琴。笙磬同音，以雅以南。”钟、鼓、瑟、琴、笙、磬皆乐器，毋庸赘述。雅亦当为乐器。《周礼·春官·笙师》：“笙师掌教吹竽、笙、埙、籥、箫、篴、管、舂、牍、应、雅”，郑司农注：“雅状如漆筩而弇，口大二围，长五尺六寸，以羊韦鞔之，有两组疏画。”雅既为乐器，“以雅以南”之“南”亦当为乐器。《礼记·文王世子》：“小乐正，正学干，大胥赞之。籥师学戈，籥师赞之。胥鼓南。”南既言以鼓，则当为乐器无疑。由𡴎（南）而𣪊而𣫬，犹由声而殸而磬。磬为石器，𣫬为瓦器，故以石、缶为形。《说文》：“𣫬，未烧瓦器也。从缶𣪊声。读若筩莩。”许氏训𣫬为“未烧瓦器”，犹其训𡴎为“㡛帐”，不知𡴎𣫬之确诂也，未可苛责。但是明言𣫬为“瓦器”，且音如莩，已属难能可贵。莩缶声近，而缶瓦制，既为酒器，亦为乐器。总之，𡴎（南）既为乐器，又为瓦制，故得以瓦制乐器释之。《说文》：“，艸木至南方有枝任也。”从，羊声，又“，㡛帐之意，从冂，㞢，其饰也”，其说义说形，全不可据。

“南”在甲骨文中用为方位名词，如《翏生盨》：“王征南淮尸（夷）”；或用为人名字，如《吴王姬鼎》：“吴王姬乍南宫史叔饮鼎。”

97. 生

（臣辰盉） （害鼎） （作册魖卣）

（师遽簋） （通簋） （翏生盨）

（颂簋）

《说文》：“，进也。象艸木生于土上。”

按：“生”甲骨文作（拾 1.10）、（甲 200）、（拾 1.10）、（后上 26.6），金文作（臣辰盉）、（害鼎）、（通簋）、（颂鼎），象草生于地上之形。为草，为地之通象。其加•者，乃装饰性点画，而•又演为，古文字构形通例固有如是者，如而而，是其例。

“生”甲骨文中用为“生育”义，如《叔夷钟》：“不显穆公之孙，其配襄公之妣而成公之女雩生叔夷，是辟于齐侯之所”；或用为“出现”义，如《作册魖卣》：“雩四月既生霸庚午”；或用为“有生命”义，如《中方鼎》：“中乎（呼）归（馈）生凤（于）王”；或用为人名字，如《番生簋》：“番生敢对天子休”；或假借为“姓”，如《兮甲盘》：“其隹我者（诸）侯百生（姓）。”

98. 𠌶（華）

（命簋） （郑公华钟） （克鼎）

（华季盨） （仲义父鼎） （华母壶）

《说文》云：“，草木華也。从𠂹，亏声。”又“，荣也。从艸，𠌶声”。

徐灏《说文段注笺》曰：“𠌶蕚亦一字，而说文别之者，以所属之字相从各异也。𠌶，古音敷。”《方言》曰：“華，荂晠也。齐楚之间或谓之華，或谓之荂，则西汉时二字异音矣。今江浙人语肖近古音。阮氏钟鼎款识（按指《积古斋钟鼎彝器款识》）《郑公华钟》作，乃古象形文，上象蓓蕾，下象茎叶，小篆变为亏耳。”

按：“𠌶”金文作（命簋）、（郑公华钟）、（克鼎）、（仲义父鼎），象花之形。上部为花，中部为花萼（花萼或无），下部为茎叶，徐说近是。非蓓蕾而为華荣。𠌶蕚实一字。许氏仅据小篆形体立说，其说义谓“雩，草木华”“蕚，荣”，是也；其说形“从𠌶，亏声”“从艸，雩声”，非是。

“雩”（华）在金文中用为人名字，如《邾公华钟》：“鼄（邾）公华睪（择）氒吉金。”

99. 束

（不嬰簋） （大簋） （𦵔簋） （盂鼎）

（曶鼎） （琱生簋二） （敱簋）

高鸿缙云：“《说文》：‘，缚也。从口木。’按字就古形观之，乃橐形之动词，谓橐必束也。故为托形寄意，不从口木。”（参见高鸿缙：《中国字例》二篇，第203页）

按：“束”甲骨文作（珠193）、（续3.32.4）、（甲2289），金文作（不嬰簋）、（大簋）、（盂鼎），象囊橐束其两端之形。東橐双声旁转，束与東、橐同源。高说是也。许氏说义谓“束，缚也”，近是；然其说形谓“从口木”则非。

100. 贝

（辛巳簋） （望爵） （宰椃角）

（乙亥鼎） （趞卣） （庚嬴卣）

（师遽簋） （周㣈鼎） （小臣丰鼎）

（鬲尊） （琱生簋）

《说文》：“，海介虫也。居陆名猋，在水名蜬。象形。古者货贝而宝龟，周而有泉，至秦废贝行钱。”

按：“贝”甲骨文作（铁104.4）、（拾7.11）、（前4.30.2）、（前5.10.4），金文作（辛巳簋）、（望爵）、（乙亥鼎），象海介虫之形。由而而而而至小篆，其演变之轨迹至为显明。

“贝”在金文中用为“货贝”义，如《𤔲卣》：“公易乍册𤔲鬯贝。”

101. （朋）

（中乍且癸鼎）（䮾尊）（㯃劫尊）

（“五朋”合文，宰椃角）

（“十朋”合文，师遽簋）

（“五十朋”合文，效卣）

王国维云：“殷时，玉与贝皆货币也。《商书·盘庚》曰‘兹予有乱同位，具乃贝玉。’于文，寶字从玉从贝，缶声。殷墟卜辞有字（《殷墟书契前编》卷六第三十一叶）及字（同上《后编》卷下第十八叶），皆从宀从玉从贝而阙其声。盖商时玉之用与贝同也。玉之大者，车渠之大以为宗器，圭璧之属以为瑞信，皆不以为货币，其用为货币及服御者，皆小玉小贝而有物焉以系之。所系之贝玉，于玉则谓之珏，于贝则谓之朋，然二者于古实为一字。珏字殷墟卜辞作（《后编》卷下第二十六叶），作（《前编》卷六第六十五叶），或作（《后编》卷下第二十及四十三叶），金文亦作（《乙亥簋》云：‘玉十’，皆古珏字也。《说文》：‘（玉），象三画之连。|其贯也。’意正同。其作者，皆象其系，如束字上下从也。古系贝之法与系玉同，故谓之朋。其字卜辞作（《前编》卷一第三十叶），作（《卷五第十叶），金文作（遽伯寰簋），作（庚赢卣），作（且子鼎），又《公中彝》之贝五朋作，《抚叔簋》盖之十朋作，《戊午爵》乃作，甚似珏字。而朋友之朋，卜辞作（《前编》卷四第三十叶），金文作（杜伯簋），或作（丰姞簋）。或作，或作，知珏朋本一字，可由字形证之。更以字音证之，珏自来读古岳反，《说文》亦以瑴字为珏之重文，是当从㱿声。然窃意珏与瑴义同音异。古珏字当与𤥴同读。《说文》𤥴读与服同，《诗》与《士丧礼》作服，古文作。古服犕同音，珏亦同之，故𤥴字以之为声。古者玉亦以備计，即珏之假借。《齐侯壶》云：‘璧二備’，即二珏也。古音服備二字皆在之部，朋字在蒸部，之蒸二部阴阳对转，故音变为朋。音既屡变，形亦小殊，后世遂以珏专属之玉，以朋专属之贝，不知其本一字也。又，旧说二玉为珏，五贝为朋（《诗·小雅·菁菁者莪》笺）。然以诸字观之，则

一玨之玉，一朋之贝，至少当有六枚。余意古制贝玉皆五枚一系，合二系为一玨若一朋。《尔雅·释器》：‘玉十谓之区。’区瑴双声，且同在侯部，知区即瑴矣，知区之即瑴，则知区之即为玨矣。贝制虽不可考，然古文朋字确象二系。康成云：‘五贝为朋’。五贝不能分为二系，盖缘古者五贝一系，二系一朋，后失其传，遂误为五贝一朋耳。观二字，若止一系三枚，不具五者，古者三以上之数，亦以三象之，如手指之列五而字作，许君所谓指之列不过三也。余目验古贝，其长不过寸许，必如余说，五贝一系，二系一朋，乃成制度，古文字之学足以考证古制者如此。”（参见王国维：《观堂集林·说玨朋》，第143—145页）

按：“朋”甲骨文作（乙6738）、（甲777）、（前1.30.5）、（后下8.5），金文作（中且癸鼎）、（犅劫尊），象两系货贝连体之形，盖即古贝计量单位之朋字。《诗·小雅·菁菁者莪》：“既见君子，锡我百朋。”郑玄笺：“古者货贝五贝为朋。”《广韵》：“五贝曰朋。《书》云武王悦箕子之对，锡十朋也。”为一系，二系连体（）为一朋。五贝一朋而仅画三或二者，省之耳。王说是也。字《说文》所无。而有字，《说文》：“，神鸟也。”天老曰：“‘凤之象也，鸿前麐后，蛇颈鱼尾，鹳颡鸳思（腮），龙文虎背，燕颔鸡喙，五色备举。’出于东方君子之国，翱翔四海之外，过昆仑，饮砥柱，濯羽若水，莫宿风穴。见则天下大安宁。从鸟凡声。，古文凤，象形。凤飞群鸟从之万数，故以朋黨字。”，隶书作（尹宙碑），作（校官碑），作（繁阳令杨君碑）。许氏未见“贝”之字，而以形近之（凤之古文）代之，故后世以朋为。

“”（朋）在甲骨文中用为货贝单位名字，如《敱簋》：“易敱弓矢束、马匹、贝五朋。”

102. 羽（昱、翌）

（宰椃角） （邲卣二） （乍册擘卣）

王国维云：“以上诸翌字作诸体，或但作，或从立，或从日，又有兼从立从日者，如《小盂鼎》之字是也。此于卜辞不下数百见，初不知其为何字，后读《小盂鼎》‘粤若乙亥’，语与《书·召诰》‘越若来三月’、《汉书·律历志》引逸《武成》‘粤若来二月’文例正同。而《王莽传》载

太公舜奏‘公以八月载生魄庚子奉使朝用书临赋营筑，越若翊辛丑诸生庶民大和会’。王舜此奏全模仿《康诰》《召诰》，则《召诰》之‘若翌日乙卯’‘越翌日戊午’，今文《尚书》殆本作‘越若翌乙卯’‘越若翌戊午’故舜奏仿之。然则，《盂鼎》之其为翌无疑也。又其字从日、从立，与《说文》训‘明日’之‘昱’正同，因悟卜辞上述诸体皆昱字也。后世假用翌字，今《尚书》作翼，则唐卫包所妄改。罗叔言参事以此说证之卜辞中诸甲子无不相合。惟卜辞之翌虽十九指斥明日，亦间指第三日第四日，与《说文》‘明日’之训稍异耳。又案卜辞或作者，殆为最初之假借字，即巤之初文。石鼓文‘君子员邋’字作，从。《说文·囟部》：‘巤，象毛巤也，象发在囟上及毛发巤巤之形。’则但象毛发巤巤之形，本一字也。古音巤立同声。今立在缉韵，巤在叶韵，古音此二部本自相近，故假为昱，后乃加日作为形声字，或更如《小盂鼎》作，为一形二声之字，又省日作，则去形，但存其二声。古固有一字二声者。《说文》‘竊’字注云‘禼廿（古文疾字）皆声’‘韰’字注云‘次朿皆声’，则此字从日立巤皆声，故不足怪也。商人又以翌日为祭名，卜辞屡云：‘某日卜贞：王賓某翌日，亡尤’，盖翌日既训明日，殆与肜日同为又祭之名矣。”（参见王国维：《戬寿堂所藏殷墟文字考释》，第27—28页）

唐兰云：“按当释羽，象羽翼之形，翼之本字也。王先生释巤，非是。巤字上半与子字之古文《召伯簋》作，《宗周钟》作者，正同象人首之有毛发，则二字不当相混也。羽古读与異近，羽及異皆喻母字，声得相转。《春秋隐五年经》‘初献六羽’，《左传》释之曰‘初献六羽，始用六佾也’，羽佾亦同为喻母字可以为证。故羽之孳乳为翼从羽从異声矣。《召诰》‘若翼日乙卯’、《金縢》‘王翼日乃瘳’，则用其孳乳字。罗振玉先生反谓作翼者为误（按：罗振玉云：‘《说文解字》：“昱，明日也。从日，立声。”段先生曰：“昱字古多假借翌字为之。《释言》曰：‘翌，明也’，是也。凡经传子史翌日字皆昱之假借。翌与昱同立声，故相假借。”其作翼者误也。’）卜辞诸昱字变状至多，初不能定其为何字。王君国维因《盂鼎》‘粤若昱乙卯’之昱作，谓卜辞中‘癸酉卜贞：日乙亥’之亦是昱字，予遍推之他辞，无不相合，知王君之说信也。”（参见罗振玉：《增订殷墟书契考释》卷中，第77页）“失之矣，卜辞或作者，当

释为翌，作者当释为昱，《小盂鼎》之，则当释为翊，并从羽得声。至汉时翼声与立声相近，故《说文》翌昱二字并从立声。江有诰《谐声表》云：‘昱，余六切，《说文》误作立声。’其实，许君所用乃当时之音耳。又按诗周颂小序云：‘丝衣，绎宾尸也。’毛传云：‘绎，又祭也。周曰绎，商谓之肜。’绎与肜亦均为喻母字也。魏君建功云：‘翼字之转从立声者，喻母本从群匣定三母转来，定母与来母同为舌头音，故得相转，如立为位字之本字可以为证。’绎为入声而肜为阳类字，翼为入声而羽为阴类字，并为同母，故得相转。”（参见唐兰：《殷契卜辞考释》，第2—3页）

按：“羽”（读为翌、昱）甲骨文作（铁3.1）、（铁3.1）、（铁3.2）、（铁3.4）、（铁15.3）、（拾1.2）、（前4.3.2）、（拾3.4）、（戬47.5），或增形符作（前6.51.2）、（后上20.5）、（戬13.9）、（甲564），或增声符立作（京津4346）、（甲559）、（前2.2.6）、（后上14.8）、（佚765），或既增形符日，又增声符立作（甲2074），隶定为羽、昱、翊（翌）、翊字而非鼠字，象羽翼之形，而假借为羽（翌）字。唐说是而王说非。“羽”增形符“日”作“昱”，示羽（昱）用为指斥时日之专字。“羽”增声符“立”作“翌”，“翌”又增形符“日”作“𣊓”、“𣊓”，又省羽作“昱”，即许君训“明日”之“昱”。卜辞中用为指斥时日之义时，均以“羽（昱、翌、𣊓）干支”词组出现。多指次日，间或指斥第三、第四日，王氏之说近是，犹未谛也。卜辞有云：“乙亥卜，賓贞：昱乙亥酌谻易日：乙亥酒，允易日。”（前7.4.1）此“昱乙亥”系指斥第六十一日，由此可知，卜辞“翌干支”之翌，虽多指斥第二日，间有指斥第三日、第四日者，亦有指斥一个甲子周期之未来日者。“羽”金文作（宰椃角）、（乍册𣪕卣）、又作（小盂鼎），惟其义则仅指斥次日也。

“羽”（翌、昱）金文中用为“次日”义，如《小盂鼎》：“雩（粤）若竭（翌）乙酉。”

103. 旦

（吴方彝）　（趞曹鼎）　（颂壶）　（伊簋）

（休盘）　（兆域图）　（扬簋）

《说文》：“旦，明也。从日见一上。一，地也。”

吴大澂云：“象日初出未离于土也。”（参见吴大澂：《说文古籀补》，第38页）

按：“旦”甲骨文作（粹1029）、（粹700），金文作（吴方彝）、（颂壶）、（休盘）、（兆域图），象日出大地之形。为日，为地。地之表象，或框廓，或填实，于表大地之义无以异也。甲骨文用框廓者，工具使之然也。金文用填实者，人工雕饰，更具写实之义也。后以为地之通象，且与其上之日脱离，则小篆之所本也。许说义说形俱是，吴说更富想象力也。

“旦”在金文中用为“天明”（晨旦）义，如《颂鼎》：“旦，王各（格）大室，即立（位）。”

104. 函

（函皇父匜） （函皇父簋）

（毛公鼎） （不娶簋）

王国维云：“象倒矢在函中（字见于此器及《毛公鼎》、《周娟敦》、《周娟匜》者，其中为倒矢形。殷墟卜辞中地名有字，作立矢形，亦即此字也），小篆字由此讹变。殆古文函字。古者盛矢之器有二种，皆倒载之。射时所用者为箙，矢栝与笴之半皆露于外，以便于抽矢。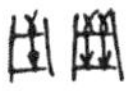诸字象之。藏矢所用者为函，则全矢皆藏其中，字象之。《考工记》：‘函人为甲’，谓作矢函之人兼作甲。盛矢之函欲其坚而不穿，故与甲同工，亦犹轮人为盖，旊人为簋，梓人为侯，车人为耒，数工相兼，不必甲有函名。后人因甲与函相类，又为函人所作，遂呼甲为函，非其朔也。函本藏矢之器，引申而为其他容器之名。《周礼·秋官·伊耆氏》：‘共其杖咸。’郑注：‘咸读为函。’故函者，含也，咸也，缄也。象函形，其缄处，且所以持也。矢在函中，有臽义，又与臽同音，故古文假为臽字。《毛公鼎》：‘勿以乃辟于囏’，吴氏式芬释臽。此敦字亦然。”（参见王国维：《观堂古文考释·不娶敦盖铭考释》，第7—8页，《王国维遗书》第六册）

按：“函”甲骨文作（前2.32.2）、（后下22.5）、（后下22.6）、

（新 4467），金文作（函皇父匜）、（不嬰簋），象矢囊之形，为囊，为提挈，为矢。王说是也。提挈至囊之上部，且讹变为，讹变为，而成小篆。

“函”在金文中用为人名字，如《函皇父簋》：“函皇父乍琱娟般（盘）盉尊器毁鼎”；或假借为臽（陷），如《毛公鼎》：“俗（欲）女（汝）勿以乃辟函（陷）于艱（艰）。”

105. 甬

（戍甬鼎）　（毛公鼎）　（师兑簋）

（录伯簋）　（曾侯乙簠）　（中山王譽鼎）

于省吾云：“用字初文作，象甬（今作桶）形，左象甬体，右象其把手。近年出土之云梦秦简还以用为桶（1976 年《文物》第七期），进一步证明了这一点。……用字初文本象日常用器的桶形，因而引申为施用之用。用甬本是一字，故甲骨文以迵为通。周代金文甬字作，上端加半圆形以区别于用，是后起的分别字。但《江小仲鼎》的‘自作甬器’，《曾姬无卹壶》的‘后嗣甬之’，仍以甬为用。……总之，用字的初文作，本象有柄之甬。其演化的规律是：由而而而。周代金文由用字分化出甬字作或。秦汉以来，用甬并行，后世遂不知用与甬之初文本是一字。”（参见于省吾：《甲骨文释林·释用》，第 360—361 页）

按：“用”甲骨文作（前 1. 21. 4）、（后下 38. 8）、（后下 43. 3）、（京津 4588）、（京津 4296）、（戬 46. 1）、（甲 2418）、（铁 116. 1），象桶之形，为桶身，为把手，金文甬字作（毛公鼎），乃由分化而来，甬用一字，于说是也。

“甬”金文中用同“铺”（车軛两端之筒形铜套），如《录伯㦰簋》：“余易女𩰫鬯卣、金车、桒䡈（较）、桒卤朱虢䩛（鞃）、虎冟宷裏、金甬（铺）、畫（輴）、金厄、畫轉、马四匹、鋚勒。”郭沫若云：“金甬即金铺。《舆服志》：‘乘舆，龙首衔軛，左右吉阳筩。’又‘轓车以上，軛皆有吉阳筩。’筩即此。吉阳谓吉祥也。”（参见郭沫若：《两周金文辞大系考释·录伯㦰簋》，第 64 页）或通假为

"通"，如《中山王礜鼎》："𡨦（寡）人𠑹（幼）𨔦（踵）未甬（通）智，隹俌（傅）母（侮）氏（是）㞚（从）。"

106. 齊

（齐且辛爵） （齐史疑觯） （齐卣）

（师旋簋） （𩖋镈） （国差𦉜）

（齐陈曼簠） （陈侯因资錞） （陈侯午錞）

（十年陈侯午錞）

《说文》："，禾麦吐穗上平也。象形。"段注云："从二（按篆形从二）象地有高下也。禾麦随地之高下为高下，似不齐而实齐。参差其上者，盖明其不齐而齐也。"

按："齐"甲骨文作（前 2. 15. 3）、（前 2. 15. 4）、（前 2. 15. 5）、（乙 8035）、（粹 72）、（珠 308），金文作（齐且辛爵）、（齐卣）、（齐史疑觯），象禾麦之穗出齐之形。意者，为最初之形，以横跨度太大，渐作形或形，周时遂为定形，嫌于不平齐，故于其下加一或二以为平齐之标志符号。许段二氏之说均是。

"齐"在金文中用为国名字，如《齐侯曼簠》："齐塦𡢁（曼）不敢逸康"；或用为人名字，如《齐卣》："齐乍父乙尊彝"；或假借为齍，如《伯姜齍》："白（伯）姜乍齐（齍）。"

107. 鼎

（父己鼎） （父辛鼎） （作父己鼎）

（霍鼎） （盂鼎） （曶鼎）

（趞曹鼎） （周㝨鼎） （先兽鼎）

（颂鼎） （虢文公鼎） （毛公鼎）

《说文》："，三足两耳，和五味之宝器也。昔禹收九牧之金，铸鼎荆山之下。入山林川泽，螭魅魍魉，莫能逢之，以协承天休。《易》卦巽木于下者为鼎，象析木以炊也。古文以贞为鼎，籀文以鼎为贞。”

王国维云：“按殷墟卜辞贞或作（前7.3.9），作（同上），作（前8.1.7），其文皆云‘卜鼎’，即‘卜贞’，此以鼎为贞者也。古金文鼎字每有上从卜如贞字者（如《守鼎》、《谌鼎》、《铸子鼎》、《杞伯鼎》、《夜君鼎》等，不胜枚举）。《书·洛诰》：‘我二人共贞’，马融注：‘贞，当也。’（见《释文》）贞无当训，马融知贞即鼎字，故训为当，此以贞为鼎者也。盖贞鼎二字形既相近，声又全同，故自古通用。许君见壁中书有贞无鼎，史篇有鼎无贞，故为此说。实则自殷周以来已然，不限古文籀文也。”（参见王国维：《史籀篇疏证》，第23页，《王国维遗书》第六册）

按：“鼎”甲骨文作（后下6.4）、（前5.3.4）、（戬47.4）、（铁65.4）、（铁202.4），金文作（父己尊）、（父辛尊）、（盂鼎）、（先兽鼎）、（虢文公鼎），象两耳三足与器腹之形，为两耳，为三足，入周后三足讹为、，为器腹，明晰如绘。许氏“三足两耳”之说固是，但“象析木”之说又非。鼎乃古代炊器兼食器，用以烹盛肉类，许氏说义谓“和五味之宝器”亦未谛。

又“贞”甲骨文作（拾12.11）、（乙8982）、（甲2304）、（前8.12.6）、（后上31.11）、（铁248.1）、（铁114.3）、（戬3.1）、（乙7673）、（佚553）、（河760），象鼎之形，盖即甲骨文“鼎”之草构，此以鼎为贞之例也。而金文鼑（贞）作（谌鼎）、（仲存父鼎）、（郡伯祀鼎）、（申鼎）、（蔡侯鼎）、（铸子鼎）、（酓肯鼎），于彝铭中皆用作鼎，如“谌肈乍其皇考皇母者比君鬻鼑（鼎）”（谌鼎）、“中（仲）斿父作寶尊彝鼑（鼎）”（仲父斿鼎）、“郡伯祀乍譱（善）鼑（鼎）”（郡伯祀鼎）、“鄦安之孙簷大吏（史）申乍其造（祰）鼑（鼎）十”（申鼎）、“蔡侯𪒠之飤鼑（鼎）”（蔡侯鼎）、“铸子叔黑𦣞肈乍宝鼑（鼎）”（铸子鼎）、“楚王酓肯乍𨯒（铸）铊鼑（鼎）”（酓肯鼎），此以鼑（贞）为鼎之例。许氏所谓“古文以贞为鼎，籀文以鼎为贞”，信哉，惟不必以古文、籀文为限耳。鼎为象形字，鼑（贞）为从卜鼎声之形声字，二字古音相同，自可通假。王氏之说是也。

“鼎”在金文中用为烹盛肉类之礼器义，如《乍父已鼎》：“乍父已宝鼎，其用”；或用为人名字，如《鼎甗》：“鼎乍父乙尊彝。”

108. 克

（井侯簋）　（大保簋）　（师旂鼎）

（令鼎）　（克钟）　（克鼎）

（善夫克鼎）　（曾伯簋）　（公克錞）

商承祚云：“《说文》：‘，肩也。象屋下刻木之形。，古文克。，亦古文克。’案甲骨文作，金文同。甲骨文又作，金文《散盘》作，象人戴胄持兵。知为胄形者，金文《𨊾侯鼎》：‘戈琥（皋）胄’作，《𧆞簋》‘甲胄干戈’作，上皆从，象兜鍪，以是知之。第二文下从，象介甲形。介，甲骨文作，戴胄服甲，欲其克也。故克之训为胜（《书·洪范》：‘沉潜刚克，高明柔克’注）。引申为能（《尔雅·释言》：‘克，能也。’《方言》：‘胜己之私谓之克。’）、为肩。《石经》克之篆文作，则小篆从乃之误矣。又注谓‘象屋下刻木之形’，乃下录部录字之错简。石经古文作。”（见商承祚：《说文中之古文考》，第 68 页）

按：“克”甲骨文作（拾 15.5）、（前 3.27.2）、（铁 74.3）、（掇 2.468）、（前 8.9.2）、（甲 1249），金文作（利簋）、（井侯簋）、（曾伯簋）、（公克錞），象一人头著胄而手撑腰之形，示胜任之意。为胄，为人形，或以手撑腰，或否。商说近是。胄形讹而为，人形讹而为，而成小篆之。许氏说义谓“肩也”，得其仿佛。于说形谓“象屋下刻木之形”则风马牛不相及。“象屋下刻木”当为“录”之义解，误移至此也。

“克”在金文中用为“制胜”义，如《何鼎》：“隹珷（武）王既克大邑商，则廷告于天”；或用为“能够”义，如《𤼈钟》：“文考克明氒心”；或用为人名字，如《善夫克鼎》：“克乍朕皇且釐季宝尊彝。”

109. 录

（大保簋）　（录卣）　（录伯簋）

（散盘）　（师晨鼎）　（颂鼎）

李孝定云："窃疑此为井鹿卢之初字。上象桔槔，下象汲水器，小点象水滴形。今字作辘，与轳字连文。《说文》无辘轳字而古语有之，但作鹿庐。古诗'腰中鹿卢剑'。《汉书·隽不疑传》注：'晋灼曰："古长剑首以玉作井鹿卢形。"'"（参见李孝定：《甲骨文字集释》，第2347—2348页）

按："录"字甲骨文作（前6.1.8）、（后下13.14）、（菁5.1）、（甲598），金文作（大保簋）、（录卣）、（颂簋），象桔槔录水之形。为桔槔，为汲水之器，为淋漓外溢之水。李说是也。后录用为偏旁，失其"录水"之本义，乃又加形符水作渌以还其原，或又作漉。渌、漉均训"录水"之形声字。《说文》云："，刻木录录也。象形。"殊不可解。疑原本作"象屋下刻木录录之形"。而"象屋下刻木之形"错入"克"字说解。此条重出"刻木"二字，又于"录录"后加"也"和"象形"，而成费解之"刻木录录也。象形"之说解。

"录"在金文中用为人名字，如《录伯𢦚簋》："录白𢦚敢拜手𩒨首，对扬天子不显鲁休"；或假借为"禄"，如《颂簋》："通录（禄）永令（命）"；或假借为麓，如《散盘》："虞丂录贞。"王国维云："虞录皆官名。"录通麓，而禁为麓之古文。（《说文》："麓，守山林吏也。"）

110. 穆

（通簋）　（作册魖卣）　（长由盉）

（克鼎）　（虢叔钟）　（秦公钟）

（邾公华钟）　（蔡侯盘）

于省吾云："甲骨文字本象有芒颖之禾穗下垂形。《说文》：'颖，禾末也。从禾，顷声。'段注：'浑言之则颖为禾末，析言之则禾芒为秒。'《说文》穆字（按《说文》云：'，禾也。从禾㣎声。'又：'㣎，细文也。从彡，𡭴省声。'）

段注：‘凡言穆穆、於穆、昭穆皆从幽微之义。’按段氏知其然而不知其所以然。实则，由于禾颖微末，故引申为幽微之意。至于金文穆字皆从彡，《说文》训彡为‘毛饰画文’，则从彡有美观之义。《诗·清庙》毛传训穆为美，《尔雅·释诂》也训穆为美。总之，甲骨文穆字不从彡，乃穆之初文。其从彡者乃后起之孳乳字。”（参见于省吾：《甲骨文字释林·释穆》，第 146 页）

按：“穆”甲骨文作（甲 3636）、（外 54），象饱满禾实下垂之形，示壮美、美满、静美之意。金文作（遹簋）、（虢叔钟），为装饰性笔画，与表意无涉，古文字构形通例固有如此者。春秋时，禾株与禾实脱离，致成二分之字。于氏谓“甲骨文穆字本象有芒颖之禾穗下垂形”则是，谓“金文穆字皆从彡，《说文》训彡为‘毛饰画文’，则从彡有美观之义”则非。至许氏说义谓“禾也”，近是，其说形谓“从禾，㣎声”，又谓“㣎，从彡㝉省声”，随意割裂字形以强说字义，大误。

“穆”金文中用为“美好”义，如《邾公华钟》：“思（淑）穆不㒸（坠）于氒身”；或用为王号名字，如《遹簋》：“敢对扬穆王休”；或用为“恭敬”义，如《井人钟》：“妄不敢弗帅用文且皇考穆穆秉德。”（《尔雅·释训》：“穆穆，敬也。”）

111. 耑

（邻王义楚耑）　（邻王耑）　（邻王耑）

高鸿缙云：“，物初生之题也。上象生形，下象其根也。徐铉曰：‘中一，地也。’徐灏曰：‘自其颠言之，则为末；自其初生而言，则为本，故耑训为末，亦训为本。《广雅》：“耑，末也。”郑注《礼记·礼器》：“端，本也。”引申为凡始之称。’按草木初生之题原作，加一为地之通象，故耑为指事字，名词，引申为两耑之耑。后通假端以代之。端行既久，而耑字少用，其实端之本意为端正，从立，耑声，与耑别。”（参见高鸿缙：《中国字例》，第 51 页）

按：“耑”甲骨文作（前 4. 42. 1）、（前 4. 42. 2）、（后下 7. 3），金文作（邻王义楚耑）、（邻王耑），象草木初生之题之形。为草木初生之题，一为地，为根。许氏说义说形俱是也。高氏之申论亦是。

“耑”在金文中用为祭器义，实即觯，如《邻王义楚耑》：“义楚之祭耑。”王国维谓“觯觛𦉜𦉢实一字”。（参见王国维：《觯觛卮𦉜𦉢》，《观堂集林》，第 273—275 页）

112. 向

（向卣）（叔向簋）

（向簋）（向字布）

《说文》云："，北出牖也，从宀从口。《诗》曰：'塞向墐户'"。

罗振玉云："象北出牖，或从，乃由而讹。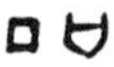形近，古人往往不别。古人作书不如后世之严也。"（参见罗振玉：《增订殷墟书契考释》卷中，第12页）

按："向"甲骨文作（前2.29.7）、（前2.20.6）、（前2.20.5）、（前2.3.5）、（前4.19.8），金文作（向卣）、（叔向簋），象屋上之牖之形。为屋，为牖，而非口舌字。罗说是也。仅以或未足示其为牖，故附以衬托之。我国地处北半球，房屋构造通面南以纳阳光。许氏谓从宀从口，是也。隆冬之时，塞北出之牖以御风寒。"北出"之意于字形无由知之，而由心虑知之也。

"向"在金文中用为人名字，如《叔向父簋》："弔（叔）向父乍婞始（姒）尊簋。"

113. 宜（俎）

（邲卣二）（貉子卣）

（天亡簋）（秦公簋）

（令簋）（中山王𰯌鼎）

容庚云："象置肉于且上之形，疑与俎为一字。《礼仪·乡饮酒》：'宾辞以俎'，注：'俎者肴之贵者。'《诗》：'女曰鸡鸣，与子宜之'，传：'宜，肴也。'又《尔雅·释言》李（巡）注：'宜，饮酒之肴也。'俎宜同训可证。又《广雅·释器》：'俎，几也。'《一切经音义》引字书'俎，肉几也'。置肉于几，有安之义，故引申为训安之宜（按：《说文》云："，所安也。从宀之下，一之上。多省声。，古文宜。，亦古文宜。"）。古玺'宜民和众'作，汉封泥'宜春左园'作，尚存俎形之意，与许氏说异。"（参见容庚：《金文编》，第25页）

按："宜"甲骨文作（铁16.3）、（甲687）、（前7.17.4）、（前7.20.3）、（粹68）、（菁3.1）、（戬46.4），金文作（邲卣二）、

（天亡簋）、（令簋），象置肉于且上之形。为散肉，为且。《说文》：“且，薦也。从几，足有二横，其下地也”，由是知且，架也，案也。散肉在且内为宜（宜），散肉移出且外为俎。《说文》：“俎，礼俎也。从半肉在且上。”又“，所安也”，置肉于几，饮食之资，人心之所安也。许氏训“所安”虽为引申义，但由之推寻“置肉于几”之本义不难矣。容氏征引典籍以证俎宜同训为肴，亦坚确无可疑。至许氏说宜之形谓“从宀之下，一之上，多省声”，误矣。乃由且（）割裂讹变而得，“多省”指，乃由散肉讹变而得。许氏仅依小篆形体立论，宜其说形多误也。

“宜”在金文中用为祭名，如《郯卣二》：“王曰：尊文武帝祖乙宜。”《尚书·泰誓》：“宜于冢土。”孔安国传：“祭社曰宜。冢土，社也”）；或用为“合宜”义，如《貉子卣》：“王牢于厌，咸宜。”《荀子·大略》：“不时宜，不敬文，不欢欣，虽指，非礼也。”杨倞注：“宜，谓合宜。”或用为诸侯国名，如《宜侯夨簋》：“王立（位）于宜宗土（社），南嚮（向）”；或假借为“义”，如《中山王礐鼎》：“以征不宜（义）之邦。”《礼记·礼器》：“礼，时为大，顺次之，体次之，宜次之，称次之。”孔颖达疏：“宜，义也。”

114. 宫

（夨方彝）　（庚嬴卣）　（善鼎）

（克钟）　（颂鼎）

罗振玉云：“从从，象有数室之状，从象此室达于彼室之状，皆象形也。《说文》谓从躳省声（按：《说文》云：“，室也。从宀躳省声”），误以象形为形声矣。”（参见罗振玉：《增订殷墟书契考释》卷中，第12页）

按：“宫”甲骨文作（前2.20.5）、（戬11.9）、（前2.22.1）、（前4.15.3）、（菁10.2）、（前2.3.7），金文作（夨方彝）、（庚嬴卣），象宫室排列之形。字原只作（乙1980）、（甲3915）、（甲3447）、（佚734），嫌表意未晰，乃加以为衬托。罗说是也。后讹作，石鼓文作，此乃小篆所本。许氏说义谓“室”也，是，其说形谓“躳省声”则非。

“宫”在金文中用为“宫殿”义，如《夨方彝》：“明公用牲于（于）京宫”；

或用为五音之一，如《曾侯乙钟》："割肄之宫"；或用为人名字，如《舍父鼎》："辛宫锡舍父帛金。"

115. 吕

（貉子卣）（吕鼎）（静鼎）

（吕王壶）（郘公华钟）

《说文》："，脊骨也。象形。昔太嶽为禹心吕之臣，故封吕侯。，篆文吕，从肉从旅。"段注："沈氏彤《释骨》曰：'项大椎以下二十一椎通曰脊骨，曰脊椎，曰膂骨。或以上七节曰背骨，第八节以下曰膂骨。'"

按："吕"金文作（貉子卣）、（吕鼎），象脊椎骨骨节相连之形。膂则后出之形声字，从肉旅声。许氏谓"从肉从旅"，误。

"吕"在金文中用为诸侯国名字，如《吕子壶》："吕王䢊（造）乍大姬尊壶，其永宝用享"；或用为地名字，如《貉子卣》："王各（格）于吕"；或用为人名字，如《吕鼎》："王易吕𩰫（秬）三卣"；或假借为"铝"（锡类合金），如《郘公华钟》："玄镠膚（鑪）吕（铝）。"

116. 㒳（两）

（小臣宅簋）（守簋）（大簋）

（𦾔簋）（函皇父簋）

《说文》："，再也。从冂，㒼。《易》曰'参天㒳地'。"

按："车"甲骨文作（铁114.1）、（明藏641）、（存下379）、（簠·游122）、（珠290）、（前7.5.3）、（存上473），早期金文"车"作（叔车觚辙）、（盂鼎），象车之形。为轮与轴，为辕辀，、为衡，为双轭。衡、双轭与辀相配作、、、，如以双轭、辀与两端下曲之衡相配，应作，此即小篆之所本。由是知，㒳象车前双轭之形。许氏说义谓"再也"，乃引申义。其于说形谓"㒼"，乃因许氏未得寓目甲骨文，恐亦未得寓目早期金文也。"㒳"与"兩"同字。古文字构形通例固有如是者，如"雨"作，亦作，字之上部为一横画，每于其上又加一横画也。

“㒳”（两）在金文中用为“双对”义，如《守簋》：“夷宾马㒳”，《函皇父簋》：“自豖鼎降十又一，簋八、两罍、两壶”；或用为车量词“辆”，如《盂鼎》：“孚（俘）车卅两（辆）。”

117. 帚

（女帚卣）　（天鼋帚㚸鼎）

（帚女簋）　（比簋）

罗振玉云：“卜辞帚字从，象帚形，，其柄末，所以卓立者，与金文戈字之同意。其从者，象置帚之架，扫毕而置帚于架上，倒卓之也。许君（按：《说文》云：“，粪也。从又持巾扫门内。古者少康初作箕帚秫酒。少康，杜康也，葬长垣。”段氏改“粪也”为“所以粪也”。注云：“‘所以’二字浅人删之，今补。”）所谓从又，乃讹，从巾乃之讹，谓为门内，乃架形之讹讹，亦因形失而致误也。”（参见罗振玉：《增订殷墟书契考释》卷中，第 48 页）

按：“帚”甲骨文作（铁 36. 4）、（铁 53. 1）、（铁 122. 3）、（前 4. 27. 4），金文作（女帚卣）、（帚女簋）、（比簋），象倒置扫帚于架之形。罗说是也。其作者，省架也。

“帚”在金文中用为“婦”，如《比簋》：“比乍白帚（婦）尊彝。”

118. 市

（盂鼎）　（免鼎）　（师酉簋）

（休盘）　（颂壶）　（趞簋）

（毛公鼎）

《说文》云：“，韠也。上古衣，蔽前而已，市以象之。天子朱市，诸侯赤市，大夫葱衡。从巾，象连带之形。，篆文市从韦从犮。”

按：“巾”字甲骨文作（前 7. 5. 3）、（录 135），金文作（师兑簋）、（曶壶），象佩巾下垂之形。（《说文》：“，佩巾也。从冂，丨象系也。”其说义是，其说形未谛）市为佩巾之上著，，博带也。许说是也。“市”为象形字，韍、韨、芾、袚、绋、茀均形声字。

“市”在金文中用为蔽膝义，如《师嫠簋》：“嫠叔（素）市巩（恐）告于王。”

119. 白

（盂鼎） （小臣宅鼎） （曶鼎）

（录伯鼎） （大鼎） （师酉簋）

（克钟） （不娶簋） （虢季子白盘）

郭沫若云：“金文凡伯仲之伯均作白。《说文》云：‘白，西方色也。阴用事，物色白。从入合二。二阴数。’然金文白字除《白侯父盘》作稍呈异形之外，余均作，仅或长或短或正或斜而已，均无所谓从入合二痕迹。余谓此实拇指之象形。《易·咸》之初六，‘咸其拇’。马、郑、薛、虞皆云：‘拇，足大指也。’《说文》：‘拇，将指也。’《左传·定十四年》：‘阖庐伤将指，取其一屦’。注云：‘其足大指见斩，遂失屦。’是将指乃大指之别称也。郑玄持异说。其注《礼仪·大射礼》‘设决朱极三’云：‘三者，食指、将指、无名指，小指短不用，是以中指为将指，盖不免于千虑一失。段玉裁牵许以就郑。’云：‘合三经而言之，手以中指为将指、为拇，足以大指为将指、为拇，此手足不同称也’。此实不经，亦非较长之意也。拇与白同属唇音，古音之鱼二部亦每同韵，是则拇白一音之转也。拇又名巨擘，擘白亦一音之转也。拇为将指，在手足俱居首位，故引申为伯仲之伯，又引申为王伯之伯，其用为白色字者乃假借也。《白侯父盘》之亦正拇指之象，于指端着爪甲耳。要之，许书说白为‘西方色’云云，实亦出于傅会。金文用白色义者罕见，《作册大鼎》云：‘公赍（赏）作册大白马’仅此而已。”（参见郭沫若：《金文丛考·金文余醳·释白》，第181—182页）

按：“白”甲骨文作（铁43.1）、（铁53.4）、（前7.29.2）、（后下4.11）、（粹1316），金文作（盂鼎）、（克鼎），象拇指之形，郭说是也。许氏说形说义均非是。

“白”在金文中用为“伯”，如《克钟》：“用乍朕皇且考白（伯）宝劕钟”；或用为爵位名，如《鲁伯盘》：“鲁白（伯）厚父乍仲姬賖（俞）賸（媵）般（盘）”；或用为“白色”义，如《作册大鼎》：“公赍（赏）乍册大白马”；或用为人名字，如《虢季子白盘》：“虢季子白乍宝盘。”

120. 黹

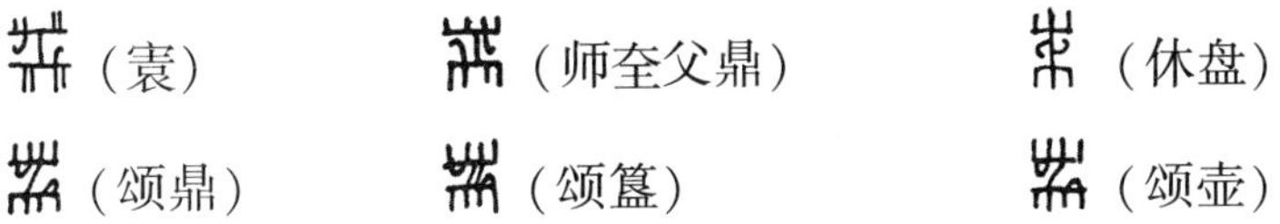

（袁）　（师奎父鼎）　（休盘）

（颂鼎）　（颂簋）　（颂壶）

《说文》云：“，鍼缕所紩衣，从㡀、丵省。”

《说文系传》云：“，鍼缕所紩衣，从㡀、丵省，象刺文也。臣锴曰：紩，刺绣也。业象刺文也。”

高鸿缙云：“《说文》：‘黹，鍼缕所紩衣’，金文作，象绣花之形。”（参见高鸿缙：《颂器考释》，第40页）

按：“黹”甲骨文作（前4.38.7）、（新4632），金文作（袁盘）、（颂壶），象刺绣花纹之形。为上下刺纹，示互相钩连。为小篆黹之所本。高说是也。大小徐说义近是，说形则非。仅以小篆形体立论，宜其说解未惬人意也。

“黹”在金文中用为“刺绣”义，如《休盘》：“王乎乍册尹册易休玄衣黹屯（纯）。”

121. 弔（叔）

（乍且乙簋）　（寡子卣）　（免簋）

（叔向父簋）　（曶鼎）　（扬鼎）

（司寇良父簋）　（士父钟）　（铸子簠）

罗振玉云：“此字从，象弓形，象矢，象谁射之缴，其本意全为谁射之谁，或即谁之本字而借为伯叔与。”（参见罗振玉：《增订殷墟书契考释》卷中，第44页）

按：“弔”甲骨文作（前3.32.3）、（前5.17.2）、（后下13.3），金文作（寡子卣）、（叔向父簋）、（铸子簠），象谁射之形。为缴与矢，嫌表意未晰，加（弓）以为衬托也。《说文》：“，问终也。古之葬者，厚衣之以薪。从人持弓，会敺禽。”说义说形俱误。许氏仅据小篆形体立论，自不能保其说解无误。

“弔”（叔）在金文中用为“伯叔”义，如《守鼎》：“用乍朕文考釐叔尊鼎（鼎）”；或假借为“淑”，如《寡子卣》：“章（敦）不叔（淑）”；或用为人名字，如《叔向父簋》：“叔向父乍竴始（姒）尊簋。”

122. 免

（免簋）

（免盘）

（免卣）

（免尊）

（史免匡）

高鸿缙云：“指金文字见《免簋》，原象人戴冕形。由物形生意，故为冠冕之冕。名词。金文又有异文作，见《公伐徐鼎》，从，面声。《三体石经》免古文作，篆文作，俱从人戴冕形，《说文》夺之。汉人误书作免。后人推补篆文亦遂讹作矣。免自借用为脱免字，久而不返，乃又加（帽之次初文）为意符作。《说文》：‘，大夫以上冠也。邃延垂瑬纨纩。从，免声。古者黄帝初作冕。，冕或从系。’知字由免加在许氏之前也。”（参见高鸿缙：《中国字例》，第240—241页）

按：“免”金文作（免簋）、（史免匡），象人戴冕形，盖即冕之初文，为冕形，嫌意未晰，故著以为衬托。高说是也。《说文》夺去此字。而有从声之形声字冕。段玉裁补，谓“，兔逸也”，非是。

“免”在金文中用为人名字，如《免尊》：“王蔑免曆。”

123. 身

（脉伯簋）

（叔向簋）

（士父钟）

（郳公华钟）

（盠驹尊）

李孝定云：“契文从人而隆其腹，象人有身之形，当是身之象形初字。”（参见李孝定：《甲骨文字集释》，第678页）

按：“身”甲骨文作（乙7568）、（乙6344），金文作（叔向簋）、（盠驹尊），象妇人重身腹部隆起之形。李说是也。《说文》云：“，躳也。象人之身，从人声。”其说义近是，析形则非。许氏仅依小篆形体立论，宜其说解未谛也。

“身”在金文中用为人体字，如《毛公鼎》：“目乃族干吾（捍御）王身”；或用同

"我"（第一人称代词），如《𢦚鼎》："𢦚肇从𢦚征，攻䦉（躍）无啻（敌），相于人身"，郭沫若曰："《尔雅·释言》：'身，我也。'言己之武勇为人与我所共睹也。"

124. 衣

（盂鼎）　（天亡簋）　（沈子也簋）

（曶壶）　（免簋）　（休盘）

（颂壶）　（寰盘）

高鸿缙云："《说文》：'，依也。上曰衣，下曰裳。象覆二人之形。'按字原象衣一身及两袖之形，非覆二人也。说解误。……王筠曰：'人无羽毛鳞介，以衣为所依也。'是为音训。"（参见高鸿缙：《中国字例》二篇，第99页）

按："衣"甲骨文作（铁12.2）、（前1.10.2）、（前1.30.4）、（前2.11.5）、（前3.27.7）、（后上11.7）、（后下20.3）、（戬26.3），金文作（盂鼎）、（曶壶）、（休盘）、（寰盘），象衣之形，为衣领，为衣袖，为衣襟，或左掩右，或右掩左，或对襟，无论也。高说是也。许氏《说文》谓"依也"，乃音训也，其说形谓"象覆二人之形"非是。衣为一人之服，岂有覆二人之理。

"衣"在金文中用为上衣义，如《休盘》："王乎作册尹册易休玄衣黹屯（纯）"；或通殷，为朝代名字，即商，如《沈子也簋》："念自先王先公迺枚（敉）克衣（殷）"；或通殷，盛大也，如《天亡簋》："衣（殷）祀丂（于）王不显考文王。"（《公羊传·文公二年》："五年而再殷祭。"何休注："殷，盛也。"《礼记·曾子问》："服除而后殷祭。"孔颖达疏："殷，大也。"）

125. 老

（殳季良父壶）　（夆叔匜）　（归父盘）

（𬬼镈）　（中山王𰯼鼎）

《说文》云："，考也。七十曰老。从人毛匕，言须发变白也。"

叶玉森云："契文之象一老人戴发伛偻扶杖形，乃老之初文，形谊明白如绘。变作，从，乃形之讹，从与从同，象古文干梃以代杖者。"（参见

叶玉森：《殷墟书契前编集释》卷二，第2页）

按："老"甲骨文作（后下35.2）、（甲2487）、（乙8712）、（前4.46.1）、（前2.2.6），象长发老人伛身扶杖形，、、为长发，、为人，为扶杖，叶说是也。金文作（殳季良父壶），扶杖形讹为。又作，长发讹为，扶杖又讹为。为小篆之所本。许氏说义谓"考也"，为引申义；其说形谓"从人毛匕"，未谛也。

金文中"老"用为"年老"义，如《黏镈》："用旛（祈）寿老母（毋）死"；或用同"考"，如《夆叔匜》："寿老（考）无期。"

126. 尸

（尸乍父己鼎）（竞鼎）（睘卣）

（盂鼎）（录卣）（无㠱簋）

（师酉簋）（虘簋）（㝬钟）

（兮甲盘）

《说文》云："，陈也。象卧之形。"

容庚云："金文作，象屈膝之形。意东方之人其状如此，后假夷为尸，而尸之意晦。祭祀之尸，其陈之而祭，有似于尸，故亦以尸名之。《论语·乡党》：'寝不尸'，苟尸为象卧之形，孔子何为寝不尸？故知尸非象卧之形矣。"（参见容庚：《金文编》卷八，第17页）

按："尸"甲骨文作（甲277）、（粹412）、（粹1187），金文作（尸乍父己鼎）、（盂鼎）、（㝬钟），象人弓身屈膝之形，即夷之初文，盖取边远邦族对商周统治者屈身称臣之意。容说是也。许氏说义谓"陈也"，系尸之引申义（死尸）；其说形谓"象卧之形"，非是。

"尸"在金文中用同夷，商周统治者对边远邦族之侮称，如《翏生盨》："王征南淮尸（夷）"；或用为人名字，如《睘卣》："王姜令乍册睘安尸（夷）白（伯），尸白宾睘贝布。"

127. 俞

（黏镈）（豆闭簋）（俞伯簋）

（不嬰簋） （鲁伯厚父盘）

《说文》云："，空中木为舟也。从从舟从，水也。"

高鸿缙云："按见春秋时《𪓐镈》，读为渝，即俞字之初文也。全象独木舟在水上之形。东南亚岛民至今犹用之。后加舟为意符作，省作，《说文》就小篆立言，说字意是，说构造非。"（参见高鸿缙：《中国字例》二篇，第145页）

按：《𪓐镈》之象舟在水上之形，为舟之体，下之为舵，为水，高说可从。后嫌为舟之义不显，又加作（鲁伯俞父盘），一如原之与源、𣶒之与淵、梁之与樑、奉之于捧等，直如叠床架屋之建构也。

"俞"在金文中用为人名字，如《鲁伯厚父盘》："鲁伯厚父仲姬俞賸（媵）盘"；或用为地名字，如《不嬰簋》："厰允（玁狁）广伐西俞"；或假借为渝，如《𪓐镈》："枼（世）万之于辝（台）孙子，勿或（有）俞（渝）改。"

128. 方

（天亡簋） （保卣） （作册令方尊）

（盂鼎） （毛公鼎） （虢季子白盘）

（秦公簋） （召卣） （不嬰簋）

（录伯簋） （番生簋）

徐中舒云："甲骨文及铜器之方，象耒的形制，尤为完备，故方当训为一番土谓之坺之坺。初无方圆之意。方之象耒，上短横象柄首横木，下长横即足所蹈履处，旁两短画或即饰文。小篆力作，即其遗形。古者秉耒而耕，刺土曰推，起土曰方，方或借伐發墢等字为之。'直庛则利推，（庛即耒下端歧出者）句庛则利发。'（《考工记·车人》）'耜广五寸，二耜为耦。一耦之伐，广尺深尺，谓之甽。'（《考工记·匠人》）'及籍……王耕一墢，班三之，庶民终于千亩。'（《国语·周语》）孙诒让《周礼正义》说伐即坺之借字，其字又通作發，俗作墢。盖方、坺、伐、發、墢古皆读重唇音，故得互通。《诗·小雅·甫田》：'以社以方，我田既臧'，《诗·大雅·云汉》：'祈年孔夙，方社不莫'，方社当即农家祈年之祭，社为后土，方自为连类而及之事。《礼记·月令》：'季冬，天子乃祈来年于

天宗，大割，祠于公社及门间。’据此文，则社即祠于公社，方即祠于门间。《诗·小雅·楚茨》：‘祝祭于祊’，传：‘祊，门内也。’《说文》引作鬃云：‘门内祭’，正与此合。祊、社同为祈年之祭，故字每可互通。《左传·襄二十四年》：‘以守宗祊’，《国语·周语》：‘今将大泯其宗祊’，宗祊即宗社。方社并称，祊社互称，故知方即坺之本字。又《诗·小雅·大田》：‘既方既皁，既竖既好’，《诗·大雅·生民》：‘茀厥丰草，种之黄茂。实方实苞，实种实褎，实发实秀，实坚实好，实颖实栗。’此两方字次序均在莳艺之先，亦当为坺土之事。《说文》：‘小，并船也。象两舟总头形。从两舟省。’今观甲骨铜器中方字，全无象两舟总头形之意。盖方可训并，而不可训并船。《尔雅·释水》：‘大夫方舟’，李注：‘并两船曰方舟。’《庄子·山木篇》：‘方舟而济于河。’《释文》司马注：‘方，并也。古者耦耕，故方有并意。’”（参见徐中舒：《耒耜考》《中央研究院历史语言研究所集刊》二本一分，第17—18页）

按：“方”甲骨文作（铁10.3）、（铁56.2）、（铁149.2）、（铁154.3）、（铁32.4）、（铁218.2），金文作（天亡簋）、（不嬰簋）、（召卣），象耒之形，为耒体，为耒柄之首之横木，利把持，、为耒柄之中之横木，利蹈藉。徐说是也。许氏说义谓“并船也”，未确，其说形谓“象两舟省总头形”（徐氏引为“象两舟总头形，从两舟省”，误），殊非。

“方”在金文中用为“矩方”义（与圆相对），如《史速方鼎》：“史速乍宝方鼎”；或用为“四周”义，如《召卣》：“王自彀吏（使）賫贾（赏）毕土方五十里”；或用为“地域”义，如《虢季子白盘》：“经縷（维）四方”；或用为“方国”义，如《乙亥鼎》：“唯王正（征）井方”；或用为“正在”（副词）义，如《中山王礜鼎》：“含（今）余方壮，智（知）天若否。”

129. 首

（沈子也簋） （通簋） （井侯簋）

（师遽簋） （录伯簋） （师奎父簋）

（曶鼎） （静鼎） （颂鼎）

（虢季子白盘） （师酉簋） （克盨）

（翏生盨）

《说文》："，百同，古文百也。巛象发，谓之鬊，鬊即巛也。"

按："首"甲骨文作（前6.7.1）、（乙3401）、（乙7828）、（甲653）、（摭续268），金文作（遹簋）、（井侯簋）、（静簋），象头之形。为毛发，为面部。等形为小篆形体之所本，或"首"上去发作（𪅃簋），或于"首"下加人作（卯簋），盖首、百、頁初为一字。《说文》据形系联，遂分为三部，固各有统属之字，条理之也。

"首"金文中用为"头首"义，如《虢季子白盘》："折首五百，执噝（讯）五十"；或假借为"手"，如《曶壶》："曶拜首（手）䭫首。"

130. 须

（须𤔲生鼎）　（周雒盨）　（昜叔盨）

（伯沕其盨）　（弭叔盨）　（郑义伯盨）

《说文》云："，面毛也。从页从彡。"

高鸿缙云："雷浚《说文外编》曰：《说文》无鬚字。《玉篇》曰：'鬚本作须。'按金文字屡见于盨上，偏旁均象页（头）旁生鬚形。字倚页画鬚形，由物形生意，故为鬚意，名词。后须借用为必须意，副词，久而不返，秦人乃加髟（髪字之次初文）为意符作鬚。"（参见高鸿缙：《中国字例》二篇，第235页）

按："须"甲骨文作（乙872）、（乙2601），金文作（周雒盨）、（伯沕其盨）、（弭叔盨），象页旁生鬚之形，为鬚之初文。高说是也。《说文》说义谓"面毛也"，甚是；其说形谓"从页从彡"，不确。

"须"在金文中用为人名字，如《须𤔲生鼎》："须𤔲生之饫鼎"；或通"盨"，如《遣叔盨》："遣叔吉父乍虢王姞旅须（盨）。"

131. 文

（天亡簋）　（令簋）　（君史簋）

（友簋）　（保卣）　（录簋）

（睘卣）　（豆闭簋）　（师遽方彝）

（休盘）　（井人钟）　（追簋）

（曶壶）　（毛公鼎）　（虢文公鼎）

（屭羌钟）　（盂鼎）

《说文》：云：“，错画也，象交文。”

朱芳圃云：“文即文身之文，象人正立形，胸前之则刻画之文饰也。《礼记·王制》：‘东方曰夷，被发文身，有不火食者矣。’孔颖达疏：‘文身者，谓以丹青文饰其身。’《谷梁传·哀公十三年》：‘吴，夷狄之国也，祝发文身。’范宁注：‘文身，刻画其身以为文也。考文身为初民普遍之习俗，吾族祖先，自无例外。’”（参见朱芳圃：《殷周文字释丛·释文》，第67页）

按：“文”甲骨文作（前1.18.1）、（前4.58.1）、（铁38.3）、（后上19.7）、（后下4.11）、（甲3940）、（新2837），金文作（天亡簋）、（师酉簋）、（保卣）、（录簋）、（休盘），象人胸前画文之形。朱说是也。许氏说义谓“错画也”系指引申义，其说形谓“象交文”，亦未谛。“玟”为文王专字。

“文”在金文中用为“文治”义（与武功相对），如《屭羌钟》：“武王咸剌（烈）”；或用为“文德”义，如《师遽方彝》：“用乍文且也公尊彝”；或用为人名字，如《文簋》：“文乍宝尊彝。”

132. 苟（苟、敬）

（盂鼎）　（盂鼎）　（大保簋）

（师虎簋）　（班簋）　（楚季苟盘）

（师嫠簋）　（师酉簋）　（克鼎）

（蔡侯盘）

《说文》云：“，自急敕也。从羊省，从包省，从口。口犹慎言也。从羊，羊与義、善、美同意。”

郭沫若云："苟用为敬，与《师虎簋》同，《大盂鼎》、《大保簋》又均以苟为之，余谓苟乃狗之象形文，卜辞多见，用以为牲，又以为沃甲之沃，狗沃音相近也。苟又作苟，乃从口声，后误为从草之苟。形虽失而音尚存。其用为敬者，敬即警之初文。自来用狗用警卫，故字从苟从攴，与牧羖駿等同意。省之，则单著狗形作苟若苟，即可知为敬为警，犹箕帚乃妇女之事，故婦字从帚，而卜辞更以帚为婦矣。苟苟字《说文》两收，苟训为草，苟训为自急敕，而未言其音，后人因急敕之训而傅会以己力切。《玉篇》更以苟亟为一字。然《大盂鼎》有从亟之字作極，又同见两苟字，二字并不相混，知后起之说均不足信也。"（参见郭沫若：《两周金文辞大系考释·班簋》，第22页）

按："苟"甲骨文作（后下36.6）、（前8.7.1），金文作（盂鼎）、（大保簋），象狗贴耳而坐之形，以示警惕之义。郭说可参。狗遇急情必狂吠，故加口作苟，后又加攴作敬。许说义谓"自急敕也"，则是；其说形谓"从羊省，从包省，从口"，则非。徒以小篆形体立论，宜其不能全是也。

"苟"在金文中用同"敬"，如《大保簋》："大保克（敬）亡卣（遣）。"

133. 鬼（鬼）

（鬼壶）　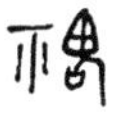（陈贶簋）

（盂鼎）　（梁伯戈）

《说文》云："，人所归为鬼。从人，象鬼头。鬼阴气贼害，从厶。，古文从示。"

按："鬼"甲骨文作（拾4.10）、（前4.18.2）、（前4.18.3）、（后下3.17）、（前4.18.4），金文作（鬼壶），象人有异形头之形。为人，为异形头。盖人死之为鬼为先民之意识，遂仿人形为字，又须有别于生人之头，故作、以识之。甲骨文、金文又均有加示作魂者，与《说文》古文正同。至于形声字畏、魃，乃鬼之异构也。

"鬼"在金文中用为"鬼神"义，如《陈贶簋》："龏（恭）寰（夤）魂（鬼）神"；或用为方国名字，如《小盂鼎》："王［令］盂吕□□伐畏（鬼）方"；或用为人名字，如《鬼壶》："鬼作父丙宝壶。"

134. 畏

（盂鼎）（盂鼎）（毛公鼎）

（毛公鼎）（王孙钟）（沈儿钟）

罗振玉云："《说文》：'，恶也。从甶，虎省。鬼头而虎爪，可畏也。，古文省。'古金文作（盂鼎），从及手形，或省手形从（当是攴省），此则从鬼持，鬼而持攴，可畏孰甚。古金文或作。既从又加攴，初形已失矣。"（参见罗振玉：《增订殷墟书契考释》卷中，第62页）

按："畏"甲骨文作（乙669）、（续6.7.12）、（余1.2），金文作（盂鼎）、（毛公鼎），象鬼持干梃形。为鬼，为干梃。罗说是也。许氏说义谓"恶也""可畏也"，近是；其说形谓"从甶，虎省"，则非。但以小篆形体立论，自不能保其无误也。

"畏"在金文中用为"畏惧"义，如《驹父盨盖》："冢不敢不畏王命"；或通"威"，如《毛公鼎》："夙（夙）夕敬念王畏（威）不睗。"

135. 长

（奣长鼎）（长日戊鼎）（长甶盉）

（长汤匜）（廿年距庭）（屭羌钟）

（中山王嚳鼎）（中山王嚳壶）

余永梁云："《说文》：'，久远也。从兀从匕。兀者高远意也；久则变化。亾声。厂下者倒亾也。，古文长。，亦古文长。'鉥（玺）文长字作，与古文同。长实象人发长貌，引申为长久之义。长部肆或从髟，即为长为发长之明证。许君所解，皆望文生训，非朔谊也。"（参见余永梁：《殷墟文字续考》）

按："长"甲骨文作（前2.7.4）、（前2.8.3）（后上19.6）、（乙658），金文作（奣长鼎）、（长日戊鼎），象人长发之形。为长发，齐整之作，人形或又持杖作，或出手指作，或著装饰性符号于腿上作，或变形作、，虽有种种变化，无碍其为人形也。至于《屭羌钟》、《中山王嚳鼎》之䟘，则繁化为从立长声之形声字。许氏说义谓“久远也”，乃引申义；其说形“从兀从匕”“亾声”，则割裂字形，将象形字释为形声字，殊非。

“长”金文中用为“长度”（cháng）义，如《𠫑羌钟》：“乎辟旃（韩）宗融（徹）逹（率）征秦迮（连）齐，入张（长）城”；或用为“长久”义，如《中山王嚳鼎》：“隹（惟）悳（德）𠇍（附）民，隹（惟）宜（义）可𫄜（长）”；或用为“年长”（zhǎng）义，如《中山王嚳鼎》：“事𡭔（少）女（如）张（长）。”

136. 勿

（盂鼎） （师嫠簋） （师嫠簋）

（克鼎） （召伯鼎） （毛公鼎）

（师虎簋） （师酉簋） （𬴥镈）

（南疆钲）

《说文》：“，州里所建旗，象其柄，有三游。杂帛，幅半异。所以趣民，故遽称勿勿，勿或从㫃。”

郭沫若云：“勿乃笏之初文。古人于笏上书事以备忘，字正象其形。”（参见郭沫若：《殷契粹编考释》，第 3 页）

按：“勿”甲骨文作（铁 37.4）、（后下 9.8）、（前 1.15.2）、（铁 1.4）、（铁 63.3）、（后下 16.1），金文作（盂鼎）、（师虎簋）、（师酉簋），象笏板之形。郭说可参。许氏说义谓“州里所建旗”，“所以趣（趋）民”，说形谓“象其柄，有三游”，均非是。意者㫚乃旗㫚之本字，而勿当为旗㫚之㫚之借字。将借字勿释为本字㫚，其误显然。

“勿”金文中用为否定副词，意为“不要”“不可”，如《师酉簋》：“敬夙夜勿灋（废）朕令（命）。”

137. 而

（㞸敖簋） （子禾子釜） （中山王嚳壶）

《说文》云：“，颊毛也。象毛之形。《周礼》曰：‘作其鳞之而。’”

按：“而”甲骨文作（铁 191.1）、（后下 38.3）、（甲 2302），金

文作（屖敖簋）、（子禾子釜），象人之颊毛下垂之形。指鼻下，为两颊之毛。

“而”在金文中用为第二人称代词，同“尔”，如《越王者旨於睗钟》：“台（以）乐虞（吾）家，歖（喜）而（尔）宾各（客）”；或用为连词，如《中山王（譽）鼎》：“为人臣而彶（反）臣其宗。”

138. 易

（小臣邑斝） （盂鼎） （庚嬴卣）

（大保簋） （小臣谏簋） （井侯簋）

（臣卿簋） （追簋） （师望簋）

（无𠭯簋） （师嫠簋） （大簋）

（元年师兑簋） （克鼎） （毛公鼎）

（不𡢁簋） （𪒠镈） （蔡侯簋）

（德鼎）

高鸿缙云：“《说文》：‘，蜥易、蝘蜓、守宫也。象形。贾秘书说，日月为易，象阴阳也。一曰从勿。’按此为乍阴乍晴之意。倚日画云掩及光线露出之形。由物形生意，故为乍晴乍阴之意，动词。甲骨文有‘易日’‘不其易日’等语，用易如翳。近人郭氏读易为晹。《说文》：‘晹，日覆云暂见也’，是其意也。惟易原意为乍晴乍阴，故引申为变易、交易等意。至蜥蜴即蝘蜓，为四脚蛇，生于草地。守宫为壁虎，生墙壁间，捕食蚊蝇，二物原别，但均与易之本义无关，说解误也。”（参见高鸿缙：《中国字例》二篇，第258页）

按：“易”甲骨文作（铁22.1）、（铁144.3）、（铁162.1）、（戬14.5）、（戬17.1），金文作（䣄尊）、（𤔲簋）、（井侯簋）、（宅簋）、（师虎簋），象云掩日光暂见之形，为云，为日，为暂见之光。高说是也。许氏说义说形均非是。（德鼎）当为益字，以同音假借为易。

“易”在金文中用为“赏锡”义，如《颂鼎》：“易（锡）女玄衣黹屯（纯）”；或用为“容易”义，如《中山王譽鼎》：“事学（少）女（如）长，事愚女（如）智，此易言而难行施（也）。”

139. 马

（盂鼎） （宅鼎） （扬鼎）

（师奎父鼎） （豆闭簋） （录伯簋）

（公贸鼎） （曶鼎） （毛公鼎）

（克鼎） （无㠱簋） （趞簋）

（兮甲盘） （虢季子白盘） （三年师兑簋）

（右走马嘉壶） （郾侯簋） （好蚉壶）

商承祚云：“《说文》：‘，怒也，武也。象马头髦尾四足之形。，古文。，籀文马与影同有髦。’甲骨文作，其变体不下三十余。然一望而和共为马也。后日趋整齐，渐失初形。如金文《公贸鼎》作，《录伯簋》作，《师奎父鼎》作，《趞簋》作，将髦移于目，有足而无腹，后再整齐之而为（《师兑簋》、《虢季子白盘》），乃与小篆无别。”（参见商承祚：《说文中之古文考，第 90 页）

按：“马”甲骨文作（菁 3. 1）、（佚 378）、（京津 1686）、（粹 135）、（粹 1153），金文作（盂鼎）、（豆闭簋）、（虢季子白盘），象马全形。为头，为髦，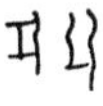为躯体，为足，为尾。《虢季子白盘》之髦移之目上，其中二髦与马目眼珠轮廓线重而为一，此即小篆所从来。

“马”在金文中用为“马匹”义，如《无㠱簋》：“王易无㠱马四匹”；或用为官职名，如《趞簋》：“令（命）女（汝）乍（作）𤔲𠂤冢𤔲（司）马。”

140. 能

（沈子也簋） （能匋尊） （能匋尊）

（毛公鼎） （番生簋） （县妃簋）

（嘉鼎） （中山王䜌鼎）

高鸿缙云：“《说文》：‘，熊属，足似鹿。从肉，声。能兽坚中，故称贤能，而强壮称能杰也。’按能之为兽，即许书‘熊’下所云：‘似豕，山居，冬蛰’，蛰用舐掌，名曰蹯，味中最美。煮之难熟者也。以其足特异，故其字先绘其足掌。以其似豕多肉，故又从肉。㠯声，此兽名也。至于熊乃火光耀盛之形容词，从火能声。《山海经·西山经》：‘其光熊熊’，郭注：‘火气炎盛相焜耀之貌’，是也。后世借兽名之能以为贤能、能杰（状词或名词）、能够（助动词）等义，乃通假火盛之熊以为山居冬蛰之兽名，久假不归，数典忘祖。许君说字亦沿经典习用而未能辨之矣。”（参见高鸿缙：《中国字例》五篇，第147页）

按：象熊之形，即熊之初文，为头耳，为口，为四足。高说是也。《夏小正》曰：“能罴则穴”，即熊罴也。罴，古文作𧆧，从能，亦其证。但高说“㠯声，此兽名也”，则未确。能古音诚读为台，《周礼·春官·大宗伯》：“以槱燎祀司中司命”，郑玄注：“司中，三能，三阶也。”《释文》：“能，他来反”，是其例也。但能之读台与为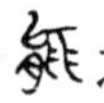之所从无涉。为能之头耳而非能之声符也。许氏说义谓“熊属”，稍差一间（应为熊而非熊属），其说形谓“足似鹿”“从肉，㠯声”，非是。贤能、能杰均引申义。

“能”在金文中用为“贤能”义，如《中山王䜌壶》：“兹（慈）孝寰（宣）惠，㪯（举）臤（贤）速（使）能”；或用为“胜任”义，如《中山王䜌鼎》：“非恁（信）与忠，其隹（谁）能之，其隹（谁）能之”；或用为能愿动词“能够”，如《效尊》：“效不能不万年夙夜奔走扬公休”；或用为“亲善”义，如《番生簋》：“𩠹（柔）远能䡅（迩）”；或用为人名字，如《能匋尊》：“能匋用乍文父日乙宝尊彝。”

141. 囟

（克鼎） （毛公鼎）

（番生簋） （㝬簋）

《说文》云：“，多遽悤悤也。从心囱，囱亦声。”又：“，菜也。从艸，悤声。”

高鸿缙云：“为葱之象形文，象葱之地下肥茎（俗曰葱白）。此处用作青绿色。”（参见高鸿缙：《毛公鼎集释》，第 97 页）

强运开云：“，《番生簋》‘朱市黄’，《说文》：‘缌，青白色也。’段注云：‘《尔雅》：“青谓之葱。”葱即缌也，谓其色葱葱，浅青也。’市部曰：‘大夫青市葱衡。’金文凡言葱衡多作黄，是黄即葱衡之蕃字也。”（参见强运开：《说文古籀三补》卷十三，第 1 页）

按：象葱之地下肥茎形，盖即葱之初文。后肥茎因形近似讹为，而葱芽讹变而为，遂成小篆。本义为葱菜后借为“多遽悤悤”义，又于悤上加形符艸作蒽以还其原。金文“悤黄”读为“悤衡”，悤同葱。强说是也。

“悤”在金文中用为“青绿色”义，如《番生簋》：“易朱市悤（葱）黄（衡）。”

142. 亦

（毛公鼎）（毛公旅鼎）（效卣）

（召伯簋）（卯簋）（禹簋）

（者㲋钟）

《说文》云：“，人之臂亦（腋）也。从大，象两亦之形。”

按：“亦”甲骨文作（铁 5. 3）、（铁 5. 3）、（前 4. 16. 1）、（前 7. 43. 1），金文作（毛公鼎）、（召伯簋），象人臂腋之形。为人，指两臂腋之所在，当即腋之初文，腋则后起之形声字。

“亦”金文中用为副词，犹今语之“也”，如《禹鼎》：“肆武公亦弗叚朢（忘）賸（朕）皇且考幽大弔（叔）懿公”；或用为句首助词，无义，如《毛公旅鼎》：“毛公旅鼎，亦隹簋，我用饮厚眔我友”，《诗·召南·草虫》“亦既见止，亦既觏之，我心则说”，同此用法。

143. 夨

（夨王尊）　（作册令方尊）　（令簋）

（散盘）　（夨王鼎盖）　（夨戈）

《说文》：“，倾头也。从大，象形。”又：“（夭），屈也。从大，象形。”

容庚云：“《说文》：‘，倾头也’，‘，屈也’。一左倾，一右倾。金文从走之字所从之皆作或。盖夨象头之动作，夭象手之动作，故定此为夨字。”（参见容庚：《金文编》卷十，第698页，1985年增补版）

按：“夨”甲骨文作（前1.45.3）、（前1.45.3）、（前1.48.3）、（后下4.14）、（戬21.8），金文作（夨王尊）、（夨王尊盖），象人倾头之形，或左倾，或右倾，无碍也。“走”金文作（盂鼎）、（令鼎）、（休盘）、（元年师兑簋）、（中山王嚳鼎）、（召卣）、（效卣），其所从夭，均从，盖示人疾走时两臂大幅度摆动之状，而头从无左倾右倾者（从走之字亦然），容说极精，许氏解夨，形义俱是。而解夭，形失义是。

“夨”在金文中用为国名字，如《夨王鼎盖》：“夨王乍宝尊鼎”；或用为人名字，如《令簋》：“乍册夨令尊俎于王姜。”

144. 交

（交鼎）　（交君簋）

（函交仲簠）　（琱伐父簋）

严一萍云：“《说文》：‘，交胫也。从大，象交形。’段氏曰：‘从大而象其交胫之形也。’《山海经》交胫国人脚胫曲，长相交，所以谓之交趾。案夨夭变大字之首，交变大字之足也。皆象人之正面立形。引申之，凡相并相合相错相接皆曰交。”（参见严一萍：《释交》，《中国文字》九册，第1页）

按：本象人交胫之形，引申为凡相并、相合、相错、相接之义。严说是也。惟谓“夨夭变大字之首”未审，夨为变大之首，夭则示手臂之摆动，非变大字之首以示意也。

“交”金文中用为国名字，盖即绞，东方之国也，如《交君簋》：“交君子肇乍宝簋”；或用为人名字，如《函交仲簠》：“函交中（仲）乍旅簠宝用。”

145. 壶

（隹壶爵） （盂载父壶） （史懋壶）

（师望壶） （颂壶） （殳季良父壶）

（曶壶） （番匊生壶） （芮公壶）

（右走马嘉壶） （洹子孟姜壶） （鲁侯壶）

（令瓜君壶） （曾姬无卹壶） （东周左师壶）

（中山王嚳壶） （函皇父壶） （伯壶）

高鸿缙云：“《说文》：‘，昆吾，圆器也。象形。从大，象其盖也。’朱骏声曰：‘崑吾，双声连语，壶之别名。’按《玉篇》：‘壶，盛饮器也。’《礼》注曰：‘壶，酒尊也’。字原象器形，上为其盖，非从大。今日之酒壶，有鋬有流，实类古代之盉，有时并有提梁，又类古代之卣。至古代之壶，则极类葫芦而附有裙足，颈旁并有两耳。”（参见高鸿缙：《中国字例》二篇，第124页）

按：“壶”甲骨文作（前5.5.5）、（乙2144）、（2944）、（乙3864）、（外441）、（续存1239），金文作（盂载父壶）、（番匊生壶）、（曶壶），象酒壶之形。为盖，U为腹，为耳，为圈足。高说是也。许氏说义谓“昆吾，圆器”，则是，其说形谓“从大，象其盖”，则未谛。《函皇父壶》作鍸乃从金壶声之形声字，《伯壶》作壴殳乃从殳壶声之形声字，皆壶象形字之繁化也。

“壶”在金文中用为酒器义，如《右走马嘉壶》：“右走马嘉乍行壶。”

146. 來

（杜伯盨） （杜伯盨） （伯椃簋）

（卫鼎） （盂爵） （叔卣）

（王臣簋） （卫盉） （番生簋）

（毛公鼎） （善夫山鼎） （作册令方尊）

（作册令方彝）

龙宇纯云："今案《说文》茇字下云：'茇，草根也。从艸，犮声。春草根枯，引之而發土为撥，故谓之茇。'又《说文》拔字下云：'拔，擢也。从手，犮声。'所谓'拔，擢也'者，《小尔雅·广物》云：'拔根曰擢。'又《说文》揠下云：'揠，拔也。'《小尔雅·广物》云：'拔心曰揠。'《方言》卷三云：'今呼拔艸心为揠。'《孟子·公孙丑上》：'宋人有闵其苗之不长而揠之者。'赵岐注：'揠，挺拔之，欲亟长也。'是拔之本义为拔擢草根。所以《尚书·金縢》云：'大木斯拔。'《诗·大雅·緜》云：'柞棫拔矣，行道兑矣。'《皇矣》云：'柞拔斯拔，松柏斯兑。'《左氏昭公九年传》云：'拔本塞源。'《淮南子·览冥篇》：'拵拔其根，芜弃其本也。'所以《诗·召南·甘棠》：'勿翦勿拜'，而郑氏云：'拜之言拔也。'茇为草根，拔为拔擢草根，已可见二字意义上之关联，而二字音读相同，（《广韵》并蒲拨切）如更以截耳曰刵，去髌曰髌，诛族曰族，（《史记·项羽本纪》：'秦始皇帝游会稽，渡浙江，梁与籍俱观。'籍曰：'彼可取而代也。'梁掩其口曰：'勿妄言，族也。'）除革曰革，去皮曰皮，（《战国策·韩策》：'皮面披眼。'《广雅·释诂三》：'皮，离也。'）剥肤曰肤，（《广雅·释诂三》：'肤，离也。'又《释言》：'肤，剥也。'《孟子》：'不肤挠。'肤当是剥其皮肤之意）以及悬颈曰经，扼嗌曰缢，榜尻曰簸，刺目曰目，（《孟子》：'北宫黝之养勇也，不肤挠，不目逃。'前人曰目为刺目，余疑目或即《战国策》'披眼'之意）抉目而云目，与截耳云耳，去髌云髌，去皮云皮，剥肤云肤，语言演变相同。以弥缝曰缝，涂衅曰衅等例之，便可以肯定二者语源上的关系，即是拔之语是由茇之语孳乳的。换句话说，拔擢草根之所以言拔，便是同为草根言茇之故。既是拔的本字，便是茇的初文了。就字形而言，字上端的是普通表草的形象，作的也是形，可由每字得一印证（《说文》云：'，草盛上出也。从屮，母声。'金文字或作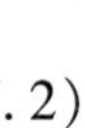（大丰簋），或作（曶鼎），甲骨文亦或作（后下 1.4），或作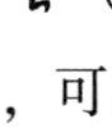（前 4.27.2）。字下从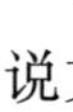或，也正是草根的样子。（木字下端作，亦象树根，可以互证）……按《说文》有祓字，其说解云：'祓，除恶祭也。从示，犮声。'对于祓字的解释，《史记·周本纪》：'周公乃祓斋'的《正义》说：

‘祓，谓除不祥求福也。’《玉篇》说：‘祓，除灾求福也。’此字的意义，与我们分析的甲骨文的意义相合。更从语言去追究，字即犮字，与祓字并从发声，其读音必相同或相近。为草根，由此语言孳乳，拔擢草根而谓之拔，上文已详之。而古人云：‘树德务滋，除恶务尽’（《书·泰誓》文），又说：‘为国家者见恶，如农夫之务去草焉，芟夷蕴崇之，绝其根本，勿使能殖’（《左氏隐公六年传》引周任言），又说：‘削株掘根，无兴祸邻，祸乃不存’（见《战国策·秦策》），可知古人对于除去秽恶灾祸的态度，一如除草，必从根本拔除，永杜后患。于此，我们知道，古人除灾之祭谓之祓，又必然是由拔这一语言所孳乳的。这即是说，无论除草之拔或除灾之祓，本来只要写一个字即可，后来加文以示区别，于是有加手的，有加示的。到了小篆时代，字讹变成若，人已不解其初谊，而别制为形声之犮，于是又有从手的拔和从示的祓。”（参见龙宇纯：《甲骨文金文字及其相关问题》，《中央研究院历史语言研究所集刊》第三十三本，第412—416页）

按：“𠦪”甲骨文作（后上26.6）、（戬22.11）、（前1.27.1）、（前3.27.6）、（前6.43.2）、（后上5.2）、（后上20.5），金文作（杜伯盨）、（杜伯盨）、（伯梡簋）、（王臣簋）、（盂爵），象草根之形。为地上之草形，为地下草根，盖即犮之初文。其作者，又加示其为草根也。龙氏说字形、字义均极精审，洵为的论。《说文》云：“，疾也。从夲，卉声，拜从此。”许氏殆就小篆形体强为说解，形义皆非是，不足为训。为除灾求福之祭之专字，文献作祓。

“𠦪”在金文中用为“祈求”义，如《杜伯盨》：“用𠦪寿，匄永令（命）”；或用为消灾求福之祭名，即𥛱，如《盂爵》：“隹王初𠦪（𥛱）于成周”；或通“贲”（音bi），饰也，如《卫盉》：“麀𠦪（贲）两”，周法高曰：“𠦪读为贲，麀贲者，麀皮为饰也。”《尚书·汤诰》：“天命弗僭，贲若草木。”孔安国注：“贲，饰也。”或通弼，辅佐也，如《何尊》：“逨（贲，弼）匹先王。”

147. 夫

（盂鼎） （舀鼎） （克鼎）

（善夫克鼎）　（克盨）　（曾姬无卹壶）

（邾公牼钟）　（攻吴王夫差监）　（蔡侯钟）

高鸿缙云：“《说文》：‘，丈夫也。从大，象簪也。周制以八寸为尺，十尺为丈。长八尺，故曰丈夫。’按夫，成人也。童子披发，成人束发，故成人戴簪。字倚大（人）画其首发戴簪形。由文大（人）生意，故为成人意之夫。童子长五尺，故曰五尺之童。成人长一丈（周尺），故曰丈夫。伟人曰大大夫。许言汉八寸为周一尺，人长汉八尺也。至妻之对曰夫或丈夫，皆是借字。”（参见高鸿缙：《中国字例》二篇，第229页）

按：“夫”甲骨文作（铁77.3）、（铁196.4）、（前4.7.6），金文作（盂鼎）、（克盨）、（邾公牼钟），象成人著簪束发之形。为成年之人，为簪。《攻吴王夫差监》“攻吴王夫差睪（择）氒吉金”之夫作，《大鼎》：“王乎善（膳）夫騴（駛）召大吕（与）氒友入攼”之夫作大，《蔡侯钟》“均子大夫”大夫二字作合文，可见大、夫二字有时通用不别。

“夫”在金文中用为“成年男子”义，如《大盂鼎》：“易（锡）女（汝）邦嗣（司）四白（伯），人鬲（黎）自䮒至于庶人六百又五十又九夫”；或用为发语助词，如《中山王譻壶》：“夫古之圣王，敄（务）在旻（得）孯（贤），其即（次）旻民”；或用为人名字，如《小子夫尊》：“扬赏小子夫贝一朋。”

148. 立

（史兽鼎）　（同簋）　（谏簋）

（元年师兑簋）　（番生簋）　（毛公鼎）

（克鼎）　（休盘）　（师酉簋）

（国差𦉜）

《说文》云：“，住也。从大立之上。”

王筠云：“《积古斋（钟鼎彝器款识）》颂鼎、颂壶、颂簋皆曰：‘王各大室即’，是位字。又曰：‘颂入门，中廷’，是立字。一器而两义皆见焉。盖人不行谓之立，因而所立之处亦谓之立，以动字为静字也。后乃读于备切以别其音，遂加人旁以别其形耳。”（参见王筠：《说文释例》，第366—377页）

按：“立”甲骨文作（铁88.4）、（铁241.4）、（前7.16.1）、（戬36.12），金文作（史兽鼎）、（休盘）、（国差罎），象人立地上之形。人立地上谓之“立”，动词，音力入切。所立之处原亦谓之“立”，名词。后为区别起见，于形加人旁作，于音改于备切。王说极是。

“立”金文中用为“站立”义，如《元年师兑簋》：“同中右（佑），师兑入门，立中廷”；或通“位”，如《颂鼎》：“王各大室，即立（位）”；或用为“存在”义，如《中山王嚳壶》：“㮚（将）与虖（吾）君并立于殜（世）”；或通假作“莅”，如《国差罎》：“国差立（莅）事岁。”（莅事，视事、主事）

149. 州

（井侯簋）　（鬲比盨）　（周公簋）

（散盘）　（越王州句矛）

商承祚云：“《说文》云：‘，水中可居曰州，周绕其旁。从重川。，古文州。’案甲骨文作，金文《周公簋》作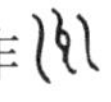，与此同。皆象中央土地两旁川流。”（参见商承祚：《说文中之古文考》，第243页）

按：“州”甲骨文作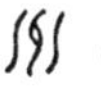（前4.13.4）、（粹262），金文作（井侯簋）、（鬲比盨），象水中可居之地之形，为陆地，人之可居者， 象川流。商说是也。许氏说义谓“水中可居曰州，周绕其旁”，是；其说形谓“从重川”，则非。徒以小篆形体立论，不能保其无误也。“州”字后用为地域区划之名，如冀州、兖州、青州、徐州、扬州、荆州、豫州、梁州、雍州，是也。久而成习，遂又加水旁作洲。以还“水中可居”之“州”之原。

“州”在金文中用为地域名，如《鬲比盨》：“州泸二邑。”

150. 永

（史兽鼎）　（宅簋）　（录簋）

（师遽方彝）　（庚赢卣）　（免簋）

（曶鼎）　（君夫簋）　（克鼎）

（善夫克鼎）　（鲁原父簋）　（颂鼎）

（函皇父簋）　（鲁伯鬲）　（格伯簋）

（不嬰簋）　（毛公鼎）　（杜伯盨）

（子璋钟）　（楚子簋）　（𩓣镈）

（沇儿钟）　（殳季父良壶）　（陈侯午錞）

（国差𦉜）　（芮公鼎）　（大簋）

（鄀嬰壶）　（叔向父簋）　（杞伯鼎）

（许子簋）

《说文》云：“，长也。象水巠理之长。《诗》：‘江水永矣。’”

按：“永”甲骨文作（铁 9. 14.）、（铁 164. 3）、（铁 181. 1）、（珠 186）、（前 4. 13. 1），金文作（史兽鼎）、（庚赢鼎）、（不嬰簋）、（子璋钟）、（芮公鼎），象水流永长之形。为主流，为支流，支流短而主流长，示其“江水永矣”之义。《叔向父簋》作，加形符止，乃其繁式也。《许子簋》作，加声符，亦其繁式也。

“永”在金文中用为“永远”义，如《大簋》：“其子子孙孙永宝用”；或用为人名字，如《永盂》：“永用乍朕文考乙公尊盂”；而通假为“祥”，如《中山王礜壶》：“为人臣而彶（反）臣其宗，不羕（祥）莫大焉。”

151. 冬

（㾓钟）　（井人妄钟）　（此簋）

（此鼎）　（曾侯乙钟）　（陈骍壶）

《说文》云：“，四时尽也。从仌从夂，夂，古文终字。，古文冬从日。”朱骏声《说文通训定声》云：“古文作，象丝一束之形。”

按："冬"甲骨文作（菁 6.1）、（乙 5434）、（续存 157）、（粹 914）、（前 8.5.7），金文作（瘐钟）、（井人妄钟）、（此鼎），象丝一束两端作结悬挂之形。朱说是也。商时缫丝纺织之业已甚发达，甲骨文中有（续 3.31.9），当即桑字，又有（京津 3220）、（宁沪 3.79）、（明藏 468），当即蚕字，又有（后下 8.7）、（通别 2.5）、（燕 151），即丝字，又有从糸（幺）之字十数个。此外，出土物中有玉蚕，铜器上有丝织物残印，铜器饰纹有蚕纹。凡此，皆足证商代已有桑蚕丝织之业，且已相当发达。缫丝之程序乃置蚕茧于汤中，后抽引成单丝，后绕单丝于木架，后断而成丝束。丝束挂置而成、、形。治丝之毕谓，引申为凡事之终。冬为四时之终，故以表时日之专字之表示。从之则冬季之冬之异构，盖以冰封雪盖之故而加也。

"冬"在金文中用为"冬季"义，如《商鞅方升》："冬十二月乙酉，大良鞅造"；或用为"终结"义，如《井侯簋》："克奔走上下帝无冬（终）令于有周追考（孝）"；或用为"久远"义，如《井人妄钟》："永冬（终）于吉。"

152. 雷

（师旂鼎） 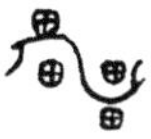（雷甗） （父乙罍）

（陵方罍） （对罍） （盠驹尊）

（洹子孟姜壶） （洹子孟姜壶）

《说文》云："，阴阳薄动，雷雨生物者也。从雨，畾象回转形。，古文雷。，亦古文雷。，籀文。雷间有回。回，雷声也。"

高鸿缙云："按雷之为物，可闻而不可见。电之为物，可见而不可闻。而雷与电常相伴而作，故古文造雷字必因电字。等皆电字古文（甲文申字即古电字，说见象形篇）之变，其则皆雷声之意象也。声不可象，以假象象之。王充《论衡》曰：'图雷之状累累如连鼓'，是正状其隆隆然也。名词。周人或加雨为意符作（见《楚公逆镈》）。《说文》所载雷之古文籀文共三形，今皆于铜器无睹，然其构造之意亦有可说。古文者，雷声之加意符雨者也。者，雷声之加云形者也。籀文者，则又古文之加意符雨者矣。至于小篆作，可知为籀文之省，而隶楷作雷，又小篆之省也。”（参见高鸿缙：《中国字例》三篇，第28页）

按：“雷”甲骨文作（前3.19.3）、（前4.11.7）、（前7.26.2）、（后下1.12）、（后下42.7）、（粹1570），金文作（师旅鼎）、（雷甗），象电闪雷鸣之形。高说是也。后加形符雨作（盠驹尊），此为小篆之所从来。《说文》说义说形均稍差一间。许氏徒以小篆形体立论，宜说解未周也。

“雷”在金文中用为人名字，如《雷甗》：“雷乍宝尊彝”；或假借为罍，盛酒器也，如《父乙罍》：“乍父乙宝中尊靁（罍）。”

153. 鱼

（鱼父乙卣）　（鱼鼎）　（伯鱼簠）

（伯鱼父壶）　（毛公鼎）　（番生簋）

（伯旅鱼父簋）　（鱼鼎匕）

《说文》云：“，水虫也。象形。鱼尾与燕尾相似。”

按：“鱼”甲骨文作（前1.29.4）、（前4.55.5）、（前4.55.6）、（后下6.15）、（甲275）、（乙283）、（乙7015），金文作（鱼父乙卣）、（伯鱼簠）、（犀伯鼎），象鱼之形，头、身、尾、鳍、鳞具备。《鱼鼎匕》之鱼作，于尾两侧著装饰性点画，合而似成形。此即小篆尾部之所从来。燕字小篆作，其尾部亦作，形与鱼之尾部火相似。故许氏谓“鱼尾与燕尾相似”，实则大误。甲骨文“燕”作（前5.28.6）、（前6.44.5），尾部作，不作。

“鱼”在金文中用为“水鱼”义，如《公姞齐鼎》：“吏（使）易公姞鱼三百”；或用为氏族名字，如《鱼父乙鼎》：“鱼父乙”；或用为人名字，如《伯鱼簠》：“白（伯）鱼乍宝尊彝。”

154. 龍

（龙母尊） （龙子觶） （䢅仲无龙鬲）

（郘钟） （王孙遗者钟）

罗振玉云：“《说文解字》：‘，鳞虫之长。能幽能明，能短能长。春分而登天，秋分而潜渊。从肉，飞之形，童省声。’卜辞或从，即许君所谓‘童省声’。从，象龙形。其首，即许君误以为从肉者。其身也。或省，但作首角全身之形，或又增足。”（参见罗振玉：《增订殷墟书契考释》卷中，第33页）

按：“龍”甲骨文作（铁105.3）、（前4.53.4）、（后上9.5）、（前7.21.3）、（铁163.4）、（前4.54.3）、（前5.38.3）、（铁109.3）、（拾1.5），金文作（龙母尊）、（龙子觶），象龙之形。为角，为口，为身，或单线，或双钩，双钩者或有鳞纹。有者，或为背鳍。有者，或为足。罗说是也。《王孙遗者钟》增从兄声作。《说文》说义谓“鳞虫之长”，则是，其说形谓“从肉，飞之形，童省声”，则殊误。许氏徒以小篆形体立论，自不能保其必是也。

“龍”在金文中用为“水龙”义，如《郘钟》：“乔乔（跻跻）其龙，既旃鬯虡”；或通假作“宠”，如《迟父钟》：“用卲（昭）乃穆穆不显龙（宠）光”，于省吾曰：“不显龙光”，应读作“不显宠光”。《诗·小雅·蓼萧》：“既见君子，为龙为光”，毛传：“龙，宠也”；或通假作龏，如《王孙遗者钟》：“余圅（弘）龏皃（龏）㝬（舒）屖（遲）。”

155. 非

（班簋） （曶鼎） （毛公鼎）

（蔡侯盘） （中山王䂂鼎） （中山王䂂鼎）

《说文》云：“，违也。从飛下翅，取其相背。”

按：“非”甲骨文作（拾11.18），金文作（毛公鼎），此形与《秦公镈》所从之同。即飛字，上部为头颈之毛，为两翅。鸟飞举两翅之分张。正象两翅分张之形，殆即之省文。鸟飞举两翅分张则形适相背，故引申为违背之义。

“非”在金文中用为“非难”义，如《中山王嚳壶》：“则尚（上）逆于天，下不怂（顺）于人施（也），㝊（寡）人非之”；或用为否定副词，相当于“不是”，如《毛公鼎》：“余非章（庸）又（昏）”；或用为否定副词，相当于“不”，如《蔡侯钟》：“余非敢宁忘（荒），有虔不易，锫（左）右楚王”，《尚书·盘庚下》：“各非敢违卜。”孔安国传：“不敢违卜。”

156. 孔

（史孔盉） （虢季子白盘） （曾伯霥簠）

（沇儿钟） （邾太宰簠）

（《伯公父匿》：“其金孔吉”孔省作子）

（《王孙遗者钟》：“元鸣孔皇”孔省作子）

《说文》云：“，通也。从，从子。，请子之候鸟也。至而得子，嘉美之也。古人名嘉字子孔。”

高鸿缙云：“按字之本义应为甚，象小儿食乳形，小儿食乳，往往过甚也。由文子生意，故托以寄过甚之意。如《诗·豳风·东山》：‘其新孔嘉’，《诗·周南·汝坟》：‘父母孔迩’等是。后人以同音通假以代空，故有孔隙、孔穴之意。”（参见高鸿缙：《中国字例》二篇，第298页）

按：象子吮乳汁之形。为子，为母乳。乳必有乳穴，小儿方可吸吮而得乳汁，故孔之本义应为乳穴。高说形是，而说义则未谛。郭沫若谓；“引申之，凡空皆曰孔。有空则可通，故有通义。通达宏大每相因，故有大义。通达宏大则含善意，故有善意，此古人所以名嘉字子孔也。”（参见郭沫若：《金文丛考·释孔》，第214页）至于孔有甚义，当系大义之引申。《说文》说义谓“通也”乃孔之引申义，其说形谓“从从子”，则非是。本象形文而解为会意字，此许氏仅依小篆形体分析字形所不可免之错误也。

“孔”在金文中用为“大”义，如《虢季子白盘》：“王孔加（嘉）子白义”；或用为副词，甚也，如《沇儿钟》：“自乍龢（和）钟，中（终）韓（翰）虘（且）

旟（扬），元鸣孔皇”；（《诗·小雅·鹿鸣》：“我有嘉宾，德音孔昭”，郑玄笺：“孔，甚；昭，明也”）或用为人名字，如《孔鼎》：“孔乍父癸肇（旅）［彝］。”

157. 不

（天亡簋）	（沈子也簋）	（敔簋）
（盂鼎）	（井侯簋）	（曶鼎）
（录伯簋）	（师望鼎）	（师奎父鼎）
（颂鼎）	（休盘）	（克鼎）
（虢季子白盘）	（番生簋）	（毛公鼎）
（㝬钟）	（秦公钟）	（邾公华钟）
（王孙遗者钟）	（洹子孟姜壶）	（者沕钟）
（蔡侯钟）		

高鸿缙云：“《说文》：‘，鸟飞上翔不下来也。从一，一犹天也。象形。’罗振玉曰：‘象花不形。花不为不之本谊。许君训为鸟飞不下来，失其旨矣。’按《诗·小雅·常棣》：‘棠棣之华，鄂不韡韡。’郑笺：‘承华者曰鄂。不当为柎。柎，鄂足也。’郑是而许非。是不原意为鄂足，象形字，名词。后借用为否定副词，日久而为借意所专，乃另造柎字以还其原。”（参见高鸿缙：《中国字例》二篇，第45页）

按：“不”甲骨文作（铁2.1）、（余12.1）、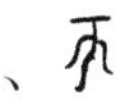（拾5.10）、（铁3.2）、（铁7.1）、（余6.2）、（前1.8.8）、（前2.8.5）、（前2.30.6）、（后上14.8），金文作（天亡簋）、（盂鼎）、（虢季子白盘）、（秦公钟），象花萼之形，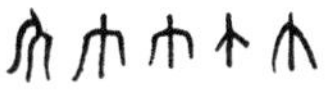为草茎，为花萼，俗称花托盘。罗说是也。高氏申说亦是。《说文》说义说形均非是。

“不”在金文中用为否定副词，表示对其后动词之动作或行为之否定，如《师寰簋》：“师寰虔不豙（坠）”；或用为人名字，如《不𡢁簋》：“不𡢁拜䭫手（首）休”；或通假作丕，大也，如《克鼎》：“敢对䵼（扬）天子不（丕）显鲁休。”

158. 至

（盂鼎）　（乍册令方彝）　（令鼎）

（克钟）　（禹鼎）　（㝬钟）

（散盘）　（同簋）　（兮甲盘）

（晋公𨚕𥂴）　（邾公牼钟）　（𩐳镈）

商承祚云："，鸟飞从高下至地也。从，犹地也。不，上去，而至，下来也。，古文至。，案甲骨文金文作，同篆文。金文又作，同古文。其初形当从，象矢镞，后变为一横，失之。者鹄也，矢中的，故曰至。"（参见商承祚：《说文中之古文考》，第245—246页）

按："至"甲骨文作（铁65.3）、（余3.1）、（前1.16.5）、（戬1.1），金文作（盂鼎）、（兮甲盘），象矢远来降至地之形。为矢之倒形，指地。商说近是，惟谓"者，鹄也"，过泥也。为地之通象，如等字皆如是，毋烦另作解释也。《说文》说义说形谓"鸟飞从高下至地也"，乃以为飞鸟形，误矣。

"至"金文中用为"到达"义，如《乍册令方尊》："明公朝至于成周"；或用为人名字，如《至鼎》："至乍宝鼎"；或假借作"致"，如《召伯簋》："余或（又）至（致）我考我母令。"

159. 西

（禹鼎）　（五祀卫鼎）　（多友鼎）

（师酉簋）　（散盘）　（不𡢁簋）

（陈伯元匜）　（国差𦉜）　（秦公簋）

商承祚云："《说文》：'，鸟在巢上，象形。日在西方而鸟栖，故因以为东西之西。，西或从木妻。，古文西。，籀文西。'案甲骨文作，象鸟巢，鸟入巢，见巢不见鸟，日已西矣。又或作，金文作，已与巢形不类。《石经》古文作。又所录籀文，亦古文。"（参见商承祚：《说文中之

古文考》，第 246 页）

按："西"甲骨文（京津 1126）、（续 4.24.5）、（天 56）、（戬 2.6.7）、（前 5.13.2）、（拾 5.7）、（前 4.6.1）、（后下 38.2）、（后上 23.4）、（甲 816）、（佚 200），金文作（禹鼎）、（师酉簋）、（五祀卫鼎）、（国差罎），象鸟巢之形。日西而鸟栖，鸟栖于巢。故以鸟巢喻西方之意。许说是也。商申说亦是。《国差罎》之盖即"西"之古文之所从来。《多友鼎》之盖即"西"籀文之所从来。

"西"在金文中用为方位名，如《不嬰簋》："王令（命）我羞追于西"；或用为人名字，如《散盘》："西宫襄武父剸（则）誓。"

160. 厄（戹、軶、軛）

（录伯㦰簋）　（毛公鼎）　（番生簋）

（师兑簋）　（黝镈）

《说文》云："，隘也。从户，乙声。"又："，辕前也。从车，戹声。"

孙诒让云："金文《录伯簋》说金车之饰有金（金车即《周礼·春官·巾车》之'金路'，同姓以封者也。）《毛公鼎》云：'右'，亦同。当为軛原始象形字。盖古乘车兵车并以辀持衡，衡著两軛，以扼两服马颈。上从，象衡，中从，以象軏，下从，以象軛，其义甚精。《说文·车部》云：'軛，辕前也。从车，戹声'，则变为形声字，而无古文，盖许君未见此字，故不免遗漏也。《说文·车部》：'軏，车辕耑（端）持衡者。'《论语·为政》作軏，盖軏为衡軛间之关键，以直木上缚著衡，下缚著轨，相系以为固，故为形。其中有穿者，盖象系绳之纽。古文象形。车字偏旁从，即象一辀一衡系两軏两軛形（金文龟甲文车字并如此）。軛古文作，可与彼互证。'金'，《诗·大雅·韩奕》作'金厄'。《说文·卩部》：'厄，科厄木卩也。从卩厂声。'与车軛义异。以金文证之，《诗》文当亦作，与厄形近而误。学者不知古文自有字，遂以厄为軛之借字矣。"（参见孙诒让：《名原》卷上，第 26—27 页）

按：象叉马颈之车具形，即軛之初文。上部为车衡，中部为车轙，所以贯辔绳，下部为车轭，所以叉马颈。孙说至确。后衡、辕与轭之一部，合而讹为，而轭之另一部又讹为，遂成小篆。《说文》说义谓“隘也”，系引申义，其说形谓“从户，乙声”，误也。又加形符車作。隶变为厄，又与“从卩厂声”训“科厄木卩”之（厄）相混。

“厄”（戹）在金文中用为“车轭”义，如《三年师兑簋》：“易女鬯一卣、金车、桒（贲）较（较）、朱虢（鞹）鞃、虎冟（幂）、熏裏、右厄（轭）、画䡅、画䡇、金甬、马四匹、攸（鋚）勒。”

161. 阴

（门且丁簋） （颂鼎） （曶鼎）

（望簋） （寰盘） （散盘）

（格伯簋） （师酉簋） （门簋）

《说文》云：“，闻也。从二户，象形。”

按：“门”甲骨文作（前 4. 16. 10）、（续 5. 8. 5）、（珠 3. 4）、（前 4. 15. 6）、（前 4. 15. 7）、（后下 9. 4），金文作（门且丁簋）、（曶鼎）、（散盘）、（门簋），象两扉之形，或于两扉之上著門楣，与单示双扇門之意无异也。《说文》说义谓“闻也”，系声训，未确；其说形谓“从二户”，近是。户亦为門，一扇也。说門从二户似先有户字，后有門字，于事实或不然也。

“門”在金文中用为建筑物出入口之义，如《颂簋》：“王各大室，即立（位）。宰弘右（佑），颂入門，立中廷”；或用为人名字，如《門射甗》：“門射乍宝彝。”

162. 聞（、）

（利簋） （盂鼎） （录伯簋）

（克盨） （殳季良父壶） （毛公鼎）

（郗王子钟） 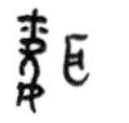（王孙诰钟） （中山王（礜）鼎）

《说文》云：“，知声也。从耳，門声。，古文从昏。”又：“，妇

家也。礼娶妇以昏时。妇人阴也，故曰婚。从女从昏，昏亦声。，籀文婚。”

唐兰云：“当即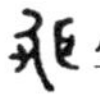字，后变为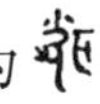或为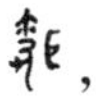，乃闻之本字。”（参见唐兰：《古文字学导论》卷下，第45页）

龙宇纯云：“《说文》的字，是金文或之讹，是之讹，是之讹，是之讹。”“字人形上所从形，虽然并不完全等于爵，其与金文爵字（《毛公鼎》字所从）首端完全相同，却是不容忽视的。这不禁使人想起爵弁来。《礼仪·士冠礼》：‘爵弁服’，郑注说：‘爵弁者，弁之次，其色赤而微黑，如爵头然，或谓之緅。’《周礼·冬官·钟氏》：‘五入为緅’，郑注说：‘緅，今礼俗文作爵，言如爵头色也。’所谓爵头色者，爵雀古音相同通用，爵头即雀头。‘爵弁’，《尚书·文侯之命》作‘雀弁’，即其证。《周礼·春官·巾车》：‘漆车藩蔽，豻禊雀饰’，郑注雀为赤多黑少之色，雀弁与言雀饰者意同，知雀弁之取义确如郑氏所言，即雀弁之名由雀头而来。雀弁之名既是由雀头而来，当人们要表示人戴雀弁时，不依雀弁的形制画出他的样子，而在人头上绘一雀头以表示，自是可行之法。字上端的便是雀首有眼有口有舌之形。”“至此，又不禁使人想起《礼仪·士昏礼》中记述亲迎时服饰车马等事的一段文字来：‘主人爵弁，纁裳，缁袘，从者毕玄端，乘墨车，从车二乘，执烛前马。’郑注说：‘主人，婿也，婿为妇主。’原来古时婿亲迎时是戴爵弁的。《礼记·杂记上篇》也说：‘士升而亲迎。’士的弁有两种，一是爵弁，一是皮弁。这里只说‘弁而亲迎’，似乎是包括皮弁在内的，然而上文说‘士弁而祭于公’，弁显然只指爵弁，因为皮弁为与君视朔之服，只有爵弁才是与君祭之服（《礼仪·士冠礼》郑注）。‘士弁而祭于公’与‘士弁而亲迎’二语上下相连，自然‘士弁而亲迎’的弁也可能只是指爵弁而言，更何况士亲迎用爵弁，正因为爵弁是士的祭服呢！所以《杂记》所记实与《士昏礼》相同。金文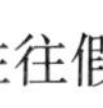字所从声符正象人着爵弁，下从可以解释为表示正去亲迎，而字又往往假借为婚字，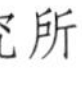字不可以说就是婚字吗?”（参见龙宇纯：《说婚》，《中央研究院历史语言研究所集刊》第三十本下册，第607—609页）

按：“闻”（、䎽）甲骨文作（甲1289）、（珠345）、（续

5.2.4)、(续5.10.3)、(续5.30.10)，金文作(利簋)、(克盨)、(殳季良父壶)，象人跽而以手附耳谛听之形，即闻之初文，唐说确不可易。金文与甲骨文字形之异，在金文于人形之首冠以雀弁，以示着雀弁往妇家亲迎之意，并以同音故假借为婚。而讹为，是则《说文》“婚”之籀文也。龙之申论亦至精当，而则从耳昏声之形声字，则从耳門声之形声字。惟金文“闻”字或作(克盨)，或作(殳季良父壶)，其人形下部或著，或著，学者以为著于腿之末端者为从止，著于腿中部者为从女，原其字形演化之迹，则俱非是。先人于字之构形每有增加装饰性符号，以求使整个字形匀称和谐之通例，如或作，其为装饰性符号，加于腿之中部，其形与女()相类。此学者所谓“从女”之所从来，加于腿之末端，形小变又误而。此学者所谓“从止”之所从来也。

“闻”(、䎽)在金文中用为“所闻”义，如《盂鼎》：“我䎽(闻)殷述(坠)令(命)”；或用为“传播”义，如《郐王子钟》：“其音悤悤，䎽(闻)于四方”；或假借为“昏”，迷乱，如《毛公鼎》：“余非章(庸)又(昏)”；或假借为“婚”，如《克盨》：“隹用献(献)于师尹、倗(朋)友、(婚)冓(媾)”；或假借为“輡”，如《录伯簋》：“余易女䰝鬯卣、金车、桒寿(帱)较(较)、桒䋎朱虢䩵、虎冟(幂)宑裏、金甬、画䎽(輡)、金厄(轭)、画转、马四匹、鋚勒。”郭沫若以为：乃闻字，假为輡。輡者，伏兔下之革带，后缚于轴，前缚于衡。按：《玉篇》：“䡈，眉陨切，车伏兔下革。”䡈即輡。郭说是也。

163. 母

(司母戊鼎)　(母卣)　(子卣)

(小臣邑斝)　(静簋)　(趞簋)

(母癸卣)　(毛公旅鼎)　(颂鼎)

(毛公鼎)　(兮甲鼎)　(陈伯元匜)

(陈侯鼎)　(𪒠镈)　(国差𦉜)

(𠫑羌钟)　(蔡侯盘)

高鸿缙云："，牧也。从女，象褱（怀）子形。一曰：'象乳子也。'按字倚女画其乳形。由文'女'生意，言女而乳子者，为母亲之母，名词。不象褱（怀）子形。周时用为否定助动词，秦人妄造字以为区别。《说文》解之曰：'，止之也，从女，有奸之者。'其差误可笑，坐不察周文也。"（参见高鸿缙：《中国字例》二篇，第230页）

按："母"甲骨文作（铁19.4）、（铁80.3）、（铁84.2）、（拾11.7），金文作（母卣）、（趩簋），象双乳女子跽坐之形，以寄乳子者为母亲之意。为女子，指双乳。高说是也。所当申明者有二：一、头部著一横画者如（司母戊鼎）、（子卣），多为晚商或西周早期形体；二、晚商或西周早期"母"字或不著双乳符号。《说文》说义谓"牧也"，系声训，其说形谓"从女，象褱（怀）子形"，未确。

"母"在金文中有为"母亲"义，如《北子鼎》："北子乍母癸宝尊彝"；或通假为毋，如《县妃簋》："孙孙子子母（毋）敢塱（忘）白（伯）休。"

164. 民

（何尊）　（克鼎）　（𬌗镈）

（秦公簋）　（王孙遗者钟）　（洹子孟姜壶）

（中山王𰯼壶）　（妾子蚉壶）

《说文》云："，众萌也。从古文之象。，古文民。"

郭沫若云："周代彝器如成王时代之《盂鼎》（按《盂鼎》为康王时器）已有民字曰：'遹相克王，受民受疆土'，其字作，《克鼎》：'惠于万民'作，《齐侯壶》（按，即《洹子孟姜壶》）：'人民'字作，均作一左目形而有刃物以刺之。古时'民''盲'每通训，如《贾子·大政下篇》：'民之为言萌也，萌为言盲也。'今观民之古文，则民盲殆是一事。然其字，均作左目，而以之为奴隶之总称。且周文有民字而殷文无之。（商书《盘庚》及《微子》篇虽有民字，然非古器物，不能据为典要）疑民人之制实始于周人。周人初以敌囚为民时，乃盲其左目以为奴征也。臣民字均用目形为之，臣目竖而民目横，臣目明而民目盲，此乃对于俘虏之差别待遇。盖男囚有柔顺而敏给者，有愚憨而暴戾者。其柔顺而敏给者则怀柔之，降服之，以供服御而为臣，其愚憨而暴戾者则杀戮之，或以之为人牲。继进则利用其生产价值，盲其一目，以服苦役，因而命之曰民。此事虽于文献无征，然观古人之对待奴隶或刻其额，或髡其发，或劓其鼻，或刵其耳，或刖其足，或宫之腐之，所用之肉刑，无所不至其极，则盲其一目，自是意中事矣。秦始皇喜听高渐离之击筑而矐其目，恐即古人盲目为民之遗意也。又民乃象形文字，此实三千年来传世之古画，文献之事征当无有更优于此者。”（参见郭沫若：《甲骨文字研究·释臣宰》，第70—72页）

按：“民”甲骨文作（乙118）、（乙118）、（乙455），金文作（何尊）、（盂鼎）、（克鼎）、（王孙遗者钟）、（中山王礜壶），象刃器刺目令盲之形。郭说是也。盲者用为奴隶，从事劳作，以义以声，均通作“萌”“甿”。《说文》说义谓“众萌也”近是；然其说形谓“从古文之象”，则令人莫知所云。所著“古文民”之字当为之稍稍讹变者。

“民”在金文中用为“民众”义，如《克鼎》：“叀（惠）于万民。”

165. 弗

（旂作父戊鼎） （师旂鼎） （曶鼎）

（毛公旅鼎） （召鼎） （召卣）

（师望簋） （师寰簋） （大簋）

（毛公鼎） （不嬰簋）

高鸿缙云：“《说文》：‘，撟也。从丿从乀，从韋省。臣铉等曰：韋所以束枉戾也。’按弗即拂之初文，其意为矫枉。从丿乀象不平直之两物，而以绳索S束之使之平直，故有拂正、矫枉之意。惟S为绳索之物形，而丿乀则为两不平直之物之通象，不拘何物也，故拂为指事字，动词。后世（殷代已然）借为否定之副词，与不相似而略有别。段玉裁曰：‘凡经传言“不”者，其文直；言“弗”者，其文曲。’如《春秋》公孙敖如京师，不至而复，‘晋人纳捷菑（灾）于邾，弗克纳’，弗与不之异也。《礼记》：‘虽有佳肴，弗食，不知其旨也；虽有至道，弗学，不知其善也。’弗与不不可互易是也。”（参见高鸿缙：《中国字例》三篇，第52—53页）

按："弗"甲骨文作（铁 1.1）、（铁 5.1）、（铁 26.1）、（拾 4H12）、（拾 10.13）、（前 2.2.6），（前 5.17.6）、（前 8.11.3），金文作（旂乍父戊鼎）、（师旂鼎）、（师望鼎）、（大簋）、（不嬰簋），象以绳索矫正两不平直之物之形，即拂之初文。高说是也。先秦时文籍中，被"弗"否定之及物动词每每不著宾语，此"弗"与"不"用法之区别也。段氏"传经言'不'者，其文直；言'弗'者，其文曲"之说，非是。但甲骨卜辞及金文铭辞以及简牍材料中，被"弗"否定之及物动词后亦每多著宾语。但一因"不""弗"均为否定副词，义相同，二因"不"多用"弗"少用，三因"不""弗"古音相近，故学人每改"弗"为"不"，以少数随多数，以繁形随简形也。故今人所见文籍中"弗"后及物动词多不著宾语矣。（参见拙著《再论否定副词"弗"和"不"的用法》）

"弗"在金文中用为否定副词，如《不嬰簋》："弗目我车函（陷）于艱（艰）"；或用为人名字，如《函弗生甗》："函弗生乍旅甗。"

166. 弋

（农卣）　（䜌方鼎）　（墙盘）

（儹匜）　（瘐钟）　（召伯簋二）

高鸿缙云："《说文》：'，橜也。象析木邪锐著形。从，象物挂之形。'孔广居曰：'弋，木橜之卓于地而系物也，俗所谓桩也。象弋之干，象弋首之小枝，象系物之索也。干何为而邪卓，弋邪则系物固也。首何为而枝，首有枝则起弋易也。其起弋奈何？则将一木橜，橜著小铁环，以环贯于弋之枝，横其弋而转之，一转而弋起矣。'按弋本为橜为桩，自后世（秦汉）通假以代矰缴之（为射之本字，周人借以为伯叔之叔），故有弋射之称。于是乃加木旁意符作杙，以还橜弋之原。射之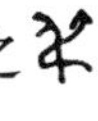，秦人虽另造谁字，然卒以不用废。弋之本意为歧首之桩，故原作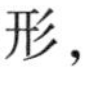，象其物形，复以意象指明其部位，言此即桩也。所以指明之意象，初为一点，后变为一斜画，既非象物挂之，亦非系物之索也。唯其为意象，故弋为指事字，名词。《玉篇》：'杙，果名，如梨。又橜也。'"（参见高鸿缙：《中国字例》三篇，第 55 页）

按：金文象歧头木橛之形，今呼木桩。为其干，为弋首斜枝，为横出之枝，皆所以系物之处也，许说是也。孔氏谓“象系物之索，非也。为系索之处，而非索也”。高氏谓“原作，象其物形，复以意象指明其部位……初为一点，后变为一料画”，恐亦臆说也。殷代《二祀𠨘其卣》𠨘作，《四祀𠨘其卣》𠨘作，《六祀𠨘其卣》𠨘作（盖）（器），所从弋作可证。

“弋”金文中用为必，如《召伯簋》：“弋（必）白（伯）氏从誥（许）”；或通假为式，如《䧹方鼎》：“弋（式）休𠟭（则）尚。”

167. 氏

（令簋） （长由盉） （㾓钟）

（颂鼎） （散盘） （师遽簋）

（师嫠簋） （克鼎） （不㝨簋）

（毛公鼎） （公贸鼎） （干氏叔子盘）

（国差𦉜） （中山王𠨘鼎）

高鸿缙云：“《说文》：‘，巴蜀名山岸胁之旁著欲落堕者曰氏，氏崩闻数百里。象形，声。扬雄赋：“响若氏隤。”’林义光曰：‘按字古作（不㝨簋），作（公贸簋），不象山岸胁之形，本义当为根柢。氏柢双声旁转，象根，其种也。姓氏之氏，亦由根柢之义引申。’按林说视许说为长，唯甲文只象根柢之形，故氏为象形字，名词。自借为姓氏之氏，乃别造柢字。说解云云，乃对坻字或阺字之释义。今《文选·扬雄：解嘲》：‘响若坻隤’，可证。”（参见高鸿缙：《中国字例》二篇，第39页）

按：“氏”甲骨文作（后下21.6）、（前7.39.2），金文作（长由盉）、（㾓钟）、（颂鼎），象根氐之形。林说是也。或著作（令簋）、（散盘）。林谓“其种也”，则非是。乃著于上之装饰性符号，并无实指。后变为，古文字构形通例固有如是者，如“十”原作，后作，再后作，是也。或当即为《说文》之。《说文》云：“，至也。从氏下著。，地也。”“至”当为氏（柢）之引申义。氏古音禅母支部字，氐古音端母脂部字，音近。是“根氏（柢）”之“氏”假借为“姓氏”之“氏”后，又于下加一以别为“根氏（柢）”之“氐（柢）”。《说文》所谓“巴蜀名山岸胁之旁著欲落堕者曰氏”之“氏”当为“坻”或“阺”之假借，高说是也。

“氏”在金文中用为“姓氏”义，如《姞氏簋》：“姞氏自钕（作）为宝尊簋”；或用为官称，如《颂鼎》：“尹氏受（授）王令（命）书”；或用为妇称，如《乎簋》：“乎乍姞氏宝簋”，《仪礼·士昏礼》：“祝告，称妇之姓曰：‘某氏来妇’。”郑注：“‘某氏’者，齐女则曰姜氏，鲁女则曰姬氏”；或通假作“是”，如《中山王礜鼎》：“氏（是）以寡（寡）人许之。”

168. 氒（厥）

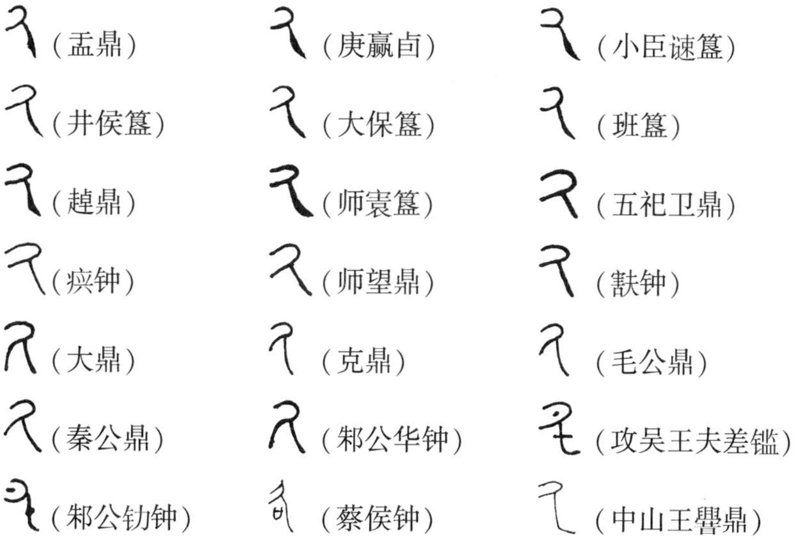

《说文》云：“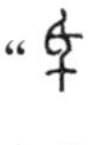，木本。从氏大于末。读若厥。”

郭沫若云：“余谓氒乃矢栝字之初文也《说文》：‘栝，臬也。从木昏声。一曰矢栝檃弦处。’栝从昏声，昏又从氒省声。故栝氒同音。矢栝檃弦处之栝，此氒字也。古矢栝之形，近始为罗振玉所发现，其《贞松堂集古遗文》卷十二、二十七著录矢栝三器，均有左字。今摹其第二器如次：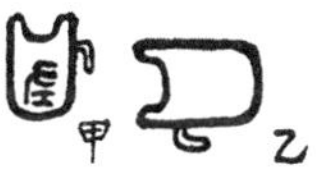甲为原图，乙示其无字之面而横置之（矢在弦上乃横置，故氒取其横。《钧钟》之，《吴监》之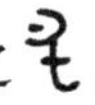，首括处皆含一点，盖弦之断面）。罗氏云：‘形如戈镦而小，旁有小钩下俯，予初不能定其名’，嗣读《释名·释兵》言‘矢末曰括，括，会也，与弦会也。括旁

曰叉，形似叉也’，乃知此物确为矢栝。此考至确。如此，请图前器无字之面而横置之，非即古氒字所象形耶。”（参见郭沫若：《金文丛考·释氒氏》，第 238 页）

按：“氒”甲骨文作（菁 3.1）、（甲 2908）、（京津 2512），金文作（盂鼎）、（痶钟）、（克钟）、（攻吴王夫差监）、（邾公钌钟），象矢括之形。为，为，其有中含•者，乃弦之横断面形。罗说极是，郭之申论亦是。《蔡侯钟》之则增装饰性构件，即昏（昬）。氒、氏二字形近而有小异。“氒氏之分，当在首画之曲向。氒字首画上端曲向左（其反作者向右），氏字首画下端曲向右。”（参见郭沫若：《金文丛考·释氒氏》，第 237 页）为示其字形之小异，故小篆氏作，而氒作。《说文》训“氒”为“木本”，其误显然，实则“木本”当为“氏（柢）”之训，而《说文》所谓“氏，至也”，“至”乃“氏（柢）”之引申义也。

“氒”在金文中用为指示代词，与“其”相当，如《趞鼎》：“趞用乍氒文考父辛宝尊彝”；或用为结构助词，与“之”相当，如《乍册令方彝》：“乍册令敢扬明公尹氒宦，用乍父丁宝尊彝。”（王引之《经传释词》云：“厥，犹之也。”《尚书·无逸》：“‘自时厥后，立王，生则逸。’又曰：‘自时厥后，亦罔或克寿’，皆谓自是之后也。”）；或用为语气词，如《㒧匜》：“氒（厥）以告吏蚬。吏曶于会”。（李学勤曰：“厥字是语首助词，无义。”《史记·太史公自序》：“左丘失明，厥有《国语》。”）

169. 戈

（戈父丁簋）　（戈父丁簋）　（㝬簋）

（宅簋）　（休盘）　（寰盘）

（不嬰簋）　（不易戈）　（高密戈）

（宋公栾戈）　（成阳戈）

罗振玉云：“‘，平头戟也。从弋，横之，象形。’按戈全为象形，象柲，象戈，非从代也。古金文或作，形已失矣。许君之象形诸字多云从某者，因字形失而误会也。”（参见罗振玉：《增订殷墟书契考释》卷中，第 46 页）

按："戈"甲骨文作（铁 4.3）、（铁 28.3）、（前 1.37.6）、（前 6.38.3）、（后上 22.1）、（后下 8.9）、（后下 42.4）、（珠 458），金文作（戈父丁簋）、（戈父丁簋），象平头戟形，为戈柲，为柲上歧头，为戈，其作者且援、胡、内俱全，当为戈上饰物，柲末之为戈镈，所以卓地者也。罗说是也。《说文》说义谓"平头戟也"，则是；其说形谓"从戈，横之"，则非。许氏仅据小篆形体立论，宜其说形未能全周也。《成阳戈》戈字作，则从金戈声之形声字矣。

"戈"在金文中用为"平头戟"义，如《高密戈》："高密造戈。"

170. 我

（我鼎） （毓且丁卣） （盂鼎）

（沈子也簋） （毛公旅鼎） （乖伯鼎）

（曶鼎） （师寰簋） （善鼎）

（㝬簋） （散盘） （毛公鼎）

（秦公镈） （齐鞄氏钟）

《说文》云："，施身自谓也。或说我，顷顿也。从戈从。，或说古垂字；一曰古殺字。，古文我。"

郭沫若云："余意我字本即《诗·豳风·破斧》：'既破我斧，又缺我锜'之锜。传：'凿属曰锜。'《说文》：'锜，鉏鎁也。'旧于鉏鎁不得其解。今案古之所谓鉏鎁，即今人之所谓锯矣。锯之齿不相值，故鉏鎁引申而为龃龉、驵牙。锯音居御切，正鉏鎁之促音。锯在古本戈之别名，存世有《燕昭王戈》，文曰：'郾王戠作五牧锯'（《周金文存》六、二十），其证。戈之一名锯，亦犹我若锜（古音读柯）之一名鉏鎁，同属于喉音之通转。"（参见郭沫若：《殷契粹编考释》，第 197 页）

按："我"甲骨文作（铁 35.3）、（铁 61.3）、（铁 152.2）、（71.3），金文作（我鼎）、（沈子也簋）、（盂鼎）、（毛公旅鼎），象带齿兵器之形，即锜之初文。为器身，为齿铦锋，为器柲，柲似戈而非戈也。郭说是也。其带齿铦锋之器身讹而为，器柲讹而为，遂成（毛公鼎）之形体。此则小篆之所从来也。《说文》说义谓“施身自谓也”，乃“我”之假借义也。又谓“我，顷顿”，亦假借义也。又谓“古殺字”，亦未确。“我”既为带齿兵器，“殺”乃其引申义也。《说文》说形谓“从戈”而“，或说古垂字”，非是。

“我”在金文中用为第一人称代词，如《毛公鼎》：“令（命）女（汝）辥（乂）我邦我家内外”；或用为人名字，如《叔我鼎》：“叔我乍用。”

171. 亡

（天亡簋）　（遹簋）　（师望鼎）

（毛公鼎）　（兮甲盘）　（士父钟）

（㝬钟）　（大保簋）　（杞伯鼎）

（杞伯簋）　（中山王䁠壶）　（中山王䁠鼎）

《说文》云：“，逃也。从入，从乚。”

林洁明云：“按盖为锋芒之本字。从刀，一点以示刀口锋芒之所在。当为指事字。如本字从木，一点以示木本之所在也。假借为无有之亡，又假借为逃亡之亡，本义遂湮。”（参见周法高：《金文诂林》，第7059页）

按：“亡”甲骨文作（铁4.2）、（铁10.1）、（铁28.1）、（铁21.4）、（铁55.1）、（铁260.3）、（后上5.5），金文作（杞伯鼎）、（杞伯鼎）、（士父钟）、（大保簋），象刀口锋芒之形。为刀，为指事符号，指锋芒所在。林说可取。指事符号或作而字作（天亡簋），此则小篆形体之所从来。（中山王䁠壶）则从辵亡声之形声字，即逃亡、灭亡之专字。《说文》说义谓“从入，从乚”，殊非。许氏徒以小篆形体立论，宜其说义说形有误也。

“亡”在金文中用为“灭亡”义，如《中山王䁠壶》：“郾（燕）旃（故）君子徻、新君子之，不用豊（禮）宜（義），不䪺（顧）逆㥯（顺），旃邦迒（亡）

身死”；或通“无”，如《士父钟》：“降余鲁多福亡（无）彊（疆）”；或用为人名字，如《杞伯簋》：“杞白（伯）每亡乍鼄嫊宝簋。”

172. 乍

（乃孙乍且己鼎） （乙亥鼎） （父丁罍）

（天亡簋） （盂鼎） （沈子也簋）

（墙盘） （伯晨鼎） （颂簋）

（颂簋） （毛公鼎） （不嬰簋）

（秦公簋） （沇儿钟） （郘钟）

（屭羌钟） （量侯簋） （酓肯鼎）

（中山王礜鼎） （曾侯乙簋）

《说文》云：“，止也。一曰：亾也。从亾从一。”

郭沫若云：“《说文》谓从亾一，亦沿讹字以为说。金文字至多，决不从亾一。即以《大丰簋》（按即《天亡簋》）而言，铭中有二亡字，一作，一作。又有二作字，一作，一作。二者并不相袭。余谓乃象人伸脚而坐有所操作之形，即作之初字。《量侯簋》文作，从木，其形尤著。”（参见郭沫若：《金文丛考·释亾乍》，第203页）

按：“乍”甲骨文作（铁81.3）、（铁83.2）、（余7.2）、（后下4.8）、（后上2.14），金文作（乃孙乍且己鼎）、（沈子也簋）、（量侯簋），象人箕坐操作之形，即作之初文。象人伸脚扬手之形，为手中持物，或抽象，或具体，不拘一物。郭说可参。《说文》说义谓“止也”，乃引申义，又谓“一曰：亡也”，非；其说形谓“从亾从一”，亦非。、、皆乍之形声字也。

“乍”金文中用为“制作”义，如《善夫克鼎》：“克乍朕皇且考釐季宝宗彝”；或用为“担任”义，如《𢦏簋》：“令女乍嗣（司）土（徒）”；（《尚书·舜典》：“汝作司徒”）或用为“建立”义，《盂鼎》：“才（在）珷（武）王嗣玟

(文) 乍邦。”

173. 匹

(墙盘) (曶鼎) (卫簋)

(兮甲盘) (散簋) (师兑簋)

(“四匹”合文，鄂侯鼎) (史颂簋) (史颂簋)

(毛公鼎) (“十匹”合文，卯簋)

高鸿缙云：“《说文》云：‘匹，四丈也。从匚八。八揲一匹，八亦声。’林义光曰：‘古字不从八。象布一匹数揲之形。’按林说是也。许说构造与古形不合。四丈为一匹，当是周制。《小尔雅·广诂》：‘五尺谓之墨，倍墨谓之丈，倍丈谓之端，倍端谓之两，两谓之匹’，是也。周借为马匹字，后或以布疋代布匹。”(参见高鸿缙：《中国字例》二篇，第102页)

按：金文象布一匹数揲之形，林说是也。后以同音假借为马匹字，高氏申论甚是。惟《鄂侯鼎》之“”，或读为“三匹”，或读为“四匹”，当以“四匹”为是。《尚书·文侯之命》：“王曰：‘父义和，其归尔师，宁尔邦，用赉尔秬鬯一卣、彤弓一、彤矢百、卢弓一、卢矢百、马四匹。’”《竹书纪年》：“武乙三十四年，周公季历来朝，王赐玉十瑴、马八匹。”《鄂侯鼎》：“王寴（亲）易（赐）驭方玉五瑴，马四匹。”“马四匹”为一乘车所用之马，所谓两服两骖也。“马八匹”，则二乘车所用之马。总之，文籍与地下材料所记装备路车或战车之马数均为偶数。

“匹”在金文中用为“马匹”义，如《无𬨭簋》：“王易无𬨭马四匹”；或用为“匹配”义，如《墙盘》：“叀乙且逨（弼）匹氒辟。”《诗·大雅·文王有声》：“作丰伊匹”，毛传：“匹，配也。”

174. 弘

(毛公鼎) (守簋) (师𩛥鼎)

(颂鼎) (颂簋) (毛公鼎)

(秦公簋)

高鸿缙云："《说文》：'，弓声也。从弓，厶声。厶，古文肱字。'按字从弓而以丿象弓声。声不可象，姑以假象表之，故为指事字，名词。后世声化，故亦释为声（古肱字）。"（参见高鸿缙：《中国字例》三篇，第34页）

"弘"甲骨文作（铁159.1）、（前5.8.5）、（前5.15.2）、（后上18.7），（前5.15.1），金文作（毛公旅鼎）、（颂鼎）、（毛公鼎）、（秦公簋），弓声之象也，附于弓上，以表弓声。高说是也。后指事符号曲化为，与古文肱字相混，故《说文》说形谓"从弓，厶声"。

"弘"在金文中用为人名字，如《颂鼎》："宰弘（右）佑，颂入门，立中廷"；或通作"宏"，大也，如《毛公鼎》："皇文弘猷（餍）氒德。"

175. 率

（盂鼎）　（毛公鼎）　（禹鼎）

（㦰方鼎二）　（师寰簋）　（中山王嚳鼎）

罗振玉云："《说文解字》：'，捕鸟毕。象丝网，上下其竿柄也。'段君曰：'象网谓。'案《盂鼎》率作，《师寰簋》逵从，均与卜辞同，但象丝网形。卜辞或，象丝网之余绪。"（参见罗振玉：《增订殷墟书契考释》卷中，第49页）

按："率"甲骨文作阁（铁16.2）、（前1.11.5）、（前6.33.7）、（戬44.1）、（前2.42.6）、（前2.42.6），金文作（盂鼎），象捕鸟毕之形。即系，加、为丝以作网之象，、与、同意，简之耳。罗谓"但象丝网形"，"或作，象丝网之余绪"，是也。其作形者，乃于末端加装饰性笔画，原无意义可言，古文字构形通例固有如是者。此当为小篆形体之所本也。《说文》说形谓"上下其竿柄也"，其误显然。其作（毛公鼎）者，乃之讹，讹为也。其作（㦰方鼎二）、（师寰簋）、（中山王嚳鼎）者，即《说文》训"先道（导）"之"逵"，均"率"之增繁形声字也。但"先导"义项以后为"率"字所专，"率"之本义反晦。

“率”（逩）在金文中用为“先导”“率领”义，如《禹鼎》：“肄武公迺遣禹逩（率）公戎车百乘，斯（廝）駿（驭）二百，徒千”；或用为副词“大率”义，如《盂鼎》：“我䎽（闻）殷述（遂、坠）令（命），隹殷𨘙（边）侯田（甸）雩（与）殷正百辟率肄（肆）于酉（酒），古（故）丧自（师）。”

176. 它（也）

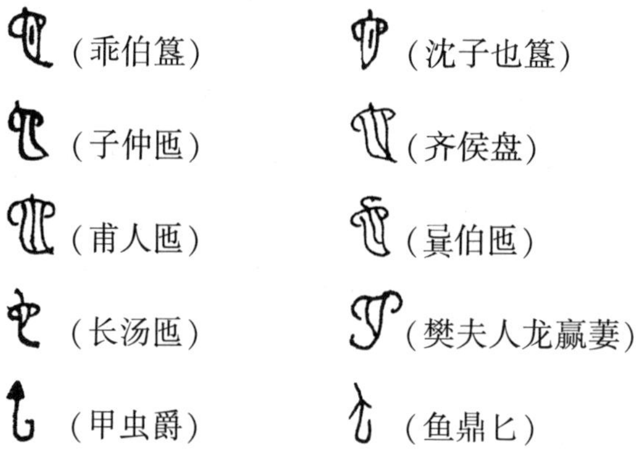

罗振玉云：“《说文解字》：‘，虫也。上古草居患它，故相问无它乎。或从虫或蛇。’卜辞中从止（即足也）下它，或增从彳，其文皆曰‘亡壱’，或曰‘不壱’，殆即它字。上古相问以无它，故卜辞中凡贞祭于先诅，尚用不它、亡它之遗言，殆相沿以为无事故之通称矣。（卜辞中亦单称它，则当是有故，不可以祭矣）又案它与虫殆为一字，后人误析为二，又并二字而为蛇，尤重复无理。许君于虫部外别立它部，不免沿其误也。”（参见罗振玉：《增订殷墟书契考释》卷中，第34页）

容庚云：“它，与也为一字，形状相似，误析为二，后人别构音读。然从也之迤攺驰阤杝施六字仍读它音，而沱字今经典皆作池，可证。徐铉日：‘沱沼之沱，今别作池’，非是，盖不知‘也’即‘它’也。《说文》：‘也，女阴也’，望文生义，形意俱乖，昔人盖尝疑之。”（参见容庚：《金文编》，第876页）

按：“它”甲骨文作（铁46.2）、（铁178.3）、（乙8718）、（铁6.3）、（前1.33.1）、（前3.27.7）、（前3.28.1）、金文作（甲虫爵）、（鱼鼎匕）、（乖伯簋）、（子仲匜）、（长汤匜），象虫之形。其身或卷曲，或伸曳，，虫之首也，，或卷或伸之身尾也。罗、容二氏之说是也。蛇或作虵，沱或作池，从也之迤、攺、驰、阤、杝、施六字仍读它音，均可证它、也一字。而《说文》“它，虫也”之训，又确当至极，故它、也、虫一字之论，无可易也。甲骨文（铁6.3）、（前3.28.1）为止践虫为所伤之意，当为它之增繁字。

“它”（也）在金文中用为人名字，如《师遽方彝》：“用乍文且也公宝尊彝”；或用为迭音词“它它”（也也），美也，如《齐侯敦》：“用旂（祈）釁寿万年无疆，它它熙熙，男女无碁（期）”；或假借为“匜”，如《甫人匜》：“甫人父乍旅也（匜）。”

177. 凡

（天亡簋）　（彧簋一）　（曶鼎）

（鼾从盨）　（散盘）

《说文》云：“，最括也。从，，偶也。从。古文及。”

郭沫若云：“乃凡字，槃之初文也，象形。前片（按指《卜通》第102片）作肢，即后来之般字，字当作肢，讹变而为从舟从殳，而杯槃字乃益之以木作槃，或益之以皿作盤。金文《伯侯父盘》字作鎜则从金，均繁文也。”（参见郭沫若：《卜辞通纂考释》，第29—30页）

按：“凡”甲骨文作（铁51.1）、（铁72.1）、（铁120.2）、（铁177.3）、（前1.36.6）、（前6.9.6），金文作（天亡簋）、（曶鼎）、（散盘），象盘之形，郭说是也。吴大澂《说文古籀补》云：“受，上下相付也。从两手持舟。舟，承尊之器。”此舟，即之讹形也。《说文》说义谓“最括也”当凡之假借义，其说形谓“从”“从”，非是。许氏徒以小篆形体立论，宜其说形说义非其朔也。

“凡”在金文中用为“总括”义，如《散盘》：“凡十又五夫。”

178. 土

（盂鼎）　（召卣）　（大保簋）

（㝬簋）　（盠方尊）　（曶壶）

（十三年㾓壶）　（哀成叔鼎）　（吴王孙无土鼎）

《说文》云：“，地之吐生万物者也。象地之下、地之中，，物出形也。”

高鸿缙云："按此字验之甲骨文，殆象土块形，一则地之通象也。本为地之初文，不以一表示者，嫌于一二之一也。不以表之者，徒以土块不足以赅地也。土块作者，罗振玉曰：'契刻不能作粗笔，故为匡郭也'，是也。隶篆由粗笔变横直矣。"（参见高鸿缙：《中国字例》三篇，第 47 页）

按："土"甲骨文（铁 3.1）、（铁 14.3）、（铁 236.4），（前 6.61.5），金文作（盂鼎）、（召卣），象地上有土块之形。高说是也。但谓土"本为地之初文"，则臆词也。由而而，则小篆之所本也。《说文》说义近是，但谓"吐万物"乃声训之词也。其说形谓"二象地之下、地之中，丨，物出形也"，殊非。许氏徒以小篆形体立论，宜其说形说义均未谛也。

"土"在金文中用为"社"，如《宜侯夨簋》："王立（位）于宜宗土（社）南鄉（向）"，《公羊传·僖公二十一年》："诸侯祭土"，何休注："土谓社也。"《诗·商颂·玄鸟》："宅殷土茫茫"，《史记·三代世表》引作"殷社茫茫"；或用为"土地"义，如《㝬钟》："王肈遹省文武堇（勤）疆土"；或用为"土地"义，如《召卣》："王自彀吏（使）赍（赏）毕土方五十里"；或通假为"徒"，如《免簋》："令（命）免作𤔲（司）土（徒）"。

179. 黄

（师奎父鼎）　（县妃鼎）　（卫簋）

（趩簋）　（免卣）　（伊卣）

（曶壶）　（寰盘）　（师嫠簋）

（五年师兑簋）　（此簋）　（颂簋）

（师克盨）　（师艅簋）　（师艅簋）

（趞鼎）　（趞曹鼎）

《说文》云："，地之色也。从田从炗，炗亦声。炗，古文光。，古文黄。"

郭沫若云："彝铭中赐命服之例，多以'市黄"对言。言'赤市朱黄'者最多，《颂鼎》三，《颂簋》五，器盖各有铭，合之得十。《颂壶》二，《师酉簋》三，器盖各有铭，合之得六，《师艅簋盖》、《休盘》、《寰盘》、《寰鼎》（《伯姬鼎》)，共二十又五例。言‘赤市幽黄’者，《曶壶》与《伊簋器》二例，单言‘幽黄’者一例，《康鼎》之‘赐汝“幽黄鋚勒”是也’。言‘赤市悤黄’者，《番生簋盖》与《毛公鼎》二例。言‘叔市金黄’者，《师嫠簋》二，器盖各有铭，合之得四。一器作‘令黄’，‘令’字殆形近而讹。言‘载市同黄’者，《趞曹鼎》、《师奎父鼎》、《趩尊》、《免觯》，凡四例。言‘赤市同睘黄’者，《鄸簋》二，器盖各有铭，合之得四。以上凡四十又二例，均一律用‘黄’字，无一例外。其于典籍，市则作芾若韨，黄则作珩若衡。《诗·小雅·采芑》：‘朱芾斯黄，有瑲蔥珩。’《礼记·玉藻》：‘一命缊韨幽衡，再命赤韨幽衡，三命赤韨蔥衡。’《诗·曹风·候人》：‘彼其之子，三百赤芾。’传云：‘芾，韠也。一命缊芾黝珩，再命赤芾黝珩，三命赤芾蔥衡，大夫以上赤芾乘轩。准上可知黄、珩、衡为一物。’珩，《说文》云：‘佩上玉也。’郑玄《礼》注谓‘衡，佩玉之衡也’。说金文者多以黄为假字，而释为佩上之横。如吴大澂《说文古籀补》收《师奎父鼎》与《毛公鼎》文于木部，云‘古横字通作黄，今经典横字多作衡’。容庚《金文编》亦然，谓‘横不从木’。今案此说殊有未安。盖古人赐佩，何以仅赐佩上之横而不及其金？又金文黄字凡卌数例，均一律用黄，珩字未见，衡则《番生簋》与《毛公鼎》之‘趞衡’（经典作‘错衡’）与‘悤黄’同出，衡黄并不相紊。然则安知黄非本字，而珩实后起，衡乃假字耶？黄小篆作，《说文》云：‘地之色也，从田，炗声。炗，古文光。’金文黄字至多，虽与小篆形近，然不类从田，亦不类炗声。其字之特异者，今举数例如下：

(贤簋) (伯家父簋) (莔簋) (黄君簋)

(趞曹鼎) (黄簋) (休盘) (师艅簋)

《黄君簋》黄字前人多不识，然以《伯家父簋》及《趞曹鼎》黄字例之，其为黄字无疑。又该铭有‘有寿黄耇’语，彼黄字上泐，仅余下体作，亦系三垂。

此外从黄之字如堇，从堇之字如鼟，金文亦习见，其所从黄字，大抵与《趞曹鼎》文形近。今亦举数例如下：

(堇伯鼎) (堇臤鬲鼎) (女夒簋) (宗周钟)

(颂鼎) (颂壶) (颂簋) (毛公鼎)

（召伯虎簋） （帅鼎）

黼则《不嬰簋》之‘弗以我车陷于黼’作，又《召伯虎簋》之‘帛束璜’作，所从黄字均与此为类。

卜辞亦有莫黼二字。

堇（《殷墟书契后编》下卷第18叶） （同上第24叶）

（《殷墟书契前编》卷五第40叶） （同上）

（同，第41叶） （同上）

（《后编》上卷第30叶） （同上）

又有（《前编》卷三第24叶）、（同，卷四第46叶）二字，以字例推之当为黄，罗振玉仍释为黼。

凡此等殷周古文黄字，及从黄之字所从之形，与许慎所说实大有径庭。盖其字并不从田，且无芡声之痕迹也。细审其结构，当为象形之文，无形声可说。更参以金文，凡言赐佩者无虑四五十例而均用黄字，毫无例外。然则，黄字实古玉佩之象形也，明甚。由字形瞻之，中有环状之物当系佩之体，即双珩之所合成。《礼记》经解‘行步则有环佩之声’，《礼记·玉藻》‘孔子去鲁，佩象环五寸’（盖以象牙之珩为环，其径五寸）。《列女传·贞顺篇》‘鸣玉环佩’，曹大家注云：‘玉环佩，佩玉有环’。此皆佩玉有环之证。上有佩衿以系于带，《尔雅》所谓‘佩衿谓之褑’者也。（《方言》、《广韵》褑均作裎）。下则正垂三道，中央所悬之冲牙为磬形，故有若四垂者。省其左右双璜，故复垂二矣。是故黄即佩玉，自殷代以来所旧有。后假为黄白字，卒至假借义行而本义废，乃造珩若璜以代之，更假用衡字。后世佩玉之制度，珩璜字义各限于佩玉之一体，又以衡为横本字，故说为‘佩玉之横’，其失弥远矣。”（参见郭沫若：《金文丛考·释黄》，第162—164页，第165—167页）

按：“黄”甲骨文作（铁17.1）、（铁159.3）、（前6.8.4），金文作（师奎父鼎）、（趞曹鼎），象古玉佩之形，中部为两半环状之珩，左右各一，或为组带，其上为系于佩衿之褑，其下为璜与冲牙，为璜，则为冲牙。郭说是也。

“黄”在金文中用为“黄色”义，如《师艅簋》：“天子其万年，釁寿黄耇”；或用为国名字，如《黄韦俞父盘》：“黄韦艅父自饮器”；或通作“衡”（横），如《颂簋》：“赤市朱黄（衡）。”

180. 斤

（天君鼎） （仕斤戈） （好盗壶）

（郚大叔斧，斧字偏旁） （散盘，新字偏旁）

（中山王礜壶，所字偏旁）

高鸿缙云：“《说文》云：‘，斫木斧也（按依小徐本，加“斧”字）。象形。’王筠曰：‘斤之刃横，斧之刃纵。其用与锄鑊相似，不与刀锯相似，故云斫也。玄应引贾逵《国语》注：“斤，鑊也。”’饶炯曰：‘《孟子》云：“斧斤以时入山林”，又云：“斧斤以伐之”，皆连语恒言。其实斧斤异器，斧刃纵向，伐木者用之，其形与刀同。斤刃横向，斫木者用之，其形与锄同。’按王饶说斤形极是。甲文所取折字、新字偏旁。依近人考定，象其柄及折颈与刃之所向之形。金文则柄与器俱为双线，且与甲文同是刃上柄下，形状较然。篆隶以降形变不可说，今鲜能知斤字象何形矣。古以斤恒用金为之，故字亦作釿，后世借为斤两（十六两为斤）之斤，本义几为借义所专。”（参见高鸿缙：《中国字例》二篇，第 157 页）

唐兰云：“我们可以推出，‘斤’字在甲骨里作，或作。《前编》八卷七叶一片的字，也可以释作‘斤’。”（参见唐兰：《古文字学导论》卷下，第 30 页）

按：“斤”在甲骨文中作（前 8.7.1），（后下 20.5“斲”字偏旁）、（后下 20.18“斲”字偏旁）、(戬 47.9“旟”字偏旁)、（前 4.8.6“折”字偏旁）、（前 5.21.3“斫”字偏旁），（后下 29.6“兵”字偏旁），（前 2.4.3“斧”字偏旁）、（前 1.30.5“新”字偏旁）、（佚 580“新”字偏旁），象斫木斧之形。为斧柄，为折颈，为向下之刃部。唐说是也。金文作（好盗壶）稍存其形，而作双线形（天君鼎）、（散盘，“新”字偏旁），形已失矣。虽然，其为小篆形体之所本也。高氏申论亦是。

“斤”在金文中用为“斤两”义，如《好盗壶》：“冢（重）一石三百斤之冢”；或用为人名字，如《天君鼎》：“天君赍（赏）氒征人斤贝。”

181. 斗

（秦公簋） （釁脒鼎） （土匀錍）

（蔛年小量，“蔛”字偏旁）

（上官鼎，“料”字偏旁）

（大梁鼎，“料”字偏旁）

高鸿缙云：“《说文》：‘，十升也。象形，有柄。’按斗原非量名，乃挹注之器，有长柄，似杓而深，并如北斗七星之形。金文象其倾注，故口向下也。小篆以下字形距象形远矣。其后以其器为木制，故加木旁作料。至于升斗之斗，乃后世假借之义，非其朔也。”（参见高鸿缙：《中国字例》二篇，第129页）

按：金文象长柄勺之形，初为挹注之器，后专用为单位量器，高说是也。《说文》所谓“十升”者是也。意者金文至小篆，形体变化轨迹当为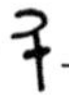—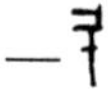——。

“斗”在金文中用为“斗升”义。如《釁脒鼎》：“釁脒一斗半。”

182. 升

（友簋） （秦公簋）

（司料盆盖“料“字偏旁） （子禾子釜“料”字偏旁）

《说文》云：“，十合也。从斗，象形。”

按：金文（友簋）亦象长柄杓形，与斗同形。初亦为挹注之器，后专用为小于斗之单位量器，乃于杓中加一以示别。《说文》所谓“十合”者是也。意者金文至小篆，形体变化轨迹当为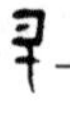—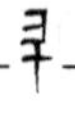——。

183. 车

（贯车觚） （父己车鼎） （叔车觚）

（车且丁爵） 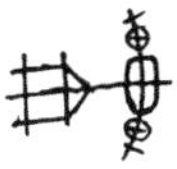（车父辛尊） （盂鼎）

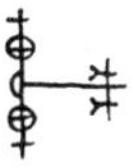（九年卫鼎） （师兑簋） （毛公鼎）

（伯车父盨） 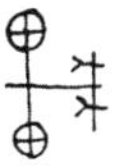（克钟） （录伯簋）

（同卣） （子禾子釜） （鄂君启车节）

《说文》云："，舆轮之总名。夏后时奚仲所造。象形。，籀文车。"

按："车"甲骨文作（铁114.1）、（拾12.16）、（前7.5.3）、（菁3.1）、（珠290），（菁3.1）、（续存743）、（新2701）、（前7.5.3），金文作（罠车觚）、（叔车觚）、（盂鼎），象车之形。就"续存743"之形和《罠车觚》之形而言，为车衡，、为车轭，为车辕，、为车厢，——为车轴，、为车轮，为车辖。或省衡、轭、厢、辖、辕，而有种种变形之体，最后省为（同卣），为两轮，为厢，为轴，此则小篆形体之所本。《说文》所载古文乃由形讹变而成，衡与轭讹而为。

"车"在金文中用为"陆运工具"义，如《不嬰簋》："弗𠬝我车圅（陷）于囏（艰）"；或用为人名字，如《车卣》："车乍父丁宝尊彝。"

184. 乘

（禹鼎） （师同鼎） （虢季子白盘）

（匽公匜） （多友鼎）

高鸿缙云："王静安曰：'此字象人乘之形。《虢季子白盘》"王睗（锡）乘马"之乘作，正与此同。'按：字倚大（人）画其乘木之形。由文大生意，故托以寄乘骑之意。动词。本为乘木之乘，后世乘舟、乘车、乘马、乘墙、乘屋皆用之。"（参见高鸿缙：《中国字例》二篇，第269页）

按："乘"甲骨文作（粹1109）、（邺3.38.1），金文作（禹鼎），

（虢季子白盘）、（匽公匜），均从大从木（、均之稍稍讹变者），会人升树上之意。乃大（人）著两足之形，升树必以两足攀升也。两足可有可无。（匽公匜）之两足整齐之，小篆之所从来也。王说是也，高申论亦是。

“乘”在金文中用为“车乘”义，如《虢季于白盘》：“王賜乘马”；或用为人名字，如《匽公匜》：“匽公乍为姜乘般（盘）盅（匜）。”

185. 陵

（陵方罍）　（三年瘭壶）　（散盘）

（陵尊）　（陵叔鼎）　（陈猷釜）

罗振玉云：“《说文解字》：‘，大阜也。从𨸏，夌声。’案陵训乘（《广雅·释诂四》）、训上（《汉书·司马相如传》集注）、训升（《文选·西京赋》薛注），故此字象人梯而升高，一足在地，一足已阶而升。”（参见罗振玉：《增订殷墟书契考释》卷中，第66页）

按：“陵”甲骨文作（前6.20.1）、（前6.55.5），（前7.9.4），金文象人登梯升高之形，、、象人一足低而在地，一足高而登梯，、、为梯。罗说是也。、之形与𨸏之古文相近，故梯形在金文中每讹变为𨸏。一足低一足高之人形讹变为、、、、、，之脚端之，盖即之讹变。（三年瘭壶）当即小篆之所本，象形字误为形声字矣。许训“陵”为“大阜”，亦引申义也。

“陵”在金文中用为“丘陵”义，如《散盘》：“内（入）涉刍，登于厂湶，弄（封）割桩、陕陵、刚（岗）桩”；或用为地名字，如《陈猷釜》：“各（格）丝（兹）厈（安）墜（陵）”；或用为人名字，如《陵叔鼎》：“陵叔乍衣宝彝。”

186. 亞

（亚丙申角）　（亚盉）　（延盨）

（豚鼎）　（齇簋）　（谏簋）

（墙盘）　（瘭钟）　（訇簋）

（传尊）　（南宫乎钟）

高鸿缙云："《说文》：'，醜也。象人局背之形。贾侍中说以为次第也。'罗振玉曰：'许因训醜，乃为局背之说。然醜古亦训比训类，与贾侍中次第之说固无殊。《尔雅》"两婿相谓曰亞"，正谓相类似也。'按亞字本义失传，吾谓字原象四向屋相连之形，乃古者宫室之制也。前期金文著族徽者多囿以亞字。亞，盖家族之家最初文也。后引借为族类之类，故许援其训为醜，醜，类也。又引借为两婿相谓，又引借为次第。"（参见高鸿缙：《中国字例》二篇，第116页）

按："亞"甲骨文作（铁37.1）、（前2.8.5）、（前7.3.1）、（前7.34.2），金文作（传尊）、（亚丙申角）、（豚鼎），当为宫室平面之形。《说文》："，宫中道。从，象宫垣道上之形。《诗》曰：'室家之壼'"。，从，"宫中道"当指无疑。由此，四角当指宫室亦无疑。盖上古宫室，必于四方地域之内营建，其四角筑为宫室，其余为空处，亦即行道。此种建筑模式当作，简化为，再简化为，似徒见行道而不见宫室者。同一家族居于同一四方地域之中。且著该族族徽于、、之中或之上，此即族氏徽号文字也。高说近是。《说文》说义谓"醜也"，乃指族类而言，引申义也。其说形谓"象局背之形"，则殊非。族类明，则次第自明，"次第"又其引申义也。

"亞"金文中用为族徽标帜，如《父辛簋》："亞父辛"；或用为人名字，如《豚鼎》："亞豚乍父乙宝尊鼎"。

187. 萬

（仲簋） （豆闭簋） （免盘）

（封簋） （颂鼎） （史颂簋）

（师卣簋） （铸公簠） （薛侯盘）

（鲁伯大父簋） （鲁原父簋） （虢季子白盘）

（子仲匜） （齐侯匜） （庚嬴卣）

（善夫克鼎） （秦公簋）

罗振玉云：“‘，蟲也。从厹，象形。’不言何蟲，而卜辞及古金文中等形均象蝎，不从厹。金文中或作，石鼓文作，失初状矣。段先生（玉裁）云：‘从厹，盖其蟲四足象兽，’依后来字形为说，失之弥远。”（参见罗振玉：《增订殷墟书契考释》卷中，第3页）

按：“萬”甲骨文作（前3.30.5）、（前5.31.3）、（后下19.8）、（佚103），象蝎之形，罗说是也。金文作（仲簋）、（免簋），乃于曳尾上加装饰性笔画。金文（豆闭簋）、（封簋）乃于上又加，金文（颂鼎）、（子仲匜）乃所加装饰性笔画曲化，即曲化为，曲化为，此则小篆形体之所从来。（齐侯匜）乃加形符止，（庚嬴卣）乃加形符彳，（秦公簋）乃加形符（辶），均萬之繁化也。《说文》说义谓“蟲也”，近是，其说形谓“从厹”，则非。

“萬”字在金文中用为数词，十千也，如《小盂鼎》：“孚（俘）人萬三千八十一人”；或用为“极多”义，如《仲叡父簋》：“其萬年子孙永宝用亯于宗室。”

188. 禹

（叔向簋）　（禹鼎）　（秦公鼎）

高田忠周云：“按《说文》：‘，蟲也。从厹，象形。，古文禹。’今征于此文皆虫省，原从内（厹）从虫省，或作，从它省也。它虫同意，后世俗作蝺，虫形重复矣。”（参见高田忠周：《古籀篇》六，第7页）

按：金文象蟲之形，为头，为尾。意者字原仅作，后于身中加装饰性笔画，又于上加’，其形变一如萬字：而而。而，即《说文》所谓从厹之厹（）也。许氏说义是，说形非。《玉篇·虫部》：“蠁，禹蟲也。”《说文·虫部》：“蠁，知声虫也。蚼，司马相如蠁从向。”由是知禹乃知声蟲也。自禹借为人名，后人另造蝺字以还其原。高田忠周说是也。

“禹”金文中用为人名字，如《禹鼎》：“禹其邁（萬）年永宝用。”

189. 甲

（父甲爵）　（乍册令方彝）　（虤簋）

（颂簋）　（元年师兑簋）　（休盘）

（甲鼎）　（兮甲盘）

林义光云："《说文》：'，东方之孟，阳气萌动，从木戴孚甲之象。一曰：人头宜为甲，甲象人头。，古文甲，始于，见于千，成于木之象。' 按古作（《母甲尊彝》），不象人头。甲者，皮开裂也。象其裂文。《易》：'百果草木皆甲宅'（解卦）。郑注：'皮曰甲，根曰宅。'《史记·历书》：'甲者言万物剖符甲而出也。'"（参见林义光：《文源》）

罗振玉云："即小篆甲之所从出。卜辞于外加，所以示别，与之加同例。而小篆以代者，盖因古文甲作，与数名之相混也。小篆之初作，从，观秦阳陵新郪两虎符'甲兵之符'字作，《吴天发神谶刻石》作可知，许书作乃写失也。然以代，周代已然，不始于小篆。《兮甲盘》之兮，即兮甲也。小篆变为者，盖作又与　田畴之田相混，故伸其直画出外，以别于田畴字。盖小篆变为而缺其下口。今隶作甲，当不失古文初形，唯直画伸长与古文略异耳。此字初以嫌于数名之十而以代，既又嫌于田畴之田，而伸长其直画以示别，既又变为，更由讹，由讹为，而初形遂晦矣。反不如今隶作甲，尚存古文面目也。"（参见罗振玉：《雪堂金石文字跋尾》）

按："甲" 甲骨文作（铁 62.2）、（铁 176.1）、（前 1.4.3），（铁 9.4），（前 7.31.1），金文作（父甲爵）、（元年师兑簋）、（兮甲盘），其作者，象果皮坼裂之形。林说是也。卜辞加于四周者，盖殷人郊宗祏室之故事也，正如加或于，而成之，而则小篆之所从来。罗说极确。许氏仅以小篆形体立论，说义说形皆非是。

"甲" 在金文中用为 "铠甲" 义，如《新郪虎符》："凡兴士被甲用兵五十人㠯（以）上，必会王符，乃敢行之"；或用为人名字，如《兮甲盘》："王易兮甲马四匹"；或用为天干第一位字，如《休盘》："隹廿年正月既望甲戌。"

190. 乙

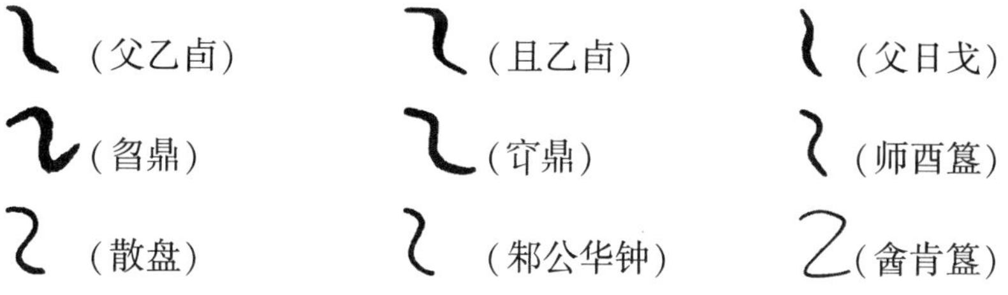
（父乙卣）（且乙卣）（父日戈）
（曶鼎）（宁鼎）（师酉簋）
（散盘）（邾公华钟）（畬肯簋）

《说文》云：“，象草木冤曲而出，阴气尚彊（强），其出乙乙也。与同意，乙承甲，象人颈。”

吴其昌云：“乙字《且乙卣》作，《册册乙觯》作，《且乙尊》作，《酉乙斝》作，《商三句兵》作作，皆象刀形。《礼记·月令》：‘其日甲乙’，郑注：‘乙之言轧也。’又《广雅·释言》：‘乙，轧也。’（《后汉书·公孙述传》章怀注同）。《释名·释天》亦云：‘乙，轧也。’既知乙训为轧，然则轧字究当作何解耶？《史记·匈奴传》、《汉书·匈奴传》注记匈奴之刑典并云‘具法有罪，小者轧，大者死’。颜籀注引服虔曰：‘轧，刀刻其面也。’案服说是也。刀刻其面为轧，而轧又即为乙。以衣衣食食古代以名词为动词之公例律之，则乙为刀至为显白，唯乙义为刀，故乙（即轧）又为以刀刻面之称也。”（参见吴其昌：《金文名象疏证》）

按：“乙”甲骨文（铁24.4）、（铁57.2）、（拾2.4）、（后上9.3），金文作（父乙卣）、（且乙卣）、（父日戈）、（散盘），象刀之形，吴说是也。《广雅·释言》云：“乙，轧也。”服虔云：“轧，刀刻其面也。”其书证也。《说文》说义说形俱非。

“乙”在金文中用为天干第二位字，如《守鼎》：“唯王九月既望乙巳”；或用为人名字，如《师酉簋》：“用乍朕文考乙白（伯）究（宄）姬尊彝。”

191. 尤

（𬯀伯簋）　　　　[麦方尊，“迖”（　）字偏旁]

高鸿缙云：“‘，异也。从乙，又声。’按甲文‘无尤’字俱作。金文见《𬯀伯彝》。尤实从（手），而以一横画表禁止之动象，言手有作为，而有外力以禁止之。其本义应为禁阻。禾，留止也。加尤为意符作杚，后又加音符旨作稽，均留止意。于此可悟尤之本义，惟手必须禁止，以见不当作而作也。不当作而作者，必有过失，故尤之引申借义为过失，动词，亦用为名词。《论语》：‘言寡尤，行寡悔’，是也。后世尤借为特别义，副词，故有尤异、尤善、尤佳等称。许仅举其第二义而言。‘从乙又声’，又声犹可，从乙则不可说矣。”（参见高鸿缙：《中国字例》三篇，第39页）

按：“尤”甲骨文（铁81.1），（拾14.8），（前1.1.2）、（前

1.5.8)、(后下25.4)、(后上1.7)、(戬3.8)，金文(𤕦伯簋)，象止手为禁之形。为又（手），为表禁之符号。当禁而不禁，其事必有过尤。《玉篇·乙部》：“尤，过也。”《诗·小雅·四月》：“废为残贼，莫知其尤。”郑注：“尤，过也。”均其证。高说是也。《说文》说义谓“异也”，乃引申义。其说形谓“从乙又声”，则误象形为形声，其误显然。

“尤”在金文中用为“过尤”义，如《𤕦伯簋》：“𤕦伯于遘（觐）王休，亡尤。”

192. 丙

（兄日戈） （犬父丙鼎） （天君鼎）

（丙申角） （静卣） （遹甗）

（鄦侯簋） （子禾子釜）

《说文》云：“，位南方。万物成，炳然。阴气初起，阳气将亏。从一入冂。一者，阳也。丙承乙，象人肩。”

高鸿缙云：“按原象兵器柄下之镈，所以卓地者也。矛柄作，辛柄作，可资互证。自古借为天干第三名，而战国时五行家、阴阳家、历数家、星相家等又各借用为代名词。许说丙字杂各家言之，且均出于后世，非造字本义也。”（参见高鸿缙：《中国字例》三篇，第38—39页）

按：“丙”甲骨文作（铁13.2）、（铁62.3）、（铁74.2）、（前1.3.7）、（前1.4.8）、（前3.4.3），象有足底座之形。高说是也。《淮南子·诠言训》：“瓶瓯有堤。”高诱注：“堤，瓶瓯下安也。”堤即物之底座，所以置物以安适者也。柲之兵，柲下附座，即所谓镈，所以卓地者也。《鄦侯簋》讹为，从火，与《三体石经·春秋·僖公二十八年》古文丙字形同。《石鼓文·避水》作，此则小篆之所从来。

“丙”在金文中用为天干第三位字，如《鄦侯簋》：“隹五年正月丙午”；或用为人名字，如《敔簋》：“用乍文考父丙鬻。”

193. 丁

（戊宝鼎） （且丁尊） （曶壶）

（乍册大鼎）　（史颂簋）　（师嫠簋）
（善鼎）　（虢季子白盘）　（国差𦉜）
（郘钟）　（王子午鼎）　（王孙寿甗）
（者减钟）

《说文》云："，夏时万物皆丁变。象形。丁承丙，象人心。"

刘心源云："《说文》作（亦作）。小徐本云：'夏时万物皆丁壮成实。象形。'《通训》云：'鐕也。象形。'（段玉裁以鐕为钉）。《礼记·丧大记》：'君里棺用朱绿用杂金鐕也'，注：'鐕也所以椓著里'，疏：'鐕也，钉也。'器刻作，象钉形，平视之肖。盖古文钉字最初者也。小篆亦象钉形，立视之肖。十干丁字乃借用，非本义，许说失之。"（参见刘心源：《奇觚室吉金文述·亚鼎》，第 18 页）

按："丁"甲骨文作（后下 6.2）、（铁 1.3）、（铁 158.1）、（拾 3.2）、（前 1.22.3）、（前 1.22.3）、（前 1.33.4）、（前 6.8.7），（前 8.14.2），金文作（戊寅鼎）、（且丁尊）、（乍册大鼎）、（王孙寿甗）、（者减钟），象钉之平视之形。刘说是也。甲骨文多作框廓者，刻字不易粗实之故也。《说文》说义说形均非是。《三体石经·尚书·君奭》古文丁作，象钉之立视之形。此则小篆之所从来也。

"丁"在金文中用为天干第四位字，如《曶壶》："隹正月初吉丁亥"；或用为人名字，如《戊寅鼎》："用父丁尊彝。"

194. 戊

（司母戊鼎）　（父戊鼎）　（𩣡鼎）
（且戊鼎）　（且戊尊）　（攸簋）
（同卣）　（墙盘）　（传尊）
（豆闭簋）　（不𡢁簋）　（畬肯簠）

李孝定云："'，中宫也。象六甲五龙相拘绞也。戊承丁，象人胁。'契文金文戊字皆象兵器之形。其形制当与戉戚之属大同小异。许说不可据。凡干支字皆假借也。"（参见李孝定：《甲骨文字集释》，第 4254—4255 页）

按：“戊”甲骨文作（铁 17.4）、（铁 42.1）、（铁 122.1）、（铁 216.3）、（铁 245.1）、（前 1.7.2）、（前 1.33.5）、（前 3.5.1），金文作（司母戊鼎）、（父戊鼎）、（攸簋）、（墙盘），圆形广刃，象斧钺之形。许氏说义谓“中宫也”，“戊承丁，象人胁”，说形谓“象六甲五龙相拘绞也”，出《太乙经·五行篇》，不足为训。

“戊”在金文中用为天干第五位字，如《史懋鼎》：“隹八月既死霸戊寅”；或用为人名字，如《同卣》：“用乍父戊宝尊彝。”

195. 己

（我鼎） （父己鼎） （般甗）

（父日戈） （乍册大鼎） （沈子也簋）

（番匊生壶） （禾簋） （纪侯簋）

（霍鼎）

《说文》云：“己，中宫也。象万物辟藏诎（屈）形也。己承戊，象人腹。，古文己。”

朱芳圃云：“余谓己象绳索诘诎（屈）之形，弟（）从己（）作，是其证矣。孳乳为纪。《说文·糸部》：‘纪，别丝也。从糸，己声’，别丝谓别理丝缕，系之以绳，使不纷乱也。”（参见朱芳圃：《殷周文字释丛·释己》，第 82 页）

按：“己”甲骨文作（铁 29.3）、（铁 39.4）、（铁 197.1）、（前 1.33.7）、（前 1.33.7）、（后上 30.1），金文作（我鼎）、（纪侯簋），象绳索诘诎之形。缫丝至一定数量，截断而以绳索系之，示别也。《广雅·释言》：“己，纪也。”《说文》：“纪，别丝也。”是其证。许氏说“己”之义、形均不可据。

“己”金文中用为天干第六位字，如《番匊生壶》：“隹廿六年十月初吉己卯”；或用同“纪”，国名，如《纪侯簋》：“己（纪）侯乍姜萦毁”；或用为人名字，如《霍鼎》：“靃（霍）乍己公宝鼎。”

196. 庚

（且日戈） （且日庚簋） （贤簋）

（史兽鼎） （庚嬴卣） （录伯簋）
（克钟） （兮甲盘） （寰盘）
（沇儿钟）

《说文》云：“，位西方。象秋时万物庚庚有实也。庚承己。象人脐。”

郭沫若云：“庚字小篆作两手奉干之形。然于骨文金文均不相类。金文更有作者，如《父庚鼎》（《陶斋续录》十四叶原误作《父辛鼎》）之作者，如《豚卣》之“豚作父庚宗彝”。此二庚字与殷彝中之一图形文字极相似。如《宰椃角》鋬内二铭文之‘册’，《叡父辛彝尊》之‘册册’，又《女归卣》《父辛敦》均有此文。又有单以此文铭鼎者，前人释为庚丙二字。吴大澂以为‘从庚从丙，当系古礼器象形字，臣受册命时所陈设’。余案此即古庚字也。文既象形，不能言其所从。其下之丙盖器之镈耳。观其形制，当是有耳可摇之乐器，以声类求之，当即是钲。《说文》：‘钲，铙也，似铃，柄中上下通。从金，正声。’又：‘铙，小钲也。从金，尧声。军法卒长执铙。’《周礼·地官·鼓人》：‘以金铙止鼓。’郑注云：‘铙如铃，无舌，有柄，执而鸣之，以止击鼓。’《司马职》曰：“鸣铙且卻。”’合许郑二家之说以求之，可知钲铙一物，特器有大小而已。二家虽未言有耳，然既言无舌，有柄，中通，执以鸣之，则有耳自当是意中事，故钲之形制适与此合，其或名铙者，殆取其摇而鸣之也。形制既合，而钲从正声，在耕部，与阳部之庚声极相近。钲铙例当后起，则知庚盖钲之初字矣。庚之本义既失甚古，后行之义如庚，更也，续也，道也，或坚强貌，（《释名·释天》）横貌，（《汉书·文帝纪》‘大横庚庚’注引服虔说）与钲义均无涉，盖出假借也。从庚之字有康字，小篆作穅，从米，云穅之省。穅曰‘谷之皮’。然古文康字不从米，卜辞之康祖丁或康丁（即《史记》《汉书》等之庚丁）作若（同见《前》一卷十二叶），金文亦同，如《𣚍（麓）伯曐（星）父簋》之‘康龢屯右’作，《伊簋》之‘王在周康宫’作。文既不从米，意亦绝无穅义。然罗氏犹沿许书以为说，以庚下之点作为象谷皮碎屑之形，此恐未必然也。康字训安乐，训和静，训广大，训空虚，只空虚之义于谷皮稍可牵及，其它均大相径庭，无由引申。余意此康字必以和乐为其本义，故殷周帝王以其字为名号。穅乃后起字，

盖从禾康声，古人同音通用，不必康即是穅。大凡和乐字古多借乐器以为表示，如和本小笙，樂本弦乐之象，又如喜字从壴（石鼓文，象形）。龢龤字从龠。雅字亦本乐器之名，然则康字盖从庚，庚亦声也。庚下之点撇，盖犹彭之作若，言之作若（见《释和言篇》）。是则康庚二字可为互证，此实仅存之一例矣。”（参见郭沫若：《甲骨文字研究・释支干》，第 173—175 页）

按：“庚”甲骨文作（铁 9.3）、（铁 16.4），（铁 204.1）、（拾 1.10），（前 1.19.1），（拾 14.14），（前 1.6.3），（铁 76.2），金文作（且日戈）、（贤簋）、（兮甲盘），象钲之形。为钲体，为钲之饰物，为中通之柄，为可摇之两耳。郭说极是。（子父庚觚）、（御鬲）更可作为庚为有耳可摇之乐器之确证。

“庚”在金文中用为天干第七位字，如《寰盘》：“隹廿又八年既望庚寅”；或假借为“更”，经过也，如《鄂君启舟节》：“自鄂往，逾沽（湖），让（上）滩（汉），庚（更）胷，庚（更）芑昜”；或用为人名字，如《沇儿钟》：“郐王庚之悳（淑）子沇儿睪（择）其吉金。”

197. 辛

（父辛鼎） （且己父辛卣） （父辛盉）
（大父辛卣） （父日戈） （臣辰卣）
（趞鼎） （录簋） （墙盘）
（超鼎） （痶钟） （申鼎）
（蔡侯䵼尊） （畬肯簋）

《说文》云：“辛，秋时万物成而熟。金刚味辛，辛痛即泣出。从一从辛。辛，辠也。辛承庚，象人股。”

郭沫若云：“余按罗（振玉）王（国维）二家均各有所发明，足补许书之缺，而以王氏辛亏为一之说尤属创建，然而罗氏辛辛为一之说似亦未可遽改。据余所见，辛辛亏实系一字。……辛之结构，横画固可多可少，而直画亦可曲可直。更积极而言之，则辛辛实本一字，辛辛同字而异音，此亦有说。字乃象形，由其象形以判之，当系古之剞劂。《说文》云：'剞劂，曲刀也。'一作剞劂。王逸注《哀时命》云：'剞劂，刻镂刀也。'剞劂、副劂，实古之复音字，犹茨为蒺藜，壶为葫芦为瓠芦，椎为终葵，笔为不聿之类也。应劭注《甘泉赋》分为二物，云：'剞，曲刀，劂，曲凿。'盖同是刻镂之器，则曲凿曲刀是一非二。高诱注《淮南子》则别立异说，其于《俶真训》云：'剞，巧工钩刀，劂，规度刺墨边笺也，所以刻镂之具。'而于《本经训》又云：'剞，巧刺画尽头墨边笺也。劂，锯尺。'一人之说而前后互异，此其出于臆度之明证也。剞劂为刻镂之曲刀，然其为用自不限于刻镂。古之简篇亦用锲刻，故剞劂当即《考工记》'筑氏为削'之削。削之制'长尺博寸，合六而成规'，郑注云：'今之书刃'，是所谓曲刀者，其形殆如今之圆凿而锋其末，刀身作六十度之弧形（六六三百六十度，故言'合六而成规'）。辛字，金文之作（《父辛簋》）若（《父辛爵》），加一乃表示上下意，即其正面之图形。作若者则纵断之侧面也。知此则知辛、亐、辛何以为一字之故，且三字何以字同而音异。辛，许书云'读若愆'，古音在元部，此殆剞之音转。剞在歌部，歌元阴阳对转，故剞可变为愆音。辛或亐'当如訏读，读若蘖'者，则从劂或劂读。蘖与劂同在祭部（即月部），劂在脂部，脂祭二部，音最相近。脂真阴阳对转，则劂劂均可转为真部之辛音矣。由形而言既如彼，由音而言复如此，则辛辛之为剞劂或剞劂，审矣。因剞劂一名而二音，故辛辛终遂判而为二字，更益之以亐之异构，如古生物学中之化石，此如不细心以考察之，固难观其会通矣。辛辛本为剞劂，其所以转为愆辠之意者，亦有可说。盖古人于异族之俘虏或同族之有罪而不至于死者，每黥其额而奴使之。《易·睽》之六三曰：'见舆曳，其牛掣，其人天且劓。'《释文》引马云'黥凿其额曰天'。此服牛引重之人当即臧获，而黥其额截其鼻，此古代虐待奴隶之真相也。其留存于文字中者则为从辛之童、妾、僕等字。（按：'童'《番生簋》作，'妾'前4.25.7作，《伊簋》作，'僕'后下20.10，《父辛盂》作）……可知辛形绝非头上所插之妆饰，乃于头上或额上所固有之附属物。余谓此即黥刑之会意也。有罪之意无法表示，故借黥刑以表示之，黥刑亦无法表现于简单之字形中，故借施刑之刑具剞劂以表现之。剞劂即辛辛，是辛辛字可有黥义，《易·睽》之'天'当即'辛'之假借矣。辛既得黥义，故引申而为辠愆，引申而为辛酸，引申而为辛辣残刻。"（参见郭沫若：《甲骨文字研究·释支干》，第14—17页）

按："辛"甲骨文作（铁 3.4），（铁 20.2），（铁 27.2），（拾 1.10），（前 1.16.5），金文（且己父辛卣）、（父辛盂）、（臣辰卣）、（墙盘）、（申鼎），象刑具曲刀之形，且辛辛一字。郭说至确。惟谓辛即剞劂，亦即削，恐过泥也。许氏说形说义俱非是。

"辛"在金文中用为天干第八位字，如《趞卣》："隹十又三月辛卯"；或用为人名字，如《趞鼎》："趞用乍氒文考父辛宝尊彝。"

198. 壬

《说文》："，位北方也。阴极阳生。故《易》曰：龙战于野。战，接也。象人怀妊之形。承亥壬以子，生之叙也。与巫同意。壬同辛，象人胫，胫任体也。"

林义光云："按壬与人怀妊不类。古作（叔宿尊彝），作（公贸彝），即縢之古文，机持经者也，象形。縢（蒸部）壬（侵部）双声旁转，故《礼记》戴胜（戴胜者乌首有文似縢，胜即縢之借字），《尔雅·释鸟》作戴鵀，亦作戴紝（见《释文》）。巠为经之古文，古作（《虢季子白盘》经字偏旁），正象縢持丝形，从壬。"（参见林义光：《文源》）

按："壬"甲骨文作（铁 3.1），（前 1.1.1），金文作（父壬爵）、（宅簋），象织机持经之縢之形。后或作（县妃簋）、（无㠱簋），加•，再后•变为一而成（汤叔簋），古文字构形通例固有如是者，而当即小篆形体之所从来矣。《说文》说义说形全不可信。

"壬"在金文中用为天干第九位字，如《公贸鼎》："隹十又一月初吉壬午"；或用为人名字，如《员尊》："员乍父壬宝尊彝。"

199. 癸

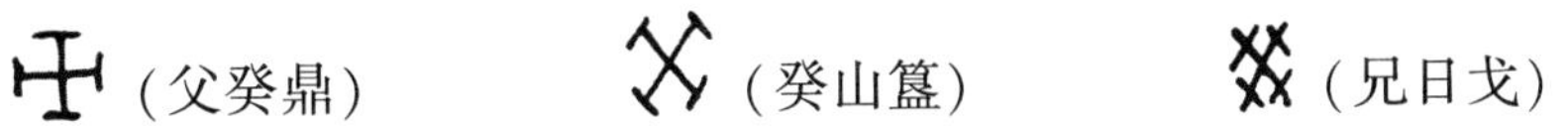

（向乍父癸簋）　（此簋）　（仲辛父簋）

（稣公簋）　（都公鼎）

《说文》云：“，冬时水土平，可揆度也。象水从四方流入地中之形。癸承壬，象人足。，籀文从癶从矢。”

林义光云：“按为水流形不类。朱氏骏声云：‘即戣字。’《书》：‘一人冕执戣’（《顾命》），郑注‘盖今三锋矛也’。古作（《鸟形父癸器》），象三锋矛立土上形，作（《匜形祖癸器》），上象三锋，下象其柎，与戈作同意。变作（《癸山器》），作（《仲辛父簋》），作（《咎尊彝》），隶作癸者，以形近癶，近矢。《说文》以为籀文，从从，恐未足据也。”（参见林义光：《文源》）

按：“癸”甲骨文作（10.2）、（拾 14.16）、（前 1.8.7），金文作（父癸鼎）、（癸山簋）、（兄日戈），当为之变形，象三锋矛之形。为三矛，为矛柄。朱林二氏之说是也。癸当即戣之初文，后人加戈作戣。周制侍臣执戣立于东垂。《尚书·顾命》：“一人冕执戣”，孔安国传云：“戣瞿，皆戟属。”盖古时戈作形，左为援，右为内，援为尖利之刃，用以刺杀。后内亦有制为锋刃者，其形为。如其上又制尖刃，则《说文》训为“有枝兵，从戈𠦝”之戟也，其形当如，其下安柲，则形当如。此则字字形之所从来矣。《说文》说义说形盖不可据。

“癸”在金文中用为天干第十位字，如《格伯簋》：“隹正月初吉癸巳”或用为人名字，如《向乍父癸簋》：“向乍父癸宝尊彝。”

200. 申（电、電）

（丙申角）　（宰椃角）　（卫鼎）

（竞簋）　（克鼎）　（杜伯盨）

（不娶簋）　（申簋）　（黄韦俞父盘）

高鸿缙云：“《说文》云：‘，神也。七月阴气成，体自申束。从臼，自持也。吏自以铺时听事，申旦政也。，古文申。，籀文申。’《说文》云：‘電，霒（阴）昜（阳）激耀也。从雨从申。，古文電。’叶王森释甲文字曰：‘此象电耀曲折形，乃初文电字。许书虹字下出籀文蚺，谓“申，电也”，可证。’按字原象云中有闪电之形。后（殷代已然）借为地支之名，久而成习。周时乃加雨而为意符作電（见《番生簋》），以还其原。从此分化为二字。地支原以纪日，秦汉时又以纪月。言夏历者以申属七月。后以纪时，申属铺时，而后人又借为引申之申、申述之申。许书云云，皆就借意言之，于是申字原为电字后人多不能明。”（参见高鸿缙：《中国字例》二篇，第24页）

按：“申”甲骨文作（铁5.3）、（铁35.4）、（铁56.1）、（铁72.4）、（铁163.4）、（拾1.9）、（前1.5.1）、（前3.4.1）、（后上18.6），金文（丙申角）、（卫簋）、（克鼎）、（杜伯盨），象闪电曲折之形。叶说是也。后申借为地支第九位字，遂加雨作電以还其原。高之申论亦是。论其音，申，今读失人切，古读则为堂练切，犹陈古音读如田耳。论其形，由而而，此则小篆之申矣，中画上下曲之则为，此则电矣。《说文》说义说形俱非是。

“申”在金文中用为地支第九位字，如《不嬰簋》：“唯九月初吉戊申”；或用为人名字，如《申鼎》：“□安之孙簷大吏（史）申乍其造（诰）鼎（鼎）十”；或假借为“神”，如《杜伯盨），“其用亯孝于皇（神）且（祖）考”。

第二节 象意文字

唐兰先生说：“除了实物的名称可径用图形来代表外，一切抽象的语言就只好刺取图画的片段，给它们以新的意义，这就是象意字。”在谈到象形文字和象意文字的同异时，他说：“象形文字是从图画蜕化而来的，象意也是这样。但象形的成为文字是自然发生的”，“而象意却不然，它们是人为的”。在谈到象意字的分类时，他说：“代表多种单语的专字（如‘企’的意义是举足，‘完’的意义是细长的发），我们可以把这种文字叫作‘单体象意’”，“至于表示人和人、人和物或物和物间的一切形态或动作的文字（如‘相’表示审视树木，‘伐’表示一个人拿戈砍死别人），我们叫它们做‘复体象意’”，“由象意字分化出来的（如‘见’［］分化出来的‘艮’［］、‘旻’［］、‘卧’［］三字），我们可以叫作变体象意字。”（参见唐兰：《古文字学导论》上编，第40—42页）总之，他强调说：“象意文字画出一切事物的动态或静态。凡象意字都象一幅简单的画，见画可知其意，所以图形尽可能省略，意义不可曲折。”（参见唐兰：《古文字学导论》下编，第65—66页）这里，所谓“单体象意”所辖，恐有广狭之分，例如天（）、夨（）、夭（）等字，唐兰先生划归“单体象意”，恐有不妥，兹不具论。今仅依“复体象意”选字解释如下。

1. 休

（沈子也簋）　（沈子也簋）　（静簋）

（县妃簋）　（趞尊）　（录伯簋）

（师遽簋）　（貉子卣）　（师嫠簋）

（不嬰簋）　（颂壶）　（曶壶）

（者沪钟）

高鸿缙云：“《说文》：‘，息止也。从人依木。，休或从广。’按休之本意应为美好，从人得禾会意。并列。状词，亦用为名词。后人借作休息义。许以之为本义，又依变形说为人依木。”（参见高鸿缙：《中国字例》四篇，第82页）

按：“休”甲骨文作（河852）、（前5.26.2）、（前5.26.3）、（后上12.6）、（后上12.7）、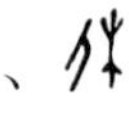（后上12.8）、（后上15.8），（粹352）、（乙4779）、（明1396）、（金699），金文作（沈子也簋）、（静簋）、（录伯簋），从人依木，会“息止”之意。许说是也。以同音（上古休、好皆晓母幽部字）假为“美好”字。《周礼·天官·内饔》：“凡王之好赐肉修。”《昜鼎》：“休易小臣金”，“好赐”即“休易”（赐）也。金文或从人从禾，禾乃木之写讹。金文于合体字中之木与禾每不认真，木讹禾者多矣，如析作

析（《鄦侯簋》），蓄或作龝（《兮仲钟》），鉌之所从和作杣（《子禾子釜》），等等，不一而足。高氏所谓“休之本意应为美好，从人得禾会意”，偶失耳。

“休”在金文中用为“美好”义，如《毛公鼎》：“毛公厝对扬天子皇休”；或用为“善”义，如《史颂簋》：“休又（有）成事。”《广雅·释诂一》：“休，善也”；或通假为“好”，赐也，如《易鼎》：“休（好）锡小臣金”，《左传·昭公七年》：“楚子享公于新台，好以大屈。”杜预注：“宴好之赐。大屈，弓名”；或用为人名字，如《休盘》：“王乎乍令册尹易休玄衣黹（纯）。”

2. 或（国）

（吕仲爵）　（卫盉）　（谏簋）

（儹匜）　（曶鼎）　（兮甲盘）

（多友鼎）　（保卣）　（何尊）

（㝬钟）　（师寰簋）　（录伯卣）

（鄀䁜鼎）　（王孙遗者钟）　（国差罎）

（蔡侯钟）　（𬳿镈）　（秦公镈）

（𡢁盗壶）

高鸿缙云：“《说文》：‘或，邦也。从囗，从戈以守一。一，地也。域，或又从土。’按或即國之初字。从囗，一为地区之通象，合之为有疆界之地区之意，为通象，故为象意而属指事符。益之以戈声，故为指事符加声之形声字。周时用为或然之或，乃加囗（即围字）为意符作國，或加匚（即区之初文）作國，或加邑作䵶，但國䵶均不传。徐灏曰：‘邦谓之國，封疆之界谓之域，古但以或字为之’，是也。”（参见高鸿缙：《中国字例》五篇，第162—163页）

按：“或”（國）甲骨文作（铁117.3）、（戬33.13）、（邺三下38.1）、（后下38.6），（后下39.6），金文作（吕仲爵）、（谏簋）、（多友鼎）、（秦公镈）、（𡢁盗壶），从戈从囗，会“邦國”之意。金文多于囗下著一，又示疆界也。其与囗四周加一者同意。后或借为肯定性无定代词，于是加形符而成形声字，以还其原，则重迭矣。其或加者，之省也。其或加者，与加同意也。许说是也。高之申论亦是。惟谓“益之以戈声，故为指事符加声之形声字”，则以为形声字，备一说可也。

“或”金文中用为“邦国”义，如《禹鼎》：“亦唯噩侯驭方率南淮夷东夷广伐南或（国）东或（国）”；或用为“疆域”义，如《毛公鼎》：“康能四或（域）”，《诗·商颂·玄鸟》：“肇域彼四海。”朱熹《集传》：“域，封境也”；或假为“有”，如《𬴊镈》：“勿或（有）俞（渝）改。”《尚书·微子》：“殷其弗或乱正四方。”孔安国传：“或，有也。”《史记·宋世家》引《书》“或”作“有”；或通假为“又”，如《好盗壶》：“或（又）旻（得）賢（贤）𤠔（佐）司马。”

3. 邑

（小臣邑斝）　（䣄尊）　（臣卿鼎）

（康侯簋）　（散盘）　（师酉簋）

（鬲从鼎）　（元年师兑簋）

（洹子孟姜壶）　（𬴊镈）

罗振玉云：“《说文解字》：‘，国也。从。先王之制，尊卑有大小，从。’案凡许书所谓，考之卜辞及古金文皆，象人跽形，邑为人所居。故从从人，犹啚为仓廪所在，故从从㐭。”（参见罗振玉：《增订殷墟书契考释》卷中，第7页）

按：“邑”甲骨文作（铁69.4）、（铁77.4）、（前2.13.2）、（菁1.1），金文作（小臣邑斝）、（䣄尊）、（师酉簋），从（即围）从（即卩），会“人之所居”之意。“人之所居”，即都邑也。罗说是也。《说文》说义谓“国也”，近是。其说形谓“从”，则是，而谓“先王之制，尊卑有大小，从”，则以为“制”之，泥也。

“邑”在金文中用为“都邑”义，如《康侯簋》：“王来伐商邑”；或用为“国家”义，如《何尊》：“隹珷（武）王既克大邑商”；或用为人名字，如《小臣邑斝》：“王易小臣邑贝十朋。”

4. 旅

（父乙卣）（广父己簋）（且丁甗）

（父辛觚）（乍父戊簋）（盠司土尊）

（遹甗）（召卣）（昜鼎）

（散盘）（鬲从鼎）（免簋二）

（曾大保盆）（旅卣）（明公簋）

（家尊）（酉卣）（䡣侯鼎）

罗振玉云：“，军之五百人为旅。从㫃从从。从，俱也。，古文旅。古文以为鲁卫之鲁。古文作，从止。古金文皆从从，亦有从止者（《鲁伯霥簋》旅字作），与许书略近。其卜辞从从，许书从止者，皆㫃之变形。卜辞又作，象人执旗形。古者有事，以旗致民，故作执旗形，亦得知旅谊矣（《伯晨鼎》旅，亦从㫃从一人，而借为盧字）。许书从即之讹。”（参见罗振玉：《增订殷墟书契考释》卷中，第20页）

按：“旅”甲骨文作（铁90.1）、（前1.8.8）、（前1.15.3）、（前4.31.7）、（后上8.13），（后下4.8），（后下5.7），金文作（乍父戊簋）、（散盘）、（遹甗），从㫃（）从从（），会“军旅”之意。旗作作、、、、、，由讹为，此小篆㫃形也。而讹为，又讹为，从作，讹为，此则《说文》旅之古文所由生也。（父乙卣），象三人奉旂，从三人，无碍其为旗下聚人之意也。（旅卣）又从车，盖指旂置车上，（家尊）、（酉卣）、（䡣侯鼎），其简形也。

“旅”在金文中用为“军旅”义，如《䡅侯鼎》：“旅五旅。”《尚书·大禹谟》：“班师振旅。”《左传·哀公五年》：“有田一成，有众一旅。”杜预注：“五百人为旅”；或用为“陈列”义，如《夆伯甗》：“夆白（伯）令乍𣄰（旅）鼎”，《诗·小雅·宾之初筵》：“笾豆有楚，殽核维旅。”《尔雅·释诂》：“旅，陈也”；或假借为“盧”，黑色也，如《矢簋》：“旅弓十”，《尚书·文侯之命》：“盧弓一，盧矢百。”孔安国传：“盧，黑也。”

5. 族

（明公簋） （师酉簋） （番生簋）

（毛公鼎） （不易戈） （陈喜壶）

（曾侯乙钟）

《说文》云：“，矢锋也。束之族族也。从㫃从矢。”

丁山云：“字从㫃从矢，矢所以杀敌，㫃所以标众，其本义应是军旅的组织。清人八旗的制度当是族字从㫃正解。《唐书·突厥传》纪其沙鉢罗咥利失可汗分其国为十部，号为十设，每设赐以一箭，故称十箭。箭者，矢也。族字从矢，当又与部落称箭的涵义相同。有是八旗十箭的故事印证，我认为族字的来源不仅是自家族演来，还是氏族社会军旅组织的遗迹。”（参见丁山：《甲骨文所见氏族及其制度》，第 33—34 页）

按：“族”甲骨文作（铁 14.2）、（前 4.32.1）、（前 5.7.7）、（前 5.7.8）、（前 7.1.4）、（菁 11.7），金文作（明公簋）、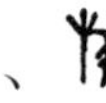（师酉簋）、（番生簋），从㫃（）从矢（），会“军族（军事组织）”之意。（不易戈）之，（陈喜壶）之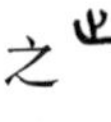，系由讹变而成。（曾侯乙钟）之，则其讹变之甚者也。《说文》训“族”为“矢锋”，乃假借之义，即镞之义也。

“族”在金文中用为“军旅”义，如《毛公鼎》：“以乃族干吾（捍禦）王身”；或读为“蔟”，乐律名字，如《曾侯乙钟》：“大族之才（杜、在）周号为刺音。”《国语·周语下》：“二曰太蔟，所以金奏赞阳出滞也。”

6. (夙)

(盂鼎) (效卣) (师虎簋)

(五祀卫簋) (元年师兑簋) (师𩛥鼎)

(追簋) (番生簋) (启卣)

(历鼎) (毛公鼎) (秦公镈)

(乖伯簋) (师酉簋)

《说文》云：“，早敬也。从丮持事。虽夕不休，早敬者也。，古文夙，从人𠕋。，亦古文夙，从人𠕋，宿从此。”

罗振玉云：“《说文解字》㐲古文作二形。卜辞从㐲，与许书之㐲正同。篆文之丮，卜辞及金文皆作，象执事形。”（参见罗振玉：《增订殷墟书契考释》卷中，第5页）

胡小石云：“象人执事于月下，侵月而起，故其谊为早。”（参见胡小石：《说文古文考》）

按：“㐲”甲骨文（前6.15.5）、（前6.16.3）、（粹370）、（后下2.2），金文作（盂鼎）、（师虎簋）、（师𩛥鼎）、（历鼎）、（毛公鼎），从夕（或月）从丮，会“早夜操业”之意。许、罗、胡说均是也。（乖伯簋）、（师酉簋）又于腿部加装饰性符号、，古文字构形通例固有如是者。甲骨文有“㑺”“佰”作（摭续243）、（铁538）、（合137）、（乙3742），从（或）从（或），会“人在席上”之意，即“宿”之初文。又有（甲3318）、（粹970）、（京津4364）、（宁沪1.478），而金文作（宿父尊）、（𡫺叔簋），即宿字。《说文》：“，止也。从宀，㑺声。㑺，古文夙。”㑺（）为“止宿”之“宿”，㐲（）为“早业”之“夙”，二者同音不同义。“㑺”“佰”应著“宿”字之下，不当著于此。

“㐲”在金文中用为“早”义，早晨也，如《毛公鼎》：“虔㐲夕叀（惠）我一人。”

7. 多

（后且丁卣）　（父辛卣）　（沈子也簋）

（师望鼎）　（墙盘）　（疾钟）

（𫊣簋）　（士父钟）　（多父鼎）

（秦公簋）　（秦公镈）　（麦鼎）

（辛巳簋）　（伯多壶）

徐中舒云："从二，象块肉形。《说文》：'，重也。从重夕。夕者相绎也，故为多。重夕为多，重日为曡。，古文多。'古时祭祀分胙肉，分两块则多义自见。"（参见徐中舒主编：《甲骨文字典》，第752页）

按："多"甲骨文作（铁6.1）、（铁16.2）、（拾2.15）、（拾7.4），（前7.35.2）、（后上20.7）、（前2.25.1），金文（后且丁卣）、（沈子也簋）、（麦鼎），从重（，肉也），会"重多"之意。徐说是也。金文中夕月每多互用，如"𣦼"金文作（效卣），从夕，或作（启卣），从月。"夜"金文作（效尊），从夕，或作（师𩛥簋），从月。"外"金文作（外卒铎），从夕，或作（静簋），从月，等等，不一而足。而"多"金文仅从二相重，从无有作者。不独金文，甲骨文亦如是。此为肉不为夕之证也。由是知许氏"从重夕"说之非是也。

"多"在金文中用为"数量多"义，如《追簋》："天子多易追休"；或用为人名字，如《伯多壶》："冉侯白（伯）多父行壶。"

8. 家

（家戈爵）　（家戈父庚卣）　（令簋）

（寡子卣）　（𪇽簋）　（辛鼎）

（颂壶）　（颂鼎）　（叔向父禹簋）

（卯簋）　（𫊣簋）　（克鼎）

（毛公鼎）　（杕氏壶）

《说文》："，居也。从宀豭省声。，古文家。"段注："按此字为一大疑案，豭省声，读家，学者但见从豕而已，从豕之字多矣，安见其为豭省声耶。何以不云叚声，而纡回至此耶。窃谓此篆本义乃豕之居也。引申假借以为人之居，字义之转移多如此。牢，牛之居也。引申为所以拘罪之陛牢，庸有异乎。豢豕之生子最多，故人聚居处借用其字，久而忘其字之本义，使引申之义得冒据之，盖自古而然。许书之作也，尽正其失，而犹未免此，且曲为之说，是千虑之一失也。家篆当入豕部。"

罗振玉云："或从豕，或从亥，亥亦豕也。古金文多作宀下豕形（《父庚卣》及《家爵》），《说文解字》家古文作。"（参见罗振玉：《增订殷墟书契考释》卷中，第12页）

按："家"甲骨文作（拾10.9）、（拾14.10）、（前4.15.4）、（前7.4.2）、（前7.38.1），（后下33.1），（后下42.14），金文作（家戈父庚卣）、（令簋）、（辛鼎）、（颂壶），从宀从豕，会"家居"之意。意者，古时，豕必家豢，人之所居，必附豕居，以为圂也。故以宀下豕以表人居。段罗之说是也。许氏"豭省声"之说，失之牵强。

"家"在金文中用为"家族"义，如《㝬伯簋》："十（世）不諲（忘）献身才（在）毕公家"；或用为"国家"义，如《叔向父禹簋》："用𤔲圞（恪）奠保我邦我家"；或用为"一家"义，如《颂壶》："令女官嗣成周贮廿家"；或用为人名字，如《伯家父乍孟姜簋》："白（伯）家父乍孟姜賸（媵）簋。"

9. 寍（寧）

（墙盘）　（毛公鼎）　（国差𦉜）

（蔡侯钟）　（好盗壶）　（宁女父丁鼎）

（盂爵）　（宁簋）

《说文》云："，安也。从宀，心在皿上。人之饮食器，所以安人。"又："，愿词也。从丂，寍声。"

按："寍"（寧）甲骨文作（京津5355），从宀从皿，会"安寍"意。

“宀皿”当为“寍”（寧）之初字。后加形符丁为形声字作（前 3.25.4）、（粹 1025）、（京津 5356），后“宀皿”又加心作新会意字（墙盘）、（毛公鼎），后加形符丁作新形声字（盂鼎）、（宁簋）。“宀皿”为初字，“寍”“寕”“寧”均增繁字。“宀皿”“寍”为会意字，“寕”“寧”为形声字，其义均为“安寍”。又引申为“寍愿”。后“寧”字常用而“寍”字罕用，遂将引申义“愿词”著之“寧”而本义“安寍”系之“寍”，遂分而为二。

“寍”（寧）在金文中用为“安寧”义，如《国差罎》：“齐邦贠（鼏）静安寍”；或用为“问安”义，如《盂鼎》：“王令盂寧弄（邓）白（伯）。”《诗·周南·葛覃》：“归寧父母。”毛传：“寧，安也。父母在则有时归寧耳”；或用为副词，怎，难道，如《中山王譽壶》：“氏（是）目游夕饮飤，寍（寧）有寏（慷）晹（惕）”；或用为连词，寧可，寧愿，如《中山王譽鼎》：“蒦（與）其汋（溺）於人施（也），寧汋於㴋（渊）”；或用为人名字，如《寧簋》：“寧肇諆乍乙考尊簋。”

10. 宗

（盂鼎）（臣辰卣）（保卣）

（沈子也簋）（静簋）（豆闭簋）

（克鼎）（㝬簋）（善夫克鼎）

（曾姬无卹壶）（驫羌钟）（陈逆簋）

（中山王譽壶）（好盗壶）

《说文》云：“，尊祖庙也。从宀从示。”

郭沫若云：“示之初意本即生殖神之偶象，宗即祀此神像之地。”（参见郭沫若：《甲骨文字研究·释祖妣》，第 12 页）

按：“宗”甲骨文作（拾 1.10）、（前 1.10.3）、（前 1.45.5），（前 3.23.1）、（前 4.16.2）、（前 4.38.4），（甲 2254），金文作（中山王譽壶）、（盂鼎）、（臣辰卣），从宀从示，会“宗庙”义。甲骨文所从之示，或作，或作，或作，或作，或作，古文字构形通例如此，固无碍其为生殖神之偶像也。许、郭之说均是。

“宗”在金文中用为“宗庙”义，如《士父钟》：“用享于宗”；或用为祖庙所在，丰镐之地，如《臣辰卣》：“唯王大禴于宗周”；或用于宗族，如《豆闭簋》：“万年永宝，用于宗室”；或用于“宗主”义，如《中山王譽壶》：“竌（长）为人宗，闬（见）于天下之勿（物）矣，犹粯（迷）惑於子之而㠯（亡）其邦。”

11. 宰

（宰椃角） （师遽方彝） （颂鼎）

（师嫠簋） （寰盘） （朢簋）

（散盘） （郳大宰簋） （䩉镈）

（鲁原父簋）

《说文》云：“，辠人在屋下执事者。从宀从辛。辛，辠也。”

吴其昌云：“宰之义乃为屋下有辛类兵器。惟辛为兵刃之器，故宰之义为宰杀，为宰割。《后汉书·宣帝本纪》：‘本始四年损膳省宰。’师古曰：‘宰为屠杀也’（又引《汉仪》注云：“太宰令屠者七十二人宰二百人”）。又‘陈平为宰分肉甚均’。师古曰：‘宰，主切割肉也。’盖宰本示于屋下操辛以屠杀切割牛羊牲牷者，故引申之义为宰夫，职主烹𤆵也。”（参见吴其昌：《金文名象疏证·兵器篇》）

按：“宰”甲骨文（佚 426）、（粹 1196）、（乙 8688），金文作（宰椃角）、（师遽方弊）、（颂壶），从宀从辛。辛为曲刀，宀为屋宇。会“执刀宰杀牛羊于屋下”之意。吴说是也。操刀屠牲之事，古时多用俘奴臧获之人为之，此许氏“辠人在屋下执事者”所从来矣。（䩉镈）、（鲁原父簋）从丵。丵、辛古文字中每多通作。如“鳳”甲骨文作（续 2.15.3），或作（铁 55.3）；“對”金文作（大师虘簋），或作（大师虘簋）；“僕”作（幾父壶），或作（幾父壶）。故“𡫸”之作“宰”不足为异也。

“宰”在金文中用为官名，如《朢簋》：“宰倗父右（佑）朢入门立中廷。”

12. 同

（沈子也簋）　（宅簋）　（同簋）

（同卣）　（不娶簋）　（元年师兑簋）

（散盘）

《说文》云："，合会也。从从口。"

高田忠周云："《说文》同训合会，稍缺妥当。但A口为合，凡口为同，两字义近。其义元谓众口同和，所谓异口同音，相合相叶也。转为凡合同、合会之义。"（参见高田忠周：《古籀篇》四十八，第39页）

486. 按："同"甲骨文作（后下10.2），（菁10.2），金文作（沈子也簋）、（宅簋）、（同簋）、（元年师兑簋），从凡从口，会"异口同声"之意。高田忠周之说是也。《说文》说义谓"合会"，乃引申义也。其说形谓"从"，非也。

"同"在金文中用为"合会"义，如《不娶簋》："戎大同逑（永）追女，女彶（及）戎大臺（敦）敷（搏）"；或用为人名字，如《同簋》："焚（荣）白（伯）右（佑）同立中廷。"

13. 疾

（毛公鼎）　（师询簋）　（叔夷镈）

（上官鼎）

《说文》云："疾，病也。从疒，矢声。，古文疾。，籀文疾。"

商承祚云："案甲骨文作，罗师谓象矢著人肊下。《毛公鼎》：'"愍天疾畏"之疾字作，与此正同。'案疾古训急或速，最速者莫如矢，故从人旁矢。矢著人斯为疾患，故引申而为患，其去大箸，殆为后起之字，于初形已失矣。"（参见商承祚：《说文中之古文考》，第71—72页）

按："疾"甲骨文（乙383）、（后下35.2），金文作（毛公鼎）、（师询簋）、（叔夷镈），从大从矢，会"矢中人腋致病"之意。矢愈速而病愈重，遂引申为疾速之义。许氏说义谓“病”也，是也。而说形谓“从疒，矢声”，盖就小篆形体立说，失之。商氏谓“疾古训急或速，最速者莫如矢，故从人旁矢，矢著人斯为疾患，故引申为患”，本义与引申义互倒，偶失之耳。人中矢为病，即卧于床，作，或作，后讹为，于是疾作（上官鼎），此即《说文》“从疒（）矢声”之所从来也。至于籀文疾之，乃智字，假为疾，但非疾之籀文也。

“疾”金文中用为“急疾”义，如《师询簋》：“师询，哀才（哉），今日（旻）天疾畏（威）降丧。”《诗·大雅·召旻》：“旻天疾威，天笃降丧。”郑笺：“疾犹急也。”

14. 帅

（史颂簋）　（史颂鼎）　（叔向父禹簋）

（师望簋）　（井人安钟）　（毛公鼎）

（师虎簋）　（录伯簋）　（秦公簋）

（晋公锥盨）

《说文》云：“，佩巾也。从巾𠂤。，帥或从兑。”

于省吾云：“甲骨文𠂤字作等形，也作或。……甲骨文字象两手执席形。其席纹从二层以至五层，多少无定，这是从正面看。如从侧面看，则作形。金文帥字习见，左旁都从或。𠂤是帥字的初文，其演化规律是由变作，再变则作或，周代金文加上形符的巾旁，才变成形声字之帥。汉隶的帥字从𠂤从𠂤互见。六朝以后帥字行而帥字废。又甲骨文和早期金文的師字都作𠂤，较晚期加帀旁作師，足征古文字的𠂤和𠂤迥然有别。”（参见于省吾：《甲骨文字释林·释𠂤》，第281页）

按：“𠂤”甲骨文作（林2.10.7）、（明藏115）、（前5.23.2）、（戬38.1）、（粹30），象人两手执席之形。正视席作，侧视席作。于说可参。金文帥字作（史颂簋）、（井人安钟），乃甲骨文变为又加，其于表示“拭席”之义更为明晰。如谓帥为形声字，固可，如谓帥为从巾从𠂤，𠂤亦声，更切。周时通借以代率（逹），故有统帥、将帥义。

“帥”在金文中用为“统帥”义，如《史颂鼎》：“友里君百生（姓）帥鶔（偶）𠦪（盩）于成周”；或用为“依照、遵循”义，如《虢叔钟》：“旅敢肇帥井（型）皇考威义（仪）。”

15. 保

（父丁簋）　（大保簋）　（保卣）

（盂鼎）　（毛公鼎）　（克鼎）

（𤔲簋）　（秦公簋）　（鄦公簋）

（司寇良父簋）　（乍册大鼎）　（国差𦉜）

（邾叔钟）　（齐縈姬盘）

《说文》云：“，养也。从人，从采省。采，古文孚。，古文保。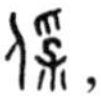，古文保不省。”

唐兰云：“右仔（按：指、等），即保字。前一形作者，习见古金文，前人未识，余谓即保字古文。《召诰》曰：‘夫知保抱携持厥妇子’，抱者怀于前，保者负于背，故象人反手负子于背也。保字孳乳为褓，是为儿衣。繈褓者古亦以负于背（今日之人犹如此），则即保字无疑焉。……字书之不便，因省而为，更省则为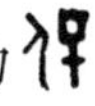，卜辞作者习见……即之省，金文作者，多一饰笔耳，更进作，则饰两笔矣。其作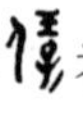者，殆又从玉，为保玉之专字耳（《史记·周本纪》：‘展九鼎保玉。’）。《说文》：‘保，养也，从人，从采省。采古文孚。’按孚又从古文禾，是互相从矣，失之。《礼记·内则》：‘保受乃负之。’注：‘保，保母也。’负子于背谓之保。引申之则负之者为保，更引申之则有保养之义。然则保本象负子于背之义，许君误以为形声，遂取‘养也’之义当之耳。”（参见唐兰：《殷墟文字记·释保》，第58—59页）

按：“保”甲骨文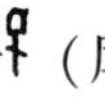（库1593）、（铁15.2）、（铁245.1）、（拾5.12）、（前1.30.7）、（后下31.5），金文作（父丁簋）、（大保

簋）、（保卣），从人从子，会“人负子于背，以为保护”之意。甲骨文（唐兰藏骨），金文（父丁簋）等，尤肖大人负子于背之形。后简而为从人从子之（铁 15.2）、（铁 245.1），略示其意而已。金文作（大保簋）、（司寇良父簋），乃加饰笔，以取结构之匀称，此即小篆形体之所从来。（乍册大鼎）又从玉，（邾叔钟）又从贝，则为保玉、保贝之专字。则更加宀以贮之也。

“保”在金文中用为“保卫”义，如《克鼎》：“肄克龏（恭）保乒辟龏（恭）王”；或用为人名字，如《大保簋》：“大保克芍（敬）亡㬰（遣）”；或通假为“宝”，如《许子簋》：“其子子孙孙羕（永）保（宝）用之。”

16. 伐

（大保簋） （康侯簋） （小臣谜簋）

（明公簋） （录伯簋） （禽簋）

（虢季子白盘） （兮甲盘） （不嬰簋）

（南疆钲）

《说文》云：“，击也。从人持戈。一曰败也。”

李孝定云：“契文作，象戈刃加于人颈，击之义也，非从人持戈。契文有象人持戈作者，罗氏亦释伐，诸家多从之。字在卜辞为人名，与伐之用为征伐或杀人以祭者义别，当非一字，疑为之异构，当释䛨。契文伐戍之别诚如郭氏之言（按：郭沫若云：“殷周古文伐与戍字颇相乱，然亦有区别之处。伐象以戈伐人，戈头及人身，戍示人以戈守戍，人立戈下，此其大较也。”（见《殷契粹编考释》，第 148 页）陈氏谓伐象人负戈之形［按：陈梦家云：“伐字亦从戈从人，象人负戈之形。”］（见《殷墟卜辞综述》，第 516 页）说非。乃何之异构，非伐字。伐则皆象戈刃加人颈以示击义，不象人负戈也。卜辞恒言‘伐某方’，征伐之义也。或言‘伐若干人’，杀人以祭也。殷墟发掘所见王室大墓，其墓道中尝见有排列整齐之人头骨，为数颇多，舍杀人以祭外，此种现象实无由解释，且后世文献中复有相同之记载，固不能谓为野蛮而遂臆其必无也。”（参见李

考定：《甲骨文字集释》，第2662页）

按："伐"甲骨文作（铁4.4）、（铁47.3）、（拾4.18）、（拾3.16），金文作（大保簋）、（康侯簋）、（明公簋），从戈从人，戈加于人颈之上，会"击杀"之意。李说是也。甲骨文金文"伐""戍"皆从戈从人。"戍"甲骨文作（后下42.6）、（粹1149）、（粹1153）、（宁沪1.507），金文作（遹甗）、（竞卣）、（善鼎）、（录伯卣），人皆在戈下，与"伐"之戈击人颈大异其趣（参见41戍）。《南疆钲》作，人戈始分离，此则小篆之所从来。

"伐"在金文中用为"征伐"义，如《不嬰簋》："厥允（玁狁）广伐西俞"；或用为人名，如《中伐父甗》："中（仲）伐父乍姬尚母旅獻（甗）。"

17. 望

（保卣）　（臣辰卣）　（庚赢簋）

（传卣）　（朢爵）　（县妃簋）

（禹鼎）　（樠伯簋）　（朢簋）

（无叀鼎）

商承祚云："《说文》：'，月满与日相朢，以朝君也。从月从臣从壬。壬，朝廷也。，古文朢省。'案甲骨文作，象人登高举目远瞻，金文《传卣》等作，从月。月远望而可见意也。《说文》误以目为君臣之臣，说乃谬误。《大玄经》：'寇謃其户'即謃字。从古文𦣠。"（参见商承祚：《说文中之古文考》，第78页）

按："朢"甲骨文（铁121.4）、（后上10.3）、（前7.4.3）、（前5.20.7）、（前6.8.2），金文（保卣）从目在立人之上，会人极目远望之意。金文又每多加月，作（臣辰卣）、（庚赢卣），又会人极目望月之意。商说是也。《说文》说义谓"月满与日相朢，以朝君也"，未谛；其说形谓"从月从臣从壬"，近是。"臣"亦目也。目为横目（），臣为竖目（），皆目也。壬乃为人之变，其变化轨迹为（铁 121.4）—（后上 10.3）—（前 7.4.3）—（朢簋）—（小篆）。（无叀鼎）为从亡朢省声之形声字，《说文》所谓“出亡在外，望其还”之“望”者也。

“朢”（朢）在金文中用为“既朢”义，每月十五、六至二十二、三也，如《臣辰卣》：“才五月既朢辛酉”；或用为人名字，如《师朢簋》：“朢肇帅井（型）皇考”；或通假作“忘”，如《县妃簋》：“孙孙子子母（毋）敢朢（忘）白（伯）休。”

18. 监

（颂鼎）　　（颂壶）　　（颂簋）

（善鼎）　　（史話簋）　　（攻吴王夫差监）

《说文》云：“，临下也。从卧，衉省声。𡫭，古文監，从言。”

郭沫若云：“罗振玉云：‘案《说文解字》：“鑒，大盆也。”《广雅》：“甇，鑒也。字亦作甉。”《玉篇》：“大盆也。”其字从監从瓦，与从金之鑒为一字，以金为之则曰鑒，以陶为之则曰甉也。《庄子·则阳》：“同濫而浴。”《释文》：“濫，浴器也。”濫与鑒殆一字。此器大可容人，当是浴器，非《周礼·凌人》：“祭祀共冰監”之監。冰監以盛冰置食物，故不如此之巨矣。’（《集古遗文》十一·五）余意監当是鑒容之物。古者在未以铜为鑒之前，乃以水为鑒。《书·酒诰》引古言‘人无于水監，当于民監’，可见以水为鉴之古，则当有器以盛水，故监字正象人立于皿旁而垂视之形。此监之本义也。临水正容为監，盛水正容之器亦为監。推之则凡盆皆谓之監矣。此监称曰御監，当是鑒容之器。”（参见郭沫若：《两周金文辞大系考释·吴王夫差监》，第 155—156 页）

按：“監”甲骨文作（佚 932）、（摭续 190），金文作（颂鼎）、（史話簋），从人从目从皿，人垂视皿上，会“以水鑒容”之意，即鑒之初字。郭说是也。《说文》于说义谓“临下也”，近是；其说形谓“从卧，衉省声”，则非。

“監”在金文中用为“照察”义，如《史話簋》：“其（于）之朝夕監（鑒）”；或用为“監察”义，如《颂簋》：“令女官嗣成周贮，監嗣新寤（造），贮用宫御”；或用为器名“鑒”，如《攻吴王夫差鑒》：“攻吴王大（夫）差（择）乒吉金，自乍御監（鑒）。”

19. 殷

（盂鼎） （保卣） （小臣謎簋）

（䣄卣） （传卣） （禹鼎）

（虢叔叔殷穀簋） （格伯簋） （臣辰卣）

《说文》云：“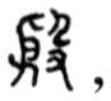，作乐之盛称殷。从㐆从殳。《易》曰‘殷荐之上帝’。”

于省吾云：“甲骨文殷字从身从攴，象人患腹疾用按摩器以治疗之。它和作乐舞的干戚之形毫不相涉。《说文》又不知古文之不分反正，而别㐆于身。其沿讹袭谬，由来已久。”（参见于省吾：《甲骨文字释林·释殷》，第323页）

按：“殷”甲骨文作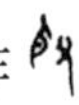（乙4046）、（乙276），金文作（盂鼎）、（保卣），从攴（或殳）从㐆（或身），会“人患腹疾而以按摩器治疗”之意，于说可参。凡需治疗之病，必已盛极，故引申为盛义。《说文》所谓“作乐之盛”当为“疾病之盛”。《臣辰卣》作，又加宀，示置病人于房中而行治疗，即殷之繁文，此犹福之或作富（邾太宰编钟）。

“殷”在金文中用为“殷頫”之礼之义，如《臣辰卣》：“王令士上罘史殷㝕（殷）于成周”；或用为朝代名，即商，如《盂鼎》：“我䎽（闻）殷述（坠）令（命）。”

20. 孝

（曶鼎） （颂簋） （虘钟）

（追簋） （杜伯盨） （殳季良父壶）

（王孙遗者钟） （曾伯簠）

《说文》云：“，善事父母者。从老省，从子，子承老也。”

按：金文（曶鼎）、从子从老（乃［甲2487］之变），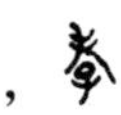（虘钟）从子从老省（为之省），子奉老于上，会“孝亲”之意，善事之者多矣，父母至亲，其代表者也。《曾伯簠》作，从食从老省，意为子供父母口奉之足，“孝”字之别构也。

“孝”在金文中用为“孝敬”义，如，《杜伯盨》：“其用享孝皇申（神）且（祖）考”；或用为“善德”义，如《都公鼎》：“用追孝于毕皇且晨公。”王引之《经义述闻》：“案：《尔雅》：‘善父母为孝’，推而言之，则为善德之通称。”

21. 朕

（沈子也簋） （井侯簋） （传卣）

（叔向父禹簋） （曶鼎） （谏簋）

（录伯簋） （师遽簋） （克钟）

（毛公鼎） （颂鼎） （师虎簋）

（大鼎） （师望簋） （㝬钟）

（秦公簋） （鲁伯鬲） （薛侯盘）

（𬀪伯匜）

李孝定云：“《说文》：‘，我也。阙。’契金文均作，象两手奉器釁舟之形，故引申之兆璺亦谓朕。”（参见李孝定：《甲骨文字集释》，第2768页）

按：“朕”甲骨文作（铁174.2）、（前3.27.6）、（前4.4.7）、（前4.38.7）、（后上20.9）、（菁11.17）、（前8.14.2），金文作（沈子也簋）、（井侯簋）、（谏簋），从从丨从舟，会两手奉械釁涂舟缝之意。李说可参。后械丨加装饰性符号·作（师望鼎）、（秦公簋），后械加装饰性符号八作（鲁伯鬲）、（𬀪伯匜）。又讹为，遂成小篆也。许氏不明字形所从，故标“阙”。至其说义谓“我”，则假借义也。

“朕”在金文中用为第一人称代词，如《师虎簋》：“苟（敬）夙夜勿灋（废）朕令（命）”；或假借为“媵”，如《𬀪伯匜》：“𬀪白（伯）㝎父朕（媵）姜无须也（匜）”；或用为人名字，如《朕尊》：“朕乍父癸尊彝。”

22. 般

（般甗） （匽公匜） （𩵦伯盘）

（寰盘）（中皇父盉）（函皇父簋）

（兮甲盘）（鲁司徒仲齐盘）（稣甫人盘）

（元年师旋簋）（瘐盨）

《说文》云：“，辟也。象舟之旋，从舟从殳，殳以旋也。古文从支作。”

郭沫若云：“此般庚（按指《卜通》103辞：‘庚申卜，贞：王宔凡庚畓日，亡尤。’）作，乃凡字，槃之初文也，象形。前片（按，《卜通》102辞：‘庚申卜，贞：王宔般庚翌日，亡尤。’）作，即后来之般字，字当作般，讹变而为从舟从殳。而杯槃字乃益之以木作槃，或益之以皿作盤。金文《伯侯父盘》字作则从金，均繁文也。”（参见郭沫若：《卜辞通纂考释》，第29—30页）

按：“般”甲骨文作（铁5.4）、（铁24.3），（铁59.2）、（拾2.14），（前1.15.4）、（前1.15.5），（后下27.13），金文作（般甗）、（匽公匜）、（寰盘），从支（或殳）从舟，会“篙舟不进般（盤）旋”之意。许说是也。后借为“般（槃）匜”之“般”，（元年师旋簋）、（瘐盨），改为，盖指奉匜沃盥之意，当即“槃匜”之“槃”之专字。后“般”加“木”“皿”“金”为形符而成形声字“槃”“盤”“鎜”。象风帆之形，盖帆之初文，郭以为槃之初文，非是。

“般”在金文中用为“槃”，水器也，如《匽公匜》：“匽公乍为姜乘般（槃）盘（匜）”；或用为人名字，如《般甗》：“王商（赏）乍册般贝。”

23. 先

（沈子也簋）（盂鼎）（师望鼎）

（毛公鼎）（师嫠簋）（𣪕狄钟）

（善鼎）（卯簋）（叔向父禹簋）

（师虎簋）（虢季子白盘）（㝬钟）

（邵钟）（屭羌钟）（𠑇儿钟）

《说文》云：“，前进也。从儿从止。”

杨树达云：“按古与止为一文。龟甲文先字多作止。金文《毛公鼎》及《僕儿钟》亦然。止为人足，先从儿（古人字）从止，而义为前进，犹见从人目而义为视，企从人止而义为举趾，鸣从鸟口义为鸟鸣，吠从犬口而义为犬吠也。”（参见杨树达：《积微居小学述林·释先》，第85页）

按：“先”甲骨文作（铁218.1）、（后上5.11）、（戬44.17）、（拾6.5）、（前1.48.3）、（前2.28.2），金文作（沈子也簋）、（盂鼎）、（师望鼎）、（毛公鼎）、（虢季子白盘），从人从之，会“前往”之意。许、杨二氏之说均是。惟云“从儿从止”未确，甲骨文金文均作从人（），从之（、而非、），是所当辨也。（僊儿钟）加彳作侁，则先之增繁字也。

“先”金文中用为“先导”义，如《令鼎》：“王馭（驭）溓仲仆，令罘奋先马走。”《荀子·正论》：“三公奉轭持纳，诸侯持轮、挟舆、先马。”杨倞注：“先马，导马也”；或用为“首先”义，如《驫羌钟》：“逹（率）征秦遨（迮）齐，入竝（长）城，先会于平陰（阴）”；或用为已故先辈长上之称，如《师虎簋》：“令余隹帅井（型）先王令（命）”；或用为人名，如《扬簋》：“王乎（呼）内史先册令（命）扬。”

24. 令

（父辛卣）　（保卣）　（大保簋）

（井侯簋）　（乍册令方彝）　（臣辰卣）

（令簋）　（沈子也簋）　（盂鼎）

（宅鼎）　（克钟）　（颂簋）

（不嬰簋）　（驫羌钟）

《说文》云：“，发号也。从。”

按：“令”甲骨文作（铁12.4）、（铁22.4）、（前1.10.2），金文（父辛卣）、（保卣）、（井侯簋），从（倒）从卩（），会“长上口发号令，下人跽而听受”之意。甲金文，《说文》均作卪，故曰“从”。

“令”在金文中用为“命令”义，如《睘卣》：“王姜令乍册睘安尸白（夷伯）”；或用为“赏赐”义，如《卫簋》：“王曾（增）令卫眉赤市、攸（鋚）勒”；或用为“性命”义，同“命”，如《追簋》：“用祈匄釁（眉）寿永令（命）”；或用为人名字，如《令簋》：“姜商（赏）令贝十朋。”

25. 卿

（乙亥鼎）　（沈子也簋）　（宅簋）

（先兽鼎）　（师遽方彝）　（长由盉）

（虢季子白盘）　（伊簋）

《说文》云：“，章也。六卿：天官冢宰，地官司徒，春官宗伯，夏官司马，秋官司寇，冬官司空。从卯，皀声。”

罗振玉云：“此字从（即人相嚮之嚮。详《唐风楼金石跋尾》）从，或从从，皆象饗食时宾主相嚮之状，即饗字也。古公卿之卿、鄉党之鄉、饗食之饗，皆为一字，后世析而为三。许君遂以鄉入部，卿入部（许君训为事之制，亦误，未知其为嚮背字也），饗入食部，而初形初谊不可见矣。”（参见罗振玉：《增订殷墟书契考释》卷中，第17页）

按：“卿”甲骨文作（拾6.8）、（前2.23.1）、（前4.21.5）、（前1.13.6）、（前4.22.7），金文作（乙亥鼎）、（沈子也簋）、（师遽方彝），从卯（）从皀（），会宾主二人相嚮宴饗之意，即饗之初字。又以同音之故假借为公卿之卿和鄉党之鄉。或从从作）（长白盉）、（伊簋），其于宴饗之意无变也，即卿之异构也。

“卿”金文中用为“宴饗”义，如《沈子也簋》：“用𤔲（载）卿（饗）己公”；或用为“犒赏”义，如《乙亥鼎》：“王卿（饗）酒”；或用为“朝嚮”义，如《柳鼎》：“即立（位）中廷，北卿（嚮）”；或用为官名，如《乍册令方彝》：“公令（命）𢓊（出）同卿旋寮（僚）。”

26. 辟

（盂鼎）	（献簋）	（召卣）
（墙盘）	（㾓簋）	（㦵方鼎）
（师望簋）	（善夫克鼎）	（克鼎）
（毛公鼎）	（师害簋）	（厵羌钟）

罗振玉云："《说文解字》：'，法也。从卩从辛，节制其辠也。从口，用法者也。'案古文辟从辛人，辟，法也。人有辛，则加以法也。古金文作增，乃璧之本字，从辟声，而借为训法之辟。许书从口，又由而讹也。"（参见罗振玉：《增订殷墟书契考释》卷中，第56页）

按："辟"甲骨文作（前2.23.1）、（后上12.1）、（菁9.13），（戬37.12）、（甲1490），（前4.7.5），或从作（甲1046），金文作（厵羌钟），或从（之变体）作》。（盂鼎）、（献簋）、（召卣），从辛从人（），会"人有罪，加之刀具以惩戒"之意。或从辛从人从口，会"人有罪，既口诛之又刀刑之"之意。罗说近是。但谓"古金文作，增，乃璧之本字"，则偶失之耳。《说文》说义谓"法也"，乃引申义，其说形谓"从卩从辛，节制其辠也"，未确。卩，为，非节制之卩也。

"辟"在金文中用为"效法"义，如《师望鼎》："用辟于先王，𣪕（得）屯亡敃。"于省吾曰："典籍中训'辟'为'法'者习见，例如，《逸周书·祭公》：'天子自三公上下辟于文武。'孔注训'辟'为'法'，是指效法言之。《师望鼎》的'用辟于先王'，'辟'也应训为'效法'"；或用为"治理"义，如《牧簋》："今余唯或𠭯改（改），令女辟百寮（僚）。"《尚书·金縢》："我之弗辟"，《释文》："辟，治也"；或用为天子、诸侯之称，如《克鼎》："𦘫克龏（恭）保氒辟龏（恭）王。"《诗·大雅·荡》："荡荡上帝，下民之辟"，《尔雅·释诂》："辟，君也"；或用为"官长"义，如《盂鼎》："我䎽（闻）殷述（坠）令（命），隹殷𨕘（边）侯田（甸）雩（舆）殷正百辟率肄（肆）于酉（酒）。"

27. 歙（酓、饮）

（伯乍姬饮壶）　（塱鼎）　（善夫山鼎）

（沇儿钟）　（儠儿钟）　（鲁元匜）

（中山王嚳壶）

《说文》云："，歠也。从欠，酓声。，古文歙，从今水。，古文歙，从今食。"

董作宾云："酓即歙字。第一期作，象人俯首吐舌捧尊就饮之形。歙其本字，酓其变也。"（参见董作宾：《殷历谱》下编八旬谱七、八，第9页）

按："歙"甲骨文作（菁4.1）、（甲205）、（乙2482）、（佚648），（古2.7）、（前2.18.2）、（甲1152），前四形从人从舌从酉，会"人伸舌就饮于酒器"之意。董说至确。为（）之倒，为舌（）之倒，为通器。讹为，遂有作（善夫山鼎）者，省欠（，形之变），遂有作（伯乍姬饮壶）者，而甲骨文（甲1152）易"酉"为"水"，当即《说文》古文歙之之所从来。若易"酉"为"食"，则成古文歙之之所从来矣。《说文》依讹变后形体释为形声字，此则不得已之事也。

"歙"（酓）在金文中用为"喝酒"义，如《塱鼎》："戊辰，酓秦酓。"

28. 光

（献簋）　（乍册令方彝）　（麦盉）

（召尊）　（启尊）　（害鼎）

（毛公鼎）　（禹鼎）　（虢季子白盘）

（宰甫簋）

《说文》云："，明也。从火在人上，光明意也。"

按："光"甲骨文作（前3.33.5）、（前4.41.6）、（前5.32.6）、（前5.32.8）、（后上9.9），金文作（献簋）、（麦盉）、（召尊）、

（启尊），从火从人，会“人执火烛于上以取光明”之意。（禹鼎）、（虢季子白盘）下乃稍稍讹变者。（宰亩簋）从火从女，乃“光”之异构，古文字从人从女之字每多通作。《说文》佚字从人，或从女作嫉。金文“保虞子性”（鎛镈），即“保吾子姓”，其例正多，不烦枚举也。

“光”在金文中用为“光耀”义，如《虢季子白盘》：“王曰：白父，孔颙（显）又（有）光”；或用为“光大”义，如《召卣一》：“䨼（召）万年永光”；或用为人名字，如《献簋》：“乍朕文考光父乙”；或通假作“贶”，赐也，如《麦盉》：“井侯光（贶）乓吏麦。”

29. 赤

（麦鼎） （曶鼎） （元年师兑簋）

（免簋） （师虎簋） （师酉簋）

（休盘） （寰盘） （颂鼎）

（颂鼎） （师嫠簋） （邾公华钟）

《说文》云：“，南方色也。从大从火。，古文从炎土。”

金祥恒云：“金文之赤从大火，如《曶壶》：‘易女秬鬯一卣、玄衮衣、赤市幽黄、赤舄、攸勒’之‘赤市’，‘赤舄’作，《颂鼎》作。赤舄者，如《诗·豳风·狼跋》：‘赤舄几几。’传：‘赤舄，人君之盛屦也。’赤市（韨）者，如《诗·小雅·车攻》：‘赤芾金舄’。虽火有作者，有作者。象火焰之有火星也，乃之讹，而小篆之火乃之讹变。”（参见金祥恒：《释赤与幽》，《中国文字》八册，第4页）

按：“赤”甲骨文作（铁10.2）、（后下18.8）、（菁9.5）、（乙2908），金文作（麦鼎）、（曶鼎）、（元年师兑簋）、（免簋）、（师虎簋），从大从火，会“火盛色赤”之意。“卜辞”癸丑卜，䍐贞：“左赤马其利不□”（铁10.2），“乙未卜，䍐贞：自赓入赤玛其利不朿吉”（后下18.5），其中“赤”字用为颜色之名无疑。铭文“易女（汝）和鬯一卣、玄衮衣、赤市、幽黄、赤舄、攸勒”（曶壶）、“赤市幽黄”（师虎簋），其中“赤”字亦用为颜色之名无疑。盛火赤色，其理固然。惟《说文》说义谓“南方色”乃纬学家言，不若“红色”之明显也。其所从之火，作，象火焰上出之形。简之为，加火星为，简之为，小篆盖之讹变。金说是也。甲骨文“赤”或（菁9.5），所加两点为装饰性点画符号，无义，或有加四点作者，上部误认为，下部误认为，致有“从炎土”之说，亦未可知也。

“赤”在金文中用为“红色”义，如《柳鼎》：“易女赤市、幽黄、攸（鋚）勒”；或用为人名字，如《薛仲赤簠》：“走马薛中（仲）赤自乍其簠。”

30. 吴

（师酉簋）　（大簋）　（静簋）

（吴方彝）　（免簋二）　（𦚢簋）

（同簋）　（师虎簋）　（吴盘）

（吴王姬鼎）　（吴姬匜）　（吴王光鉴）

（攻吴王夫差监）　（蔡侯盘）

林义光云：“《说文》云：‘，姓也，亦郡也。一曰：吴，大言也。从夨口。，古文如此。’按夨象人倾头形。哆口矫首，讙呼之象。古作（冘𤔲彝），变作（王子吴鼎）。讙谇之谇、歡娱之娱，并与吴音同，实皆以吴为古文。歡取义于讙，则娱自亦取义于谇，经传或以虞为之。《孟子》：‘驩虞如也。’《诗》‘不吴不敖’（《丝衣》），‘不吴不扬’（《泮水》），《史记》作‘不虞不骜’（《武帝纪》），汉《衡方碑》作‘不虞不扬’。”（参见林义光：《文源》）

按：“吴”甲骨文作（甲1613），金文作（师酉簋）、（大簋）、（免簋二）、（吴盘）、（吴王姬鼎）、（同簋）、（吴王光鉴），从口从夨，会“摇首喧语欢娱”之意，即“娱”之初字，林说是也。“夨”多作人首左倾状，亦有右倾者，而作者乃其简率之体。《说文》说义谓“大言也”，乃引申义。谓“姓”也，乃假借义。而谓“亦郡也”，又“姓”之引申义也。古文即之变体。

“吴”在金文中用为人名字，如《吴方彝》：“吴其世子孙永宝用”；或用为姓氏名，如《𢦏簋》：“吴姬宾帛束”；或用为国名字，如《吴王光鉴》：“吴王光睪（择）其吉金”；或通假为“虞”，掌山泽之官，如《同簋》：“嗣制（司）昜（场）、林、吴（虞）、牧。”

31. 奔

（盂鼎） （井侯簋） （效卣）

（克鼎） （中山王嚳鼎） （𢦔簋）

《说文》云：“，走也。从夭，贲省声。与走同意，俱从夭。”

郭沫若云：“奔字《大盂鼎》作，乃象形文，象人蹵轶绝尘之状。下从三止。止，趾之初文也。本器作，下体所从，似止非止，已稍讹变。《效卣》作，《大克鼎》作，三止讹变为㞢。《说文》遂谓奔从卉声矣。《石鼓文》作𨒈，乃繁文，从止，尚未失古意。”（参见郭沫若：《金文丛考·明公𣪕释文》，第 307 页）

按：金文（盂鼎）从夭从三止，会“奔走”之意。《石鼓文·田车》作当视为之繁文。后三止讹为三㞢，许氏遂谓“贲省声”，误矣。其作（𢦔簋）者，加彳，亦繁文也。

“奔”在金文中用为“奔走”义，如《效卣》：“乌虖！效不敢不邁（萬）年夙夜奔徃（走）扬公休。”

32. 執

（录伯簋） （师同簋） （兮甲盘）

（员鼎） （散盘） （虢季子白盘）

（多友鼎） （不嬰簋） （师寰簋）

朱芳圃云：“‘，捕罪人也。从丮从㚔，㚔亦声。’按執象人两手持㚔。㚔为惊人之物，其形不详。两手持之，所以惊人，使之恐惧也。《释名·释姿容》：‘執，摄也。使威摄己也’，是其义矣。孳乳为慹。《说文·心部》：‘慹，悑也。从心，執声。’《汉书·陈万年传》：‘豪彊執服。’颜注：‘執读为慹，谓畏威摄服也。’執象人两手持㚔，故引申有持义。《诗·周颂·執竞》：‘執竞武王’，《释文》：‘執，持也。’《大戴礼记·夏小正》：‘執养宫事。’執，操也。《礼记·檀

弓下》：‘则将肆诸市朝而妻妾執。’郑注：‘執，拘也。’《吕氏春秋·慎行篇》：‘使執连尹。’高注：‘執，囚也。’”（参见朱芳圃：《殷周文字释丛·释执》，第152页）

按：“執”甲骨文作（前4.19.7）、（前4.46.1）、（前5.36.4），（前6.16.4）、（戬34.9）、（后下42.9）、（前8.12.5）、（前6.17.4）、（前4.56.2），金文作（䧹篮）、（兮甲盘），从丮从幸，会“執拘罪人”之意。幸为手械，初作，继作，继作，小篆作，训为“所以惊人也。从大从羊”，说义为引申义，说形则大误。朱氏亦谓“为惊人之物，其形不详”，偶失之耳。所从之，或加作（多友鼎），为装饰性符号，此古文字构形通例之一也。或加作（师寰篮），则为增繁字也。

“執”在金文中用为“執拘”义，如《小盂鼎》：“执嘼（酋）一人，孚（俘）聝（聝）二百卅七聝”；或用为“執掌”义，如《秦公钟》：“咸畜（蓄）百辟胤（俊）士，趚趚文武，鋘（镇）静不廷，𩜙（柔）燮百邦，于秦執事。”

33. 報

（令篮）　（令篮）　（召伯篮）

（召伯篮二）　（五年琱生篮）

《说文》云：“，当罪人也。从幸，从𠬝。𠬝，服罪也。”

按：金文（令篮）左从幸，右从𠬝，幸为手械，𠬝从又从卩，以又抑人强令跪跽之意。从𠬝从幸，会“强令罪人就报”之意。《说文》说义谓“当罪人”，乃引申义也。

“報”金文中用为“酬報”义，如《五年琱生篮》：“余弔（惠）君氏大章（璋），報媍（妇）氏帛束、璜”；或用为祭名字，如《令篮》：“令敢扬皇王宣（休），丁公文報。”

34. 奚

（亚中奚篮）　（丙申角）　（遞盂）

《说文》云：“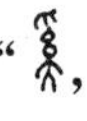，大腹也。从大，𦃃省声。𦃃，籀文系字。”

罗振玉云："《说文解字》：'奚，大腹也。'予意罪隶为奚之本谊，故从手持索以拘罪人。其从女者，与从大同。《周官》有'女奚'，犹奴之从女也。"（参见罗振玉：《增订殷墟书契考释》卷中，第23页）

按："奚"甲骨文作（前2.42.3）、（戬49.3）、（甲783）、（前1.3.4）、（粹1268）、（前6.19.2），金文作（丙申角）、（遡盂），从爪从幺从大（或人，或女），会"手牵绳索以执拘罪人"之意。罗说是也。许氏说义说形俱不可信。惟所执拘者或从大，或从人，或从女，俱罪人也。合体字中义近形符可以通转，此唐兰先生发明之规律也。由罪人引申为奴隶意，《说文》有"嫨"字，训"女隶也"，"奚"当即"嫨"之初字。

"奚"在金文中用为"奴隶"义，如《丙申角》："王易箙亚嚣奚贝。"《周礼·春官·序官》："奚四人。"郑注："奚，女奴也。"

35. 悳（德）

（嬴霝悳壶）　（陈侯因資錞）　（者汈钟）

（妊盗壶）　（盂鼎）　（班簋）

（嬴霝德鼎）　（嬴霝德簋）　（师望鼎）

（番生簋）　（秦公簋）

《说文》云："，外得于人，内得于己也。从直从心。，古文。"

按：金文（陈侯因資錞）从直，从心，会"心正行端"之意，当即"道德"之"德"之本字。后造形声字德。《说文》云："德，升也。从彳，悳声。"典籍每借德以为"道悳"字，而"悳"之义反晦。《嬴霝悳壶》作"悳"，而《嬴霝德鼎》和《嬴霝德簋》作"德"，足见"德"同"悳"。

"悳"（德）在金文中用为"道德"义，如《令瓜君壶》："氶（承）受屯（纯）悳（德）"；或用为"恩德"义，如《陈侯因資錞》："保（迩）鈏（嗣）淖（朝）昏（问）者（诸）侯，合（答）甖（扬）氒（厥）悳（德）。"

36. 慶

（五祀卫鼎）　（弋叔庆父鬲）　（曩伯盨）

（曩伯盨）　（陈公子仲庆簠）　（庆孙之子簠）

（蔡侯钟）　（伯其父簠）　（秦公簋）

《说文》云："，行贺人也。从心从夂。吉礼以鹿皮为贽，故从鹿省。"

郭沫若云："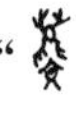字旧或释麐。许瀚云：'薛氏书《盄和钟》"高弘有慶"作，与此文正同。疑此亦慶字也。钟铭慶字上与煌享疆韵，下与方韵，（按《盄和钟》即《秦公钟》，其铭有云：'其音铣铣，雝雝孔煌。以昭格孝享。以受纯鲁，多釐眉寿无疆。畯惠在位，高弘有慶，溥及四方。'）薛氏断非误解。又此铭盖慶名而伯其字，其，祺之假借，故与慶应。'（《攈古》二之三，十五页所引）今案许说至确。近出《秦公簋》，与《盄和钟》大同小异。'高弘有慶'字亦正作，亦与疆方为韵，从鹿从文。余谓此乃慶之正字，慶乃讹字也。古人'文'字或从心作（师酉簋），稍省则作（豆闭簋），此慶字所从即文中之心之稍省者也。字或省作（召伯虎簋）若（弋叔庆父鬲），似从鹿省，亦似从省，即小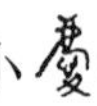字之所从出。故许书说之以'从心夂，从鹿省'也。古文变字多误为寧，如《书》之'前寧人'实'前文人'，'寧王'实'文王'，'寧武'实'文武'。此麐之误为慶，与彼正同出一辙。又此麐字亦见于卜辞。一曰：'□戌卜页：王□缺犸祃'（《前编》卷四第四十七页第三片），又一曰：'壬寅卜贞：今日'（《后编》下卷第三十五页第八片）。前一例罗振玉释为麐，后一例商承祚收为麇（《类编》十卷四页），均未谛。前一例与犸祃并举，当是兽名，以声类求之，殆即麠字。《尔雅·释兽》：'麠，大麃。牛尾一角。'郭璞注：'汉武帝郊雍，得一角兽，若麃然，谓之麟者（事见《史记·武帝本纪》），此是也。麃即麞，黑色耳。'（今本夺'黑色耳'三字，据《一切经音义》所引补）。《说文》说麠与《尔雅》同，云麠或从京作麖，又'麃，麠属'。（段玉裁云：'铉本作麠属。锴本作麇属，今依《韵会》本。'今从段改。）《逸周书·王会篇》：'发人麃，麃者若鹿，迅走。'由此等记载，再揆以今之麒麟，则麠与麟是一非二。麒麟之麟，《尔雅》及《说文》作麐。《说文》云：'麐，牝麒也。从鹿吝声。'《尔雅》云：'麐，麕身，牛尾一角。'此与麠之说解并无二致。审此，尤足证麐麠之为一。盖汉人既讹麐之作受慶者为慶，又误读麐从文声。别造一吝声之麐字以代之。又因

麐麟音近，故又误麟为麐。麟据《说文》实‘大牡鹿也’。（段注云：‘牡各本及《集韵》《类编》皆讹为牝，今正。《玉篇》曰：‘麟，大麚也’，是也。今从段。）《周南》之《麟之趾》，《春秋》哀十四年之‘西狩获麟’，均言大牡鹿也。汉人傅会之以为麐。《说文》之麐麠并出，因不知二者之为一。《尔雅》亦并出者，《尔雅》中本多汉人语，盖为后人所窜入也。又《考工记》：‘画绘之事……山以章，水以龙。’马融读章为獐，谓‘獐，山兽。画山者并画獐、龙、水、物，画水者并画龙’。（见贾疏所引）郑玄从之。俞樾云：‘山莫尊于虎，故泽国用龙节，山国用虎节。’若水必以龙，则山必以虎，何取獐而画之乎？’孙诒让云：‘俞驳马郑不当破章为獐’，是也。窃谓此章即上文‘赤与白谓之章’。今案孙说非是。‘山以章，水以龙’，既为对文，则章必是动物。马郑求之于獐已近是，余意章实指麐若麠也。盖古文以麐为麞属，别言之为麐，共言之则为麞矣。故‘山以章’者乃以麒麟也。至俞偶因‘山国用虎节’，遂谓‘山莫尊于虎’，事不必然。要之，麐慶麠麖为一字，其物即是麐，麐与麟乃音之讹，麐与慶乃形之讹。古人以麐若麐为祥兽，故以为山物之章表。麐为仁兽，故孳乳为慶，亦犹龙为灵物，故孳乳为宠也。”（参见郭沫若：《金文丛考·伯其父簠》，第121—123页）

按：“麐”（慶）甲骨文作（前4.47.3）、（后下35.5），金文作（秦公簋），从鹿从文，麐即麐，其为兽也为麠、麖，麞属也。麐或麐为祥兽，故引中为吉慶。金文“文”字多从心作（旂鼎）、（或者鼎）、（师害簋）、（改盨）、（是□簋），故金文麐字又作（伯其父簠），又讹为（五祀卫鼎）、（曩伯盨）、（陈公子仲庆簠），而当即小篆之所从来。郭说至确。《说文》说义谓“行贺人也”，乃引申义。其说形谓“从鹿省”固可，而谓“从心从夊”则非是。

“麐”（慶）在金文中用为“吉慶”义，如《六年琱生簋》：“𨟻（召）白（伯）虎告曰：余告麐（慶）”；或用为“赏赐”义，如《秦公簋》：“畯（畯）才（在）天，高弘又（有）麐（慶），竈（造）囿（佑）四方。”《孟子·告子下》：“入其疆，土地辟，田野治，养老尊贤，俊杰在位，则有慶，慶以地。”赵歧注：“慶，赏也。”

37. 涉

（格伯簋）　（格伯簋）　（格伯簋）

（格伯簋）　（散盘）　（散盘）

《说文》云："，徒步厉水也。从𣲖从步。，篆文从水。"

高鸿缙云："按甲文作，从步水会意。《格伯簋》作，步水二字甚明，本铭作，水形稍复，据此知《说文》正字从二水实有所本。许又以为篆文涉，亦篆文远承古文之一证。"（参见高鸿缙：《散盘集释》，第 13 页）

按："涉"甲骨文作（铁 188.2）、（拾 12.8）、（前 1.53.3）、（前 7.39.2），金文作（格伯簋）、（散盘），从水从二止，会"徒步涉水"之意，为篆文之所本，其作（散盘）者，为小之所本。高说是也。"涉"在金文中用为"涉水"义，如《散盘》："自瀗涉，㠯（以）南，至于大沽"。

38. 𩰲（扬）

（貉子卣）　（宜侯夨簋）　（令鼎）

（友簋）　（效尊）　（扬鼎）

（封簋）　（师嫠簋）　（毛公鼎）

（静簋）　（师虎簋）　（休盘）

（师奎父鼎）　（吴方彝）　（克鼎）

（邾公釛钟）

朱芳圃云："《说文·手部》：'，飞举也。从手，昜声。，古文。'吴大澂曰：'，对扬也。从丮从日从玉。执玉以朝日，日为君象。'（《说文古籀补》十二）。按吴说非也。金文扬可分为五类：一、象人坐而两手举灯。二、象人坐而两手举日，，灯缸也。三、象人坐而两手举，即之省形。四、象人坐而两手举若，灯已庡于上，毋烦人举。古人作字，往往任意增省，而未顾及事理之不当也。五、作，即之异形，象手持，与《说文》所载古文略同。《易·大有》：'君子以遏恶扬善。'虞注：'扬，举也。'《礼仪·乡射礼》：'南扬弓。'郑注：'扬，犹举也。'此本义也。引申为越，《易·夬》：'夬扬于王庭。'郑注：'扬，越也。'越者，逾也。逾举足，故为扬；为动，《吕氏春秋·必己篇》：'尽扬播入于河。'高注：'扬，动也'；为振，《汉书·五行志上》：'骄扬奢侈。'颜注：'扬谓振扬张大也'；为称，《春秋穀梁传·僖公元年》：'以其不足乎扬。'《释文》：'扬，称扬也'；为道，《诗·鄘风·墙有茨》：'不可详也。'《释文》：'详，韩诗作扬，扬犹道也'；为说，《广雅·释诂》：'扬，说也。'"（参见朱芳圃：《殷周文字释丛·释扬》，第52页）

按："扬"金文作（师嫠簋）、（毛公鼎），从从，会"人两手举扬灯具"之意（即［王孙遗者钟］之省，乃灯之初文）。字异构至多，其简者（今鼎）、（宜侯矢簋），为之省；有（扬鼎）、（封簋），亦为之省，甚或仅作（貉子卣），既省灯柱又省人举手形，但加灯檠。其繁者有（静簋）、（休盘）、（吴方彝）、（克鼎），于下加檠，或又加装饰性点画符号，而（友簋）、（效尊）又是其省略式。至于（邾公釛钟）则以代换，可谓之变式。朱说是也。如将去灯柱而加灯檠并带装饰性点画，则变为，此《说文》"扬"之古文原形也。如将代换，则变为，此则小篆之所从来也。

"扬"（䍑）在金文中用为"称扬"义，如《无㠱簋》："敢对䚣（扬）天子鲁休令"；或用为人名字，如《扬乍父辛簋》："玐（扬）乍父辛尊彝。"

39. 妥

（子妥鼎） （沈子也簋） （师訇鼎）

（宁簋） （痶簋） （痶钟）

（痶钟） （痶钟） （郑井叔钟）

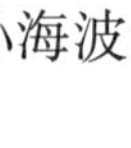（㦰方鼎二）

孙海波云："《说文》所无。《尔雅·释诂》：'妥，安止也。'《礼仪·士相见

礼》：'妥而后传言。'注：'古文妥为绥。'今证之卜辞金文，皆作妥，是古者有妥字，《说文》夺佚耳。段玉裁补入女部，注：'安也。从爪女。妥与安同意'，是也。"（参见孙海波：《甲骨文编》卷十二，第8—9页）

按："妥"甲骨文作（前5.19.1），（菁10.14）、（甲1350）、（乙743）、（乙8763）、（珠541）、（粹1275），金文作（子妥鼎）、（沈子也簋）、（师𫹳鼎）、（疾簋）、（疾钟），从爪从女，以手抚女，会"安抚"之意。《说文》无妥而有绥，而训绥为"车中把也。从糸从妥"。徐锴曰："《礼》：升车必正立执绥，所以安也。"由是知妥当即绥之初字。《诗·小雅·楚茨》："以妥以侑。"毛传："妥，安坐也。"《诗·周南·樛木》："福履绥之。"毛传："绥，安也。"是其证。段、孙二氏之说是也。

"妥"在金文中用为"绥"，安也，如《沈子也簋》："用妥（绥）公唯寿"；或通假为"蕤"，如《曾侯乙钟》："妥宾之宫。"文献作"蕤"。《荀子·儒效篇》："绥绥兮其有文章也。"杨倞注："绥，或为葳蕤之蕤。"《礼记·月令》（仲夏之月）："其音徵，律中蕤宾。"注："蕤宾者应钟之所生。仲夏气至，则蕤宾之律应。"《国语·周语下》："四曰蕤宾，所以安靖神人，献酬交酢也。"

40. 戎

（盂鼎）	（班簋）	（不娶簋）
（不娶簋）	（虢季子白盘）	（翏生盨）
（多友鼎）	（眉敖簋）	（郳伯御戎鼎）

《说文》云："，兵也。从戈从甲。"

按："戎"甲骨文作（前8.11.3）、（摭续124），金文作（盂鼎）、（班簋）、（不娶簋）、（虢季子白盘），从戈从甲，被以甲，执以戈，会"兵戎"之意。隶楷戎字从（"甲"古文），而小篆，此古文亦存于今隶之一例也。《说文》说义说形俱是，唯所从甲作，古形已失也。

"戎"在金文中用为"战争"（兵戎）义，如《虢季子白盘》："不显子白，𤖼（壮）武于戎工（攻）"；或用为"兵器"义，如《叔夷钟》："余易女马车戎兵。"《诗·大雅·常武》："整我六师，以修我戎"；或用为对我国西部少数民族之通称，如《录伯簋》：“戎伐馭，戜逹（率）有嗣（司）、师氏徬（奔）追‘御（御）戎于臧林，𢧐（搏）戎䤓（胡）’。”

41. 戍

（戍嗣鼎）　（戍甬鼎）　（令簋）

（遹甗）　（竞卣）　（善鼎）

（史戍卣）　（孚尊）

高鸿缙云：“《说文》：‘，守边也。从人持戈。’按字从人持戈，会戍守之意。《广韵》云：‘从人荷戈也。’”（参见高鸿缙：《中国字例》四篇，第83页）

按：“戍”甲骨文作（甲1553）、（簠·征38），（粹1147）、（粹1153），金文作（戍嗣鼎）、（戍甬鼎）、（遹甗），从人从戈，会“征人持戈戍守”之意。

“戍”在金文中用为“戍守”义，如《遹甗》：“师雝（雍）父戍才（在）古𠂤”；或用为人名字，如《戍甬鼎》：“王赍（赏）戍甬贝一朋。”

42. 武

（𢑚簋）　（乍册大鼎）　（毛公鼎）

（㝬钟）　（格伯鼎）　（散盘）

（乖伯簋）　（禹鼎）　（虢季子白盘）

（秦公簋）　（晋公𥂴𥂴）　（王孙遗者钟）

（盂鼎）　（宜侯夨簋）

于省吾云：“《说文》云：‘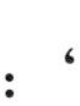，楚庄王曰：“夫武，定功戢兵，故止戈为武。”’按《左·宣公十二年传》：‘楚子曰：“夫文止戈为武。”’《汉书·武五子传》：‘是以仓颉作书止戈为武。’按止戈为武之说，自来学者多无异议，惟俞樾《儿笘录》云：‘在仓颉造字时，则但以为足止字，而无此展转相生之义也。乃谓武字从止为止戈之意，岂得其本义哉？然则武之本义谓何？曰：武舞古同字，武即舞字也。’按俞氏不从止戈之训，至具卓识，惟谓武即舞，以借字为本字，误

矣。古文無即初文舞字，金文亦作𨘢。古文从止之字就狭义言之，限于足之止，就广义言之，则表示人类行动之义，故徐行为步作，由卑而升曰陟作，由高而卑为降作，行所经为歷作，象人行于田中或林中，行在前为，行却为復（退），自他至为各，均详罗振玉《释止》（《贞松遗稿》一至四）。又按徙为移动，金文作，衛字作，象众人之围守城邑。古文从止从辵从歪每互作无别，均有行动之意。武从止从戈，本义为征伐示威，征伐者必有行，止即示行也。征伐者必以武器，戈即武器也。许氏以楚庄王说武之断章取义为武之本义，岂其然乎？”（参见于省吾：《双剑誃殷契骈枝三编·古文杂释》，第9页）

按：“武”甲骨文作（铁67.4）、（前1.10.3）、（后上4.9）、（后上4.15），金文作（肆簋）、（乍册大鼎）、（毛公鼎）、（虢季子白盘），从止从戈，止以示人行走，戈以示持军械，会“出征杀敌勇武”之意。于说是也。楚庄王“止戈为武”之论系春秋社会意识，许君用以说解武字本义，迂阔也。（盂鼎）、（宜侯夨簋）从王，盖周早期“武王”之专字也。

“武”金文中用为“勇武”义，如《虢季子白盘》：“不显子白，㬺（壮）武于戎工（攻）”；或用为“武功”义，如《㝬簋》：“王肇遹省文武堇（勤）疆土”；或用为人名字，如《柳鼎》：“武公有南公柳。”珷用为武王之专名字，如《盂鼎》：“我珷王嗣玟（文）乍（作）邦。”

43. 匄

（师𡨦父鼎）　（师遽方彝）　（㠱仲壶）

（曶壶）　（颂鼎）　（颂簋）

（善夫克鼎）　（克钟）　（不𡢁簋）

（蔡姞簋）

罗振玉云：“《说文解字》：‘，气（乞）也。’逯安说，‘亡人为匄。’金文亦作（《师遽方彝》等）、（追簋），与卜辞同，与逯安说亦合。”（参见罗振玉：《增订殷墟书契考释》卷中，第53页）

徐中舒云：“匄经典作介，《攈古录》卷三之三《颂鼎》（及簋、壶）释文云：

‘匄即经典“以介眉寿”“以介景福”之介。匄介一声之转。’按匄介古同音字，同为见母祭部字（不仅一声之转），故得相通。‘以介眉寿’‘以介景福’之介，毛传训助。郑笺云：‘大义皆难通。’以金文之匄释之，则怡然理顺矣。《诗·小雅·甫田》云：‘以祈甘雨，以介我稷黍’，祈介对文。《左传·僖公七年》云：‘求介于大国以弱其国’，求介连言，皆当训为祈匄之匄。”（参见徐中舒：《金文嘏辞释例》，《中央研究院历史语言研究所集刊》六本一分，第6页）

按：“匄”甲骨文作（前3.29.3）、（前4.9.7）、（前5.7.6）、（后下24.3）、（前5.27.1），金文作（师奎鼎）、（师遽方彝）、（曶鼎）、（克钟），从人从亡，会“亾人必祈使归”之意。《说文》所引逯安说是也。罗从之，徐更予申论，皆是。

“匄”在金文中用为“乞求”义，如《善夫克鼎》：“用匄康勵（乐）屯（纯）右（佑）。”

44. 孫

（乃孙乍且己鼎）　（豚卣）　（师遽簋）

（宅簋）　（曶鼎）　（县妃簋）

（克鼎）　（颂鼎）　（虢季子白盘）

（不嬰簋）　（函皇父簋）　（国差罎）

（子仲匜）　（曶壶）　（兮仲钟）

（𧇡簋）　（栾书缶）

《说文》云：“，子之子曰孫。从子从系。系，续也。”

按：“孫”甲骨文作（后下14.7）、（后下22.7）、（甲2001），（京2.14.4）、（新4768），金文作（乃孙乍且己鼎）、（豚卣）、（宅簋）、（曶壶）、（兮仲钟）、（𧇡簋）、（栾书缶），从子从糸，会“牵于子者吾谓之孫”之意。糸或作，或省作，无碍其为绳索牵系之意。《说文》谓从系，仅就小篆形体说形，稍差一间。“系”字甲骨文作（铁2.2）、

（铁 92.3）、（拾 2.14）、（前 7.4.1）、（乙 1313）、（邺 3.43.4）、（粹 112），金文作（小臣系卣）、（𢦏系爵），故 为糸，为幺，非系也。

“孫”金文中用为“子之子”之意，如《姑氏簋》：“其万年子子孫孫永宝用。”

45. 彝

（作且乙尊）　（作父乙卣）　（丁未角）

（大保簋）　（乙亥鼎）　（小臣邑斝）

（井侯簋）　（免卣）　（传尊）

（县妃簋）　（扬鼎）　（庚嬴卣）

（同卣）　（卯簋）　（史颂簋）

（蔡姞簋）　（秦公簋）　（姬鼎）

（鄀嬰盘）　（中山王𰯼壶）

《说文》云：“，宗庙常器也。从糸，糸，綦也。廾持米，器中实也。彑声。此与爵相似。《周礼》六彝：鸡彝、鸟彝、黄彝、虎彝、虫彝、斝彝，以待祼（灌）将之礼。、皆古文彝。”

高鸿缙云：“彝本鸡尊之名，象形。其下加廾者，谓可持而饮也。金文每多通假以代器。所谓作宝尊彝者，作宝器也。彝遂为凡礼器之公名。”（参见高鸿缙：《颂器考释》，第 22 页）

按：“彝”甲骨文作（前 2.6.6）、（前 5.1.3）、（后上 10.16）、（后下 7.4），全文作（作且乙尊）、（作父乙卣）、（免卣）、（史颂簋），从从，为两手，为缚翼食米之鸡，会“两手捧鸡尊而饮”之意。古时酒尊每制成鸟兽之形，名曰兽尊，据考古发现，有象尊、犀尊、牛尊、羊尊、虎尊、鹰尊、枭尊、凫尊、凤尊、鸡尊，可证《周礼》六彝之说其来有自。彝本鸡尊，私名也。因鸡之为物，守时而动，有常道也，固宗庙常器谓之彝。高说是也。就（秦公簋）而言，讹为彑，讹为米，遂成小篆。《三体石经·尚书·君奭》古文彝作盖即由讹变而来，而与《说文》古文之一同形，《中山王譻壶》之又与《说文》古文之二形似。

“彝”在金文中用为礼器通名，如《鲁侯尊》：“鲁侯乍姜享彝。”

46. 亟（極）

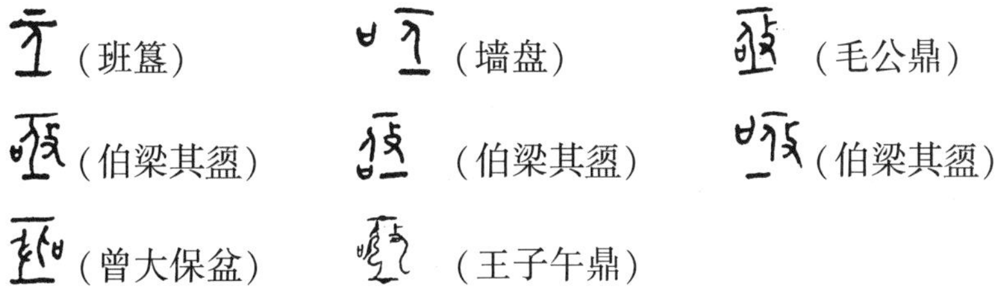

（班簋）（墙盘）（毛公鼎）（伯梁其盨）（伯梁其盨）（伯梁其盨）（曾大保盆）（王子午鼎）

于省吾云：“‘天80’（按：指唐兰《天壤阁甲骨文存》第八十片）有字，唐兰云：‘疑亟字所从出。’按‘藏45.3’（按：指刘鹗：《铁云藏龟》第四十五页第三片）亦有字。‘类纂·存疑66’（按：指商承祚：《殷墟书契类纂·存疑》第66字）作，非与亟为二字，即亟之初文也。《说文》：‘，敏疾也。从人从口又从二。二，天地也。’按《毛伯班簋》（按：即《班簋》）‘作四方亟’，亟作，较契文上方多一横画，如正之作，亦作，辛之作，亦作，是其证。《毛公鼎》亟作，从攴与从又一也，已开小篆之先河。亟，古極字，又为亟之初文。中从人，而上下有二横画，上極于顶，下極于踵，而極之本义昭然可睹矣。”（参见于省吾：《双剑誃殷契骈枝三编》，第27页）

按：“亟”（極）甲骨文作（天80）、（铁45.3），金文作（班簋），从人从二，二为顶踵界隔，会“人在顶踵二極之间”之意，当即《说文》训“栋也”之極之初文，后加装饰性构件出作（墙盘），如“今”作（中山王譻鼎），又加装饰性构件攴作（毛公鼎），如“维”作（虢季子白盘）者然。古文字攴、又每多混用，于是又作，此则小篆之亟，《说文》所谓“从人从口又从二”者也。后亟急同音而借亟以代急，《说文》所谓“敏疾”者，殆以此也。

“亟”在金文中用为“極致”义，准则也，如《班簋》：“乍四方亟（極）。”李学勤曰：“作四方極，即为四方之则”；或用为人名字，如《曾大保簋》：“曾大保麐叔亟用其吉金，自乍旅盆。”

47. 畺（彊、疆）

（深伯鼎） （郯子宿车鼎） （郯子宿车鼎）

（毛伯簋） （盂鼎） （不嬰簋）

（师遽方彝） （师臾钟） （伊盘）

（兮甲盘） （㝬钟） （虢季子白盘）

（善夫克鼎） （秦公簋） （中山王譻壶）

（南疆钲）

罗振玉云：“《说文解字》：‘，比田也。’‘畺，界也。从畕，三其界画也。疆，畺或从彊土。’案此从弓从畕（按：指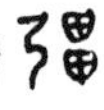（后下 2. 17），吴中丞曰：‘《礼仪·乡射礼》：“侯道五十弓。”疏云：“六尺为步。弓之古制六尺与步相应。”此古者以弓纪步之证。’古金文亦从弓，知许书从彊土之或作非也。又此从畕，象二田相比，界画之义已明。知畕与畺为一字矣。”（参见罗振玉：《增订殷墟书契考释》卷中，第 8 页）

按：“畺”（彊、疆）金文作（深伯鼎）、（郯子宿车鼎），两田相比，已有疆界之意存乎二田之间，后加界画线一、二、三作（郯子宿车鼎）、（毛伯簋），从畕，从一、二三，其会“田界”之意显而易见。后加弓作（盂鼎）、（师遽方彝）、（师臾钟）、（伊盘），从弓从畺，以弓纪步，丈量田亩，其会“量田亩定疆界”之意亦至为明晰。后彊借为强弱之强，遂又加土作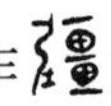（秦公簋）、（中山王譻鼎），或加自作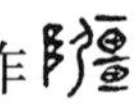（南疆钲）。总之，畕、畺、彊、疆、㯾一字，会疆界之意也。

“彊”在金文中用为“疆界”义，如《南疆钲》：“余处此南㯾”；或用为“尽头”义，如《兮甲盘》：“其𩕮（眉）寿万年无疆”；或用为人名字，如《王子启疆尊》：“王子启疆自乍□彝。”

48. 陟

（沈子也簋）　　（班簋）　　（㝬簋）

（散盘）　　（㾓钟）　　（蔡侯盘）

商承祚云："《说文》云：'，登也。从𨸏，从步。，古文陟。'案甲骨文作，金文《散盘》作，《石经》古文作，皆不从人，则乃之写失。"（参见商承祚：《说文中之古文考》，第265页）

按："陟"甲骨文作（铁20.1）、（前5.30.6）、（前7.32.4）、（后下11.12）、（后下11.13），金文作（沈子也簋）、（班簋）、（㝬簋）、（㾓钟），从𨸏从步，会"举步登高"之意。两止之间又从者，甲骨文金文迄未寓目，不晓所从来者何也。至于所从之显系𨸏之简形之讹写。高说是也。

"陟"在金文中用为"登高"义，如《散盘》："陟刚，三弄（封）；降，旦南弄于同衜（道）"；或用为"上升"义，如《㝬簋》："其各前文人，其濒（频）才（在）帝廷陟降"；或通假为"德"，谢恩也，如《沈子也簋》："乃鴅沈子乍緅于周宗公，陟二公。"郭沫若曰："陟字《周礼·春官·大卜》：'咸陟。'郑注：'陟之言得也，读如"王德翟人"之德'，本铭即读为德，犹言谢恩也。"

49. 獸

（先兽鼎）　　（宰甫簋）　　（史兽鼎）

（员鼎）　　（兽爵）

罗振玉云："《说文解字》：'，守备也。从嘼从犬。'又'，犬田也。从犬，守声'。案古獸狩实一字。《左氏襄四年传》：'兽臣司原。'注：'兽臣，虞人。'《周礼》兽人之职所掌皆王田之事。《诗·小雅·车攻》：'搏兽于敖'，《后汉书·安帝纪》注引作'簿狩于敖'。汉《张迁碑》：'帝游上林，问禽狩所有'；《石门颂》：'恶虫蔽狩'，皆兽狩通用。其文《先兽鼎》作，《员鼎》作。此从从，并与从同。古者以田猎习战阵，故字从戰省，以犬助田狩，故字从犬。禽与獸初谊皆训田猎。此獸狩一字之证。引申之而二足而羽为禽，四足而

毛为獸。许君训獸为‘守备者’，非初谊矣。”（参见罗振玉：《增订殷墟书契考释》卷中，第69页）

按：“獸”甲骨文作（铁10.3）、（铁34.1）、（铁36.3）、（铁39.1）、（拾6.8）、（前6.49.7）、（拾6.3），金文作（先兽鼎）、（宰亩簋）、（史兽鼎）、（员鼎）、（兽爵），从干从犬，干，盾也。甲骨文作、、、、，金文作、、，田狩者用以自蔽，犬用以自随，会“持械驱犬狩猎”之意。与《说文》训“犬田”之狩字义同，故獸、狩一字。罗说是也。

“獸”金文中用为“狩猎”义，如《员鼎》：“王獸（狩）于昏敵”；或用为人名字，如《先兽鼎》：“先獸乍朕考宝尊彝。”

50. 毓（育）

（后且丁卣）　（吕仲爵）　（班簋）

（墙盘）

《说文》云：“，养子使作善也。从云，肉声。虞书曰：‘教育子。’，育或从母。”

高鸿缙云：“按字倚女画其生子形。子生必倒出，故画倒子形。由文女生意，故托以寄生产之意。”（参见高鸿缙：《中国字例》二篇，第279页）

王国维云：“此字变体甚多，从女从（倒子形，即《说文》之㐬字），或从母从，象产子之形。其从、、者，则象产子时之有水液也。从人与从母从女之意同。以字形言，此字即《说文》育字之或体毓字。毓从每（即母字）从㐬（即倒子）与此正同。其作、者，从肉从子，即育之初字。而字所从之即《说文》训女阴之也字，其意亦当为育字也。故产子为此字之本谊。又诸形皆象倒子在人後，故引申为先後之後。又引申为继体君之后。《说文》：‘后，继体君也。象人之形，施令以告四方，故厂之从一口。’是后字本象人形，厂当即之讹变，则倒子形之讹变也。后字之谊从毓谊引申。其後，产子之字专用毓育二形，继体君之字专用形，遂成二字。又讹为后，而先後之後又别用一字，《说文》遂分入三部。其实，毓后後三字本一字。卜辞后祖乙作祖乙，即武乙之异称。又曰：‘乙卯卜贞：王宾祖乙父丁岁亡尤’，后祖乙与父丁连文，考殷诸帝中父名乙子名丁者，般庚以后惟小乙武丁及武乙文丁，而小乙卜辞称小祖乙，则后祖乙必武乙矣。殷诸帝中名乙者六，除帝乙未见卜辞外，皆有祖乙之称而各加字以别之。……小祖乙者，谓小乙也。武祖乙，后祖乙者，谓武乙也。武乙在诸名乙者之后，乃称后祖乙，则用为先後之後者也。卜辞此字又用为继体君之后，屡云：‘自上甲至于多衣’……《诗·商颂》云‘商之先后’，是商人称其先人为后，是多后者犹《书》言多子、多士、多方他。”（参见王国维：《戬寿堂所藏殷虚文字》，第8—9页）

按：“毓”甲骨文作（前2.24.5）、（前2.25.1）、（后上20.7），金文作（后且丁卣）、（吕仲爵）、（班簋）、（墙盘），从女（或从母）从子，会“母于身後产子”之意。引申为“先後”之後、“继体君”之后。王说至确。

“毓”在金文中用为“生育”义。如《吕仲爵》：“吕仲僕乍毓（育）子宝尊彝；或用为‘先後’义。”如《后且丁卣》：“用乍毓（後）且丁尊彝。”

第三节 形声文字

唐兰先生说：“凡两个以上的偏旁组合起来，中有一个标音的，是形声字。”（参见唐兰：《古文字学导论》下编，第66页）在谈到文字的标音趋势时，他说：“上古文字是用绘画来表现的象形和象意字。近古文字里虽还有象形和象意的存留，但最重要的部分却是新兴的形声文字。由上古到近古的重大转变，是由绘画转到注音。绘画为什么变为注音呢？最重要的原因有二：一、音符文字在使用上比图形文字方便，在人事日益繁多的近古，音符文字能占优势是无疑的。二、音符文字的急剧的增加，由于私名的发展，人类愈进化，他们的语汇愈丰富，在公名下面一定会添出许多私名来，这种私名——例如人的姓和水的名称——是画不出来的，只能假借别的字声，到音符文字产生后，就尽量利用了。”在谈到形声字产生的路径时，他说："文字的演变，有三条大路，形的分化，义的引申和声的假借。上古文字分化的结果，使文字渐渐声音化，后世人们加以'归纳'，就创始了注音的方法。于是就假借来的私名注上形符，有时就拿音符来注形符，这是'转注'。至于引申来的语言，本不一定需要形符，后来也颇有'增益'，归纳、转注、增益，这是形声文字产生的三条路径。"在谈到形声文字的类别时，他说："形声字是由象意、象语和象声演变而成的。由象意字直接变成形声字的（即唐先生所谓'声化形声字'），是'原始形声字'；由'象语'（唐先生将'引申'义称'象语'，如'日'用作'今日'的意义）或'象声'（唐先生将'假借'字称'象声'，如'羽'借作'翌日'的'翌'）辗转演变的，是'纯粹形声字'。由形声字再演变出来的形声字，有的叠床架屋，是'复体形声字'（例如：殸从声聲，磬从殸聲）；有的改头换面，是'变体形声字'（例如：翌翊并从羽聲，变为昱，从立聲）。"（参见唐兰：《古文字学导论》上编，第 44—45 页，第 47—48 页）唐先生分类之说容有可商。今不分类，选字解释如下。

1. 贮（貯）

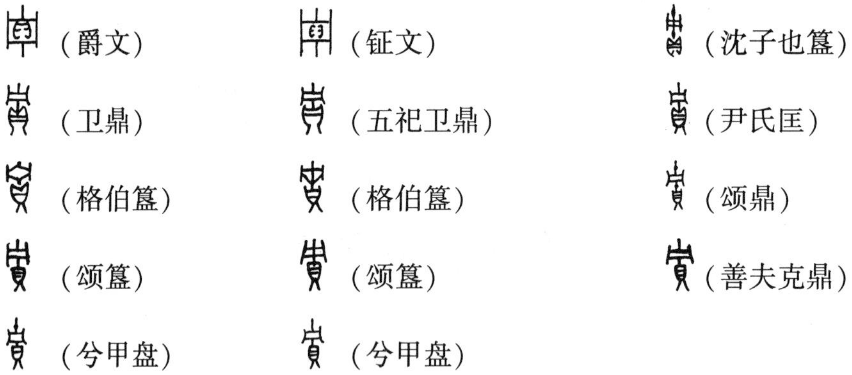

《说文》云："，积也。从贝，宁声。"

罗振玉云："象内贝于宁中形，或贝在宁下。与许书作贮贝在宁旁意同。又宁贮古为一字。《说文》于'宁'训'辨积物'，'贮'训'积'，初亦非有二谊也。"（参见罗振玉：《增订殷墟书契考释》卷中，第 12 页）

按：甲骨文作（铁 272.1）、（拾 9.16）、（前 4.2.3）、（前 6.49.8）、（后下 18.8），金文作（爵文）、（钲文）、（卫鼎）、（格伯簋），象仓廪之形，积物之地也。后加形符贝而成从贝宁声之形声字贮。贝或在宁中，或在宁下，小篆移于宁旁，其意一也。其后贮行而宁废。许、罗之说均是。

贮在金文中用为“贮积”义，如《颂鼎》：“王曰：颂，令女官嗣成周贮廿家，监嗣新寤（造），贮用宫御”；或用为人名字，如《尹氏匡》：“尹氏贮良乍旅匡。”

2. 賫（商、赏）

（般甗）　（丁未角）　（戍嗣鼎）

（天君鼎）　（乍册大鼎）　（乍册令方彝）

（臣辰卣）　（竞卣）　（史兽鼎）

（曶鼎）　（屭羌钟）

《说文》云：“，行贾也。从贝，商省声。”又：“，从外知内也。从冏，章省声。”又：“，赐有功也。从贝，尚声。”

容庚云：“賫，古作商，不从贝。《般甗》：‘王商乍册般贝’，即《书·费誓》：‘我商赉汝’之商。《说文》：‘赏，赐有功也’，‘赍，行贾也’。今经典赏赐字皆作赏，而金文多作赍，是赍为赏赐之专字。行贾之训殆不然矣。”（参见容庚：《金文编》卷六，第435页）

按：金文“赏赐”字多用“赍”，是“赍”为“赏赐”之赏之本字，当谓“赍，赐有功也”。“商”本义为“从外知内也”，以同音假借为赍，古文《般甗》云：“王商（赍）乍册般贝”也。容氏所谓“赍古作商，不从贝”之说，恐不然也。“赏”当为《说文》训“还也”之“償”之初字，《曶鼎》：“赏曶禾十秭”，即償曶禾十秭也。亦以同音假借为赍。《屭羌钟》：“赏于旃（韩）宗”，即赍于韩宗也。

“赍”在金文中用为“赏赐”义，如《戍甬鼎》：“王戍賫甬贝一朋。”

3. 賓（賓）

（虘钟）　（保卣）　（盂鼎）

（大簋）　（睘卣）　（守簋）

（史颂簋）　（王孙遗者钟）

《说文》云："，所敬也。从贝，㝊声。，古文。"

王国维云："上从屋下从人从止。象人至屋下，其义为賓。各客二字从夊，意皆如此。金文及小篆易从止为从贝者，乃后起之字。古者賓客至，必有物以赠之。其赠之之事谓之賓，故其字从贝，其义即礼经儐字也。如《大簋》盖、《史颂簋》、《睘卣》、《贸鼎》诸器之賓字从贝者，其义皆为儐也。后世以賓为賓客字，而别造儐以代賓字，实则乃賓之本字，賓则儐之本字也。"（参见王国维：《与林浩卿博士论洛诰书》，《观堂集林》卷一，第13页）

按："賓"甲骨文作（铁2.4）、（铁34.1）、（铁216.1）、（铁47.4）、（铁257.4）、（前1.1.2）、（后上1.7），金文作（虘钟），从宀从元，会"人至屋下为賓客"之意。或加止，其至之义更显。然则，㝊、㝥为"賓客"之"賓"之本字也。后加形符贝，作（保卣）、（史须簋）、（王孙遗者钟），成从贝㝊声之形声字，其义当为賓所赠之物，即儐。后讹而为，遂成小篆字矣。王说是也。

"賔"（賓）在金文中用为"賓客"义，如《虘钟》："用濼（乐）好㝊（賓）"；或用为"赠送"义，多指下级对上级，如《儐卣》：王姜令乍册睘安尸（夷）白（伯），尸白賓（賓）贝布"。《仪礼·觐礼》："侯氏用束帛乘马儐使者，使者再拜受。"郑玄注："儐使者，所以致尊敬也。"贾公彦疏："儐使者，是致尊敬天子之使故也"；或用为"赠送之物"义，如《仲几父簋》："中（仲）几父史几使于者（诸）侯者（诸）监，用氒賓乍丁宝簋"；或用为人名字，如《叔賓父盨》："叔賓父乍宝盨。"

4. 賸（佚）

（禹鼎）　（番匊生壶）　（鲁伯盘）

（鲁原父簋）　（稣甫人匜）　（蔡大师鼎）

（许子簠）　（伯家父簋）　（季良父壶）

《说文》云："，物相增加也。从贝朕声。一曰：送也，副也。"

容庚云："《说文解字》：'，送也。从人，灷声。吕不韦曰：有侁氏以伊尹㑀女。’今经典作媵，《说文》所无。金文作賸，或作朕，或假作塍。”（参见容庚：《宝蕴楼彝器图录·鲁伯大父簋》，第16页）

按：金文作（禹鼎），或作（九年卫鼎），或作（陈侯簋），或作（器伯盘），或从贝，或从土，或从人，或从女，均用为《说文》“賸”之“一曰：送也”之义，而非“物相增加也”之义。物余为賸之賸俗字作剩。金文“賸”既用为“送也”之义，古者一国嫁女，二国往媵之。二国之媵，自副贰之义也。其作（季良父壶），从人賸声，又賸之繁文也。

“賸”在金文中用为“陪送”义，如《鲁伯盘》：“鲁伯厚父乍仲姬俞賸（媵）般（盘）”；或用为人名字，如《儹匜》：“儹用乍旅盉”；或通假为朕，如《禹鼎》：“肆武公亦弗叚望（忘）賸（朕）圣且考幽大叔懿叔。”

5. 郐（徐）

（沇儿钟） （徐王鼎） （庚儿钟）

（徐王义楚盘） （徐王义楚耑） （南疆钲）

容庚云：“《说文》：‘，邾下邑地。从邑，余声。鲁东有郐城。读若涂。’经典通作徐。《周礼·秋官·雍氏》注‘伯禽以出师征徐戎’。释文：‘刘（昌宗）本作郐，音徐。”（参见《善斋彝器图录·郐王鼎》，第12页）

按：金文（沇儿钟），《说文》谓“邾下邑”“鲁东有郐城”，当即徐州。《书·禹贡》：“海岱及淮惟徐州”，又《费誓》：“徂兹淮夷徐戎并兴”，是其证。涂古音定母鱼部字。徐古音邪母鱼部字。据上古精组应归端组之音理，徐古音涂，郐亦音涂，徐郐又同音。由义、音二者均说明郐即徐。容说是也。

郐（徐）在金文中用为国名字，如《郐王义楚耑》：“郐王义楚睪（择）余吉金。”

6. 夜

（师酉簋） （师嫠簋） （效尊）

（效卣） （师望鼎） （师虎簋）

（番生簋） （师寰簋） （克鼎）

《说文》云：“，舍也，天下休舍也。从夕，亦省声。”段注：“夜与夕浑言

不别，析言则殊。《诗·小雅·雨无正》：‘莫肯夙夜’、‘莫肯朝夕’，‘朝夕’犹‘夙夜’也。”

按：金文“夜”作（师酉簋），或作（番生簋），从月（），或从夕（），古文字月夕一字，每多通用。如《厤鼎》：“其用夙月（夕）䵼享”，“夙夕”之“夕”作，而《不𠾅簋》“隹九夕（月）初吉戊戌”，“九月”之月作，是其证也。

“夜”在金文中用为“夜晚”义，如《师嫠簋》：“敬夙夜勿灋（废）朕令（命）”；或用为人名字，如《叔夜鼎》：“叔夜铸其𩐘鼎。”

7. 年（秊）

（缶鼎）　（召卣二）　（敔簋）

（封簋）　（睘卣）　（颂鼎）

（曾姬无卹壶）　（曾伯簠）　（陈子匜）

（鄦侯簋）　（鄀公鼎）　（东周左师壶）

（王孙遗者钟）　（邾公华钟）

《说文》云：“，谷熟也。从禾千声。《春秋传》曰：‘大有秊。’”

按：“秊”甲骨文作（铁24.3）、（铁45.2）、（铁196.3）、（拾10.2）、（前1.50.1）、（前7.15.3），（戬1.3），金文作（召卣二）、（封簋）、（睘卣），从禾从人，人亦声。“秊”在甲骨文中均用为“谷熟”义，如“受㞢年”“受黍年”等。金文始用为“年岁”义，取谷一熟为一年之义也。春秋时，亦有从千从壬者，均人之讹形也。《说文》据讹变之形说为“从禾千声”，非是。

“年”在金文中用为“年岁”义，如《封簋》：“万年以氒孙子宝用。”《尔雅·释天》：“夏曰岁，商曰祀，周曰年。”邢昺疏：“年者，禾熟之名，每岁一熟，故以为岁名。”

8. 蔑（𦾓）

（遹甗）　（录簋）　（免卣）

（沈子也簋） （保卣） （竞卣）

（长甶盂） （庚嬴卣） （免盘）

唐兰云：“蔑字在甲骨文里作，又作，从妟，又作或，不从戈而从亏，不管从戈或从亏，都象斫人之胫。”“伐和蔑都是图画文字，其不同之处，在于伐为斩首……而蔑为刖足之刑。”“正由于伐是斩首，在战功中杀敌是很重要的，所以伐有夸大功劳的意思。而蔑只是对眼失明的人伤断其足胫，在战功中是微不足道的，为人轻蔑的。”“但蔑和伐的意义究竟是相近的。《国语·周语》说：‘而蔑杀其民人’，蔑杀连用，和《孟子·滕文公》引《泰誓》的‘杀伐用张’，杀伐连用，显然是同一词例。由此可见，蔑字虽然不象朱骏声等所说的从伐声，它们之间的关系是十分密切的。在字音上，蔑古读为末，和伐都是祭部入声，又都是唇音，所以蔑与从蔑声的字都和末与从末声的字，常常相通。……末字通旆……而旆字与从伐声的字相通。”“在字义上，蔑和伐在周代古书里常通用。”“曆自从阮元以来都读为歷，是对的。……金文的曆是《说文》所无的。曆或作暦，从甘（）和从口（）是经常相通的。口是盛物之器，不是口舌之口，有时其中加一点就是甘字。”“金文有厤字，又有歷字，见《禹鼎》，而甲骨文只秝，金文有曆字，而甲骨文只作秝，金文常见的曆，《友簋》只作秝，这说明在较早的时代里，这些字都还只从秝。《说文》：‘秝，稀疏适也，从二禾，读若歷。’在图画文字里，画两个禾是代表很多禾的意思。秝字在秝下画止，止是足趾，就是人的脚经过许多禾，所以秝（歷）训经过。秝字代表许多禾在田中，所以卜辞又作秝……《说文》‘稀疏适’的解释，用在秝字上是合适的。因为他没有收秝字，所以在秝下说‘读若歷’。种禾要稀疏调适，也就是很均匀。禾在田中歷歷可数，古诗说‘众星何歷歷’，就是疏而匀的意思。秝或秝则象许多禾在器中的意思。《尔雅·释诂》：‘歷、秭、算，数也。’禾在器中可以计算，那么，秝应该是歷数之歷的本字。秝、秝和秝，都还是用图画来表达的意符文字，在当时的习惯里都读秝音，随后，发展为从厤声的歷、曆、曆、暦等，就是纯粹的形声字。因此，金文曆字的厤，有时讹为林，有时甚至从埜了。”“曆字读为歷，是经歷的意思，清代学者大都举《尚书·盘庚》的今文‘优贤扬歷’为证，训为厤行、厤试和功绩，大体上是对的。”“根据上面这些分析，我们可以对商周铜器铭文中的这一惯语作出解答。正如孙诒让所说的，‘各如其字释之，则古金所谓蔑歷蔑某歷者，不致钮

锆而不合矣。’蔑误为伐，曆读如歷，蔑歷就是伐其经歷，蔑某歷，是伐某的经歷。……人的经歷，不一定都是有功绩的，尤其是在奴隶社会里，只要他出身之某一高贵的奴隶主贵族家庭的经歷，就是可以称美或夸美的。《段簋》说：‘王蔑段歷念毕中孙子’，《师望鼎》说：‘王用弗諲（忘）圣人之后，多蔑历赐休’，都是明显的例子。”“总起来说，‘蔑曆’一语的‘曆’，是家庭出身和本人经歷，当然包括功绩在内的。蔑是伐是美的意思，上面以下面的经歷来称美，本人则以此来夸美。曆有些象现在的履歷。尽管时代不同，内容不同，但这种形式是不难理解的。”（参见唐兰：《蔑曆新诂》，《文物》1979 年 5 期，第 36—42 页）

陈小松云：“窃以为蔑字应读如伐。《说文》：，劳目无精也。从苜，人劳则蔑然。从戍。朱骏声《说文通训定声》谓：‘许说此字误，当云从苜伐声。’按朱说极确。今检之金文及甲骨文字形有从女者，为人之变，从者为戈之变。但多从伐而无从戍之作，可证朱说之精。《史记·高祖功臣侯者年表》：‘明其等曰伐，积日曰阅。’字亦作阀。《说文》新附：‘阀，自序也。’《小尔雅·广诂》：‘伐，美也。’《左传·庄公二十八年》：‘且旌君伐’，《成公十六年传》‘骤称其伐’。《国语·晋语》：‘军伐有赏’，注：‘（伐），功也。’《左传·襄公十二年》：‘小人伐其技，以凭君子’，注：‘自称其能为伐。’伐可施之于人，亦可叙己。曆即歷字，亦即厤字。《说文》：‘厤，治也。’《东京赋》：‘歷世弥光’，注：‘（歷），经也’，即刘师培所谓‘即所行之事’，可训为经歷，亦可训为治绩。蔑曆连用，施之于称人，则为叙功；施之于叙己，则为叙绩。其间字用者，则为叙某之功绩，若美某之功歷也。”（参见陈小松：《释古铭辞蔑曆为叙勋之专用辞》，《中和》月刊，三卷，12 期）

按：“蔑”甲骨文作（甲 883）、（前 1.49.3），（前 1.49.4）、（前 5.39.2）、（京津 1630）、（佚 828）、（续 1.51.4）、（前 1.44.7）、（前 6.7.7），金文作（遹甗）、（录簋）、（免卣）、（保卣）、（竞卣），确从伐，而不从戍。伐所从人或作女，所从戈或作，变体也。唐先生谓“蔑古读为末，和伐都是祭部（即月部）入声，又都是唇音”，又谓“《国语·周语》说：‘而蔑杀其民人’，蔑杀连用，和《孟子·滕文公》引《泰誓》的‘杀伐用张’，杀伐连用，显然是同一词例”，以证金文蔑应读为伐。

陈小松用朱骏声说谓蔑（甲骨文金文俱作薎）为从苜伐声，实则当为从苜从伐伐亦声也。既如此，“薎歷”当读为伐歷，称美经歷之谓也。唐、陈二氏之说均是。（庚羸卣）、（免簋）从禾薎声，乃薎之增繁字，应读为薎。

“蔑”（薎）在金文中用为“夸美”义，通“伐”，或与“曆”（歷）连用，如《师艅簋》：“艅其蔑歷”；或与“曆”相隔，如《庚羸卣》：“王穠（蔑）庚羸曆。”

9. 寶

（乍父丁尊） （乃孙乍且己鼎） （史兽鼎）

（𩛥卣） （貉子卣） （历卣）

（传卣） （麦盉） （录伯簋）

（䖒钟） （虢季子白盘） （毛公鼎）

（鲁伯簠） （国差罎） （𪒠镈）

（叔父丁簋） （禽簋） （番君鬲）

（仲盘）

商承祚云：“《说文》：‘，珍也。从宀从玉从贝，缶声。，古文寶省贝。’案金文多从贝作，与篆文同。又《宰甫簋》作，《格伯作晋姬簋》作，则与此同。甲骨文从宀从玉从贝，省缶作，金文《羸氏簋》作，《杞伯壶》《恪鼎》从宀从缶省玉作，皆变体也。”（参见商承祚《说文中之古文考》，第69—70页）

按：“寶”甲骨文作（甲3330）、（前6.31.3）、（后下18.3）、（甲3741），从宀从玉从具，会“珍寶”之意，金文加声符缶作（乍父丁尊）、（史兽鼎）、（䖒钟）、（毛公鼎）（虢季子白盘），成从宀从玉从贝缶声之形声字也。其作（叔父丁簋）、（禽盘）、（番君鬲）、（仲盘）者，均其省形也；或省玉，或省贝，或玉贝并省，而声符缶俱在。

“寶”在金文中用为“珍寶”义，如《姞氏簋》：“姞氏自钕（作）为寶尊彝”；或用为“寶爰”义，如《同簋》：“其徫（萬）年子子孙孙永寶用。”

10. 壽

（沈子也簋）　（录伯簋）　（颂簋）

（颂簋）　（杜伯盨）　（杜伯盨）

（毛公旅鼎）　（不婴簋）　（善夫克鼎）

（善夫克鼎）　（颂鼎）　（鲁伯簠）

（陈逆簠）　（豆闭簋）　（九年卫簋）

《说文》云：“，久也。从老省，𠷎声。”

按：金文（沈子也簋），从老，㔾声。甲骨文老作（后下35.2）、（前2.2.6），即其形体稍讹变者。（伯康簋）从老㔾声，或加装饰性构件作（颂簋），此即《说文》之所从来，非从老省𠷎声，当为从老省（从口）㔾声。或加装饰性构件作（毛公旅鼎）、（不婴簋），从老（或从老省）（从又）㔾声。或加装饰性构件、作（善夫克鼎），从老省（从口、从又）㔾声。《颂簋》壽字作亦作，《善夫克鼎》两壽字作亦作，明、均为装饰性构件，其从者，乃之讹。其从者，乃之讹。（豆闭簋）、（九年卫鼎）则分别为之省体也。

“壽”在金文中用为“壽命”义，如《伯康簋》：“康其万年釁（眉）壽。”（《诗·豳风·七月》：“为此春酒，以介眉壽。”）

11. 衮

（师覩鼎）　（吴方彝）

（伯晨鼎）　（曶鼎）

陈梦家云：“《说文》曰：‘，天子享先王，卷龙绣于下幅，一龙蟠阿上鄉。从衣公声。’许以为天子之服，于古则天子所以赐臣工。《尔雅·释言》曰：‘衮，黻也。’《说文》训后者为黑与青相次文，乃是刺绣之裳，所以《左传·桓公二年》：‘衮，冕、黻、珽。’杜注云：‘衮，画衣也。’”（参见王梦旦编《金文论文选·陈梦家：〈西周铜器断代·乍册吴方彝盖〉》，第 286 页）

按：“公”甲骨文作（京津 2318）、（甲 2546），金文作（令簋）、（毛公鼎），小篆又变为。许氏谓“从衣公声”固是，但依金文当为从衣台声。衮当为绣有花纹图案之礼服。《尔雅·释言》：“衮，黻也。”郭璞注：“衮衣有黻文。”《师𩛥鼎》：“易女玄衮𫄷屯（纯）。”玄衮可赐于臣下，其非天子之服可知。《说文》之说盖非其朔，陈氏之说是也。

“衮”在金文中用为“衮衣”义，如《吴方彝》：“易𩰫鬯一卣、玄衮衣、赤舄、金车、桒𠄎（鞃）、朱虢（鞹）䡅、虎冟熏裹、桒較（较）、画𨏖、金甬、马四匹、攸（鋚）勒。”

12. 裹

（吴方彝）　（师兑簋）　（师克盨）

（番生簋）　（毛公鼎）　（录伯簋）

《说文》云：“，衣内也。从衣，里声。”

按：衣外为表，衣内为裹。《诗·邶风·绿衣》：“绿兮衣兮，绿衣黄裹。”《礼记·内则》：“亵衣裘不见裹”，是其证。（吴方彝）为外形内声字。（录伯簋）之“里”为稍稍讹误者。

“裹”在金文中用为“衣之内层”义，如《番生簋》：“易朱市悤（葱）黄、鞞鞢、玉环、玉琭、车电轸、桒縪较、朱𩋅𠄎䡅、虎冟熏裹、画𨏖、画𨌲（𨊻）、金甬、朱旂、马四匹、攸（鋚）勒、索戉。”

13. 襄

（散盘）　（鄂君启舟节）　（鄂君启车节）

（稣甫人匜）　（稣甫人盘）

高鸿缙云：“《说文》：‘，乱也。从爻工交吅。一曰窒𠭥。读曰瀼。籀文𠭥。’又：‘，汉令解衣耕谓之襄，从衣𠭥声。，古文襄。’徐灏曰：‘，盖即襄字。’按此字本义为解衣耕。周文两形一字。第一形见厉王时《散盘》。

象人举两手解衣之形，从支，从土。由文生意，即治土之义，所谓耕也，第二形见《稣甫人匜》，就第一形略变而加衣为意符，故仍为解衣耕。形变为襄，襄复引申为奋勇致果之意。凡攘臂攘夷狄之攘，古只借襄字为之。如《诗·小雅·出车》：‘玁狁于襄’之襄是也。至攘，本揖攘字，讓本责讓字，两字因通假习用而移易其意。其本则咎在《说文》已失𤔔字之本义也。”（参见高鸿缙云：《中国字例》二篇，第303页）

按：金文（散盘），会“人举两手解衣治土”之意。讹为，讹为，讹为，讹为，遂成小篆形体。《说文》说义谓“乱也”，非是。而（稣甫人匜）为从衣𤔔声之形声字。𤔔、褱同字，其意为解衣耕也，后褱（襄）行而𤔔废。徐、高二氏之说是也。

“襄”在金文中用为人名字，如《稣甫人盘》：“稣甫人乍嫚妃襄賸（媵）般（盘）。”

14. 䭫（稽）

（令簋） （井侯簋） （沈子也簋）

（师遽方彝） （师遽簋） （趩簋）

（曶壶） （录伯卣） （颂簋）

（颂壶） （克鼎） （卯簋）

商承祚云：“《说文》：‘，头也。从百从儿。古文䭫首如此。百者䭫首字也。’案䭫首字古文有页䭫两体。金文《卯簋》‘拜手頁（䭫）手（首）’，《守鼎》：‘䭫首’作，又或作、（《吴尊》《遹簋》），与训‘下首’之䭫同。（按：《说文》：‘，下首也。从𩠐，旨声。’）小篆借页为頭页字，日久而废本义。遂以䭫为䭫首之专用字矣。经典则用稽也。”（参见商承祚：《说文中之古文考》，第38页）

按：金文（令簋）、（井侯簋）从页旨声，与《说文》“，从首，旨声”同，从页从首无异也。又金文“䭫首”䭫字或作页，如《卯簋》《守鼎》者然。足证《说文》“页，古文䭫首如此”盖有所本也。䭫字经典通作稽，《礼记·

射义》："再拜稽首"，是也。

"䭫"在金文中用为"䭫（稽）首"义，如《师遽方彝》："师遽拜䭫（稽）首"；或假借作"启"，如《令簋》："用䭫（启）后人享。"

15. 庶

（宜人矢簋） （盂鼎） （毛公鼎）

（伯庶父簋） （徐王子钟） （沇儿钟）

（蔡侯钟） （者沕钟） （子仲匜）

（郝公华钟）

林义光云："《说文》：'，屋下众也。从广炗。炗，古文光字。'按光字诸彝器皆不作。庶，众也。古作（毛公鼎），从火石声（石庶古同音）。从火取众盛之意。或作（伯庶父簋），讹作（鲁大司徒匜）。"（参见林义光：《文源》）

按："庶"甲骨文作（前 4. 30. 1）、（珠 979）、（周甲 153），金文作（宜人矢簋）、（盂鼎）、（伯庶父簋），从火石声（或石省声）。既从火，众盛义自在其中。林说是也。后于火上加装饰性笔画作（沇儿钟），后又于字上加一横画作（郝公华钟），古文字起笔为横画，往往于其上再加一横画之例也。

"庶"在金文中用为"众"义，如《盂鼎》："人鬲自骇（驭）至于庶人六百又五十又九夫"；或用为"幸"义，如《中山王譽鼎》："於（呜）虖（呼）新（欣）𢦏（哉），社禝（稷）其庶虖（乎）！"或用为人名字，如《伯庶父簋》："白（伯）庶父乍旅簋。"

16. 邵

（井侯簋） （沈子也簋） （邵簋）

（颂鼎） （颂簋） （颂壶）

（毛公鼎） （毛公鼎） （秦公簋）

（𠩺羌钟）　　（𠩺𪚰羌钟）

《说文》云：“，高也。从卪，召声。”又：“，日明也。从日召声。”

强运开云：“，《颂鼎》：‘王在周康佋宫。’容庚云：‘从召从，，象人跽形，即人字也。许书误析佋卲为二字。’罗振玉云：‘《说文》：“庙，佋穆，父为佋，南面。子为穆，北面。”经典通作昭。’《周礼·春官·小宗伯》：‘辨庙祧之昭穆。’注：‘父曰昭。’此字屡见于金文，《经典释文》亦时称之。”（参见强运开：《说文古籀三补》卷八，第5页）

按：金文（井侯簋）与“庙佋穆”之“佋”为一字也。“佋穆”之佋后作昭，而（𠩺羌钟）当为由卲（佋）向昭过渡的中间阶段形体。

“卲”在金文中通作“昭”，明也，如《麓伯簋》：“其用卲（昭）享于朕皇考”；或用为“昭穆”义，如《班簋》：“隹乍卲（昭）考爽谥曰大政”：或用为人名字，如《邵簋》：“卲乍宝彝。”

17. 顯

（盂鼎）　　（史兽鼎）　　（静簋）

（谏簋）　　（颂鼎）　　（虢季子白盘）

（毛公鼎）　　（𤔲钟）　　（克鼎）

（大簋）　　（秦公鼎）

《说文》云：“，众微杪也。从日中视丝。古文以为顯字。或曰众口貌，读若唫唫。或以为蠒。蠒者，絮中往往有小蠒也。”段玉裁注云：“此九字（按指‘众微杪也。从日中视丝’）。《广韵》作‘众明也，微妙也。从日中视丝’十一字。疑当作‘众明也，从日中视丝，丝散眇也’。散者，今之微字，眇者今之妙字。《玉篇》亦作妙。日中视丝，众明察及微妙之意。顯为头明饰，㬎为日中见微妙，则经传顯字皆作㬎。㬎者本义，顯者假借。载籍既皆作顯，乃谓古文作㬎者为假借矣。故曰：古文以为顯字。页部顯下曰：‘头明饰也。从页㬎声’，是则㬎之读如顯可知。”

按：“㬎”从日从丝，会“日中视丝微妙顯明”之意。“顯”从页㬎声。㬎、顯当为古今字。许训“顯”为“头明饰”，当系引申义。

“顯”在金文中用为“顯贵”义，如《颂鼎》：“敢对天子不（丕）顯鲁休。”

18. 嗣（𤔲、司）

（司母戊鼎） （毛公鼎） （㝬钟）

（𤼈簋） （令簋） （盂鼎）

（颂壶） （番生簋） 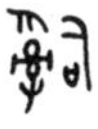（师奎父鼎）

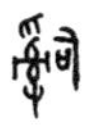（师酉簋） （毛公鼎） （师虎簋）

（兮甲盘）

《说文》云：“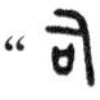，臣司事于外者。从反后。”（《说文》：“，继体君也。象人之形。施令以告四方，故厂之。从口。发号者，君后也。”）

按：金文（司母戊鼎）从省从，会“司事”之意，司，有司也。有司自应以又（手）口治事。后加《说文》训“治也”之意符而成从𤔔司声之形声字（师酉簋）。后省之作（盂鼎）。（兮甲盘）乃之稍稍讹变者。

“𤔲”金文中用同“司”，治也，如《无叀鼎》：“𤔲（司）徒南仲右（佑）无叀，内（入）门”；或用为人名字，如《𤔲父鼎》：“周㵾公蔑𤔲历”；或通假为“笥”，如《齐侯壶》：“用璧玉备一𤔲（笥）”；或通假为“祠”，如《令簋》：“戍冀𤔲（祠），乞（讫）。”

19. 庙（廟）

（免簋） （吴方彝） （克鼎）

（元年师兑簋） （虢季子白盘） （同簋）

（无叀鼎） （师酉簋） （𡏳方鼎）

（中山王譽壶）

《说文》云：“，尊先祖貌也。从广，朝声。，古文。”

按：“廟”《说文》作廟。从广，朝声。而朝从倝舟声。（𡏳方鼎）从月，

（免簋）、（虢季子白盘）从、，当为之讹变，不从舟。《礼记·月令》："寝廟必备"，郑玄注："前曰庙，后曰寝。"按周制，天子七廟，诸侯五廟，大夫三廟，士一廟。其制，太祖廟在中，昭东穆西，皆别为宫院。凡亲过高祖，则毁其廟，以次而迁。由此可知，廟为祭祖考处所，非"尊先祖貌"也。貌谐廟音，音训之法也。廟，从广朝声。朝从月，不从舟。（中山王嚳壶），从广，苗声，正如《说文》古文形同。

"廟"在金文中用为"宗廟"义，如《虢季子白盘》："王各周廟宣廨。"

20. 献（獻）

（献侯鼎）　（虢季子白盘）　（克盨）

（史兽鼎）　（召伯簋二）　（遇甗）

（比甗）　（齐侯曼簠）

《说文》云："，宗庙犬名羹獻。犬肥者以獻之。从犬鬳声。"又："，鬲属。从鬲，虍声。"

按：盛犬羹于鬳鬲，以享宗庙，谓之獻也。故獻当为从犬从鬳，鬳亦声。由獻犬羹引申为凡进獻之称。《诗·豳风·七月》："獻羔祭韭"，是其例也。獻从鬲，如（虢季子白盘），或从鼎，如（史兽鼎），鬲鼎同义故也。

"獻"在金文中用为"进獻"义，如《不嬰簋》："余来归獻禽"；或通假为"甗"，如《遇甗》："用乍旅獻（甗）。"

21. 巠（經）

（盂鼎）　（毛公鼎）　（克鼎）

（克钟）　（㝬簋）　（师克盨）

（虢季子白盘）　（齐陈曼簠）　（叔夷钟）

高鸿缙云："《说文》：'，水脉也。从川在一下。一，地也。壬省声。一曰：水冥巠也。，古文巠不省。'"又："，织从丝也。从糸，巠声。"

按：倚壬（縢之初文，持纵丝之器）画纵丝形。由物形生意，故为纵丝之意，名词。壬字原可作或形。巠字周人或有加糸为意符作經者。經字

行而巠字废。《说文》说巠全误。（参见高鸿缙：《中国字例》二篇，第244—245页）

按：“壬”古作作，即滕之古文。机持经者也，象形。象纵丝展布形，故、当训为“织纵丝”。后加形符糸作經。巠，經古今字也。

“巠”（經）在金文中用为“遵行”义，如《毛公鼎》：“巠（经）念氒圣保且（祖）师𩛥父”；或用为“经过”义，如《克钟》：“王新令克遹巠（经）东至于京𠂤（师）”；或用为“治理”义，如《虢季子白盘》：“经䌫（维）四方，博（搏）伐厰（玁）𢦚（狁）”；或用为“效法”义，如《叔夷钟》：“余经乃先县（祖）。”

22. 懿

（穆父鼎）（沈子也簋）（班簋）

（匡簠）（师𩛥鼎）（墙盘）

（瘐钟）（禹鼎）（𠭯𠁩壶）

（单伯钟）（禾簋）

高田忠周云：“今审篆形（按指《穆父鼎》）从亞从欠甚明。即之省文，即知《说文》懿字也。许云：‘，嫥（专）久而美也。从壹从恣省声。’《易·象传》：‘君子以懿文德’，《诗·大雅·烝民》：‘好是懿德’，皆与此铭意合。”

按：金文懿字先作（穆父鼎）、（沈子也簋）、（班簋）［（师𩛥鼎）为其稍稍讹变者］，从亞从欠。后增心作（墙盘）、（瘐钟）、（单伯钟）、［（禹鼎）为其稍稍讹变者］，而亞当为壶之省形，《内大子白壶》壶字作，《芮公壶》作，可证。而壶又为𡔷（壹）之省形。《说文》云：“𡔷（壹），专壹也。”而忩又为恣之省形。故《说文》训懿之义为“嫥（专）久而美也”，解懿之形为“从壹，从恣省声”。

“懿”在金文中用为“懿美”义，如《单伯盘》：“余小子肇井（型）朕皇且考歖（懿）德。”

23. 猶（猷）

（墙盘）　（㝬簋）　（㝬钟）

（克钟）　（毛公鼎）　（王孙遗者钟）

（陈猷釜）　（中山王礜鼎）

《说文》云："，玃属。从犬酋声。一曰：陇西谓犬子为猶。"

按：金文猶字多作右形左声之形。《墙盘》《㝬簋》《㝬钟》《克钟》《毛公鼎》《中山王礜鼎》等器铭字均如此作，（王孙遗者钟）为其稍稍讹变者，而（陈猷釜）作左形右声之形，当即小篆之所从来也。此字之本义，于经传无征，惟《尔雅·释兽》云："猶如麂，善登木"，《释文》引《尹子》云："五尺大犬也。"

"猶"（猷）在金文中用为"谋猷"义，如《毛公鼎》："雝（雝）我邦小大猷"；或用为副词，尚且，如《中山王礜鼎》："昔者，郾君子徻，觀（叡）弇夫㝵（悟），㢮（长）为人宗，閈（见）於天下之勿（物）矣，猶粯（迷）惑於子之而迒（亡）其邦，为天下殄（戮），而皇（况）才（在）於尐（少）君虖（乎）。"或用为人名字，如《陈猷釜》："陈猷立（莅）事岁。"

24. 敢（㪅）

（井侯簋）　（盂鼎）　（盠方彝）

（元年师兑簋）　（师虎簋）　（谏簋）

（大簋）　（毛公鼎）　（井人安钟）

（录伯簋）　（君夫簋）　（㝬钟）

（虢叔钟）　（善夫克鼎）　（守簋）

（齐陈曼簠）

高鸿缙云："《说文》：'，进取也。从，古声。籀文㪅。，古文㪅。'徐灏曰：'《一切经音义》十六引《三苍》曰："敢，必行也。"《广雅》曰："敢，犯也"，皆进取之义。'按字从二手相随，而另有外内犯而欲分离之（

为内犯之动象），可谓勇敢矣。为意象，故为指事符，甘声，动词。后世形变，意不可说。今敢用为助动词。”（参见高鸿缙：《中国字例》五篇，第164页）

按：金文“敢”字从𠬪（或从二又）掣，示果敢之意。从甘声。许君谓“从𠬪”，固是，但误以、为古，而谓“古声”，则非。金文敢当隶定为㪅，而不当作䛁。至于籀文，其乃之变，乃之变，而每与通作，每一构件讹变或通作之迹至为明显，而此形稍稍整齐之，则为后世敢字字形之所本也。

“敢”（㪅）在金文中用为“胆敢”义，如《邵钟》：“我不敢为乔（骄），我目（以）享孝乐我先且，目旟𩕢（眉）寿”；或用为助动词，能也，如《新郪虎符》：“凡兴士被甲用兵五十人目（以）上，必会王符，乃敢行之”；或用为表谦副词，如《元年师兑簋》：“兑拜𩒨首，敢对扬天子不显鲁休。”

25. 念

（父辛卣）　（沈子也簋）　（𢦚方鼎）

（克鼎）　（段簋）　（毛公鼎）

（蔡侯钟）　（者汈钟）　（中山王䜌鼎）

《说文》云：“，常思也。从心，今声。”

按：金文“念”从从声。其作者，之省形也。《尚书·大禹谟》：“帝念哉，念兹在兹”，《诗·周颂·闵予小子》：“念兹皇祖”，“念”皆为“常思”义也。

金文“念”为“思念”义，如《沈子也簋》：“念自先王先公迺敉（敉）克衣（殷）。”

26. 懋

（宅簋）　（召尊）　（卫鼎）

（史懋壶）　（小臣谜簋）　（小臣谜簋）

（师旂鼎）　（免簋）　（懋史鼎）

（𤻲簋）

《说文》云：“，勉也。从心楙声。《虞书》曰：‘时惟懋哉。’，或省。”

按：金文“懋”字作（懋史壶），从心楙声，而（疾簋）又从林矛声。（小臣谜簋）乃其稍稍讹变者，（小臣谜簋）又其稍稍讹变者。《尚书·盘庚下》：“无戏怠，懋建大命。”孔安国传：“戒无戏怠，勉立大教。”又《仲虺之命》：“德懋懋官，功懋懋赏。”孔颖达疏：“于德能勉力行之者，王则勤勉之以官；于功能勉力为之者，王则勤勉之以赏。”《说文》训“懋”为“勉”，是也。

“懋”在金文中用为人名字，如《召尊》：“甲午白懋父賜（锡）召白马。”

27. 聖

（师望鼎）　（禹鼎）　（克鼎）

（师趛鼎）　（曾伯簠）　（井人安钟）

（𦅫镈）　（王孙遗者钟）　（曾姬无卹壶）

林义光云：“《说文》云：‘，通也。从耳，呈声。’按古作（太子聽彝）作（大保彝），象声出于口入于耳之形。或作（聽尊吴鼎），象声入耳之形，实即聲之古文。或作（曾伯霥簠），壬声。《左传·文公七年》‘小君聲姜’，《公羊传》作聖姜。，象声入耳，亦聽之义。故聽字古亦作聖。洹子器‘聽命于天子’，聽作。《说文》：‘，聆也。从耳悳，壬声。’按即之变。从心，则本义当为聖哲之聖。出于口为聲，入于耳为聽，因而通于心聖也。聖与聽相承互易其义。古但作聖。《井人安钟》：‘憲聖爽惠’、《曾伯霥簠》：‘悊聖元武’、《师趛鼎》：‘聖姬’、《齐侯镈》‘聖叔聖姜’皆以聖为之。”（参见林义光：《文源》）

按：“聖”甲骨文作（乙5161）、（林2.25.14），（乙6533），金文作（师望鼎）、（克鼎）、（禹鼎），变为或，或作（𦅫镈），变为，或作（曾伯簠）（王孙遗者钟），变为，此则小篆之所从来也。古聽、聲、聖音同，故聽、聲或假聖为之。《马王堆汉墓帛书·老子甲本·道经》：

“是以聲人居无为之事，行不言之教。”今本《老子》作“聖人”。又《吕氏春秋·论人》：“聽则观其行。”于省吾新证：“聽应读作聲。按：言必有聲，称聲犹称言也。”

“聖”在金文中用为“聖通”义，如《师望鼎》：“王用弗䛒（忘）聖人之后”；或用同“聽”，如《乎簋》：“用聖（聽）夙夜。”《礼记·乐记》：“小人以聽过。”《释文》：“本又作聖。”

28. 𢦏（聝）

（小盂鼎） （虢季子白盘）

《说文》云：“，军战断耳也。《春秋传》曰：‘以为俘聝。’从耳，或声。，聝或从首。”

陈梦家云：“馘，《说文》从耳，或体从首。注云：‘军战断耳也’……《鲁颂·泮水》：‘在泮献馘。’郑笺‘馘，所格者之左耳。所获之若干馘，即若干左耳。《说文》此字从首或耳，或声，金文从爪或（戈）声’。《说文》与金文声符相同，而形符有耳、首、爪之别。以金文形符来看，似军中所断者是手。”（参见王梦旦：《金文论文选·陈梦家：〈西周铜器断代·小盂鼎〉》，第212—214页）

按：（小盂鼎），从爪或声，例同，从耳或声。既馘为杀敌而献其左耳，则𢦏当为杀敌而献其手爪，馘当为杀敌而献其首级。《说文》收聝，而以馘为古文列之聝下。𢦏则许氏失收者。（虢季子白盘）当（小盂鼎）之省形。

“𢦏”（戒、聝）在金文中用为“献获”义，如《小盂鼎》：“执兽（酋）一［人］，隻（获）𢦏（聝）百卅七𢦏（聝）。”

29. 妣

（豢妣辛簋） （我鼎） （妣己觚）

（乍羲妣鬲） （召仲乍生妣鬲） （㦰方鼎）

（陈侯午镎） （鄘侯簋） （𩉵镈）

高田忠周云：“‘，殁母也。从女，比声。，籀文妣省。’比匕音义皆近。比者并也，亦平等也。㚤下曰：‘等也。’妻下曰：‘妇与夫齐者也。’妣与考相等而亦比次于考者也。从比，形声兼会意。故最古唯用比，又用匕为之耳。愚

谓妣媲本同字，其本训妃也。亦生母之谓也。后世定为死母之称。《易·小过》：'遇其妣'，《书·舜典》：'百姓如丧考妣'，《周礼·春官·大司乐》：'以享先妣'，《礼礼·曲礼》：'王母曰皇祖妣'，皆谓死母。三代时用字之例已然矣。《尔雅·释亲》：'母为妣。'《苍颉篇》：'考妣延年。'朱骏声云：'古者通以考妣为生存之称，其说相反而正训也。《尔雅》以下偶存古义者也，考本义亦生存耳。'"（参见高田忠周：《古籀篇》三十七，第43页）

按："妣"甲骨文作（乙3729）、（后下36.6）、（佚76），金文作（我鼎）、（妣己觚），郭沫若谓"匕廼匕柶字之引申，盖以牝器似匕，故以匕为妣若牝也"。（参见郭沫若：《甲骨文字研究·释祖妣》，第10页）后加形符女作（中（乍義妣鬲）、（召仲乍生妣鬲）、（㦰方鼎），成从女匕声之形声字。或加形符示（𬯀镈），成从示匕声之形声字。后以音近之比代换声符匕作（鄦侯簋），此则小篆之所从来也。匕、妣、妣其实为古今字而妣可谓从女从匕匕亦声，妣可谓从女从比比亦声。卜辞之匕用为先祖母及其以上之义，金文之匕、妣、妣亦同。如《𬯀镈》："𬯀保其身，用享用孝于皇祖圣叔、皇礼（妣）圣姜、于（与）皇祖又成惠叔、皇礼（妣）又成惠姜、皇丂（考）遊中（仲）、皇母。"《说文》训为"殁母"，则引申义也。

金文"妣"（匕、妣）用为"先祖母及其以上"之意，如《叔夷钟》："用享于其皇祖皇妣（妣）。"

30. 在

（盂鼎）　（散盘）　（盂鼎）

（盂鼎）　（作册魖卣）　（启尊）

（杖氏壶）

《说文》云："，草木之初也。从丨上贯，将生枝叶。，地也。"又"扗，存也。从土，才声"。

按："在"甲骨文作（菁3.1）、（粹935）、（林1.23.16），象草木才出土之形，，草也，地也。草已出土，目之所见即为存在，故才即古在字。金文亦每多用才为扗，唯稍稍变形而已。如（盂鼎）、（散盘）是也。

后加形符土作（盂鼎）、（作册魖卣）。才、扗古今字。

“才”（杜）在金文中用为“存在”义，如《盂鼎》：“王才（在）宗周，令（命）盂”；或用为介词，如《盂鼎》：“在珷（武）王嗣玟作邦。”

31. 封

（召伯虎簋）　（伊簋）　（中山王譽鼎）

（中山王譽壶）

林义光云：“《说文》云：‘，爵诸侯之土也。从土，从寸，寸，守其制度也。’按寸非制度之意，寸即又字。古作（召伯虎簋），本义当为聚土。，土之省。从又持土，丰声。”（《周礼·地官·封人》注：“聚土曰封。”）（参见林义光：《文源》）

按：“封”甲骨文（京津 4499），会“以又持木植于土上”之意。金文易木为，作（召伯虎簋）、（伊簋），从又从土从丰，丰亦声。《说文》说义谓“爵诸侯之土也”，乃引申义，其说形谓“从土从寸”，有误。其误有二，误（丰）为（之）与误形声为会意也。林氏谓“（封）本义为聚土”，恐亦未周。或以田易土，（中山王譽鼎）、（中山王譽壶）是也。

金文“封”用为“册封”义，如《召伯虎簋》：“余典勿敢封”；或用为人名字，如《伊簋》：“王乎令尹封册令伊。”

32. 城

（元年师兑簋）　（班簋）　（城虢遣生簋）

（散盘）　（屭羌钟）　（鄂君启车节）

（中山王譽鼎）

《说文》云：“，以盛民也。从土从成，成亦声。籀文城从𩫏。”

按：《说文》云：“，就也。从戊丁声。，古文成从午。”《公羊传·庄公八年》：“成者何？盛也。”城字从成犹从盛，故许云：“城，盛民也。”金文城字作（屭羌钟）、（鄂君启车节）、（中山王譽鼎），从土从成，成亦声。

或作（元年师兑簋）、（班簋）、（城虢遣生簋）、（散盘），从从（其从戌者，为之省）亦声。

"城"在金文中用为"城墙"义，如《𠫑羌钟》："入敚（长）城"；或用为人名字，如《元年师兑篡》："用乍皇且𩰫公𩰫彝。"

33. 鋚

（毛公鼎） （录伯簋） （多友鼎）

（曾伯陭壶） （康鼎）

《说文》云："，铁也。一曰：辔首铜，从金，攸声。"

朱芳圃云："《曾伯陭壶》：云：'唯曾伯陭迺用吉金鐈鋚，用自作醴壶。'考传世铜器，据近代化验，皆不含铁，是壶名之鋚，与许君说解不相适应。余谓壶铭之鋚，铅之异名也。《说文·金部》：'铅，青金也。从金㕣声。'《玉篇·金部》：'铅，黑锡也。盖铅色在青黑之间，先民辨色，原不精严，因物命名，初无定约，铅与铁色泽虽有浅深之殊，大抵相差不远，故两者皆可以鋚名之。'许君云：'一曰：辔首铜'，乃别一义，谓以铜饰辔首谓之鋚也。《尔雅·释器》：'辔首谓之革。'郭注：'辔靶'（靶下原有勒字，据郝校删）。盖辔以革为之，因名革，一名勒，为人手所把，故谓之靶。《汉书·王褒传》：'王良执靶'，是其例也。辔有革有铜，唯以革为主，铜为饰耳。彝铭作鋚勒，或鋚革，如《录伯簋》铭：'余易女……马四匹攸勒'，《康鼎》铭：'易女幽黄、鋚革。'一作攸勒，如《毛公鼎》铭：'易女……马四匹攸勒'，《颂鼎》铭：'易女䜌旂攸勒。'经传作鞗革，如《诗·大雅·韩奕》：'鞗革金厄'，《周颂·载见》：'鞗革有鸧。'按攸为假借。彝铭作鋚，从金，言其质也。经传作鞗，从革，言其用也。"（参见朱芳圃：《殷周文字释丛·鋚》，第142—143页）

按：《说文》："鋚，铁也。一曰：辔首铜。从金，攸声。"金文中用为"辔首铜"义，盖指以铜饰辔首也。或作攸，假借也。经传作鞗，鋚、鞗可通假也。朱说是也。至谓《曾伯陭壶》"迺用吉金鐈鋚"之"鋚"指铅之异名，亦可备一说。

"鋚"（攸）在金文中用为"辔首铜"义，如《录伯簋》："余易女𩁹𢐗卣、金车、𠦪𠷎𨍭（较）、𠦪𤔲朱虢、𩊚、虎冟冞裹、金甬、画𨍏、金厄、画轉、马四匹、鋚勒。"

34. 铜

（洹子孟姜壶） （酓忎鼎） （酓忎盘）

《说文》云："，赤金也。从金，同声。"

郭沫若云："羞铜（按：指《洹子孟姜壶》：'用铸尔羞铜。'）者，即《书·顾命》：'上宗奉同瑁'之同。《白虎通·爵篇》引作铜。郑玄解同为酒杯。《书》传袭之，以同为爵名。《吴志·虞翻传》注引翻别传，大反郑说，谓同乃冃字之讹，又云：'马融训注亦以为"同者大同天下"。'今经益金，就作铜字，诂训言'天子副玺'。今此器为壶而铭之以铜，用知古者壶有铜名，省之则为同。酒器之锺，盛算之中均是一音之转变。《顾命》之同，实当是壶，盖即盛算之中。有简册盛于其内。郑玄训为酒杯，虽失尚不甚远。若马融、虞翻及'副玺'之或说，均是臆必之见。"（参见郭沫若：《两周金文辞大系考释·洹子孟姜壶》，第213—214页）

按：《说文》云："铜，赤金也。"《广韵》："铜，金之一品。"《汉书·食货志下》："金有三等，黄金为上，白金为中，赤金为下。"颜师古注引孟康曰："白金，银也。赤金，丹阳铜也。"此处，铜指金属铜。《战国策·赵策一》："足矣，吾铜少若何？"郭璞《赤铜赞》："昆吾之山，名铜所在，切玉为泥，火炙有采。"是其例也。金文（洹子孟姜壶）用为鍾，盛酒之铜器，以器制明明为壶而自铭为铜知之也。《洹子孟姜壶》为春秋齐庄公时器，知铜于春秋时尚未用为"赤金"之义也。金文（酓忎鼎）、（酓忎盘）用为金属铜之义，以战国楚幽王时器《酓忎鼎》："楚王酓忎戰（戰）隻（获）兵铜。正月吉日，窒盅（铸）铄鼎，巳共（供）蔵棠（嘗）"知之也。由是知，截止现今所见出土物资料，铜用为"赤金"义，始于战国时期。

"铜"在金文中用时"赤金"义，如《酓忎盘》："楚王酓忎戰（战）隻（获）兵铜"；或假借为"锺"，酒器也，如《洹子孟姜壶》："用鑘（铸）尔羞铜（锺）。"

35. 鑄

（王铸觯） （芮公鼎） （许子簠）

（守簋） （邾始鬲） （取盧匜）

（铸子鼎） （铸叔簠） （铸子簠）

（铸公簠）（禽忎鼎）（铸客鼎）

（余义钟）（虢弔盨）

吴大澂云："（按：指《许子簠》："用鑄其簠。"），古镛字，象手镛器形，下象炉火，中为金。以火销金曰镛。"（参见吴大澂：《说文古籀补》第38页）

《说文》："，销金也。从金，𠷎声。"

按：金文（王铸觶）、（芮公鼎）、（许子簠），会两手持器将火热金液浇于皿模以成镛形之意。后加𠷎声作（守簋），而省火，为形声字。或又加火作（取盧匜）、（镛子鼎），有火无火勿论也。（禽忎鼎）则会意字之简体，而（余义钟）（虢叔盨）则为形声字之简体，"从金𠷎声"之小篆之所从来也。

"镛"在金文中用为"冶镛"义，如《番匊生壶》："番匊生𩰫（镛）賸（媵）壶"；或用为人名字，如《镛子壶》："镛子叔黑臣肇乍宝䵼。"

36. 𤕌（緟）

（毛公鼎）（叔向簋）（番生簋）

（克鼎）（三年师兑簋）（师嫠簋）

（陈侯因資镎）

《说文》云："，增益也。从糸，重声。"

王国维云："𤕌字金文中屡见。其字从𤔔从𠷎。𠷎疑古𡍮字。古从土字之字亦或从田作，如封邦一字而或从土作坐，或从田作㽕（此二字上从屮，皆丰之讹），则𠷎亦可作𡍮。𤕌从𤔔从𠷎，殆即《说文》緟字。《陈侯因資镎》：'邵練高且（即祖字）'，已从糸作。盖由𤕌变練，由練变緟。《说文·系部》：'緟，增益也。'增益之谊正与诸彝器谊合。"（参见王国维：《观堂集林·毛公鼎考释》，《王国维遗书》第六册，第42页）

按：金文（毛公鼎），从𤔔𠷎声，字书所未见。王氏谓"殆即《说文》緟字"，至确。由字形观之，𤔔（）从幺（系）在架上而以两手（爪与又）治之，故简为糸。𤕌即𡈼，当即重（）之形变。《说文》：“，厚也。从壬，東声（徐锴曰：壬者，人在土上，故为厚也。”故𤕌即緟。既从東声，自可作練。《陈侯因𪔂錞》作，良有以也。再由定义观之，金文铭辞“今余唯𤕌先王令”（毛公鼎）、“今余隹𤕌𦣞乃令”之“𤕌”，均与《说文》“緟”之“增益”义相洽。

“𤕌”（緟）在金文中用为“踵续”义，如《克鼎》：“今余隹𤕌（緟）𦣞乃令（命）。”

37. 鐘（鍾）

（邾公牼钟）	（邾公华钟）	（𠫑羌钟）
（益公钟）	（邾君求钟）	（楚公钟）
（楚公钟）	（楚公钟）	（邾公釛钟）
（井人安钟）	（师嫠钟）	（师嫠钟）
（士父钟）	（克鼎）	（㝬钟）
（中义钟）	（中义钟）	（多友簋）
（兮仲钟）	（秦公镈）	（王孙遗者钟）
（沇儿钟）	（子璋钟）	（蔡侯钟）
（曾侯乙钟）	（虘钟）	（虘钟）
（楚王领钟）		

《说文》云：“，乐鐘也。秋分之音，物穜成。从金童声。古者垂作鐘。”又“，酒器也。从金重声。”

按：“鐘”金文作普（多友鼎）、（兮仲钟）、（秦公镈），从金从目（童）声。或省（重）为（東）作（士父钟）、（克鼎）、（㝬钟）、（中义钟）。或省（東）作（王孙遗者钟）、（沇儿钟）（子璋钟）、（蔡侯钟）、（曾侯乙钟），或省（目）作（虘钟）、（虘钟）、（楚王领钟）。此则小篆之所从来也。又声符或省辛（《说文》：“，从辛重省声”）作（邾公牼钟）、（𠫑羌钟）、（益公钟）、（邾君求钟）、（楚公钟）、（邾公钔钟），此则小之所从来也。鐘之义为乐钟，如《师𫑡钟》：“令女司乃且旧官小辅罕鼓钟”，即其证。鐘之义亦为乐钟，如《邾公华钟》：“用鑄氒龢（龢）钟”，即其证。故鐘、鍾初同字。《集韵》：“鍾，乐器。”《正字通》：“锺，《汉志》黄鐘，《周礼》作鍾。《诗》鍾鼓，亦作鐘。古二字通用。”其解极是。至于《说文》训“鍾”为“酒器”，《正字通》训“鍾”为壶属，汉大官铜鍾，即壶也，俗谓酒卮，以及《广韵》训“鍾”为“量器”，均后起引申义也。

“镛”在金文中用为“乐器”义，如《楚王领钟》：“楚王领自乍铃镛。”

38. 𢦏

（墙盘） （㾏钟） （𡐓鼎）

（𨟻从盨） （何尊） （叔䞘父卣）

（𢦏叔鬲） （𢦏叔鼎） （禹鼎）

《说文》云：“，伤也。从戈，才声。”

按：“𢦏”甲骨文作（粹39），（甲2948），金文作（何尊）、（叔䞘父卣），从戈才声，而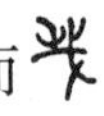（墙盘）、（㾏钟）、（𡐓鼎）、（𨟻从盨）、（禹鼎）、（𢦏叔鼎）为其稍稍讹变者，其中当为小篆形之所从来。

“”在金文中用为“伤败”义，如《叔䞘父卣》：“雩武王既𢦏殷”；或通假为“戴”，国名也，如《𢦏叔鬲》：“𢦏（戴）叔庆父乍叔姬尊鬲。”杨伯峻《春秋左传注》：“戴音再，《公》、《穀》作‘载’。《释文》及《正义》亦作载。《说文》作‘𢦔’。今河南民权县东而稍北四十五里，当即古载国之地。卜辞有𢦏方，则戴旧为殷商时国，或周封以同姓。《𢦏叔庆父鬲》铭云：‘𢦏叔庆父作叔姬尊鬲’，故知戴姬姓国也”；或通假为哉，语气词，如《禹鼎》：“乌虖（乎）哀𢦏（哉），用天降大丧于下或（国）。”

39. 金

（遇甗） （臣卿簋） （麦盉）

（曶鼎）　（宅簋）　（寓鼎）

（同卣）　（录伯簋）　（昜鼎）

（录伯簋）　（番生簋）　（吴方彝）

（屖敖簋）　（曾大保盆）　（曾伯陭簠）

（许子簠）　（陈侯午錞）　（栾书缶）

《说文》云：“，五色金也。黄为之长，久薶不生衣，百炼不轻。从革不违，西方之行。出于土，从土。𠂇（左）又（右）注，象金在土中之形。今声。，古文金。”

高鸿缙云：“按中国金属矿之发现，铜为最早，锡铁银金等次之，说解所云‘久薶不生衣，百炼不轻’，乃就黄金而言。其余所言，则五金所同也。字原从土中有金（铜）块形。为文字，则非文字也。声。音集，与金阴阳对转。小篆形讹，似为今声耳。”（参见高鸿缙：《中国字例》五篇，第142—143页）

按：“今”甲骨文作（甲1134）、（粹751）、（后下1.7），金文作（师虎簋）、（谏簋），甲骨文迄未发现金字。金文“金”作（遹甗）、（麦盉）、（曶鼎）、（同卣）、（录伯簋）、（昜鼎）、（曾伯陭簠）、（许子簠）、（陈侯午錞），从上从（或、、）今声。（或、、）象土中金（铜）块，盖指高品位含铜矿石颗粒。之下横画与土之上横画合一，一如甲骨文上甲作，金文之五月之作者然也。《说文》从今声之说不误，高氏反谓“声”，失之过苛。其作（屖敖簋）、（栾书缶）即《说文》目为古文者，乃声符今之稍稍讹变者也。

金文“金”字用为“赤金”，即铜，如《寓鼎》：“侯易寓（憲）贝、金”；或用为“金色”义，即黄，如《师嫠簋》：“叔市金黄（衡）。”《诗·小雅·车攻》：“赤芾金舄”，郑玄笺：“金舄，黄朱色也。”

40. 畯（㽙）

（盂鼎）　（师𩛥簋）　（墙盘）

（颂壶） （颂簋） （颂壶）

（追簋） （克鼎） （克盨）

（㝬钟） （秦公簋） （秦公镈）

《说文》云："，农夫也。从田，夋声。"

孙诒让云："凡金刻之言畯者，并当读为骏。《尔雅·释诂》：'骏，长也。'《盄和钟》：'畯惠在位'，言长顺在位也（惠训顺，见毛诗《桑柔》传）。《剌公簋》：'畯在位'，言长在位也。《宗周钟》：'畯保四国'，言长保四国也。（见阮《款识》释云：'畯同骏'，得之。又云：'大也'，则非。）《颂鼎》《追簋》：'畯臣天子'（并见阮《款识》），言长臣于天子也。此鼎（按：指《晋姜鼎》）言用德畯保其子孙，畯保二字连续，与《宗周钟》同。"（参见孙诒让：《古籀拾遗·晋姜鼎》，第21—22页）

按："允"甲骨文作（铁191.1）、（佚234），金文作（不娶簋）、（中山王譽壶），为于人之腿部所加装饰性符号，下移至足之末，又稍稍讹变而为，《秦公镈》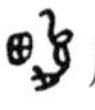所从之，是其例也。田畯，农官也，亦称农大夫。《国语·周语》："命农大夫咸戒农用"，是也。《秦公镈》字盖即小篆之所从来。金文畯用同骏。《尔雅·释诂》："骏，长也"，孙说是也。

金文"畯"（㽙）字用为"骏"，长也。如《师俞簋》："天子其万年眉寿黄耂，㽙（骏）才（在）立（位）。"

41. 鼄（邾）

（邾公华钟） （邾公牼钟） （邾伯鬲）

（邾大宰簠） （邾叔钟） （鲁伯愈父鬲）

（鲁伯愈父鬲） （杞伯壶） （杞伯簋）

（杞伯鼎） （邾讨鼎） （邾友父鬲）

《说文》云："，䵶鼄也。从黽，朱声。，鼄或从虫。"

刘心源云："鼄字象䵶鼄毫形，古文用为邾。如《邾公华钟》、《邾公牼钟》、《邾太宰簠》皆如此作。吴荷屋（云）云，邾之本字为鼄，犹汉以朐忍蜻蛉名县，

北魏以蠮螉名塞也。”（参见刘心源：《奇觚宝吉金文述·杞伯鼎》卷一，第25页）

按：“鼄”系颛顼之后，故于邾。后为楚灭，子孙去邑为朱。朱即邾也。象蜘蛛之形，盖颛顼之后以之为徽号。吴大澂云：“鼄，象形。鼅鼄也。古国名，后省作邾。”（参见吴大澂：《说文古籀补》，第36页）陈直云：“春秋之邾有二：《左传·隐公元年》云：‘三月公及邾仪父盟于蔑。’杜注：‘鲁附庸也。今在鲁国邹县。’《汉书·地理志》云：‘鲁国蕃县。’应劭云：‘鲁邾国也。’《史记·楚世家》云：‘陆终氏子五曰曹姓，邾其后也。’《正义》云：‘故邾国，在黄州黄岗县，《地理志》江夏郡有邾县。’据此，见于鲁杞各器之，为鲁附庸之邾，见于《邾公钓钟》及古币古玺之邾，为楚与国之邾，各不相侔，当时故以鼄邾二字相别，非古今字也。”（参见陈直：《金文拾遗》，第5—6页）陈氏于地望之考甚细，备参可也。

“鼄”（邾）在金文中用为鲁附庸国名字，如《邾公华钟》：“鼄（邾）公华睪（择）氒吉金玄镠赤镛（镳），用鑄（铸）氒龢（龢）钟。”

42. 鏐

（邾公华钟） （邾公牼钟） （郘钟）

（吉日壬午剑） （簷平钟）

《说文》云：“，驽觰也。从金翏声。一曰：黄金之美也。”

郭沫若云：“鏐者，《尔雅·释器》：‘黄金谓之璗，其美者谓之鏐。’《说文》云：‘璗，金之美者，与玉同色。’又云：‘鏐，黄金之美者。’《书·禹贡》梁州‘贡鏐铁银镂’。《史记·夏本纪》集解引郑玄云：‘黄金之美者谓之鏐。’”（参见郭沫若：《两周金文辞大系考释·邾公牼钟》，第190页）

按：《尔雅·释器》云：“黄金谓之璗，其美者谓之鏐。”郭璞注：“鏐即紫磨金。”《广韵》：“美金曰鏐，即紫磨金也。”《诗·小雅·瞻彼洛矣》：“鞞琫有珌”，毛传：“大夫镣琫而鏐珌”，是其例也。《书·禹贡》：“雍州……厥贡惟球琳琅玕。”孔安国传：“球琳，皆玉名，琅玕，石而似玉。”《说文》云：“球，玉声也。从玉，求声。璆，球或从翏。”鏐之似玉从可知也。

“鏐”在金文中用为“美金”义，如《郘钟》：“乍为余钟，玄鏐膚（鏞）吕（铝）。”

43. 铃

（师寰簋） （番生簋） （楚王领钟）

（毛公鼎）　　（郑公求钟）

《说文》云："，令丁也。从金从令，令亦声。"

容庚云："铃之类别有二：一缀于旂上者，《诗·周颂·载见》：'和铃央央'，《左传桓公二年》：'锡鸾和铃'，《毛公鼎》：'朱旂二铃'，是也。一为乐器，《周礼·春官·巾车》：'大祭祀，鸣铃以应鸡人'，是也。"（参见容庚：《颂斋吉金图录·成周铃》，第16页）

按：金文"铃"作（师寰簋）、（番生簋），或作（毛公鼎）、（郑公求钟）。《广韵》："铃似钟而小。古谓之丁宁，汉谓之令丁。"许氏说义谓"令丁也"，盖以汉时之称名也。容氏所谓"一为乐器"者指此。

"铃"在金文中用为"铃钟"义，如《楚王领钟》："楚王领自乍铃钟"；或用为"旂铃"义，如《毛公鼎》："朱旂二鈴（铃）。"

44. 處

（墙盘）　　（墙盘）　　（㝬钟）

（谏簋）　　（曶鼎）　　（井人安钟）

（井人安钟）　　（好盗壶）

《说文》云："，止也。得几而止，从几从止。，処或从虍声。"

按：《广雅·释诂》："処，也。"《诗·周南·殷其靁》："莫敢启処"，毛传："処，居也。"居同尻。古文或作，畍（畯）作（秦公簋），亦作（秦公镈），是其证。由是金文（墙盘）之中下部当即尻字，实从人从几。许氏说形谓"从几从夂"，仅据小篆形体为说之所碍也。于是尻、処遂分为二字。后加声符作（墙盘）、（墙盘）（谏簋）、（曶鼎）、（井人安钟），成为形声字。（㝬钟）为省几作者，處之简体也。

"處"在金文中用为"居处"义，如《南疆钲》："余處此南疆。"

45. 釐

（师酉簋）　　（善夫克鼎）　　（善夫克鼎）

（师兑簋）　　（无㠱簋）　　（守鼎）

（录伯𢦏簋） （曶壶） （秦公簋）

《说文》云：“，家福也。从里𠩺声。”

按：“𤿺”（斄）甲骨文作（京4555）、（甲1649）、（甲2618），会一人把來（麥）一人持攴击之而脱粒之意，自有丰收喜庆之意在内，引申而为福祉，当为“釐”之初字。金文加形符“里”作（师酉簋）、（善夫克鼎）、（师兑簋），《说文》云：“里，居也。”釐当为从里从𠩺，𠩺亦声之字，而训“家福”。來或作木，作（曶壶），或作未作（秦公簋），而此即小篆之所从来也。𠩺（𠩺、𤿺）釐古今字，釐行而𠩺（𤿺）废矣。

“釐”在金文中用为“福祉”义，如《秦公簋》：“鲁多釐𩟄寿无疆”；或用为人名字，如《宁鼎》：“用乍朕文考釐叔尊彝。”

46. 新

（师遽簋） （臣卿簋） （师汤父簋）

（仲义父鼎） （颂鼎） （师酉簋）

（散盘）

《说文》云：“，取木也。从斤亲声。”段注：“当作从斤木，辛声，非从亲声也。”

按：“新”甲骨文作（林2.7.7）、（佚580）、（京津4231），金文作（师酉簋）、（散盘）、（师遽簋）、（臣卿簋）、（颂鼎）、（师汤父鼎）、（仲义父鼎），从斤从木从辛辛亦声，以斤辛向木，“取木”之义明矣。后造从艸新声之薪，以为“采薪”之“薪”，而“新”反假借为“新旧”之“新”。

“新”在金文中用为“新旧”之“新”，如《望鼎》：“王才周康宫新宫。”

47. 𣅀

（宰甫簋） （乙亥鼎）

（小子射鼎） （兮甲盘）

罗振玉云："从𠂤朿声，师所止也。后世假次字为之。此其初字矣。《兮甲盘》：'毋敢不即'，谓不敢不至师次，其字正与此同（亦见《鲁文旁尊》及《师𦋞父鼎》）。前人释师非也。《博古图》南宫仲鼎'王在寒'，又误释帅。"（参见罗振玉：《增订殷墟书契考释》卷中，第13页）

按："𠁅"甲骨文作（前2.5.5）、（前2.10.3）、（前2.15.4）、（前2.16.5）、（前4.11.4）、（前2.17.3），金文作（宰甫簋）、（乙亥鼎）、（小子射鼎）、（兮甲盘），从𠂤（師）朿声。由卜辞"癸巳卜贞：王旬亡祸。才十二月，才齐"（前2.15.3），并由金文铭辞《乙亥鼎》"王□才𤔲"，知𠁅当为师次之义也。

金文"𠁅"用为"师次"义，如《宰甫簋》："才𥜽𠁅（次）。"

48. 康（穅）

（康侯鼎）　（师遽方彝）　（师奎父鼎）

（君夫簋）　（克钟）　（善夫克鼎）

（望簋）　（颂鼎）　（毛公鼎）

（克盨）　（齐陈曼簠）　（蔡侯盘）

《说文》云："，谷皮也。'从禾从米，庚声。'穅或省。"

罗振玉云："《说文解字》：'穅，谷皮也。或省作康。'此字与许书或体略同。谷皮，非米，以象其碎屑之形，或作，或作，或作，无定形。《康侯鼎》作，《伊簋》作，同此。今隶作康，尚存古文遗意也。"（参见罗振玉：《增订殷墟书契考释》卷中，第350页）

按："康"甲骨文作（前1.10.3）、（前1.12.7）、（前1.21.1），金文作（康侯鼎）、（师遽方彝）、（克钟），从从庚，庚亦声。为糠屑，《说文》误为米。后世借为安康、康宁，乃加形符禾作穅。《说文》以穅为正文，而以康为穅省，失之。就穅而言，为从禾从康康亦声之形声字。

"康"在金文中用为"康宁"义，如《齐侯曼簠》："齐侯曼不敢逸康"：或用为人名字。如《伯康簋》：“康其万年眉寿。”

49. 成

（献侯鼎）　（乍册大鼎）　（臣辰卣）

（沈子也簋）　（传卣）　（曶壶）

（颂鼎）　（颂簋）　（善夫克鼎）

（㝬簋）　（沇儿钟）

李孝定云：“《说文》：‘，就也。从戊，丁声。，古文成从午。’此从戌从丁（按：指甲骨文），金文亦从戌从（疑金文丁作之讹），篆从戊者，盖形讹也。契文咸作，成作，其别至微。”（参见李孝定：《甲骨文字集释》，第4258页）

按：“成”甲骨文作（铁92.1）、（铁205.4）、（前1.44.1）、（后上9.1），从戌，丁声。金文作（献侯鼎）、（乍册大鼎）、（臣辰卣）、（沈子也簋），从戌丁声。甲骨文丁作，盖丁（钉）之正视图。金文丁作，盖丁之侧视图也。《说文》说形谓“从戊”，乃仅就小篆形体立说之疏误也。（沇儿钟）从，此即《说文》古文之所本。实则只从（即丁），其上一点乃装饰性点画符号，不为意也。

“成”在金文中用为“成就”义，如《沈子也簋》：“告剌成工”；或通假为“盛”，如《叔家父匡》：“用成（盛）稻粱。”

50. 孟

（父乙孟觚）　（辅伯鼎）　（番匊生壶）

（不嬰簋）　（陈伯元匜）　（齐侯匜）

（洹子孟姜壶）　（许子簠）　（蔡侯缶）

（子仲匜）　（铸公簠）　（禾簋）

（伯家父簋）

《说文》云："，长也。从子，皿声。，古文孟。"

按：金文"孟"作（父乙孟觚）、（辅伯鼎）、（番匊生壶），从子皿声。子或作，为求笔画匀称而加于之下，成八字布列形。非古文孟。意者，《说文》"，古文孟"原当作"，古文孟"，浅人去皿也。

"孟"在金文用为"年长"义，如《不嬰簋》："用乍朕皇且公白孟姬尊彝"；或用为人名字，如《邓孟壶》："邓孟乍监旻尊壶。"

51. 障（尊）

（仲义父鼎）	（卫父鼎）	（卫父卣）
（仲义父鼎）	（康侯鼎）	（史兽鼎）
（般甗）	（臣辰卣）	（师遽簋）
（同卣）	（传卣）	（毛公鼎）
（颂壶）	（叔向簋）	（令簋）
（富卣）	（不嬰簋）	（蔡侯缶）

《说文》云："，酒器也。从酋，収以奉之。《周礼》六尊：牺尊、象尊、著尊、壶尊、太尊、山尊，以待祭祀宾客之礼。，尊或从寸。"

按："障"（尊）甲骨文作（前 5.4.4）、（戬 26.3）、（前 5.4.6）、（前 5.4.7）、（后上 27.10）、（后上 27.10）、（铁 27.1），金文作（仲义父鼎）、（卫父卣）、（富卣）、（颂壶）、（不嬰簋）、（仲义父鼎）、（卫父卣），或从酋（酉）双手以奉之，其为"酒尊"之义明甚。人持酒尊以祭祀，"尊敬"之义自在其内。或又加形旁阜作障，从阜从尊，尊亦声，以为"尊敬""尊上"专字。《仲义父鼎》《卫父卣》俱尊、障两出，可知尊、障二字在"尊敬""尊上"意义上为古今字。后世假尊以代障，又造樽、罇以代酒尊字，障字遂废矣。

"障"（尊）在金文中用为"尊贵"义，如《录伯簋》："用乍朕皇考釐王宝障（尊）彝"；或用为礼器之代称，如《般甗》："用乍父乙尊。"

第五章　金文铭辞选读

前已述及，运用首先确定标准器，然后加以比较联系的分期方法，我们拟将商周青铜器分为八期，即商早期、商中期、商晚期、周早期、周中期、周晚期、春秋期和战国期。若单就铜器铭文而言，商早、商中两期因器无铭文而应该予以排除，实际上只有六期。今按期选择若干通字迹较为清晰、内容较为重要的青铜器铭辞释读如下。

第一节　商晚期铭辞选读

此期时间大致与殷墟甲骨文行用时间相当。该期文丁以前的文字数较少，一般只见一二字或三四字。大多为器主人的族氏徽号，或被祭者日干，或祭祀者加祭祀者之祖或妣（或父、或母、或兄）的日干。帝乙、帝辛时出现较长的记事铭辞。铭辞格式多为“某日，某（作器者）因某（长上）之赐为某（祖考）作器”。今举《小臣俞尊》《肄簋》《宰椃角》《乍册般甗》《小臣邑斝》《四祀𠨘其壶》《小子省壶》七通铭辞通释之。

一、小臣俞尊（帝乙时器）

释文：

丁巳，王相（省）夔且。
王易（锡）小臣艅夔贝。
隹（唯）王来正（征）人方。隹
王十祀又五，彡（肜）日。

注释：

1. ，子，用为地支第六位，读为巳。殷墟甲骨文地支第一位“子”作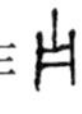（前7.2.3）、（佚92）、（粹1472），而地支第六位“巳”作（前7.9.2）、（粹307）、（佚307）、（粹1457），故晚商金文读为巳。

2. ，即夔，甲骨文作（甲247）、（粹5），金文作（夔卣）、（毛公鼎），形体相近，其为“夔”无疑。

3. ，即且。甲骨文作（粹245）、（粹344），金文作（盂鼎）、（散盘），形体相近，其为“且”无疑。“夔且”，当为地名。

4. 即人方。卜辞“余步从侯喜正（征）人方……隹十祀”（前3.27.6+前4.18.1）记帝乙十年征伐人方之事。此铭所记当为帝乙十五年征伐人方之事（十祀又五，即十又五祀）。“正人方”，征伐人方。来，归来。《左传·文公七年》：“其谁来之？”杜预注：“来，犹归也。”“来正人方”，来于征人方，于征人方后归来。

5. ，即。甲骨文作（甲870）、（佚518），金文作（文父丁簋），（二祀邲其卣）。经籍作肜。商代周祭五种祭名（肜、翌、祭、𢆶、䂪）之一。《尚书·高宗肜日》：“高宗肜日。”孔安国传：“祭之明日又祭。殷曰肜，周曰绎。”《尔雅·释天》：“绎，又祭也。周曰绎，商曰肜。”孙炎注：“祭之明日寻绎复祭也。肜者，相寻不绝之意。”卜辞有“肜夕”之祭，时间为王名干日之前一日。“肜夕”之祭后又有“肜日”之祭，时间正当王名干日。“肜夕”之祭接续“肜日”之祭，当即孔氏所谓“祭之明日又祭”也。

现代汉语译文：

丁巳日，商王帝乙巡察夔且地方。商王赏赐小臣俞夔地所产之贝。此事发生在商王征伐人方归来之后。时间是商王帝乙十五年的肜祭之日。

二、䎘簋（帝乙时器）

释文：

戊辰，弜師易(錫)䎘
鬯廿卣商贝，用乍(作)父乙
寶彝。才(在)十月一，隹王
廿祀，劦日，冓(遘)于匕(妣)戊
武乙奭(母)，豕一。旅。

注释：

1. ，郭沫若释“㽙”，云：“知为㽙者，以㽙字于卜辞作，与此形近。”（参见郭沫若：《殷周青铜器铭文研究·戊辰彝考释》，第 12 页）按：卜辞为叀字，非㽙（“㽙”作［后上 2.3］、［粹 912］、［前 1.35.5］）。知为㽙者，象器体，为圈足，为把手也。

2. ，郭沫若释“繇”，借作“卣”，云：“字亦见于卜辞，其正书作若，简书作，与此全同。在卜辞中释繇，殆象骨片呈兆之形。本铭此字系于‘㽙廿’之下。凡言㽙数古人例称以卣，是此字乃假借为卣。”（参见郭沫若：《殷周青铜器铭文研究·戊辰彝考释》，第 15 页）按：释为繇，假为卣，其说有理，可参。卜辞有“㽙三卣”（甲 1139、甲 2795）之用例。

3. ，隶定为賚，字不识。《说文》所无。当为地名。

4. 十月一，援卜辞“百㽙㞢（又）十㽙”（铁 141.4）、“十犬又五犬”（佚 194）和金文铭辞“十月又一月”（我方鼎）之例，当理解为“十月又一月”，亦即“十一月”。

5. 砉，商代周祭五种祭名（肜、翌、祭、砉、𧉪）之一，大合祭，即经典之祫。合、祫通假。《诗·大雅·江汉》：“洽此四国”，《礼记·孔子间居》引作“协此四国”，是其证。

6. ，即于。殷商和西周初期“于”字多作，如甲骨文作（前 8.4.7）、（甲 3941），金文作（天亡簋）、（扬鼎）等。者，象气越于之符号也。

7. ，“匕戊”合文，匕戊即妣戊。武乙之配，帝乙称之为妣，殷人祭祖或妣，每以其生日进行，卜辞反映如此，彝铭自不能例外。“遘于妣戊”意谓以戊辰日行祭，期与妣戊相遘也。

8. ，郭沫若释“母”，云：“字形从大，且专用于祖妣之相配。”（参见郭沫若：《殷周青铜器铭文研究·戊辰彝考释》，第 15 页）“妣戊武乙母”，即武乙母妣戊。

9. ，隶定为旅，从三人执旗会意。“旅”甲骨文作（佚 735）、（京津 3331)，金文作（免簋）、（散盘），旗下三人若二人，其意不变。此“旅”当为旅氏之名。

现代汉语译文：

弜师赐给肄廿卣𩰪酒和賣地所产之贝，肄用来为父亲乙制作了这件宝贵的礼器簋。在商王帝乙二十年十一月戊辰日举行大合祭，愿与先祖武乙之配先妣戊相遇在祭祀之时。祭牲是一头猪。旅氏。

三、宰椃角（帝辛时器）

释文：

庚申，王才（在）闌（管）。
王各（格），宰椃从。
易（锡）五朋，用乍（作）父丁
障（尊）彝。才六月，隹王
廿祀羽（翌）又五。

注释：

1. ，隶定为，地名。《利簋》作。从间，柬声。在此读为管。《诗·邶风·溱洧》："士与女方秉蕳兮。"毛传："蕳，兰也。"《齐诗》蕳作管。从柬从间之字同为上古见纽元部字，故𨵦可读管。管今在河南郑州。

2. ，象足向居地，即各。经传作格，《方言》作佫。《尔雅·释诂》："格，至也。"又《释言》："格，来也。"

3. ，即宰，官名。《说文》："宰，辠人在屋下执事者。从宀从辛。辛，辠也。"宰椃，宰官而名椃（音 hào）者。

4. ，即羽，甲骨文作（佚 270）、（续 3. 38. 3）、（续 2. 6. 2）、（续 2. 6. 2）、（后下 2. 8），金文作（六祀𠨘其卣）字形相近，其为"羽"字无疑。"羽日"之羽当读为翌。唐兰云："《说文》：'翊，飞貌，从羽立声。'《广雅·释诂》：'翋，飞也。'《尔雅·释诂》：'翌，明也。'翊、翋、翌同字，古文字偏旁本无固定位置，上下左右随时制宜，故也。《说文》谓翊从立声者误也。以近世音言之，翌与翼同，立与邑近，本自有殊。自卜辞观之，则羽、翊、昱三字同作'翼日'用，惟同声母，始相假借，则翊昱同从羽声无疑，羽翌一声之转，则翊字应从羽声耳。翊字本义今不可知，许慎殆以训飞之故，误以为从羽。卜辞用为翼日，与《尔雅》同，则假借义也。"（参见唐兰：《殷墟文字记》，第 15 页）按："翌日"经传通作"翼日"。《书·金縢》："王翼日乃瘳"，又《召诰》："若翼日乙卯，周公朝至于洛。"羽翼声相近，故得通假。羽（翌），商代周祭五种祭名（肜、翌、祭、𠩺、劦）之一，当为明日之祭。"隹王廿祀又五羽（翌）"，亦即"隹王廿五祀羽（翌）"，指商王帝辛二十五年六月举行翌祭之时。

现代汉语翻译：

庚申日，商王帝辛在管地。王来到某地，宰官椃为随从。王赏赐他货贝五朋，椃用来为他父亲丁制作了这件高贵的彝器角。时间在商王帝辛二十五年六月举行翌祭之日。

四、乍册般甗（帝辛时器）

释文：

王宜人方，无敄（侮），咸。王商（赏）作册般贝，用作父己尊。來册

注释：

1. ，即宜。本义为俎肉，象置肉于架上之形。引申为宜祭《左传·成公十三年》："成子受脤于社。"杜预注："脤，宜社之肉也。盛以蜃器，故曰脤。宜，出兵祭社之名。"《尔雅·释天》："起大事，动大众，必先有事乎社而后出，谓之宜。"邢昺疏："其祭之名，谓之为宜。"《书·泰誓》："类于上帝，宜于冢土。"孔安国传："祭社曰宜。"王宜人方，商王帝辛为征伐人方之事宜祭于社。

2. ，即敄。矛字金文作（彧簋），为敄字无疑。敄通務（务），读为侮。《尔雅·释言》："务，侮也。"《集韵》："侮，慢也。或作务。"《字汇》："务，与侮同。"《诗·小雅·常棣》："兄弟阋于墙，外御其务。"毛传："务，侮也。兄弟虽内阋而外御侮也。"《左传·僖公二十四年》："外御其侮。"无敄，即无侮，求告神明保佑，征伐人方赢得胜利而不反受其侮也。

3. ，即咸，范围副词。《说文》："咸，皆也，悉也。"《书·尧典》："允釐百工，庶绩咸熙。"孔安国传："咸，皆也。"凡事皆成、悉就，自有事毕、工成之意。《乍册令方彝》："明公朝至于成周。徣（出）令：'舍三事令，眔卿旋（士）寮（僚）、眔者（诸）尹、眔里君、眔者（诸）侯：侯、田（甸）、男，舍四方令。'既咸令，甲申，明公用牲于京宫。"咸即用为事毕、工成之意。

4. 隮，即"尊彝"之省略式。《小臣缶方鼎》："缶用乍享大子乙家祀尊"同此例。

5. ，来。族氏名也。

6. ，册。乍册（即史官）之省称也。

现代汉语翻译：

商王征伐人方宜祭于社，愿神明助佑师出功成，不辱祖先。祭祀事毕，王赏赐给作册般货贝，般用以制作纪念父己的高贵彝器甗。来氏。作册记。

五、小臣邑斝（帝辛时器）

注释：

1. ，小臣合文。小臣邑，小臣之名邑者。

2. ，即矣。当为疑之初文。甲骨文作（前 5. 24. 2）、（前 6. 21. 2），

（后下 13.2）。罗振玉云：“许书无此字，殆即疑字，象人仰首旁顾形。《伯疑父簋》疑字作，正从此字。”此铭矣在文末，当为族氏之名。

3. ，即亞。甲骨文作（铁 37.1）、（前 2.8.5），金文作（亚丙申角）、（传尊），当为宫室平面之形。殷商晚期西周早期族氏文字每置之中或其旁。此铭之左旁为，亞矣，意为矣之家族。所当注意者，“亞”字连在“母”字之下，但不当接读。凡亞字均为族徽标帜，只能与族氏字或族氏徽号共组。

现代汉语翻译：

癸巳日，商王帝辛赏赐给小臣邑货贝十朋，邑用来为母亲癸制作了这件尊贵彝器斝。时间在商王帝辛六年四月举行肜祭那一天，亞矣家族。

六、四祀邲其壶（帝辛时器）

释文：

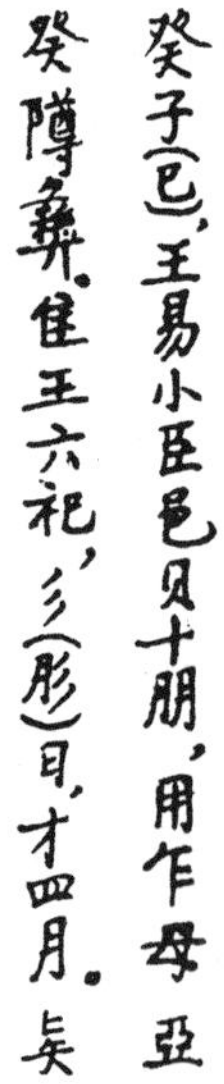

释文：

乙巳，王曰：隫
文武帝乙宜，
才（在）[illegible]（召）大庁（廳）。遘
乙翌日。丙午[illegible]。
丁未[illegible]。己酉，王
才枠（梌），[illegible]（邲）其易（锡）贝。
才四月，隹
王四祀翌日。

注释：

1. ，当即曰（）之省文，金文每以字之一部分表示全字，如：《卯簋》："卯拜手页（䭫）首，敢对扬𤇈（荣）白（伯）休"，以"页"代"䭫"。

《曶壶》："易女秬鬯一卣，玄衮衣、赤巿（市）、幽黄、赤舄、攸（鋚）勒、䜌（鑾）旂，用事"，以"巿"代"市"。

2. ，隮，读为尊，敬也。《广雅·释诂一》："尊，敬也。"

3. ，宜，肴也。《尔雅·释言》："宜，肴也。"邢昺疏："谓肴馔也。李巡曰：'饮酒之肴也。'"《诗·郑风·女曰鸡鸣》："弋言加之，与子宜之。"郑玄笺："所弋之凫雁，我以为加豆之实，与君子共肴也。""隮（尊）文武帝乙宜"，敬奉文武帝乙之酒肴也。文武帝乙，即商王帝乙，文武帝，帝号，乙，庙号。

4. ，即召。金文作（伯寪盉）、（召卣）、（穌爵）。吴大澂云："，古文召。上从，作叉手形，下从酉，酒尊也。，为承尊之器。"（参见吴大澂：《愙斋集古录·穌鼎》六册，第 3 页）或作（克钟）、（盠驹尊）。《说文》："，评也。从口，刀声。"此铭召读为卲，当为地名。

5. ，隶定为庿。从广聑声。聑，为聖之初字，古聖、聽、聲一字，聑可读为聽。庿，当读为廳，假为庭。《说文通训定声》："庭，宫中也。从广廷声。今俗谓之廳。"召大庿，当是商畿召（卲）地之宫廷名。

6. ，隶定为𩰫。《说文》所无，字不识，当为祭名。

7. ，字不识，当为祭名。

8. ，即柃，亦即梌，当为地名。

9. 𠨘其易贝，意为𠨘其被锡贝，即锡𠨘其贝。《何尊》："何易贝卅朋"，意为何被赐贝三十朋。《麦方鼎》："麦易赤金"，意为麦被锡赤金，等等，不一而足。殷商晚期西周早期金文被动句句法如此。

现代汉语翻译：

乙巳日，商王帝辛祭祖时说："让我敬向先王文武帝乙献上这份酒肴。"祭祀地点在召地行宫的大庭中，因为今日适逢先王帝乙的翌祭。次日丙午，举行𩰫祭。第三日丁未举行祭。第五日乙酉，王在梌地，赏赐𠨘其货贝。对先王帝乙举行隆重翌祭的时间是在商王帝辛四年四月乙巳日。

七、小子生壶（帝乙或帝辛时器）

释文：

甲寅，子商（赏）小子省贝五朋，省玑（扬）君商，用作父乙宝彝。

注释：

1. ，即寅。甲骨文（五期）作（林 1. 16. 8）、（戬 49. 3）、（存 2735），金文作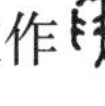（静簋）、（师奎父鼎），象两手奉矢之形。与以上诸形相近，其为寅字无疑。

2. ，当为族氏徽号。马叙伦云："旧释此为析子孙，而以为子抱孙形。

盖据《礼》有析宗器之文，兼附会于《礼》抱孙不抱子之说也。张凤释为俘，为献俘之人，即床形，在此当释为几。几者，或为祭时尸或神所凭依者，或为牲俎形，古代杀人以祭之俗然也。伦验金器，凡有形者，或但著此文，或并著且辛、父乙等文，最为习见，或更著某作且辛或父乙尊彝字，其若《且辛觶》则作‘乍且辛彝’。《旂僕鼎》作‘隹八月初吉，辰才乙卯，公易旂僕旂，用乍文父日乙宝尊彝’。《乙未簋》作‘乙未易小子贝二百，用父丁尊簋’。《父甲鼎》作‘唯正月既望，癸酉，王兽于盂。王令执伐讟，用乍父甲鼐彝’。《小子射鼎》作‘乙亥，子易小子，王赏贝十朋赎，用乍父已宝尊’。唯《父甲鼎》有兽伐之义，可为张说附会，然亦未能极成也。且以后举诸器文验之，实为作器者之族徽。”（参见马叙伦：《读金器刻辞》，第37页）惟或著之铭文之首，如《且辛觶》，或著之铭文之末，如《旂僕鼎》《乙未簋》《父甲鼎》《小子射鼎》。此器族徽著之正上方，其下与左在皆彝铭文字，犹如著之铭文之中，是为特例。揣其意，占突出位置而已。居于正上，或居于文首文末，其表示器物专属之意不改也。

3. ，即珥，亦即扬。金文作（令鼎）、（师嫠簋）、（休盘），象两手举灯之形，称扬之义也。

现代汉语翻译：

甲寅日，子赏小子省货贝五朋，省称扬子君赐予之德，用来制作纪念父亲已的宝贵彝器壶。

第二节　西周早期铭辞选读

西周早期指周武王、成王、康王和昭王时期。此期铜器铭文多为记事长铭，由数十字至上百字不等。检视铭辞，凡克殷建邦、择地迁都、平定叛乱、敕诰大臣、征战犒赏，无不入铭。族氏徽号文字减少，且多系于铭文之末。铭文格式承继殷商晚期之“某时，作器者因受长上之赏赐为祖考作器”者以外，又有“某日，王蔑某暦，赐贝或金，作祖考宝尊彝，才某月，隹王某祀”或“隹某年某月某月相（初吉、既生霸、既望、既死霸）某干支日，王蔑某暦，锡人鬲或鬯或金或贝或车马，某对扬王休，作祖考尊彝”等数种。铭文字形雄健奇伟，凝重深沉，但字之大小、繁简，以及行列布局比较自由散漫。

一、利簋（武王时器）

释文：

珷征商，隹甲子朝歲

鼎(贞)，克。𦖞(昏)𡕜(夙)又(有)商。辛未

王才𡩜(管)𠂤(師)，易(锡)又(有)吏(事)利

金，用乍(作)旜(旃)公寶𨽍(尊)彝。

注释：

1. ，即珷，武之繁文。从王，武声，用作周武王姬发之专名。珷乃生称王号之证，足破历来所谓谥号乃死后追认之误说。

2. ，即征。在《说文》中为（延）之异体，“延，正行也”。段注：“引申为征伐。”《尚书·胤征》云：“胤征。”孔安国传：“奉辞伐罪，曰征。”孔颖达疏：“奉责让之辞，伐不恭之罪，名之曰征。”“珷征商”当指历史上周武王灭商纣之事。《史记·周本纪》：“九年，武王上祭于毕。东观兵，至于盟津（即孟津）。为文王木主，载以车，中军。武王自称太子发，言奉文王以伐，不敢自专。……是时，诸侯不期而会孟津者八百诸侯。诸侯皆曰：‘纣可伐矣。’武王曰：‘汝未知天命，未可也！’乃还师归。”“居二年，……于是武王遍告诸侯曰：‘殷有重罪，不可以不毕伐。’乃遵文王，遂率戎车三百乘，虎贲三千人，甲士四万五千人，以东伐纣。十一年十二月戊午师毕渡孟津，诸侯咸会。”铭文“珷征商”当指第二次。

3. ，即子。甲骨文作（佚 92）、（粹 1472），金文作（传卣）、（召伯虎簋），形体相近，其为“子”无疑。“隹甲子朝”，时在甲子日清晨。《尚

书·牧誓》："时甲子昧爽，王朝至于商郊牧野，乃誓。"又《武成》："粤若来三月既死霸，粤五日甲子，咸刘商王纣。"《逸周书·世俘解》："二月既死魄，越五日朝至，接于商，则咸刘商王纣。"均指此事。

4. ，即歳。甲骨文作（前 5.4.7）、（粹 188）、（林 2.29）、（余 1.1），金文或作（曶鼎）、（毛公鼎）、（公孙造壶）、（子禾子釜），字形相近，其为"歳"无疑。于省吾云："容庚同志谓：'《子禾子釜》字当释为岁，卜辞正同。'（《甲骨文之发现及其考释》）按容说是也，但未说明其从二点之由来。……郭沫若同志谓：'斧头中央每设一圆孔，以便悬挂于壁。点而二者，盖左右透视之。'（《甲骨文字研究·释岁》……郭谓为斧身中央之圆孔，以便悬挂于壁，亦非。斧与柲倨句中矩，其重心不应在斧身中央，且自侧面视之，安能一孔上下并见邪？……近年来出土之商器斧钺（例如《古铜器精华》七册，第 96 页）屡见。其阔刃处作弧形，有类于近世武术家所用之月牙斧，其上下刃尾卷曲回抱。由是可知，戉字上下二点，即表示斧刃上下端回曲中之透空处，其无点者，乃其省文也。"（参见于省吾：《甲骨文释林·释戉》，第 68 页）唐兰云："歳当读为劌，割也，谓割牲以祭也。"（参见唐兰：《天壤阁甲骨文存》，第 30 页）

5. ，即鼎，读为贞。《说文》："，三足两耳，和五味之宝器也。……籀文以鼎为贞字。"岁鼎，即岁贞，谓举行岁祭之礼，祭祀文王及其他先祖，并求卜问事也。

6. ，即克。《尔雅·释言》："克，能也。"

7. ，隶定为䎽，象戴雀弁之人，以手附耳谛听之形，即闻字，读为昏。

8. 夙，俗作夙。《说文》："夙，早敬也。持事虽夕不休，早敬者也。"胡光炜《说文古文考》："象人执事于月下，侵月而起，故其谊为早。"《尔雅·释诂下》："夙，早也。"《玉篇》："夙，旦也。"昏夙，指从昏暮到清晨的一夜之间。

9. 又，读为有。占有，拥有。

10. ，即吏，亦即事，上古吏、事同字。王国维云："史之职专以藏书读书作书为事，其字（）所从之中，自当为盛策之器。此得由其职掌证之也。史为掌书之官，自古为要职，殷周以前，其官之尊卑虽不可知，然大小官名及职事之名多由史出，则是事之位尊地要可知矣。《说文解字》：'，职也。从，省声。'又'，治人者也。从从，亦声'。然殷人卜辞皆以史为事，是尚无事字。周初之器如《毛公鼎》(按系周厉王时器)、《番生簋》(按系周孝王时器)二器‘卿事’作‘事’,‘大史’作‘史’,始别为二字。然《毛公鼎》之‘事’作‘’。《小子师簋》之‘卿事’作‘’,《师寰簋》之‘啬事作‘’,从中,上有斿,又持之,亦史之繁文。或省作,皆所以微与史之本字相别,其实,犹是一字也。古之官名多由史出,殷周间王室执政之官经传作卿士(《书·牧誓》:‘是以为大夫卿士’,《洪范》:‘谋及卿士’,又‘卿士惟月’。《顾命》:‘卿士邦君’,《诗·商颂·长发》:‘降予卿士’,是殷周间已有卿士之称)。而《毛公鼎》《小子师簋》《番生簋》作卿士,殷墟卜辞作卿史(《殷墟书契前编》卷二第二十三页,又卷四第二十一页),是卿士本名史也。又天子诸侯之执政通称御事(《书·牧誓》:‘我友邦冢君御事’,《大诰》:‘大诰猷尔多邦越尔御事’,又‘肆余告我友邦君越尹氏庶士御事’,《酒诰》:‘厥诰庶邦庶士越少正御事’,又‘我西土棐徂邦君御事小子’,《梓材》:‘王其效邦君越御事’,《召诰》:‘诰告庶殷越自乃御事’,又‘王先服殷御事,比尔于我有周御事’,《洛诰》:‘予旦以多子越御事’,《文侯之命》:‘即我御事,罔或耆寿,畯在厥服’,多以‘邦君’‘御事’并称,盖谓诸侯之执政者也),而殷墟卜辞称御史(《殷墟书契前编》卷四第二十八页),是御事亦名史也。又古之六卿,《书·甘誓》:谓之‘六事’,司徒、司马、司空,《诗·小雅》谓之‘三事’,又谓之‘三有事’,《春秋左氏传》谓之‘三吏’,此皆大官之称事若吏,即称史者也。《书·酒诰》:‘有正有事’,又‘兹乃允惟正事之臣’,《立政》:‘立政立事’,正与事对文。长官谓之正若政,庶官谓之事,此庶官之称事即称史者也。史之本义为持书之人,引申而为大官及庶官之称,又引申而为职事之称。其后,三者各需专字,于是史吏事三字于小篆中截然有别。持书者谓之史,治人者谓之吏,而职事谓之事,此盖出于秦汉之际,而《诗》《书》之文尚不甚分别,由上文所征引者知之矣。”(参见王国维:《观堂集林·艺林六·释史》,第4页;《王国维遗书》第一卷,第126页)按,王说至确,此铭又吏,读为有事,官名。《尚书·酒诰》:“我民用大乱丧德,亦罔非酒惟行。越小大邦用丧,亦罔非酒惟辜。文王诰教小子、有正、有事,无彝酒。”“有事”与“小子”“有正”连用,可知为官职之名。

11. ,即𠂤,读为師。《说文》:“,史事君也。从宀从㠯。𠂤犹众也。此与師同意。”金文用字每以全字之某一形符代全字,師,从帀从𠂤,而以𠂤代之,

如《克鼎》:“王令（命）善（膳）夫克舍令于成周遹正八𠂤之年”，“八𠂤”即“八師”，亦以𠂤代师也。

12. ，即旝，从㫃亶声。亶乃古文蟺，从虫亶声，故旝同旜。《说文》:“，旗曲柄也。所以旃表士众。从㫃丹声。《周礼》:‘通帛为旃。’，旃或从亶。”是旝即旃之异体字。旝公，利之先人也。

现代汉语翻译：

周武王征伐商纣王，是在甲子日的早晨。(事先）曾进行过岁祭和贞卜，贞卜结果是周武王能够取得胜利。（事实上）武王只用了从昏暮到次日清晨的一夜时间，便拥有了商的一切权力。辛未这天，武王在管地驻师，赏赐随从自己征商的官吏利青铜若干，利用来为自己的先人旃公制作了一件高贵的礼器簋。

二、天亡簋（武王时器）

释文：

乙亥，王又（有）大豐（禮），王凡（風）三方，王祀于天室。降，天亡又（佑）王，衣（殷）祀亏（于）王不（丕）顯考文王，事喜（饎）上帝。文王德才（在）上。不顯王乍眚（省），不緣（肆）王乍賡（庚），不克乞（訖）王祀。丁丑，王卿（饗）大宜，王降，亡助爵復囊。隹朕又（有）慶（慶），每（敏）敭（揚）王休亏障。

注释：

1. 此篇之定名，分歧颇大。陈介祺释为聃，认为器乃毛叔所作，故定名为《毛公聃季簋》。唐兰释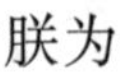为朕，认为朕为器主之名，故称之为《朕簋》。吴式芬、孙诒让、郭沫若则据铭首有“王又大丰”句，故称之为《大丰簋》。刘心源据铭文文意，确定文中“天亡”乃作器者之名，可信。据器名多以作者之名名之之成例，此器当名之为《天亡簋》。

2. 此铭首字原泐去。以下文“丁丑，王卿大宜”推之，“王又大丰”之日当为乙亥。今据补“乙”字。

3. ，即豐，亦即豊，读为禮，上古豐豊同字，盖祭物满实豆中为豐，而豆之满实又为豊（禮）神也。“王有大豐”谓武王举行盛大祭禮也。

4. ，即凡。郭沫若云：“凡假为風，讽也，告也。三方，东南北也。周人

在西，故此仅言三方。”（参见郭沫若：《殷周青铜器铭文研究·大丰簋韵读》，第18页）“王凡三方”，即“王讽三方”，谓武王明告天下也。

5. ，即亐，亦即于。刘心源云：“凡古刻作者即于，《说文》作，云：‘於也，象气之舒亏，从丂，从一。一者，其气之平也。’舒亏即纡余，谓舒展也。（于）以象气舒，古刻于旁加，以象气舒，仍是于字。”（参见刘心源：《奇觚室吉金文述》卷一，第27页）

6. 天室，或称天位、天宗、明堂，本为祭天之室，亦用以祭祀文王。陈梦家云：“《逸周书·度邑篇》：‘定天保，依天室’，又《世俘篇》云：‘戊辰王御循追祀文王’，‘若翼日辛亥祀于位，用籥于天位，荐俘殷王鼎，武王乃翼矢珪矢宪告天宗上帝’。《吕氏春秋·孟冬纪》及《月令》：‘天子乃祈来年于天宗’，《汉书·律历志》引《武成》曰：‘武王燎于周庙，翌日辛亥祀于天位。’《礼记·明堂位》云：‘昔者周公朝诸侯于明堂之位。’凡此天室、天位、天宗都是祀天的明堂。名堂本为祀天之所，而战国晚季以来记述乃有宗祀文王于明堂之说。《封禅书》：‘宗祀文王于明堂以配上帝’，本之《孝经》。《大戴礼记·明堂》曰：‘或以为明堂者，文王之庙也。’《礼记·乐记》：‘武王克殷……祀于明堂而民知孝。’注云：‘文王之庙为明堂制。’《淮南子·齐俗篇》曰：‘周公……克殷残商，祀文王于明堂。’《周颂·我将》序云：‘祀文王于明堂也。’《礼记·祭法》曰：‘周人……祖文王而宗武王。’注云：‘祭五帝五神于明堂曰祖’，是祖文王是祀文王于明堂，《封禅书》云：‘宗祀文王’，义亦如此。”（参见陈梦家：《西周铜器断代》一，《考古学报》第九册，1955年，第152页）“王祀于天室”，谓武王将于明堂祭祀文王。

7. ，即降，谓武王降至天室。

8. 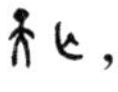，即天亡，作器者之名。盖其职事为“天”（祀天之事），其名为“亡”，故曰“天亡”。正如职事为“师”（治军之事）名“旂”者曰师旂也。

9. 又，读为佑，“又王”即“佑王”，助王祭也。“天亡又王”即“天亡佑王”，谓天亡为武王之助祭也。

10. 衣，读为殷。“衣祀”读为“殷祀”。此乃古音阴阳对转之典型用例。《尚书·康诰》：“殪戎殷”，《礼记·中庸》作“壹戎衣”，郑玄注：“齐人言殷声为衣。”《说文》：“殷，作乐之盛称殷。从㐆从殳。《易》曰：‘殷荐之上帝。’”引申之，则凡盛大皆曰殷。

11. ，即顯（显），金文“顯”字左上均从日，此簋“顯”字无“日”而空缺，当是簋范残损所致。“不显”，金文通语。不，读为“丕”。此处用为语词，无实义。《诗·大雅·文王》：“有周不显。”毛传：“不显，显也。”《小尔雅·广训》：“丕显，显也。”下文“不克”“不”之“不”同。

12. ，即老，亦即考，上古考老同字。《尔雅·释亲》：“父为考，母为妣。”《公羊传·隐公元年》：“惠公者何？隐之考也。”何休注：“生称父，死称考，入庙称祢。”“王衣祀于王不显考文王”，谓时王大祭于王之显考文王，可证时王当为武王。此则论定此器为武王时所铸之根据也。

13. ，即喜，读为饎。《说文》：“饎，酒食也。”饎又作糦。《诗·商颂·玄鸟》：“大糦是承。”郑玄笺：“《韩诗》云：‘大祭也。’”

14. ，“上帝”合文。“事喜上帝”即“事糦上帝”，谓行祭上帝之事也。

15. ，此字残甚。陈介祺、方濬益、吴大澂、孙诒让、刘心源、于省吾、杨树达等均释作“德”。从字形所余笔画视之，释“德”可从，且由金文通例，“德才上”亦可畅其读，“文王德在上”谓文王死后，其威灵其盛德昭显于天上。《诗·大雅·文王》：“文王在上，於昭于天。”即其意也。

16. ，即眚，读为省。《尔雅·释诂上》：“省，善也。”郭璞注：“省，未详其意。”郝懿行义疏：“省者，察之善也。明察审视，故又训善。”《诗·大雅·皇矣》：“帝省其山，柞棫斯拔。”郑玄笺：“省，善也。”《礼记·大传》：“大夫士有大事，省于其君。”郑玄注：“省，善也。”“乍眚”即“作省”，谓行善也。《史记·周本纪》：“崇侯虎谮西伯于殷纣曰：‘西伯积善累德，诸侯皆向之，将不利于帝。’”与此铭“不显王乍眚（省）”之意正同。

17. ，金文或作（召卣），即䌛。《说文》：“，希属，从二希。，古文䌛。《虞书》曰：‘䌛类于上帝。’”“䌛类于上帝”，今《尚书·虞书》作“肆类于上帝”，是䌛之与肆，乃同音通假。此簋之“䌛”亦当读为肆。《易·系辞下》：“其事肆而隐。”虞翻注：“肆，直也。”《史记·乐书》：“肆直而慈爱者。”司马贞索隐：“肆，正也。”“不䌛王”即“不肆王”，亦即肆王，谓正直之武王。

18. ，隶定为赓，从凡庚声，当为庚字之繁体。《诗·小雅·大东》：“东有启明，西有长庚。”毛传：“庚，续也。”黄侃《春秋名字解诂补谊》：“古文赓从庚。庚亦续也。”“乍赓”即“作赓”，谓武王嗣续文王之业也。《大盂鼎》：“在武王嗣文作邦”，与此铭“不（肆）王乍赓（赓）”之意正同。

19. ，即气。于省吾云：“气之初文作，降至周代，以其与上下合文及纪数三字易混，上画弯曲作，又上下画均曲作，以资识别。在金文、古玉铭、古陶文、古玺文中，虽上下画有弯曲之分，然横画皆平，中画皆短，其嬗演之迹固相衔也。气训气（乞）求、迄（迄）至、汽（讫）终，于文义于辞例无不相符。”（参见于省吾：《双剑誃殷契骈枝续编·释气》，第58页）此铭气读为汽（讫），讫终也。“不克气衣王祀”即“克讫衣（殷）王祀”，谓能终止殷纣王之祭祀也。

20. ，即鄉，甲骨文作（拾6.8），金文或作（沈子也簋），读为饗，象二人对食之形。

21. 即宜。郭沫若云：“字金文习见，卜辞亦多有，旧释宜，罗振玉释俎，余曩以为房俎之房。今案仍以释宜为是。《说文》宜古文作，秦《泰山石刻》‘者（诸）产得’，古玺‘民和众’，汉封泥‘春左园’，均是宜字。宜有肴义，《令簋》、《乙酉方彝》之‘尊宜’是也；有妥适义，本铭之‘大’，《貉子卣》之‘咸宜’是也；有祭社以祈战胜之义，《般甗》‘王夷方无敄（侮）’是也。”（参见郭沫若：《两周金文辞大系考释·大丰簋》，第2页）按：字释宜固是。古宜俎同字。但《说文》（宜）古文作，金文象置肉于且上之形。《礼仪·乡饮酒礼》：“宾辞从俎。”郑玄注：“俎者，肴之贵者。”《诗·郑风·女曰鸡鸣》：“与之宜之。”毛传：“宜，肴也。”《尔雅·释言》：“宜，肴也。”邢昺疏：“谓肴馔也。”李巡曰：“饮酒之肴也。”俎、宜同训肴，其义同也。在且上为宜，（之省）在且外为俎，其形亦同。宜俎古为一字，无可疑也。

22. ，郭沫若释“勛”，读为贺。（参见郭沫若：《两周金文辞大系考释·大丰簋》，第1页）可参。

23. ，郭沫若释“爵”。（参见郭沫若：《两周金文辞大系考释·大丰簋》，第1页）可参。

24. ，郭沫若释“复”。（参见郭沫若：《两周金文辞大系考释·大丰簋》，第1页）可参。

25. ，郭沫若释“膭”，云：“余旧释膭。”近于省吾谓是囊字，近是。唯此与爵为对文，仍当读膭，囊膭同在阳部。

26. ，郭沫若释“朕”，云：“陈介祺释聃，以为文王子聃所作之器，说者多因之。案此字当从刘心源释朕，决非聃字也。朕于金文中多用为领格，其用为主格者如《周公簋》之‘朕臣天子’及此而已。”（参见郭沫若：《殷周青铜器铭文研究·大丰簋韵读》，第27页）

27. ，此残字郭沫若释慶，云：“末一字（按：指‘隹王又慶’之末一字‘慶’）仅余一鹿形，从鹿之字在此可适用者仅有慶之一字。‘有慶’连文乃古文常语，如《易·丰》之六五‘来章有慶’，其见于《易传》者，曰‘乃终有慶’（坤彖传），‘中正有慶’（益彖传），‘勿恤有慶’（升彖传），‘元吉在上大有慶’（履象传），‘六五之吉有慶’（大畜象传），‘由颐厉吉大有慶’（颐象传）失得勿恤往有慶’（晋象传），‘厥宗噬肤往有慶’（睽象传），‘困于酒食中有慶’（困象传），‘六五之吉有慶’（丰象传），‘九四之喜有慶’（兑象传）；《书·吕刑》‘一人有慶’，又‘咸中有慶’；《诗·楚茨》‘神保是飨，孝孙有慶’，《裳裳者华》‘是以有慶’，《鲁颂·閟宫》‘万舞洋洋，孝孙有慶’；《礼·射义》‘数与于祭而君有慶’，又‘得与于祭有慶’。凡此正自举不胜举。其在金文则《秦公钟》与《秦公簋》有‘高弘有慶’语。故此铭之必为‘隹朕有慶’，断无可疑。更由字形而言，许书云：‘慶，行贺人也。从心夊，从鹿省。’然古金文均从鹿不省。如《召伯虎簋》有人名慶，字作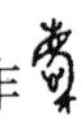，《𢦏叔慶父鬲》作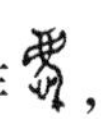，而《秦公钟》与《秦公簋》慶字则作，从鹿从文。案此即古慶字之正体也。”（参见郭沫若：《殷周青铜器铭文研究·大丰簋韵读》，第27—28页）按，郭说是也。“又慶”即有慶，谓受有王之赐予也。

28. ，即每，读为敏。《说文》：“敏，疾也。从攴，每声。”敏以每为声符，例可通假。《玉篇》：“敏，敬也。”

29. ，当即䁝，金文“扬”形体颇多，或作（貉子卣）、（宜侯夨簋）、（扬簋）、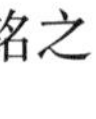（休盘），此铭之从日从丁从攴，当为从日从玉从丁从之省体。扬，称扬之义也。

30. ，当是金文习语“尊段”合文之省。

现代汉语翻译：

乙亥日，武王举行盛大祭礼，并且告谕天下，将于明堂祭祀文王。武王驾至明堂，以天亡做助祭之人，极为隆重地祭祀威名显赫的先父文王，同时祭祀上帝百神，因为文王的懿德昭显于天上。声名大显的文王积行善事，正直无私的武王赓续其后，所以能够成就周革殷命的大业。丁丑日，武王行饗礼，席上备有大俎，开宴时，武王驾至。天亡向王表示贺安之意，先以爵，后以觵，以自己多得武王庆赏，故敬扬答谢王的厚爱，将此事铭刻于此簋上。

三、保卣（武王时器）

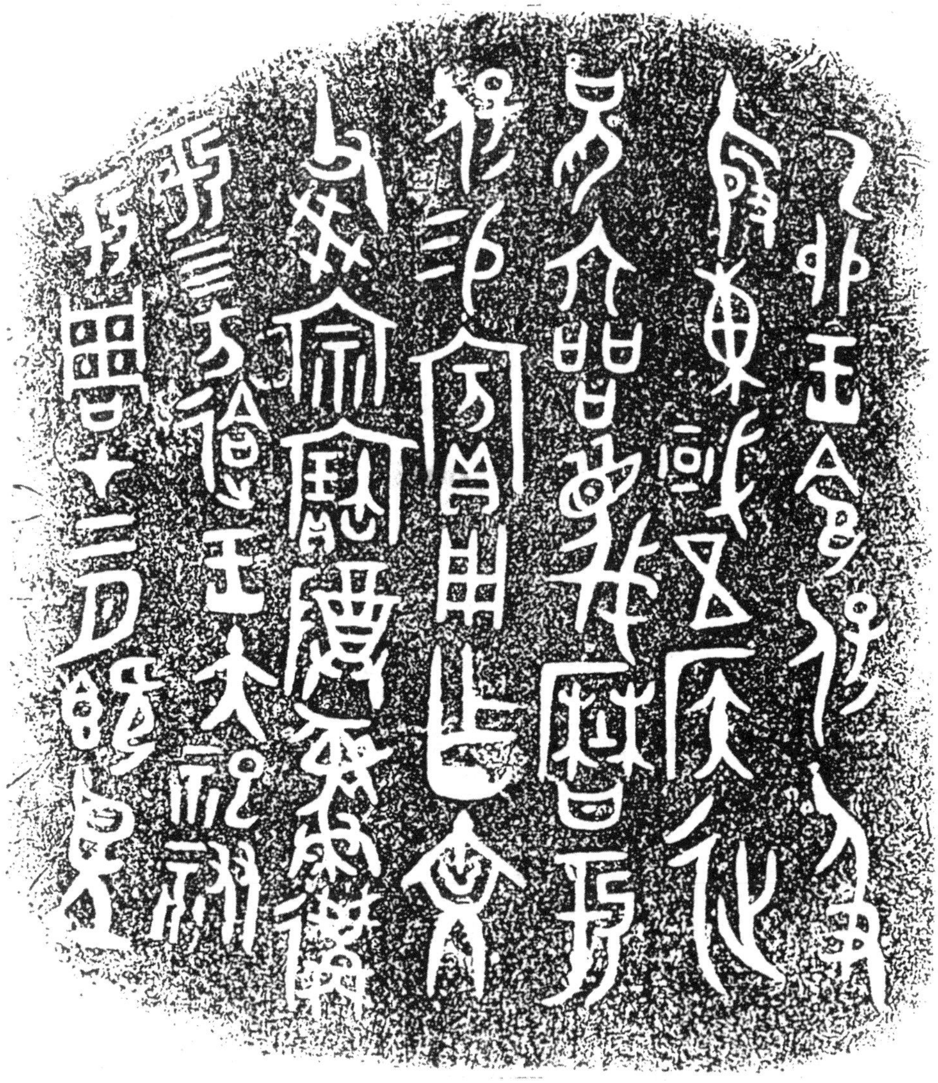

释文：

乙卯，王令保及

殷東或(國)五医(侯)，征(诞)

兄(贶)六品，蔑曆𢎨(于)

保，易(锡)賓，用乍(作)文

父癸宗寶𨽍彝，傋(遘)

𢎨四方迨(會)王大祀，祓(祐)

𢎨周，才二月既𦣠(望)。

注释：

1. ，即保。大保，官名，当即召公奭。成王初年，官职为“大保”而与殷东之国发生联系者，只有大保召公奭一人。《史记·周本纪》：“召公为保，周公为师，东征淮夷，践奄，迁其君薄姑”一段史实，与此铭所记内容相合。

2. ，即及。郭沫若云：“及同逮，即逮捕之意。此为本意，后假为暨与之及，而本意义遂失。然考殷周古文，如甲骨文与西周彝铭，暨与之义之连词均用眔，无用及者。及用为连词乃后起事。”（参见郭沫若：《保卣铭释文》，《文史论集》，第320页）黄盛璋云：“郭说至允。本铭之‘及’，显为从手持人，实与‘隻’（即‘获’）从手持鸟同意。执鸟为‘隻’，持人为‘及’。从字形上不难看出‘及’本意必含有追捕。”（参见黄盛璋：《保卣铭的时代及史实》，《考古学报》，1957年3期，第52页）按：郭说极是，黄之申论亦是。

3. ，即殷。金文或作（盂鼎）、（禹鼎），形体相近，其为“殷”字无疑。此处，殷指周武王克商后，封以续殷祀的纣王之子武庚禄父。

4. 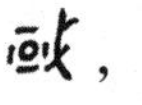，即或，亦即國。“殷东国五侯”当指殷嗣子武庚与东方薄姑、徐、奄、熊、盈五个诸侯之国。《逸周书·作雒解》：“周公立，相天子。三叔（按，指管叔、蔡叔和霍叔）及殷东徐、奄及熊、盈以叛。周公、召公内弭父兄，外抚诸侯。”《汉书·地理志》：“殷末有薄姑氏，皆为诸侯，国其地。至周成王时，薄姑与四国共作乱。成王灭之，以封师尚父，是为太公。”均其证也。

5. ，即征。郭沫若云：“征字屡见，卜辞中亦多见此字，均无义可说。案即《诗》、《书》中所习见之虚词诞字也。”（参见郭沫若：《两周金文辞大系考释·小盂鼎》，第 37 页）按：《说文》云：“，安步延延也。从廴从止。”又云：“，长行也。从延，丿声。”苗夔《说文声订》云：“当作从延从丿，延亦声。”“延”既可认为以延为声，故可通假。“诞”又以延为声，复可通假。于是，“延”（征）通“延”，“延”又通“诞”，郭说于音理可通。

6. 易，即兄，读为贶。《说文》“新附”云：“贶，赐也。从贝，兄声。”贶以兄为声符，例可通也。

7. ，即品。品象品物摆列之形，其作上二下一，上一下二初无定规。甲骨文作（甲 241），或作（粹 432），金文作（井侯簋），或作（穆公鼎）。陈梦家云：“品可指玉、田、臣、区（即所殴获之俘虏）。此簋所贶之六品，很可能指臣隶，犹《左传·定四》：‘分鲁公以“殷民六族”。’”（参见陈梦家：《西周铜器断代》一，《考古学报》第九册，1955 年，第 158 页）按：品当指种族而言。《井侯簋》：“易臣三品：州人、庸人、𩫖人。”是其证。此铭“兄六品”谓贶赐六个种族的臣隶。

8. ，即蔑，读为伐，称美、夸誉也。

9. ，即曆，厤之繁也。通歷，经歷、表现也。“蔑厤于保”谓成王对大保召公的表现加以称誉。

10. ，即賓。陈梦家云：“所谓宾指宾贡：《周礼·大宰》：‘二曰嫔贡。’注云：‘嫔贡皮帛之属’；《楚语》下曰：‘公货足以宾献。’注云：‘宾，飨赠也，献，贡也。’晚周《礼仪》尝记儐使之制：《觐礼》曰‘侯氏用束帛乘马儐使者，使者再拜受’，‘侯氏再拜稽首，宾之束帛乘马’；《聘礼》曰‘宾用束锦儐劳者，劳者再拜稽首受’。凡此侯氏儐天子使者以束帛、乘马，和金文所宾多为布帛、乘马，极为相合。此器的‘易宾’，当指王赐保以侯伯宾贡之物。金文‘易’‘宾’虽皆为赠赏物品，但在用法上有别：‘易’为自上赏赐于下，‘宾’为侯伯敬奉天子的使者。”（参见陈梦家：《西周铜器断代》一，《考古学报》第九册，1955 年，第 158 页）按：此铭“易宾”非连动关系，而为述宾关系，谓成王对大保召公赏赐物品。

11. ，即文。郭沫若云：“古人‘文’字或从心作，如《师害簋》‘文’

字作□，《师酉簋》作□。”（参见郭沫若《殷周青铜器铭文研究·大丰簋韵读》，第 28 页）文父癸，有文德之先父癸。

12. □，即宗。《说文》：“宗，尊祖庙也。从宀从示。”此铭“宗”字正用此义。

13. □，即迨。《说文》：“□，合也。从亼从曾省。曾，益也。㣛，古文會如此。”迨与㣛同。

14. □，即祓。郭沫若云：“祓是祐之古文。”（参见郭沫若：《保卣铭释文》，《文史论集》，第 322 页）《说文》：“祐，助也。”此处用为助祭义。“遘于四方迨王大祀祓于周”，谓恰逢四方诸侯会王大祀而助王祭于成周之时也。

现代汉语翻译：

乙卯日，成王命令大保召公戡伐起而叛周的商纣王之子武庚以及薄姑、徐、奄、熊、盈五国诸侯。（召公胜利完成任务）成王赏赐给他六个种族的臣隶，称誉他的表现，又赏赐给他一些物品。因而大保召公为自己有文德的先父癸的宗庙制作了一件尊贵的礼器卣。时间正巧是在四方诸侯会于成周助王大祭的二月既望乙卯这一天。

四、𣄰尊（成王时器）

释文：

隹王初𩁹(壅)宅于(于)成周，復亩(禀)珷(武)王豐(禮)，福(福)自天。才(在)四月丙戌，王亯(诰)宗小子于京室，曰："昔才(在)爾考公氏，克逨(弼)玟(文)王。肆(肆)玟王受兹(兹)大令(命)，隹珷王既克大邑商，則(则)廷(廷)告于天，曰："余其宅兹中或(國)，自之辥(乂)民。"烏虖(呼)！爾有唯(雖)小子亡戠(识)，視(视)于公氏，又(有)爵(恪)于天，徹(徹)令，苟(敬)享𢦏(哉)！"叀王龏德谷(裕)天，順(训)我不每(敏)。王咸亯，何易(锡)貝卅朋，用乍(作)□公寶尊彝。隹王五祀。

注释：

1. 𩁹，马承源隶定为𩁹。云："右边的吕是声符，燕为意符。甲骨文的'雝'就是雍，本意当为鸟的和鸣之声。字也省作𩁹。《曾孟𡢁谏盆》铭的'𨞲饮'字就是将从邑的𨞲和饮和为一字，即饔字的繁体。𩁹乃壅的本字，取义于燕的衔土营巢。《尚书·洛诰序》称建洛邑为'营'：'召公既相宅，周公往营成周，使来告卜，作《洛诰》。'可知'壅宅'之壅应读为'营成周'之营，'壅宅'即'营宅'。《尚书大传》载周公摄政后'五年营成周'，与后文'隹王五祀'相合。"（参见马承源：《商周青铜器铭文选·何尊》第二册，第 21 页）按：铭首"隹王初𩁹（壅）宅于成周"、铭中"余其宅兹中或"与铭末"隹王五祀”同《尚书大传》：“五年营成周”，《史记·殷本纪》：“成王在丰，使召公复营洛邑，如武王之意”，“此天下之中四方入贡道里均”对看，知时王为成王无疑。

2. ，此字稍有漫漶，唐兰释复，可从。《玉篇》：“复，重也。”《论语·述而》：“举一隅不以三隅反，则不复也。”何晏集解：“郑曰：‘……说则举一隅以语之，其人不思其类，则不复重教之。’”

3. ，此字亦稍漫漶，唐兰释亩，可从。《说文》：“亩，谷所振入宗庙粢盛，仓黄亩而取之，故谓之亩。从入回，象屋形，中有户牖。廪，亩或从广从禾。”又“廪，赐谷也。从亩从禾”。疑古亩、稟、廪一字。亩甲骨文作（前 4. 116）。陈梦家云：“象露天的谷堆之形。今天的北方农人在麦场上作一圆形的低土台，上堆麦秆麦壳，顶上作亭盖形，涂以泥土，谓之‘花篮子’，与此相似。”（参见：《殷墟卜辞综述》第 536 页）稟，从禾从亩，亩亦声。而廪，从广从稟，稟亦声。其义均为露天谷堆，即露天仓廪。《说文》训“稟”为赐谷，恐系引申之义。亩，此处读为禀。《集韵》：“禀，受也。”《尚书·说命》：“臣下罔攸禀令。”孔安国传：“稟，受。”

4. ，即豐，亦即豊，读为禮。“复亩珷王丰”，即“复稟武王礼”，谓又稟承武王之旧俗举行祭礼。

5. ，即禣，亦即福。唐兰云：“福字作禣，甲骨文中常见（按，象本文写法的有［甲 323］，［甲 1726］，［甲 2684］等），祭的一种。畐本象有流的酒尊，用两手举畐，灌酒于所祭的示（祭坛）上，称为福；用手取肉放在示上称为祭。那么，福应该就是灌祭。祭后把余酒送给人，称为致福，把祭肉送给人，称为致胙。后世因往往并送酒与肉，这两个名称就混淆了。《谷梁传·僖公十年》说：‘世子已祠，故致福于君。’《国语·晋语》：‘骊姬受福’，都兼酒与肉，后来注家常把致福单单解释为归胙肉，就失去了福字的本义了。”（参见唐兰：《西周青铜器铭文分代史征·德方鼎》，第 70—71 页）此处“福”用其引申义，受福祉也。“福自天”谓福祉受自上天。

6. ，即庰。唐兰云：“庰应读为诰。《说文》诰的古文作䚴，《汉简》引作䚴，旁与舟旁，并是之误。《玉篇》部有庰字，‘公到切，古文告’。《万象名义》‘奔，公到反，语也，谨也’，是从原本《玉篇》中节录的。‘谨也’一义是《尔雅·释言》诰字的训诂，奔字也应是𢍜字之误。《史䛦簋》说：‘王𢍜毕公’，就是王诰毕公。《书·酒诰》说：‘文王诰教小子’，与此铭‘王𢍜（诰）宗小子’，文义正象类。”（参见唐兰：《西周青铜器铭文分代史征·德方鼎》，“𣄰尊”第75页）

7. 宗小子，当是成王同宗之小子。

8. 京室，《说文》：“京，人所为绝高丘也。”京室，当为成周洛邑宗庙宫室之名。《诗·大雅·思齐》：“思媚周姜，京室之妇。”或称京太室。《吕氏春秋·古乐》：“荐俘聝于京太室。”或称京宫。《作册令方彝》：“隹十月吉癸未，明公朝至于成周。徃（出）令：‘舍三事令，眔卿旋（士）寮（僚）、眔者（诸）尹、者里君、眔百工、眔者侯：侯、田（甸）、男，舍四方令。’既咸令。甲申明公用牲于京宫。”

9. ，即公氏。“氏”字半泐，以下文“觑玥公氏”推之，“公”下之字为“氏”无疑。公氏，当为成王对宗小子父辈之尊称。

10. ，隶定为逨，从辵来声。读为辅弼之弼字。

11. ，隶定为肄，句首语气词，经籍通作肆。肆与惟通。《尚书·汤诰》：“肆台小子”，《墨子·兼爱下》作“惟予小子”，可证。

12. ，即丝，丝之初文，读为兹。“丝”下二字泐损，由文义补“大令”。“大令”即“天命”，谓文王受天命，以周代殷。《尚书·康诰》：“天乃大命文王，殪戎殷，诞受天命。”正此意也。

13. 大邑商，指殷商都城，甲骨文中习见，如“禸告曰：于大邑商，[亡𡆥]，在祸。王占曰：吉。”（卜通592）此处指代殷商。“隹珷王既克大邑商”，谓武王已经灭掉殷商。

14. ，即廷。金文或作（盂鼎）、（师𩚾簋）、（吴方彝）、（颂鼎）、（休盘）、（毛公鼎）、（秦公簋）。高鸿缙云：“，阶前曲地也。从乚土，声。乚，曲本字，土，即地，故《秦公簋》作者为正，其他作省土，作者，彡省声。其余异体，皆循此而变也。”（参见高鸿缙：《颂器考释》，第28页）按，廷原作、，从乚，声。后或省为，则字作。

后形变作，则字变作。后讹为，且脱离而独立，则字又变作，或省作。后变为从乚从土声之，此为正体。后或与乚合而为或，从而与由右曳而成之（）混而为一，则变作。此处廷读为侹。《广韵》：“侹，敬也。”“则廷告于天”，谓便敬告于天也。

15. ，即國。《说文》：“或，邦也。从口从戈以守。，地也。域，或又从土。”中或即中國，邦之中也。周都镐京，偏西，不便于统御，因择地东迁雒邑。《史记·周本纪》：“此天下之中，四方入贡道里均”，正此意也。“中國”一词始见于此。

16. ，即辥，王国维读为乂，云：“彝器多见辥字。《毛公鼎云：‘（襄）辥厥辟’，又云：‘辥我邦我家。’《克鼎》云：‘辥王家’，又云‘保辥周邦’。《宗妇簋》云：‘保辥鄁国。’《晋邦盦》云：‘保辥王家’。其字或作辥，或作辥。余谓此经典中乂艾之本字也。《尔雅·释诂》：‘乂，治也。’‘艾，相也，养也。’《说文》：‘嬖，治也。从辟，乂声。《虞书》曰：有能俾嬖。’是经典乂字，壁中古文作嬖。此嬖字盖辥字之讹。初以形近讹为辟，后人因辟读与薛读不同，故又加乂以为声。经典作乂作艾，亦辥之假借。《书·君奭》之‘用乂厥辟’，即《毛公鼎》之‘辥厥辟’也。《康诰》之‘用保乂民’，《多士》、《君奭》之‘保乂有殷’，《康王之诰》之‘保乂王家’，《诗·小雅·南山有臺》之‘保艾尔后’，即《克鼎》、《宗妇簋》、《晋邦盦》之‘保辥’也。‘辥厥辟’之辥用相义，保辥之辥兼相、养二义，皆由治义引申，其本义当训为治。殷墟卜辞有字（《殷墟书契前编》卷六第四，第 11 页），其字从自从（即《说文》辛字），与辟字从人从意（古文辟字皆从人从，凡篆文从卩之字，古文亦皆从人）。自者，众也。金文或加从止，盖谓人有辛，自以止之，故训为治，或变止为中，与小篆同。中者，止之讹，犹奔字《盂鼎》作叠，从三止，《克鼎》及《石鼓文》均变而从三中矣。《说文》不知嬖为辥之讹字，以辥之本义系于嬖下，复训辥为辠，则又误以为辛之本谊为辥之本义矣。《说文》辥字在辛部，从辛，然古文皆从，或从，、皆《说文》辛之初字也。《说文》辛辛分为二部。辛部云：‘辛，辠也。从干。，古文上字。’又辛部：‘辛从一辛。辛，辠也。’罗参事（振玉）《殷墟书契考释》云：‘《说文》分辛辛二部，卜辞只有辛字。凡十干之辛皆作辛，古金文始有作辛者，其实本一字。许君以童妾二字隶辛部，而辛部诸字若辠辜以下，无一不含辛谊，不当分为二部，明矣。’案参事谓辛部辠辜以下皆当入辛部，其说甚确，惟谓辛辛一字，则颇不然。余谓十干之辛自为一字，其字古作，作，或作。训辠之辛又自为一字，其字作作作，此二字之分，不在横画多寡，而在纵画之曲直。何以证之？凡古文宰辟辥辞章诸字，其义于辛字相关者，皆从或，其中直皆折而左，无一从若作者（惟童妾言冢诸字辛字在上，其左折之迹不可见）。又殷墟卜辞有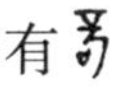字（《殷墟书契前编》卷五第21页及卷六第29页），即《说文》字。《说文》：‘，语相诃歫也。从口辛’，是篆文之辛亦或作，盖辛一字，卜辞辟字作，亦其一证。《兮甲盘》‘王命田政成周四方责’（即委积之积），从𤔔，即篆文从𤔔辛之辭，政辭乃政嗣之假借，知乃之繁文，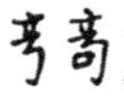又一字矣。当从《说文》字读，读若櫱，即天作孽之孽之本字，故训为辠辥字，从𠂤止会意，亦以为声。凡宰辟辥诸字皆从此字会意。至《说文》所说辛辛辥诸字，皆从后起之篆文立说，故动辄龃龉矣。”（参见王国维：《观堂集林·释辥》，第9—10页，《王国维遗书》第一册，第131—132页）按：王说至确。“自之辥民”即“自之嬖民”，自雒邑统治民众也。

17. ，即有。此处用为助词。王引之《经传释词》：“有，语助词也。一字不成词，则加有字以配之。若虞、夏、殷、周皆国名，而曰有虞、有夏、有殷、有周是也。推之及于他类亦多有此，故邦曰有邦，家曰有家。”是其证。

18. ，即唯，读为雖，雖以唯为声符，故可通假。王引之《经传释词》：“唯，《玉篇》：‘雖，词两设也。’常语也，字或作唯。”《荀子·性恶》：“今以仁义法正为固无可知可能之理邪？然则唯禹不知仁义法正，不能仁义法正也。”杨倞注：“唯读为雖。”

19. ，即戠，读为識。識以戠为声符，故可通假。“尔有唯小子亡戠”，即“尔雖小子亡识”，谓尔雖为宗族子弟，但缺少知识。

20. ，即覞，亦即视。《说文》：“视，瞻也。从见示。古文视，眡，亦古文视。”古氏氐一字，又从目从见义同，故覞即眡，亦即视。

21. ，上从凡，下从爵，隶定为𣪍，当为爵之繁体。正犹《天亡簋》上从庚下从凡，当即庚之繁体者然。马承源读爵为恪，云：“爵、恪古音相同。《尚书·盘庚上》：‘先王有服，恪谨天命。’《毛公鼎》：‘爵堇大命’，应读为‘恪谨天命’，是爵假借为恪之证。”（参见马承源主编：《商周青铜器铭文选·何尊》第三册，第21页）《尔雅·释诂下》：“恪，敬也。”《尚书·盘庚上》：“先王有服，恪谨天命。”孔安国传：“敬谨天命。”“覞玙公氏有𣪍于天”，即“视于公氏有恪于天”，谓应效法尔等父辈敬行天命之懿范。

22. ，即𢼄，亦即徹。《说文》：“徹，通也。从手从攴从育。，古文徹。”罗振玉《增订殷墟书契考释》云：“此从鬲从又，象手象鬲之形，盖食毕而彻去之。许书之徹从攴，殆从又讹矣。卒食之徹，乃本义。训通者，借义也。”按：𢼄、徹古今字，犹之卸与御（御）、先与徙、寿与𢕟、㝵与得、悳与德、夋与後、复与復、坐与䢖，等等。意者，加彳者，意在强调其动作性或行为性。又构件支与又组成合体字每亦混用，如金文敏即敏，㪟即敃，𢽟即敢，等等。此处𢼄训达。《国语·周语中》：“若本固而功成，施遍而民阜，乃可以长保民矣，其何不徹？”韦昭注：“徹，达也。”是其证。“令”即“𢼄命”，谓完成使命。

23. ，即苟，读为敬。甲骨文作（后下36.6），（前8.7.1），金文或作（盂鼎）、（大保簋）、（师虎簋）、（班簋）。郭沫若云：“苟乃狗之象形文。……苟又作苟，乃从口声。后误为从艸之苟。形虽失而音尚存。其用为敬者，敬即警之初文。自来用狗以警卫，故字从苟从攴与牧、羖、駇等同意。省之，则单著狗形作苟若苟。”（参见郭沫若：《两周金文辞大系考释·班簋》，页22）按郭说是也。敬，苟警戒也，苟警于人而敬于主也，故敬引申为“恭敬”意。

24. ，即亯，亦即享。《说文》：“，献也。从高省，象进熟物形。《孝经》曰：‘祭则鬼亯之。’，篆文亯。”《一切经音义》十二：“享，籀文作亯，同。”篆文下部讹为，则讹为。

25. ，即𢦏，读为哉。语气词。“苟亯𢦏”即“敬享哉”，谓恭敬祭享也。

26. ，即叀，读为惟。甲骨文作（后下7.7），（前1.18.1），金文或作（录伯𢦚簋）、（克鼎），有繁简两式，此其繁式。

27. ，即龏，读为恭。《说文》：“龏，慤也。从廾，龍声。”朱骏声《说文通训定声》谓“与恭略同”。《趞曹鼎》：“龏王在周新宮”，龏王即恭王。

28. ，即谷，读为裕。裕以谷为声符，故可通假。《广雅·释诂四》：“裕，容也。”“叀王龏德谷天”即“惟王恭德裕天”，谓成王之恭顺德操可以容纳上天下地。

29. ，即顺，读为训。《说文》：“训，说教也。”

30. ，即每，读为敏。敏以每为声符，故可通假。“不每”即“不敏”，谓鲁笨。《论语·颜渊》：“回虽不敏，请事斯语矣。”是其证。

31. ，隶定为𫊸，象张口之人有所担荷，当即何字之别构。为作器人之名。𫊸易贝卅朋，为被动句，意为𫊸受王赐贝三十朋。西周金文主动句与被动句形式未分，须以文意分别之。如《麦方鼎》：“隹十又一月井侯征（诞）嗝（𩰫）于麦，麦易赤金，用乍鼎，用从井侯征事。”“麦易赤金”谓麦受井侯赐赤金，此为被动句也。而《麦盉》：“井侯光氒吏麦，㗊（𩰫）于麦訇（厩）。侯易麦金，乍盉，用从井侯征事，用旞（奔）走夙夕嗝卸（御）事。”“侯易麦金”谓井侯赐予麦金，此主动句也。

32. ，此字泐甚，不可识，当为𫊸之父考名。

现代汉语翻译：

在成王开始营建成周雒邑时，依然禀承武王旧俗，举行祭礼，福祉受自上天。四月丙戌日，成王在京室训诰同宗众小子，说：“昔日，你们的父辈在职时：他们能够辅弼文王，文王承接了天命，继而武王灭掉了商王朝。于是虔敬地对上天卜告道：‘我要居于这疆域中央之地，并且从此地发布政令，治理天下民众。’呜呼！你们虽是贵胄子弟，但缺少治国本领，必须效法你们的父辈，敬行天命，完成任务，恭执祭祀啊！”成王的恭顺德行可以化育上天下地，并且教诲我们这些无能之辈。王对同宗众小子训诰结束后，赏赐小子𫊸货贝三十朋。𫊸用来制作纪念先父□公的祭器尊。时在成王五年。

五、大盂鼎（康王时器）

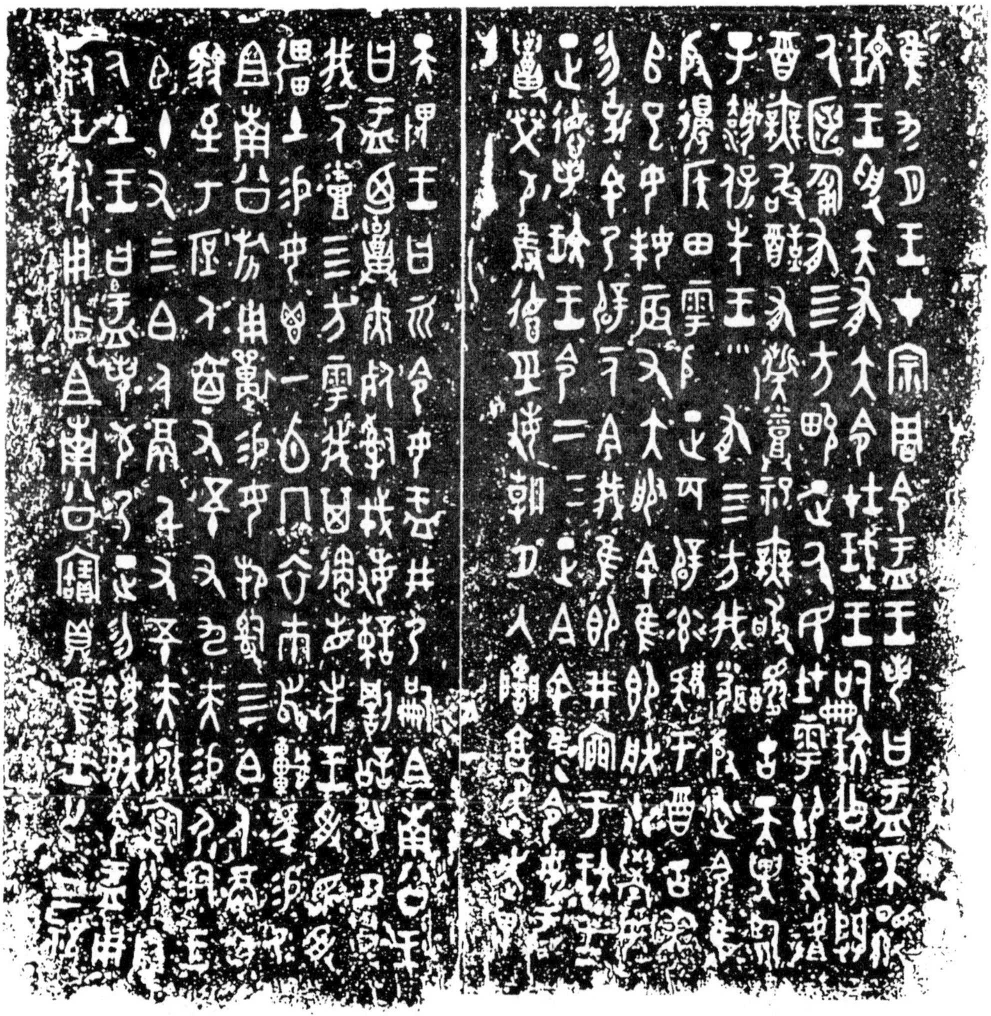

释文：

隹九月，王才（在）宗周，令（命）盂。王若曰：「盂！不（丕）顯玟（文）王受天有（佑）大令（命），在（載）珷（武）王嗣玟乍（作）邦，闢（闢）氒匿（慝），匍（敷）有四方，畯（畯）正氒民。在（載）雩（粤）印（御）事，叡（且）！酉（酒）無敢醺（酖），有𩕢（柴）𦎫（烝）祀，無敢醻（擾）。古（故）天異（翼）臨子，灋（廢）保先王，□有四方。我聞（聞）殷述（墜）令（命），隹殷邊（邊）侯田（甸），雩（與）殷正百辟，率（率）肄（肆）于酉（酒），古（故）喪𠂤（師），巳！女（汝）妹（昧）辰又（有）大服，余隹即朕小学，女（汝）勿䣘（偽）余乃辟一人。今我隹即井（型）亩（稟）于玟王正德，若玟王令（命）二三正。今余隹令（命）女（汝）盂召（召）焚（榮）苟（敬）雍（雍）德巠（經），敏朝夕入讕（諫），亯奔走，畏天畏（威）。」王曰：「而（而）令（命）女（汝）盂井（型）乃嗣且南公。」王曰：「盂，迺召（召）夾死（尸）司（司）戎，敏諫（速）罰訟，夙（夙）夕召（召）我一人烝（烝）四方，雩（粤）我其遹省先王受民受彊土。易女（汝）鬯一卣、冂衣、巿、舄、车、馬。易乃且南公旂，用遷（狩）。易女邦司（司）四白（伯），人鬲自馭至于庶人六百又五十又九夫；易尸（夷）司（司）王臣十又三白，人鬲千又五十夫。極宨𨘉（遷）自氒土。」王曰：「盂，若苟（敬）乃正，勿灋（廢）朕令（命）。」盂用對王休，用乍且南公寶鼎。隹王廿又三祀。

注释：

1. 宗周，即周都城镐。成王营建东都雒邑，名曰成周。对言之，镐京名曰宗周，以有周宗庙在此地也。故地在今陕西省西安市西南之澧水东岸。

2. ，即，亦即若。甲骨文作（甲 205）、（前 4. 2. 3），金文或作（克鼎），象人以双手理顺头发之形，本义为顺。《说文》误作，训“日出

东方汤谷，所登榑桑。桑木也”。误。后加作（毛公鼎），《说文》作，误两手为，误头发为，训“择叶也。从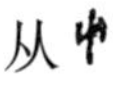右。右，手也。一曰杜若，香草”。亦误。此处“若”用为副词。《小尔雅·广言》：“若，乃也。”王引之《经传释词：“《书》称‘王若曰’‘微子若曰’‘父师若曰’‘周公若曰’，并与‘乃曰’同义。”金文铭辞中，“王若曰”出现于王之训诰之辞的开首。其后，如再出现，则只作“王曰”，而“若”字一般不再出现。“王若曰”经见于《尚书》的训诰之辞，如《盘庚上》：“王若曰：格汝众，予告汝训”，又《武成》：“王若曰：呜呼！群后，惟先王建邦启土”，又《大诰》：“王若曰：猷，大诰尔多邦，越尔御事”，又《微子》，“王若曰：猷，殷王元子，惟稽古，崇德象贤，统承先王”，又《康诰》曰：“王若曰：孟侯，朕其弟，小子封，惟乃丕显考文王，克明德慎罚”，等等。

3. 有，读为佑。陈梦家云：“文王是主词，受是动词，天佑大命是宾词。‘天有’即‘天佑’。《诗·周颂·我将》：‘维天其佑之’（《周礼·夏官·羊人》疏引作祐），《易·大有》：‘自天佑之’，《诗·小雅·小宛》：‘天命不又’，《易·无妄》：‘天命不佑’，《书·多方》：‘昊天大降丧于殷，我有周佑命’，《君奭》：‘天维纯佑命。’”按：有，右均从又声，佑从右声，故有佑通假。“不显玟（文）王受天有大令”，即“丕显文王受天佑大命”，谓显赫文王受到上天助佑之大命。

4. 即在。此铭（才）、同出，其义应有不同。既读为在，则自应假为另字。案之铭义，此处在当读为载。在从才声，载从𢦏声，而𢦏又从才声，故在载可以通假。《诗·豳风·七月》：“春日载阳。”郑玄笺：“载之言则也。”“在珷（武）王嗣玟（文）乍邦”，即“则武王嗣文作邦”，谓进而武王承继文王基业而灭商建立周王朝也。

5. 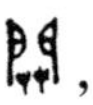，即，亦即闢。《说文》：“闢，開也。从門，辟声。，《虞书》曰：‘四門’，从門从。”，从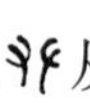从門，会两手向外開門之意。闢则从門辟声之形声字。此处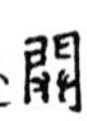用为“排除”义。《荀子·解蔽》：“是以闢耳目之欲，而远蚊虻之声。”杨倞注：“闢谓屏去也。”

6. ，即匿，读为慝。《广雅·释诂三》：“慝，恶也。”《诗·大雅·民劳》：“式遏寇虐，无俾作慝。”毛传：“慝，恶也。”“氒匿”即“闢厥慝”，谓除掉

商纣王及其臣下等恶人。《周逸书·世俘解》:“则咸刘商王纣执矢恶臣百人”，正同此义。此铭“闢厥慝”与《利簋》“克昏”文义一致。

7. ，即匍，读敷。《诗·周颂·赉》:“敷时绎思。”毛传:“敷，犹遍也。”“匍有四方”，即“敷有四方”，谓普遍拥有四方之地也。《书·金縢》:“敷佑四方”，正同此义。

8. ，即畯，亦即畯，读为骏。《尔雅·释诂》:“骏，大也。”

9. ，即正。《吕氏春秋·顺民》:“汤克夏而正天下。”高诱注:“正，治也。”“畯正氒民”即“骏正厥民”，谓大治其民也。

10. ，即雩。王国维云:“雩，古粤字。小篆作，犹霸之讹为(《说文》古文如此作)矣。”(参见王国维:《观堂古今文考释·毛公鼎铭考释》，第8页;《王国维遗书》第六册，第39页)按:金文雩作粤，语词也。《尚书》用曰用越，如《尧典》:“曰稽古帝尧”，《泰誓》:“越我御事庶士”，是其例也。

11. ，即卸，亦即御。甲骨文作(粹20)，(菁1.1)，金文或作(竞簋)，或加彳止作(颂鼎)。卸事即御事，办事之人。《尚书·大诰》:“猷，大诰尔多邦，越尔御事。”孔安国传:“周公称成王命顺大道，以告天下，众国及于御治事者尽及之。”是其证。

12. ，即叡。《说文》:“叡，又卑也。从又虘声。”此处用作叹词。《小臣谜簋》:“叡！东尸(夷)大反，白(伯)懋父以殷八自(师)征东尸”，《录伯卣》:“叡！淮尸敢伐内国”，同此用法。经籍或作徂。《尚书·费誓》:“徂！兹淮夷徐戎并兴。”《说文》:“退，往也。从辵，且声。退，齐语。徂，退或从彳。，籀文，从虘。”故退即遣，通叡。

13. ，即酉，读为酒。酒以酉为声符，故可通假。

14. ，隶定为醆。《说文》所无，当为从酉贡声之形声字。王国维云:“贡即芺字。《说文》:‘芺，小蘻也。’……以声类求之，疑即醓，经传通作湛。芺声在谈部，甚声在侵部，二部最相近”(参见王国维:《观堂古今文考释·盂鼎铭考释》，第2页;《王国维遗书》第六卷，第39页)湛，通耽。《诗·小雅·常棣》:“兄弟既翕，和乐且湛。”《释文》:“又作耽。”《韩诗》:“乐之甚也。”“酉无敢醆”即“酒毋敢耽”，谓毋溺于酒乐之中。

15. ，隶定为𥚽。马承源云：“祡的本字。”（参见马承源主编：《商周青铜器铭文选·大盂鼎》第三册，第39页）祡，祭名。《说文》：“祡，烧柴焚燎以祭天神。从示，此声。《虞书》曰：‘至于岱宗，祡。’”

16. ，即𤼷，从米在豆中而以两手举之。王国维云：“与𢍏同意。𤼷祀疑即烝祀。”（参见王国维：《观堂古金文考释·盂鼎铭文考》，第2页；《王国维遗书》第六册，第70页）𤼷当为登之本字，读为烝。烝，祭名。《尔雅·释天》：冬祭曰烝。”郭璞注：“进品物也。”董仲舒《春秋繁露·四祭》：“烝者，以十月进初稻也。”《礼记·祭统》：“凡祭有四时：春祭曰礿，夏祭曰禘，秋祭曰尝，冬祭曰烝。”

17. ，隶定为醥，从酉夒声。夒甲骨文作（前7.5.2），（后下14.5），金文作（无忧簋）、（毛公鼎）。后首部变为，腿部变为，手部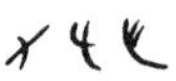变为，尾部变为，止部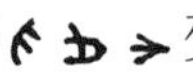变为，而成小篆形。《礼记·乐记》：“及優侏儒，獶雜子女，不知父子。”郑玄注：“獶，猕猴也。言舞者如猕猴戏也。”陆德明《释文》：“獶，依字亦作猱。”《集韵》：“夒，或从憂从柔。”又夒、猱、獶音均奴刀切，可证夒、猱、獶为一字。獶又音於求切，故夒可假为憂。夒在金文中假借为憂。如《毛公鼎》：“䜌（缠）圂（恪）大令（命），康能四国，俗（欲）我弗乍（作）先王夒（憂）”，即其例也。由是，为醥，亦为醰，假借为擾。《说文》：“擾，烦也。”又“烦，热头痛也”。“有𥚽𤼷祀无敢醥”，即“有祡烝祀毋敢擾”，谓有祡祭一类祭祀之事，亦不可因贪酒而昏病误事。

18. ，即古，假借为故。《说文》：“故，使为之也。”

19. ，即異。甲骨文作（甲394），金文作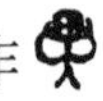（曶鼎）。唐兰云：“異就是辅翼的翼字，象人举两手和鸟翼相似。鸟翼的翼字则从羽異声。古代有𢍰字，就是举手捧着孩子。《诗·大雅·文王有声》说：‘以燕翼子。’”（参见唐兰：《西周青铜器铭文分代史征·大盂鼎》，第174页）《诗·大雅·卷阿》：“有凭有翼，有孝有德，以引以翼。”郑玄笺：“翼，助也。”《虢叔旅钟》：“皇考严才上，異（翼）才下，數數纍纍，降旅多福”，亦此义也。

20. ，即临。《说文》：“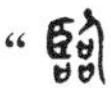，监临也。从卧，品声。”《尔雅·释诂》：“临，视也。”《诗·大雅·大明》：“上帝临女”，即此义也。

21. 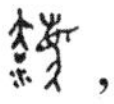，即灋，读为废。上古灋为帮母叶部字，废为帮母月部字，音近，故可通假。《尔雅·释诂》：“废，大也。”“灋保先王”即“废保先王”，谓大保先王也。

22. ，此字泐甚。“有四方”当即上文“匍有四方”之意。

23. 即述。金文或作（小臣谜簋）、（中山王　壶），形体相同，其为述字无疑。王国维云：“隊鼎文作，《书·君奭》：‘乃其隧命’，《魏三体石经》古文作，《说文》‘，古文遂’，此命即隊命矣。”（参见王国维：《观堂古今文考释·盂鼎铭文考》，第2页，《王国维遗书》第六卷，第70页）按，（述）假为隊，音近故也。隊后加形旁土，作墜。隊、墜古今字。《广雅·释诂二》：“墜，失也。”《尚书·君奭》：“殷既墜厥命，我有周既受。”孔安国传：“殷已墜失其王命”，是其例也。

24. 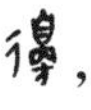，即㣼，亦即邊。唐兰云：“凡义相近的字，在偏旁里可以通转。象‘巾’和‘衣’通，所以‘常’‘帬’‘幝’‘帙’，可以作‘裳’、‘裙’、‘褌’、‘袟’；‘土’和‘𨸏’通，所以‘垝’‘垔’‘壉’‘壛’，可以作‘陒’‘陻’‘噱’‘隱’。”（参见唐兰：古文字学导论》下编，第55页）彳、辵通转之例，如征（曾伯簠）与延（員伯盨），（中山王　壶）与徑（鄂君启节），等等。

25. ，即田，读为甸。田、佃古通。《史记·赵世家》“田不礼”，《墨子·所染》作“佃不礼”，是其证。佃、甸当为同字。二字之形均从人（勹亦人）从田。又，《礼记·王制》：“千里之内曰甸。”郑玄注：“服治田，出谷税。”《汉书·韩安国传》：“方佃作时，请且罢屯。”颜师古注：“佃，治田也。”是佃与甸义亦同。“侯田”即“侯甸”，亦即侯服、甸服。《周礼·夏官·职方氏》：“方千里曰国畿，其外方五百里曰侯服，又其外方五百里曰甸服。”《尚书·酒诰》：“越在外服，侯、甸、男、卫、邦伯。”孔安国传：“於在外国侯服、甸服、男服、卫服、国伯诸侯之长。”

26. 雩，“殷㣼侯田雩殷正百辟”之“雩”，读为与，连词。

27. ，右半偏旁残泐，以文义推绎之，当为“殷”字。

28. ，即正。《尔雅·释诂》：“正，长也。”《周礼·天官·太宰》：“乃施法于官府，而建其正。”郑玄注：“正谓冢宰、司徒、宗伯、司马、司寇、司空也。”《诗·大雅·云汉》，“群公先正，则不我助”。郑玄笺：“先正，百辟卿士也。”

29. 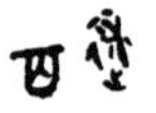，即百辟。《诗·大雅·假乐》：“百辟卿士，媚于天子。”郑玄笺：“百辟，畿内诸侯也。”“殷禣侯田雩殷正百辟”，即“殷边侯甸与殷正百辟”，谓殷商边地之外服诸侯和殷商王朝执政百官。

30. ，即率，此处用为副词。《古今韵会举要》：“率，皆也。”《史记·老子韩非列传》：“故其（按指庄子）著书十余万言，大抵率寓言也。”张守节正义：“率，犹类也。”《汉书·宣帝记》：“率常在下杜。”颜师古注：“率者，总计之言也。”

31. ，唐兰隶定为肆。云：“字即《说文》作肆者，是肄字的篆文。”（参见唐兰：《西周青铜器铭文分代史征·大盂鼎》，第 175 页）《说文》：“肄，习也。”此铭用为肆意、放纵之义。“率肆于酉”即“率肄于酒”，谓皆沉湎于酒也。

32. ，即丧，象桑间置盛器之形，当为采桑之专字。此铭用为丧亡义。“古丧𠂤”即“故丧师”，谓故丧失师众也。《诗·大雅·文王》：“殷之未丧师，克配上帝。”郑玄笺：“师，众也。殷自纣父之前未丧天下之时，皆能配天而行，故不安也。”本铭谓殷商边地之外服诸侯和殷商王朝执政百官，皆沉湎于酒，故丧失天下。

33. ，即巳，象胎儿之形。朱骏声《说文通训定声》：“巳，孺子为儿，襁褓为子，方生顺出为㐬，未生在腹为巳。读为已，古已巳一字，此处用为叹词。《尚书·大诰》：‘已！予惟小子。’孔安国传：‘已，发端叹词也。’《康诰》：‘已！女惟小子’，《雒诰》：‘已！女惟冲子’，《梓材》：‘已！若兹监’，同其例也。”

34. ，即妹。《说文》：“妹，女弟也。从女未声。”此处读为昧，以妹昧同以未为声符故也。

35. ，即辰。甲骨文作（粹 756），（粹 1475），金文或作（录伯簋）、（豆闭簋），象人以两手震撼山崖之形，即振字初文。此处读为晨。《说

文》：“（䢅、晨），早昧爽也。从臼从辰。辰，辰时也。辰亦声。丮夕为𡖍，臼辰为䢅，皆同意。”“妹辰”即“昧䢅（晨）”，昧旦之时也。

36. ，即服。《诗·大雅·荡》：“曾是在位，曾是在服。”毛传：“服，服政事也。”又《板》：“我言维服，勿以为笑。”郑玄笺：“服，事也。”“女妹辰又大服”即“汝昧晨有大服”，谓汝自明日昧旦之时起即有政务大事料理也。

37. ，即即。《说文》：“，即食也。从皀卪声。”徐锴系传：“即犹就也，就食也。”《尔雅·释诂下》：“即，尼也。”郭璞注：“尼，近也。”《诗·卫风·氓》：“匪来贸丝，来即我谋。”郑玄笺：“即，就也。”

38. 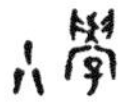，即小学，与大学对言。《大戴礼记·保傅》：“及太子少长，知妃色，则入小学。”卢辩注：“古者太子八岁入小学。”《周礼·地官·保氏》：“保氏掌谏王恶，掌养国子，乃教之六艺，一曰五礼，二曰六乐，三曰五射，四曰五驭，五曰六书，六曰九数。”《说文·叙》：“《周礼》八岁入小学，保氏教国子先以六书，一曰指事，二曰象形，三曰形声，四曰会意，五曰转注，六曰假借。”是古时小学教授礼、乐、射、御、书、数六艺，书其五也。至汉代，小学方成为语言文字之学之专称。“余隹即朕小学”，谓我幼时也曾进我之小学诵习六艺。

39. ，唐兰释。云：“当是像字，与人同，疑当读作僞。金文常用象作為字（爲字本象以手牵象，但如《立盨》等常省去爪形）。僞字通譌，《说文》：‘譌，譌言也’，引《诗》：‘民之譌言。’按：今本《沔水》与《正月》均作‘民之讹言’。《书·尧典》：‘平秩南讹’，《史记·五帝本纪》作譌。《诗·无羊》：‘或寝或讹’《韩诗》作譌。可见譌与讹是一字。讹，《说文》作吪，‘动也’。此铭‘汝勿僞余乃辟一人’，僞当读为吪，意思是：‘汝勿动余乃辟一人。’与《毛公鼎》说‘毋童（動）余一人在位’同义。”（参见唐兰：《西周青铜器铭文分代史征·大盂鼎》，第175页）按：唐兰释像，读为譌，解为动，可参。

40. 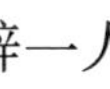，即辟。《尔雅·释诂》：“辟，君也。”古时，王者自称余一人或予一人、辟一人。如《尚书·盘庚上》：“惟汝舍德，不惕余一人”，《泰誓》：“百姓有过，在予一人。”“余”“乃辟”“一人”为三同位语连用，同是康王自指。“女勿吪余乃辟一人”，谓“汝勿动余”也。

41. ，唐兰释亩，云：“是亩字，象仓廪形。读如禀。”（参见唐兰：《西周青铜器铭文分代史征·大盂鼎》，第175页）按：当隶定为亩。亩字甲骨文作（前4.11.6），金文作（㒸尊），此铭字之当即之变形，故从宀从亩，当即亩之繁体，读为禀。古亩、禀、廪，同字也。《左传·昭公二十六年》："先王所禀于天地。"杜预注："禀，受也。"即，近也，趋向也；井（型），仪型也，取法也；禀，禀受也。即、井、亩三同义词连用。"今我隹即型禀于文王正德"即"今我隹即型禀于文王正德"，谓现在我仰宗、取法并禀受于文王纯正之德性。

42. ，即二三正，几个官员。"若玟（文）王令二三正"即"若文王命二三正"，谓若文王任命汝辈官员。

43. ，隶定为，即召，从，作叉手形。从酉，酒尊也。从，承尊之器。从，两手奉之也。召声。此处，读为诏，其义为辅助。《尔雅·释诂》："诏，导也。"《周礼·天官·大宰》："以八柄诏王驭群臣。"郑玄注："诏，告也，助也。"皆其证也。

44. ，隶定为，象两苣火相交之形，读为桊。这里，指荣氏。荣氏世代为周室贵胄。

45. ，隶定为豰。唐兰云："豰字从殳，从㽕（邕）声，读为雍。"（参见唐兰：《西周青铜器铭文分代史征·大盂鼎》，第176页）按：《说文》："雝，雝鶵也。从隹邕声。"段玉裁注："隶作雍。"又"邕，四方有水自邕城池者。从川从邑。㽕，古文邕"。甲骨文雝作（前2.28.7）、（前2.35.6），知隹、雒一字。雒省隹为沓，即㽕。由是，㽕、隹、雒（雝）一字。吕讹为，则变为邕、雔、雝。雝字邑变为反邑乡，巛变为，则成雍（武威医简78乙）、雍（曹全碑），故隹（雔）、雒（雝）、邕，雍一字也。此铭豰字从隹（雔），读为雍，是也。《玉篇》："雍，和也。"《尚书·无逸》："其惟不言，言乃雍。"孔颖达疏："郑玄云：'其不言之时，时有所言，则群臣皆和谐。'"《毛公鼎》作，又较加，其实一字也。

46. ，即巠，象织机持纵丝之器之形，乃经之初文，此处读为经，其义为典则。《左传·宣公十二年》："武之善经也。"杜预注："经，法也。"是其证也。"今余隹令女盂焚苟豰德巠"，即"今余惟命汝盂诏荣敬雍德经"，谓我命令汝孟辅助荣氏尊崇协调道德纲纪。

47. ，即敏。《说文》：“敏，疾也。”

48. ，即讕，读为谏。谰，从言阑声，而阑从门柬声，故谰谏例可通假。“敏朝夕入谰”即“敏朝夕入谏”，谓快捷地、不间断地进谏于王。

49. ，即亯，亦即享。《诗·商颂·殷武》：“莫敢不来享。”郑玄注：“享，献也。”

50. ，即奔，亦即奔。金文或作（克鼎），讹为，小篆作，隶楷作奔。“亯奔走”，为王室奉献奔走之劳。《诗·周颂·清庙》：“对越在天，骏奔走在庙”，亦此意也。

51. ，即畏天畏。，象鬼持杖之形，可怖可畏孰甚。前“畏”如字读，后“畏”读为威。畏、威同为影母微部字，故可通假。《诗·周颂·我将》：“我其夙夜，畏天之威，于是保之”，亦此意也。

52. ，唐兰释而。云：“而本象人颊毛之形，即所谓络腮胡子。甲骨文常见（如［铁 200.3］，［后下 38.7］）。《广雅·释诂四》：‘而，词也。’《礼记·檀弓》：‘而曰然。’郑玄注：‘犹乃也。’”（参见唐兰：《西周青铜器铭文分代史征·大盂鼎》，第 176 页）按：唐说可参。

53. 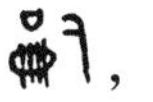，即嗣。《说文》：“嗣，诸侯嗣国也。”段玉裁注：“嗣，引申为凡继嗣之称。”《尔雅·释诂上》：“嗣，续也。”

54. ，即南，象瓦制乐器之形。此处用为人名字。南公，盂之祖名。唐兰云：“南公当即文王之子聃季载。《史记·管蔡世家》：‘武王同母兄弟十人’中‘冉季载最少’。《左传·定公四年》：‘聃季为司空’，字作聃，是成王时曾任三公。《白虎通·姓名》说：‘文王十子，《诗传》曰：「伯邑考、武王发、周公旦、管叔鲜、蔡叔度、曹叔振铎、成叔处、霍叔武、康叔封、南季载。」载所以或上其叔、季，何也？管、蔡、曹、霍、成、康、南，皆采也，故置叔、季上。’按：南公有《司盠鼎》，是西周后期器，为南公的属官所做。《春秋·隐公元年》：‘天王使南季来聘’，可见南季氏到春秋还存在。那么，冉季载或聃季载都应作南，冉和聃都是借字。聃季当以作南季为正，南季载即南公，盂则是聃季之孙。”（参见唐兰：《西周青铜器铭文分代史征·大盂鼎》，第 176 页）“而令女盂井乃嗣且南公”，即乃命汝盂学习尔之嗣祖南公。

55. ，即召夹。召，读为诏。《尔雅·释话》：“诏，导也。”《说文》：“，持也。从大，侠二人。”段玉裁注：“捉物必两手，故凡持曰夹。”徐灏《说文解字注笺》：“夹，二人夹持，夹辅之义也。”“召夹”，同义联合词，即“诏夹”，谓辅助也。《左传·僖公四年》：“五侯九伯，女实征之，以夹辅周室”，亦此意也。

56. ，即死，读为尸。《尔雅·释诂》：“尸，主也。”

57. ，即嗣，读为司。《广雅·释诂三》：“司，主也。”“死嗣”，同义联合词，即“尸司”，谓职掌也。

58. ，即諫，读为速。“敏諫”同义联合词，即敏速，快速也。

59. ，即罚，处罚也。《周礼·地官·司救》：“凡民之有邪恶者，三让而罚。”郑玄注：“罚谓挞击之也。”

60. ，即讼，争讼也。《说文》：“讼，争也。”“敏諫罚讼”即敏速罚讼，迅速处理诉讼之事。

61. ，即䇸，亦即登，读为烝。《尔雅·释诂》：“烝，君也。”《诗·大雅·文王有声》：“文王烝哉。”毛传“烝，君也”“夙夕我一人䇸四方”，即“夙夕诏我一人烝四方”，谓日夜辅佐我君临天下。

62. ，即遹。《尔雅·释诂》：“遹，循也。”《汉书·东方朔传》：“徼循长杨以东。”颜师古注：“循，视也。”又《说文》：“省，视也。”“遹省”，同义联合词，巡察也。“雩我其遹省先王受民受疆土”，即“粤我其遹省先王受民受疆土”，谓我巡察先王受自上天之人民和土地。

63. ，即鬯，酒器也。《说文》：“，以秬酿郁草芬芳攸（條）服（畅）以降神也。从凵。凵，器也。中象米，匕所以扱之。”按：，圈足也，小篆讹为。许氏说为“所以扱之”之匕，非也。

64. ，即卣。王国维云：“者古之卣字也。卣字古文作（盂鼎）、作

（毛公鼎）、作（伯晨鼎）、作（录伯簋及吴尊盖），石鼓文逌字亦作，而殷墟卜辞盛鬯之卣则作（《殷虚书契前编》卷一，第18页）、作（《殷虚书契前编》卷一，卷六，第41页，戬寿堂所藏殷墟文字第25页，同其辞曰：‘鬯五’，知确为卣字矣），知所从之即之省，又知䖪盧二字一从甶一从𠙹，即与之变，实一字而繁简异也。卣为尊属。”（参见王国维：《观堂集林·艺林六·释由上》，第7页；《王国维遗书》第一册，第129页）此处卣用为量词。“鬯一卣”，香酒一卣也。

65. ，即冃，头衣也。《说文》：“，覆也。从下垂也。”古冃、冂、冖当为一字。冃读为冕，一声之转也。《说文》：“冕，大夫以上冠之。”

66. ，即市，蔽膝也。《说文》：“市，韠也。上古衣蔽前而已，市以象之。天子朱市，诸侯赤市，大夫葱衡。从巾，象连带之形。，篆文市从韦从犮。”市之色彩与裳相配合。《礼记·玉藻》：“韠，下广二尺，上广一尺，长三尺，其颈五寸，肩革带，博二寸。”王夫之《礼记章句》：“其制以熟皮为之，著于衣裳之外。大带之下，垂当前中，上分三裂，中为颈，两旁为肩，肩通革带以系佩，佩两旁垂而韠当中也。”

67. ，即舄，双层底之木履也。金文或作（吴方彝）、（师晨鼎）、（师𫊸簋），象鹊张两翼之形。鹊形似乌而羽旁有白条。《吴方彝》作，石鼓文舄偏旁作。小篆乃变其上作，变其下作。《说文》：“，鹊也。象形。，篆文，从隹昔声。”昔声与舄声同，舄古亦通假以代屦。《释名·释衣服》：“复其下曰舄。舄，腊也。行礼久立，地或泥湿，故复其下使干腊。”

68. ，即旂，古时练兵和狩猎时用以会众之旗帜也。《说文》：“，旗有众铃，以令众也。从㫃斤声。”《周礼·夏官·大司马》：“中秋教治兵，为振旅之陈，辨旗物之用。王载大常，诸侯载旂，军吏载旗，师都载旜，乡遂载物，郊野载旐，百官载旟，各书其事与其号焉。其他皆如振旅，遂以狝田，如蒐田之法。”

69. ，隶定为遻，即遻，读为狩。《说文》：“，牿也。象耳头足厹地之形。古文嘼下从厹。意者，许氏所说古文嘼作嘼，故遻即遻。遻当读为獸。獸，甲骨文作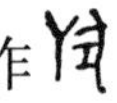（铁10.3）、（铁39.1）、（拾6.8）、（拾6.3），金文或作（先兽鼎）、（员鼎）、（兽爵），从干从犬，干，盾也。田狩者以干自蔽，以犬自随。会“持械驱犬狩猎”之意，与《说文》训“犬田”之狩字同义。故獸狩一字。“用遹”即“用遭”，亦即“用獸（狩）”，谓用于狩猎也。

70. ，即邦。“邦𤔲”，即邦司，邦国之有司也。邦司用以赏赐，故其地位当低贱。马承源谓是“周人原有的管理奴隶的执事之人，本人的身份也是奴隶”。（参见马承源主编：《商周青铜器铭文选·大盂鼎》第三册，第40页）

71. ，即白，读为伯。《说文》：“伯，长也。从人，白声。”段注：“凡为长者皆曰伯。”“邦司”以“伯”为量词，而“人鬲（黎）”以“夫”为单位，有所不同，亦说明邦司指管理人鬲之长官。

72. ，即鬲。经籍中作黎。《尔雅·释诂》：“黎，众也。”黎即黎民。《说文》：“黔，黎也。从黑，今声。秦谓民为黔首，谓黑色也。周谓之黎民。”段玉裁注：“黎与驪、黧字音同，故借为黑义。……俗作黧。小徐本作黧，乃用俗字改许也。”黎民，即黧民。人在烈日下劳作，其体色必黑。故周谓之黎民，秦谓之黔首也。人鬲，亦称鬲，《令簋》：“姜赏令贝十朋，臣十家，鬲百人”，是其证。

73. ，即駿，亦即驭，当指驭马奴隶。《说文》：“御，使马也。驭，古文御。”《广雅·释诂一》：“御，使也。”王念孙疏证：“臣与使同义。”《国语·吴语》：“奉盘匜以随诸御。”韦昭注：“御，近臣宦竖之属。”

74. ，即庹。《说文》：“庶，屋下众也。从广炗。炗，古光字。”按：庶甲骨文作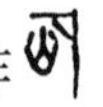（珠979），金文或作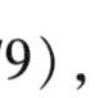（毛公鼎），从火，石声。当训为众。既从火，众盛义自在其中。《尔雅·释诂下》：“庶，众也。”邢昺疏：“谓众夥也。”许氏徒依小篆形体立论，其说解未可全信也。庶人，众人，当指从事农耕之奴隶。《左传·襄公九年》：“其士竞于教，其庶人力于农穑”，是其证。

75. ，即尸，读为夷。容庚云：“象屈膝之形，意东方之人其状如此。后假夷为尸，而尸之意晦。”（参见容庚：《金文编》卷八，第602页）按：尸，上古为审母三等脂部字。夷，上古为喻母四等脂部字，黄侃把照系三等并入端系，曾运乾把喻母四等归入定母，尸、夷音近，故可通假。《左传·成公十七年》：“吾一朝而尸三卿”，《韩非子·内储说上·六微》乃作“吾一朝而夷三卿”。“尸嗣王

臣”即“夷司王臣”。马承源谓是“商王室管理夷族奴隶的低级官员，和邦司的身份相似”。（参见马承源：《商周青铜器铭文选·大盂鼎》，第41页）

76. ，即遷，亦即𢓊，读为極。《尔雅·释诂》：“極，至也。”

77. ，字不识。疑为地名。

78. ，即，亦即𡫵，读为营“遷𡨦自氒土”，即“极𡨦𡫵自厥土”，其意盖谓自其采邑至𡨦地之广大地域，均赏赐于盂，盂得有营造宫室之权。

79. ，即正，读为政，政事也。“若㝵乃正”，汝应恭谨地料理尔之政务。

80. ，即灋，读为废，停止也。《尔雅·释诂下》：“废，止也。”《论语·雍也》：“力不足者，中道而废。”“勿灋朕令”，金文铭辞成语，即“勿废朕命”，不可废止我之命令也。

81. ，即“對”，左旁稍泐。“对王休”即“对扬王休”之省。

82. ，即“又”，下部稍泐。“隹王廿又三祀”，交代作器时间为康王廿三年。

现代汉语翻译：

九月，康王在宗周，对大臣盂下达命令。王乃训诰说：“显赫的文王接受上天助佑的大命，继而武王承文王基业，建立周王朝，灭掉商纣王，拥有四方土地，尽力治理他的臣民。至于管理政事的官吏，不敢耽溺于酒乐，有祡祭、烝祭一类祭祀之事，也不敢因贪酒而昏病误事。所以上天象监临他的儿子一样地辅助护佑他的子民，极力保佑先王，广有四方土地。我听说殷商之所以丧失天命，就在于殷商边地的诸侯和殷商王朝执政百官，都沉湎于酒乐，由此丧失天下民众。唉！你自明天清早就要开始治理政务大事。我幼时也曾进过我的小学诵习六艺，你可不能做有损于我的事。现在，我宗仰、取法并禀受文王纯正的德性，象文王那样任命你们这些执政官员。现在，我任命你大臣盂辅助世卿荣氏尊崇协调道德纲纪，迅速地不间断地进谏于我，为王室之事而献上你们自己的奔走之劳，并且敬畏上天的威严。”王继续训诰说：“就命令你大臣盂学习你的祖父南公。”又说：“盂，你就负责辅助执掌兵戎之事，要迅速地处理诉讼之事，日日夜夜辅佐我君临天下。我们巡察先王得自上天的人民和疆土。我赐给你香酒一壶、冕、衣、蔽膝、双层底木鞋、车和马，赐给你的祖父南公的旗帜，用来狩猎。赐给周人管理奴隶的头目四人，以及从驭马到耕田的奴隶六百五十九名。赐给原商王室管理夷族奴隶的头目十三人，以及奴隶一千零五十名。赐给自你的采邑到寡的一大片地。”最后说：“盂，你要恭谨地料理你的政事，不要废止我的命令。”盂因此答谢称扬康王册命赏赐的美意，用来制作纪念祖父南公的宝鼎。时在康王二十三年。

六、庚赢簋（康王时器）

释文：

隹王十月既望，辰才（在）己丑，
王逄（各）于庚嬴宫。王穫（蔑）庚嬴
曆（歷），易（錫）貝十朋，又丹一柝（管）。庚嬴
對䚄（揚）王休，用乍（作）氒文姑寶
障（尊）彝。其子子孫孫邁（萬）年永寶用。

注释：

1. 庚嬴卣，郭沫若断为康王时器。云：“此卣字体亦与《盂鼎》等为一系，而下《庚嬴鼎》（按：《庚嬴鼎》铭云：“隹廿又一年四月既望己酉，王客□宫，衣（殷）事。丁巳，王蔑庚嬴历，易瓒璋、贝十朋，对王休，用乍宝鼎。”）尤与《盂鼎》形制相仿佛，故以次于康世。”（参见郭沫若：《两周金文辞大系考释·庚嬴卣》，第 43 页）陈梦家亦断为康王时器，云：“我们则以为应着重于两器（按，指《大盂鼎》和《庚嬴卣》）所代表的鸟纹，它们正是从成王时代的鸟形变为后一时期新形式的鸟形的标准形式。对于此一种新式鸟形的发生以及其演变，是解决康王时代若干组铜器的关键。所谓鸟形可大别为三类：一是成对的小鸟，二是成条的长鸟，三是单个的大鸟。小鸟占据次要的带纹上，如第 19 器（按，指《作册令方彝》）；大鸟占据主要的腹部，如第 6 器（按，指《塱方鼎》）。此两种因自殷代，见于成王铜器；惟占据器项下一带的长鸟兴于西周初期而稍有变化：即鸟的身与尾部的逐渐分离，鸟喙发展为一长条垂于鸟首之前。为简便计，称前

者为‘分尾’，后者为‘垂喙’。长鸟的变化亦影响于大鸟，因此《庚嬴卣》所代表的正是分尾而垂喙的长鸟与垂喙的大鸟。”（参见陈梦家：《西周铜器断代》[三]，《考古学报》1956年第1期，第91—92页）

2. ，即洛，读为狢，至也，来也。《方言》卷一：“洛，至也。邠、唐、冀、兖之间曰假，或曰狢。”郭璞注：“古格字。”又卷二：“狢，来也。自关西而东周郑之郊齐鲁之间或谓之狢。”《诗·大雅·抑》：“神之格思。”毛传：“格，至也。”陈奂传疏：“格即狢之假借字。”按：“各”甲骨文作（前5.24.4），（佚665），金文作（宰椃角）、（豆闭簋），从（止）向居地（），会“到来”之意。“各”乃本字，“狢”“格”皆假借也。

3. ，即赢。于省吾谓“赢”由“能”孳乳而来，云：“能字初见于商器《能匋尊》，作，周器《番生簋》作，《史墙盘》作（右从攴），《毛公鼎》作，《齐侯镈》作。又，《说文》作。以上所列诸能字前后时期的构形，并无较大的变化。《说文》：‘能，熊属，足似鹿，从肉㠯（以）声。能兽坚中，故称贤能，而强壮称能杰也。’……以前文所引能字初文作来看，则以为首，以肉为身，以为足，其象兽形是无疑的。……我认为，‘能’是个独体象形字用‘㠯’为声符。独体象形字而具有部分表音，乃是一种新的发现。例如，甲骨文羌字，初形本作，而其上部为羊省声；甲骨文麋字本作，而其上部从（眉）省声；甲骨文小麦的秾字作，既从禾又从來声。这些都是‘能’为独体象形字而用‘㠯’为声符的例证。……《周礼·大宗伯》的‘司中’，郑注谓‘司中，三能三阶也’。孙诒让《周礼正义》引宋均注，谓‘能，今之台字也’。《史记·天官书》的‘魁下六星，两两相比者曰三能’，苏林注谓‘能音台’。按‘以’字为隶变，《说文》作，误以为‘从反已’。其实，‘以’之古文本作，晚周金文孳乳为从口之台。‘以’属喻纽四等字，古归透纽，透、定相为清浊，详曾运乾《喻母古读考》。又‘能’与‘以’为迭韵，故知二字声与韵并相通。根据上述，则‘能’为具有部分表音的独体象形字是可以肯定的。《说文》㕑字作，并谓：‘㠯，或曰兽名，象形，阙。’……现在择引金文中‘㠯’和‘从㠯’的字列之于下，然后加以阐明。（一）（䰜季卣）（䰜季簋）；（二）（樊君鬲）（樊夫人匜）；（三）（伯卫父盉）（嬴霝德簋）（铸叔簠）（京叔盘）（许子簠）（嬴氏鼎）（庚嬴卣，嬴通嬴）；（四）（嬴霝德鼎）（筍伯盨）（杲同簋）（子叔嬴芮君盨）。以上所引四条，都是周代金文。第一条的两个䊨字，右从卩，罕见。第二条的《樊君鬲》铭文：‘樊君作弔（叔）𣎆賸（媵）器宝䵼。’《樊夫人匜》铭文：‘樊夫人龙𣎆自作行它（匜）。’以上两条铭文的𣎆字作形，均借为𣎆，前一𣎆字《金文编》入于附录。上引二器虽然时期较晚，但两个篆文的结体则介于能、𣎆之间，乃从‘能’过渡到‘𣎆’的中枢阶段。周代晚期金文有时也保存着初文的构形，例如《伯作蔡姬尊》的世字作（世字本由字孳乳为或，乃指事字，但较为晚期的金文也有省作者。详《甲骨文字释林·释古文字中附划因声指事字的一例》）第三条的前六个嬴字均从女。第七个从贝，即赢字，与嬴通用。这些字各有不同的变化，但是，其由能字所滋化的迹象，是宛然可寻的。第四条的四个嬴字构造奇诡，虽然皆从女，但其由能字所滋化的迹象，如果不以同类字以及同类词义相参验，几乎难以辨识。此外，战国文字中也有‘𣎆’和‘从𣎆’之字，例如，长沙出土的楚简中𣎆字作或，古玺文的嬴字作。又《鄂君启节》的𣎆字作，其所从的能字，犹不失原形。总之，𣎆为能的孳乳字，是十分明显的。……王筠《说文释例》：‘𣎆，郎果切，从其声者嬴、羸、蠃、嬴、赢，转递从羸者，㜏、縲、鏍皆同。而嬴、羸从𣎆声，及转递从羸声之籯，自为一类。’……王氏把从𣎆声之字分为两类，而不能得其会通。实则，这两类字在典籍中和秦简中是相通的。《庄子·田子方》：‘则解衣般礴蠃’，《释文》谓‘蠃本又作羸，同力果反’。《史记·信陵君传》的‘侯嬴’，《索隐》谓‘曹植音嬴瘦之嬴’。《易·大壮》的‘羸其角’《释文》谓羸，郑、虞作纍。孔疏谓‘羸，拘纍缠绕也。’《睡虎地秦墓竹简·秦律十八种》的《释文》，有的借羸或嬴以为累（纍的省体）。以上是从𣎆声的嬴、羸、蠃、赢等字音近通假的例证。现在先就从𣎆声诸字的声纽来说，嬴与赢字均属喻四，古读喻四为舌头定纽。至于羸或从羸声之字均属舌头来纽。准此，则定纽来纽由于同属舌头音而往往相通。例如，从樂声的藥、濼本属喻母，但从樂声的櫟、轢、皪等字则属来纽。这对前文王筠所分的两类，在声纽上已经得到相通的佐证。……再就古韵来说，嬴和从嬴声的字属脂部，转为郎果切，则属歌部。依据王念孙《古韵谱》，则脂部与歌部往往合韵。例如，《诗·玄鸟》以祁与河、宜、何为韵；《楚辞·九歌·东君》以雷、怀、归与蛇为韵；《远游》以妃、夷、飞、徊与歌、蛇为韵。总之，从上举的一系列例证来看，王筠所区分的两类从𣎆之字，无论在声纽方面还是在韵部方面都可以通其邮。”（参见于省吾：《释“能”和“𣎆”以及“从𣎆”的字》，《古文字研究》第八辑，第1—7页）按，于氏从形和音两方面论证“𣎆”由“能”孳乳而来，坚确无可移易。而羸则从贝𣎆声，羸又通嬴，以同声符之故也。庚羸，即庚嬴，而《庚嬴鼎》正作嬴。庚羸当为作器者，袭王姜、庚姜之例，庚羸（嬴）当是嬴姓之女而嫁于庚者。康王亲临其宫室且赏赐贝十朋、丹一枅（管），则庚羸当为公侯之妻氏。

4. ，即穖，读为蔑，称美义也。穖曆，即蔑歷，亦即伐歷。“伐庚羸历”，伐历于庚羸，对庚羸的表现加以称誉。

5. ，即丹。《说文》：“，巴越之赤石也。”赤石，所谓丹砂者也，乃颜料，用以涂桷梁。康王赐丹一枅（管）给庚羸，当是用作妇女梳妆之脂粉。

6. ，即厈，亦即枅。郭沫若云：“枅字从木厈声，疑即管之异文。丹砂之单位以枅言，犹贝以朋言，车以辆言，马以匹言。故丹砂一称丹干（《荀子·王制篇》）或丹矸（《荀子·正论篇》），犹言贝朋、车辆、马匹也。”（参见郭沫若：《两周金文辞大系考释·庚羸卣》，第六册，第43页）

7. 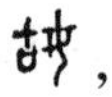，即姑。《尔雅·释诂》：“妇称夫之父曰舅，称夫之母曰姑。”文姑，有文德之姑。

8. ，即𢓜，亦即邁，读为萬。邁，上古月部字，萬，上古元部字，月元入阳对转也。

现代汉语翻译：

周康王某年十月中下旬的乙丑日，天子来到庚羸的住处，夸美了庚羸的表现，赏赐给她货贝十朋，丹砂一管。庚羸答谢显扬了天子的盛意，用来制作了纪念她的极有文德的夫母的高贵礼器卣，谨愿使用此器的子子孙孙千秋万代宝而用之。

七、作册令方彝（昭王时器）

释文：

隹八月，辰才（杜）甲申，王令（命）周公子明傈（保）尹三事四方，受（授）卿旋（士）寮（僚）。丁亥，令（命）矢告扜（于）周公宫。公令（命）𢓊（出）同卿旋（士）寮（僚）。隹十月月吉癸未，明公朝至扜（于）成周。𢓊（出）令（命）：「舍三事令（命），眔卿旋（士）寮（僚）、眔者（诸）尹、眔里君、眔百工、眔者（诸）侯：侯、田（甸）男。舍四方令（命）」。既咸令（命）。甲申，明公用牲扜（于）京宫。乙酉，用牲扜（于）康宫。既咸用牲扜（于）王，明公歸（歸）自王。明公易亢師鬯、金、小牛，曰：「用祿（祓）」。易令鬯、金、小牛，曰：「用祿（祓）」；迺令（命）曰：「今我唯令女（汝）二人亢眔矢，爽（毋）差（左）右扜（于）乃寮（僚）㠯（與）乃友事」。乍（作）册令敢䫻（揚）明公尹氒宣（休），用乍（作）父丁寶隮（尊）彝。敢追明公賁（赏）扜（于）父丁，用光父丁。

雋册

注释：

1. 此器作器者为令，亦称矢，为作册之官，当即《令簋》之作册矢令。《令簋》铭云："隹王于伐楚白（伯），才（杜）炎。隹九月既死霸丁丑，乍册矢令隮（尊）宜于王姜，姜商（赏）令贝十朋、臣十家、鬲百人。"彝铭和经籍皆证周伐楚乃在昭王之时。《墙盘》铭云："弘（宏）鲁邵（昭）王，廣能楚荆（荆），隹寏南行"，《左传·僖公四年》："昭公南征而不复"，即其例也。由是，可定《作册令方彝》为昭王时器。

2. 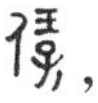，即俿，保之增繁字也。唐兰云：“抱者怀于前，保者负于背，故字象人反手负子于背也。保字孳乳为褓，是为儿衣。襁褓者古亦以负于背（今日人犹如此），则即保字无疑。……中字书之不便，因省而为，更省则为，……即之省。金文作者，多一饰笔耳。更进作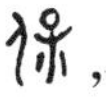，则饰两笔矣。其作者，则又从玉，为保玉之专字耳。（《史记·周本纪》：“展九鼎保玉”）《说文》：‘，养也。从人从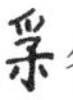省。，古文孚。’按孚又从古文，是互相从矣，失之。《礼记·内则》：‘保受乃负之’，注：‘保，保母也。’负子于背谓之保，引申之则负之者为保，更引申之，则有保养之义。然则，保本象负子于背之义，许君误以为形声，遂取‘养也’之义当之耳。”（参见唐兰：《殷墟文字记·释保》，第 59 页）这里用作人名。唐兰谓明保，系周公旦之孙，云：“周公子明保，疑是君陈之子，周文公旦之孙。在康王二十五祀的《盂鼎》（按，即《小盂鼎》）里，他称为明伯，那时已经是重要执政了。在《作册翻卣》和此铭称为明保，是由于他当上了太保，正如成王时的太保召公奭，在《保卣》里就只称为保，此铭在明保当上了尹以后，就改称明公。明伯、明保、明公，实际上是一个人前后称呼之异。”（参见唐兰：《西周青铜器铭文分代史征·作册令方彝》，第 206—207 页）

3. ，即尹。《说文》：“尹，治也。”《尔雅·释言》：“尹，正也。”正其不正为正，是正与治义同。

4. ，即吏，亦即事。古史吏事一字也。三事，负责内政的官员，指六卿、狱官和诸侯。《尚书·立政》：“立政：任人、准夫、牧，作三事。”孔颖达疏：“任人谓六卿。准夫者，平法之人，谓理狱官也。牧者，九州之牧，治为天地人三事。”据下文“舍三事令”之官员包括卿旋寮、诸尹、里君、百工、诸侯，知“三事”泛指所有内政官员。

5. ，即四。四方，指东西南北，概言全国范围也。“尹三事四方”，谓管理所有内政官员和全国政事。

6. ，隶定为旋，从㫃，史声。《毛公鼎》“卿事”作“卿”，“太事”作“大”，知旋、史一字。史士音近，当读为士。卿旋，即卿士。《尚书·微子》：“卿士师师非度”，《诗·商颂·长发》：“允也天子，降予卿士，实维阿衡，实左

右商王”，《诗·大雅·常武》：“王命卿士，南仲大祖”，《左传·隐公三年》：“郑武公、庄公为平王卿士”，可见，从西周到春秋皆设卿士官职，其地位略等于后世之宰相。

7. ，即寮，读为僚。寮甲骨文作（卜通 758），从（尞）从。当之繁体。《尔雅·释诂》：“寮，官也。”《释文》：“字又作僚。”《玉篇》：“僚，同官曰僚也。”《仪礼·士冠礼》：“主人戒宾。”郑玄注：“宾，主人之僚友”卿旋寮，即卿士僚，卿士一类官员也。

8. ，即夨，或称令，或称夨令，此铭称令夨，作册之名。“令夨告于周公宫”，作册令夨以明公尹三事四方之王命告于周公庙。

9. ，即徃，亦即出。出甲骨文作（菁 4. 1）、（粹 366），象足趾离却居地出行之形。其或增彳者，示其为行动而已。卪（卸）之与御、㝵之与得，夋之与後、复之与復，均同此例。

10. ，即同，会同也。《说文》：“，合会也。从冃从口。”按：同甲骨文作（后下 10. 2），金文或作（沈子也簋），字从凡，不从冃。凡口为同，犹口为合也。《论语·先进》：“宗庙之事，如会同。”朱熹注：“诸侯时见曰会，众頫曰同。”《周礼·春官·大宗伯》：“春见曰朝，夏见曰宗，秋见曰覲，冬见曰遇，时见曰会，殷见曰同。”郑玄注：“殷犹众也。十二岁，王如不巡守，则六服尽朝。”“公令徃同卿旋寮”，即“公命出同卿士僚”，谓周公子明保命作册令夨出而会见卿士一类官员。

11. ，即月月，为重字字符。前“月”为“十月”之“月”，后“月”（即）为“月吉”之“月”。金文四分月相（初吉、既生霸、既望和既死霸）之一“初吉”习见。王国维谓自初一至初七、八也。而“月吉”仅此一见。《周礼·地官·族师》：“族师各掌其族之戒令政事。月吉，则属民而读邦法。”郑玄注：“月吉，每月朔日也。”

12. ，即朝。金文或作（盂鼎）、（克盨），与此形近，其为朝字无疑。“朝至于成周”，清早到达成周洛邑。意者古时凡大事均需清早到达。《尚书·召诰》：“太保朝至于洛”，“周公朝至于洛”，《洛诰》：“予惟乙卯朝至于洛师”，《牧誓》：“王朝至于商郊牧野”等，均同其例。《说文》：“，旦也。从倝，舟声。”按：朝甲骨文作（库1023）、（后下3.8），象日已出中而月犹未没去，乃朝夕之本字。其后讹为、、，又讹为作（石鼓文·吴人）。又其后讹为作。

13. ，即舍，发出也。《诗·小雅·车攻》：“不失其驰，舍矢如破。”孔颖达疏：“故令射者，舍放其矢，则如椎破物。”舍令，乃金文习语，犹言发令也。如《克鼎》：“王令善（膳）夫克舍令于成周”，《毛公鼎》：“父厝舍命”，皆其用例也。

14. ，即眔，用作连词，通及。《公羊传·哀公十四年》：“祖之所逮闻也”，《石经·公羊》残碑作“遝闻”。《礼记·中庸》：“所以逮贱也”，《释文》：“遝本又作逮，同音代。”是眔即隶。《说文》：“隶，及也。”金文多以罪为连词，如《令鼎》：“王射，有𤔲眔师氏小子𠨍（会）射。王归自谌田。王駿（驭）溓仲㒓（仆）。令眔奋先马走。”《静簋》：“丁卯，王令（命）静𤔲射学宫，小子眔服眔小臣眔尸仆学射。”实则，眔作连词已习见于殷墟甲骨刻辞，如：“告于妣己眔妣庚”（乙3297）、“王宾父丁岁三牛，眔兄己一牛，兄庚□牛”（后上19.14），等等。

15. ，即者，读为诸。《广雅·释诂》：“诸，众也。”经籍中者、诸互作之例亦时有所见，如《礼记·郊特牲》：“不知神之所在，于彼乎？于此乎？或诸远人乎？”或诸即或者。“者尹”即诸尹。“诸尹”之“尹”与前“尹三事四方”之“尹”意义有所不同。《广雅·释诂》：“尹，官也”，诸尹，众尹也。《尚书·顾命》：“乃同召太保奭、芮伯、彤伯、毕公、卫侯、毛公、师氏、虎臣、百尹、御事。”孔安国传：“百尹，百官之长。”诸尹，当即百尹，盖指六卿以下之官员。

16. 里君，周代基层行政单位里之长官。又见于《史颂簋》：“里君百生（姓）。”经籍中作里居，如《尚书·酒诰》：“越百姓里居，罔敢湎于酒。”王国维《尚书讲授记》谓“里居即里君之讹”，至确。《礼记·杂记下》：“夫若无族矣，则前后家，东西家，无有，则里尹主之。”郑玄注：“里尹，闾胥里宰之属。王度记曰：百户为里，里一尹，其禄如庶人在官者。”《管子·小匡》：“择其贤民，使为里君。”又《度地》：“与三老、里有司、伍长行里。”《周礼·地官·里宰》：

“里宰掌比其邑之众寡，与其六畜六器，治其政令。”郑玄注：“邑犹里也。”是里尹、里有司、里宰名异而实则同，应即金文中“里君”、《尚书·酒诰》中之“里居”也。

17. 百工，当指从事各种专业的官吏。《礼记·曲礼下》：“天子建天官，先六大，曰大宰、大宗、大史、大祝、大士、大卜，典司六典；天子之五官，曰司徒、司马、司空、司士、司寇，典司五众；天子之六府，曰司土、司木、司水、司草、司器、司货，典习六职；天子之六工，曰土工、金工、石工、木工、兽工、草工，典制六材。”“天官”既含“六大”“五官”“六府”“六工”在内，则“六工”乃管理工匠之官吏，而非一般工匠。此铭百工当亦如此。《诗·周颂·臣工》：“嗟嗟臣工，敬尔在公。”毛传：“工，官也。”亦此意也。“罘卿旋寮、罘者尹、罘里君、罘百工”，语义与《尚书·酒诰》“越在内服，百僚、庶尹、惟亚、惟服、宗工、越百姓、里君”大致相同，故卿旋寮、者尹、里君、百工，均为“内服”，指周王朝直接统辖区域内各级官员。

18. 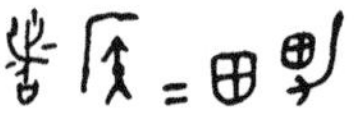，即者侯：侯、田（甸）、男。者（诸）侯为公名，统摄侯、田（甸）、男三别名。《尚书·康诰》：“侯、甸、男、邦、采、卫、，百工播民和，见士于周”，孔安国传：“此五服诸侯，服五百里，侯服去王城千里，甸服千五百里，男服去王城二千里，采服二千五百里，卫服三千里，与《禹贡》异制。五服之百官播率其民和悦并见，即事于周。”此铭中仅有侯、田（甸）、男服，而邦、采、卫服未与焉，当是时异而制异之故也。侯、甸、男，均为“外服”，指周王朝“王畿”以外各级官员。

19. 舍四方令，其意谓发布于四方臣民之命令。此句与前文“舍三事令”呼应。

20. 既咸令，既，已经。《诗·郑风·溱洧》：“士曰既且。”郑玄笺：“既，已也。”咸，完全。《说文》：“咸，皆也，悉也。”“既咸令”，谓“既已完竣舍令之事”。此句总束上文“舍三事令”和“舍四方令”。

21. ，即京。《说文》：“，人所为绝高丘也。”周先祖曾居于京地，《诗·大雅·公刘》：“笃公刘，逝彼百泉，瞻彼溥原。迺涉南岗，乃觏于京。京师之野，于时处处，于时庐旅，于时言言，于时语语。”又《大雅·大明》：“挚仲氏任，自彼殷商，来嫁于周，曰嫔于京”，“有命自天，命此文王。于周于京，

缵女维莘”。均其证也。京宫，当即周先祖之庙名。或称京室，如《𤔲尊》：“昇（诰）宗小子于京室”，或称京宗，如《甲戌鼎》：“唯四月在成周，丙戌，王在京宗”，或称京太室，如《吕氏春秋·古乐》：“乃荐俘馘于京太宝。”

22. 康宫，唐兰释为康王之庙，云：“康宫是康王的庙，在昭王时是考宫，所以特别隆重。甲申这一天祭完京宫，第二天乙酉，才用牲于康宫。康宫又叫作康庙，见《南宫柳鼎》和《师兑簋》（按：《南宫柳鼎》：“王才康庙”，《元年师兑簋》：“各康庙”），又叫作康寝，是康宫的寝宫（按：如《师遽方彝》：“王才周康寝”）。《君夫簋》还记载康宫的太室。”（参见唐兰：《西周青铜器铭文分代史征·作册令方彝》，第 211 页）

23. 咸既用牲于王，此句总束上文“甲申，明公用牲于京宫，乙酉，用牲于康宫”。京宫、康宫均为先王之庙，故得称咸既用牲于王。陈梦家云：“用牲于王者，用牲于王所也。《伊簋》：‘王才周康宫，旦，王各穆王庙。’知王所居者在先人宫庙，故用牲于王即用牲于王所居之宫庙。”（参见陈梦家：《令彝新释》，《考古学社社刊》1936 年第 4 期）“既咸用牲于王”与上文“既咸令”文例相同。“用牲于京宫”“用牲于康宫”“用牲于王”与《尚书·召诰》：“用牲于郊”为同一句式。

24. ，即歸，亦即歸。金文或作（后且丁卣）、（令鼎）、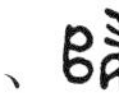（小臣逋簋）、（𦤎簋）、（不嬰簋）。《说文》：“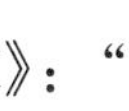，女嫁也。从止、婦省，𠂤声。”疑古作歸，从帚（或云婦省）𠂤声。其义为“女嫁”。后加彳、止、辵作歸、歸、遄，加彳、止、辵者，明其“之子于归”之意也。后“歸”用为“凡歸”之义。“明公歸自王”即“明公歸自王”，谓明公用牲于京宫和康宫后自王所返回。

25. ，即亢。秦篆或作，则即。小篆讹为。《趞鼎》：“易女赤巿幽亢（衡）”之“亢”作，与此铭字同形。由经籍“幽衡”知“亢”乃“衡”之假借。由形由声，为亢可无疑也。亢师，人名，盖职为师而名为亢者也。

26. ，即禖。唐兰云：“禖，祭名，或作禖。见《作册夨尊》和《作册夨方彝》，与祓字通。《诗·甘棠》：‘勿翦勿拜’。郑玄注：‘拜之言祓也。’拜本作禖，禖通拔，则禖通祓。《说文》：‘祓，除恶祭也。’《玉篇》：‘祓，除灾求福也。’”（参见唐兰：《西周青铜器铭文分代史征·献侯鼎》，第 85 页）“用禖”

即“用祓”，谓用作祓祭也。

27. ，即，郭沫若释母，云：“字形从大，且专用于祖妣之相配。”（参见郭沫若：《殷周青铜器铭文研究·戊辰彝考释》，第 15 页）此铭读为敏，敏以每为声符，而每又以母为声符故也。《玉篇》：“敏，敬也。”

28. ，即𢗐。古文右本作，此作，从言左声。当为𠂇之繁式。𢗐右，即左右。其意为辅助。《诗·商颂·长发》：“实维阿衡，实左右商王。”毛传：“左右，助也。”

29. ，即友，义同僚，官同者。《礼记·曲礼上》：“僚友称其弟也。”郑玄注：“僚友，官同者。”

30. ，即氒。甲骨文作（甲 2908），金文或作（盂鼎）、（㾓钟）、（克鼎）、（郘公钘钟），象矢栝之形。其中含·者，乃弦之横断面形。此处“氒”用为结构助词，与“之”相当。王引之《经传释词》：“厥，犹之也。”《尚书·无逸》曰：“‘自时厥后，王立，生则逸，生则逸’，又曰：‘自时厥后，亦罔或克寿’，皆谓自是之后也。”

31. ，隶定为宔。郭沫若释休，云：“宔字两见，当是休之异文。金文作㷊，从禾从人，言人于稻草上休息也。许书重文作庥，复从广。从广与此从宀同意。此之𠀠盖象卧榻。又‘对扬王休’乃古人恒语。此言‘扬皇王宔’，例正相合。”（参见郭沫若：《两周金文辞大系考释·令簋》，第 4—5 页）“乍册令敢䰜明公尹氒宔”，即“作册令敢扬明公尹氒休”，谓作册令敬扬明公赏赐之盛意也。

32. ，即追，追思之意也。“敢追明公赍（赏）于父丁”，谓因明公赏赐而追思父丁。

33. ，即光，荣光、赞誉也。《广雅·释言》：“光，宠也。”《诗·大雅·韩奕》：“不显其光。”郑玄笺：“光，犹荣也。”《淮南子·俶真训》：“（许由、方回、善卷、披衣）四子之才，非能尽善盖今之世也，然莫能与之同光者，遇唐、虞之时。”高诱注：“光，誉。”“用光父丁”，用以赞誉父丁也。

34. ，，隶定为雋，即册。册为乍册之省，雋当为作册令之族氏徽号。

现代汉语翻译：

周昭王某年八月甲申日，天子命令第二代周公之子明保管理一切内政官员，负责全国政事，并且将卿士一类官员交给他统辖。丁亥日，作册令夨受命将明公主持百官四方之事祭告于周公之庙。明公命令作册令夨出来会见卿士一类官员。十月初一癸未清早，明公到达成周，下达指示说："我向包括卿士僚属、诸位尹正、里长、负责工艺的百官以及侯服、甸服、男服各级酋长在内的所有内政官员发布命令，向全国臣民发布命令。"命令发布完毕以后，甲申之日，明公在周代先祖的宗庙举行祭祀。乙酉之日，又在先考康公的宗庙举行祭祀。在分别完成了周代先祖和先考康王的宗庙祭祀以后，明公从康庙回来。他赏赐给亢师香酒、青铜和小牛，说："用来举行祭祀罢。"又赏赐给作册令夨香酒、青铜、小牛说："用来举行祭祀罢。"赏赐完毕就命令说："现在，我命令亢师和作册令夨二人，恭谨地辅助你们的同僚友官进行工作。"作册令夨答谢显扬明公大人的美意，用来制作了纪念先父丁的高贵的礼器，以寄托自己因受明公赏赐而追思父丁尊崇父丁的心思。

八、作册睘卣（昭王时器）

释文：

隹十又九年，王才（在）斥。王姜令乍册睘安尸（夷）白（伯），尸白賓睘贝、布，䚄（揚）王姜休，用乍文考癸寶障（尊）器。

注释：

1. 唐兰定此器为昭王时器，云："上器（按：指《趞尊》和《趞卣》一、二，其铭文均为：'隹十又三月辛卯，王才斥，易趞采，曰，易贝五朋。趞对王休，用乍姑宝彝。'）说'十又三月辛卯，王才斥'，此铭也说'王才斥'，当是十八年末（按：指昭王十八年十三月），王到了斥，至十九年初还在斥。伐楚当在其后，而昭王也就在这一年南征而不返。"（参见唐兰：《昭王时代青铜器铭五十三篇的考释·作册睘卣》，《古文字研究》第二辑，第91页）

2. 即斥。郭沫若云："此（按：指《中齋》）与《趞尊》日辰相差一日（按：《中齋》：'隹十又三月庚寅，王才寒餗'），彼云'王在寒餗'，寒斥古同元部，而喉牙亦相近转，故知二者必为一地。寒当是寒浞故地，在今山东潍县境内。"（参见郭沫若：《两周金文辞大系考释·中齋》，第16页）

3. ，即睘。郭沫若云："玉環字也。《毛公鼎》作瑞，《番生簋》作。余谓睘即玉環之初文，象衣之当胸处有環也。从目，示人首所在之处，小篆误作，《说文》云：'目惊视也。从目袁声'，义非其本，字形亦失。"（参见郭沫若：《金文丛考·释共》，第219页）此处用为人名。乍册睘，职乍册而名睘者，为此

器之制作者也。

4. ，即安，宁也。《诗·周南·葛覃》：“害澣害否，归宁父母。”毛传：“宁，安也。父母在则有归宁耳。”孔颖达疏：“此谓诸侯夫人及王后之法。《春秋·庄公二十七年》：‘杞伯姬来。’《左传》曰：‘凡诸侯之女，归宁曰来，是父母在得归宁也。父母既没，则使卿宁于兄弟。’”

5. ，即尸，读为夷。郭沫若云：“古金文凡夷狄字均作尸，卜辞屡见尸方，亦即夷方。揆其初意盖斥异族为死人，犹今人之称为鬼也。后乃通改为夷字。《周礼·天官·凌人》：‘大丧共夷盘冰。’注云：‘夷之言尸也，实冰于夷盘中，置之尸床之下，所以寒尸，尸之盘曰夷盘，床曰夷床，衾曰夷衾，移尸曰夷于堂，皆依尸而为言者也。’其《士丧礼》《既夕礼》《丧大礼》注均同此说。又《左传·成公十七年》：‘吾一朝而尸三卿’，《韩非子·内储说·六微》：‘尸作夷，此尸夷通用之明证。’”（参见郭沫若：《两周金文辞大系考释·睘卣》，第14—15页）尸，上古为审母三等脂部字，夷，上古为喻母四等脂部字。黄侃把照系三等并入端系，曾运开把喻母四等归入定母，故尸、夷音近，例可通借。

6. ，即白，读为伯。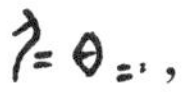，不读作夷夷伯伯，而读作夷伯夷伯。前“夷伯”为“王姜令作册睘安夷伯”之“夷伯”，后“夷伯”为“夷伯宾睘贝、布”之“夷伯”。郭沫若谓：“凡古文相连之异字在二以上并有重文者，均各于该字下作重文符，与后世异。”（参见郭沫若：《两周金文辞大系考释·睘卣》，第14—15页）夷伯，当为夷国君长。《左传·桓公十六年》：“卫宣公烝于夷姜”，袭庚姜、庚嬴之例，夷姜当为姜姓之女嫁于夷者。《左传·隐公元年》：“纪人伐夷。”杜预注：“夷国在城阳庄武县”，杨伯峻《春秋左传注》：“当在山东省即墨县西六十一里壮武故城。”

7. ，即賓，亦即賨（宾）。《国语·楚语下》：“公货足以宾献”。韦昭注：“宾，飨赠也。”陈梦家云：“金文‘易’‘宾’虽皆为赠赏物品，但在用法上有别：‘易’为自上赏赐于下，‘宾’为侯伯奉敬天子的使者。”（参见陈梦家：《西周铜器断代》一，第158页；《考古学报》第九册，1955）在昭王十九年初，尚未作第二次南征，此后王姜藉此闲暇时间委派作册睘归宁母家之夷伯。按照礼数，夷伯当然应该宾赠王姜之使者作册睘物品，以表谢意。“夷伯宾睘贝、布”，即此意也。王姜，昭王之妻，亦得称君。《乍册睘尊》：“才厈，君令余乍册睘安尸白，尸白宾用贝、布，用乍朕文考日癸肈（旅）宝”，卣铭谓“王姜令乍册睘安尸伯”，尊铭谓“君令余乍册睘安尸伯”，是王后所受礼遇与王相同。

8. ，即考。文考，有文德之先考。

9. ，即器。从犬从四口。《说文》：“，皿也。象器之口，犬所以守之。”于省吾云：“甲骨文从口之字象器皿形者常见，例如昌字作，吕字作，古字作（上从象盾形），鲁字作，这四个字象置贝、弓、盾、鱼于器皿之中。周代金文的器字多从四口，偶有从三口，（《穆公鼎》）或二口（《仲盘》）者。《说文》误谓器字从口‘象器之口’，但谓‘犬所以守之’是对的。上古时代地旷人稀，农民耕于荒野，饭于垄亩，故用犬以资警卫，并守护器物。”（参见于省吾：《甲骨文字释林·释棼》，第256—257页）“宝尊器”义与“宝尊彝”同。

现代汉语翻译：

周昭王十九年，天子在厈地。昭王后王姜命令作册睘代己归宁母家的夷伯，夷伯按照礼仪赠送给睘若干货贝和货布。作册睘答谢显扬王姜的休美之意，用来为自己的有文德的先考癸制作了一件高贵的礼器卣。

第三节　西周中期铭辞选读

西周中期指周穆王、恭王、懿王、孝王、夷王时期。此期铜器铭文多为纪事长铭，字数多在百字以上，内容涉及习射、诉讼、犒赏和册命，尤以册命为多，且册命之辞文例基本相同。包括：1. 时间（如“隹×年×月×月相×日”）；2. 地点（如“王才×，各大室”）；3. 受册命者进入（如“×右×入门，立中廷”）；4. 册命、赏赐（如“王乎乍册×册令×，易女×）；5. 答谢（如“×拜韻首，敢对扬天子不显鲁休”）；6. 作器（如“用乍×宝尊彝”）；7. 祝嘏（如“×其万年，子子孙孙永宝用”）。因此形成了以“隹×年×月×月相×日”开始，以“子子孙孙永宝用”结束的铭辞定式。铭文字体凝重之中寓秀雅之气，字的大小大致相同，且比较注意行款布局。

一、静簋（穆王时器）

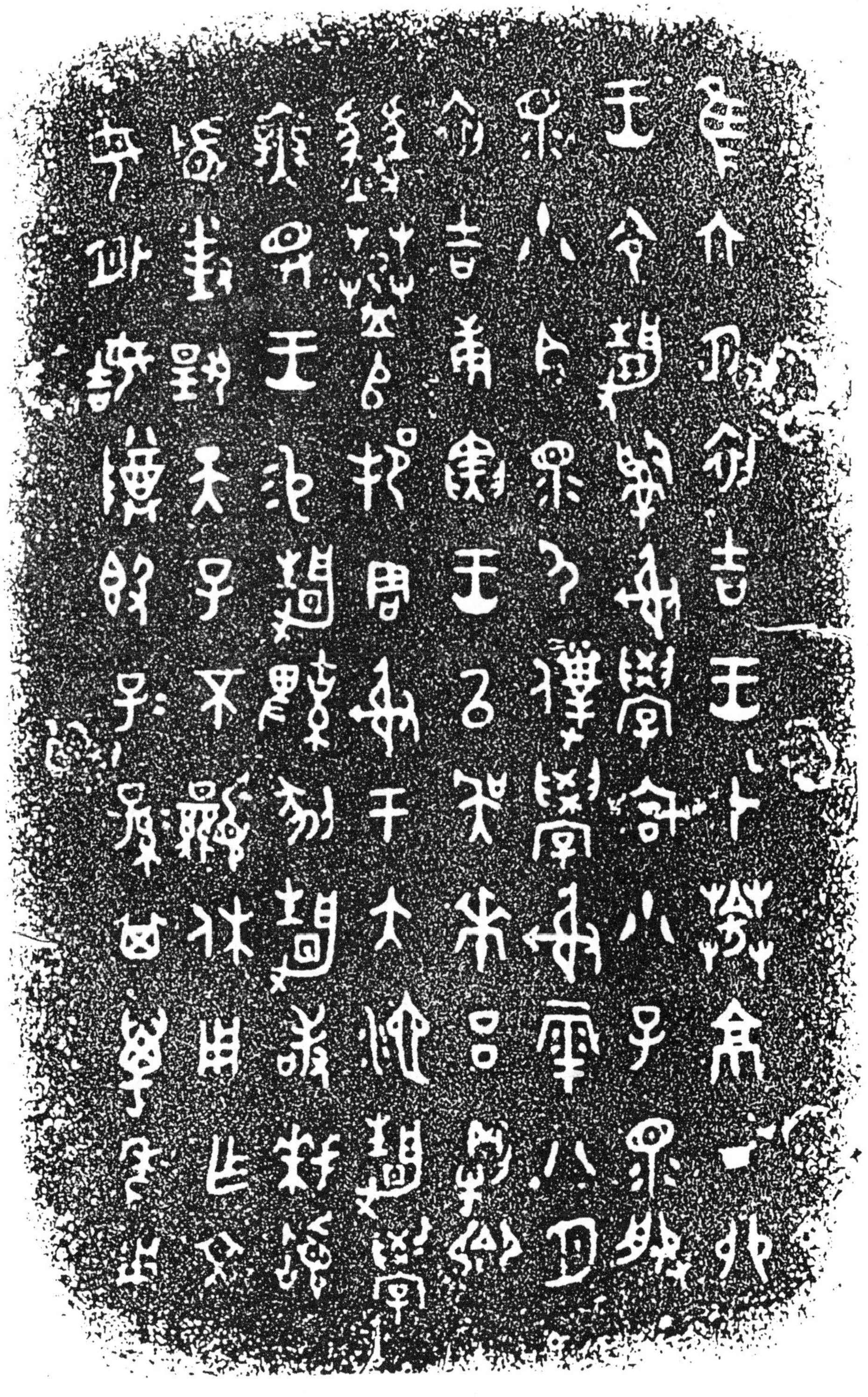

释文：

隹六月初吉，王才（在）䓡京。丁卯王令静𤔲（司）射學宫。小子眔服眔小臣眔尸僕學射。雩（粤）八月初吉庚寅，王𠔁（與）吳㚘、吕剛（㓻）卿（會）豳益𠂤邦周射于大池。静學（教）無睪（斁）。王易静鞞刹。静敢捧（拜）䭫首，對䣄（揚）天子不（丕）顯休，用乍（作）文母外姞䵼段（簋）。子子孫孫其萬年用。

注释：

1. 郭沫若定此器为穆王时器，云："此与下《静卣》，旧以宣王名静，遂拟为宣王为太子时器。今案此说不确。宣王尚为太子，不得遽言子孙也。字体与《遹簋》（按：《遹簋》铭云：'隹六月既生霸，移王䓡京，乎（呼）滰（渔）于大池。王卿（饗）酉（酒），遹御，亡遣（谴）。穆王窺（親）易遹𩎟。遹拜首（手）䭫首，敢对䣄（扬）穆王休，用乍文考父乙尊彝，其子子孙孙永寳'）如出一人手笔。"（参见郭沫若：《两周金文辞大系考释·静簋》第六册，第55页）按：《遹簋》三称穆王，知穆王乃生称，亦知《遹簋》为穆王时器。此簋字体与《遹簋》相类，且铭文体例一致，如《遹簋》云"隹六月既生霸"，《静簋》云"隹六月初吉"，《遹簋》云"穆王才䓡京"，《静簋》云"王才䓡京"，《遹簋》云"滰（渔）于大池"，《静簋》云"射于大池"，《遹簋》云"遹拜首（手）䭫首，敢对䣄穆王休"，《静簋》云"静敢拜䭫首，对䣄天子不显休"，《遹簋》云"用乍文考父乙尊彝，其子子孙孙永寳"，《静簋》云"用乍文母外姞尊簋，子子孙孙其万年用"。由是，知《静簋》为穆王时器。

2. ，隶定为莽。莽京，周之故都。郭沫若云：“莽京即丰京。”（参见郭沫若：《两周金文辞大系考释·静簋》第六册，第55页）

3. ，即静。《说文》：“，审也。从青争声。”此铭静用为人名。静精于射技，先曾受穆王所赐之弓。《静卣》：“隹四月初吉丙寅，王才莽京。王易静弓。静拜韻首，敢对𩰫王休，用乍宗彝，其子子孙孙永宝用”，即交代此事。同年六月，又受命教射于学宫。《静簋》：“隹六月初吉，王才莽京。丁卯，王令静嗣射学宫。……”即交代此事。

4. ，即躲，亦即射。《周礼·地官·保民》：“保民掌谏王恶，掌养国子，乃教以六艺，一曰五礼，二曰六乐，三曰五射，四曰五驭，五曰六书，六曰九数。”是射术乃国子必习六艺之一。嗣射，即司射。主持射艺教学与射礼安排之官吏。《礼仪·乡射礼》：“三耦俟于堂西，南面东上，司射适堂西，袒决遂。”郑玄注：“司正既立，司射选弟子之中德行道艺之高者，以为三耦，使俟事于此。司射，主人之吏也。”略述司射之职司如此。

5. 学宫，教学场所，当即后世学校，曾有庠、序、校、学等不同名称。但据此铭知，学宫当为教学场所之最古名称也。《礼记·王制》：“天子命之教，然后为学。小学在公宫南之左，大学在郊。天子曰辟雝，诸侯曰頖宫。”《诗·大雅·灵臺》小序：“灵臺，民始附也。文王受命，而民乐其有灵德，以及鸟兽昆虫焉。”孔颖达疏：“《韩诗》说辟雍者天子之学，圆如璧，壅之以水。示圆言辟，取璧有德。不言辟水言辟雍者，取其雍和也，所以教天下春射秋飨。”《白虎通·辟雍》：“小学者，经义之宫；大学者，辟雍乡射之宫。”《礼记·射义》：“天子将祭必先习射于泽……已射于泽，而后射于射宫。”此铭既云“静嗣射于学宫”，又云“射于大池”，疑“学宫”当在辟雝，即大学。

6. 小子，贵族子弟也，指就学于学宫者。《诗·大雅·思齐》：“肆成人有德，小子有造。”孔颖达疏：“小子，未成人者，谓大夫之子弟。”《𣄰尊》：“王寡（诰）宗小子𢍰（于）京室”中“小子”与此义同。

7. ，即服，当指近臣。《尚书·酒诰》：“矧惟尔事，服休服采。”孔颖达疏：“郑玄以服休为燕息之近臣，服采为朝祭之近臣。”是其证。

8. 小臣，商周金文习见官名，其职位有尊有卑。此铭“小臣”与“夷僕”相次，职位之卑可知。《左传·僖公四年》：“予犬毙，与小臣亦毙。”杜预注：“小臣，官名，掌阴事阴令，阉士也。”是其证也。

9. ，即僕。商承祚云：“《说文》：，给事者。从人从菐，菐亦声。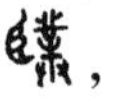，古文从臣。案甲骨文作（后下 20.1，象人冠首而两手奉箕，为僕之初字。后变作（史僕壶）、（静簋），将箕形写误，移置人首，齐其两手而为，义乃不显。古篆文变从菐，失弥甚矣。《公伐徐钟》作，亦从臣，与此同。《书·费誓》：‘臣妾逋逃。’传曰：‘役人贱者男曰臣。’此僕之所以从臣与？”（参见商承祚：《说文中之古文考》，第 19 页）尸僕，即夷僕。郭沫若云：“亦见《害簋》，彼云：‘官司尸僕、小射、底驭’，殆《周礼》隶僕之类。”（参见郭沫若：《两周金文辞大系考释·静簋》第六册，第 56 页）

10. ，即雩，亦即粤。粤即雩之讹字，发语词。《尚书》用曰或越。《尧典》：“曰稽古帝尧”，《泰誓》：“越我御事庶士”，即其例。

11. ，即㠯，读为与。王引之《经传释词》：“以，犹而也。”《诗·大雅·皇矣》：“予怀德明，不大声以色，不长夏以革。”马瑞辰通释：“以、与古通用，声以色犹云声与色也，夏以革犹云夏与革也。”是其证。

12. ，隶定为莱。吴莱，人名，当即《班簋》“王令吴白（伯）曰：‘以乃自（师）左比毛父’”之吴伯。

13. ，即⿰犅刂，亦即犅。，古网字。《说文》：“，庖牺所结绳以渔。从冂，下象网交文。，网或从亡。，网或从糸。，古文网。，籀文网。”由是，⿰犅刂即⿰犅刂。又“，山骨也。从山网声”。⿰犅刂即⿰犅刂，省之，则为犅。吕犅，人名，当即《班簋》“王令吕白（伯）曰：‘以乃自（师）右比毛父’之吕伯”。

14. 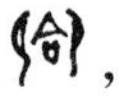，即卿。吴闿生云：“卿射又见《噩侯鼎》、《静簋》，即会射之义。迨，古会字。此卿与迨同。《壴卣》：‘夙夕卿尔百昏遘。’”（参见吴闿生：《吉金文录·藉田鼎》，卷一，第 14 页）

15. ，隶定为[illegible]。唐兰云：“[illegible]从攴[illegible]声，金文或只作[illegible]。杨树达释为燹，疑即豳字。古代从火字与山形相乱。”（参见唐兰：《西周青铜器铭文分代史征·静簋》，第 360 页）可参。

16. ，隶定为䀇。唐兰云：“䀇当从皿茻声。前《师旂鼎》只作茻，茻疑即微。”（参见唐兰：《西周青铜器铭文分代史征·静簋》，第360页）可参。

17. ，即䢅。𤔲䀇䢅，人名。《趞鼎》：“令女乍𤔲䢅家司马”，可证。

18. ，即邦。《说文》：“，国也。从邑丰声。”邦周，与𤔲䀇䢅并列，亦当为人名。

19. 大池，当即辟池。古者辟雍三面环水，谓之辟池。《史记·封禅书》：“灃滈（豐镐）有昭明天子辟池。”是其证。

20. ，“静學”之学读为教。《说文》：“，上所施下所效也。从攴从孝。，古文教，，亦古文教。”又“，觉悟也。从教从冂，冂，尚朦也。臼声。，篆文斆省。”段注：“《学记》曰：‘学然后知不足，知不足然后能自反也。’按：知不足所谓觉悟也。《记》又曰：‘教然后知困，知困然后能自强也，故曰教学相长也。’《兑命》：‘⌊学学半⌉，其此之谓乎？’按：《兑命》上学字谓教，言教人乃益己之学半。教人谓之学者，学所以自觉，下之效也。教人谓之觉人，上之施也，故古统谓之学也。枚颐《伪尚书·说命》上字作斆，下字作学，乃已下同《玉篇》之分别矣。”

21. ，即罘，读为斁，金文或作（县妃簋）。孙诒让云：“今考此字从横目，从大。《说文·介部》：‘臭，大白澤也。从大从白。古文以为澤字。’澤从睪声，此从目者，即睪之上半也。后《毛公鼎》斁字作，似亦用此字。”（参见孙诒让：《古籀余论·县妃簋》卷三，第19页）学者多宗其说。意者，金文从目从大，小篆讹为从白从大。而臭为古文澤。又以同声符睪假为斁也。《说文》：“斁，解也。从攴，睪声。《诗》云：‘服之无斁。’斁，猒也。一曰终也。”“无罘”，即无斁，无懈，无厌也。

22. ，即鞞，从革，卑声。其所从（革）与《班簋》“易”，之所从略同。而之为鋚无疑，则之为革亦无疑。而、均为（《师兑簋》勒字偏旁）之稍稍讹变者。《诗·小雅·瞻彼洛矣》：“鞞琫有珌。”毛传：“鞞，容刀鞞也。”孔颖达疏：“鞞，刀鞘之名。”慧琳《一切经音义》卷五十六引《方言》：“（剑削）关东曰削，关西曰鞞。”

23. ，即剢。《番生簋》：“鞞鞣”作鞣。剢、鞣均读为缕。《尔雅·释器》：“缕，绶也。”郭璞注：“即佩玉之组，所以连系瑞玉者。”

现代汉语翻译：

周穆王六月上旬，天子在丰京。丁卯日，天子下达命令，让静在辟雍主持射艺的教学和射礼的安排。贵族子弟、王室近臣、朝廷杂役及下级官员都来学习射艺和射礼。八月上旬的庚寅日，天子与吴𠦪、吕犅一起，会同𤔲盩𠂤、邦周在辟池比试射艺，演习射礼。作为司射之官，静教习射艺和射礼从无懈怠，于是，天子赏赐给静刀鞘和鞘系。静先行拜手之礼，后行下首之礼，答谢显扬天子给予的特殊休美，用来制作了纪念有文德的先母外姑的高贵的食器簋。谨愿子子孙孙能千秋万世永远传而用之。

二、㦸方鼎二（穆王时器）

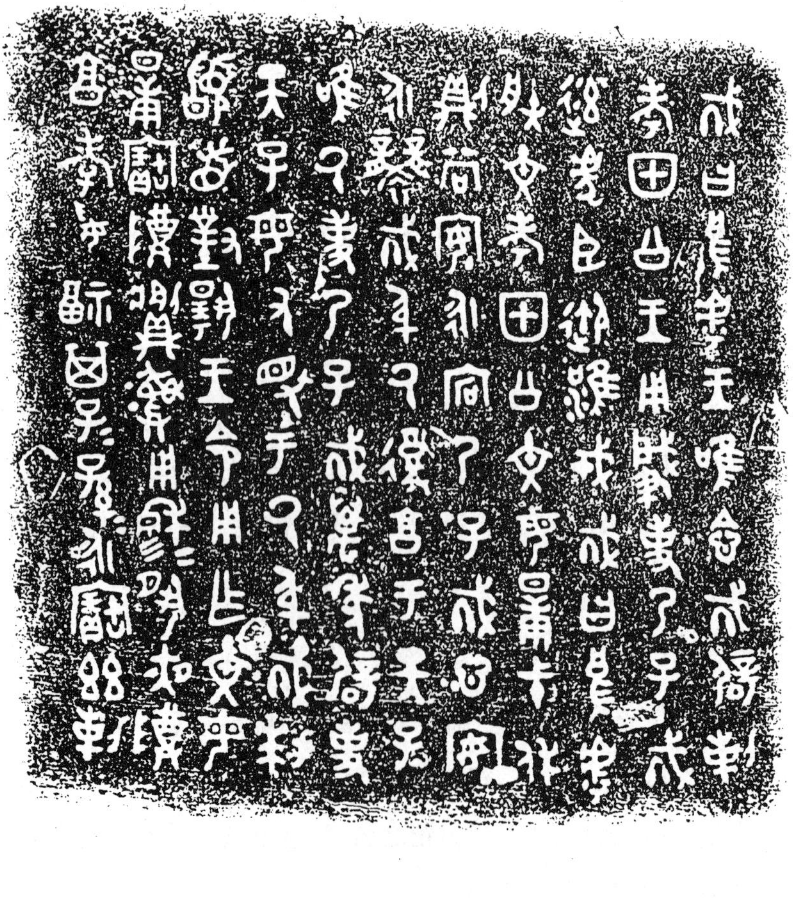

释文：

戜曰：「乌虖！王唯念戜辟剌（烈）考甲公，王用肇事（使）乃子戜遾（率）虎臣御（禦）雒（淮）戎。」戜曰：「乌虖！朕文考甲公文母日庚，弋（式）休鼎（则）尚，安永宕乃子戜心，安永襲（襲）戜身，氒復髙于天子，唯氒事（使）乃子戜萬年辟事天子，毋（毋）又畀（斁）于氒身。」戜拜䭫首，對䢅（揚）王令（命），用乍（作）文母日庚寶隮（尊）鼒彝，用穆穆夙（夙）夜隮亯孝妥（绥）福。其子子孫孫永寶兹剌（烈）。

注释：

1. 马承源定此器为穆王时器，云："《后汉书·东夷传》：'徐夷僭号，乃率九夷以伐宗周，西至河上，穆王畏其方炽，乃分东方诸侯，命徐偃王主之。'"徐夷，亦称徐淮夷，这段史料说明穆王时与徐淮夷的关系比较紧张。《录伯卣》（按：《录伯卣》铭云："王令戜曰：'叡！淮尸（夷）敢伐内国，女其以成周师氏戍于𨸏自。'伯雍父蔑录历，赐贝十朋。录拜稽首，对扬伯休，用作文考乙公宝尊彝"。）诸器铭文反映了这一段史实。"（参见马承源主编：《商周青铜器铭文选·录戜卣》，第 114 页）既然《录伯卣》为穆王时器，则伯戜诸器均当为穆王时器，《戜方鼎》二自不能例外。

2. ，即戜，从戈冬声。《说文》所无。《录伯卣》铭云："王令戜曰……伯雍父蔑录历。"《录伯簋》铭云："王若曰：录伯戜……"，盖录为国名，戜为录伯

之名。

3. ，即乌。孙诒让云：“《说文·乌部》：‘，孝乌也，象形。孔子曰：乌，盱呼也。取其助气，故以为乌。，古文乌，象形。，象古文乌省。’考金文《毛公鼎》作，《效卣》作，《晋公𥂴》作，《寡子卣》作，微省。若然，乌亦与隹古文略同，但上为开口，盱呼形。小篆殊失其本义也。”（参见孙诒让：《名原》上，第12页）按：金文乌作鸟向上张口之形，孔子所谓盱呼也。小篆齐整之，且稍有讹变作。

4. ，即虖。《说文》：“，哮虖也。从虍，亏声。”乌虖，经籍作呜呼，叹词。

5. ，即辟，彰明也。《礼记·祭统》：“悝拜稽首曰，‘对扬以辟之，勤大命，施于烝彝鼎。’”郑玄注：“辟，明也。”《诗·大雅·抑》：“辟尔为德，俾臧俾嘉。”马瑞辰通释：“辟亦明也。”

6. ，即剌。《说文》：“，戾也。从束从刀，刀者，剌之也。”此处读为烈。剌、烈皆来母月部字，例可通假。烈，光显也。《诗·周颂·雝》：“既右烈考，亦右文母。”郑玄笺：“烈，光也。”“辟剌考甲公”，谓显明荣光之先考甲公也。又，《录伯卣》铭云：“录拜稽首，对扬伯休，用作文考乙公宝尊彝”，复称“文考乙公”，当是戜国在穆王时尚有祭祀诸父之习俗，如商武丁共祭父庚（盘庚）、父辛（小辛）、父乙（小乙）者然。

7. ，即肇，同肈。《说文》：“肈，上讳。”徐铉等注：“后汉和帝名也。案：李舟《切韵》云：‘击也。从戈，肁声。’”段玉裁注：“按古者有肈无肇。从戈之肈，汉碑或从殳，俗乃从攵作肇。”吴大澂《说文古籀补》：“古文肈肇肁三字並通。”肈，肈始也。《尔雅·释诂一》：“肇，始也。”《尚书·舜典》：“肇十有二州，封十有二山。”孔安国传：“肇，始也。”

8. ，即吏，读为使，以使用吏为声符故也。

9. ，即，亦即，读为率。《说文》：“，捕鸟毕也。象丝网，上下其竿柄也。”甲骨文作（铁16.2）、（前4.2.6），象丝网之形（为丝，为网之象)，之末端加装饰性笔画，作，此小篆形体所本。又“，先道（导）也。从辵，率声”。后世借用训“捕鸟毕”之“率”以代训“先导”之“逵”，而“逵”义渐晦。

10. ，即虎臣，盖即经籍中之虎贲。《诗·大雅·常武》：“进厥虎臣，阚如虓虎。”郑玄笺：“虎臣之将。”《尚书·顾命》：“师氏、虎臣、百尹、御事。”孔安国传：“师氏，大夫官。虎臣，虎贲氏。百尹，百官之长及诸御治事者。”《周礼·夏官·序官》：“虎贲氏下大夫二人，中士十又二人，府二人，史八人，胥八十人，虎士八百人。”又《虎贲氏》：“掌先后王而趋以卒伍，军旅会同亦如之。舍，则守王闲。王在国则守王宫。国有大故，则守王门。”“虎臣”，金文中习见，如《师克盨》：“今余佳𪇰𩫏乃令，令女更乃且考䌛𤔲左右之虎臣”，《师酉簋》：“𤔲乃且啻（適）官邑人、虎臣、西门尸（夷）、𩰫尸、（秦）尸、京尸、弁身尸。”郭沫若云：“虎臣确为天子侧近之武臣，其职有左有右也。所谓‘下大夫二人者’或即‘左右虎臣’邪？”（参见郭沫若：《金文丛考·周官质疑》，第73页）

11. ，隶定为𨿽，即淮之繁体。《曾伯𩰫簠》“克狄𨿽夷”，淮字与此同形。其所从当为装饰性构件，无实义可说。淮戎，即淮夷。《尚书·费誓》：“徂滋淮夷，徐戎并兴。”夷、戎并提，可知戎、夷义同。所谓“东夷西戎”乃后起事也。

12. 文母日庚，죄之有文德之先母日干为庚者。如晚商《祖诸父戈》：“父日己，父日辛，父日癸，中父日癸，大父日癸，且日乙”者然。“父日己”者，先父日干为己者，省之，则为父己。“母日庚”，省之，则为母庚。

13. ，即弋，读为式。《说文》：“式，法也。从工，弋声。”式以弋为声符，故可通假。

14. ，即，亦即则。《尔雅·释话》：“则，法也。”

15. ，即尚，从八向声。金文或作（陈公子甗）、（陈侯因資錞）、（曶鼎），当其稍稍讹变者。《广雅·释诂》：“尚，高也。”“弋休𠟭尚”，即“式休则尚”，谓以休美为式以高尚为则也。

16. 安，此处用为连词，用同“乃”。王引之《经传释词》：“安，犹於是也，乃也，则也。”《管子·大匡》：“桓公乃告诸侯，必足三年之食，安以其余修兵革。”王念孙《杂志》：“安，语词，犹乃也。”

17. ，即宕，宽广也，开发也。《说文》：“宕，洞屋。”段注：“洞屋谓通迵之屋，四围无障蔽也。”徐灏注笺：“宕，盖石室空洞之义。”朱骏声《说文通训定声》：“宕，按字从宀，洞屋当为本训。洞屋者，四围无障蔽之谓，故转注为宽广之意。经传皆以‘荡’为之。”“安永宕乃子𢦏心”，谓（父母法美则高之情操）乃永远开发乃子𢦏之胸襟。

18. ，即𩁹，亦即襲。《说文》以𩁹为襲之籀文。襲，继承也，留传也。《左传·昭公二十八年》：“故襲天禄，子孙赖之。”杜预注：“襲，承也。”《汉书·扬雄传》：“襲璇宝与倾宫兮，若登高妙远，肃虖临渊。”颜师古注引服虔曰：“襲，继也。”“安永𩁹𢦏身”，即“安永襲𢦏身”，谓（父母法美则高之情操）永远传至𢦏身。

19. ，即氒，用为助词，无实义，可用于句首，亦可用于句中。《史记·太史公自序》：“左丘失明，厥有《国语》；孙子髌脚，而论兵法。”

20. ，即亯，亦即享。《尔雅·释诂下》：“享，献也。”《礼记·曲礼下》：“五官致贡曰享。”郑玄注：“享，献也。致其岁终之功于王，谓之献也。”“氒复享于天子，谓又效忠于天子也。”

21. 唯氒（使）乃子𢦏万年辟（事）天子，唯、氒皆助词，乃助词连用之例。前“”读为使，后“”读为事。《尔雅·释诂一》：“辟，君也。”全句意为使乃子𢦏得永远君事天子也。

22. ，即母，读为毋，否定副词。

23. ，即畀，亦即哭，读为斁。斁，厌也，懈也。“又畀”亦即“有斁”，与“无斁”（亡斁）对称。“母又畀于氒身”即“毋有斁于厥身”，谓毋有懈于自身也。

24. ，隶定为，亦即𩱛，奉也，献也。经籍作將。吴其昌云：“𩱛者字当作。盖其朔义谓以匕扱取鼎中之肉而置于几上也。鼎中烹肉既饪，取置于几而有匕并陈，是即《楚茨》、《既醉》之诗所云：‘尔殽既将’也。鼎、匕、几、肉

告具，是可将之以献享矣。是即《我将》之诗所云：‘我将我享。’金文《曆鼎》所云‘其用夙夕鬻享也’。”（参见吴其昌：《殷墟书契解诂》，第 261 页）

25. ，即穆穆。穆，甲骨文作（甲 3636），象饱满禾实下垂之形，示壮美、美满、静美之意。金文加装饰性笔画作（虢叔钟）、（通簋），此铭穆字形亦如此。《尔雅·释诂》：“穆穆，敬也。”

26. ，即妥，读为绥，安也。妥，甲骨文作（前 5. 19. 1），金文或作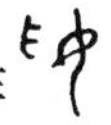（沈子也簋），从爪从女，以手抚女，会安抚之意。《说文》无妥而有绥，而训绥为“车中把也。从糸从妥”。《论语·鄉黨》：“升车必正立执绥。”执绥者所以安也。《诗·周安·樛木》：“福履绥之。”毛传：“绥，安也。”是其证。

现代汉语翻译：

录伯𢦏说：“呜呼！由于穆王体念𢦏的显赫荣光的先考甲公，因而首先派遣您的儿子𢦏率领王室武臣前往抗御淮夷进犯。”𢦏又说：“呜呼！我的有文德的先父甲公和先母日庚，发扬善美情操，尊崇高尚道德，永远开阔您的儿子𢦏的胸襟，永远陶冶他的灵魂，并且效忠于天子，使您的儿子𢦏能够千秋万世君事穆王，而决不懈怠于自己。”录伯𢦏先行拜手之礼，后行下首之礼，答谢显扬天子对自己的委任，用来制作了一件纪念贤良先母日庚的、宝贵的、用作享献的礼器鼎，以日夜谦恭尊敬地献上孝心，并致安福。谨愿我的子子孙孙永远珍重这份显荣。

三、五祀卫鼎（恭王时器）

释文：

隹正月初吉庚戌，衛㠯邦君厲告于井(邢)白(伯)、白(伯)邑父、定白、琼(倞)白、白俗父曰："厲曰：'余執龏(恭)王卹(恤)工(功)，于邵(昭)大室東逆(朔)焚(營)二川。'曰：'余舍女田五田。'"正迺嘰(訊)厲，曰："女賈田不？"厲迺許，曰："余寀(審)賈田五田。"井白(伯)、白邑父、定白、琼白、白俗父迺顜(講)，事(使)厲誓。迺令參(叁)有𤔲(司)：𤔲土(徒)邑人趞、𤔲馬頚人邦、𤔲工(空)隓矩、內史友寺芻，帥(率)湄(堳)裘

衛厲田四田，迺舍寓(宇)于氒邑。氒逆(朔)疆(疆)眔厲田，氒東疆(疆)眔散田，氒南疆(疆)眔散田、眔政父田，氒西疆(疆)眔厲田。邦君厲眔付裘衛田。厲叔子夙、厲有𤔲(司)䌶(緟)季、慶癸、燹𧟀、荆人敢、井人倡屖，衛小子(逆)者，其卿(饗)朕(媵)。衛用乍(作)朕文考寶鼎，衛其萬年永寶用。隹王五祀。

注释：

1. 余谓此器当为恭王五年时器。铭中有云：“余执龏王卹工”“隹王五祀”，明言“龏（恭）王”“五祀”，其为恭王五年之器，无可疑也。

2. ，即衛，亦即衛。甲骨文作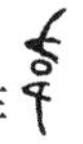（前 4. 31. 6）、（戬 40. 1），金文或作（子卫爵）、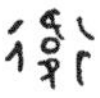（司寇良父簋）、（康侯鼎），原象众止守卫□之形。从二止，从四止，于表义无碍。后加形符行作衛，□易为帀而成衛，或□易为方而成衛。□、、方，义相通，故衛、衛、衛一字也。此用为人名。衛，下文称裘衛，又见于《廿七年衛簋》，裘，盖其氏也。

3. ，即邦君厉，邦君当为王畿之内小国国君，厉，其名也。邦君，金文习见，如《豆闭簋》：“䚄窔俞邦君䚄马弓矢”，《梁其钟》：“天子肩事（使）梁其身邦君大正”，即其例。

4. 井白，即邢伯，又见于《七年趞曹鼎》《永盂》《师奎父鼎》《豆闭簋》《利簋》《师虎簋》等器。

5. 白邑父，即伯邑父，又见于《卫盉》铭文：“井白=邑父”，读为井（邢）白（伯）、白（伯）邑父。

6. 定白，即定伯，又见于《卫盉》。

7. ，即琼，当即倞字。犹《䧹尊》即何字也。“琼白=俗父”，读为琼伯、伯俗父。邢伯、伯邑父、定伯、倞伯、伯俗父，当为执政大臣，六卿之伦也。

8. ，即龏，读为恭，上古龏恭同为见母东部字，同音假借。

9. ，即卹，读为恤。《说文》：“卹，忧也。从血，卩声。”段注：“‘卹’与《心部》‘恤’音义皆同。古书多用‘卹’字，后人多改为‘恤’。”

10. 工，读为功。朱骏声《说文通训定声》：“工，假借为功。”《小尔雅·广诂》：“功，事也。”“卹工”，即恤功。《尚书·吕刑》：“乃命三后，恤功于民”，谓为民事而思虑勤苦。“余执龏王卹工”，即“余执恭王恤功”，谓我执行恭王之命为民事操劳忧思。

11. ，即卲，读为昭。全文中昭公之昭多作卲，如《墙盘》：“弦（宏）鲁

卲（昭）王，广骸做楚刜（荆），隹寏南行”，《颂鼎》：“隹三年五月既死霸甲戌，王才周康卲（昭）宫”，均其例也。“卲大室”即昭大室，当为康宫中之昭宫大室。

12. ，即逆。甲骨文作（拾 12.10）、（前 6.40.5），金文或作（目父癸爵）、（父丁爵），作大（人之正面形）倒逆之形，喻倒逆之意。小篆讹为，于身部加一横画。《说文》：“，不顺也。从干下屮，屰之也。”说义是，说形则非。后加形符辵作逆。《说文》：“，迎也。从辵，屰声。”后以逆代屰，而屰字竟废。此处逆当读为朔，逆、朔同以屰为声符，故可通假。《尔雅·释训》：“朔，北方也。”下文“逆彊（疆）眔厉田，氒东彊（疆）眔散田，南彊（疆）眔散田、眔政父田，西彊（疆）眔厉田”，以逆、东、南、西并称，亦可证逆指北方，当读为朔也。

13. ，即焚。金文或作（井侯簋）、（荣伯鬲），象两炬火相交之形，用以照明。此处借为禜。《说文》：“禜，设绵蕝为营，以禳风雨雪霜水旱疠疫于日月星辰山川也。从示，荣省声。一曰：禜卫使灾不生。《礼记》曰：‘雩禜祭水旱。’”许氏说义是，说形则未确。应为从示，（焚）声。《左传·昭公元年》：“山川之神，则水旱疠疫之灾，于是乎禜之。”杜预注：“有水旱之灾，则禜祭山川之神若臺骀者。《周礼》：‘四曰崇祭，为营攒，用币，以祈福祥。’”“焚二川”即“禜二川”，禜祭泾渭二水也。

14. ，即舍，读为予。《管子·四称》：“昔者无道之君，大其宫室，高其台榭，良臣不使，谗贼是舍。”郭沫若集校引孙诒让曰：“舍当为予之借字。《隶续》载《魏三体石经·大诰》：‘予惟小子。’予字古文作舍，是其证。予、與义同。‘谗贼是舍’，犹言谗贼是與也。”《墨子·耕柱》“见人之生饼，则还然窃之曰：‘舍余食。’”孙诒让间诂：“舍，予之假字。古赐予字或作舍。……‘舍余食’犹言与我食也。”

15. 田五田，前“田”指农田，后“田”指地积单位，田指一百亩。《周礼·考工记·匠人》：“田首倍之。”郑玄注：“田，一夫之所佃，百亩。”是其证。“余舍女田五田”，即“余予汝田五田”，谓我给你土田五百亩。

16. ，即正。《尔雅·释诂下》：“正、伯，长也。”郭璞注：“正、伯皆官

长。”此处当指邢伯、伯邑父、定伯、倞伯、伯俗父等执政大臣。

17. ，隶定为。或作（虢季子白盘）、（兮甲盘）、（不窦簋）、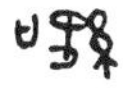（扬簋）。吴大澂释讯，云：“，古讯字，从糸从口，执敌而讯之也。”（参见吴大澂：《说文古籀补》，第11页）《说文》：“，问也。”“正迺讯厉”，谓执政大臣们乃质问邦君厉。

18. ，即宁，亦即贮。《说文》：“贮，积也。从贝，宁声。”徐锴系传：“当言宁亦声。少亦字也。会意。”甲骨文作（乙6752）、（铁272.1），金文作（颂鼎）、（兮甲盘），象藏贝于宁中形。当谓“贮，积也。从贝从宁，宁亦声”，徐锴之说是也。“女贮田不”，谓你留有田地否。

19. ，隶定为𡪈，即宷，口为装饰性构件，如《中山王嚳壶》“今”作“含”者然，宷即審。《说文》：“，悉也。从宀从釆。審，篆文宷从番。”《玉篇》：“審，信也。”《墨子·尚同中》：“故古者圣王之为刑政赏誉也，甚明察以審信。”“余𡪈贮田五田”，即“余審贮田五田”谓我确实留有土田五百亩。

20. ，即顜，明也。《史记·曹相国世家》：“萧何为法，顜若画一。”裴骃集解引徐广云：“音古项反”，司马贞索隐：“顜，训直，又训明，言法明直若画一也。”又引《汉书》：“顜作講。”

21. ，事，读为使。

22. ，即誓。《说文》：“，约束也。从言折声。”

23. ，即参。金文或作（䑞参父乙盉）、（克鼎）、（毛公鼎）、（鱼鼎匕）。朱芳圃云：“《说文·晶部》：‘，商星也。从晶，㐱声。’按，曑象曑宿三星在人头上，光芒下射之形。或省人，义同。”（参见朱芳圃：《殷周文字释丛·曑》，第37页）《左传·昭公元年》：“郑公孙侨对晋叔向曰：‘昔高辛氏有二子，伯曰阏伯，季曰实沈，居于旷林，不相能也，日寻干戈，以相征伐。后帝不臧，迁阏伯于商丘，主辰，商人是因，故辰为商星。迁实沈于大夏，主参，唐人是因，以服事夏商。’”依《左传》所记，则《说文》当作“，曑、商，星也”。后曑讹为参。此处参读为叁。“参有𤔲”即“三有司”，指𤔲土（司徒）、𤔲（司）马、

嗣工（司空）。“参有嗣”金文习见。如《卫盉》：“迺令参有嗣：嗣土（司徒）〓（微）邑、嗣（司）马单旟、嗣工（司空）邑人服，眔受（授）田”，《毛公鼎》：“令女㽙嗣（司）公族，雩参有嗣、小子、师氏、虎臣雩朕褻事”，即其例也。嗣，前“嗣”为“参有嗣”之“嗣”，后“嗣”为“嗣土”之“嗣”。

24. ，即𧻚。邑人𧻚，邑地之人名𧻚者。

25. ，隶定为頨，《说文》所无。頨人邦，頨地之人名邦者。

26. ，隶定为𨻰，《说文》所无。𨻰矩，司空之名。

27. ，即㔾，友寺㔾，内史之名。

28. ，即帅。甲骨文作（明藏115）、（戬38.1），象人两手拭席之形。正视作席，侧视席作。金文作（史颂簋》、（井人妄钟），乃甲骨文变为又加，其于表示“拭席”之义更为明晰。通假为率（逹），故有统帅（率）之义。此处，帅即读为率。

29. ，隶定为，即湄。眉（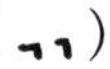）下不从目而从页，当为眉之繁式。此处湄当读为堳。《周礼·地官·大司徒》：“设其社稷之壝而树之田主。”郑玄注：“社稷后土及田正之神，壝坛与堳埒也。”贾公彦疏：“壝埒即堳埒。”《广雅·释丘》：“堳、埒，厓也。”《说文》：“厓，山边也。”由此，堳当训为土田之边际，亦即田界。“堳田”之事为金文习见。《散盘》：“迺即散用田眉（堳），自濡涉㠯（以）南，至于大沽”，“夨人有嗣（司）眉（堳）田”，“正眉（堳）夨舍散田”，即其例。

30. ，即寓，亦即宇。《说文》：“，屋边也。从宀，于声。《易》曰：‘上栋下宇。’寓，籀文宇从禹。”此处寓（宇）应训房屋、居室。《广雅·释诂二》：“宇，凥（居）也。”《诗·大雅·绵》：“爰及姜女，聿来胥宇。”毛传：“宇，居也。”孔颖达疏：“宇者，屋宇，所以居人，故为居也。”《楚辞·招魂》：“高台邃宇。”王逸注：“宇，屋也。”“迺舍寓于氒邑”，即“乃舍宇于厥邑”，谓遂给予其邑中之房屋。

31. ，即眔，音义同隶。《说文》：“隶，及也。”《石经·公羊传》：“祖之所遝闻”，今本作“逮”。《中庸》“所以逮贱”，释文作“遝”。此遝与隶音义俱同之

证也。“卑逆（朔）彊（疆）眔厉田”，谓（给予裘卫之四田）其北及于厉田。

32. 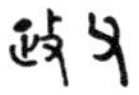，即政父，人名。

33. 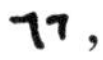，此字半泐，唐兰依据字之残形，又寻绎文意，释为付，可取。“邦君厉眔付裘卫田”，谓邦君厉亲自到达现场付与裘卫田。

34. ，唐兰隶定为褫，可取。燹褫，人名。

35. ，当为偈。偈屖，人名。

36. 由《卫盉》：“卫小子逆者其卿”和《九年卫鼎》：“卫小子逆者，其䚈”例之，此铭“小子”下“者”上应有逆字。《说文》：“逆，迎也。从辵，屰声。”

37. ，此字不甚清晰，参照《卫盉》、《九年卫鼎》铭文，定为“者”，读为诸。这里用作代词宾语，相当于“之”。《广雅·释言》：“诸，之也。”《左传·僖公十三年》：“冬，晋荐饥，使乞糴于秦。秦伯谓子桑：‘与诸乎？’”《礼记·文王世子》：“西方有九国焉，君王其终抚诸。”孔颖达疏：“诸，之也。”均其证也。“卫小子逆者”，即“卫小子逆诸”，谓卫小子迎之（指厉叔子夙、厉有司䵼季、燹褫、荆人敢、邢人偈屖）。

现代汉语翻译：

正月上旬庚戌日，裘卫到邢伯、伯邑父、定伯、倞伯、伯俗父五位执政大臣那里控告邦君厉，说：“厉曾说：‘我执行恭王之命，为民事操心忧虑，在昭王太室东北崇祭泾渭二水。’又说：‘我还要给你土田五百亩。’”执政大臣们质问厉，说：“你手中留有土田没有？”厉便应许，说：“我手中确实贮有土田五百亩。”邢伯、伯邑父、定伯、倞伯、伯俗父于是明白了事由，并使邦君厉起誓交田。于是命令三有司，即司徒邑人趙、司马𩡨人邦、司空隥矩，以及内史友寺刍，率领下臣去划定裘卫应从厉那里得到的四百亩土田的田界，厉又同意把邑中的房屋也给裘卫。裘卫得到的土田，其北边及于厉的田边，其东边及于散的田边，其南边及于散和政父的田边，其西边及于厉的田边。邦君厉亲到现场把土田付给裘卫。邦君厉方面参与这一工作的人员有厉叔子夙和厉的下属官员䵼季、庆癸、燹褫、荆人敢、邢人偈屖。裘卫方面由卫的小子迎接他们，款待他们并最后送走他们。裘卫把此事记在为自己有文德的先考制作的宝鼎上。愿我裘卫和我的子孙千秋万代将此鼎宝而用之。时在恭王五年。

四、十五年趞曹鼎（恭王时器）

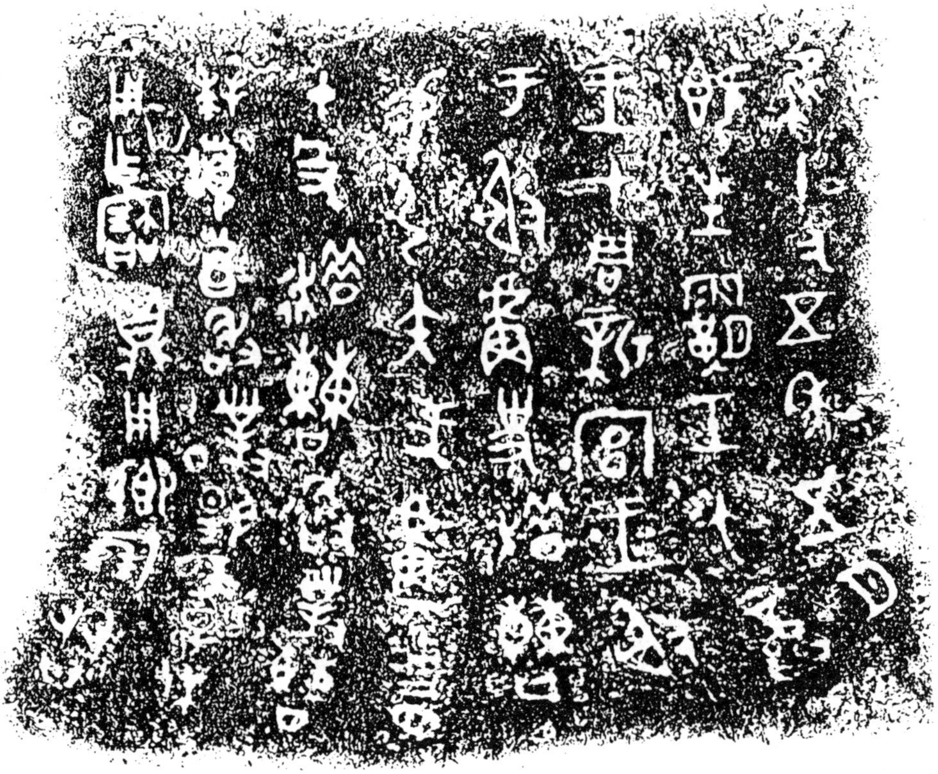

释文：

隹十又五年五月
既生霸壬午，龏(恭)
王才(在)周新宫。王
射于射盧(廬)。史趞曹(曹)
易(锡)弓、矢、虎盧(橹)、九(厹)、胄
甲、殳。趞曹敢對曹
拜(拜)䭫首，敢對揚(揚)天子休，
用作寶鼎，用鄉(饗)倗(朋)友(友)。

注释：

1. ，即龏。龏王，即恭王，穆王之子繄扈。金文恭王字多作龏。《五祀卫鼎》：“余执龏王卹工”，《大克鼎》：“克曰：穆穆朕文且师华父。……肄克龏（恭）保氒（厥）辟龏王”，是其例。由此可知，龏（恭）王亦生称。此器乃周恭王之标准器。虽铭文下部不甚清楚，然尚依稀可以辨认。恭王在位年数，自来说法不一。《太平御览》卷八十五引《帝王世纪》作二十年，《通鉴外纪》三引皇甫谧作二十五年，《皇极经世》推作十二年。今有此铭推知恭王在位至少在十五年以上。《皇极经世》所推年份不足据。

2. 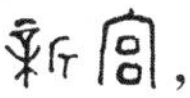，即新宫。“新宫”亦见他器，如《师汤父鼎》：“隹十又二月初吉丙午，王才周新宫、才射庐”，《师遽簋》：“隹王三祀四月既生霸辛酉，王才周，客新宫”，等等。由《作册令方彝》知康宫为康王之庙，而《望簋》云：“隹王十又三年六月初吉戊戌，王才周康宫新宫”，又知新宫乃康庙之新建宫寝。

3. ，隶定为虘，即盧，亦即廬，假借为廡。甲骨文作（存 1. 20205）、（甲 3652），为火炉，为炉足，所以支离地面。上古穴居，必置炉火，一则煮饭，二则取暖，故有炉在，即有室在。以覆示以兽皮蒙盖穴室，其为居庐之义可见。《说文》：“，饭器也。从皿虘声。”盧乃从皿虘声，系饭器。又《说文》：“，寄也。秋冬去，春夏居。从广盧声。”乃从广盧声，指居廬。虘、廬古今字也。廬，假为廡。《说文》：“廡，廡也。从广，虜声。读若鹵。”射盧，即射廬，亦即射廡，习射之处，当是宫中大室前东西序之廊庑。陈梦家云：“习射之处而以廊庑名，盖由于陆地习射起源于序。《孟子·滕文公》：‘序者，射也’，而《说文》曰：‘序，东西墙也’，《尔雅·释宫》同。《孟子》‘校者教也，序者射也’，都是以声相训，所以古音序和射是相同的。《尔雅·释宫》：‘无室曰榭’，而《乡饮酒》正义云：‘无室谓之序’，是序与榭是一。《春秋·宣十六》：‘夏，成周宣榭灾。’杜预注云：‘讲武屋’，而西周金文成周有宣廟，或作宣射，是廟从射声，与序相通。《金文编》释廟为序是正确的。《周礼·夏官·诸子》与《礼记·燕礼》皆曰：‘秋合诸射。’郑玄注云：‘射，

射宫也。’是射为廟。序、射、廟、榭是一字一义所分衍。序是东西墙习射之地，有屋顶有墙而无垣壁，所以《春秋·宣十六》杜预注：‘《尔雅》曰无室曰榭，谓屋歇前。’正义云：‘歇前者无壁也，如今厅是也。’其制即廊庑。《说文》曰：‘庑，堂下周屋。’《说文》新附曰：‘廊，东西序也。’……由上所述，则射庐乃是新宫中习射之序，是在宫中东西厢的廊庑。序在宫中，故曰射宫。《礼记·射义》曰：‘天子试之于射宫。’《穀梁传·昭八》曰：‘其余与众士习射于射宫。’大约恭王以前金文多记西都辟雍水射之事，恭王、懿王及其后记东都序庑陆射之事。”（参见陈梦家：《西周铜器断代（六）·趞曹鼎二》，《考古学报》1956年第一期）

4. ，即䢦，亦即趞，古文字中彳、止、辵三形符可以通转。甲骨文“邁”字作（甲2187）、（甲290）、（甲2601），金文“邁”（萬）字作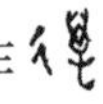（庚赢卣）、（史颂匜）、（叔向簋），均其例。“史趞曹”下称“趞曹”、“曹”，知，曹为人名，趞当为氏，而史为官职也。

5. ，即虎。《师兑簋》作，《番生簋》作，《召伯虎簋二》作。此铭与之形近，唯口部反向。其为虎字无疑。虎盧，读为虎櫓。盧櫓上古均为来母鱼部字，例可通假。《说文》：“櫓，大盾也。从木，鲁声。”《左传·襄公十年》：“而蒙之以甲，以为櫓。”杜预注：“櫓，大盾。”虎櫓，蒙以虎皮之大盾也。

6. ，即九，读为厹，《说文》厹以九为声符，故可通假。《广韵》音巨鸠切。《诗·秦风·小戎》：“俴驷孔群，厹矛鋈錞。”毛传：“厹，三隅矛也。”

7. ，即胄。金文或作（《豦簋》：“甲胄干戈”）、（《㦰簋一》：“孚戎兵：㬥（盾）、矛、戈、弓、備（箙）、矢、裨、胄”）。此铭，与之形近，其为胄字无疑。《说文》：“胄，兜鍪也。从冃，由声。”按：、即冃，头衣也。、乃头衣之顶，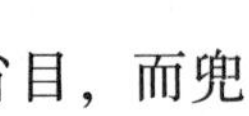即所谓兜鍪也。古兜鍪制深而遮面，惟露人目，即目也。后或省目，而兜鍪之顶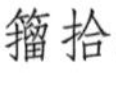，变而为，又变而为。孙诒让谓“者即古文由字”。（参见孙诒让：《古籀拾遗·豦彝》，第18页）于是，小篆之成矣。

8. ，即甲。金文或作（《利簋》：“隹甲子朝”），为区别于七（古作）、十（古作）作（《弭叔簋》：“初吉甲戌”），又嫌与田（古作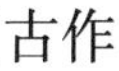）混作（《新郪虎符》：“甲兵之符”）。小篆稍稍讹别作。

9. ，即殳。古代兵器名，以竹、木制成，一端有棱。《说文》：“，以杸殊人也。《礼》：‘殳以积竹，八觚，长丈二尺，建于兵车，旅贲以先驱。’从又，几声。”《释名·释兵》：“殳，殊也。长丈二尺而无刃，有所撞挃于车上，使殊离也。”《诗·卫风·伯兮》：“伯也执殳，为王前驱。”毛传：“殳，长丈二而无刃”，均其证也。

10. ，即敢对朁。唐兰以为此三字当为衍文（参见唐兰：《西周青铜器铭文分代史征·附件一·史趞曹鼎》，第423页），可参。

11. 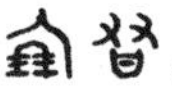，即倗春，亦即朋友。金文“朋友”多作倗春。如《乖伯簋》：“好倗友雩（与）百者（诸）䛇遘（媾）”，《麿鼎》：“孝春隹井（型）”，《多友簋》：“用倗用春”，等等。

现代汉语翻译：

周恭王十五年五月上旬壬午日，天子住在康庙的新建宫寝中，并习射于大室前东西两序的廊庑中。大史趞曹得到恭王赐予的强弓、利矢、虎盾、角矛、头盔、身甲、长杖等军械装备。趞曹先行拜手礼，后行叩首礼，答谢显扬天子的美意，用来制作此件宝器，作为宴飨朋友之用。

五、师虎簋（懿王时器）

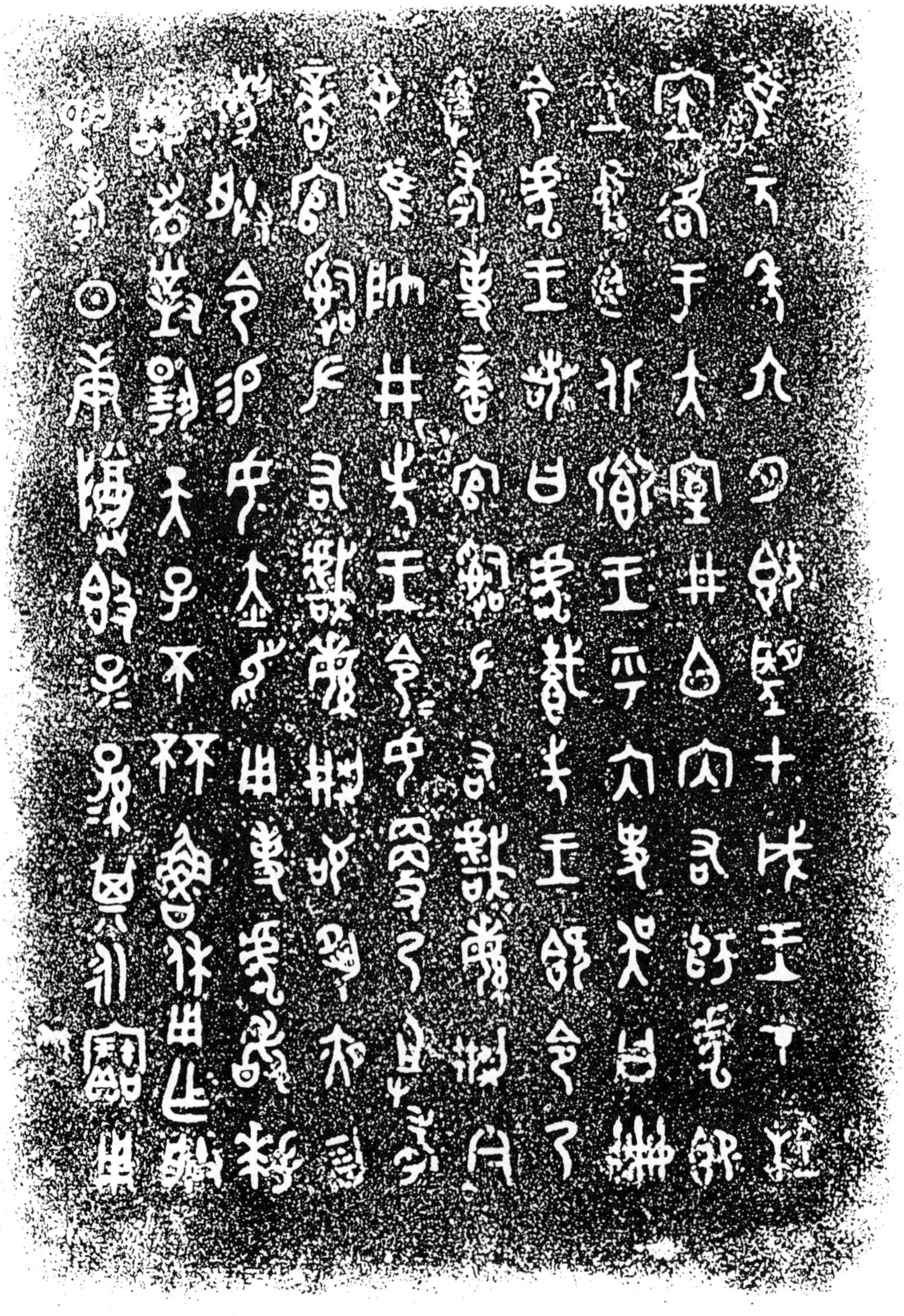

释文：

隹元年六月既望甲戌，王才（在）杜𡧊（居），各（格）于大室。井（邢）白（伯）内（入）右（佑）师虎，即立中廷，北鄉（嚮）。王乎（呼）内史吴曰："册令（命）虎。"王若曰："虎，𢦏（載）先王既令乃𣅀（祖）考事，啻（嫡）官𤔲（司）左右戲緐（繁）𠛱（荆）。今余隹帅井（型）先王令，令女（汝）更（賡）乃𣅀（祖）考，啻（適）官𤔲（司）左右戲緐（繁）𠛱（荆）。苟（敬）夙夜勿灋（废）朕令。易（锡）女（汝）赤舄，用事。"虎敢拜䭫首，對䢅（揚）天子不杯鲁休，用乍（作）朕剌（烈）考日庚障（尊）毁（簋）。子子孫孫其永寶用。

注释：

1. 马承源定此器为周懿王时物，云："'隹元年六月既望甲戌'，即西周懿王元年六月既望甲戌日。据《西周青铜器年历表》（按：此表附马承源主编《商周青铜器铭文选》第三册书末），懿王元年为公元前九四一年。六月庚申朔，十五日即甲戌，先此一日，可合。"（参见马承源主编：《商周青铜器铭文选 · 师虎簋》第三册，第 168 页）今从此说。

2. ，隶定为𡧊，从宀从立，会意，当为尻（居）之异构。杜𡧊，即杜居，懿王在杜地之行屋也。《汉书·地理志》谓京兆有杜县。《史记·秦本纪》正义引《括地志》云："下杜故城在雍州长安县东南九里，古杜伯国，华州郑县也。"春秋初年杜国为秦宁公所灭。传世之器物有《杜伯盨》。

3. ，即井，读为邢。此器"井白"之"井"与"帅井"之"井"写法不同："井白"之"井"中有一点，"帅井"之"井"中无一点。"帅井"之"井"读为刑，即型，其意为仪型、典型。

4. ，即内，读为入。《说文》："内，入也。"又"入，内也"。是义同也。"内"上古泥母物部字，入上古日母缉部字，是音近也。

5. ，即右，读为佑。右为佑之声符故也。

6. ，即虎，象虎头足尾之形。师虎，职师而名虎也。

7. ，即立，读为位。《说文》："（立），佢也。从大立一之上。大，人也。一，地也。"又"（位），列中庭之左右谓之位。从人立"。刘心源云："立读位。《潜研堂声类》三引《周礼·小宗伯》'神立'，注：'故书位作立。'郑司农云：立读为位，古者立位同文。《春秋》书'公即位'为'即立'是也。"（参见刘心源：《奇觚室吉金文述》卷二，第20页）王筠云："积古斋（按：指《积古斋钟鼎彝器款识》）《颂鼎》、《颂壶》、《颂敦》皆曰：'王各大室，即'，是'位'字；又曰：'颂入门中廷'，是'立'字。一器而两义皆见焉。盖人不行谓之'立'，因而所立之处亦谓之'立'，以动字为静字也。后乃读于備切以别其音，遂加人旁以别其形耳。"（参见王筠：《说文释例》，武汉市古籍书店影印本，第366—367页）按：郑众读"即立"之"立"为"位"，极是。王筠又引而申之，亦确。西周中晚期金文铭辞颇多册命赏赐类内容，"即立（位）""立中廷"亦经见之词语。"即立"之"立"读为"位"，"立中廷"之"立"如字读，一无例外。

8. ，隶定为鄉，即鄉，读为嚮，亦即向。嚮应为从向鄉声之形声字。故嚮鄉例可通假。西周中晚期册命赏赐类铭辞"北向"字均作鄉。接受册命赏赐之臣北向，说明天子南向而坐。

9. 内史，即作册。作册与内史二官职均为宣读王命者。初常混用，西周中期以后作册少见，而多称内史。内史吴，即职内史而名吴者，内史吴当即《吴方彝》

盖之作册吴。

10. 册令，即册命。王之任命和赏赐之令写于书册之上，由内史或作册郑重宣布。

11. ，即䜬，当为从食𢦏声之形声字，经籍通作载，读为哉。《诗·大雅·文王》：“陈锡哉周，侯文王孙子。”毛传：“哉，载。”孔颖达疏：“哉与载古字通用。”《尔雅·释诂》：“哉，始也。”

12. ，隶定为𥃩，即且，亦即祖。古文字构形通例有云：少数字有时或加装饰性构件，此其一例也。《友簋》祖字亦如此作，同其例也。《陈逆簋》作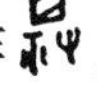，《中山王𠑞鼎》作。

13. ，即啻，读为嫡（嫥），承续也。

14. 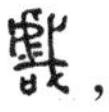，许瀚释戲，学者悉从之。金文或作（《戏伯鬲》：“戏伯作馈齋”）、（《豆闭簋》：“王各于师戏大室”）本铭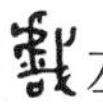左下之所从稍异，当即戲之异构。《说文》：“戲，三军之偏也。”“ナ右戲”即“左右戲”，指左右偏师。

15. ，隶定为㓝，金文均以为荆楚之荆。㓝以井为声符，荆以井为基础声符，故可通假。荆，上古见母耕部字；缨，上古影母耕部字，音近，例可通假。䋣荆，读为繁缨，即鞶鞅。繁，通鞶，即马腹带。朱骏声《说文通训定声》：“䋣，假借为鞶。”《左传·成公二年》：“既，卫人赏之以邑，辞，请曲县繁缨以朝，许之。”杜预注：“繁缨，马饰，皆诸侯之服。”《礼记·礼器》：“大路，繁缨一就；次路，繁缨七就。”孔颖达疏：“繁谓马腹带也。”《文选·曹植〈七启〉》：“仆将为吾子驾云龙之飞驷，饰玉路之繁缨。”李善注：“《周礼》曰：‘玉路锡樊缨。’郑玄注：‘樊读为鞶，谓今之马大带也。’缨，今之鞅。繁与鞶古字通。”缨，通鞅，即马颈带。《说文》：“鞅颈靼也。”段注：“《释名》：‘鞅，婴也。喉下称婴，言婴络之也。’按刘与许合。杜云：‘在腹曰鞅’，恐未然也。”《续一切经音义》卷一：“鞅，《切韵》云：‘牛项索也。’”《左传·僖公二十八年》：“晋车七百乘，韅、靷、鞅、靽。”释文：“鞅，《说文》云：‘颈皮也。’”既然《左传·成公二年》杜预注：“繁缨，马饰，皆诸侯之服”，则繁缨乃高官象征之物。

16. ，隶定为，即叓。金文叓字均从二丙。从二丙与从一丙无异，亦即更，读为赓。更、赓上古皆见母阳部字，可通。

17. ，即灋，读为废。灋，上古帮母叶部字；废，上古帮母月部字，音近可通。“勿灋（废）朕令”，铭辞成语也。

18. ，隶定为砅，或谓顯字异构。容庚云：“《师遽簋》：‘敢对扬天子不砅休’，与《录伯簋》：‘对扬天子不顯休’文句正同。昔人定为顯字。”（参见容庚：《金文编》，1985年中华书局影印本，第764页）

19. ，即剌，亦即剌，读为烈。剌、烈，上古来母月部字，可通。烈，光显也。《诗·周颂·雝》：“既右烈考，亦右文母。”郑玄注：“烈，光也。”《左传·哀公二年》：“烈祖康叔。”杜预注：“烈，显也。”是其证。

现代汉语翻译：

周懿王元年六月中下旬甲戌日，天子在杜国的行屋。他来到太室。邢伯进入太室并佑师虎。师虎立于室中大庭的确定位置上，向北面对天子。懿王指使内史吴说：“对师虎宣读任命赏赐之令。”王说：“师虎，当初，先王已经委任你的先祖先考，接续其前任管理左右偏军高级军官，现在，我遵循先王之命，委任你承接你的先祖先考，继续管理左右偏军高级军官。你必须日夜敬执其业，不得置我的训令于不顾。我赏赐给你赤色双层木底鞋，希望你恪尽职事。”师虎先行拜手之礼，后行叩首之礼，答谢显扬天子十分隆重的嘉赐，因而为自己光耀后世的先父日庚制作了一件高贵的礼器簋。谨愿子子孙孙千秋万代宝而用之。

六、𠑇匜（懿王时器）

释文：

〔器文〕

隹三月既死霸甲申，王才（在）莽（豐）上宫。白（伯）㪤（揚）
父迺成賢（劾），曰：「牧牛，㪗！乃可（苛）湛（抌）。女（汝）敢㠯乃
師訟，女（汝）上印（聽）先誓。今女亦既又（有）卲（御）誓，尃（薄）
趞（各）嗇覿（睦）𠑇，宥（授）亦兹五夫，亦既卲（御）乃誓，女
亦既從辭（辭）從誓，弋（式）可（苛），我義（宜）便（鞭）女千，䵼䵼
女（汝）。今我赦（赦）女（汝），義（宜）便（鞭）女千，黜䵼女。今大赦（赦）
女（汝），便（鞭）女（汝）五百，罰女（汝）三百寽（鋝）」。白（伯）㪤（揚）

〔蓋文，接器文〕

父迺或（又）事（使）牧牛誓曰：「自今
余敢夒（擾）乃小大事！」乃師或（又）㠯
女（汝）告，劓（則）致（致）乃便（鞭）千，䵼䵼」。牧
牛劓（則）誓。乃㠯告吏䀠、吏曶
于會。牧牛辭（辭）誓成，罰金。𠑇
用乍（作）旅盉。

注释：

1.《𠑇匜》铭文分别铸于器腹内和盖内，文字前后相连。先器铭6行，次盖铭7行，计157字。其内容为一件诉讼官司的判决过程。执行诉讼判决的官吏为伯扬父。马承源定为懿王器，云：“此簋（按：指《王臣簋》铭文有益公和内史年（按：《王臣簋》铭文云：‘隹二年三月初吉庚寅，王各于大室，益公入右王臣，即立中廷，北鄉。乎内史年册王令王臣……’）。益公见于恭王于十二年《永盂》和九年《乖伯簋》铭，亦见于十七年《询簋》铭。益公为出入王命的大臣和册命之礼的导引者。而懿王七年《牧簋》称益公为文考益伯，是益公在懿王

七年前已亡故。内史年见于孝王四年的《㾓盨》和五年的《谏簋》铭。益公既已卒于懿王七年之前，则簋不可能是孝王时器。故此二年三月必定是懿王纪年。”（参见马承源主编：《商周青铜器铭文选·王臣簋》第三册，第177页）又云：“白扬父，此人即《扬簋》之扬。《扬簋》铭中有单伯和史年（按《扬簋》铭云：‘王才周康宫。旦，各大室，即立。司徒单伯入右扬。王乎内史史年册令扬……’）。单伯初见于恭王三年《卫盉》铭。史年又称内史年，见于懿王时之《王臣簋》和孝王时之《谏簋》和《㾓盨》。故《𠑇匜》为懿王时器。《扬簋》铭记王任命扬可讯讼（按：《扬簋》铭云“赐女赤市、䜌旂，䜌讼”）。此匜铭记伯扬父讯𠑇与牧牛之讼正相吻合。”（参见马承源主编：《商周青铜器铭文选·王臣簋》第三册，第185页）按：依马承源《西周青铜器铭文年历表》，恭王在位27年，懿王在位16年，孝王在位26年。单伯初见于恭王三年《卫盉》铭，大约不会连续工作四十余年，至孝王四年或五年的内史年从政之时依然在朝供职。而《扬簋》铭文同时记有“司徒单伯”和“内史史年”，故定《扬簋》为懿王时器较为合理。如此，单伯效命于恭懿二世，史伯效命于懿孝二世，而单伯、史年同时供职于懿世。既定《扬簋》为懿王时器，则铭记伯扬父的《𠑇匜》亦当为懿王时器。

2. 莽上宫，丰京宗庙之重屋也。莽，即莽京，金文铭辞中习见。如《静簋》：“隹六月初吉，王才莽京”，《史懋壶》：“隹八月既生霸戊寅，王才莽京宫”，《井鼎》：“隹七月王才莽京”，等等。《卯簋》：“今余隹令女死（尸）嗣莽宫莽人”，莽宫指莽京宗庙。《孟子·尽心下》：“孟子之滕，馆于上宫。”赵岐注：“上宫，楼也。”《说文》：“楼，重屋也。”

3. ，即，唐兰读为劾，云：“原作‘’字，又见《师旂鼎》，是判词。《说文》㲺字读若概，《切韵》㲺、概都是古代反，而劾字胡概反，两字音近通用。那么，㲺就是汉代法律上专有名词的劾。《周礼·秋官·乡士》：‘辨其狱讼，异其死刑之罪而要之。’郑玄注：‘要之，为其罪法之要辞，如今劾矣。’今，指汉代。《尚书·吕刑》正义说：‘汉世，问罪谓之鞫，断狱谓之劾。’”（参见唐兰：《西周青铜器铭文分代史征·附件一·𠑇匜》，第510页）㲺，上古见母物部字，劾，上古匣母职部字，音近可通。《说文》：“劾，法有辠也。”段注：“法者，谓以法施之。”《急就篇》：“诛罚诈伪劾罪人。”颜师古注：“劾，举案之也。”成

覭，即成劾，意谓断狱成功。

4. ，即可，唐兰读为苛，云：“《周礼·春官·世妇》：‘大丧，比外内命妇之朝莫哭不敬者，而苛罪之。’郑玄注：‘苛，谴也。’《汉律》有‘苛人受钱科’。”（参见唐兰：《西周青铜器铭文分代史征·附件一·㒼匜》，第510页）按：此“苛”通诃。《方言》：“苛，怒也。”朱骏声《说文通训定声》：“苛，假借为诃。”《周礼·夏官·射人》：“不敬者，苛罚之。”郑玄注：“苛谓诘问也。”

5. 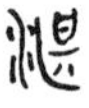，即湛。唐兰读为抌，云：“原作‘湛’，读为抌，音同。《说文》：‘抌，深击也。从手冘声。读若告言不正曰抌。’告言不正就是诬告。”（参见唐兰：《西周青铜器铭文分代史征·附件一·㒼匜》，第510页）按：段注：“《刺客列传》：‘左手把其袖，右手揕其匈。’揕即抌字。”甚、冘上古均禅母侵部字，故从甚字与从冘字，多可通借，如醓通酖，即其例也。“乃可湛”，读为“乃苛抌”，谓汝被谴责为诬告也。

6. 师，当即金文常见之“师氏”之简称，如《令鼎》：“王射，有𤔲罘小子、师氏卿（会）射”，《师遽簋》：“王祉（诞）正师氏”，皆其例。《周礼·地官·师氏》：“师氏掌以媺诏王，以三德教国子：一曰至德，以为道本；二曰敏德，以为行本；三曰孝德，以知逆恶。教三行：一曰孝行，以亲父母；二曰友行，以尊贤良；三曰顺行，以事师长。居虎门之右，司王朝，掌国中失之事，以教国子弟，凡国之贵游子弟学焉。凡祭祀、宾客、会同、丧纪、军旅，王与则从。听治亦如之。使其属帅四夷之隶，各以其兵服，守王之门外，且跸朝。在野外则守内列。”由此可知，师氏既教国子，又治军事。

7. 讼，争讼，特指争夺财产。《说文》：“讼，争也。从言公声。”《正字通》：“讼，《六书故》：‘争曲直于官有司也。’”《周礼·地官·大司徒》：“凡万民之不服教而有狱讼者，与有地治者听而断之，其附于刑者归于士。”郑玄注：“争罪曰狱，争财曰讼。”又《秋官·大司寇》：“以两造禁民讼。”郑玄注：“讼，谓以财货相告者。”

8. ，隶定为䍒，当为从卩壬声之形声字，读为聽。䍒、聽均以壬为声符，故可通假。《说文》：“聽，聆也。从耳㥁，壬声。”女上䍒先誓，即“汝上聽先誓”，谓你报告先前誓约使上司聽闻。

9. ，即卸，亦即御。甲骨文多如此作，如（乙690），（前2.24.1），

（前 2. 26. 5），等等。原作（粹 49），省作（甲 562），又省作（戬 33. 17），又省作。御，进也，用也。《广雅·释诂》：“御，进也。”《楚辞·九章·涉江》：“腥臊并御，芳不得薄兮。”王逸注：“御，用也。”是其证。御誓，谓用誓，即实践誓言，兑现誓言。“今女亦既又御誓”，读为“今汝亦既有御誓”，谓现在你已有兑现誓言之表示。

10. ，即尃，读为薄，发语词，相当于“夫”“且”。《诗·周南·芣苢》：“采采芣苢，薄言采之。”毛传：“薄，辞也。”又《葛覃》：“薄汙我私，薄澣我衣。”戴震补注：“薄犹且也。”是其证。

11. ，即趦，读为格。

12. ，即啬。《说文》：“，爱濇也。从來从亩。來者亩而藏之，故田夫谓之啬夫。”按：啬从來从亩，本义当为仓廪。许氏说义，乃其引申义也。此铭当用为地名。

13. ，隶定为顡，从声。《汗简》“睦”作，亦从声。故当读为睦。《说文》：“，目顺也。从目，坴声。一曰：敬和也。”“尃趦啬顡𠍻”，读为“薄格啬睦𠍻”，谓（你牧牛）到啬地去与𠍻修和。

14. ，隶定为舟。丿为装饰性笔画，一如“安”金文作（睘卣）、（国差𦉜）者然。舟，当是从宀舟声之形声字，读为受（授）。《说文》：“，相付也。从𠬪舟省声。”甲骨文作（后上 17. 5）、（后上 18. 3），金文作（盂鼎）、（颂鼎），从舟声不省。舟、受同声符，故可通假。

15. ，即亦。“舟亦丝（兹）五夫”之“亦”为助词，无实义。金文“亦”用为语气词者不乏其例，如《牧簋》“不用先王乍井（型），亦多虐庶民”，《卯簋》：“昔乃且亦既令乃父死（尸）𤔲荞人”，《效卣》：“效不敢不迈（万）年夙夜奔徒（走）（扬）公休，亦其子子孙孙述（永）宝。”案之经籍，亦多有之。如《诗·召南·草虫》“亦既见止，亦既觏止，我心则降”，《书·盘庚上》：“予亦拙谋作乃逸，若网在纲，有条而不紊。”“舟亦丝五夫”，谓交付此五名奴隶。

前“今女亦既又卲誓”，后“亦既卲乃誓”，两“亦”同此用法。

16. ，隶定为𧭈，盖辭之异构。在此，其意为讼辞。《说文》：“辭，讼也。从𤔔，𤔔辛犹理辜也。𤔔，理也。”《书·吕刑》：“民之乱，罔不中所狱之两辞。”孔安国传：“民之所以治，由典狱之无不以中正听狱之两辞，两辞弃虚从实，刑狱清则民治。”《周礼·秋官·乡士》：“听其狱讼，察其辞。”均其证也。“女亦既从𧭈从誓”读为“汝亦既从辞从誓”，谓你已经服从判辞裁决，听从誓约约束。

17. ，即弋，读为式。《说文》：“式，法也。从工，弋声。”式以弋为声符，例可通假。“弋可”读为“式苛”，谓依照法律予以谴罚。

18. ，即義（义），读为宜。《释名·释言语》：“义，宜也。裁制事物使合宜也。”《易·旅》：“其义焚也。”释文：“马云：‘义，宜也。’一本作‘宜其焚也’。”《书·康诰》：“用其义刑义杀。”孔安国传：“义，宜也。用旧法典刑宜于时世者以刑杀。”均其例也。

19. ，即便。《说文》：“鞭，驱也。从革，㥆声。，古文鞭。”此铭作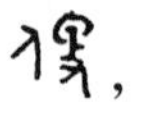，从人从㝵，会“鞭人”之意，当即鞭之初字。《说文》：“，安也。人有不便，更之。从人更。”许氏就小篆形体立论，恐非原意。“鞭”为上古刑罚之一。《尚书·舜典》：“鞭作官刑。”《国语·鲁语上》：“薄刑用鞭扑，以威民也。”韦昭注：“鞭，官刑也。”沈寄簃《历代刑法考·总考一》：“言九刑以墨一，劓二、刵三、宫四、大辟五，又流六、赎七、鞭八、扑九，故曰九刑也。”均其证。“我义便女千”，读为“我宜鞭汝千”，谓我应该鞭你一千次。

20. 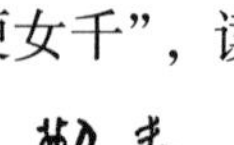，隶定为𪑘𪑝。唐兰云：“𪑘𪑝，即黷䵵，是墨刑之一。𪑘字应从黑𣪊声。𣪊字与蔑字，一从殳，一从戈，当是同一个字的不同写法。𪑝字从黑𣪠声。《说文》屋字的古文作𡉚（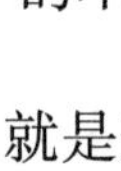），上面所从的耂，就是这里的声。此又从殳，与从刀的剭通，所以定为䵵字。黷䵵两字都从黑，当是墨刑。《说文》：‘黥，墨刑在面也。’或作剠，从刀从黑。其实，剠字是墨刑的原始字，象用刀刻人面的形状。《书·吕刑》和《周礼·司刑》中都有墨刑，那么黥只是墨刑的一种罢了。黑字《鄦伯𣪘簋》作，本象正面人形（即大字）而面部被墨刑的人。《铸子叔黑臣簠》作，则在两臂上下均有装饰性的点，《说文》就认为是从炎，是错了

（炎字原作，不作）。正因为黑字原是受墨刑的人，所以属于墨刑的字都从黑，此铭黷、黰、黜三字，《说文》黥字以及《梁律》所谓黵面之刑都是。此铭既有黷黰，又有黜黰，显然在黰刑之中，又分两种。《易·鼎》九四说：‘其形渥。’有很多别本作‘其刑剭’。晁说之《易诂训传》引京房说：‘刑在頄为剭。’頄是脸上的颧骨。《玉篇》：‘黰，刑也，或作剭。’大概就根据京房本。所以《广韵·一屋》就说：‘黰，墨刑也。’据此铭，则西周已有黰字了。黥刑在古书中大都解为凿头，与此刻颧骨的剭刑略有不同。至于黷，古书没有这个字，应与幭通。《说文》：‘幭，盖幭也。’《管子·小称》说齐桓公死时‘乃援素幭以裹首而绝’，可见幭是盖头的巾。幭字与幪字声近相通，《方言》四：‘幪，巾也。’《说文》，‘幪，盖衣也。’那末，黷就是《尚书大传》‘下刑墨幪’的幪无疑。墨幪是头上蒙黑巾。战国以后人上了儒家的唯心主义的胡说的当，把唐虞时代的‘象刑’（把刑法画成图象来公布）解释成为只是象征性的刑罚，因而说黑幪用来代替黥刑，那是错误的。据此铭则黷黰是在剭刑的基础上再加盖幭的，即先用刀割颧骨处，再用墨填，而又使他蒙黑巾的双重刑罚，可以纠正旧说之误。”（参见唐兰：《西周青铜器铭文分代史征·附件一·𠑇匜》，第511—512页）

21. ，即赦，亦即赦。《说文》：“，置也。从攴，赤声。，赦或从亦。”

22. ，隶定为黜。字书所无。从黑蚩声，读为数斆。《说文》：“斆，刺也。”亦当为墨刑之一种。黜斆之刑当略轻于黷斆。

23. ，即寽，读为锊，古代重量单位。容庚云：“寽，孳乳为锊。戴震谓锊当为六两大半两，三锊而成二十两。”《吕刑》之鍰当为锊。“寽”金文习见，如《禽簋》：“赐金百寽”，《商卣》：“𢦏丝廿寽”，《番生簋》：“取遗廿寽”，等等。

24. ，即或，读为又。王引之《经传释词》：“或，犹又也。”《诗·小雅·宾之初筵》：“既立之监，或佐之史。”郑玄笺：“饮酒于有醉者，有不醉者，则立监使视之，又助以史使督酒，欲令皆醉也。”是其证。

25. ，即夒，读为擾，甲骨文作（拾13.3），（前7.5.2），（后下14.5），全文作（无忧卣）、（伯忧觯），象猕猴之形。本铭作与

之形近而稍繁，其为“夒”字无疑。后首部变为，腿部变为，手部变为，尾部变为，止部变为，而成小篆。《诗·小雅·角弓》：“毋教猱升木，如涂涂附。”毛传：“猱，猿属。”郑玄笺：“猱之性，善登木。”《礼记·乐记》：“及优侏儒，獶杂子女，不知父子。”郑玄注：“獶，猕猴也。言舞者如猕猴戏也。”陆德明释文：“獶，依字亦作猱。”《集韵·豪韵》：“夒，或从憂从柔。”又夒、猱、獶，音均奴刀切，故可证夒、猱、獶为一字。獶，又音於求切，故夒可假为从手憂声之擾。《广雅·释训》：“擾（扰），扰乱也。”

26. ，即史，读为事。古史、吏、事一字。

27. ，即致，即致，亦即致。其右边或从人，如（伯到尊）、（乖伯簋），或从攵，如（伯到簋），本铭亦相同。其从人作者，隶楷讹为从刀，故成到字。其从攵作者，多省人，故成致，即致字。《说文》：“致，送诣也。从夂从至。”

28. ，隶定为䚷，即兄。容庚云：“高景成云：兄生同声。古字恒增声符。”金文或作（叔趩父卣）、（叔家父匡）。此铭䚷字用为人名。

29. ，隶定为曶，人名。《曶鼎》亦有曶，当为一人。

30. ，即于，读为与。于，上古匣母鱼部字，与，上古余母鱼部字，音近可通。与，预也。《史记·屈原贾生列传》：“天不可与虑兮，道不可与谋。”司马贞索隐：“与，音预也。”《文选·贾谊〈鹏鸟赋〉》作“预”。即其证。

31. ，即旅，陈列也。《诗·小雅·宾之初筵》：“籩豆有楚，殽核维旅。”毛传：“旅，陈也。”《汉书·叙传下》：“周穆观兵，荒服不旅。”颜师古引张晏曰：“旅，陈也。”是其证。

32. ，即盉，和酒之器。《说文》：“盉，调味也。从皿禾声。”段注：“调声曰龢，调味曰盉。今则和行而龢盉皆废矣。”按：许解当非本义。王国维云：“余谓盉者，盖和酒与水之器，所以节酒之厚薄者也。”（参见王国维：《观堂集林·说盉》，《王国维遗书》第一册，第67页）此器为匜而自铭为盉，反映了西周中晚期盘盉组合逐渐为盘匜组合所代替的历史事实。明为匜，而书为盉，怀旧故也。

现代汉语翻译：

周懿王某年三月下旬甲申日，天子住在丰京宗庙的重屋里。负责诉讼的伯扬父终于作出判决。他说："牧牛，唉！你被责罚为诬告之罪。你竟敢对你的师氏提出诉讼，而且你已把先前的誓约上报士狱之官。现在，你既有实践誓约的表示，那就去啬地与㑇和好，交付这五个奴隶。既已兑现了你的誓约，可以认为你已经服从判辞判决，听从誓约规定。如果依照法律对你进行责罚，我应该抽你一千鞭子，并且对你施以墨刑。如今即使我赦免你，也应该抽你一千鞭子，并且对你处以轻度的墨刑。现在，我大赦你，只抽你五百鞭子，并且让你出罚金三百锊。"伯扬父接着让牧牛立誓。牧牛说："从今以后，我牧牛怎敢以大事小事来烦扰您?"伯扬父说"你的师氏再来告发你，便要真的抽你一千鞭子，并且施以墨刑了。"牧牛真地立誓示诫。于是，把此事告诉有司䜌和曶，并让他们也来参加誓要之会。败诉的一方牧牛宣读誓辞过后，按照伯扬父的判决，罚金三百锊。胜诉的一方㑇将此事镂刻在特制的供作陈列用的礼器盉上。

七、元年师兑簋（孝王时器）

释文（器铭，另有盖铭同文）：

隹元年五月初吉甲寅，王才（在）周，各康廟，即立（位）。同中（仲）右（佑）師兑入门，立中廷。王乎（呼）内史尹册令（命）師兑："疋（胥）師龢父嗣（司）ナ（左）右走馬、五邑走馬。易（锡）女（汝）乃且（祖）巿（市）五黄（衡）、赤舄。"兑𢷎（拜）𩒨首，敢對𩵦（揚）天子不（丕）顯魯休，用乍（作）皇且（祖）𩫖（城）公䵼簋，師兑其萬年，子子孫孫永寶用。

注释：

1. 马承源定此器为周孝王时物，云："隹元年五月初吉甲寅，即周孝王元年（五月初吉甲寅），据《西周青铜器年历表》为公元前924年，五月壬子朔，三日得甲寅。"（参见马承源：《商周青铜器铭文选·元年师兑簋》第三册，第200页）今从其说。

2. 此铭乃册命赏赐类铭文标准体例，包括：a. 时间（如"隹×年×月×月相×日"）。b. 地点：（如"王才×，各×室［庙］"）。c. 受册命者进入（如"×右×入门，立中廷"）。d. 册命、赏赐（如"王乎内史［作册］×册令×……，易女……"）e. 答谢（如"×拜𩒨首，敢对扬天子不显鲁休"）。f. 作器（如"用乍×宝尊彝”）。g. 祝嘏（如“×其万年，子子孙孙永宝用”）。

3. ，即同中，亦即同仲，为师兑的傧相。为伯仲之仲。罗振玉云：“《说文》‘中’古文作，籀文作。古金文及卜辞皆作，或作，斿（游）或在左，或在右，盖因风而左右偃也。无作者，游不能同时既偃于左又偃于右也。又，卜辞凡中正字皆作，从从，伯仲字作，无游形，字所从之中作，三形判然不相混。”（参见罗振玉：《增订殷墟书契考释》卷中，第14页）

4. 师兑，职师而名兑者，此器之作器人。

5. ，即足，亦即疋。陈梦家云：“诸疋字旧释正。郭沫若初释世，后改释足，云：‘有继承之义，有足成义、踵续义，似以用后者为多’（‘大系考释’页79，115，154）。容庚《金文编》收入‘足’下。《说文》卷二疋部曰：‘疋，足也。……古文以为《诗》大疋字，亦以为足字，或曰胥字。一曰：记也。’是许氏以疋、足、胥为一字。《说文》楚从林疋声，而金文楚所从之疋与诸器动词之疋同形。疋或胥有辅佐之义。《尔雅·释诂》曰：‘胥，相也。’而相与左、右、助同训。《广雅·释诂二》：‘由、胥、辅、佐、佑……助也。’《方言·六》曰：‘胥、由，辅也。’郭璞注云：‘胥，相也，由正皆谓辅持也。’”（参见陈梦家：《西周青铜器断代·六》，《考古学报》1956年，第96页）

6. 师龢父，人名。此人又见于夷王时《师嫠簋》器铭。

7. ，金文或作（洹子孟姜壶）、（子仲匜），即嗣，读为司。

8. ，即ナ，亦即左。既为右，自当为左。

9. 象，即走马，当为武官之名，职分左右，故称左右走马。文籍中有“趣马”一职，当即金文铭辞之“走马”。《说文》：“走，趋也。”又“趣，疾也”。《玉篇》：“趣，趋也，遽也。”“走”“趣”二字义同。走，上古精母侯部字；趣，上古清母侯部字，二字音近。《诗·大雅·云汉》：“鞫哉庶正，疚哉冢宰，趣马师氏，膳夫左右。”又《小雅·十月》：“皇父卿士，番维司徒，家伯维宰，仲允膳夫，棸子内史，蹶维趣马。楀维师氏，艶妻扇方处。”“趣马”位在“师氏”之前，其职位甚隆可知。《休盘》：“益公右（佑）走马休入门，立中廷，北鄕（嚮）。王乎乍册尹易休玄衣、黹屯、赤市朱黄、戈琱戟彤沙𩬈必、䜌旂。”走马休受赐极丰，亦可证其地位甚高，非下级官员所可比拟。

10. 巿，市之省。金文多省文，如以衣（）代卒（）。《㦰簋一》："孚（捋）戎孚（俘）人百又十又四人，衣（卒）博（搏），无𣪘（斁）于㦰身。"以各（）代客（）。《越王钟》："自祝（铸）禾（和）㝁（林）钟，以乐吾家，喜而宾各（客）。"以页（）代"頟"（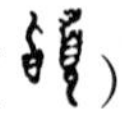），《卯簋》："卯拜手页（頟）首，敢对扬荣白休。"巿，即绂、韨，蔽膝也。《说文》："巿，韠也。上古衣蔽前而已。巿以象之。天子朱巿，诸侯赤巿，大夫葱衡。从巾，象连带之形。韨，篆文巿从韦从犮。"

11. ，即五黄，读为五衡。《礼记·玉藻》："一命缊韨幽衡，再命赤韨幽衡，三命赤韨葱衡。"衡为系巿之带。五衡，系带有五种颜色。

12. ，即舄，读为履，象张两翼之形。《石鼓文·遊水》舄字偏旁作，小篆乃变其上作，成。后有形声字鹊，从鸟昔声。昔声与舄声同。舄古亦通假以代屦。舄为复底木鞋。《释名·释衣服》："复其下曰舄。"晋崔豹《古今注》："舄，以木置履下，干腊不畏泥湿也。"《周礼·天官·屦人》："屦人掌王及后之服屦，为赤舄黑舄。"郑玄注："复下曰舄。"贾公彦疏："重底者名曰舄。"均其证也。赤舄，红色双层木鞋。

13. ，隶定为䣀，即城。金文或作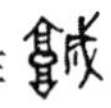（班簋）、（散盘），亦作（𫑡羌钟）、（中山王嚳鼎）。即郭（或墉），以土筑成。按唐兰先生"义近形符可以通转"之通例，从𩫏从土可以通转。

14. ，隶定为䰞。《说文》所无。金文或作（伯卫父盉），当即鬺。《玉篇》："鬺，式羊切，煮也。亦作䰜。"《说文》："䰜，煮也。从鬲，羊声。"《曶鼎》云："乍朕文考宄白鬺牛鼎。"鬺牛即煮牛也。

现代汉语翻译：

周孝王元年五月上旬甲寅日，天子在宗周，来到康王之庙，就坐于王位。大臣同仲充当傧相，陪同师兑步入门内，站在廷中。天子责成内史之长，向师兑宣读委任赏赐之令："安排你辅助师龢父管理左走马、右走马和五邑走马等武职官吏，并且赏赐给你与你的祖父同一官阶的蔽膝、系蔽膝的五色横带以及红色的双层木底鞋。”师兑先行拜手之礼，又行顿首之礼，以答谢、显扬天子的极为隆盛的恩赐，用以制作了一个纪念其伟大的祖父城公的煮肉的礼器簋。谨愿我师兑能享寿万年，并祈我的子子孙孙永远作为珍宝来享用。

八、克盨（孝王时器）

释文（盖铭，另有器铭同文）：

隹十又八年十又二月初
吉庚寅，王才（在）周康穆宫。王
令尹氏友、史趛典善（膳）夫克
田人。克拜（拜）䭫首，敢對天子
不（丕）顯魯休䫉（揚），用乍（作）旅盨。隹
用獻于師尹、倗友、䰆（婚）遘（媾）。克
其用朝夕亯（享）于皇且考，皇且考其
數數（蓬蓬）彔彔（勃勃）降克多福，釁（眉）壽永令（命），
晄（畯）臣天子。克其日易（錫）休無
彊（疆）。克其萬年子子孫孫永寶用。

注释：

1. 此器可定为孝王时物。《克盨》与《大克鼎》《小克鼎》《克钟》同于 1890 年出土于陕西省扶风县法门寺任村，当为同时之物。由《大克鼎》铭："克曰：穆穆朕文且师华父……肄克龏（恭）保氒辟龏（恭）王"，可以推知膳夫克之祖父师华父乃恭王时人。据马承源《西周青铜器铭文年历表》，恭王在为 27 年，懿王在位 17 年，孝王在位 26 年，合三王在位年数为 70 年，约合祖孙三代时长之数。《克盨》铭文首句记云："隹十又八年十又二月初吉庚寅"，此王之十八年不可能为恭王十八年，祖孙同世同仕，不近情理，也不可能是懿王十八年，因为懿王在位只有十七年。如此说来，其为孝王十八年无疑也。

2. ，即穆。甲骨文作（甲 3636），象饱满禾实下垂之形，示壮美、美

满、静美之意。金文作，增彡，为装饰性笔画，与表义无涉。此铭用为人名字。康穆宫，当为周康宫中之穆宫，亦犹《趞鼎》“王在周康卲（昭）宫”之康卲宫为康宫中之卲（昭）宫。

3. 尹氏友，尹氏，官职名。尹氏友，官职为尹氏而名为友之人。

4. ，隶定为趛。史趛，职官为大史名为趛之人。

5. ，即典，义通册。《说文》：“典，五帝之书也。从册在丌上，尊阁之也。庄都说，‘典，大册也’。”典，典令也，意同册令。“王令尹氏友、史趛典善夫克”一句之意，《大克鼎》作“王乎尹氏册令善夫克。王若曰：‘克，昔余既令女出内（纳）朕令，今余隹醽臺乃令，易女叔市参冋（䌹）莽（中）悤。易女田于埜，易女田于淠，易女井家匔田于𪣻，以氒臣妾。易女田于康，易女田于匽，易女田于陾原，易女田于寒山，易女史小臣、霝、龠（龢）、鼓钟。易女井、㣈、匔人䝞，易女井人奔于东。’”可见，典即典令之省，意同册令。

6. ，即譱，亦即善，读为膳。膳夫，膳食之官。《周礼·天官·序官》：“膳夫上士二人。”郑玄注：“膳夫，食官之长也。”又《膳夫》：“膳夫掌王之食饮膳羞，以养王及后世子。”《诗·小雅·十月之交》：“家伯维宰，仲允膳夫。”郑玄笺：“膳夫，上士也，掌王之饮食膳羞。”

7. ，即克。甲骨文作（铁 74.3）、（前 3.27.2），金文或作（利簋）、（井侯簋）、（曾伯簠），象一人头著胄撑腰之形，示胜任之意。此铭用为人名字。膳夫克，职官为膳夫而名为克之人。

8. 敢对天子不显鲁休扬，“扬”字位于句末，其意与“敢对扬天子不显鲁休”全同。扬、对同义。《广雅·释诂四》：“对，扬也。”《克盨》与《大克鼎》系同一人所作之器，《克盨》作“敢对天子不显鲁休扬”，而《大克鼎》作“敢对扬天子不显鲁休”。可见“对扬”一词为同义联合式合成词，既可合而为“对扬”，又可分而为“对……扬”或“扬……对”，此乃金文铭辞特有句法。此外用例尚有《梁其钟》：“梁其敢对天子不显休扬”，《虢叔旅钟》：“旅对天子鲁休扬”，《趩尊》：“趩拜稽首，扬王休对”，等等。疑初当为“某对王休，某扬”或“某扬王休，某对”，如《高卣》“扬尹休，高对”，后省下句主语“某”且并“扬”于上句，则成“某对王休扬”，又后将第二动词“扬”前移，与第一动词构成同义联合式合成词“对扬”，则成“某对扬王休”之常式。

9. ，即盨。《说文》：“盨，櫝盨，负戴器也。”盨之为物，椭圆口沿，圈足，两耳，有盖，用以盛食物。西周中期出现，至春秋时逐渐消失。旅盨，供陈列用盨。

10. ，即倗。倗友即朋友。金文“倗友”之“倗”均如此作。如《七年趞曹鼎》：“用卿（饗）倗春”，《乖伯簋》：“用好（孝）宗朝（廟），享夙夕，好倗友雩（与）者（诸）顬（婚）遘（媾）。”“朋”乃又凤之古文演变而来，其演变轨迹当为：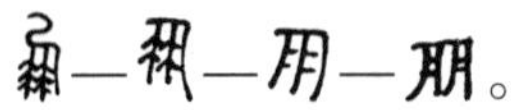。

11. ，甲骨文“闻”作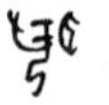（前 7. 7.3），象人以首附耳听闻之形，本铭当即其稍稍繁缛者，示人著雀弁而已。此铭读为婚，即《说文》婚之籀文。龙宇纯云：“是闻之本字，从耳声。（而，）戸乃之讹，乃之讹，乃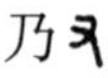之讹。”（参见周法高主编：《金文诂林》，第 6729 页）

12. 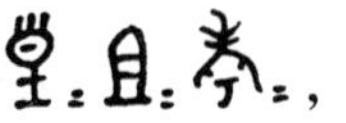，读为皇且考、皇且考，前“皇且考”隶属上句“克其用朝夕享于皇且考”，后“皇且考”隶属下句“皇且考其數數㯋㯋，降克多福”。

13. 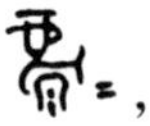，即㯋㯋，字书所无。㯋，当为从泉㲋声之形声字，音当如《说文》中从木㲋声之槖，读若薄。數數㯋㯋，犹言蓬蓬勃勃、磅磅礴礴。

14. ，隶定为釁，象奉匜沃盥之形，即頮字，亦即沬字。金文铭辞均假借为眉。古时，老人长眉为寿征。《诗·豳风·七月》：“为此春酒，以介（匄）眉寿。”毛传：“眉寿，豪眉也。”

15. ，即畯，亦即畯。金文或作（秦公簋）、（秦公镈），后者殆即小篆形体之所从来。畯，读为骏，以二者同声故也。《尔雅·释诂》：“畯，长也。”“畯臣天子”即“畯臣天子”，读为“骏臣天子”，谓长久地臣事天子也。

现代汉语翻译：

周孝王十八年十二月上旬庚寅日，天子住在周康庙中的右宫中。他命令尹氏友和大史趛册授膳夫克田地和奴隶。膳夫克先行拜手之礼，后行叩首之礼，答谢显扬天子给予的极为隆盛的嘉赐，因而制作了一个供陈列用的礼器盨，以此作为荐献食物于我的官长、朋友和妻族之用。我膳夫克将把此器作为朝朝暮暮孝享祭品于伟大的先祖先父之用。愿伟大的先祖先父大量地不断地降赐给我多种福祉，使我能够得以长寿，能够竭尽心力，事奉天子。我膳夫克将日复一日地赐福给我的家人和后代，直到无穷的未来。我膳夫克诚望使用此盨的子子孙孙永远把它当作珍宝来享用。

九、师嫠簋（夷王时器）

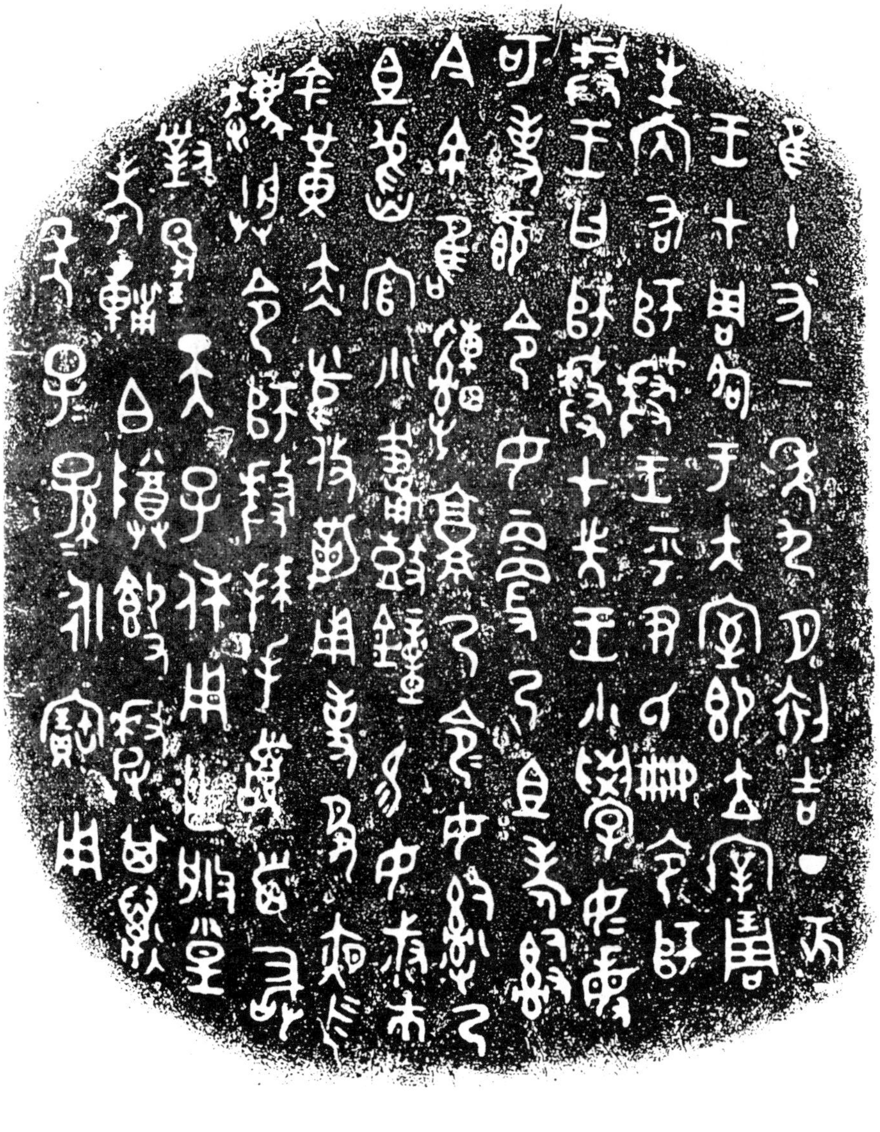

释文（盖铭，另有器铭，文略同）：

隹十又一年九月初吉丁亥，王才（在）周，各于太室，即立（位）。宰琱生内（入），右（佑）師嫠。王乎（呼）尹氏册令（命）師嫠。王曰：「師嫠，才（在）先王小學，女敏（敏）可吏（使），既令女更（更）乃且考嗣（司），今余唯𤔲𩫏乃令，令女嗣乃且舊官小輔鼓鐘。易（錫）女（汝）叔（素）市、金黄、赤舄、攸勒，用事。夙夜勿灋（廢）朕令（命）。」師嫠𢱭（拜）手䭫首，敢對𩛥（揚）天子休，用乍（作）朕皇考輔白（伯）障（尊）𣪕（簋）。嫠其萬（萬）年，子子孫孫永寶用。

注释：

1.《师嫠簋》盖器均有铭文。盖铭于文首加“师龢父𠭯，嫠叔市巩告于王”两句。又“王曰”作“王若曰”，“才先王小学”作“才昔先王小学”，“既令女更乃且考嗣”作“既令女更乃且考嗣小辅”，“令女嗣乃且旧官小辅鼓钟”作“令女嗣乃且旧官小辅眔鼓钟”，“夙夜勿灋朕令”作“敬夙夜勿灋朕令”。马承源定此器为夷王时物，云：“隹十又一年初吉丁亥，即周夷王十一年九月初吉丁亥日。”据《西周青铜器年历表》，“夷王十一年为公元前888年，九月辛巳朔，七日得丁亥。”今从其说。（参见马承源主编：《商周青铜器铭文选·师嫠簋》第三册，第265页）

2. ，即，亦即嫠。甲骨文作（京4555），会一人把来（麦），一人持攴击之而脱粒之意，自有丰收喜庆之意在内，引申为福祉，当即“釐”之初字。金文或加形符“里”作（师酉簋）、（善夫克鼎）。《说文》：“里，居也。”釐当为从里从𠩺𠩺亦声之字，故《说文》训为“家福”。“来”或作木，作（曶壶），或作未，作（秦公簋），此则小篆之所从来。𠩺（𠩺、嫠）、釐古今字，釐行而𠩺（𠩺）废矣。此铭用为人名。师𠩺，官职为师而名为嫠者也。

3. 小学，对“大学”而言。《大戴礼记·保傅》：“及太子少长，知妃色，则入小学。”卢辩注：“古者太子八岁入小学，十五岁入大学也。”《说文·叙》：“《周礼》八岁入小学，保氏教国子，先以六书。”

4. ，即女敏可吏，读为汝敏可使，谓汝聪敏可以任使也。“”下重复号盖衍。

5. ，隶定为𤔲，字书所无。𤔔（）从絲（）在架上而以两手（、）治之，故简为。𤕰即𡈼，当即重（）之形变（《说文》：“，厚也。从壬，東声。”），故𤔲当即《说文》训为“增益”之“緟”字。

6. ，隶定为𠅏，字书所无。王国维云：“𠅏，籀文就字从此作（按：《说文》：“就，高也。从京从尤。尤，异于凡也。，籀文就”），《三体石经·春秋》京作，疑𠅏亦京字。”（参见王国维：《观堂古今文考释·克鼎铭考释》，《王国维遗书》第六册，第64页）杨树达云：“𠅏字王静安谓即京字，是也。惟静安训京为崇，则非是。余谓此京字亦当读为庚，庚与京古音同，故可通作也。”（参见杨树达：《积微居金文说·师虎簋跋》，第91页）按：𠅏当为从亯京声之形声字，读为京，通为赓。《尔雅·释诂》：“赓，续也。”“𤔲𠅏乃令”，读为“緟赓乃命”，谓承续此命也。

7. 小，即小辅（“辅”字器文作）。吴大澂云：“小辅当读为少傅。辅傅古本一字。”（参见吴大澂：《说文古籀补》，第85页）

8. ，即鼓鐘（钟）。郭沫若云：“‘鼓钟’与‘小辅’为对，亦当是官名。准此知《小雅·鼓钟》之诗所谓‘鼓钟钦钦，鼓瑟鼓琴。笙磬同音，以雅以南’，实是鼓钟之官钦钦然鼓瑟鼓琴也。鼓钟之官所习者有琴瑟笙磬雅南鼖籥之类，而在本铭又与学官为联，盖即《周礼》春官之乐师或大小胥也。”（参见郭沫若：《两周金文辞大系考释·师嫠簋》，第 149 页）

9. ，即叔，读为素。叔，上古书母觉部字；素，上古心母鱼部字，音近可通。叔市，即素市。《仪礼·士冠礼》：“服素积，缁带，素韠。”《说文》：“市，韠也。上古衣蔽前而已。市以象之。天子朱市，诸侯赤市，大夫葱衡。从巾，象连带之形。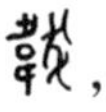，篆文市，从韦从犮。”知素韠，即素市。

10. 即金黄（“金”字缺其下笔）。读为金衡，金色之衡也。

11. ，即攸勒，或作鋚勒，辔首铜也。典籍作鞗革。《诗·小雅·蓼萧》：“既见君子，鞗革忡忡。”毛传：“鞗，辔首也。”《说文》无鞗而有鋚。《说文》：“鋚，铁也。一曰：辔首铜。”

12. ，即飽，亦即毁。形符食、皀义近，故可通转。彝铭作㚔，典籍作簋。

现代汉语翻译：

周夷王十一年九月上旬丁亥日，天子住在宗周。他来到太室，就座于王位。太宰琱生进入并傧导师嫠。王责成专司官员册命师嫠。王说：“师嫠啊，在以往的先王小学就学时，你聪敏异常，可任大事，既已任命你接续你的先祖先考担任少傅之职，现在，我维持成命，委派你担任你的先祖的旧职少傅和乐师。赏锡给你素地蔽膝、金色衡带、赤色木鞋和辔首铜件。你要恭行职责。”师嫠先行拜手之礼，后行顿首之礼，答谢显扬天子的美意，用来为自己伟大的先父辅伯制作了一件高贵的礼器簋。谨愿我师嫠得享万年之寿，我的子子孙孙千秋万代宝用此簋。

十、虢季子白盘（夷王时器）

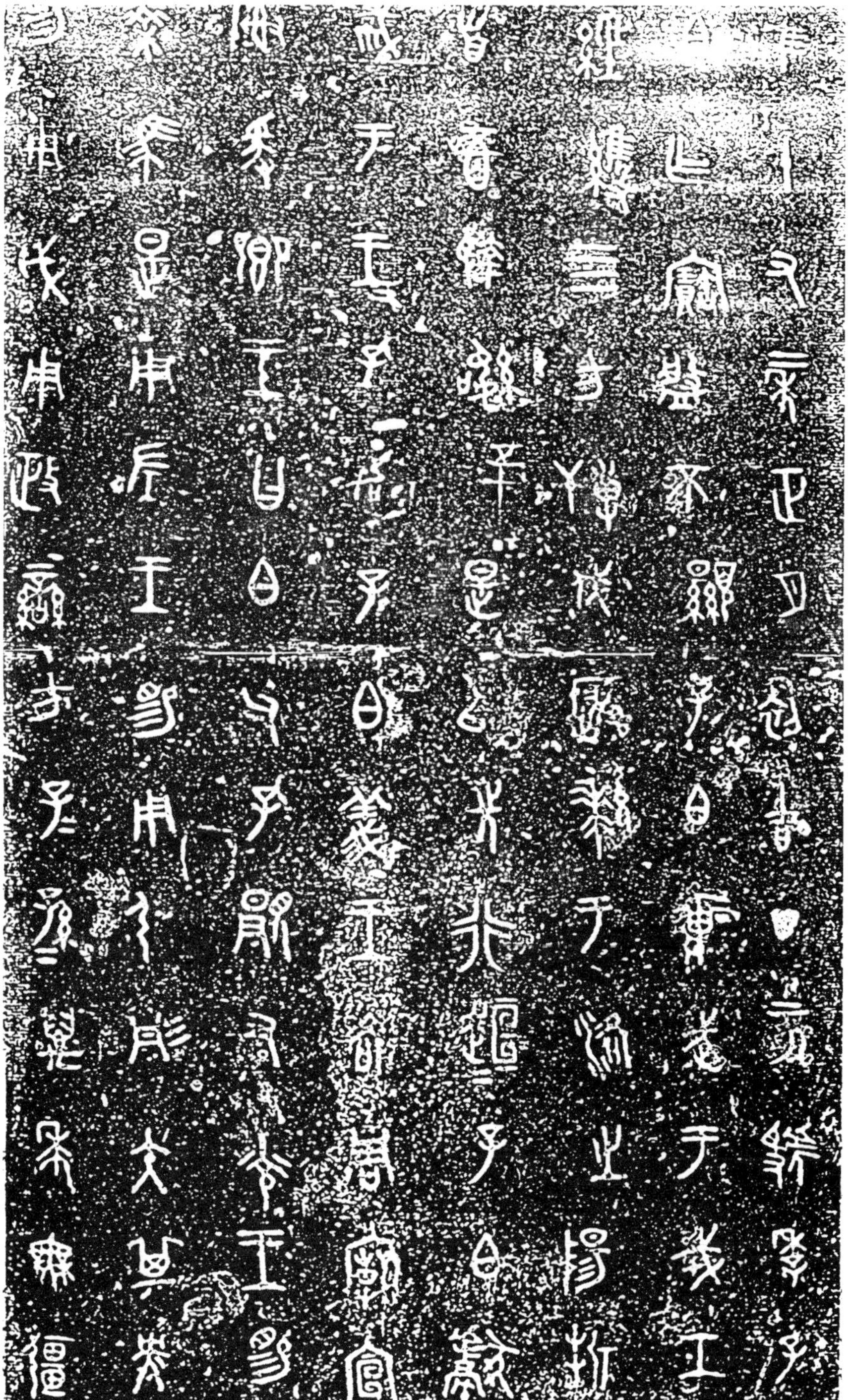

释文：

隹十又二正月初吉丁亥，虢季子白乍（作）寶盤。不（丕）顯子白，𡴄（壯）武于戎工（攻），經𦣻（維）四方，博（搏）伐厰（玁）𢀛（狁），于洛之陽。折首五百，執嚇（訊）五十，是厶（以）先行。趄趄（桓桓）子白，獻戒（馘）于王。王孔加（嘉）子白義。王各周廟宣𢊁（榭），爰鄉（饗）。王曰：白父，孔顯（顯）又（有）光。王賜（錫）乘馬，是用左（佐）王；賜（錫）用弓，彤矢其央（揚）；賜（錫）用戉（鉞），用政（征）䜌（蠻）方。子子孫孫萬年無彊（疆）。

注释：

1. 郭沫若定此器为夷王时物，云：“《后汉书·西羌传》：‘夷王衰弱，荒服不朝，乃命虢公率六师伐太原之戎，至于俞泉，获马千匹。’注云：‘见《竹书纪年》。’虢公即此虢子白，太原即《禹贡》所出之太原，在今山西中部。俞泉即《不嬰簋》之西俞，《尔雅·释地》：‘北陵西隃，雁门是也。’此言‘博伐玁狁于洛之阳’，谓于北洛水之东，地望正合，称阳知其为东矣。又此折首多至五百，则获马自可多至千匹。且此言‘先行’，知必尚有后殿，与《不娶簋》言先归献禽相符，彼不娶亦尚有所禽获也。［按：《不娶簋》铭云：“白氏曰：‘不娶，驭（驭）厰允（玁狁）广伐西俞，王令我羞进于西。今余来献禽。余命汝御追于畧。女目我车宕伐竅允（玁狁）于高陵。女多折首执嚇（讯）。戎大同从女，女彶（及）戎大辜（敦）戟（搏）。女休，弗以我车圅（陷）于囏（艰）。女多禽，折首执讯。’”］又此作器纪功在十二年正月初吉。知战事必在十一年。”（参见郭沫若：《两周金文辞大系考释・虢季子白盘》，第104—105页）

2. ，即虢，为周文王弟所封国。《国语・晋语》：“询于八虞而咨于二虢。”《左传・僖公五年》：“虢仲、虢叔，王季之穆也。为文王卿士，勋在王室，藏于盟府。”史载虢仲封西虢，在今陕西宝鸡，虢叔封东虢，在今河南荥阳。传世铜器有《虢仲鬲》《虢仲盨》，当为虢仲后人所制。《公臣簋》《何簋》等铭辞中亦见虢仲之称名。而《瘐鼎》《瘐壶》铭辞中亦见虢叔之称名。此铭“虢季子白”不称仲、叔，而称虢季，则季当为“王季之穆”之季，而非行辈之季。故凡虢之后裔，毋分其为虢仲、虢叔，皆可称虢季氏，简称虢氏。西周末《虢季氏子组簋》《虢季氏子组鬲》等，均可为证。如此，虢季子白盘，虢季为氏，子白为名。

3. ，郭沫若释为牆，可读为壮，云：“肩乃古牆字，从由爿声。《毛公鼎》作𢀛，曰：‘唯天𢀛集氒命’，曰：‘邦𢀛害吉’，均读为将，前语为‘将，大也’之将，后语为将来之将。本铭读为训大之将，可，读为壮，亦可。”（参见郭沫若：《两周金文辞大系考释・虢季子白盘》，第105页）

4. 工，即工，读为攻。工为攻之声符，例可通假。“肩武于戎工”，读为“壮武于戎攻”，谓子白在戎马攻战中表现出壮勇威武之气概也。

5. ，即缕，亦即维。乃装饰性构件，无义可说。經缕，即经维，经营维系。《字汇》：“经，经理。”《广雅・释诂二》：“维，系也。”《诗・大雅・江汉》：“江汉汤汤，武夫洸洸，经营四方，告成于王。”亦此意也。

6. ，即䡚，读为搏。二字同以尃为声符，例可通假。《广雅・释诂三》：“搏，击也。”

7. 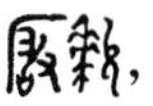，隶定为厰䖵，厰应为从厂敢声之形声字，通玁，亦通玁。䖵应为从来允声之形声字，通狁。厰䖵，读为玁狁。玁狁亦作獫狁，匈奴之前身。《史记・

匈奴传》："匈奴，其先祖夏后氏之苗裔也，曰淳维。唐虞以上有山戎、獫狁、葷粥，居于北蛮，随畜牧而转移。"裴骃集解："晋灼曰：'尧时曰葷粥，周曰獫狁，秦曰匈奴。'"

8. 洜，即洛。洛水有二，其一源于今陕西省洛南县西北，东入河南，经洛阳在偃师会伊水，至巩县洛口入黄河，此水在黄河以南。又其一源于陕西定边县东南，至洛川会沮河至大荔南入渭水，东入黄河，此水在黄河以北，名曰北洛河。本铭之洛即指北洛河。《左传·僖公二十八年》："汉阳诸姬，楚实尽之。"杜预注："水北曰阳。""洛之阳"北洛河之北也。

9. ，即执。甲骨文作（甲 2909）、（前 6.17.4），金文或作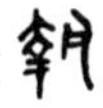（兮甲盘），械手也。《说文》："，捕罪人也。从丮从幸，幸亦声。"

10. ，或作（兮甲盘）、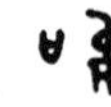（簋），隶定为嗞，陈介祺释讯。吴大澂从之，云："，古讯字。《诗·小雅·出车》：'执讯获醜'。笺云：'讯，言也。'《大雅·皇矣》：'执讯连连。'《说文》讯，本作訙。《礼记·王制》：'以讯馘告。'"释文："讯，本作谇。此象获醜之形。执系之，故从糸，以言讯，故从口。"（参见吴大澂：《愙斋集古录·虢季子白盘》第十六册，第 11 页）

11. ，或作（乍册令方彝）、（毛公鼎），隶定为㠯，即厶，亦即以。高鸿缙云："，本耜字之象形文。自借用为虚字，乃加耒旁作耜，或加木旁作相。借用为虚字，秦汉以后假字为之，久而不返，复造似以代。"（参见高鸿缙：《颂器考释》，第 42 页）

12. 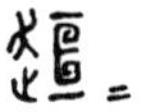，即桓桓，读为桓桓，威武也。《尔雅·释训》："桓桓，武也。"《诗·鲁颂·泮水》："桓桓于征，狄彼东南。"毛传："桓桓，威武貌。"

13. ，隶定为戒，当读为聝。《说文》："，军战断耳也。《春秋传》曰：'以为俘聝。'，聝或从首。"意者，古时杀敌立功，回报战功先以首级，故有馘字，后嫌不便，改以左耳代首级，故有聝字，或改以手代首级，当有戒字，省而为戒。

14. ，即王王。上"王"隶属前句"献戒（聝）于王"，下"王"隶属

后句“王孔加（嘉）子白义”。

15. ，即孔，本义为甚。字形象小儿就母乳之形。小儿吮吸乳汁，往往用力过甚，甚义由此而生。《尔雅·释言》：“孔，甚也。”

16. ，即加，读为嘉。加为嘉之声符，例可通假。《尔雅·释诂》：“嘉，美也。”

17. ，即義。此铭義为仁義之举。《庄子·大宗师》：“回忘仁義矣。”郭象注：“義者成物之功。”是其证也。

18. ，即宣廝，读为宣榭。文籍作宣榭。廝、榭同以射为声符，故可通假。宣廝（榭）为太庙中习武场所，只有屋顶廊柱而无垣壁，盖即序也。《春秋·宣公十六年》：“夏，成周宣榭火。”由此可知，宣榭既可用来讲授武道，又可用来宴飨功臣。

19. 白父，夷王对虢季子白之称呼。“父”为对男子之美称。不必拘泥谓子白为夷王之父辈。

20. ，隶定为䁯。林义光释为“顯”，云：“《说文》云：‘，头明饰也。从页㬎声。’按：顯训为头明饰，无所考。《说文》：‘，众散秒也。从日中视丝。古文以为顯字。’据此，顯象人面在日下视丝之形。丝本难视，持向日下视之乃明也。古作（师遽尊彝）、作（归夆敦），又变（史颂𠛬彝）、作（追敦）。”（参见林义光：《文源》）按：金文有（沈子也簋），郭沫若释顯，云：“顯即顯字之异。从顯省，尹声。”倘从顯不省，则当作顯。若省㬎为日，讹页为见，则成䁯。且《诗·大雅·韩奕》有“不顯其光”句，与此铭“孔䁯又光”义近。故䁯为顯之异构当无可疑。“孔䁯又光”读为“孔顯有光”，谓顯荣有加，光耀祖宗也。

21. ，即睗，《说文》：“睗，目疾视也。从目，易声。”此处读为赐，以二字同声符故也。

22. ，隶定为夳，即乘。商承祚云：“《说文》，古文乘，从几。案甲骨文作，象人乘木之形，为乘舆之始。金文《虢季子白盘》作，《格伯盘》作,《贸鼎》作，与甲骨文近。此无所取意，当是写失。”（参见商承祚:《说文中之古文考》，第 56 页）

23. ，即央。《说文》：“，中央也。从大在冂之内。大，人也。”此处央读为扬。央，上古影母阳部字；扬，上古喻母四等阳部字，央扬二字声极近，韵相同，故可通假。“赐用弓，彤矢其央”，谓赐予强弓，用以射扬彤矢。

24. ，即戉，亦即钺。《小尔雅·广器》：“钺，斧也。”《书·牧誓》：“王左杖黄钺。”孔安国传：“以黄金饰钺。”陆德明释文：“钺，本又作戉。”

25. ，即政，读为征，二字皆以正为声符故也，

26. ，即䜌，读为蠻，蠻以䜌为声符，例可通假。

27. ，即彊，读为疆，疆以彊为声符，例可通假。

现代汉语翻译：

周夷王十二年正月上旬丁亥日，虢季子白制作纪功宝盘。显赫非凡的子白，在戎马攻战中表现出了壮勇威武的气概，经营维护国家四方之地，搏击讨伐顽敌玁狁于洛水之北。斩获首级五百，俘获生虏五十，因而成为全军的前驱。英武盖世的子白向夷王报告了自己的战功。夷王十分嘉许子白杀敌立功的壮举，亲自来到周太庙的宣榭，随即开宴犒劳子白。天子说：“子白爱卿，你显荣有加，光耀祖宗。”天子赏赐乘马，用以辅佐王室，赏赐强弓，用以飞扬彤矢，赏赐利斧，用以征伐蛮夷之邦。谨愿我虢季氏的子子孙孙不断繁衍，直至无穷的将来。

第四节　西周晚期铭辞选读

西周晚期指周厉王、宣王和幽王时期，此期铜器铭文，一方面继承周早期和周中期传统，多有记事长铭，如《颂鼎》《颂簋》等均册命赏赐之辞，字数在一百五十上下，而《毛公鼎》记周宣王训诰之辞，长达 497 字。另一方面又呈现西周之末国祚不永，匆促草就的颓风，字数骤减为数十字。且字多之铭，其字体雅

正秀美，且字距、行距各有定规，行款布局极为整饬。而字少之铭，其字体猝然急就，且布局萧然。

一、㝬簋（厉王时器）

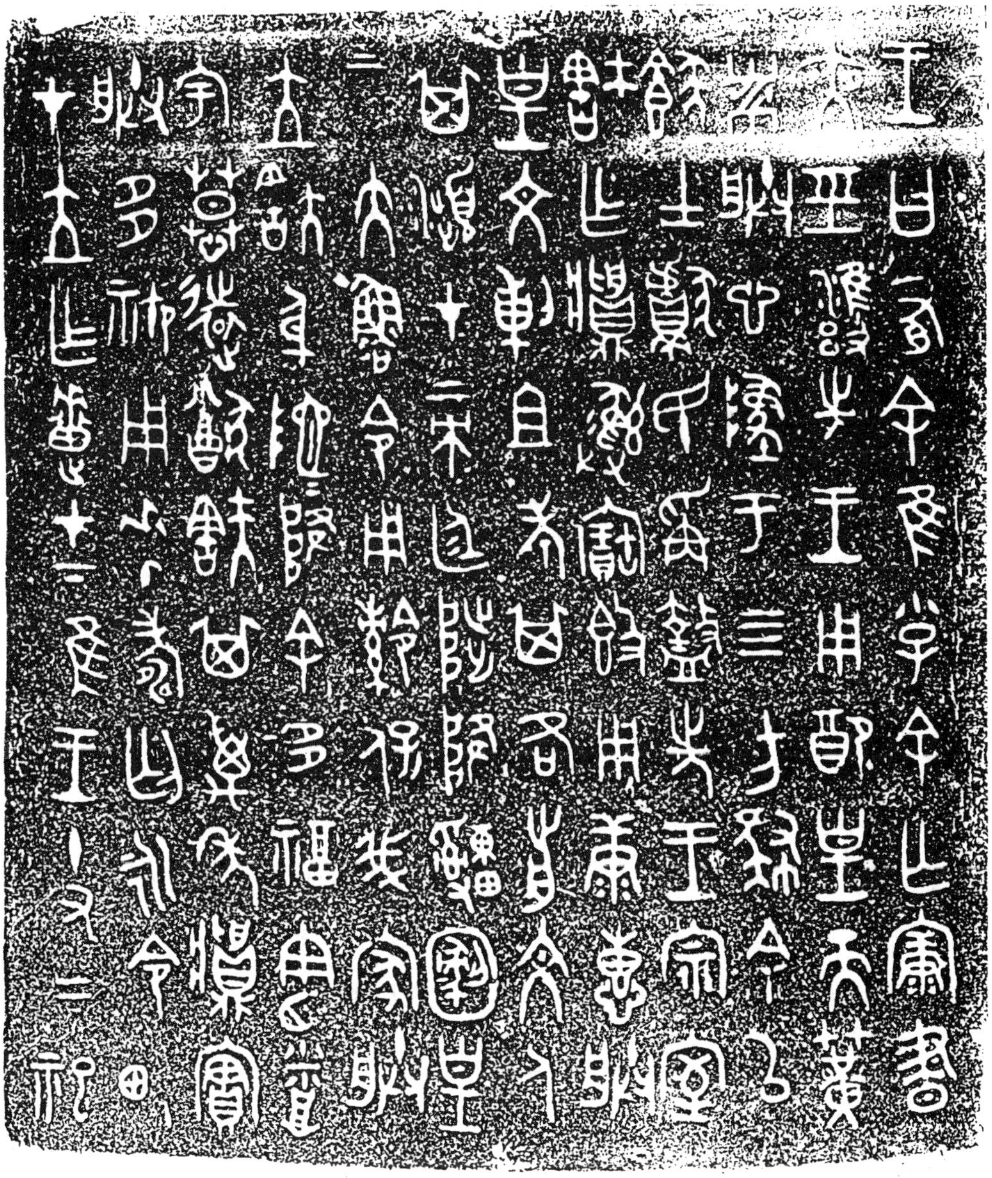

释文：

王曰：有余隹(雖)小子，余亡康晝夜，巠(經)雝(雍)先王，用配皇天。簧黹朕心，墬于四方。肆余㠯𩛥士獻民，爯(偁)盩(戾)先王宗室。㝬乍(作)䵼彝寶簋，用康惠朕皇文剌(烈)且考，其各歬(前)文人，其瀕(頻)才(在)帝廷陟降，𤕌(重)圞(恪)皇上(帝)大魯令，用𪛉(令)保我家、朕立(位)、㝬身。阤阤降余多福，憲(憲)烝(導)宇慕遠猷。㝬其萬年，䵼(將)寶朕多御(禦)，用奉壽，匄永令(命)，畯(畯)才(在)立(位)，乍(作)疐才(在)下。隹王十又二祀。

注释：

1. 此器为厉王时器。铭文首称“王”，终称“㝬其万年”，“王”即“㝬”无疑。又，铭文字体和纹饰都具有西周晚期特点，而在西周晚期诸王中，仅有厉王名胡。《史记·周本纪》云：“夷王崩，子厉王胡立”，是其证。铭文㝬应为从夫声之形声字，而《说文》“簠”之古文作医，簠后世作瑚，可证㝬、胡同音或音近，可相通假。㝬即厉王自呼其名，其为厉王自制之器，可断言也。

2. ，即有。此铭用为句首助词，无实义。《经传释词》：“有，语助也。一字不成词，则加有字以配之。若虞、夏、殷、周皆国名，而曰有虞、有夏、有殷、有周是也。推之他类亦多有此，故邦曰有邦，家曰有家。”是其证也。

3. ，即隹，文籍作唯，读为雖，表示让步关系。《经传释词》：“唯，《玉篇》：‘雖，词两设也。’常语也，字或作唯。”杨树达《词诠》：“唯，推拓连词，

与‘雖’字用同。”《荀子·性恶》：“今以仁义法正为固无可知可能之理邪？然则唯禹不知仁义法正，不能仁义法正也。”杨倞注：“唯读为雖。”是其证也。

4. ，“小子”合文。继位之君对前王自称“小子”，谦之也。《诗·大雅·思齐》：“肆成人有德，小子有造。”郑玄笺：“成人，谓士大夫也。小子，其弟子也。”孔颖达疏：“小子是后生未成年之名。”“小子”，金文铭辞中习见，如《师鼎》：“叀（惟）余小子肈盄（叔）先王德”，《师訇簋》：“女（汝）右（有）隹（雖）小子，余令女（汝）死（尸）我家。”均其例也。

5. ，即㝩。《说文》：“㝩，屋㝩㝗也。从宀康声。”在此当读为康。《尔雅·释诂上》：“康，乐也。”邢昺疏“康者，安乐也。”

6. ，即晝。《说文》：“，日之出入，与夜为界。从畫省从日。，籀文晝。”此铭与《说文》晝之籀文形似，其为晝字无疑。“余亡㝩晝夜”读为“余亡康晝夜”，谓余日夜不敢安逸也。《秦公镈》：“余小子，余夙夕虔敬朕祀”，《诗·周颂·昊天有成命》：“成王不敢康，夙夜基命宥密”，与此义近。

7. ，即巠，读为经。巠，象织纵丝之形。，机持经者，为纵丝展布形。后加糸作经。巠、经古今字。经，经历也，循行也。《孟子·尽心下》：“经德不回，非以干禄也。”赵岐注：“经，行也。”是其证。

8. ，隶定为䨖，即雝，亦即雝（、义同，吕讹而为），攴为装饰性构件，无义可说。《毛公鼎》作，与此铭形同。《大盂鼎》作，省。《说文》：“邕，四方有水自邕城池者。从川从邑，，籀文邑。”甲骨文作（前2.28.7）、（前2.35.6）。如此，㴱、隹、雝、斁、䨖均一字，皆即雝。《说文》：“雝，雝𪆫也。从隹邕声。”段注：“隶作雍。”雝，应和也，拥护也。《诗·召南·何彼襛矣》：“曷不肃雝，王姬之车。”毛传：“雝，和也。”《玉篇》：“雍，和也。”均其证也。“巠䨖先王”读为“经雝先王”，谓循行拥护先王之道。

9. 用，连词，相当于“以”。玄应《一切经音义》卷七引《仓颉篇》曰：“用，以也。”杨树达《词诠》：“用、以一声之转，故义同。”

10. ，即配，匹配也。《玉篇》：“配，匹也，媲也。”《诗·周颂·思文》：

“思文后稷，克配彼天。”郑玄笺：“后稷之功能配天。”又《大雅·皇矣》：“天立厥配，受命既固。”戴震《毛郑诗考正》：“配，当如‘配命’‘配上帝’之配，乃合于天心之谓，言天立其合天心者，方此之时受命则既固，而宜后之日盛大也。”《庄子·天地》：“齧缺可以配天乎”，与此意近。

11. ，即皇。《说文》：“皇，大也。”皇天，大天也，上天也。

12. ，即簧，当读为廣。簧廣同声符，故可通假。

13. ，即黹。象刺绣花纹之形。或作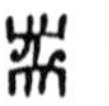（寰盘），为上下刺纹，示互相钩连，即小篆形体之所本。引申为文章、美化。《书·益稷》：“藻、火、粉、米、黼、黻、絺、绣。”絺读为黹。《尔雅·释言》：“黹，紩也。”邢昺疏：“郑（玄）注：《周礼·春官·司服》（祭社稷五祀，则希冕。祭群小祀，则玄冕）云：‘黼黻希绣，希，读为黹，谓刺绣也。’”《左传·桓公二年》：“火龙黼黻，昭其文也。”是其证。“簧黹朕心”，读为“廣黹朕心”，谓（上天）开阔美化㝬之心胸。

14. ，即墜，读为遂，墜、遂同以㒸为声符或基础声符，例可通假。遂，通达也。《广韵》：“遂，达也。”《淮南子·精神训》：“能知大贵，何往而不遂。”高诱注：“遂，通也。”是其证。“墜于四方”，读为“遂于四方”，谓通达于四方。

15. ，即肄，或作（䣄尊），句首语气词，经籍通作肆，肆与惟通。《尚书·汤诰》：“肆台小子”，《墨子·兼爱下》作“惟予小子”，可证。

16. ，马承源隶定为餗，读为庶，云：“餗，从食，豕声。豕字所从为动物的頭部，从本器铭‘墜’之㒸，‘献’之犬等頭部皆相同，右下一笔特长为尾，左歧出两笔象双足，字实为豕。餗字从豕声，《说文》所无，当为声假，读如庶。餗士即庶士，豕庶古属审纽为双声。”（参见马承源：《商周青铜器铭文选·㝬簋》第三册，第278页）

17. 献民，指士大夫。《逸周书·作雒解》：“俘惟九邑，俘殷献民迁于九毕。”孔晁注：“献民，士大夫也。”亦称民献。《尚书·大诰》：“民献有十夫，予翼以于敉宁武图功。”孔安国注：“献，贤也。”

18. ，即再，读为偁。《说文》：“偁，扬也。”段注“凡古偁举、偁谓字皆如此作”。《广雅·释诂四》：“偁，誉也。”王念孙疏证：“偁，通稱。”

19. ，即盭，当即《说文》之盭。《说文》：“盭，弼戾也。从弦省从盩。读若戾。”《广雅・释诂一》：“戾，善也。”

20. 宗室，指宗庙。《诗・小雅・采苹》：“于以奠之，宗室牖下。”毛传：“宗室，大宗之庙也。” “盭先王宗室”，读为“称戾先王宗室”，谓宣扬善行于宗庙。

21. ，之残字，即㝬。当为从害夫声之形声字，读为胡。厉王名也。

22. 康惠，安乐惠顺也。《尔雅・释诂上》：“康，乐也。”邢昺疏：“康者，安乐也。”《尔雅・释言》：“惠，顺也。”

23. ，或作（剌鼎）、（剌䵼鼎），即剌，读为烈。剌烈，上古同为来母月部字，故可通假。烈，光明也。《诗・周颂・雝》：“既右烈考，亦右文母。”郑玄笺：“烈，光也。”

24. ，即歬（前）文人，指以前有文德之人，系对先祖之美称，金文铭辞习见，如《㾓钟》：“用卲（昭）各喜侃乐前文人”，《录伯簋》：“虢（效）前文人，秉德共（恭）屯（纯）”，等等。《尚书・文侯之命》：“追孝于前文人。”孔安国传：“使追孝于前文德之人。”孔颖达疏：“追行孝道于前世文德之人。”

25. 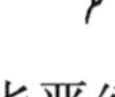，即濒，读为频。频，并列也，接近也。《广雅・释诂三》：“频，比也。”《华严经音义》：“频，近也。”《国语・楚语下》：“百嘉备舍，群神频行。”韦昭注：“频，并也。”均其证也。

26. 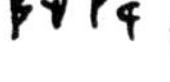，即涉降，上升下降也。全文铭辞习见。如《㾓钟》“卲（昭）各乐大神，大神其陟降”。《诗・大雅・文王》“文王陟降，在帝左右”。毛传：“言文王升接天，下接人也。”此乃周人天道观之具体反映，即生为天子，死在帝所。

27. ，隶定为䊵圞，读为重恪。䊵即緟，緟可以读为重。圞从囗，貈声。貈同貉。《说文》：“貈，似狐，善睡兽。从豸，舟声。《论语》曰：‘狐貈之厚以居。’”段注：“凡狐貉连文者，皆当作此貈字。今字乃皆假貉为貈，造貊为貉矣。”按：今本《论语・乡党》作“狐貉”。《广韵》：“貈，同貉。”均其证也。貈（貉）当可假为愙。圞既从貈（貉）声，亦可假为愙。《说文》：“愙，敬也。”

今字作恪。《尔雅·释诂》亦云："恪，敬也。"由是，𩐋𩐋读为重恪，自无可疑。

28. ，即鲁，或作（颂壶）。鲁，嘉美也。唐兰云："凵是筶盧，在古文字中多作，和人口无别。曶、鲁、古、喜、合等字所从都是。《说文》把古、喜、合当作从人口的口，曶字变为曶，所以从日也从口。魯字变为鲁，从白，都错了。"（参见唐兰：《古文字学导论》下编，第57页）郭沫若云："'鲁天子造毕顺福'（按：语出《周公簋》）与《史记·周本纪》：'周公受禾东土，鲁天子之命'相同。《鲁世家》作嘉，《书·序》作旅，是鲁当训为嘉，犹言喜庆也，旅乃借字。《说文》：'旅，古文以为鲁卫之鲁'，亦其例。"（参见郭沫若：《两周金文辞大系考释·周公簋》，第39页）按：鱼盛于筶盧中，人而食鱼，自当为嘉美之事。唐、郭二氏之说可信。"𩐋𩐋皇上帝大鲁令"，读为"重恪皇上帝大鲁命"，谓极其恭敬地执行英明上帝所赋予的伟大而嘉美的命令。

29. ，隶定为𦈢，当为从素令声之形声字。又见于《师克盨》"𦈢㠯先王"，当读为令。《尔雅·释诂》："令，善也。""𦈢保我家、朕立、㝬身"，读为"令保我家、朕位、胡身"，谓善保我王家、我王位和胡自身。

30. ，即阤阤，读为施施，阤、施同以也为声符，例可通假。施施，喜悦貌。《孟子·离娄下》："施施从外来。"赵岐注："施施犹扁扁，喜悦之貌。"是其证也。

31. ，即害，读为憲。《说文》："憲，敏也。从心，从目，害省声。"段注："敏者，疾也。谥法：博闻多能为憲。心目并用，敏之意也。"

32. ，即䆃，唐兰读为導，云："䆃（按：指［菁9］）字象米在𣅀中之意，或从米从𣅀，以象意字声化例推之，当读为𣅀声。从米𣅀，当即《说文》之䅽字。𣅀声既变（按：指𣅀，《玉篇》音胡苟切，从𣅀之字，惟厚［厚］字音同）后人改之为覃声耳。……䆃是穀名，当读为䆃。《说文》：'䆃，禾也。'䆃得与䆃通者，《仪礼·士虞礼》：'中月而禫'，注：'古文禫或为導'，是其证。"（参见唐兰：《殷墟文字记》，第34页）

33. 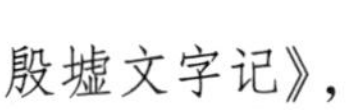，即宇慕远猷。《尔雅·释诂》："宇，大也。"慕，当读为谟。《说文》："谟，议谋也。"《尔雅·释诂》："猷，谋也。"《诗·大雅·抑》：

“订谟定命，远猶辰告。”毛传：“订，大；谟，谋；猶，道；辰，时也。”郑笺：“猶，图也。为天下远图庶事，而以岁时告施之。”可以互证。

34. ，鬻实，鬻读为将。《小尔雅·广诂》：“实，满也。”

35. ，即祁，即禦，亦即禦。《说文》：“禦，祀也。”“鬻实朕多祁”，读为“将实朕多禦”，谓将充实我所进行的众多祭祀的内容。

36. ，当为（桒）字之残。《杜伯盨》“用桒寿匄永令”之桒作，可证。徐中舒云：“金文桒亦与旂匄并用。《说文》餴、拜（按：指搼）并从桒，餴又作饙，是桒即贲之本字。如‘卫肈乍氒文考已仲宝鬺鼎，用桒寿匄永福，乃用飨王出入吏（使）人、众多朋友’（卫鼎）。‘杜伯乍宝盨，其用享孝于皇神祖考于（与）好朋友，用桒寿匄永命’（杜伯盨）。‘伯梡乍氒宫室宝簋，用追孝于氒皇考，隹用旂桒万年’（伯梡簋）。贲又从贝声，拜（搼）贝古并在祭部，故得相通。桒匄对文，旂桒连言，知桒亦有旂匄意。”（参见徐中舒：《金文嘏辞释例》，《中央研究院历史语言研究所集刊》，第六本一分，第8页）

37. 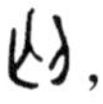，即匄。《说文》：“，气（乞）也。逯安说，亡人为匄。”段注：“气者，云气也。用其声假借为气（气）求气與字。……其字俗作丐。”

38. ，当为（畯）字之残。《师俞簋》“畯才立”之畯作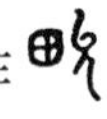，可证。畯，即畯，读为骏。《诗·周颂·清庙》：“骏奔走在庙。”毛传：“骏，长也。”“畯才立”读为“骏在位”。《尚书·文侯之命》：“予一人永绥在位”，与此意近。

39. ，即疐，通蒂，根基也。《尔雅·释木》：“枣李曰疐之。”邢昺疏：“谓治枣李皆去其疐。”《集韵》：“疐，去本也。”《正字通》：“疐，与蒂通。”《礼记·曲礼上》：“为大夫累之，士疐之。”孔颖达疏：“疐，为脱华处。”亦指瓜果之蒂。《本草纲目》：“王祯云：其蒂曰疐，谓系蔓处也。”均其证也。

现代汉语翻译：

天子说：我胡虽然少不更事，但我日夜不敢寻求安逸，循行拥护先王之道，因而合于上天的旨意。上天开阔并且美化我的心胸。体之连通国会四方之地。我用众士大夫在先王宗庙中宣扬善行。胡特制作用来盛熟食的礼器宝簋，用以使我伟大的圣明的先祖先考得到安康和惠顺，追行孝道于前世文德之人，愿他们常在上帝之廷，上可接天，下可通人，并且郑重而恭敬地执行英明上帝所赋予的伟大而嘉美的命令，以妥善地保全我的王家、我的王位和我自己。敬祈烈祖烈考，欣欣然降赐给我多种福祉，快捷地宣导给我远大的谋划。我将得万年之寿，我的多次祭祀也将具有更加充实的意义，我要通过祭祀乞求长葆青春，长在帝位，并作为下民的主宰。时在周厉王十二年。

二、䚄从鼎（厉王时器）

释文：

隹卅又一年三月初吉壬辰，王才（在）周康宫徲（夷）大室，𩰫从㠯攸衛牧告于王。曰：“女（汝）觅我田牧，弗能许𩰫从。”王令（命）眚（省），史南㠯即虢旅。迺吏（使）攸衛牧誓曰：“敢弗具付𩰫从，其且（沮）射（谢）、分田邑，则放。”攸衛牧𠟭（则）誓。从乍（作）朕皇丁公皇考重公障（尊）鼎。𩰫从其邁（萬）年，子子孫孫永寶用。

注释：

1. 马承源定此器为厉王时器，云：“隹卅又一年三月初吉壬辰，即周厉王三十一年三月初吉壬辰日。据《西周青铜器铭文年历表》，为公元前848年三月壬辰朔。”今从此说。

2. ，即徲，或作（害簋），通夷。于省吾云：“唐兰谓金文中的康宫里有卲宫、穆宫、剌宫，是昭王、穆王、厉王的宗庙，徲大室是夷王的宗庙（见《考古学报》1962年1期《西周铜器断代的康宫问题》）。康宫徲大室见《𩰫攸从鼎》。《害簋》作屖宫。唐兰又谓屖跟徲是一个字，通作夷，并引《诗经·小雅·四牡》：‘周道倭遲’，《韩诗》作‘威夷’为证。吴其昌谓西周天子王号明见于金文者，玟、珷、成、卲、穆、恭、懿俱有，虽无康王，然而有康宫、康庙、康寝，虽无夷王，然而有屖宫（原注：屖即尸，尸即夷）、徲大室，虽无厉王，然而有剌宫（原注剌即烈，烈即厉）”（见《金文历朔疏证》卷三，第28页）按唐说和吴说均具有卓识，但不知其写作时间之先后。关于徲夷二字的通假，唐吴二说的论据还不够充分，今特略为补苴。㣚夷叠韵，古音并属脂部，㣚同遟，古文从彳从辵每无别，《说文》歧㣚遟（今本讹为遲）二字，非是。钱大昕《二十二史考异》于《史记·张释之冯唐列传》一条中讲遟与夷的通假颇详，今录之于下：“‘陵遟而至于二世’，《汉书》作‘陵夷’，《平准书》‘选举陵遟’，《汉志》亦作‘夷’，《司马相如传》‘陵夷衰微’，《汉书》作‘遟’。古文夷与遟通。《诗》‘周道倭遟’，《韩诗》作‘郁夷’。《淮南·原道训》‘冯夷大丙之御’，高诱注：‘夷或作遟’。《娄寿碑》‘㣚徲衡门’，即‘栖遟’也。《说文》‘遟或作迟，从，，古文夷字。’按钱氏所列七证，除《诗》‘周道倭遟’一证已见唐文，余则可补其说之未备。夷王之夷，《左传·昭公二十二年》以及《国语·周语》、古本《竹书纪年》均作夷，以金文验之，则应作屖或㣚，是本字之湮，由来已久。”（参见于省吾：《读金文札记五则》，《考古》1966年第二期，第100—101页）

3. ，隶定为䣄，读为过。《说文》：“，秦名土釜曰䣄。从鬲𠦝声。读若过。”是其证。䣄从，此铭所述诉讼案之原告人名。

4. ，即攸。《说文》：“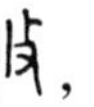，行水也。从攴从人水省。，秦刻石绎山文攸字如此。”攸卫牧，此铭所述诉讼案之被告人名。

5. ，此系残字，郭沫若释觅（见《两周金文辞大系考释·䣄从鼎》，第127页），杨树达释为（见《积微居金文记·攸从鼎跋》，第28页）马承源释受（见《商周青铜器铭文选·䣄从鼎》，第三期，第296页）。今从马说。

6. 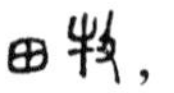，即田牧。田，耕种之田地。《释名·释地》：“已耕者曰田。”是其证。牧，城邑之远郊。《尔雅·释地》：“邑外谓之郊，郊外谓之牧。”郝懿行义疏：“《载师》云：‘以牧田任远郊之地。’远郊在郊外，牧田在远郊，是郊外谓之牧矣。”是其证。

7. 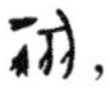，即能之残字，诸家所释无疑义。

8. ，即许，应允也，许诺也。《说文》：“许，听也。”段注：“听从之言也。”《左传·闵公二年》：“及密，使公子鱼请，不许。”均其证也。

9. ，即眚，读为省，省察也。《说文》：“省，视也。”《尔雅·释诂》：“省，察也。”均其证也。

10. ，即史南，史官名南者。

11. 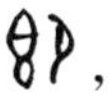，此字虽稍漫漶，但其为“即”字无疑。《尔雅·释诂下》：“即，尼也。”郭璞注：“尼，近也。”《诗·卫风·氓》：“匪来贸丝，来即我谋。”郑玄注：“即，就也。”

12. 虢旅，人名，当即虢叔旅。有《虢叔旅钟》传世，其铭云：“虢弔（叔）旅曰：不显皇考叀（惠）弔（叔），穆穆秉元明德，御于氒辟，旱（得）屯（纯）亡敃。旅敢𢼄（肇）帅井（型）皇考威义（仪），□御于天子，卣（由）天子多易旅休。旅对天子鲁休扬，用乍朕皇考叀（惠）弔（叔）大䜌（林）龢钟。皇考严才（在）上，異（翼）才（在）下，㪉㪉𥳑𥳑（蓬蓬勃勃）降旅多福，旅其万年，子子孙孙永宝用享。”

13. ，即誓，信约也。《字汇》：“誓，信约也。”《正字通》：“誓，以言语相邀约为信用誓礼。”《诗·卫风·氓》：“言笑晏晏，信誓旦旦。”均其证也。

14. ，残字，当为敢字，郭沫若、杨树达释我，马承源释敢。今从马释。

15. ，即付。《说文》：“，与也。从寸持物对人。”

16. ，且，读为沮，阻止也。《广韵》：“沮，止也。”《诗·小雅·巧言》：“君子如怒，乱庶遄沮。”毛传：“沮，止也。”均其证也。

17. ，即射，读为谢，道歉也。《正字通》：“谢，自以为过曰谢。”《韩非子·内储说下》：“越王攻吴，吴王谢而告服。”均其证也。

18. ，当为放字。此字稍稍残损。郭沫若释放，杨树达释殊，马承源释徵，读为懲。今从郭释。放，放逐也，流放也。《说文》：“放，逐也。”徐锴系传：“古者臣有罪宥之于远也。”《周礼·夏官·大司马》：“放弑其君，则残之。”郑玄注：“放，逐也。”均其证也。

19. ，残字，当为乍字，诸家无异辞。

20. 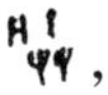，残字，当为朕字，诸家无异辞。

现代汉语翻译：

周厉王三十一年三月上旬壬辰日，天子住在周康庙的夷宫中。𩛥从以攸卫牧的罪状控告于王，说：“按规定你应该给我耕田和牧地，但你未能兑现对我𩛥从所做的承诺。”天子下令检察此案。史官南以此事去找虢叔旅做了调查以后，就让攸卫牧起誓，说：“如果我敢不全部还清所欠𩛥从的耕田和牧地，自己放弃谢过，私分田地和邑舍，则应受到流放的惩罚。”攸卫牧便遵嘱立誓。鬲从为此特地给自己伟大的先祖丁公和伟大的先父惠公制作了一件尊贵的礼器鼎。愿我鬲从能得万年之寿，我的子子孙孙也能千秋万世宝用此器。

三、毛公鼎（宣王时器）

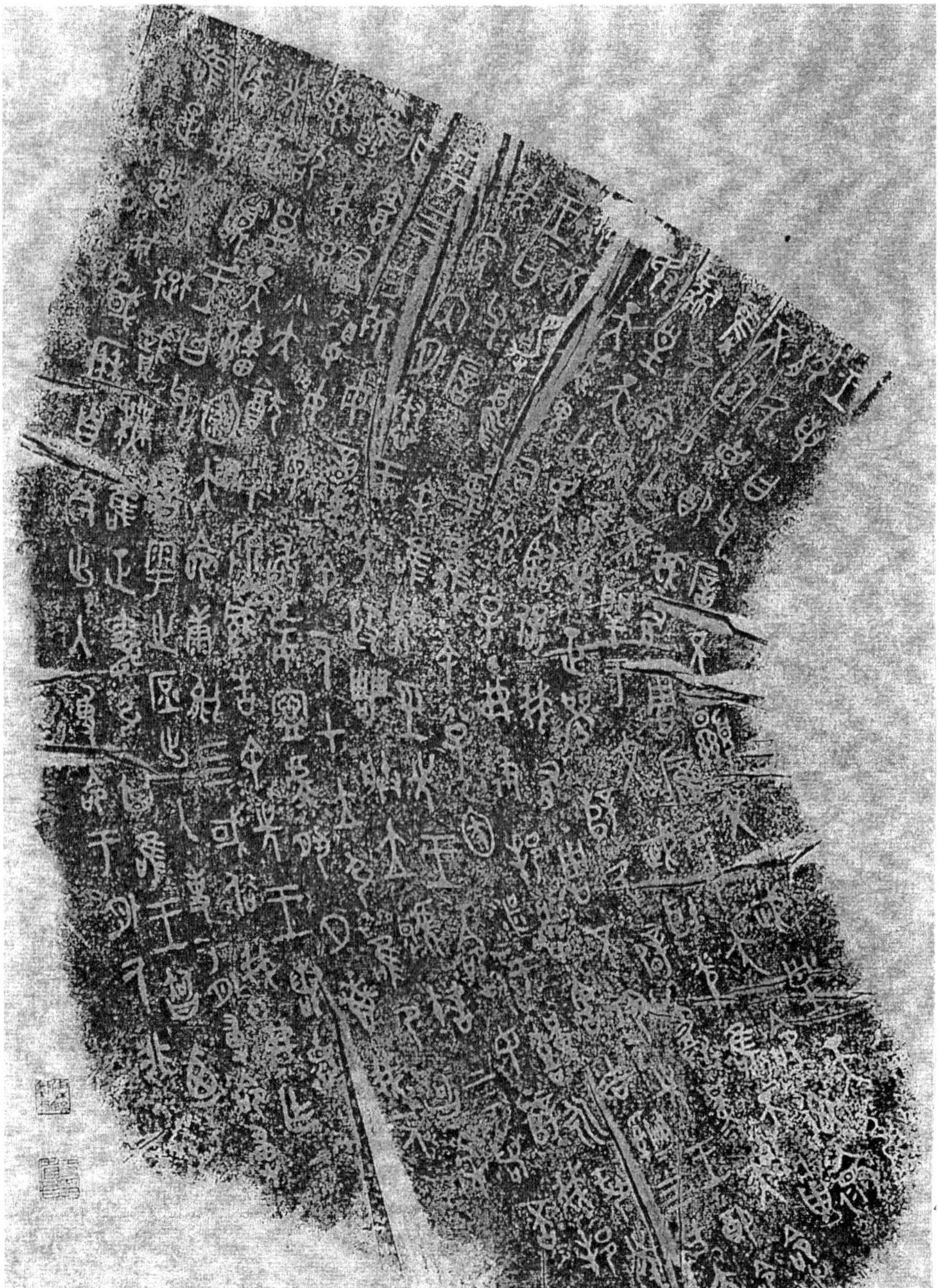

释文：

王若曰："父厝，不(丕)顯文武，皇天引
猒(厭)氒德，配我有周，雁(膺)受大命，衒(率)褱(懷)
不廷方，亡不閈(覲)于文武耿光。唯天𨟻(將)
集氒命，亦唯先正𠭯(襄)辥(乂)氒辟，爵(恪)堇(謹)大命，
肄(肆)皇天亡昊(斁)，臨保我有周，不(丕)巩(鞏)先王配命。
敃(旻)天疾畏(威)，司(嗣)余小子弗彶，邦𨟻(將)害(曷)吉？亂亂四方，大
從(縱)不靜。烏虖！趯余小子圂(慁)湛于囏(艱)，永巩(鞏)先
王。"王曰："父厝，今余唯𦕢(肇)巠(经)先王命，命女(汝)辥(乂)我邦
我家内外，惷(惷)于小大政，甹(粤)朕立(位)。虩許上下若否
雩(與)四方。死(尸)毋(毋)童(動)余一人才(在)立(位)，引唯乃智(智)，余
非𦎫(庸)又聞(昏)，女(汝)毋(毋)敢妄(荒)寧，虔夙夕重(惠)我一人，
雝我邦小大猷，毋(毋)折緘(緘)，告余先王若德，用
卬卲(昭)皇天，𤕌(重)𢘀(恪)大命，康能四或(國)，俗(欲)我弗乍(作)
先王憂(憂)。"王曰："父厝，雩之庶出入事于外，尃命尃
政，埶(埶)小大楚賦。無唯正聞(昏)，引其唯王智(智)，迺
唯是喪我或(國)。厤(歷)自今，出入尃命于外，氒非

先告父厝，父厝舍命，毋（毋）又敢惷尃命于外。」王曰：「父厝，今余唯䌛（緟）先王命，命女（汝）亟一方，圅（宏）我邦我家。女（汝）顀（推）于政，勿雝建（逮）庶民，㝵（貯）毋（毋）敢龏（拱）橐（苞），龏（拱）橐（苞）廼敄（侮）鰥寡。善效乃友正，毋（毋）敢䈞（湎）于酒。女（汝）毋（毋）敢彖（墜），才（杜）乃服，圝夙夕，敬念王畏（威）不睗（易）。女（汝）毋（毋）弗帥用先王作明井（型），俗（欲）女（汝）弗吕乃辟圅（陷）于囏（艱）。」王曰：「父厝，巳曰彶丝（兹）卿旋（士）寮（僚）大史寮（僚）于父即尹，命女（汝）粊𤔲（司）公族雩（與）參（叄）有𤔲（司）、小子、师氏、虎臣雩（與）朕褻（褻）事，吕乃族干（扞）吾（敔）王身，取貴卅寽。易（锡）女（汝）秬鬯（鬯）一卣，祼（祼）圭瓚（瓚）寶、朱巿、悤黄（衡）、玉環、玉瑹、金車、桒（賁）縟較（較）、朱䩛 囗（鞹）靳、虎冟熏裏、右厄（軛）、畫轉、畫𨌲、金甬、遣（错）衡、金嚏（踵）、金豙、刺𨌲、金簟（簟）弼（𦀚）、鱼葡（箙）、馬四匹、攸勒、金嘌、金雁（膺）、朱旂二鈴（铃）。易（锡）女（汝）丝（兹）关（賸），用歲用政（征）。」毛公厝對䚄（揚）天子皇休，用乍（作）障（尊）鼎，子子孫孫永寶用。

注释：

1. 郭沫若定此器为宣王时物，云：“此鼎余定为宣王时器，已有《毛公鼎之年代》一文以专论之（《金文丛考》卷二）今撮述其论证如此：一、器之花纹形制与《𩰫攸从鼎》如出一范，知相去必不远。二、文之布置气调与《文侯之命》绝类，不得在恭、懿之前。三、文之时代背景离周初已远，称文武之臣为‘先正’，当四方大乱之际（‘䜌䜌四方，大纵不静’），且新有亡国之祸（‘迺唯是丧我国’），用知不属于宣必属于平。四、器出关中，不得在宣、幽以后，与平不合。五、时王英迈，振作有为，大有拨乱反正之志，与宣公中兴气象相符。准上以及其它旁证，余得断定此器必属于宣世。”（参见郭沫若：《两周金文辞大系考释·毛公鼎》，第135—136页）

2. ，即若。“王若曰”，例见王训诰大臣的金文铭辞之首。其后，如再出现，只作“王曰”。“王若曰”亦经见于《尚书》的训诰之辞，如《盘庚上》：“王若曰：格汝众，予诰汝训”，《康诰》：“王若曰：孟侯，朕其弟，小子封，惟乃不显考文王，克明德慎罚”，等等。

3. ，即厝，字书所无。缘古文字从广与从厂每相通转之例，亦即庴字。《玉篇》有庴字，音於今切，训为地名。此铭用为人名。父厝，即下文毛公厝。不必狭义理解为宣王父辈，当是天子对同姓诸侯之称谓。《左传·僖公二十八年》：“王谓叔父。”杜预注：“叔父为晋文公。天子谓同姓诸侯曰伯父或叔父，谓异姓诸侯为伯舅。”《尚书·文侯之命》：“王若曰：父义和。”孔安国传：“文侯同姓，故称曰父。义和，字也。”均其证也。

4. ，即引。《尔雅·释诂上》：“引，长也。”郝懿行义疏：“长，久远也。”《广雅》云：“长，常也。”《书·梓材》：“引养引恬。”孔安国传：“能长养民长安民。”

5. ，《说文》作，即猒，亦即猒。古文字从从每相通转。《说文》：“猒，饱也，足也。”段注：“‘足也’二字依《韵会》增。浅人多改猒为厭。厭专行而猒废矣。猒与厭音同而义异。《尚书·雒诰》‘万年猒于乃德’，此古字当存者也。按饱足则人意倦矣，故引申为猒倦、猒憎。《尔雅·释诂》曰：‘豫射，厭也’是也。豫者，古以为舒字，安也，亦缓也。《尚书·洪范》曰：豫曰急。豫犹怠也。猒厭，古今字。猒饜，正俗字。‘皇天引猒氒德’，谓上天长期满足其美好德行。”《叔夷镈》：“余引猒氒心”，与此意近。

6. ，即配，配合也。《玉篇》：“配，合也。”《易·系辞下》：“广大配天地，变通配四时。”孔颖达疏：“以易道广大配合天地，大以配天，广以配地。”是其证。“配我有周”，谓配合我大周国运。

7. ，即雁，读为應（应），受也。《说文》：“應，当也。从心雁（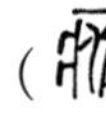）声。”《广雅·释言》：“應，受也。”均其证。“雁受大命”读为“應受大命”，谓

接受上天庄严命令。《大盂鼎》“受天有大命”，与此意近。《史记·周本纪》：“膺更大命”，亦与此意近。

8. ，隶定为，即率，亦即逹。甲骨文作（铁 16.2），金文或作（盂鼎），象捕鸟毕之形。即系，加为丝以作网之象，与同意，惟简之耳。本铭作当为之讹，讹为也。其作（师寰簋）者，即《说文》训“先道”（導）之“逹”。但“先導”义后反为“率”字所专，“逹”之本义转晦。此铭“率”用为“循行”“相率”义。《尔雅·释诂上》：“率，循也。”郭璞注：“循行也。”《诗·大雅·绵》：“率西水浒，至于岐下。”毛传：“率，循也。”均其证。

9. ，即褱，读为懷（怀），怀柔、来附、归至也。《说文》：“怀，念思也。”《尔雅·释诂上》：“怀，至也。”《尔雅·释言》：“怀，来也。”《方言》：“仪、佫，来也。周郑之郊、齐鲁之间曰佫，或曰怀。”《诗·齐风·南山》：“既曰归止，曷又怀止？”郑玄注：“怀，来也。”《礼记·礼器》：“物无不怀仁。”郑玄注：“怀，归也。”为其证也。“褱不廷方”，读为“率怀不庭方”，谓相率怀归诸不来庭之方国。《左传·隐公十二年》：“以王命讨不庭”，《汉书·赵充国传》：“鬼方宾服，罔有不庭。”（颜师古注：“庭，来帝庭也”）均与此意近。

10. ，即閈。《说文》：“閈，门也。从门干声。汝南平舆里门曰閈。”此铭当读为覲。干，上古群母元部字；覲，上古群母文部字，音近可通。覲，意为见。《乐雅·释诂上》：“覲，见也。”郝懿行义疏：“《周礼·春官·大宗伯》云：‘秋见曰覲。’按，《尔雅》之覲与《周礼》异，凡见皆称覲。”《书·舜典》：“乃日覲四岳群牧。”孔安国传：“覲，见也。”

11. ，即耿，光明也。《说文》：“耿，杜林说：‘耿，光也。’”《广雅·释诂四》：“耿，明也。”均其证。“亡不閈于文武耿光”，读为“亡不覲于文武耿光”，谓无不见文王与武王之光明德业。《尚书·立政》：“以覲文王之耿光，以扬武王之大烈。”孔安国传：“所以见祖之光明，扬父之大业”，与此意近。

12. ，郭沫若释为牆，读为将，云：“余案此乃古文牆（今作醬）字。《说文》：‘，古文牆。’字乃从酉，爿声。今字作𤰈，乃从甶爿声。甶即《说文》‘东楚名缶曰甾’之甾，亦今通行之由字（王国维说，见《观堂集林》卷六《释由》)。酉者瓮之象形，从由与从酉同意，而同从爿声。故知牆为一字。有《走马亥鼎》，曰：‘宋公之孙走马亥’（走马，官名，二字合书，旧释为一字）。公上一字乃牆之籀文牆。古文皿字亦有作形者。卜辞血作即其例，非口字。宋牆公即宋庄公。本铭之‘唯天集氒命’，当读为《商颂·烈祖》‘我受命溥将’之将，将，大也。”（参见郭沫若：《金文丛考·毛公鼎之年代》，第261页）

13. ，即集，成也，就也。《小尔雅·广诂云》：“集，成也。”《书·成武》：“惟九年，大统未集，予小子其承厥志。”孔颖达疏：“大业未就也。”《左传·成公二年》：“此车一人殿之，可以集事。”杜预注：“集，成也。”均其证也。“唯天集氒命”，读为“唯天将集厥命”，谓上天大成其命（于文王武王）。《尚书·文侯之命》：“惟时上帝，集厥命于文王”，孔颖达疏：“上天成其大命于文王”，与此意近。

14. ，即正，官长也。《尔雅·释诂下》：“正、伯，长也。”郭璞注：“正、伯皆官长。”先正，先王之辅佐官长。

15. ，当即（襄）字，或作（散盘），会人举两手解衣治土之意。讹为，讹为，讹为，讹为，遂成小篆形体。《说文》说义谓“乱”也，非是。后加衣作（穌甫人匜）为从衣声之形声字。、襄同字，其义为“解衣耕”，即解衣治土，引申为凡治、成就、辅佐等义。《左传·定公十五年》：“葬定公，雨，不克襄事，礼也。”杜预注：“襄，成也。”《正字通》：“襄，赞也，助也。”段玉裁《说文解字注》：“襄，今人用襄为辅佐之义。”

16. ，即辪。王国维读为乂、嬖。《说文》：“嬖，治也。从辟，乂声。《虞书》曰：‘有能俾嬖’。”“亦唯先正𠭯辪氒辟”，读为“亦唯先正襄乂厥辟”，谓也因先前百官辅弼其君王。《尚书·文侯之命》：“亦惟先正左右昭事厥辟。”孔安国传：“言君既圣明，亦惟先正官贤臣能左右明事君所以然。”与此意近。

17. ，即爵。《父癸卣》爵作，《史兽鼎》“易女鼎一爵一”作，《伯父公勺》“乍金爵”作。小篆又加鬯作。本铭与之形近，惟从二手，是其小异，其为爵字无疑。马承源读爵为恪，云：“爵恪古音相同。《尚书·盘庚上》：‘先王有服，恪谨天命。’《毛公鼎》：‘爵堇大命’应读为‘恪谨天命’，是爵假借为恪之证。”（参见马承源：《商周青铜器铭文选·何尊》第三册，第21页，

《尔雅·释诂下》：“恪，敬也。”）

18. ，即堇。《善夫山鼎》：“反入堇章”作，《洹子孟姜壶》：“其人民都邑堇（慬）宴（忧）”作。此铭，与此形近，其为堇字无疑。堇，读为勤。“爵堇大命”，读为“恪勤大命”，谓敬勤于天命。《礼记·祭统》：“故卫孔悝之鼎铭曰：‘……勤大命，施于烝彝鼎’”，与此意近。

19. ，即肄，文籍作肆。《尔雅·释诂》：“肆，故也。”

20. ，即睪，或作（县妃簋），从目从大（或从矢），小篆讹为从白从大，臭为古文澤字，以同声符睪假为斁。《说文》：“斁，解也。从攴，睪声。《诗》云：‘服之无斁。’斁，猒也。一曰终也。”亡睪，即无斁，无懈也，无厌也。“肄皇天亡睪”，读为“肆皇天无斁”，谓所以上天无懈。《师訇簋》：“肄皇帝亡哭”，与此意同。

21. ，即臨，监护也、察视也。《说文》：“臨，监臨也。从臥，品声。”林义光《文源》：“品，众物也。像人俯视众物形。”《尔雅·释诂下》：“临，视也。”郭璞注：“谓察视也。”“临保我有周”，谓上天监护、察视我大周。《大盂鼎》：“天異（翼）临子，法保先王”，与此意近。

22. ，即不巩，读为丕鞏。《说文》：“丕，大也。”《史记·司马相如列传》：“天下之壮观，王者之丕业。”《尔雅·释诂上》：“鞏，固也。”《诗·大雅·瞻卬》：“藐藐昊天，无不克巩。”均其证也。

23. 配命，配天之命。《诗·大雅·文王》：“永言配命，自求多福。”毛传：“永，长；言，我也。我长配天命而行，而庶国，亦当自求多福。”孔颖达疏：“直言配命，知是长配天命者，以下云‘克配上帝’（按，《文王》‘自求多福’下为‘殷之未丧师，克配上帝’两句），故知配命，配天命也。”是其证。“不巩先王配命”，当读为“丕巩先王配命”，谓大大巩固先王配受天命而建立之周王朝体制。

24. 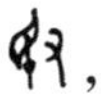，即臤，亦即敃，古文字从又从攴，每多通作，读为旻。敃，上古明母真部字；旻，上古明母文部字，音近例通。“臤天”，读为旻天。旻天，仁慈之上天也。《尚书·大禹谟》：“日號泣于旻天。”孔安国传：“仁覆愍下谓之旻天。”是其证也。

25. ，隶定为，即疾。商承祚云：“《说文》：‘疾，病也。从疒，矢声。，古文疾。’按：甲骨文作，罗师谓象矢著人肊下。《毛公鼎》‘敃天疾畏’之疾字作，与此正同。……疾古训急训速，最速者莫如矢，故从人旁矢，矢著人斯为疾患，故引申而训患。其去大著，殆为后起之字，于初形已失矣。”（参见商承祚：《说文中之古文考》，第 71—72 页）

26. ，即畏，象鬼持干梃形，示可畏之意，读为威。畏、威上古同为影母微部字，例通。“旻天疾畏”读为“旻天疾威”，谓上天有严急之权威。《诗·小雅·小旻》：“旻天疾威，敷于上下”，与此意近。

27. 可，即司，读为嗣，嗣以司为声符，例可通假。《书·高宗肜日》：“王司敬民”，《史记·殷本纪》司作嗣。是其例。

28. ，小子合文。继体君自指，谦之也。“余小子”，金文铭辞习见，如《㝬簋》：“有余隹小子，余亡康昼夜”，《师鼎》：“叀（惟）余小子肈盄（淑）先王德”，等等。“司（嗣）余小子”为三同位语连用之例。

29. ，即彶，读为急。彶、急（）同以及为声符，例可通假。《玉篇》：“急，迫切也。”《孟子·滕文公下》：“晋国亦仕国也，未尝闻仕如此其急。”是其例也。

30. ，即邦𤸫。“邦𤸫”之“𤸫”，郭沫若读为“将来”之“将”字，云：“‘邦将害吉’者，即是未来或推定之语。”（参见郭沫若：《两周金文辞大系考释·毛公鼎》，第 136 页）

31. ，即害。《说文》：“，伤也。从宀从口。宀口，言从家起也。丰声。”此处读为曷，通何。朱骏声《说文通训定声》：“害，假借为曷。”《广雅·释诂三》：“害，何也。”《书·汤誓》：“时日曷丧”，《孟子·梁惠王上》作“害”。《诗·周南·葛覃》：“害澣害否。”毛传：“害，何也。”均其证也。“邦𤸫害吉”，读为“邦将何吉”，谓国家将如何长保和平吉祥。

32. ，即，郭沫若读为蹙蹙或蠢蠢，云：“字字书所无，旧多释，不确。今按此乃连绵字，以字从司声例之，当从，册声。‘册册四方’当如《诗》：‘我观四方，蹙蹙靡所骋’之蹙蹙，又《春秋左氏传》‘王室蠢蠢’（昭四十二年），蠢蠢与册册古音同纽，韵亦近对转，故当亦是纷乱之状。”（参见郭沫若：《金文丛考·毛公鼎之年代》，第 262 页）

33. 即從（从），读为縱（纵）。《尔雅·释诂》：“纵，乱也。”郭璞注：“乱法也。”王引之《经义述闻》：“《大戴记·保傅篇》作‘纵美杂采不以章’，纵杂皆乱也。美不以章，故曰纵美，采不以章，故曰杂采，是纵为乱也。”

34. ，即静。《广韵》：“静，安也。”《诗·邶风·柏舟》：“静言思之，寤辟有標。”毛传：“静，安也。”孔颖达疏：“安静而思念之。”皆其证。“大从不静”，读为“大纵不静”，谓大动乱不安宁也。

35. ，隶定为𨘢，即趡，同趑，《集韵》：“趑，《说文》：‘趑趄，行不进也。’或作趡。”

36. ，即圂。《广雅·释宫》：“圂，厕也。”《六书故》：“厕以秽故，亦谓之圂。”杨树达《积微居小学金石论丛·释圂》：“古人豕牢本兼厕清之用，故韦昭云：‘豕牢，厕也’，是也。今长沙农家厕清豕圈，犹古代之遗制矣。”

37. 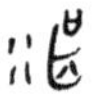，即湛。《说文》：“湛，没也。”段注：“古书浮沉字多作湛。湛、沉，古今字。……下文云：‘没，湛也。’二字转注。”

38. ，即囏，亦即艱。《说文》：“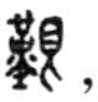，土难治也。从堇艮声。，籀文艱从喜。”本铭与《说文》艱之籀文形近，其为艱字无疑。“𨘢余小子圂湛于囏”，读为“趡余小子圂沉于艰”，谓唯恐作为一个未成年之君，我会厕沈于艰难的国运之中。《尚书·文侯之命》：“闵余小子嗣，造天丕愆”，与此意近。

39. 永巩先王，永远巩固先王配受之天命。此句与前“丕巩先王配命”相照应，惟略“配命”二字。

40. ，“厝”与“余”之间有一字之空，当残损一字。依后文有“王曰：父厝，今余唯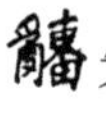先王命”补“今”字。

41. 即肈。《说文》：“肈，上讳。”徐铉等注：“后汉和帝名也。案：李舟《切韵》云：‘击也。从戈，肁声。’”段玉裁注：“按古有肈无肇。从戈之肈，汉碑或从殳，俗乃从攵从肇。”此铭“肈”用为“图谋”义。《诗·大雅·江汉》：“召公是似，肈敏戎公，用锡尔祉。”毛传：“肈，谋。”是其证也。

42. ，即巠，读为经。巠、经，古今字也。经，经历也，循行也。《孟子·尽心下》：“经德不回，非以干禄也。”赵岐注：“经，行也。”是其证也。“今余唯

肇巠先王命”，读为“今余唯肇经先王命”，谓现在我谋划循行先王之命。

43. ，即家。此指王家、朝廷。《书·金縢》：“昔公勤劳王家。”《吕氏春秋·贵卒》：“公子纠与公子小白皆归，俱至，争先入公家。”高诱注：“公家，公之朝也。”是其证也。“命女辥我邦我家内外”，读为“命汝乂我邦我家内外”，谓命令你治理我国家和王室内外政务。《康鼎》：“死（尸）（司）王家”、《克鼎》“保辥周邦”、《晋公锥盦》“保辥王国”，意皆相类。

44. ，即，即惷，亦即惷，愚戆也。《说文》：“惷，愚也。”玄应《一切经音义》：“惷，愚也，戆也。”《周礼·秋官·司刺》：“三赦曰惷愚。”郑玄注：“惷愚，生而痴骇童昏者。”均其证也。“惷于小大政”读为“惷于小大政”，谓执着于大小政事。古人行文通以小大为序，《尚书·无逸》：“至于小大，无时或怨”，《顾命》：“小大邦庶”，均其例也。

45. ，即。《番生簋》作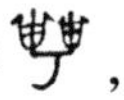，读为甹。郭沫若读为屏，云“案仍当以释諤为是。《说文》虽无谔、噚字，乃偶夺佚也。本器（按指《班簋》）与《番生簋》之噚，正分明甹之繁文，乃假借为屏。《左传·哀公十六年》：‘闵天不弔，不慭遗一老，俾屏予一人在位’，句法与此相近。又‘德’‘夆’字（按：孙诒让《毛公鼎考释》初以为《说文》德夆字所从之諤，后又改释甹。（按，《说文》：‘，使也。从彳諤声。’又‘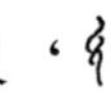，使也。从彳逄声’。）《周颂·小毖》‘莫予荓蜂’作‘荓蜂’，毛传作‘荓夆’，《尔雅·释训》作‘甹夆’。荓亦正从并声，故知器铭甹噚均假为屏也。”（参见郭沫若：《两周金文辞大系考释·班簋》，第21页）“朕立”读为“甹朕位”，即屏朕位，谓藩屏朕王位也。《班簋》“甹（屏）王立（位）”，《番生簋》：“甹王立”，均同此意。

46. 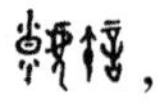，即虩许。马承源读为赫戏，云：“虩许，当读为典籍之‘赫戏’。《楚辞·离骚》：‘陟陞皇之赫戏兮’。王逸注：‘赫戏，光明貌。’隙、赫古纽相同，又叠韵，许、戏并为晓纽双声。隙许、赫戏皆声假字，用作动词，为明察、昭察的意思。”（参见马承源：《商周青铜器铭文选·毛公鼎》第三册，第318页）

47. 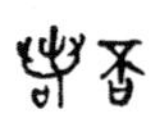，即若否，顺逆也，善恶也。《左传·宣公十二年》：“执事顺成为臧，逆为否。”《诗·大雅·烝民》：“邦国若否，仲山甫明之。”毛传：“若，顺也。顺否，犹臧否，谓善恶也。否音鄙，恶也。”“虩许上下若否雩四方”，读为

"赫戏上下若否与四方"，谓明察君臣上下善恶和天下四方的情况。

48. ，即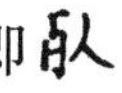，亦即死，读为尸。饶炯《说文部首订》："夗（死）即尸之或体。"尸，主持也，职掌也。《尔雅·释诂上》："尸，主也。"《墨子·大取》："一爱相若，其类在死也。"于省吾新证："死应读作尸。……尸之通诂为主……言无论兼爱一爱，均以他为主，而非为我也。"《晏子春秋·内篇谏五上》："死三日而毕。"于省吾新证："主管其事曰尸，犹今人言职务。……此云'尸三日而毕'，言其即职尸之事三日而毕也。"

49. ，即，亦即童。"鐘"金文作（多友鼎）、（秦公镈），或省曰作（虘钟）、（中义钟），其所从声符从从，后者即小篆形体之所从来。此铭（童）读为勭（動）。動，震撼也，動摇也。《诗·商颂·长发》："肤奏其勇，不震不动。"郑玄笺："不震不动，不可惊惮。"是其证。"死母童余一人才立"，读为"尸毋动余一人在位"，谓尽职尽责毋使我之王位发生动摇。《史记·万石张叔列传》："摇荡不安，动危之，而辞位"，与此意近。

50. ，即"智"字之残，下文"引其唯王智"之智作，可证。智，即智。《说文》："智，识词也。从白，从亏，从知。𥏼古文智。"段注："锴曰：亏亦气也。按：从知会意，知亦声。"徐灏笺："知智本一字，隶省作智。""引唯乃智"即"引唯乃智"，谓开发汝之智慧也。

51. ，即，即墉。《说文》："墉，城垣也。从土庸声。，古文墉。"可证。此铭（墉）读为庸，昏庸也。《集韵》："庸，愚也。"是其证。

52. 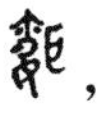，即䎽，象戴雀弁之人以手附耳谛听之形，为闻之初文，读为昏。昏，昏聩、迷乱。《书·多方》："乃大淫昏，不克终日劝于帝之迪。"是其证。"余非又䎽"，读为"余非庸又昏"，谓我并非既庸愚又昏聩。

53. 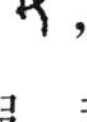，即妄，读为荒。妄、荒同以亡为声符，（荒从巟声，巟又从亡声），例可通假。荒，沉溺也，迷乱也。《书·五子之歌》："内作色荒，外作禽荒。"孔安国传："迷乱曰荒。"孔颖达疏："好色好田，则精神迷乱，故迷乱曰荒。"是其证。"女母敢妄寍"，读为"汝毋敢荒宁"你不敢迷乱自安。《尚书·无逸》："治

民祗惧，不敢荒宁”，与此意近。

54. ，即叀，读为惠。甲骨文作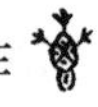（后下 7.7），金文或作（殉尊）、（录伯簋），此铭写与此形近，其为叀字无疑。惠，善也。《礼记·表记》：“节以壹惠”，郑玄注“惠，善也”。是其证。“虔夙夕叀我一人”，读为“虔夙夕惠我一人”，谓你要日夜恭谨工作，以有利于推行我的政令。

55. ，即䧹，亦即雝，为装饰性构件，无义可说。雝，同雍。段玉裁《说文解字注》：“雝，经典多用为雝和、辟雝。隶作雍。”雍，和谐也，和同也。《广韵》：“雍，和也。”《书·无逸》：“其惟不言，言乃雍。”孔颖达疏：“郑玄云：‘其不言之时，时有所言，则群臣皆和谐。’”是其证。

56. ，此字只有右半，左半空出，当是“邦”字之残。前文“命女辪我邦我家内外”，后文“囝（宏）我邦我家”，可证。

57. 猷，谋划。《尔雅·释诂上》：“猷，谋也。”“䧹我邦小大猷”，即“雍我邦小大猷”，谓和同我邦大小谋划。《书·盘庚上》：“各长于厥居，勉出乃力，听予一人之作猷”，与此意近。

58. ，当即（折）字，稍有残损。折，断也，杜也。《说文》：“，断也。从斤断草。谭长说。”《孔子家语·贤君》：“忠士折口，逃罪不言。”王肃注：“折口，杜口也。”

59. ，即咸，当即缄字。铭文从糸从咸省声。缄，束缚、包封。《说文》：“缄，束箧也。从糸咸声。”《广韵》：“缄，缄封。”《庄子·齐物论》：“其厌也如缄，以言其老洫也。”王先谦集解：“宣云：厌然秘藏。缄，秘固。”《孔子家语·观周》：“庙堂右阶之前有金人马，三缄其口而铭其背曰：‘古之慎言人也。’”均其证也。“毋折缄”，谓不要闭口不言。

60. 告余先王若德，即告余先王其德，亦即告余先王之德也。“若”用同“其”，“其”用同“之”，均用为结构助词“之”。《尚书·康诰》：“朕其弟，小子封。”王引之《经传释词》：“其犹之也。”杨树达《积微居金文说》：“盘（按指《兮甲盘》）盘云：‘淮夷旧我員（帛）畮人，毋敢不出其員（帛）其责。’……第二其字义与之字同。《书·康诰》：‘朕其弟，小子封。’《左传·庄公十三年》：‘非此其身，其在异国乎。’朕其弟，谓朕之弟，此其身，谓此之身。铭文其字用法与彼二文同，谓毋敢不出其帛之积也。”（参见杨树达：《积微居金文说·兮甲盘跋》，第36页）杨树达《词诠》：“（若），用与其同。……《书·召诰》：‘我亦惟兹二国命，嗣若功。’按王引之云：若，其也。嗣其功者，嗣二国之功也。”此铭“告余先王若德”，“若”用同“其”，即告余先王之德，谓以先王之德告我也。

61. ，即印，印验也，相合也。玄应《一切经音义》卷七引《仓颉篇》：“印，验也。”

62. 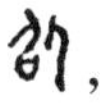，即邵，读为照。二字同以召为声符，例可通假。“用印邵皇天”，这里读为“用印照皇天”，谓用以符合上天旨意。

63. ，即𩞁圝，读为重恪。“𩞁圝大命”，读为“重恪大命”，谓极其郑重地敬行天命。

64. 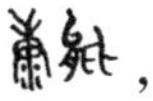，即康能。康，安也。《礼记·礼运》：“如有不由此者，在势者去，众以为殃，是为少康。”郑玄注：“康，安也。”能，亲善，和睦。《正字通》：“能，顺习也。”《书·舜典》：“柔远能迩。”蔡沈传：“能者扰而习之也。”《诗·大雅·民劳》：“柔远能迩，以定我王。”郑玄笺：“能犹伽也。迩，近也。安远方之国，顺伽其近者。”“康能四国”，谓使四域安康和顺。

65. ，即俗，读为欲。二字同以谷为声符，例可通假。

66. ，即夒，读为憂。夒甲骨文作（拾13.3），金文或作（无忧卣），象猕猴之形。本铭与之形近，其为夒字无疑。《礼记·乐记》：“及优侏儒，獶杂子女，不知父子。”郑玄注：“獶，猕猴也。言舞者如猕猴戏也。”陆德明释文：“獶，依字亦作猱。”《集韵》：“夒，或从憂从柔。”又，夒、猱、獶，音均奴刀切，可证夒、猱、獶为一字。獶，又音於求切，故夒可假为憂。“俗我弗乍先王夒”，读为“欲我不作先王憂”，谓愿我执政顺乎天民之心，不使先王在天之灵有所憂虑也。

67. 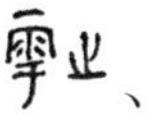、即雩之。雩，通于，通与，读为以。王引之《经传释词》：“于，与也。连及之词。”《书·多方》：“不克敬于和，则无我怨”，是“于”通“与”之例。杨树达《词诠》：“（与）用同以。”《礼记·檀弓》：“殷人殡于两楹之间，则与宾主夹之也。”（按：“与宾主夹之也”，即“以宾主夹之也”），又《玉篇》：“大夫有所往，必与公士为宾也”（按：“必与公士为宾也”，即“必以公士为宾也”），是“与”用同“以”之例。《尔雅·释诂上》：“之，往也。”《诗·鄘

风·载驰》："百尔所思，不如我所之。"是其例。是则，雩之，其意为以往也。郭沫若云："'雩之'当作一读，与下'厤自今'为对文，犹言前此或往者。"（参见郭沫若：《两周金文辞大系考释·毛公鼎》，第137页）所言极是。

68. ，即庶，众也。甲骨文作（珠979），金文或作（伯庶父簋），从火，石声（或石省声）。既从火，众盛之义自在其中。"庶出入事于外"，谓对外往来之众多事宜。

69. ，即尃，亦即敷，散布也，实施也。《说文》："尃，布也。从寸，甫声。"容庚《金文编》："尃，孳乳为敷。"《正字通》："尃，敷本字。……楷讹为敷。""尃命尃政"读为"敷命敷政"，谓发布命令，施行政教也。《诗·商颂·长发》："敷政优优"，与此意近。

70. ，隶定为埶，象人植木于土上之形，即埶。《说文》："埶，种也。"《诗》曰："我埶黍稷。"吴大澂《愙斋集古录》："古埶字从木从土，以手持木种之土也。"后孳乳为蓺、藝。《集韵》："埶，《说文》：'种也。'或作蓺藝。"《广雅·释诂》："蓺，治也。"

71. ，即楙，亦即楚。足、疋古一字。楚从足声、从疋声均可。楚，读为胥，二字同以疋为声符，例可通假。

72. ，即赋。楚赋，读为胥赋，指徭役、赋税。《尚书·多方》："越惟有胥伯小大多正。"周秉钧《尚书易解》云"'胥伯小大多正'，《尚书大传》引作'胥赋小大多政'，胥，徭役。伯，读为赋，赋税也。"是其证。"埶小大楙赋"，读为"蓺小大胥赋"，谓治理多种徭役赋税之事。

73. 无唯正昏，无论国政是正治抑或昏乱。《吕氏春秋·顺民》："汤克夏而正天下。"高诱注："正，治也。"《尚书·牧誓》："昏弃厥肆祀弗答。"孔颖达疏："昏为乱也。"

74. 引其唯王智，即引其惟王智，谓所开发者惟有天子一人之智力。

75. 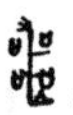，即噩，亡也。甲骨文作（粹470），金文或作（盂鼎），象桑间置盛器之形，为采桑之专字，甲骨文每用为地名，许是桑地以桑蚕业发达而取此名。又以同音假借为丧亡之丧。卜辞有"不桑众"（前6.53.7）"戉其桑众"（林2.18.20）者，即"不丧众""戉其丧众"也。金文增形符亡作（旂乍父戊鼎）、

（洹子孟姜壶）而成𠷎，后简化而又讹别为，此即小篆之丧也。《说文》：“𠷎，亡也。”丧或，即丧国，隐喻国人逐厉王于彘之事。“迺唯是𠷎我或”，读为“迺惟是丧我国”，谓此乃亡我国家之道也。

76. ，即厤，通歷（历）。《说文》：“历，过也。”“厤自今”读为“历自今”，谓往昔时间历逝，未来起自今日。“厤自今”与前文“雩之”（以往）相对而言也。

77. ，即舍，发出也。《诗·小雅·车攻》：“不失其驰，舍矢如破。”孔颖达疏：“故令射者，舍放其矢，则如椎破物。”舍命，犹发令也。金文习用之语，如《克鼎》：“王令善（膳）夫克舍令（命）于成周”，《作册令方彝》：“舍三事令（命）”、“舍四方令（命）”，等等。“出入尃命于外，氒非先告父厝，父厝舍命，母又敢恚尃命于 外”，读为“出入敷命于外，厥非先告父厝，父厝舍命，毋有敢惷敷命于外”，谓对外往来方面如要发布政令，非先告知父厝不可，一律由父厝发布政令，不得有胡乱向外 发布政令之事发生。

78. 今余唯𤔲先王命，读为“今余惟缅先王命”，谓现今我维持先王之成命。

79. ，即亟，读为極。甲骨文作（天80），金文或作（班簋），从人从二，二为顶踵界隔，会“人在顶踵之间”之意，当即極之初字。后加装饰性构件口作（墙盘），如“今”作“”（中山王𫓧鼎）者然。又加装饰性构件攴作，如“维”作“”（虢季子白盘）者然。古文字攴、又每多通用，于是又作亟，此则小篆之亟，《说文》所谓“从人从口从人从二”者也。極，正中也。《说文》：“極，栋也。从木，亟声。”《广雅·释言》：“極，中也。”吴善述《说文广义校订》：“栋在屋之正中，故栋与極并有中义，因之凡在中者曰極……天之中枢曰北極、南極、赤極、黄極。又因之有正义。正犹中也。”《诗·商颂·殷武》：“商邑翼翼，四方之極。”郑玄笺：“商邑之礼俗，翼翼然可则效，乃四方之中正也。”朱熹注：“極，表也。”均其证也。“命女亟一方”，读为“命汝極一方”谓命你作一方之表率也。

80. ，隶定为𠮵，字书所无。《番生簋》作，隶定为𠵣，𠮵当为𠵣之省，当为从口弓声之形声字，读为宏。《尔雅·释诂上》：“宏，大也。”《书·盘庚下》：“各非敢违卜，用宏兹贲。”孔安国传：“宏、贲，皆大也。君臣用谋，不敢违卜，用大此迁都之业。”是其证也。“弜我邦我家”，读为“宏我邦我家”，谓恢宏我之邦国与我王家。

81. ，隶定为䧹。《说文》：“顀，出頟也。从页隹声。”此铭䧹当读为推。推，推行也。《淮南子·主术》：“夫推而不可为之势，而不修道理之数，虽神人不能以其成功。”高诱注：“推，行也。”“女䧹于政”，读为“女推于政”，谓汝推行政令也。《韩非子·八说》：“然则行揖让，高慈惠，而道仁厚，皆推政也”，可与此铭比而观之。

82. ，即雝，读为壅。壅，阻隔也，堵塞也。《广雅·释诂一》：“壅，隔也。”《左传·成公十二年》：“交贽往来，道路无壅。”是其证也。

83. ，马承源释建，“建”假为“楗”。（参见马承源：《商周青铜器铭文选·毛公鼎》，第319页）楗，堵塞也，遏止也。《墨子·兼爱中》：“以楗东土之水，以利冀州之民。”毕沅注：“楗，门限。此则盖言限也。”是其证也。

84. ，当为之省，即庶。其下残去一字，当为民字。“勿雝建庶民”，读为“勿壅楗庶民”，谓不可堵塞庶民之口，隐喻厉王弭谤反取其亡之事。

85. ，孙诒让释賓，郭沫若从之，云：“賓字原文有泐损，孙疑为贮，甚是。贮有赋义。”《吕览·乐成篇》引古谚云‘我有田畴，子产赋之，我有衣冠，子产贮之’，贮与赋对文，正其证。（参见郭沫若：《两周金文辞大系考释·毛公鼎》，第138页）又“贮者，赋也、租也。《颂鼎》：‘官嗣成周贮廿家’，《格伯簋》：‘乎贮卅田’，《毛公鼎》：‘贮毋敢龏橐’，《兮甲盘》：‘毋敢或入䜌宄贮’，均其例。”（参见郭沫若：《两周金文辞大系考释·毛公鼎》，第48—49页）按：贮字金文或作（兮甲盘）、（蛮妤壶），本铭当为其稍稍讹变者。孙诒让释賓，郭沫若谓贮有赋义，言之有据，均可信从。

86. ，当为之残，读为毋。

87. 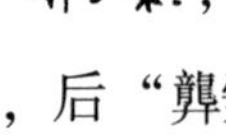，即龏龏橐橐，读为龏橐龏橐。前“龏橐”隶属上句“贮母（毋）敢龏橐”，后“龏橐”隶属下句“龏橐迺敄（侮）鳏（鳏）寡”。郭沫若云：“‘龏橐’，徐（同柏）读为‘共包’，云：‘共，供给；包，苞苴。’案此二字均有重文。龏字重文在左下隅，颇漫漶难辨，橐字重文在右下隅，则甚显著。前人于龏

下重文未注意，故文不可通。”（参见郭沫若：《金文丛考·毛公鼎之年代》，第266页）又云：“‘龏橐’，余意殆犹言中饱。”（参见郭沫若：《两周金文辞大系考释·毛公鼎》，第138页）“贮母（毋）敢龏橐”，谓供赋不可中饱私囊。

88. ，即敄，读为務（务），通侮。《尔雅·释诂》：“务，侮也。”《诗·小雅·棠棣》：“兄弟阋于墙，外御其务。”毛传：“务，侮也。”《左传·僖公二十四年》引《诗》作侮。均其证也。“龏橐迺敄鳏寡”，读为“供苞乃侮鳏寡”，谓中饱私囊乃欺侮鳏寡之人。《诗·大雅·烝民》：“不侮矜寡。”毛传：“矜，古顽反。”孔颖达疏：“不欺侮于鳏寡孤独之人”，与此意近。

89. ，即譱，亦即善。《说文》：“，吉也。从誩从羊。此与義美同意。，篆文善从言。”“善效乃友正”，谓善于效法汝所属僚友和官长之优点。

90. ，字不识。马承源隶定为湏，读为湎，云：“‘母（毋）敢湏（湎）于酉（酒）’，《尚书·酒诰》：‘罔敢湎于酒’，文例与此同。湏，疑为古湎字。”（参见马承源：《商周青铜器铭文选·毛公鼎》第三册，第319页）“毋敢湎于酒”；不敢沉湎于饮酒也。

91. ，即㒸，读为墜（坠）。或作（《井侯簋》：“对不敢㒸”，《克钟》：“克不敢㒸”。）本铭与与此形近，其为“㒸”字无疑。㒸象豕著矢之形。中矢即倒地，此㒸之本谊也。小篆作，其上所从之八，实为上部之讹变也。后更加𠂤作从𠂤㒸声之形声字隊，以见《说文》“从高隊”之意。后又加土作从土隊声之形声字墜。“女母敢㒸”，读为“汝毋敢墜”，谓你不敢失职。

92. ，即服，职事也，职位也。《尔雅·释诂》：“服，事也。”《书·酒诰》：“越在外服，候甸男卫邦伯；越在内服，百僚庶尹、惟亚惟服宗工、越百姓里居，罔敢湎于酒。”杨树达《积微居小学述林·释服》：“外服内服，即外职内职，犹后世言外官京官也。”“才乃服圂夙夕”读为“在乃服恪夙夕”，谓在你的职位上日夜恭谨从事。

93. 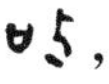，此字有泐损，郭沫若释敬，今从之。《师嫠簋》敬作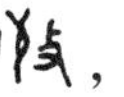，此铭当即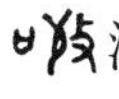泐之余也。

94. ，即睗。《说文》：“睗，目疾视也。从目，易声。”此铭睗读为易。

《广韵》："易，变易也，改也。"《易·系辞下》："上古穴居而野处，后世圣人易之以宫室。"是其例也。"敬念王畏不赐"，读为"敬念王威不易"，谓虔敬感念天子德高威重，不改大周王统。

95. ，即帅，读为率。帅字甲骨文作（林 2. 10. 7）、（戬 38. 1），象人两手拭席之形。正视席作囗形，侧视席作丨形。金文作（史颂簋）、（井人妄钟），乃甲骨文变为又加，其于表示"拭席"之义更为明晰。，从巾从，亦声。后借以代率（逵），故有"统帅"义，又引申为"帅（率）由"义。"女母弗帅用先王乍明井"，读为"汝毋不帅用先王作明型"，谓你不可不帅先遵用先王制定的光辉法则与规范。《礼记·文王世子》："武王帅而行之"，《诗·大雅·抑》："罔敷求先王，克共明型"，与此意近。

96. ，当为字之泐，读为欲。

97. ，即圅，亦即函，象箭袋之形。此铭函读为陷。函、陷上古均为匣母谈部字，例可通假。"俗女弗㠯乃辟函于囏"，读为"欲汝不以乃辟陷于艰"，谓希望你不要使你的君王我陷入艰险境地。《师訇簋》："俗（欲）女弗以乃辟函于艰"，与此意同。《不娶簋》："女休弗以我车函于艰"与此意近。

98. ，即巳，象胎儿之形。同已，上古巳已一字。

99. ，郭沫若释为彶，可从。前文"司余小子弗彶"之"彶"作，左所从当为之泐。此处，彶读为及。

100. 当为（丝）之泐字，其后半之许是粗剔而失。

101. ，即旋，从㫃史声。史士音近，当读为士。卿旋，即卿士。《诗·商颂·长发》："允也天子，降予卿士，实维阿衡，实左右商王。"《左传·隐公三年》："郑武公、庄公为平王卿士。"可见，从西周到春秋皆设卿士官职，略似后世之宰相。

102. ，即寮（寮），读为僚（僚）。寮，甲骨文作（卜通 758），当为其繁式。《尔雅·释诂》："寮，官也。"释文："字又作僚。"《玉篇》："僚，同官曰僚也。""卿旋寮"，读为卿士僚，卿士一类官员也。

103. 即"即"。即，就也。《尔雅·释诂》："即，尼也。"郭璞注："尼者，近也。"徐锴《说文系传》："即，犹就也。"

104. 尹，管理也。《说文》：“尹，治也。从又，丿，握事者也。”“已曰彶丝卿旋寮、大史寮于父即尹”，读为“已曰及兹卿士僚、太史僚于父即尹”，谓前已说及此卿士僚、友大史僚友必须就治于你父㕟。

105. ，可隶定为𢿅，或作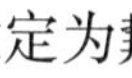（三年师兑簋）。此字金文铭辞习见，且常与𤔲构成合成词𢿅𤔲，如《㝔鼎》：“趞中（仲）令㝔𢿅𤔲郑田”，《三年师兑簋》：“今余隹䜌乃令，令女𢿅䜌走马”，等等。马承源读为扱，云：“隶定为𢿅，其所从之丘有异变为等形，𢿅或作𢿅，金文习见。字亦省丘作𢿅，象人就井引水。丘下井表明古人居丘上凿井取水，故字亦可省丘作𢿅，从井取水，当为汲水之汲之本字，形体结构为会意，后用形声字汲代之，而𢿅字遂废。《广雅·释诂一》云扱为‘取也’。《方言》十三：‘扱，获也。’是扱有获、持、取等义，扱司犹主管之意。”（参见马承源：《商周青铜器铭文选·㝔鼎》，第142页）

106. ，即族。《明公簋》作《师酉簋》作，本铭当其稍稍讹变者。公族，官名。《史记·晋世家》：“成公元年，赐赵氏为公族。”裴骃集解引服虔曰：“公族，大夫也。”宋代邓名世《古今姓氏书辨证》：“春秋晋赵盾以括为公族大夫，韩厥子无忌谓之公族穆子，其后遂以官为氏。”足证公族本官职名称。

107. ，即参。或作。朱芳圃云：“《说文·晶部》：‘曑〔曑〕商，星也。从晶，㐱声。’按，曑象曑宿三星在人头上光芒下射之形，或省人，义同。”（参见朱芳圃：《殷周文字释丛·曑》，第37页）此铭读为叁。“参有司”即“叁有司”，金文铭辞中指𤔲土（司徒）、𤔲马（司马）、𤔲工（司空）。如《卫盉》：“迺令参（叁）有𤔲（司）：𤔲土（司徒）敚（微）邑、𤔲马（司马）单旟，𤔲工（司空）邑人服，眔受（授）田。”

108. 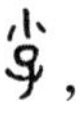，“小子”合文。小子，官名。《周礼·夏官·序官》“小子，下士二人”。郑玄注：“小子，主祭祀之小事。”

109. 师氏，官名。《周礼·地官·师氏》：“师氏掌以媺诏王，以三德教国子：一曰至德，以为道本；二曰敏德，以为行本；三曰孝德，以知逆恶。教三行：一曰孝行，以亲父母，二曰孝行，以尊贤良；三曰顺行，以事师长。居虎门之左，司王朝，掌国中失之事，以教国子弟。凡国之贵游子弟学焉。凡祭祀、宾客、会同、丧纪、军旅，王与则从。听治亦如之。使其属帅四夷之隶，各以其兵服，守王之门外，且跸朝。在野外则守内列。”由是知，师氏既教国子，又治军事。

110. ，即虎。《师酉簋》作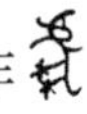（“嗣乃且啻［嫡］官邑人、虎臣”），与此形近，其为虎字无疑。虎臣，官名，当即经籍中之虎贲。《周礼·夏官·虎贲氏》：“掌先后王而趋以卒伍。军旅、会同，亦如之。舍则守王闲。王在国，则守王宫。国有大政，则守王门。”

111. ，当即亵，读为暬（《说文》作暬［］，段玉裁改暬为暬，并注：“各本篆作暬，执声作執声。”《五经文字》亦误。暬与亵音同义异，今则亵行暬废矣）。暬，狎近也。《说文》：“䵒（当为暬），日狎习相慢也。”《诗·小雅·雨无正》：“曾我暬御，憯憯日瘁。”毛传：“暬御，侍御也。”此铭亵事，即侍事。

112. ，即干，读为扞，后作捍，抵御也。《吕氏春秋·恃君》：“爪牙不足以自守卫，肌肤不足以扞寒暑。”高诱注：“扞，御也。”

113. ，隶定为䓊，即吾。《王孙诰钟》戠作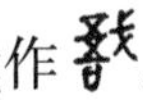。《石鼓文·遨水》遨作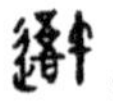，可证。本铭吾读为敔，禁御也，后作禦。《说文》：“敔，禁也。”段注：“与圉、禦音同。《释言》：‘御、圉，禁也。’”“以乃族干吾王身”，读为“以乃族捍御王身”，谓以你的族人捍卫我的安全。

114. ，郭沫若隶定为賁，字不识。“取賁卌寽（锊）”，《趞鼎》：“取賁五寽”，《𩞁簋》：“取遳（賁）五寽”，《番生簋》：“取遺（賁）廿寽”，均可证賁从贝，当为金属货币。

115. ，即寽。《师旅鼎》作（“二百寽”），《曶鼎》作（“百寽”），此铭与之形近，惟有·变/之小异，其为“寽”字无疑。寽，读为锊。《说文》：‘锊，十一铢二十五分［铢］之十三也。从金，寽声。’郭沫若云：“寽，《说文·𠬪部》云：‘五指捋也。从𠬪，—声，读若律。’案：金文均作一手盛一物，别以一手抓之，乃象意字。说为‘五指捋’，甚是，然非。‘从𠬪，—声’也。金文均用为金量之单位，即是后起之锊字。”（参见郭沫若：《两周金文辞大系考释·禽簋》，第12页）《周礼·考工记·冶氏》：“（戈）重三锊。”郑玄注：“郑司农云：‘锊，量名也。’玄谓许叔重《说文解字》云：‘锊，锾也。’今东莱称或以大半两为钧，十钧为环，环重六两大半两，锾锊 似同矣。”《小尔雅·广衡》：“二十四铢曰两，两有半曰捷，倍捷曰举，倍举曰锊，锊谓之锾。”

116. ，即䰜鬯，用黑黍酿制之香酒。《说文》：“，黑黍也。一稃二米以酿也。从鬯，矩声。秬或从禾。”又：“，以秬酿郁草芬芳攸（條）服（畅）以降神也。从凵。凵，器也。中象米，匕所以扱之。《易》曰：‘不丧匕鬯。’”是其证也。

117. ，即卣。《尔雅·释器》：“卣，器也。”郭璞注：“盛酒尊。”王国维云：“者，古文字卣也。卣字作（盂鼎）作（毛公鼎）作（伯晨鼎）作（录伯簋及吴尊盖），石鼓文逌字亦作，而殷墟卜辞盛鬯之卣则作（《殷墟书契前编》，卷一，第18页）作（《殷墟书契前编》，卷六，第41页，《戬寿堂所藏殷墟文字》第25页，同其辞曰：‘鬯五’，知确为卣字矣），知所从之即之省，又知《说文》虘盧二字一从𠁁一从盅，即与之变，实一字而繁简异也。卣为尊属。”（参见王国维：《观堂集林·卷六·艺林六·释由［上］》，《王国维遗书》第一册，第129页）“秬鬯一卣”，即黑黍酿制之香酒一尊。《诗·大雅·江汉》：“秬鬯一卣”，《左传·僖公二十八年》：“秬鬯一卣”，《书·文侯之命》：“用赉尔秬鬯一卣”，《大盂鼎》：“易女鬯一卣”，《牧簋》：“易女䰜鬯一卣”，均同此意。

118. ，即瓚，读为祼（灌），《瓚簋》瓚作，本铭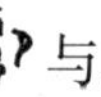与之形近，其为瓚字无疑。瓚，上古清母元部字；祼（灌），上古见母元部字，音近可通。

119. 圭，即圭。《说文》：“圭，瑞玉也。上圆下方。公执桓圭，九寸；侯执信圭，伯执躬圭，皆七寸；子执谷璧，男执蒲璧，皆五寸。以封诸侯。从重土。楚爵有执圭。珪，古文圭从玉。”

120. 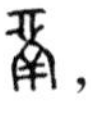，郭沫若隶定为鬲。《周礼·春官·典瑞》：“祼圭有瓚，以肆先王。以祼宾客。”郑玄注：“郑司农云：于圭头为器可以挹鬯祼祭谓之瓚。”孔颖达疏：“鬯即郁鬯也，言祼言祭，祼据宾客，祭据宗庙也。”又《考工记·玉人》：“祼圭尺有二寸，有瓚。”郑玄注：“瓚如盘，其柄用圭，有流前注。”由此可知“瓚（祼）圭鬲宝”之“鬲”当即瓚。“易女䰜鬯一卣、瓚圭鬲宝”，读为“赐汝秬鬯一卣、祼圭瓚宝”，谓赐给你香酒一卣和祼祭所用宝器玉柄挹勺。《诗·大雅·江汉》：“釐尔圭瓚，秬鬯一卣。”毛传：“圭瓚，以玉为柄，用以挹鬯祼祭之勺也。

赐秬鬯必赐圭瓒”，与此意近。

121. ，即葱，甲骨文所无。金文象葱芽从球根萌发之形，即古葱字，引申为葱青之色。《尔雅·释器》：“青谓之葱。”是其证。朱市“葱黄”，读为朱市“葱衡”，谓红色围裙和青色横带。

122. ，即玉环。当为玉制环形饰物。

123. ，玉瑹，亦即玉琮。《说文》：“，语之舒也。从八舍省声。，二余也。读与余同。”可证。《玉篇》：“琮，美玉也。”

124. ，即金车。指用青铜装饰之车。车，金文或作（车瓠），简而为（盂鼎），本铭，又其简式也。其最简式则为。

125. 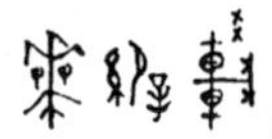，即桒縪較，亦即桒䋬較，指有纹饰覆于其上之车旁曲钩。桒，读为贲。《玉篇》：“贲，饰也。”《书·汤诰》：“天命弗僭，贲若草木。”孔安国传：“贲，饰也。言福善祸淫之道不差，天下恶除，涣然咸饰，若草木同华。”《说文》：“䋬，䋬谓之罿，罿谓之罬，罬谓之罦，捕鸟覆车也。从糸，辟声。”《尔雅·释器》：“䋬谓之罿。罿，罬也。罬谓之罦。罦，覆车也。”郭璞注：“今之翻车也。有两辕，中施罥以捕鸟。”邢昺疏引孙炎曰：“覆车网，可以掩兔者也。一物五名，方言异也。”郭沫若云：“縪，孙（诒让）云：‘《说文·糸部》：䋬为捕鸟覆，此当为帱饰之义，与《说文》义异。’……今案当以孙说为是。……此与《番生簋》之‘桒縪較’与《录伯簋》之‘桒帱較’同例，言較上有縪若帱以贲饰之也。”（参见郭沫若：《金文丛考·毛公鼎之年代》，第269—270页）《说文》：“較，车輢上曲铜也。从车，爻声。”段玉裁本作“較，车輢上曲钩也。”钮树玉校录：“《系传》及《广韵》、《韵会》引‘骑’作‘輢’。”李善注《文选·西京赋》引作“较”……较字盖从俗。《玉篇》正作较……重文作較，郑玄注《考工记》云：“较，两輢上出轼者。”

126. 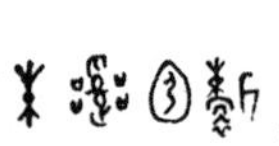，即朱䪁引。郭沫若释为朱鞃䩙靳，指红色柔皮所覆之轼和马胸前之护革。郭云：“‘朱䪁’，它器作‘朱虢’，《番生簋》作‘朱𤔲’，此䪁与彼𤔲自系一字。《说文》云：‘𤔲，治也。幺子相乱，𠬪治之也。读若亂同。’案𤔲本象缫丝之形。许所谓‘幺子’似指蚕茧，缫丝时其声嚣骚，故字复从㗊。新出

魏正始《石经·君奭篇》亂字古作，即此字之稍稍讹变者。《说文》以为䜌字，其言部䜌之古文作者亦即此字之讹变，盖讹䜌而为丝也。本铭䜌字下从止，此亦古金文之变例，金文从止从又之字每相乱，此不足异。䜌声读如亂，而与虢字义近，殆假为鞃。虢与鞹通，'朱虢𩋙'即《诗》之'鞹鞃'。鞹，皮也，鞃，柔皮也。𩋙即是鞃，鞃者，轼中也。'朱虢𩋙'或'朱鞃𩋙'者，盖言轼中以皮鞔之而涂之以朱。……余谓乃靳之古字。《说文》：'靳，当膺也。从革，斤声。'《左传·定公九年》：'吾从子如骖之有靳。'正义云：'骖马之首当服马之胸，胸上有靳。'《秦风·小戎》'游环胁驱'。传云：'游环，靳环也。游在背上所以禦出也。'笺云：'游环在背上无常处，贯骖之外辔以禁其出。'是则靳乃马之胸衣，故古字从衣，象其形，上有环以贯骖马之外辔，故从束斤声也。《伯晨鼎》之'画听'乃假听为之，尤足证字之当从斤声。至鞎与靳，余谓当为一字，均字之晚出者也。"（参见郭沫若：《金文丛考·毛公鼎之年代》，第 271—272 页）

127. ，即虎冟熏裹，即虎幭纁裹，指表面蒙以虎皮之车轼，并饰以浅绛色衬裹。郭沫若云："冟字，许云：'从皀冖声'；字在金文或作，乃从皀冂声。冂为重覆，与冖同意；音读如苺，亦与冖同纽。从冖声，复从冂声者，后者乃以双声，是冟音当读明纽。许云'读若適'者，不知何所本。从皀，皀之古文作，卜辞多作，乃象器中盛食之形。卿（饗）即既等凡有就食之义之字均从此作。小篆变形为皀。许书解为'谷之馨香也，象嘉谷在裹中之形，匕所以扱之'，乃沿讹字以为说。许因释皀为以匕扱米食之形，故于从皀之冟字说为饭刚柔不调相著。然由古文字形推考其义，乃于盛食之器物上加冖以覆之，实与鼏字同意。字形同意，同从冖声，且同属明纽，则冟与鼏古殆一字。鼏者盖也。字通作密，又通作幂，幂亦如作幎。孙（诒让）释冟为冥之说，至此可得一较为妥当之说明，即小篆冥字又由冟字而讹变者也。是故，'虎冟'当即'虎幂''虎幎'，亦即《诗》之'浅幭'。"（参见郭沫若：《金文丛考·毛公鼎之年代》，第 273—274 页）《诗·大雅·韩奕》："鞹鞃浅幭"。毛传："浅，虎皮浅毛也。幭，覆式（轼）也。"由是，"虎冟（幭）"为表面蒙以虎皮之车轼。熏，读为纁。《说文》："纁，浅绛也。从糸，熏声。"由是，"熏（纁）裹"为"浅红色衬裹"。

128. 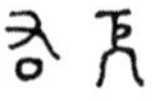，即右戹，读为右軶，指右边车軶。《说文》："軶，辕前也。从车戹声。"王筠句读："谓辕端压牛马领者也。"

129. 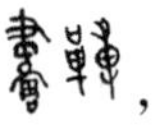，即畫（画）轉，指车下缚车舆与车辕之彩画革带。《说文》："轉，车下索也。"《释名·释车》："轉，缚也。在车下与舆相连缚也。"

130. 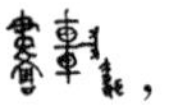，即畫，亦即画䡅，指车下缚底板与车轴之彩画革带。《说文》："，车伏兔下革也。从车声。，古昏字。"段注："以辂固之于轴上也。辂者，生革可以为缕束也。"

131. 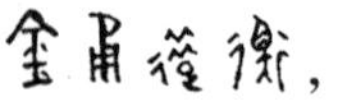，即金甬道衡，徐同柏读为金釭错衡，指车毂铜套和错有纹饰之车衡，云："字作甬。《说文》：'釭，车毂口铁也。'《释名》：'釭，空也，其中空也。'甬乃钟柄，钉形似之，故假甬为钉。"（参见徐同柏：《从古堂款识学·周毛公鼎》卷十六，第29页）道读为错。《说文》："错，金涂（塗）也。从金昔声。"《释名·释车》："衡，横也。横马颈上也。"

132. ，即金𡑞金豙，读为金踵金柅，指饰金辀末和车柅。吴大澂云："𡑞即踵，辀末也。《周礼·考工记·辀人》：'五分其颈围去其一以为踵围。'郑玄注：'踵，后承轸者也。'（按：《说文》：'轸，车后横木。'）《说文》：'𡑞，跟也。''踵，追也。一曰：往来貌。'是辀末之𡑞当从止，不当从足也。"（参见吴大澂：《愙斋集古录·毛公鼎》第四册，第9页）高鸿缙云："徐明经（同柏）读为柅。《易》：'系于金柅。'疏引马云：'柅者，在车之下，所以止轮，令不动也。'缙按《玉篇》：'轫，碍车轮木也。'徐锴曰：'止轮之转，其物为轫。'《说文》：'柅，木也。实如梨。从木，尼声。'是止车之物，轫为正字，柅为同音之通假字。此处豙亦通假字。轫、柅、豙古同音。"（参见高鸿缙：《毛公鼎集释》，第105—106页）

133. 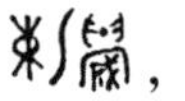，隶定为剌䩻。郭沫若释剌为约，唐复年读䩻为䪌。约䪌当指车衡革缚。郭沫若云："今案乃古约字，《诅楚文》'变输盟䩋'即是此字。约者，束也，故字从束。"（参见郭沫若：《金文丛考·毛公鼎之年代》，第277页）唐复年云："《说文》'䪌，车衡三束也。曲辕䪌缚，直辕𨏔缚。从革爨声，读若《论语》钻燧之钻。'借官反。从陕西秦始皇陵出土的铜车马可知，车衡上在车辕及轭相交处均铸有十字交结的皮条缠扎纹，说明此三处在实物中应以皮条缚结，正

与《说文》所述相符，据此可知䍃字应假为䍃字，剌䍃即缚䍃，与《说文》合。”（参见唐复年：《金文鉴赏·毛公鼎》，第263页）

134. ，即金簠弼，亦即金簟弼，读为金簟茀，指车前伸出之铜饰车蔽。《说文》：“，竹席也。从竹声。”从鹹省，鹹从鹵，鹵从西。此铭从，即从鹵，又从，故可视为从鹽省也。由是，为从鹽省声。为从鹹省声。《说文》：“鹽，鹹也。”故簠、簟当为一字。检《番生簋》“金簟弼”作簟，而本铭作簠，是其证也。《说文》：“弼，辅也，重也。从弜声。，古文弼。”故弼可读为茀。《诗·齐风·载驱》：“簟茀朱鞹”。毛传：“簟，方文席也。车之蔽曰茀。”

135. ，即鱼，读为鱼箙。指鱼皮所制箭袋。葡，甲骨文作（铁2.4），金文或作（丙申角），象矢盛器中之形。由讹为，小篆进而讹为，隶楷作莆、葡。

136. ，即攸勒。《录伯簋》《曾伯陭壶》作鋚勒，典籍作鞗革，指辔首铜也。《诗·小雅·蓼萧》：“既见君子，鞗革忡忡。”毛传：“鞗，辔也。革，辔首也。”《说文》无鞗而有鋚。《说文》：“鋚，铁也。一曰：辔首铜。”

137. ，唐兰释金㖹，读为金羽，云：“《毛公鼎》云：‘金金雁’之，当释为㖹。自注：㖹当即诩字。《毛公鼎》‘金㖹’当读为‘金羽’，盖用为饰马者。”（参见唐兰：《殷墟文字记》，第13页）

138. ，即金雁，读为金膺，指金饰马带。《诗·秦风·小戎》：“蒙伐有苑，虎韔镂膺。”毛传：“膺，马带也。”《楚辞·九章·悲回风》：“纠思心以为纕兮，编愁苦以为膺。”王逸注：“膺，络胸者也。”

139. ，即旂二铃，亦即朱旂二铃，古文字命令一字也。指朱色之旂缀有二铃。《说文》：“旂，旗有众铃以令众人。”《尔雅·释天》：“有铃曰旂。”郭璞注：“悬铃于竿头，画交龙于旒。”

140. ，隶定为关，读为媵，以媵从朕声，朕又从关声也。《玉篇》：“媵，相赠也，以物加送也。”“易女兹媵”，读为“赐汝兹媵”，谓赐给你此等赠物也。

141. ，即岁，祭名。唐兰云：“岁当读为刿，割也。谓割牲以祭也。”（参

见唐兰：《天壤阁甲骨文存》，第30页）

142. ，读为征。“用岁用政”，读为“用岁用征”，谓用作岁祭用作征伐也。祭祀与征伐，古时国政大事也。《左传·成公十三年》：“国之大事，在祀与戎。”是其证。

现代汉语翻译：

周宣王训诰说：“爱卿毛公厝，声威极其显赫的文王、武王，上天长期以来满意于他们的美好德行，他们配合我大周国运，接受上天的庄严命令，使原来不臣服的方国相率怀归宾服，他们无不正视文王武王的辉煌德业。上天大成其命于文王武王，而先前百官也辅弼其君王，敬勤于上天伟大的命令，所以上天时时不断地监临我大周朝廷，大大巩固了先王配受天命而建立起来的国家。上天是有严急的权威的，作为后嗣，我这经验不足的国君如果没有急迫感，国家将如何长保太平吉祥！四方纷乱，动乱不定。呜呼！唯恐我这个未成年之君会厕沉于艰难的国运之中，何谈永远巩固先王配受的天命。”周王说：“爱卿毛公厝，现在我计划循行先王之命，命令你治理我国家和王室的内外事务，希望你忠于职守，妥善处理大小政务，以藩屏我的王位。你要明察君臣上下的善恶和天下四方的情况，尽职尽责，万万不可动摇我的王位。为此必须开发你的智慧。我并不是既庸愚又昏聩的国君，你不能迷乱自安，而要日夜恭谨工作，以有利于我的统制，协同一致，实施我邦国的大小谋划。你不能闭口不言，而要将先王的美行懿德上闻于我。这样，才能符合上天旨意，郑重地敬行天命，使四域安康和顺。但愿我的执政顺乎天民之心，不使先王在天之灵有所忧虑。”周王说：“爱卿毛公厝，以往对外往来的诸多事宜，以及发布命令、施行政教和治理各种徭役赋税之事，不论国政的治乱情况，只注意开发天子一人的智力，于是使国家遭到丧亡之难。时至今日，由于对外往来的需要而发布政令，非事先告知您毛公厝不可，一律由您决定发布与否，不得再有胡乱向外发布政令的事情发生。”周王说：“爱卿毛公厝，现在，我维持先王的成命，命令你做一方的表率，恢宏我邦国与我王家的事业。你有责任推行政令，不可堵塞庶民之口。赋税收入更不敢中饱私囊，中饱私囊形同凌辱鳏寡孤独之人。希望你好好学习你所属的僚友和官长，不可沉湎于酒乐之中。你不可失职，要在自己的职位上日夜恭谨从事，虔敬地感念天子德高威重，不改大周王统。你不可不率先遵用先王制定的光辉法则与规范。希望你不要使你的君王我陷入艰险境地。”周王说：“爱卿毛公厝，前已说及这些卿士僚友、大史僚友必须就治于您，特命您主管公族大夫和三有司、小子、师氏、虎臣和我的随身侍御，并且以您的族人保卫我的安全。您可领取金属货币三十锊。我还赏赐给您秬米制作的香酒一尊，和祼祭所用的宝勺玉柄，红色围裙和青色横带，玉环、玉琮，有青铜纹饰的车子，有纹饰覆于其上的车旁曲钩，红色软皮所覆的车轼和马胸前的护革，表面蒙以虎皮里面饰以浅绛色衬底的车轼，右侧的车轭，绑缚车舆与车辕的彩画革带，绑缚车底板与车轴的彩画革带，车毂铜套和纹饰车衡，饰金軥末和饰金车柅，车衡革缚，车前伸出的铜饰车蔽，鱼皮制作的箭袋，马四匹，辔首铜，金羽，金饰马带，缀有二铃的旂，赏赐给你这些物品，用作岁祭，也用作征伐。”毛公厝接受任命和赏赐后，答谢显扬了天子的重大奖赏，用来制作了一个高贵的礼器鼎。愿我的子子孙孙永远宝而用之。

四、颂簋（宣王时器）

释文（盖文，另有器铭，同文）：

隹三年五月既死霸甲戌，
王才(在)周康卲(昭)宫。旦，王各大
室，即立(位)。宰引右(佑)頌入门，立
中廷。尹氏受王令(命)書。王乎(呼)
史虢生册令(命)頌。王曰：「頌，令(命)
女(汝)官嗣(司)成周賈(貯)，監嗣(司)新寤(造)，
賈(貯)用宫御。易(锡)女(汝)玄衣黹屯(纯)、
赤市朱黄(衡)、䜌(鑾)旂、攸勒，用事。」
頌捧(拜)䭫首，受令(命)册佩吕出，
反(返)入(纳)堇(瑾)章(璋)。頌敢對䫺(扬)天子
不(丕)顯魯休，用乍(作)朕皇考龔
弔(叔)、皇母龔始(姒)寶隫(尊)毁(簋)，用追
孝，旛(祈)匄康𩛥、屯(纯)右(祐)、通彔(禄)永
令(命)。頌其萬年釁(眉)壽無彊(疆)，毗(畯)
臣天子，霝(令)冬(终)。子子孫孫寶用。

注释：

1. 马承源定立此器为宣王时物，云："隹三年五月既死霸甲戌，即周宣王三年五月既死霸甲戌日。据《西周青铜器铭文年历表》，宣王三年为公元前825年，五月戊申朔，二十七日得甲戌，合既死霸之数。"（参见马承源：《商周青铜器铭文选·颂簋》第三册，第303页）今从其说。

2. 康卲宫，读为康昭宫，即周康宫中之昭王宗庙。

3. ，即廷。器铭作，《颂鼎》作，《望簋》作，《秦公簋》作，从声。后作或，而或（此铭作，器铭作，是其小异）与合而为，小篆作，与由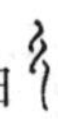右曳而成之（廴）混而为一。

4. 尹氏，当指作册尹或内史尹，史官之长。

5. ，即書（書）字。《说文》：“，箸也。从聿，者声。”“尹氏受王令书”，读为“尹氏授王命书”，谓史官之长将周王命书授于史官。

6. ，即虢，亦即虢。左从爪从攴（与从又、寸通转），右从虎声。史，内史。虢生，名也。

7. ，即賨，亦即贮。郭沫若云：“贮者，赋也，租也。《颂鼎》：‘官𤔲成周贮廿家’，《格伯簋》：‘氒贮卅田’，《毛公鼎》：‘贮毋敢𢦏橐’，《兮甲盘》：‘毋敢或入䜌宄贮’，均其例。其见于典籍者，仅《吕览·乐成》：‘我有田畴，子产赋之；我有衣冠，子产贮之。’贮赋对文为仅见之一例。”（参见郭沫若：《两周金文辞大系考释·沈子簋》，第48—49页）“令女官𤔲成周贮”，读为“命汝官司成周贮”，谓命令你主管成周赋税。《颂鼎》作“令女官𤔲成周贮廿家”，与此小异。

8. ，隶定为寤，器铭作，《颂鼎》作、，“造”之繁式。《说文》：“，就也。从辵，告声。谭长说，造上士也。，古文造。”金文或作（淳于戟）、（申鼎）。援康读为康、窺读为親之例，𢉢（即寤）、寤均读为造。新造，当为官名。《商君书·境内》：“故爵公士也，就为上造……故四更也，就为大良造。”近时力胡北随县曾侯乙墓所出竹简所载官名有新造尹，当为新造之长。“监𤔲新寤”，读为“监司新造”，谓监理新造之官。

9. ，即御，指服用之物。《资治通鉴·汉高帝三年》：“帐御。”胡三省注：“御，谓御服也。”“贮用宫御”，谓征得赋税用作宫廷御服之需。

10. ，即玄衣。《说文》：“，幽远也。黑而有赤色者为玄。象幽而入覆之也。，古文玄。”本铭与玄之古文形近，其为玄字无疑。玄衣，古代卿大夫之命服，其色黑而有赤。《礼记·王制》：“周人冕而祭，玄衣而养。”孔颖达疏：“《仪礼》：‘朝服缁布衣素裳。’缁则玄，固为玄衣素裳”。是其证也。

11. ，即黹屯，指刺绣镶边。《说文》：“黹，箴缕所紩衣也。从㡀从丵省，象刺文也。”按象刺绣花纹之形，为上下刺奴，示互相钩连，稍稍讹变而成小篆之。许氏说义是，说形则非。，即屯，器铭作，《师望鼎》

作。《说文》：“，难也。象草木之初生屯然而难。”立铭屯读为纯，指镶边。《仪礼·士丧礼》：“夏葛屦，冬白屦，皆繶缁絇纯组綦。”贾公彦疏：“纯谓缘口。”是其证。

12. ，即䜌旂，读为鑾（銮）旂，旗杆系有銮铃，旗面绘有龙形之旗帜。《说文》：“銮，人君乘车四马镳八銮铃，象鸾鸟声和则敬也。从金从鸾省。”《尔雅·释天》：“有铃曰旂。”郭璞注：“悬铃于竿头，画交龙于旒。”是其证也。

13. 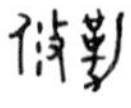，即攸勒，辔首铜也。

14. ，即佩，带也。《文选·张衡〈东京赋〉》：“冠通天，佩玉玺。”薛综注：“佩，带也。”是其证。“受命册佩以出”，谓颂接受册命并带着书有王命的册简退出中廷。

15. ，即入，读为内（亦即纳），入内上古音同，例可通假。

16. ，即堇，读为瑾。《说文》：“瑾，瑾瑜，美玉也。从玉，堇声。”沈涛古本考：“盖古本作‘瑾，美玉也’。‘瑜，美玉也。’皆无瑾瑜二字。”

17. ，即章，读为璋。《说文》：“璋，剡上为圭，半圭为璋。从玉，章声。”“反入堇章”，读为“返纳瑾璋”。郭沫若云：“盖周世王臣受王册命之后，于天子之有司有纳瑾报璧之礼。《召伯虎簋》第二器言‘典献伯氏，则报璧琱生’。典即召伯所受之册命，琱生即《师嫠簋》之宰琱生，乃天子之宰，其确证也。《左传·僖公二十八年》晋文公受王册命后亦云‘受册以出，出入三覲’，（按《左传·僖公二十八年》：“乙酉，王享醴，命晋侯宥。王命尹氏及王子虎、内史叔兴父册策命晋侯为侯伯，锡之大辂之服、戎辂之服、彤弓一、彤矢百、玈弓矢千、秬鬯一卣、虎贲三百人，曰：‘王谓叔父，敬服王命，以绥四国，纠逖王慝。’晋侯三辞，从命。曰：‘重耳敢再拜稽首，奉扬天子之丕显休命。’受策以出，出入三覲。”）与本铭近似。‘出入三覲’亦当读为‘出纳三瑾’，古金文凡瑾、勤、谨均以堇字为之，左氏古文亦必作堇，后人因读为覲，进而更易其字也。”（参见郭沫若：《两周金文辞大系考释·颂簋》，第73页）

18. 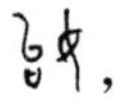，即始，同㚸（姒）。容庚《金文编》：“姒字《说文》所无，金文作㚸、始、姛、㚼、䶒。”

19. 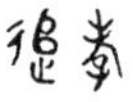，即追孝，谓对先人追行孝道。《尚书·文侯之命》：“汝肇于文武，……追孝于前文人。”孔安国传：“继先祖之意为孝。”是其证也。

20. ，即旛，《说文》所无，当为从單旂声之形声字，读为祈。《正字通》：“旛、祈、蘄并通。”郑珍《说文逸字》：“今考古鼎彝文‘用旛眉寿’、‘用旛匃百禄’、‘用旛绾绰’，等旛字，并从單旂声，即祈之古文。”于省吾《双剑誃易经新证》卷三：“凡金文言‘用匃釁寿’、‘用旛多福’、‘锡釐无疆’均谓作器祀神以祈福也。”

21. 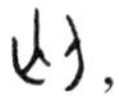，即匃。《说文》：“匃，气也。”段注：“气者，云气也。用其声假借为气求、气与字。”“气求”字今作“乞”。《左传·昭公六年》：“不强匃。”孔颖达疏：“匃，气也。不就人强乞也。”旛匃，祈求也。

22. ，隶定为。字书所无，字不识。《小克鼎》铭云：“用匃康勮、屯右、釁寿、永令。”此铭云：“旛匃康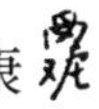、屯右、通录、永令”，句例、词例均相同。“康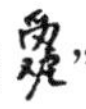”，当与“康勮”同义。龠，金文作（散盘），或作（巨辰卣），即《说文》之龠字。《说文》：“龠，乐之竹管，三孔以和众声也。从品侖，理也。”按古龠字象人口对竹管乐器之口吹奏之形，自有欢乐之义在。而《小克鼎》（勮）字之义亦当与龠（龠）相近。总而论之，龠（龠）勮、，皆同义词也。

23. 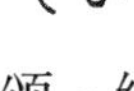，即屯右，读为纯祐，大祐也。《尔雅·释诂上》：“纯，大也。”《诗·周颂·维天之命》：“於乎不显，文王之德之纯。”毛传：“纯，大也。”《说文》：“祐，助也。从示，右声。”徐灏注笺：“右、祐，古今字。”朱骏声通训定声：“据许书，凡助为右，神助为祐，其实祐即右之变体，加示耳。”

24. 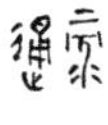，即通录，读为通禄。通，连接也。《逸周书·大聚》：“与田畴皆通。”孔晁注：“通，连比也。”《说文》：“禄，福也。”从示，录声。通录，读为通禄，连续之福禄也。

25. 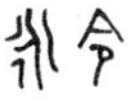，即永令，读为永命，长寿也。

26. ，即釁寿。，象两手奉器倾水洗头之形，当即頮（沬）字。此铭

读为眉。釁寿，读为眉寿，经籍通作眉寿。《诗·商颂·烈祖》：“绥我眉寿，黄耇无疆。”

27. ，或作（秦公镈），即畯，亦即畯，读为骏。《尔雅·释诂》：“骏，长也。”“畯臣天子”，读为“骏臣天子”，谓长久地臣事天子也。

28. ，即霝。《说文》：“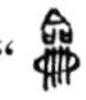，雨零也。从雨，象零形。《诗》曰：‘霝雨其濛。’”此铭霝读为令。《诗·大雅·卷阿》：“如圭如璋，令闻令望。”郑玄笺：“令，善也。”

29. ，即各。《说文》：“，四时尽也。从从夂。夂，古文终字。，古文冬从日。”此铭当即《说文》冬古文之原形。古文加者，以冬用之时冬也。此铭“冬”读为“终”。“霝冬”读为“令终”，善终也。经籍作“令终”。《诗·大雅·既醉》：“昭明有融，高朗令终。”郑玄笺：“以善名终。”《趞簋》：“匄万年寿霝冬”，《伯家父簋》：“用赐害眉寿黄耇霝冬”，与此意近。

现代汉语翻译：

周宣王三年五月下旬甲戌日，天子住在周康宫中的昭王宫寝。清晨，他来到太室，就座于王位。太宰引傧导颂进入门内，站在廷中。史官之长把写有王令的文书授于史官。周王责成内史虢生向颂宣读委任赏赐之命。天子说：“颂啊，我安排你主管征收成周雒邑的赋税，同时监理新造之官，征收来的赋税用作宫廷御服之需。我赏赐给你黑色礼服、刺绣镶边、红色围裙和朱色系带、饰鸾铃画交龙的旗帜以及马车的辔首铜，你要奉行职事。”颂先行拜手之礼，后行顿首之礼，接受册命，并带着写有王命的简册走出门去，又返回行纳瑾报璧之礼。颂答谢显扬了天子极其隆盛的嘉赐，用来为自己伟大的先父恭叔和伟大的先母恭姒制作了一个高贵的礼器簋，用以追行孝道，祈求康乐、大祐、通福和长寿。谨愿我史颂能永葆青春，万年无尽，并且永远臣事圣明的君上，因而得以善名，终其天年。希望我的子子孙孙千秋万世宝用此器。

五、函皇父盘（幽王时器）

释文：

圅（函）皇父乍（作）周（琱）嬶（媍）般（盤）
盉隮（尊）器鼎毁（簋）一鼎（具），自
豕鼎降十又一，毁（簋）八，
两鐳（罍）、两鐘（壺）、琱（琱）嬶（媍）其
邁（萬）年，子子孫孫永寶用。

注释：

1. 马承源定此器为幽王时器物，云：“函皇父，历来认为是《诗·小雅·十月之交》的‘卿士皇父’。《十月之交》有‘日有食之’句，天文学家推算为幽王六年。”今从其说。又按，函皇父诸器先后出土两次，一次在清朝同治年间，出土于关中，得两簋一匜；一次在1933年，出土于扶风县康家村，得函皇父鼎二、盘一、函交仲簠一，另有伯鲜、守妇诸器。此盘乃第一次出土物。

2. ，鼎铭作，匜铭作，即圅（函）。函皇父，函，国名，皇父当即《诗·小雅·十月之交》“卿士皇父”之皇父，人名。《永盂》铭有“函父”，当为一人。

3. ，隶定为勳，即娟，亦即妘。金文从鼎从贝每多通作，如鼏字作（秦公簋），又作（国差罐），字作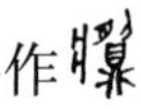（史颂簋），又作（史颂鼎），賓字作（大簋），又作（郑井叔钟），是其证。《说文》："，物数也。从贝声。，籀文从鼎"，亦其证。琱娟，函皇父之夫人。琱，国邑氏名。金文有琱生簋。据此铭，知琱为勳（妘）姓。《说文》："妘，祝融之後，姓也。从女，云声。，籀文妘从员。"

4. 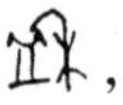，即盉。早期与盘组合使用之水器称为盉，如恭王时之《儹匜》，铭文称为盉。后为匜所取代。般盉，读为盘盉，水器也。

5. ，鼎铭作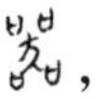，即器。本铭左方两稍泐。《说文》："，皿也。象器之口，犬以守之。"按象众器，非器之口，用犬以资警卫，并守护器物。隮器，即尊器，指礼器（不含盘匜在内）。

6. ，隶定为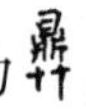，即具。古时贝、鼎通作，或作（从鼎），贝省为目，或作（秦公镈），此则小篆形体之所本。具，量词，指完整物件。《史记·货殖列传》："旃席千具，他果菜千钟。"是其证。一具，一整套也。

7. 豕鼎，实豕之鼎。《淮南子·诠言训》："夫函牛之鼎沸，蝇蚋弗敢入。"高诱注："函牛，受一牛之鼎也。"函牛之鼎当即《曶鼎》铭中之"牛鼎"。准此，此铭"豕鼎"，当为受一豕之鼎。"自豕鼎降十又一"，谓自第一鼎盛豕而下，尚有十一鼎，各盛食物。

8. 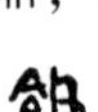，即飤，亦即𣪘，经籍作簋。金文从食从皀每多通假，如𩜀字作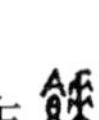（禾簋），又作（㝉豕簋）。

9. ，隶定为鑘，读为罍，盛酒器也。《尔雅·释器》："彝、卣、罍，器也。"郭璞注："皆盛酒尊。"邢昺疏："罍者，尊之大者也。"是其证。

10. ，隶定为鍏，即壶。《玉篇》："壶，盛酒器也。"

现代汉语翻译：

函皇父为夫人琱娟制作了水器盘盉，礼器鼎簋等一整套，包括第一器实豕之鼎和另外十一实不同食品之鼎、八簋、两罍和两壶。谨愿琱娟享寿万年，子子孙孙永远宝用此器。

六、柞钟（幽王时器）

释文：

隹王三年四月初吉甲寅，
中大師右(佑)柞，易(錫)截朱黄(衡)、䜌(鑾)。
嗣(司)五邑甸人事。柞捧(拜)手，對
䎽(揚)中大師休。
用乍(作)大鐈(林)鐘，
其子孫永寶。

注释：

1. 马承源定立此器为幽王时器，云：“隹王三年四月初吉甲寅，即幽王三年四月初吉甲寅。据《西周青铜器铭文年历表》，幽王三年为公元前779年，是年四月辛亥朔，甲寅为初四日。《柞钟》的纪年、月序、月相和干支皆与之相合，故定《柞钟》为幽王三年。”（参见马承源：《商周青铜器铭文选·柞钟》第三册，第323页）今从其说。

2. 中大師，即中大师，当即大师中，大师其职，中其名。

3. 柞，即柞，作器人名，柞下有重复符号，当读为“柞柞”，前柞属前句“中大师右柞”，后“柞”属后句“柞易截朱黄、䜌”。“柞易截朱黄、䜌”为被动句式，意谓“柞被赐截朱黄、䜌”。

4. 截，即截，《说文》所无，而金文习见。如《师奎父鼎》：“截市冋黄”，《免卣》：“令史懋易免截市”，《七年趞曹鼎》：“易趞曹截市”，等等，不一而足。

陈世辉释纣，读为缁，云：“韯字从韦𢦏声，当同于纣。𢦏从才声，从韦与从糸，犹韍字又作绂。纣同缁。《礼记·檀弓》：‘纣衣。’释文：‘纣，本作缁。’韯市即缁韨，黑色之韨。”（参见陈世辉：《〈訇簋〉及〈弭叔簋小记〉》，《文物》，1960年八、九月合刊）此铭“韯朱黄”当为“韨市朱黄”，市字脱漏。

5. ，即䜌，读为銮，銮铃也。《说文》：“銮，人君乘车四马镳八銮铃，象鸾鸟声和则敬也。从金从鸾省。”

6. ，即甸。甸人，当即甸师，管田之官。《穀梁传·桓公十四年》：“句粟而内之三宫。”范宁注：“甸，甸师，掌田之官。”是其证。

7. ，即𨭉，即鏍，读为林。㐭（稟、廩）、林上古同为来母侵部字，例可通假。金文“大林钟”一词习见，《应侯见工钟》作𨭉，《昊生钟》作𨭉，《师臾钟》作㐭。

现代汉语翻译：

周幽王三年四月上旬甲寅日，太师中做柞的傧导，天子赏赐给柞黑色围裙和红色横带以及銮铃，并且责成他主管五个城邑的田官事务。柞行拜手之礼，并答谢称誉太师中的美意，用来制作了这口大林钟。谨愿子子孙孙永以为宝。

第五节　春秋时期铭辞选读

东周时期，各诸侯国拥兵自保，对周天子阳奉阴违，政治分立，令出多门。文字的使用，自不能例外。除西土秦国文字依据西周金文正轨而外，东土诸国文字均出现偏离西周正轨倾向，尤以吴、楚诸国为甚，其字形有时故作屈曲，任增点划或构件，以独特的艺术化处理来显示自己的地域特色。就器形而言，乐钟明显增多；就用途而言，陪嫁媵器出土很多；就用词而言，常以“保”代“宝”，以“羕”代“永”，成语“择其吉金”、“以（用）孝以（用）享”、“中（终）韓（翰）叡（且）旟（扬）”、“元鸣孔皇”、“韹韹（煌煌）趩趩（熙熙）”，使用频率较大。

一、吴王光（吴王阖庐）鉴

释文：

隹王五月，既字白(迫)期，吉日初庚，吴王光睪(擇)其吉金玄銧白銧，吕乍(作)弔(叔)姬寺吁宗彝薦鑑。用亯用孝，釁壽無疆。往已弔(叔)姬，虔敬乃后，孫孫勿忘。

注释：

1. 此器为春秋吴王阖庐遗物。铭文“吴王光”即史籍吴王阖庐。《史记·吴太伯世家》：“王僚二年，公子光伐楚，败而亡王舟。光惧，袭楚，复得王舟而还。五年，楚之亡臣伍子胥来奔，公子光客之。公子光者，王诸樊之子也。……十二年冬，楚平王卒。十三年春，吴欲因楚丧而伐之，使公子盖余、烛庸以兵围楚之六、灊。使季札于晋，以观诸侯之变。楚发兵绝吴兵后，吴兵不得还。于是吴公子光曰：‘此时不可失也。’告专诸曰：‘不索何获！我真王嗣，当立，吾欲求之，季子虽至，不吾废也。’专诸曰：‘王僚可杀也。母老子弱，而两公子将兵攻楚，楚绝其路。方今吴外困于楚，而内空无骨鲠之臣，是无奈我何。’光曰：‘我身，子之身也。’四月丙子，光伏甲士于窟室，而谒王僚饮。王僚使兵陈于道，自王宫至光之家，门阶户席，皆王僚之亲也，人夹持铍。公子光详为足疾，入于窟室，使专诸置匕首于魚炙之中以进食。手匕首刺王僚，铍交于匈，遂弑王僚。公子光竟代立为王，是为吴王阖庐。”吴王僚十三年，当公元前 514 年。

2. 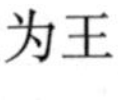，即字，女子成年许嫁也。《正字通》：“字，女子许嫁曰字。”《公羊传·僖公九年》：“妇女许嫁，字而笄之。”何休注：“《婚礼》曰：‘女子许嫁，笄而醴之称字。’”是其证。

3. ，即白，读为迫，白为迫之声符，例可通假。《说文》：“迫，近也。”《楚辞·离骚》：“吾令羲和弭节兮，望崦嵫而勿迫。”王逸注：“迫，附也。”“白期”，读为“迫期”，迫近吉期也。

4. 初庚，五月中第一个庚日。

5. ，即吴。甲骨文作（甲 1631），金文或作（师酉簋）、（吴盘），从口从矢，会“摇首喧语欢娱”之意，即娱之初字。“矢”多作人首左倾状，亦有右倾者，而本铭竟作，乃其简率之体。此处“吴”用为国名。“吴王光”，即吴王阖庐。

6. ，即睪，亦即择。《说文》：“擇，柬选也。从手，睪声。”吴大澂《说文古籀补》：“古‘择’字从，不从手。”

7. ，即玄。金文或作（《颂簋》：“玄衣黹屯”）。《说文》：“，幽远也。黑而有赤色者为玄。象幽而入覆之也。，古文玄。”本铭与《说文》古文玄形近，其为“玄”字无疑。

8. ，即銧。从金，光声。光字丁乃装饰性笔画。以《邾公华钟》“鼄（邾）公华择厥吉金玄鏐赤鏞”例之，銧当为“金之美者”之名。

9. ，即台，读为以。《说文》：“台，说也。从口，㠯声。”阮元《积古斋钟鼎彝器款识》：“古铭‘以’多作‘台’。”

10. ，即叔姬寺吁。吴镇烽云：“叔姬寺吁，见《吴王光监》，春秋晚期人。吴王光的小女，名寺吁，与夫差为兄妹。郭沫若认为嫁于蔡声侯。（见《由寿县蔡器论到蔡墓的年代》，《考古学报》11 册）。”（参见吴镇烽：《金文人名汇编》，第 144 页）

11. ，字书所无。马承源隶定为䗽，云：“未见他器。似从夷声。一说是夷之异文。”（参见马承源：《商周青铜器铭文选·吴王光鑑》第四期，第 366 页）可参。夷，即，亦陈之意

12. ，即䕻，亦即薦。金文或作（郑兴伯鬲）、（叔朕匜），本铭与之形近，其为薦无疑。《尔雅·释诂》：“薦，陈也。”

13. ，即鑑。《说文》：“鑑，大盆也。”段注：“盆者，盎也。”徐灏注笺：“鑑，古通作滥。《庄子·则阳》：‘卫灵公有妻三人，同滥而浴。’……皆盛水器，即许所谓大盆也。”《墨子·节葬》：“几梃壶滥。”《集韵》：“鑑，陶器。如甀，大口，以盛冰。或从水，亦作甇。”《周礼·天官·凌人》：“春始治滥。”郑玄注：

“鑑，如甀，大口，以盛冰，置食物于中，以御温气。”贾公彦疏：“汉时名为甀，即今之瓮是也。”《广雅·释诂》：“鑑谓之镜。”《左传·庄公二十一》：“郑伯之享王也，王以后之鞶鑑予之。”陆德明释文：“鑑，镜也。”由此可见，鑑之为物，有似大盆，大口，深腹，或圆体，或方体，用以盛水、盛冰，又可用以照形。“荐鑑”，陈列之鑑也。《郑兴伯鬲》：“郑兴伯乍叔𩵦荐鬲”，《叔朕簠》：“自囯荐匿”，《华母壶》：“华母自乍荐壶”，“荐鬲”“荐匿”“荐壶”与本铭“荐鑑”同一文例也。“台乍叔姬寺吁宗彝荐鑑”，读为“以作叔姬寺吁宗夷荐鑑”，谓用以制作叔姬寺吁宗庙礼器中之陈鑑也。

14. ，即亯，亦即享。“亯”甲骨文作（铁 113. 1），金文或作（父乙簋）。《说文》：“，献也。从高省，象进孰物形。《孝经》曰：‘祭则鬼享之。’，篆文亯。”按古文亯象宗庙之形。《说文》说形殊误。《广雅·释言》：“亯，祀也。”王念孙疏证：“亯与享同。”《书·泰誓下》：“郊社不修，宗庙不享。”孔颖达疏：“不享，谓不祭祀也。”“用亯用孝”或作“以亯以孝”，春秋铭辞习用语，谓用以祭祀用以追孝也。

15. ，即后。《说文》：“，继体君也。”段注：“后之言後也。开创之君在先，继体之君在後也。析言之如是，浑言之则不别也。”《尔雅·释诂上》：“后，君也。”

现代汉语翻译：

在吴王阖庐某年五月的第一庚日，已经许嫁的叔姬吉期迫近。吴王选择其上好质地的铸铜玄铣和白铣，为其女叔姬寺吁的宗庙制作了一件礼器——供作陈列的鑑，用来祭祀先祖，用来孝敬父母，谨祝祖考万寿无疆。叔姬，去往你的夫家蔡国，虔诚地礼敬你的夫君蔡声侯，子孙万代都不要忘记你的母家。

二、郐王义楚鍴

释文：

隹正月吉日丁酉，郐(徐)王義

楚𢍰(擇)余吉金，自酢(作)祭鍴，用亯

于皇天及我文攷，永保怠

身，子孫寶。

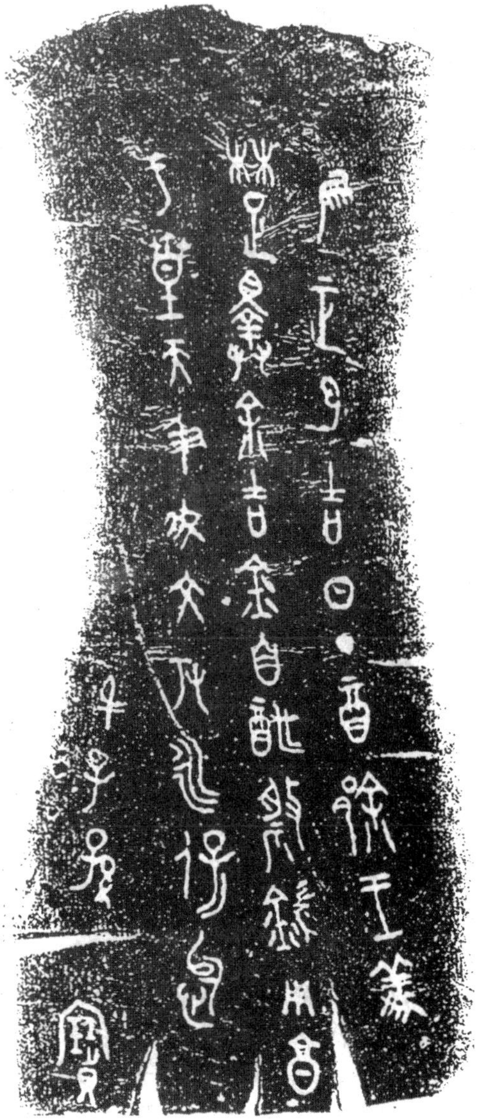

注释：

1. 此器当为春秋徐王义楚时遗物。铭文“郐王义楚”即史籍徐王仪楚。《左传·昭公六年》：“秋九月，大雩，旱也。徐仪楚聘于楚。”杨伯峻注：“郐王义楚即此徐仪楚。聘楚时或尚为太子，其后始继承王位。杜预注：‘仪楚，徐大夫’，臆说不足信。徐国本在今江苏泗洪县南，昭三十年被吴所灭，楚迁之于城父，今安徽亳县东南七十里。”（参见杨伯峻：《春秋左传注》，第 1279—1280 页）鲁昭公六年，当公元前536年。

2. ，即郐，亦即徐。容庚云：“《说文》：‘郐，邾下邑地，从邑，余声。鲁东有郐城。’经典通作徐。《周礼·秋官·雍氏》（雍氏掌沟渎浍池之禁，凡害于国稼者，春令为井，擭沟渎之利于民者，秋令塞阱杜擭。）郑玄注：‘伯禽以出师征徐戎。’释文：‘徐，刘本作郐，音徐。’”（参见容庚：《善斋彝器图录》，第12页）按：《说文》：“徐，安行也。”又：“郐，邾下邑地。”“郐”为正字，“徐”为同音假借字。

3. ，即義，亦即儀。杨树达云：“《说文》十二篇下我部云：‘義，己之威儀也。从我羊。’按此为今言威仪之仪之本字。郑司农注《周礼·肆师》所谓‘古者书仪但为义，今时所谓义为谊’者也。文从我，故训说言己，立谊显然。然文何以从羊，颇难索解。二徐及段氏谓与善美同意，殊嫌肤泛。今按羊盖假为像。《说文》八篇上人部云：‘像，象也。从人从象，象亦声。读若养。’《易·系辞》曰：‘在天成象’，此言天象也。僖公十五年左传曰：‘物生而后有象’，此言物象也。然人亦有象，故像字从人象，以其字读若养，故字变为樣。今通言人之樣子也。像读为养，养从羊声。故制義字者假羊为像，然则文从我羊，实言我像，我像即今言我樣，故以己之威儀立训矣。”（参见杨树达：《积微居金石论丛·释義》，第26—27页）由是，義楚，即儀楚也。

4. ，即酢，读为作。酢、作同以乍为声符，例可通假。

5. ，即鍴，同觶。王国维云：“徐器二出江西高安县。其一铭曰：‘郐王义楚择其（按，‘其’乃‘余’之误）吉金，自作祭鍴’，其一曰：‘义楚之祭耑’，其器皆觯也。鍴耑二字张公束大令以为即《说文》以歂字。余谓《说文》觯觛卮䏙歂五字实一字也。《说文》：‘觯，乡饮酒角也。受四升。’其重文作觗觝二体。而《汉书·高帝纪》注引应劭曰：‘卮，乡饮酒礼器也。古以角作，受四升。’古卮字作觝，其说本于叔重，是觯卮为一之证也。《说文》‘觛，小觯也’。又《急就篇》颜本‘蠡斗参升半卮觛’，皇象本觛作箪，盖假箪为觯，是觯觛为一之证也。《说文》：‘卮，一名觛’，又卮觛为一之证。䏙歂二字亦本一字。古书多以耑为專。《急就篇》颜本之‘蹲踝’，皇本作‘踹踝’，贾谊《服鸟赋》‘何足控摶’，《史记》《文选》作‘摶’，《汉书》作‘揣’，《急就篇》皇本颜本之‘榑榼’，宋太宗本作‘椯榼’，而榑即䏙椯即歂尤为䏙歂为一之铁证矣。此五字之音，又同出一源。觶觛𧣾𧤗四字于形声皆在元部，𧤗《说文》读为棰击之棰，于古音在歌部，今在支部，觶之重文作觗，氏声，今与觶卮亦皆在支部，支部之音与歌部最近，歌元二部又阴阳对转，单声之字如鄲癉驒鼉等字，古多转入歌部，蝉字又转入支部（《汉书·地理志》乐浪郡黏蝉县，服虔音提），耑声之字亦然。此五字同声亦当同物。”（参见王国维：《观堂集林·卷六·艺林六·释觶觛卮𧣾𧤗》，《王国维遗书》第一册，第137—138页）

6. ，即及，金文或作（保卣）、（沇儿钟），此铭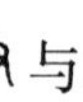与之形近，其为及字无疑。“及”，用为连词，表并列关系，相当于“与”“和”。《诗·豳风·七月》：“六月食鬱及薁，七月亨葵及菽”，是其例也。

7. ，即我。朱芳圃云：“我（按，甲骨文作）象长柄而有三齿之器，即锜之初文，原为兵器。《破斧》三章以斨、锜、銶并言是其证（按，指《诗·豳风·破斧》：‘既破我斧，又缺我斨’、‘既破我斧，又缺我锜’、‘既破我斧，又缺我銶’）。自农业发达以后，利用之以为耕具，所谓鉏鎁，即鉏之缓音也。再从声类求之，凡从我从奇得声之字，例相通假。如《吕氏春秋·先识览》：‘求国之长者得義蒔田邑而礼之’，‘義蒔’《说苑·权谋篇》作‘锜畤’，是我之为锜，形义既符，音亦切合。自假为施身自谓以后，别造锜字代之，初形本义，因之晦矣。”（参见朱芳圃：《殷周文字释丛·我》，第175页）

8. ，即丂，亦即攷，同考。

9. ，隶定为㠯，即怡，读为台。《尔雅·释诂上》：“台，我也。”《尚书·汤誓》：“非台小子，敢行称乱。”

10. ，即“身”，文或作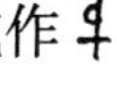（盠驹尊）、（中山王嚳鼎），本铭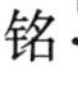为其稍稍讹变者。

现代汉语翻译：

正月吉日丁酉，我徐王仪楚选择质地上好的青铜，自己制作了这只祭祀用觶，用以祭祀伟大的天帝和我的有文德的先考，诚愿我身永保安康，子孙万代视同珍宝。

三、陈公子甗

释文：

隹九月初吉丁亥，
陳公子子弔(叔)邍(原)
父乍(作)遊(旅)獻(甗)，用征
用行，用鬻稻(稻)沙(粱)，
用旂(祈)釁(眉)壽萬年
無彊(疆)。子子孫孫是尚。

注释：

1. 此器为春秋陳（陈）国叔原父遗物。吴镇烽云：“叔原父见《叔原父甗》（按，即《陈公子甗》），春秋早期陈国公子，字邍（原）父。”（参见吴镇烽：《金文人名汇编》，第147页）

2. ，即陳，亦即陈。金文或作（齐陈曼簠）、（陈逆簋）。容庚云：“《史记》又云，敬仲之如齐，以陈字为田氏。金文妫陈作陳，田陈作塦。塦侯午，塦侯因資皆不云田侯。意敬仲如齐改陳为塦，读若田，而后世遂竟书为田欤。”（参见容庚：《宝蕴楼彝器图录》，第75页）

3. ，隶定为邍，金文或（单伯鬲）、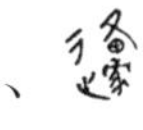（史敖簋），《说文》误为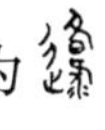，云：“邍，高平之野，人所登，从辵备录，阙。”丁山云：“考邍皆通原。”《周礼·地官·大司徒》：“辨其山、林、川、泽、丘、陵、坟、衍、原、隰之名物。”释文：“原本又作邍。”《夏官·邍师》：“掌四方之地名，辨其丘、陵、坟、衍、邍、隰之名物。”字正作邍。《陈公子甗》作，《史敖簋》作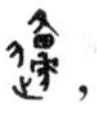，《单伯鬲》作，上皆从从田，傍皆从辵，而下不从，则朱文藻钞小徐本作（王筠《释例》引），罗振玉石鼓文考释谓字下从，即彖字，许书从录，殆由彖而讹者是也。《春秋说题辞》：“高平曰大原。原，端也，平而有度也。”《广雅·释地》：“原，端也。端月令决讼狱必端平。”注：“犹正也。”邍之从田，盖有平正义，故《周礼·春官·太卜》：“三曰原兆。”注：“原，原田也。”田上之，小徐云，即许君所谓“人所登”也。田之下盖从遂。《诗》“宁俾我遯”，《周易·遯卦》其释文并云：遯本亦作遂。《汉书·匈奴传赞》：“遂逃窜伏。”颜注曰：“遂，古遁字。”遯与端，按之章太炎《新方言》音表，谓之双声旁纽，双声之字，谊皆可通。由《春秋说》《广雅》之训推之，遂盖邍之读音。阮元释易彖音曰：彖之音通贯切，音近缘。凡缘篆瑑等字皆从之，有缘饰隆起之意（《揅经室》一集）。遂从彖得声，故邍亦有高意。然则《尔雅》云：“广平曰邍。”《周礼·地官·大司徒》注云：“邍，地之广平者。”皆涉陆谊而误也。《水经·汾水》注引《书·大传》：“大而高平者谓之太原。”《诗·皇皇者华》：“于彼原隰。”传亦曰：“高平曰原。”是汉初经师皆以邍为高平，犹未失遂声之谊。自遂音转而同元，隆起之意亡。自遂讹为遂，邍之形遂不可解。使许君得见两周古文真迹，必厕邍于田部

曰："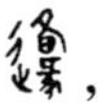，高平之野，人所登。从田从，遂声。"（参见丁山：《说文阙义》，第9—10页）

4. ，即遮，读为旅。正如"萬年"字，多从辵作（录伯簋）、（寰盘）者然。旅，铺陈也，陈列也。《集韵》："旅，陈也。"《诗·小雅·宾之初筵》："籩豆有楚，殽核维旅。"毛传："旅，陈也。"是其证。

5. ，即獻，亦即獻，读为甗。《说文》："甗，甑也。一曰穿也。从瓦，鬳声。读若言。"桂馥义证："一曰穿也，者，当云'一穿也'，衍'曰'字。"金文铭辞作獻，如《仲甗》作，《解子甗》作。

6. ，隶定为䰞。字书所无。马承源释蒸，云："此当从巳得声，与蒸部为对转，即蒸之古字。甗为蒸器，于义亦通。"（参见马承源：《商周青铜器铭文选·陈公子甗》第四册，第390页）

7. 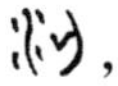，即沙，读为粱，沙为粱之声符，例可通假。"稻沙"读为"稻粱"，蒸祭新谷也。

8. ，即尚。金文或作（曶鼎）、（为甫人盨），本铭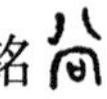与之形同，其为尚字无疑。尚读为常。尚为常之声符，例可通假。

现代汉语翻译：

九月上旬丁亥日，陈公子之子叔原父制作了这只祭陈用甗，供作出征和远行之用，供作蒸祭稻粱之用。我叔原父以此祈求万年永寿，子子孙孙常宝此甗。

四、蔡大师腆鼎

释文：

惟正月初吉丁亥，𠧢(蔡)

大帀(師)䐑賸鄦(許)叔姬可女(母)

飤[illegible]。用𣄨(祈)釁(眉)壽邁(萬)

年無彊(疆)。子子孫孫永寶用之。

注释：

1. 此器为春秋蔡国大师䐑遗物。吴镇烽云：“蔡太师䐑见《蔡大师䐑鼎》，春秋早期人，名䐑，任蔡国大师之职，女儿叔姬可母嫁至许国。”（参见吴镇烽：《金文人名汇编》，第 273 页）

2. ，即𠧢，亦即蔡。金文或作（《蔡姞簋》：“蔡姞乍皇兄尹叔尊𩰫彝”）、（《蔡侯鼎》：“蔡侯乍旅鼎”）。本铭与之形近，其为蔡字无疑。郭沫若云：“此字卜辞习见，均用为祟字。《说文》𠧢古文作。《三体石经·春秋》残石蔡人之蔡古文作。又殺字《说文》古文作。此等均是一字。盖本𠧢之象形文，因音近，假而为殺、为蔡、为祟也。《左传·昭公元年》‘周公殺管叔而蔡蔡叔’。蔡乃假为𥻦。《释文》云：‘上蔡字《说文》作𥻦。’《尚书》：‘竄三苗’，《孟子》作‘殺三苗’，《说文》𥻦字下引作‘𥻦三苗’。诸字音近相通，则本一𠧢字，可读为祟，可读为殺，可读为蔡，可读为竄矣。”（参见郭沫若：《两周金文辞大系考释·蔡簋》，第 103 页）

3. ，即帀，亦即师。春秋战国金文多以帀代师，如《国差𦉜》作，《鄂君启舟节》作，《酓忎鼎》作，等等。两周金文每多以某一形符替代全字，

如以“豕”代“家”（《颂簋》：“令女官嗣成周贮廿豕（家）”），以“自”代“皇”（皇）（《穆公鼎》：“自（皇）考幽大叔”），以“㫃”代“旂”，以“革”代“勒”（《宰辟父簋》：“易女华朱市、玄衣、黹屯、㫃（旂）、攸革（勒）”），以“子”代“孔”（《王孙遗者钟》：“元鸣子［孔］皇”），等等。

4. ，即腆。金文“與”字作（乔君钲）、作（龢镈），此铭所从之与之形近，其为與字无疑。而为从肉與声之形声字。此铭用为蔡大师之名字。

5. 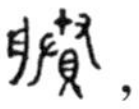，即賸，送也。《说文》：“，物相增加也。从贝朕声。一曰送也，副也。”徐锴系传：“今鄙俗谓物余为賸。古者一国嫁女，二国往媵之。媵之言送也，副贰也，义出于此。”《说文》无媵，古盖本作賸，其从女者，喻女之副贰义也，或加人省舟作倂，媵之别构也。

6. ，隶定为鄦，即鄦，亦即许。鄦即鄦者，古文每多通作，如“敢”字金文作（元年师旋簋）、（毛公鼎），亦作（㝬钟）、（守簋）。而又可视为装饰性构件，无实义可说也。《说文》：“，炎帝太岳之胤，甫侯所封，在颍州。从邑無声，读若许。”

7. ，即姬。金文或作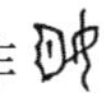（作姬簋）、（师酉簋）、（蔡姞簋），此铭与之形近，其为姬字无疑。

8. 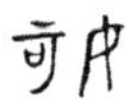，即可女，读为可母，叔姬名也。

9. ，即飤鐈，东周时鼎之别名。容庚云：“据《尔雅》分鼎的类属为：‘鼎绝大谓之鼐，圆弇上谓之鼒，附耳外谓之釴，款足者谓之鬲。’我们认为除鬲外，以上三者同是鼎，那些不同的名称可以作为鼎的别名。见于铭文的，也有尊锰、飤鼾、石沱、飤䥶等别名。”（参见容庚、张维持：《殷周青铜器通论》，第 28 页）

现代汉语翻译：

正月上旬丁亥日，蔡国大师腆为陪嫁许国的女儿叔姬可母制作了这只宝鼎，我大师腆用以祈求万年永寿。谨愿叔姬可母的子子孙孙永将此鼎宝而用之。

五、许子妆簠

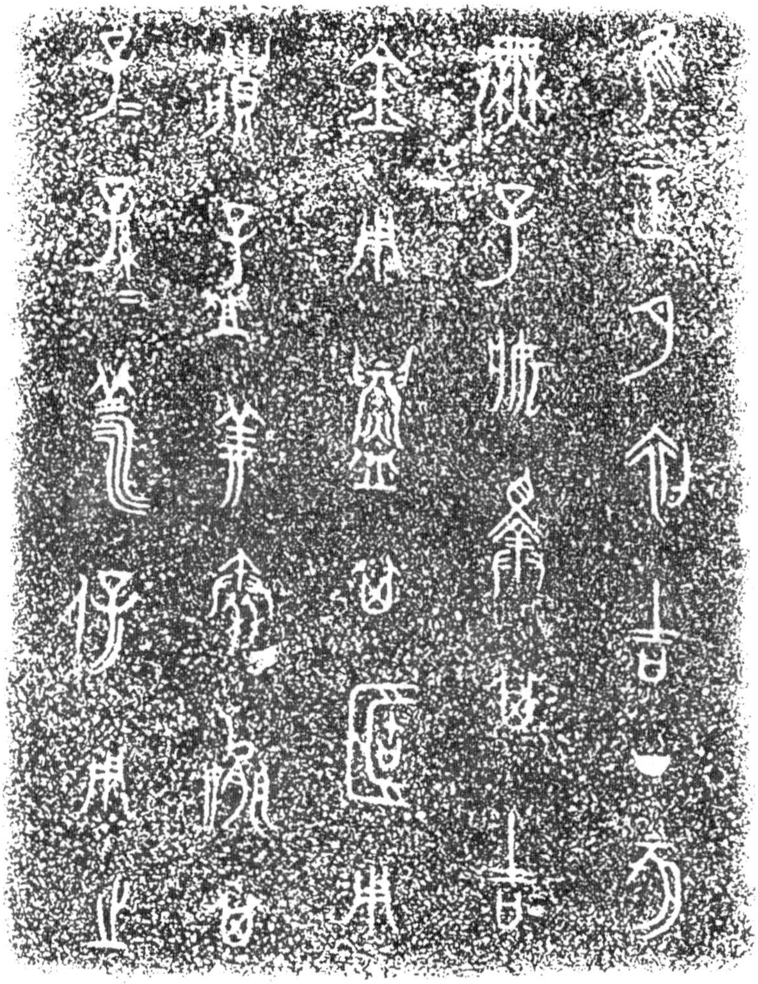

释文：

隹正月初吉丁亥，
鄦(许)子妝睪(擇)其吉
金，用𥁕(铸)其匿(簠)，用
賸孟姜、秦嬴，其
子子孫孫羕(永)保用之。

注释：

1. 此器为春秋许国妝遗物。吴镇烽云：“许子妝，见《许子妝簠》，春秋时期许国人。郭沫若先生说：‘妝与《许子钟》之䵼𠂤疑是一人。古人每名字并举，或䵼𠂤乃一字一名。称字则为妝，妝䵼同从爿声。’”（参见《两周金文辞大系图录并考释》，第 179 页）按：此乃《许子妝簠》簠盖之铭。

2. ，即鄦，亦即许。《说文》：“，炎帝太岳之胤，甫侯所封，在颍州。从邑，無声。读若许。”

3. ，吴荣光释妝，云：“，《汗简》妝字笔画近似。”（参见吴荣光：《筠清馆金文·周许子簠》卷三，第 8 页）学者从之。按：《汗简》无妝字，吴引恐有误。字之当为装饰性笔画，一如“安”字作（睘卣）、（师鼎、（公贸鼎）、（哀成叔鼎）者然。

4. ，即嬴。金文或作（伯卫父盉）、（嚣伯盘）、（嬴氏鼎）。本铭与之形近，其为嬴字无疑。铭文“用賸孟姜、秦嬴”，谓用以陪嫁孟姜与秦嬴二人也。此铭记许国妝之女孟姜出嫁，而秦女来媵，故许子妝为孟姜、秦嬴作簠以为陪嫁之物。

5. ，即羕，读为永。羕以永为声符，例可通假。东周金文铭辞多以“羕”代“永”，如《陈逆簠》：“吕眞（匄）羕令頪寿”，《匽君壶》：“羕保用之。”文籍羕、永亦通用，如《诗·周南·汉广》“江之永矣”，《韩诗》作“江之羕矣”。

6. ，即保，通宝。东周铭辞多以保代宝，如《王孙遗者钟》：“枼万孙子，永保壴之。”

现代汉语翻译：

正月上旬丁亥日，许国国君妆选择其质地上好的青铜，用来铸作了一只宝簠，作为陪嫁自己女儿孟姜和秦国媵女秦嬴之物。谨愿孟姜和秦嬴的子子孙孙永将此簠宝而用之。

六、王孙遗者钟

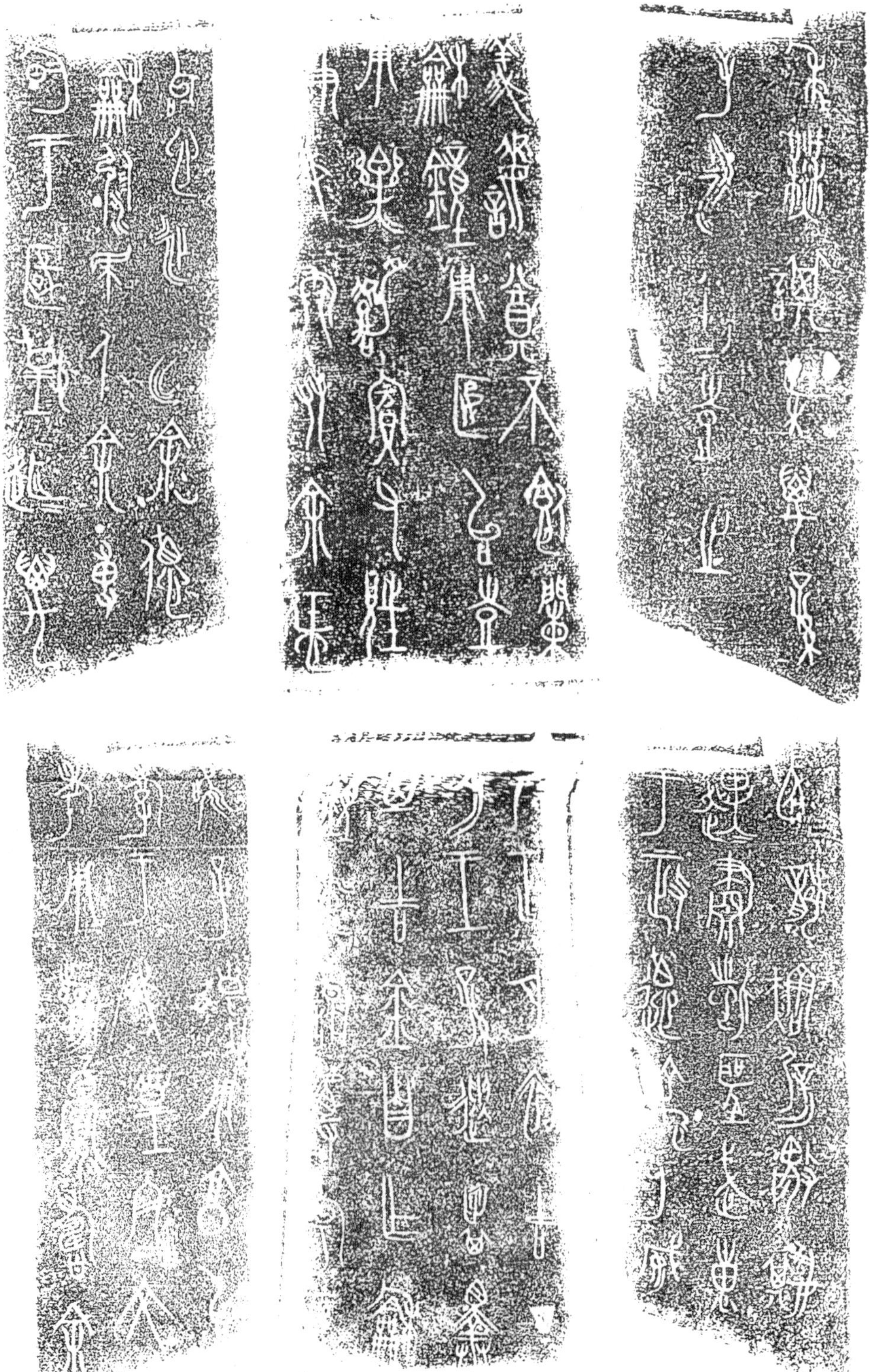

释文：

隹正月初吉丁
亥，王孫遺者睪（擇）
其吉金，自乍（作）龢
鐘。中（終）譀（翰）戲（且）𢹊（揚），元

鳴子（孔）皇，用亯台（㠯）
孝，于我皇且文
考，用旂（祈）𩓿（眉）壽。余

圅（丞）龏㝬屖，𢼸嬰
趩趩，肅悊（哲）聖武，惠
于政𢛳（德），惄（淑）于威

義，誨猷不（丕）飤（飾），闌闌（簡簡）
龢鐘，用匽台（㠯）喜，
用樂嘉賓父䏵（兄），
及我倗（朋）友，余恁

秊(年)無諆(期)，枼(世)萬孫
子永保壴(鼓)之。

㠯(台)心，征(誕)永余德，
龢溺民人，余尃(敷)
旬(旬)于國(國)，皝皝趄趄(熙熙)，萬

注释：

1. 此器为春秋楚国之王孙遗者遗物。吴镇烽云："王孙遗者，见《王孙遗者钟》甲、《王孙遗者钟》乙，春秋晚期人。徐国（按，当为楚国）的王孙，名遗者。"（参见吴镇烽《金文人名汇编》，第 24—25 页）器出湖北宜都，故楚地也。该钟钲间、鼓部连铸铭文 19 行，计 117 字。

2. 𢓊，郭沫若释遗，云："王孙遗者遗字作𢓊，余曩误释为遣。今案《作父戊鼎》亦有此字，曰：'文考𢓊宝賫，弗敢丧。'以文意字形两推之，正应为遗字。"（参见郭沫若：《两周金文辞大系考释·王孙遗者钟》，第 161 页）今从其说。遗者，作器者名，盖即楚庄王之子公子追舒。《诗·小雅·角弓》："莫肯下遗"，郑玄笺："遗，读曰随。"《楚辞·离骚》："背绳墨以追曲兮。"王逸注"追，犹随也"。洪兴祖补注："追，古随字。"由此，知"遗""随""追"上古音近可通。者，通诸。诸，上古章母鱼部字，舒，上古书母鱼部字，故诸以音近通舒。《楚辞·离骚》："前望舒使先驱兮。"王逸注："望舒，月御也。"朱骏声《说文通训定声·豫部》"舒"下云："按，方诸、望舒，字亦同。"是其证。

3. 𠁩，即中，读为终。中，上古端母冬部字，终，上古章母冬部字，音近可通。经籍作终，如《诗·挪邶·终风》："终风且暴""终风且霾""终风且曀"。

4. 𩏂，即䚯，亦即韓，读为翰。韓、翰同以𠦝为声符，例可通假。翰，高

也。《诗·小雅·小宛》："宛彼鸣鸠，翰飞戾天。"毛传："翰，高也。"《易·中孚》："翰音登于天，贞凶。"王弼注："翰，高飞也。"是其证也。

5. ，即𢿨，读为且。𢿨以䖒为声符，而䖒又以且为声符，故𢿨且可通。

6. ，即𦐖，读为扬。𦐖、扬同以昜为声符，例可通假。"中𩏂𢿨𦐖"读为"终翰且扬"，谓既高亢且悠扬也。"中𩏂𢿨𦐖"，句式与《诗·邶风·终风》"终风且暴""终风且霾""终风且曀"同一句式。王引之《经传释词》："《诗·终风》曰：'终风且暴。'……终犹既也，言既风且暴也。"《沇儿钟》作"中𩏂𢿨𦐖"，义同。

7. ，即元，善也。《书·舜典》："柔远能迩，惇德允元。"孔安国传："元，善之长。"

8. ，即鸣，春秋金文或作。（《许子钟》："元鸣孔敱"。）本铭与之形近，其为鸣字无疑。元鸣，善鸣也。

9. ，即子，读为孔。两周金文每以某一形符替代全字，此其一例也。他如以"士"代"吉"［《冀师盘》："用其士（吉）金"］；以"人"代"秂"（年），［《甫人父匜》："甫人父乍旅匜，万人（秂）用"］；以"页"代"䭫"［《卯簋》："卯拜手页（䭫）首，敢对扬荣伯休"］，等等。

10. ，此字左侧似有残存笔画，但无以确知其所从。虽然如此，全字为从皇声之形声字无可怀疑。《沇儿钟》作皇。今释为皇。《广雅·释诂》："皇，美也。"《诗·大雅·文王》："思皇多士，生此王国。"朱熹注："皇，美。""元鸣子皇"读为"元鸣孔皇"，谓祥鸣洵美也。"中翰且扬，元鸣孔皇"为春秋钟铭习用之吉祥用语，如《沇儿钟》《许子钟》等，类皆如此。

11. ，即台，读为以。台，以均以厶（㠯）为声符，例可通假。阮元《积古斋钟鼎彝器款识》云："古铭'以'多作'台'。"

12. ，即我。甲骨文作（粹878），金文或作（盂鼎）、（叔向卣）、（徐王义楚锑），象长柄而有三齿之器之形。本铭即之稍稍讹变者，用为反身自谓之称。《沇儿钟》亦作，与此铭全同。

13. ，郭沫若释为圅。《毛公鼎》作，当为省体。读为弘。弘，广大也。《尔雅·释诂》："弘，大也。"邢昺疏："弘者，含容之大也"，段玉裁《说文解字注》：“弘，经传多假此篆为弘大字。”《诗·大雅·民劳》：“戎虽小子，而式弘大。”郑玄笺：“弘，犹广也。”是其证。

14. ，隶定为龏，亦即龔，读为恭。《邾公华钟》：“毕龏威忌”之“龏”作，与之形同。

15. ，即𤎩屖，郭沫若云：“‘𤎩屖’，音当读为舒遲，意亦趍是。”（参见郭沫若：《两周金文辞大系考释·遗者钟》，第161页）按：𤎩即𢿱，通胡。胡，上古匣母鱼部字，舒，上古书母鱼部字，音近可通。遲（遟之籀文）从屖声，故屖、遲又可通。由是“𤎩屖”当即经籍“舒遲”。《礼记·玉藻》：“君子之容舒遲。”孔颖达疏：“舒遲，闲雅也。”“圅龏𤎩屖”，《王子午钟》作“圅龔𤎩屖”，读为“强恭舒屖”，谓极其庄敬闲雅也。

16. ，即敃，当为从攴畏声之形声字，读为畏。畏，畏惧也，《广雅·释诂二》：“畏，惧也。”《老子》：“民不畏死，奈何以死惧之?”是其证。

17. ，即婺。《王子午鼎》作，即諆。容庚云：“諆与忌同。”（参见容庚：《金文编》，第307页）敃 婺，读为“畏忌”。《诗·大雅·桑柔》：“匪言不能，胡斯畏忌。”

18. ，即趩趩，读为翼翼。翼翼，敬慎貌。《诗·大雅·大明》：“维此文王，小心翼翼。”郑玄笺：“小心翼翼，恭慎貌。”是其证也。“敃 婺趩趩”，读为“畏忌翼翼”，谓有所顾忌庄敬守礼也。

19. ，即悊，亦即哲。金文哲字不从口，多从心，如（师望鼎）、（克鼎）、（克鼎），或从贝，如（井人妄钟），或从言，如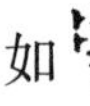（番生簋，与誓为一字）。而折之所从可以为，可以为，可以为，可以为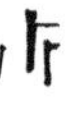，可以为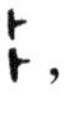，本铭所从为，当为丵之省。（《说文》：“，丛生草也。”）《说文》：“哲，知也。从口折声。，哲或从心。”“肃哲圣武”，谓肃敬、睿智、圣明、勇武也。

20. ，即德，亦即德。古文从彳、从止、从辵每通用也。如遘甲骨文作（甲2187），或作（甲290）、或作（甲2601）。

21. ，即恧，即惄，读为淑。淑，善也。《尔雅·释诂上》：“淑，善也。”

郝懿行义疏：“淑者，俶之假音也。”《诗·曹风·鸤鸠》：“淑人君子，其仪一兮。”郑玄笺：“淑，善也。”是其证也。

22. ，即威义，读为威仪。威仪，指庄重的容貌举止。《诗·邶风·柏舟》：“威仪棣棣，不可选也。”《左传·襄公三十一年》：“有威而可畏，谓之威；有仪而可象，谓之仪。”是其证也。

23. ，即诲，亦即谋。《说文》谋之古文作。古文从口、从言每通作，如信之古文作，又一例也。

24. ，即猷，亦即猷。古文字，或作，是其例。“诲猷”，读为谋猷，谋划也。《尚书·君陈》：“斯谋斯猷，惟我后之德。”蔡沈传：“言切于事，谓之谋；言合于道，谓之猷。”与此意同。

25. ，即飤，读为饬。《玉篇》：“饬，谨貌。”颜师古《匡谬正俗》：“饬者，谨也，敬也。”《礼记·乐记》：“再始以著往，复乱以饬归。”是其证也。

26. ，即阑阑。杨树达云：“阑当读为简。《诗·商颂·那》：‘奏鼓简简。’简简为赞美声乐之辞。阑从柬声，柬本见母字，与间同声。《说文·言部》：‘谰或作谰，《火部》爛成作焖，知柬声间声字可通也。’”（参见杨树达：《积微居金文说·王孙遗者钟跋》，第38页）

27. ，即匽，通宴，安也。容庚云：“匽，通宴。《诗·六月》云：‘吉甫燕喜’，《汉书·陈汤传》引作‘吉甫宴喜’。”（参见容庚：《金文编》，第841页）“用匽台喜”《子璋钟》同，读为“用宴以喜”，即“用宴用喜”“以宴以喜”，亦即“用以宴喜”也。

28. ，即嘉。金文或作（右走马嘉壶）、（沇儿钟），此铭之形同，其为嘉字无疑。《说文》：“嘉，美也。”

29. ，即䖝，读为兄。容庚云：“高景成云：‘兄㞷同声，古字恒增声符。”（参见容庚：《金文编》，第616页）金文或作（叔趯父卣）、（叔家父匡）、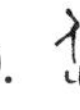（沇儿钟），均与此铭同形。

30. ，即恁，读为信。恁，上古日母侵部字，信，上古心母真部字，音近可通。又《广韵》:“恁,信也。”《中山王譽鼎》:“非恁与忠”,张政烺读为“非信与忠”。(参见张政烺:《中山王譽壶及鼎铭考释》,《古文字研究》第一辑,第226页)均其证也。信,诚信也。《说文》:“信,诚也。从人从言。会意。”

31. ,隶定为䛐,当为从𠃌台声之形声字,读为台,用为第一人称代词。《尔雅·释诂》:“台,我也。”

32. ,即延,读为诞。《说文》:“,安步延延也。从廴从止。”又云:“,长行也。从延,丿声。”苗夔《说文声订》云:“当作从延从丿,延亦声。”于是,延通延,延又通诞。郭沫若云:“征字屡见,卜辞中亦多见此字,均无义可说。案即《诗》、《书》中所习见之虚字诞字也。”(参见郭沫若:《两周金文辞大系考释·小盂鼎》,第37页)

33. ,隶定为沴,即沴(沴为沴之繁式),通戾。戾,安定也。《汉书·孔光传》:“又曰‘六沴之作’,岁之朝曰三朝,其应至重。”颜师古注:“沴,恶气也。音戾。”《诗·大雅·桑柔》:“民之未戾。”毛传:“戾,定也。”

34. ,即旬。《说文》:“,遍也。十日为旬。从勹日。,古文。”此铭与《说文》旬之古文形体略同。《诗·大雅·江汉》:“王命召虎,来旬来宣。”毛传:“旬,遍也。”専旬,读为溥旬,广泛遍及之谓也。

35. ,即䵷䵷,读为鍠鍠,声乐也。《说文》:“鍠,钟声也。从金,皇声。《诗》曰:‘钟鼓鍠鍠。’”《尔雅·释诂》:“鍠鍠,乐也。”是其证。

36. 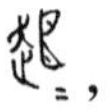,即趄趄。《沇儿钟》作“皇皇趯趯”,《徐王子旃钟》作“韹韹熙熙”。故趄趄,通趯趯,亦通熙熙。熙熙,钟声之和乐也。《左传·襄公二十九年》:“为之歌《大雅》,曰:广哉,熙熙乎!”杜预注:“熙熙,和乐声。”《吕氏春秋·古乐》:“乃登为帝,惟天之合,正风乃行,其音若熙熙凄凄锵锵。”

37. ,即諆,读为期。期,限度也。《庄子·则阳》:“今计物之数,不止于万,而期曰万物者,以数之多者号而读之也。”成玄英疏:“期,限也。”《吕氏春秋·怀宠》:“上不顺天,下不惠民,征敛无期,求索无厌。”高诱注:“期,度。”是其证也。

38. ,即枼,读为世。世万,犹言万世,定语后置也。

39. ，即壴，甲骨文作（甲 2407），象鼓之形。上象鼓之饰，中象鼓之身，下象鼓之架，即鼓之初文。此处用为动词，敲击也。

现代汉语翻译：

正月上旬丁亥日，楚庄王之子公子追舒选择其质地上好的青铜，为自己制作了这口乐钟。此钟发出的乐音既高亢又悠扬，吉祥的鸣声美不胜收，用来祭享和追孝我的伟大的先祖和有文德的先父，用来祈求自己眉寿永康。我平素极其庄敬闲雅，行事有所畏忌，小心翼翼，以肃敬、睿智、圣明和勇武自律，以嘉惠民众作为推行政令德教的原则，以美化情操作为保持形容举止的标准，以隆敬先王作为制定谋略计划的依据。我将以此钟和美的乐音，给宴飨之事带来喜庆气氛，使我的嘉宾、父兄和朋友感到无比欢乐。我要使自己的心性更加诚信，使自己的德操永留人间，使自己的人民和乐向善，我要把这些修身治国的规划播扬于全国。愿这乐钟的锽锽之声，和乐之意，留传万世，永无终期。愿后世万千子孙，永远宝爱此钟，鼓之不绝。

七、曾伯霥簠

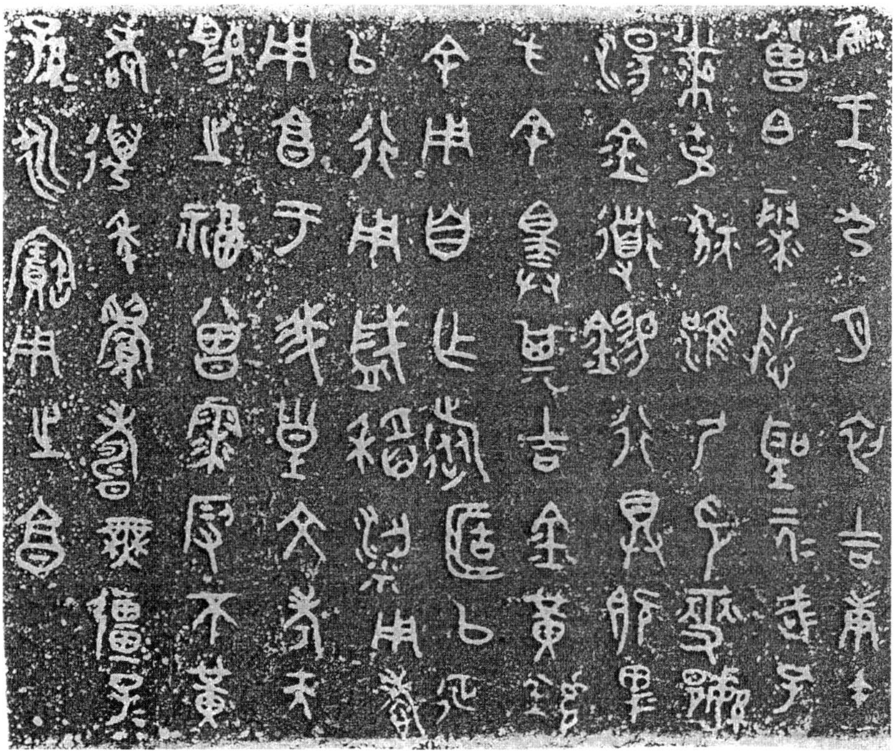

释文：

隹王九月初吉庚午，
曾白(伯)霥悊(哲)聖元武，元武孔
黹(致)，克狄(剔)淮(淮)尸(夷)，印　燮緐(繁)
湯(陽)，金衜(導)鍚(錫)行，具(俱)既卑(俾)
方。　余睪(擇)其吉金黄鏞，
余用乍(作)遊(旅)匠(簠)，以征
以行，用盛稻粱，用耆(孝)
用亯(享)于我皇文考。天
睗(賜)之福，曾霥叚(遐)不黄
耇邁(萬)年眉壽無彊(疆)。子子
孫孫永寶用之亯(享)。

注释：

1. 此器为春秋曾伯霥遗物。吴镇烽云："曾伯霥，见《曾伯霥簠》，春秋早期人，名霥，曾国伯氏，某年九月曾征伐淮夷。"（参见吴镇烽：《金文人名汇编》，第149页）郭沫若云："此簠与《晋姜鼎》同时。彼云：'征繁汤原'，此云'印燮𬮿汤'，盖晋人与曾同伐淮夷也，作器亦同在九月，彼在乙亥，此在庚午，先彼五日。彼云：'勿灋（废）文侯顯命，知不得在文侯之前。谥之兴在春秋中叶以后，或即文侯时事。要之二器均为春秋初年之物。'"（参见郭沫若：《两周金文辞大系考释·曾伯霥簠》，第186页）按：此乃《曾伯霥簠》簠盖之铭。

2. ，下文作，隶定为霥，曾伯之名。字不识。

3. ，即悊，亦即哲。金文哲字或作（《师望鼎》："悊（哲）氒德"），或作（《克鼎》："盄悊（哲）氒德"），或作（《叔家父匡》："悊（哲）德不亡（忘）"，此铭与之形近，其为悊（哲）字无疑。

4. ，即元武、元武，上“元武”隶属前句“曾伯霥陸圣元武”，下“元武”隶属后句“元武孔黹”。元，善也。《书·舜典》：“柔远能迩，惇德允元。”孔安国传：“元，善之长。”是其证。“陸（哲）圣元武”，谓明智、通达、善良、勇武。与《王孙遗者钟》“肃陸（哲）圣武”意近。

5. ，即黹。金文或作（《九年卫鼎》：“王大黹”）（《㝬钟》：“簧黹朕心”）。此铭与之形近，其为黹字无疑。黹本象刺绣花纹之形，此铭读为致。黹，上古端母脂部字，致，上古端母质部字，音近可通。致，穷尽也，极致也。《国语·吴语》：“饮食不致味，听乐不尽声。”韦昭注：“致，极也。不极五味之调。”《论语·子张》：“人未有自致者也，必也丧亲乎?”朱熹集注：“致，尽其极也。”均其证。“元武孔黹”，读为“元武孔致”，谓善良勇武尽其极致也。

6. ，即狄，读为“剔”。朱骏声《说文通训定声》：“狄假借为鬄（剔）。”《诗·鲁颂·泮水》：“桓桓于征，狄彼东南。”郑玄笺：“狄当作剔。剔，治也。”陆德明释文：“《韩诗》云：‘鬄，鬄除也。’”

7. ，即潍，亦即淮。金文或作，《𢦚方鼎二》：“王用肇事（使）乃子𢦚逨（率）虎臣御（禦）潍（淮）。”此铭与之形同，其为淮字无疑。“克狄潍尸”读为“克剔淮夷”，谓能灭除淮夷也。

8. ，即印，印验也，相合也。玄应《一切经音义》卷七引《苍颉篇》：“印，验也。”是其证。

9. ，即燮，亦即燮。金文或作（《晋公锥盏》：“䛗燮万邦”）。本铭与之形近，其为燮字无疑。《说文》：“，直言曰言，论难曰语。从口辛声。”从辛从䇂一也。燮，调和也，和谐也。《说文》：“燮，和也。从言，从又、炎。籒文燮从羊。”王筠句读：“大徐注本字，引作‘燮’，讹从屰。”徐灏《说文段注笺》：“戴氏侗曰：燮、燮、燮实一字。羊之讹为辛，辛之讹为言也。灏案：戴说是也。盖‘燮’为烹饪熟物之称，从又持二火，会意，羊声。引申为调和之意。”按“燮”字见《正字通》，乃由燮讹变而来，非“羊之讹为辛”。䇂从辛声，从辛从䇂一也，非“辛之讹为言”。戴侗此二句不足据，然谓“燮燮燮实一字”，则为的论。《尚书·洪范》：“三曰柔克，平康正直。彊弗友刚克，燮友柔克。”孔安国传：“燮，和也。”

10. 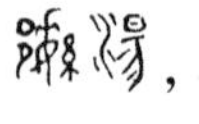，即鼄湯，读为繁阳。緐加邑，示緐用为国邑之名，一如鄭原只作奠、鄗原只作高，邢（邢）原只作井，酆原只作豐者然。湯、陽同以昜为声符，例可通假。马承源云：“先秦繁阳有两地：一在楚，一在魏。《左传·襄公四年》：‘楚师为陈叛故，犹在繁阳。’杜预注：‘繁阳，楚地，在汝南鲖阳县南。’其地多铜。《晋姜鼎》铭有‘征緐阳取卑吉金’句，洛阳东周墓出土有青铜剑一柄，铭云‘緐湯之金’。魏地繁阳，远在北方，与此无关。”（参见马承源：《商周青铜器铭文选·曾伯霥簠》，第450页）

11. 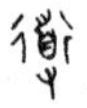即衜，亦即導。金文或作（《敔鼎》：“师雍父循導至于䵼”）。本铭与之形同，其为導字无疑。金文从彳、从行、从辵可通转，如“征”字作（启卣）、亦作（申鼎），逐字作（㦰方鼎一），亦作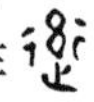（禹鼎）。《说文》：“導，導引也。”

12. ，隶定为鍚，读为锡。本铭“天赐之福”。《虢季子白盘》：“王賜乘马”，易作賜，故鍚即锡。《说文》：“锡，银铅之间也。”“金衜鍚行”读为“金導锡行”，谓金锡得畅其入也。

13. ，即方，邦国也。《尚书·多方》：“告尔四国多方，惟尔殷侯尹氏。”杨树达《积微居小学述林》：“方者，殷、周称邦国之辞……故干宝云：‘方，国也。’是也。”“具既卑方”，读为“俱既俾方”，谓皆已使之来廷，成为我邦国也。

14. 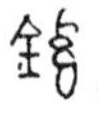，即鏞之沥。《邾公华钟》作（“邾公华择厥吉金玄鏐赤鏞”），《部钟》作（“玄鏐鏞铝”）。就字形之仿佛和文意之相似可知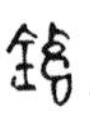即鏞，鏞，即鑪。容庚云：“《邾公牼钟》‘择厥吉金，玄鏐膚吕’，《邾公华钟》‘择厥吉金，玄鏐赤鏞’，《曾伯簠》‘余择其吉金黄鏞’，《说文》臚之籀文作膚，则鏞即鑪也。《尔雅·释器》：‘黄金谓之璗，其美者谓之鏐。’玄鏐赤鑪对文，则鑪亦当为金之美者。”（参见容庚：《善斋彝器图录》，第5页）

15. ，即耆。《说文》所无，当即孝字。从食从老省。阮元云：“孝字从食，始见于此，殆取養义。”（参见阮元：《积古斋钟鼎彝器款识·曾伯霥簠》卷七，

第9页）“用孝用享”乃东周铭辞习见语，如《曾伯陭壶》：“用孝用享”，《王孙遗者钟》：“用享台（以）孝”，《尌仲簋》：“用享用孝”，《虞司寇壶》：“用享用孝”，《姬鼎》：“用孝用享”，等等。本铭“用耇用享”，耇即孝字无疑。

16. ，即叚。金文或作（《曾伯陭壶》：“为德无叚。”）本铭与之同形，其为叚字无疑。《说文》：“叚，借也。阙。，古文叚。，谭长说叚如此。”此铭叚读为遐，何也。《诗·小雅·南山有臺》：“乐只君子，遐不眉寿。”朱熹䇿注：“遐，何通。”是其证。

17. ，即耇。金文或作（《师𡨚父鼎》：“用匄眉寿黄耇吉康”，《買簋》：“用易黄耇𠤳寿”）。此铭与之形同，其为耇字无疑。耇，高寿也。《说文》：“耇，老人面冻黎若垢，从老省，句声。”朱骏声通训定声：“当训老人背伛偻也。从老省，从句，句亦声。”《尔雅·释诂上》：“耇，寿也。”郭璞注：“耇，犹耆也。皆寿考之通称。”《汉书·韦贤传》：“岁月其徂，年其逮耇。”颜师古注：“耇者，老人面色如垢也。”此铭“曾𩂣叚（遐）不黄耇禖（萬）年𦤶寿”，与《诗·小雅·南山有臺》：“乐只君子，遐不眉寿”意近。

现代汉语翻译：

周某王某年九月初吉庚午日，曾伯𩂣以其明智、通达、善良、勇武，尤其以其已臻极致的善良和勇武，扫除淮夷，合协安抚繁阳，铜锡诸般宝物源源进贡而来，使淮夷、繁阳都成为自己的邦国。于是，我选择他们质地上好的光泽鲜亮的青铜，来自己制作了供作陈列的祭簠，用以征战，用以出行，用以荐献稻粱。对我的伟大而有文德的先父，进行追孝，进行享祀。上天赐予福祉，我曾伯𩂣怎能不得万年永寿，无涯安康。愿子子孙孙永远宝用此簠，用于享祀列祖列宗。

八、鲁大司徒匜

释文：

魯大𤔲（司）徒子中（仲）白（伯）[乍]其庶女𡣍（厲）孟姬媵也（匜），其釁壽萬年無彊（疆），子子孫孫永保用之。

注释：

1. 此器乃为春秋鲁国大司徒遗物。吴镇烽云：“仲伯，见鲁大司徒匜，春秋早期人，鲁国大司徒之子。”（参见吴镇烽：《金文人名汇编》，第 90 页）

2. ，即中白，读为仲伯，为鲁国大司徒之子之名。“白”下空一字位，残留笔画依稀可见。当为“乍”字。《鲁伯愈父匜》铭作“鲁白（伯）愈父乍鼄（邾）姬朕也（匜）”，《厚氏铺》铭作“鲁大𤔲（司）徒厚氏元乍善（膳）匿（铺）”，是其证。

3. ，即庶，非嫡也。《正字通》：“庶，嫡庶，妾所出曰庶子。”《左传·文公十八年》：“杀嫡立庶。”是其证也。庶女，庶出之女也。

4. ，隶定为礪，当即厲，石可省而为厂，而蠆即邁，以入阳对转，读为萬，故即厲。厲为孟姬嫁往之国名。《春秋·僖公十五年》：“齐师曹师伐厲。”杜预注：“义阳随县北有厲乡。”《汉书·地理志》：南阳郡随县：“厲乡，故厲国也。”此铭孟姬所适之国或即此地。

5. ，即也，读为匜。金文无匜字，或径作也，如本铭、《鲁伯愈父匜》，或从金作鉇，如《史颂匜》《禽肯鉇鼎》，或从皿作盄，如《叔上匜》《番哀白匜》，或从金从皿作鑑，如《陈子匜》《蔡侯匜》。匜，水器，有鋬有流，其形如瓢。《说文》：“匜，似羹魁，柄中有道，可以注水。从匚，也声。”段注：“斗部曰：‘魁，羹枓也。’枓，勺也。匜之状似羹勺，亦所以挹取也。”

现代汉语翻译：

鲁国大司徒之子仲伯为其庶出之女厉孟姬制作一只陪嫁用匜。我仲伯以此祈求万年永寿，谨愿我子子孙孙永远宝用此匜。

九、邾公华钟

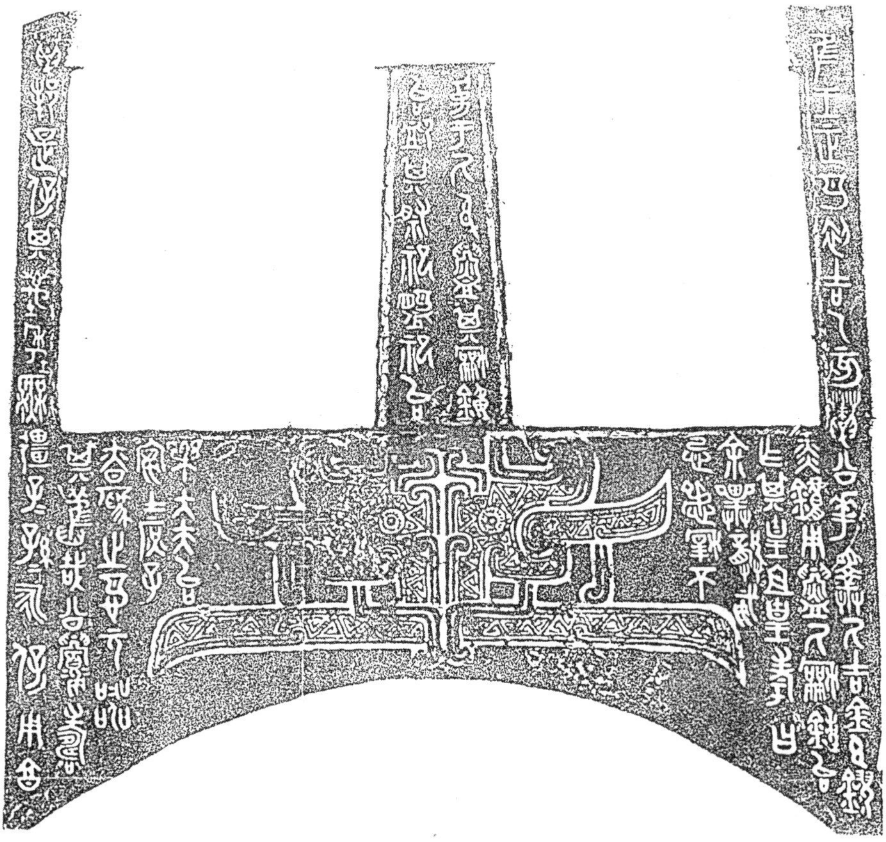

释文

隹王正月初吉乙亥，鼄(邾)公華羼(擇)氒吉金玄鏐
赤鏞(鑪)，用盥(鑄)氒龢(龢)鐘，台(㠯)
乍(作)其皇且皇考。曰：
余畢(毖)龏(恭)威(畏)
忌，悤(淑)穆，不
彖(墜)于氒身，盥(鑄)其龢(龢)鐘，
台(㠯)卹(恤)其祭祀盟祀，台(㠯)
樂大夫，台(㠯)
宴士庶子。
昚(慎)爲之名(銘)，元器
其舊，哉(載)公釁(眉)壽，
鼄(邾)邦是保。其萬年無彊(疆)，子子孫孫永寶用亯。

注释：

1. 此器乃为春秋邾悼公华遗物。《左传·昭公元年》：“六月丁巳，邾子华卒。”邾子华，即此铭鼄公华。自称公，无视周天子，自僭越也。

2. ，即鼄，从黽，朱声。陈直云：“《鲁伯愈父鬲》邾字作。《邾公钟》、古玺文皆作。《说文古籀补》云：‘鼄，象形，鼅鼄也。古国名。后省作邾。’予按吴说非也。春秋之邾有二：《左隐元年传》云：‘三月，公及邾仪父盟于蔑。’杜注：‘鲁附庸地。今在鲁国邹县。’《汉书·地理志》云：‘鲁国蕃县。’应劭云：‘鲁郡国也。’《史记·楚世家》云：‘陆终氏子五曰姓曹，邾其后也。’正义云：‘故邾国，在黄州黄岗县。《地理志》江夏郡有邾县。’据此，见于鲁、

杞各器之，为鲁附庸之郳，见于《郳公钫钟》及古币古鉨之郳，为楚与国之郳，各不相侔，当时故以鼅、郳二字相别，非古今字也。”（参见陈直：《金文拾遗》，第5—6页）

3. ，即鏐。郭沫若云：“鏐者，《尔雅·释器》：‘黄金谓之璗，其美者谓之鏐。’《说文》云：‘璗，金之美者，与玉同色。’又云：‘鏐，黄金之美者。’《禹贡》梁州贡璆铁银镂，《史记·夏本纪》集解引郑玄云：‘黄金之美者谓之鏐。’此以铸器，知所谓黄金者实即铜。”（参见郭沫若：《两周金文辞大系考释·郳公牼钟》，第190页）玄鏐，黑色美金也。

4. ，即鑄，亦即铸。金文或作（王铸觯）、（芮公鼎），会两手持器将火热金液浇于皿模以成铸形之意。后加声符作（守簋）而省火，为形声字。或又加金作（取盧匜）、（铸子鼎），有火无火无论也。而（余义钟）、（虢叔钟）乃为形声字之简体，“从金寿声”之小篆之所从来也。

5. ，即龢，亦即龢。金文龠字或作（壴钟）、（散盘），象编竹而成之管状乐器之形。下为编竹，上为竹口。或作（臣辰卣）、（臣辰盉），上加人口，象人口对竹口吹编竹管状乐器。龢，即龢，从龠，禾声。《说文》：“，调也。从龠，禾声，读与和同。”龢钟，即龢钟，和乐之钟也。

6. ，即乍，读为祚，报也。《文选·张衡〈东京赋〉》：“神歆馨而顾德，祚灵主以元吉。”李善注引薛综曰：“祚，报也。”是其证。

7. ，即䍙，亦即畢，读为毖。孙诒让云：“窃谓此当为畢之古文。《说文》華部：‘畢，田网也。从華，象畢形微也。或曰由声。’華，箕属，所以推弃之器也，象形。又‘’弃除也。‘从推弃也’，‘’捐也。从推華弃之’。此上从田者，即所谓‘象畢形微也’，中从，即華字［本书（按：指《古文拾遗》）《伯躬父鼎》‘伯躬父作畢姬新彝’，畢作《吴录畢中孙子簋》，‘王贞畢’，畢作，则与小篆同。此器文字繁缛，疑此字与鼅字并籀文也］，下从者，则与同意，求之字形，最为符合，其读当为毖（金刻凡缟绊字皆作必，见本书《无叀鼎》释文及钱大昕《潜研堂金石跋尾续》）。《说文》：

'毖，慎也。' 毖⿱⿰龍兄廾威忌，言其慎慤畏忌也。"（参见孙诒让：《古文拾遗》，第 10—11 页）畢、毖，上古均帮母质部字，例可通假。

8. ，即⿱⿰龍兄廾，盖即龏之增繁字，读恭。《王孙遗者钟》："余圅⿱⿰龍兄廾𤊩屖" 之⿱⿰龍兄廾作，与此形同。

9. ，即威，金文或作（《王孙遗者钟》："惄于威义"），作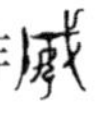（《王子午鼎》："惄于威义"）。本铭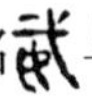与之形近，其为威字无疑。此铭威，读为畏。威、畏上古同为影母微部字，例可通假。

10. ，即惄，亦即淑，《王孙遗者钟》"惄于威义"之"惄" 作。《尔雅·释诂上》："淑，善也。"

11. ，即㣎，亦即穆。金文或作（《遹簋》："穆王"）或作（《曾侯乙钟》："穆钟"）。此铭与之形近，其为穆字无疑。穆，美好也。《广韵》："穆，美也。"《诗·周颂·清庙》："於穆清庙，肃雍显相。" 毛传："穆，美。" 均其证也。

12. ，即㒸，亦即墜。吴大澂云："，陨也。小篆作㒸，亦作隊。""许氏说'从高隊也'。今俗作墜。"（参见吴大澂：《说文古籀补》，第 4 页）金文或作（《师寰簋》："师寰虔不㒸"）。本铭当其稍稍讹变者。"惄穆不㒸于氒身"，读为"淑穆不墜于厥身"。就字形之仿佛，就文义之相似，俱可定为㒸。

13. ，即卹，亦即恤。段玉裁《说文解字注》："卹与《心部》'恤' 音义皆同。古书多用'卹' 字，后人多改为'恤'。" 卹，谨慎也。王引之《经义述闻·尚书上》："家大人曰：'《尧典》曰：钦哉钦哉！惟刑之卹哉！' 卹者，慎也……即《康诰》所谓慎罚也。"

14. ，即昚，亦即慎。《说文》："慎，谨也。从心，真声。古文作。" 高鸿缙云："按字当为慎字，从火在日间，会意。白日火不易见，故当慎也。"（参见高鸿缙：《中国字例》四篇，第 60 页）

15. ，即名。上从月（与夕同），本铭"正月"之"月"作，下从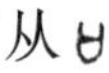，而上与之下笔相连。名，读为铭。

16. ，即元，善也。《尚书·舜典》：“柔远能迩，惇德允元。”孔安国传：“元，善之长。”是其证。

17. ，即舊，读为久。舊，上古群母幽部字；久，上古见母之部字，音近可通。《尚书·无逸》：“其在高宗，时舊劳于外，爰及小人。”孔安国传：“舊，犹久也。”

18. 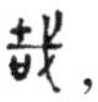，即哉，读为载。二字同以𢦏为声符，例可通假，用为句首助词。《篇海类编》：“载，助词也。”《诗·鄘风·载驰》：“载弛载驱，归唁卫侯。”毛传：“载，辞也。”陈奂传疏：“假借之为语词，《传》为全诗载字发凡也。”

19. 鼄邦是保，即“保邾邦”，宾语“邾邦”提至动词“保”之前，而以代词“是”复指之也。

现代汉语翻译：

周某王某年正月上旬乙亥日，邾公华选择其黑色和红色的质地上好的青铜，来铸成和乐之钟，用以报答其伟大的先祖先父，并且题铭说：“我平日谨慎谦恭，有所畏忌，以使淑美的品性不致在我身上丧失，于是铸了这口乐钟，用来恭行祭祀，不忘盟约，用来和乐百官，用来燕享士民。”我恭敬地写下了如上的铭辞。愿这美善的礼器得以传之永久，我自己也得以高寿，我邾国更得以长保太平，直至千秋万世，并愿子子孙孙永远宝用此钟，用于享祀先祖。

十、国差𦉜

释文：

国差（佐）立（莅）事歲（歲）
咸（咸）丁亥，攻（工）帀（師）
佤鑄（鑄）西墉（郭）寶
𦉜四秉，用實
旨酉（酒），侯氏受
福䁃（眉）壽，卑（俾）旨
卑（俾）瀞。侯氏毋
瘩毋痝，齊邦
鼏（鼏）靜安寍。子子
孫孫永保用之。

注释：

1. 郭沫若定此器为春秋齐之遗物，云：“国差，许瀚谓即国佐（见左氏成二年经、传）至确。”（参见郭沫若：《两周金文辞大系考释·国差𦉜》，第202页）按：《春秋·成公二年》：“秋七月，齐侯使国佐如师，己酉及国佐盟于袁娄。”鲁成公二年，当齐顷公十年。故此𦉜当为齐顷公时遗物。此铭十行五十二字一体围于器壁，展开后成一扇形，如拓片所示。另，唇口凿一字，不清。

2. ，即差，读为佐。“国差”，吴镇烽云：“（国差），春秋中、晚期齐国卿，名差，国氏，史书作国佐。事齐惠王、顷公和灵公。顷公十年（前589），晋、鲁、卫联军与齐战于鞌，齐军败绩。齐侯使国差以甗、磬及土地赂晋，以修旧好，晋国不许，国差谓晋使郤克曰：‘子以君师，辱以敝邑，不腆敝赋，以犒从者。畏军之震，师徒桡败，吾子惠徽齐国之福，不泯其社稷，使继旧好，唯是先王之敝器、土地不敢爱，子又不许，请收合余烬，背城借一。敝邑之幸，亦云从也。况其不幸，敢不唯命是听。’鲁、卫亦从本国利害关系出发，劝请晋国答应齐国要求，于是，齐、晋盟于袁娄。齐灵公八年（前574）齐国发生庆克之难，国差杀庆克，以谷叛，齐侯与之盟于徐关。九年，齐侯使士华免杀国差于内宫之朝。”（参见吴镇烽：《金文人名汇编》，第221页）

3. ，隶定为，即歲（岁）。金文或作，（《子禾子釜》“□□立事岁”），或作（《毛公鼎》：“用岁用征”）。本铭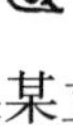与之形近，其为岁字无疑。“立事岁”读为“莅事岁”，谓临视国事之岁也。“某某立事岁”，齐器多有之，如

《陈纯釜》："塦犹立事岁，𢿢月，戊寅"，《子禾子釜》："□□立事岁，禝月，丙午"，等等，显系春秋齐国纪年之法。𢿢，禝均齐国月之异名，唯不知冬为何月。

4. ，即成，援之例，知中一点为装饰性笔画。咸（咸）亦当为齐国月之异名。由《陈纯釜》"𢿢月"、《子禾子釜》"禝月"，知此铭"咸"后省一月字。𢿢、禝、咸，皆不悉为何月。

5. ，即攻帀，读为工师。《左传·定公十年》："叔孙谓郈工师驷赤。"杜预注："工师，掌工匠之官。"

6. ，隶定为，字不识。援"郈工师驷赤"之例，为工师之名。

7. ，即西。《说文》："，鸟在巢上，象形。日在西方而鸟栖，故因以为东西之西。，西或从木妻。，古文西。卤，籀文西。"

8. ，即𩫏，读为郭。《说文》："，度也，民所度居也。从回，象城之重，两亭相对也，或但从。"许慎用声训解作"𩫏，度也"，可知他是把𩫏读作城郭之郭的。此外，"椁，葬有木𩫏也。从木，𩫏声"。"郭，齐之国氏虚。善善不能进，恶恶不能退，是以亡国也。从邑，𩫏声。"凡此都证明𩫏读如郭。又，许氏在土部墉字下说𩫏为墉之古文。案𩫏读为庸，在古文字材料中可以找到不少证据：《邾公釛钟》"陆"应读为"陆终"，《毛公鼎》"余非𩫏又昏"，应读为"余非庸又昏"，《召伯簋》"僕𩫏土田"应读为"附庸土田"（即《诗·鲁颂·閟宫》的"土田附庸"），等等。段玉裁《说文解字注》墉字下云："《玉篇》曰：𩫏，度也，民所度居也。字音古博切。此云'古文墉'者，盖古读如庸，秦以后读如郭。"其实《诗经》中"廓""鞹"等从𩫏得声之字都与鱼部叶韵，如《大雅·皇矣》一章廓字叶"赫""莫""获""度""宅"，《齐风·载驰》一章鞹字叶"薄""夕"，可见段氏之说不可取。𩫏字在先秦就有墉和郭两种读法，因为墉和郭意义相近，所以古人就用同一个形体𩫏来代表墉和郭两个词。从甲骨文金文一直到小篆，亯和𩫏的写法始终是有区别的。战国文字才开始把从𩫏的字省为亯。今隶椁、郭、埻等原来从𩫏的字省为从亯，就是承袭了战国文字的写法。（参见朱熙德《古文字考释四篇·释椁》，《古文字研究》第八辑，第20—21页）此铭"西𩫏"读为西郭。

9. ，即䤼。杨树达云："按䤼字《方言》卷五作甔，其字从瓦，与铭文从缶者义同。二字《说文》并失载。《方言》云：‘甇，齐之东北、海岱之间谓之甔。’《广雅·释器》：‘甔，瓶也。字或作儋，又作擔。’《史记·货殖传》云：‘酱千甔。’集解引徐广曰：‘甔，大罂缶。’索隐云：‘酱千擔，都甘反。’《汉书》作儋。孟康曰：‘儋，罂也。罂受一石，故曰儋石。一音都滥反。’《后汉书·明帝纪》云：‘生者无擔石之储。’李贤注引《埤苍》云：‘甔，大罂也。’此甔见为大罂之说也。《汉书·蒯通传》云：‘守儋石之禄。’应劭云：‘齐人名小罂为儋，受二斗。’此甔为小罂之说也。《广韵》二十二覃云：‘甔，大罂，可受一石。’此用孟康说也。又二十三谈云：‘甔，小罂。’此用应劭说也。王念孙《广雅疏证》卷七云：‘甔，或以为大罂，或以为小罂，古无定训，疑莫能明也。’树达按：铭文国差即春秋时齐之国佐，知此确为齐器，然则扬子云齐人名罂为甔之说审核不诬矣。甔之容量，徐广及《埤苍》以为大罂，而应劭以为小罂，容二斛，故王念孙有‘疑莫能明’之语。今据《宝蕴楼彝器图录》所实测，谓此器容三斗五升四合。古今量器大小不同，无由与古训稽合。按𦉜甔之后起字为罎。《广韵》二十二覃云：‘罎，甒属’是也。今字作罎，窃谓甔之为器，本非定量之名，与豆区釜钟诸名有别。铭文记𦉜实酒，《货殖传》云：‘盛酱。’今之𦉜用以盛酒盛酱，与古无殊，涉足酒坊，或大或小，触目皆是。由今推古，罎之制作，大小定自陶人，容积本无定量，谁则整齐而画一之。然则大小之说不一，正合物情，王氏以此致疑，殆非通方之论也。”（参见杨树达：《积微居金文说·工师俉𦉜再跋》，第264—265页）

10. 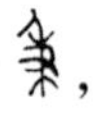，秉，容积早位也。《仪礼·聘礼》：“小斗四斛，十六斛曰籔，十籔曰秉”，即一百六十斛为一秉。《仪礼·聘礼》所记当为周之通制，齐制秉容当不若此之大也。

11. 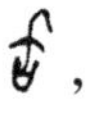，即旨，金文或作（《殳季良父壶》：“用盛旨酒”）、（《者旨诏盘》“瘫君之孙徐令尹者旨诏择其吉金”）。本铭与之形近，其为旨字无疑。《说文》：“，美也。从甘，匕声。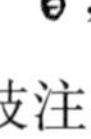，古文旨。”“旨酉”读为旨酒，美酒也。《孟子·离娄下》：“禹恶旨酒。”赵岐注：“旨酒，美酒也。”

12. ，即医氏，亦见《鷸镈》（铭云：“用旛侯氏永命万年”）。吴镇烽云：“（侯氏）春秋中期齐侯。群臣称齐侯为侯氏。”（参见吴镇烽《金文人名汇

编》，第 176 页）

13. ，即受，容受也。《方言》：“受，盛也。犹秦晋言容盛也。”《齐民要术·造神麴并酒》：“假令瓮受五石米者，初下酿，止用米一石。”皆其证也。

14. ，即卑，读为俾。徐中舒云：“俾金文作卑，其义皆当为使。其用于嘏辞者，如：‘卑女𩐁𩐁剖剖，龢龢倉倉’（《者减钟》）；‘卑若钟鼓，外内剴辟……卑百斯男，而埶斯宇’（《叔夷钟》）。此‘卑女’‘卑若’，皆命令之辞（‘女’‘若’皆第二人称，女，汝同，若亦汝也），自为祖先或天所命。”（参见徐中舒：《金文嘏词释例》，《中央研究院历史语言研究所集刊》第六本一分，第 12 页）

15. ，即瀞，吴大澂释为静，云：“，不争也。从争，从清省。古争从上以按其力，下以手承之，象二人相争形。”（参见吴大澂：《说文古籀补》，第 27 页）由此，当释瀞。《说文》：“瀞，无垢薉也。”

16. ，即母，读为毋。甲骨文、金文无“毋”字，通以“母”代“毋”，如柏根 43：“翌戊申母（毋）其星（晴）”，《县妃簋》：“孙孙子子母（毋）敢望（忘）白（伯）林。”

17. ，即瘖，当为从疒咎声之形声字，《说文》所无。《集韵》：“瘖，病也。”

18. ，即疕，当为从疒兄声之形声字，读为荒。兄、荒上古均为晓母阳部字，故可通假。荒，迷乱也、沉溺也。《尚书·五子之歌》：“内作色荒，外作禽荒。”孔安国传：“迷乱曰荒。”孔颖达疏：“好色好田则精神迷乱，故迷乱曰荒。”

19. 即貭，亦即鼏。金文从贝从鼎每通。如“鼐”作（元年师兑簋），亦作（史颂簋）；“宾”字作（史颂簋），亦作（郑井叔钟），即其例。鼏，读为密。鼏，上古明母锡部字；密，上古明母质部字，音近可通。《说文》：“鼏，鼎覆也。从鼎从冖，冖亦声。”段注：“鼏见《礼经》，所以覆鼎，用茅为之。今本作鼏，正字也。《礼》古文作密，假借字也。从鼎、冖者，冖覆也。冖亦声者，据冥字之解知之。古者覆巾谓之幎，鼎盖谓之鼏。”密，静默也。《尔雅·

释诂上》：“密，静也。”《尚书·舜典》：“三载，四海遏密八音。”孔安国传：“密，静也。”均其证也。

20. 𥁰，即盗。《说文》：“盗，安也。从宀心在皿上。人之饮食器，所以安人。”段注：“此安寧正字，今则寧行而盗废矣。”《玉篇》：“盗，安也。今作寧。”

现代汉语翻译：

在齐景公上卿国佐执政之年的某年某月丁亥日，工师𠈌铸了这只西郭宝𦉜，其容积竟有四秉之多，用来盛装美酒，谨愿齐侯受天赐之福，享万年之寿，此𦉜所盛之酒又醇美又清纯，齐侯饮用此酒，将不会有病，也不会荒政，齐国也得保静谧安宁。子子孙孙永远宝而用之。

十一、栾书缶

释文：

正月季春元日己丑，
余畜孫書已戟(擇)其吉
金，吕钗(作)盥(鑄)鈽(缶)。吕祭我
皇祖，虘(余)吕所(折)賈(眉)壽，䜌(欒)
書之子孫，萬枼(世)是寶。

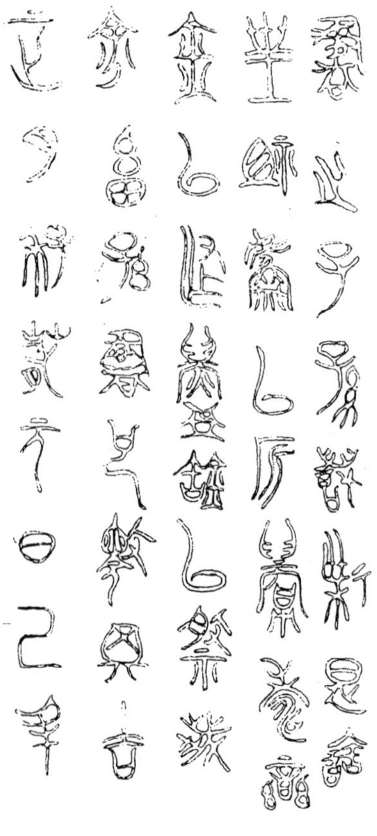

注释：

1. 此器为春秋晋国栾书遗物。吴镇烽云：“栾书，见《栾书缶》，春秋时期晋国人，名书，栾氏。”（参见吴镇烽：《金文人名汇编》，第341页）马承源更进而定其为晋景公或厉王时物，云：“书，即栾书，栾盾之子。《左传》或称栾武子、栾伯、武子、栾。据《左传》记载，栾书于晋景公十一年将下军，十三年将中军，之后曾数次出战，如救郑、侵蔡、侵楚、俘楚大夫申骊、伐秦、伐郑、败楚于鄢陵等。晋厉公八年与中行偃弑厉王，立襄公曾孙为怀公。未几，栾书亦死。”（参见马承源：《商周青铜器铭文选・栾书缶》第四册，第586页）

2. ，即季。

3. ，即萅，亦即春。此铭用字较随意而违章法，将日写为月。“正月季春”，是上年十一月为孟春，为夏历。夏历建寅，而周历建子，当以三月为季春。由此知周三月当晋正月。晋用夏正。

4. ，即元，善也。《尚书・舜典》：“柔远能迩，惇德允元。”孔安国传：“元，善之长也。”是其证。元日，即吉日也。

5. ，即丑。金文或作（《同簋》：“隹十又二月初吉丁丑”），或作（《鄀公簋》：“隹鄀公正二月初吉乙丑”）本铭当其稍稍讹变者。

6. ，即畜。玄，金文或作（《师奎父鼎》：“玄衣黹屯”），故为畜。畜，读为蓄。蓄，孝也。《礼记・祭统》：“孝者蓄也，顺于道，不逆之伦，是之谓蓄。”是其证。

7. ，即箸，亦即書。其上所从，得聿之仿佛。此铭書用为人名。

8. ，即斁，其左方所从得睪之仿佛，此铭用字随意之表现也。斁，读为择。二字同以睪为声符，例可通假。

9. ，即钗，其下方所从得乍之仿佛也。钗又读为作。

10. ，即鍂，乃缶之增繁字。缶为金制，故增金以表之。《说文》：“，瓦器，所以盛酒浆；秦人鼓之以节歌。象形。”饶炯部首订：“下象所盛之器，上象盖，中象画文，以土作之，故寄音于土；而引申为瓦器之大名，如偏旁所从取其义是也。”

11. ，即盧，第一人称代词，经籍通作吾。王国维云：“古鱼、吾同音，故往往假盧、鰧为吾。《齐子仲姜镈》云：‘保盧兄弟’、‘保盧子姓’，即保吾兄弟、保吾子姓也。”（参见王国维：《观堂别集·兮甲盘跋》，《王国维遗书》第四册，第99页）

12. ，即旂，读为祈。金文“旂”或作“”（《邾公釛钟》：“旂年眉寿”）。本铭上方所从得之仿佛也。二字同以斤为声符，例可通假。《广雅·释诂三》：“祈，求也。”《诗·小雅·宾之初筵》：“发彼有的，以祈尔爵。”毛传：“祈，求也。”

13. ，即䜌，亦即䜌，读为欒。作器者书之氏也。

14. ，隶定为，即褋，读为世。

15. ，即寶。其左下方所从得玉、贝之仿佛也。

现代汉语翻译：

正月季春之吉日乙丑这一天，作为孝孙我栾书已选择了质地上好的青铜，来铸作这件礼器缶，用以祭祀我伟大的先祖。我也用以祈求万年永寿。谨愿我的子孙，万世宝用此缶。

十二、秦公簋

释文：

（器文）

秦公曰：不（丕）顯
朕皇且受天
命，鼏宅禹責（迹），
十又二公，才（在）
帝之矿（坏），嚴龏（恭）
夤天命，保業（業）
氒秦，虩吏（事）䜌（蠻）
夏。余雖小子，穆穆
帥秉明德，剌剌（烈烈）
𧻚𧻚（桓桓），邁（萬）民是敕。

（接盖文）

咸畜（蓄）胤士，盍盍文武，鋘（鎮）静不
廷，虔敬朕祀，乍（作）𠳹宗彝，㠯
卲（昭）皇且，𢍉（其）嚴遄（歸）各。㠯受屯（純）
魯多釐，𩕢壽無疆，畯疐才（在）
天，高引又廛（慶），竈（造）囿（佑）四方。宜。

注释：

1. 郭沫若定此器为秦景公遗物，云："余今得一坚确之证据，知作器者是秦景公，盖器与齐之《叔夷镈钟》除大小相异而外，其花纹形制全如出自一范也。《叔夷镈钟》作于齐灵公中年，秦景公以灵公六年即位，年代正相同，用知所谓'十又二公'实自襄公始列为诸侯也。"（参见郭沫若《两周金文辞大系考释·秦公簋》，第 248 页）按：此器铭文分居器盖之上，先器文，后接盖文。

2. ，即舂，亦即秦。《说文》："，伯益之後所封国。地宜禾，从禾舂省。一曰：秦，禾名。，籀文秦，从秝。"按："秦"乃两手持午（杵）舂禾之象。此铭用为国名，秦公，盖即秦景公。

3. ，即鼏，读为密。孙诒让云："洪氏（按，洪颐煊《读书丛录》云：'当是鼏字。《礼仪·公食大夫礼》"设扃鼏"。郑注："鼏，古文皆作密。"《说文》以鼎为贞字，故鼏字作貟。'按洪说是也。《尔雅·释诂》：'密，静也。'"（参见孙诒让：《古文拾遗》，第 31 页）《尚书·舜典》："三载，四海遏密八音。"孔安国传："密，静也。"是其证。

4. ，即宅，居也。《说文》："宅，所正也。从宀，乇声。宨，古文宅。庑，亦古文宅。"段玉裁据《太平御览》改作："人所讬居也。"《尔雅·释言》："宅，居也。"《书·盘庚上》："我王来，既爰宅于兹。"孔安国传："言祖乙已居于此。"是其证也。

5. ，即賚，读为速（迹），二字同以朿为声符故也。"禹賚"即禹迹。《左传·襄公四年》："芒芒禹迹，划为九州。""鼏宅禹賚"读为"密宅禹迹"，谓静居大禹所辟之土也。《叔夷钟》："处禹之堵"，与此意同。

6. 十又二公，指襄公、文公、宁公、出公、武公、德公、宣公、成公、穆公、康公、共公和桓公。《秦公簋》与《秦公钟》铭文相类，其为同时之器无疑。钟铭有"商（赏）宅受或（國）"句，盖指襄公受周平王封为诸侯事。《史记·秦本纪》云："西戎犬戎与申侯伐周，杀幽王郦山下，秦襄公将兵救周，战甚力，有功。周避犬戎难，东徙洛邑，襄公以兵送周平王。平王封襄公为诸侯，赐之岐山以西之地，曰：'戎无道，侵夺我岐、丰之地，秦能攻逐戎，即有其地。'与誓，封爵之。襄公于是始国，与诸侯通使聘享之礼。"钟铭历数先公自"商（赏）宅受或（固）”始，即从襄公始。自襄公至桓公正十又二公。桓公而下，乃本器作者景公也。

7. ，隶定为，高田忠周释坏（坯），“此字土下有范岬，非笔画，刘氏（按，指刘心源《奇觚室吉金文述》）误为形，云：‘地名，按《师遽簋》不顯之顯作，㬎省，知即之下体，疑为纯字。’粗漏殊甚。《说文》：‘，丘再成者也。从土，不声。一曰：瓦未烧。’朱骏声（按，指朱骏声《说文通训定声》）云：‘《水经》河水注引《说文》字作坯。’按：亦作岯作伾。《书·禹贡》：‘至于大伾’，以伾为之。”（参见高田忠周《古籀篇》十，第35页）按，“坏”《竞卣》作，《鄂侯鼎》作。《说文》：“坏，丘再成者也”。段玉裁改为“丘一成者也”。注云：“一，各本作再，今正。《水经注》曰‘河水又东径成皋大伾山下’。《尔雅》‘山一成谓之伾’。许慎、吕忱等并以为‘丘一成’也。孔安国以为‘再成曰伾’。据此，是俗以孔传改易许书。”

8. ，即龏，亦即龔，读为恭。

9. ，即夤，庄敬也。《说文》：“，敬惕也。从夕，寅声。《易》曰：‘夕惕若夤。’”《汉书·序传下》：“中宗明明，夤用刑名。”颜师古注引邓展曰：“夤，敬也。”是其证。“严龏（恭）夤天命”，谓严肃恭敬天命。《尚书·无逸》：“严恭寅畏天命”，与此意近。

10. ，隶定为，读为業。《说文》：“，大版也。所以饰县钟鼓，捷業如锯齿，以白画之，象其鉏铻相承也。从丵巾，巾象版。《诗》曰：‘巨業维枞。’，古文業。”既为業，则当为，从去業声，读为業。業读为辥（乂）。業，上古疑母葉部字；乂，上古疑母月部字，音近可通。保，读为“保辥”“保乂”“保 乎秦”，与《大克鼎》：“保辥周邦”，《晋公錐𥂴》：“保辥王国”，以及《尚书·多士》：“亦唯天丕建保乂有殷”意近。

11. ，即虩，小心也，恐惧也。《说文》：“虩，《易》：‘履虎尾虩虩’，恐惧。从虎，⿰声。”“虩吏（事）䜌（蛮）夏”，谓小心谨慎地对待蛮夷和诸夏。

12. ，即穆穆，端庄盛美貌。《诗·太雅·文王》：“穆穆文主，於缉熙敬止。”是其例也。

13. 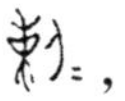，即剌剌，读为烈烈。剌、烈上古同为来母月部字，例可通假。烈烈，威武貌。《诗·小雅·黍苗》：“烈烈征师，召伯成之。”是其例也。

14. 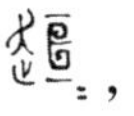，读为桓桓。逗、桓皆以亘为声符，例可通假。桓桓，威武貌。《诗·鲁颂·泮水》：“桓桓于征，狄彼东南。”是其例也。

15. 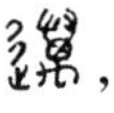，即邁，读为萬，邁，上古明母月部字；萬，上古明母元部字，邁萬月元对转。

16. ，即敕，诫饬也。《说文》：“敕，诫也。从攴，朿声。”吴大澂《说文古籀补》：“古‘敕’字从柬。”“邁（萬）民是敕”，即“敕萬民”，宾语“萬民”置动词“敕”之前，又加代词“是”复指也。

17. ，即胤。《说文》：“胤，子孙相承续也。从肉从八，象其长也。从幺。象重累也。”郭沫若云：“‘咸畜胤士’钟铭（按，指《秦公钟》铭）作‘咸畜百辟胤士’，《晋公{{{UNK}}}}}}》言‘咸畜胤士’。孙诒让云‘胤士之义，以声音考之，当读为“尹士”。……尹士，犹言官士也。’余意胤能殆假为俊。《礼记·王制》：‘司徒论选士之秀者而升之学曰俊士。’《书·皋陶谟》：‘俊乂在官’，语意相近。”（参见郭沫若：《两周金文辞大系考释·秦公簋》，第248页）

18. ，即。郭沫若云：“此字当从皿趆声，趆则从走去声。去声与疋声同鱼部也。者，当假为祛祛。《诗·鲁颂·駉》：‘以车祛祛。’毛传云：‘强健也。’”（参见郭沫若：《两周金文辞大系考释·秦公簋》，第249页）

19. ，即鋓，亦即镇。《说文》：“慎，谨也。从心，真声。，古文。”沓，上从火，下从日，亦正鋓右方之所从，唯排列次序相反也。镇，镇压也，安抚也。《广雅·释诂一》：“镇，安也。”又《释言》：“镇，抚也。”《国语·晋语七》：“柔惠小物，而镇定大事。”韦昭注：“镇，安也。”是其证也。

20. 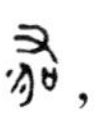，郭沫若隶定为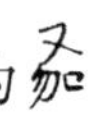，云：“‘乍宗彝’字从又吻声，当是䀄之异文。《说文》吻或作脗，从肉昏声。昏从民声与䀄从民声相同。䀄与旻通。《毛公鼎》：‘䀄天畏疾’，即《诗》‘旻天疾威’。旻又同闵，《左传·哀公十六年》：‘旻天不弔’，《周礼·大祝》注郑司农引作‘闵天不淑’。旻闵均从文声。《礼

记·儒行》：‘不闵有司。’注云：‘闵或为文。’则闵与文通，此言叡宗，余意即文公之庙也。”（参见郭沫若：《两周金文辞大系考释·秦公簋》，第249页）

21. ，即卲，读为昭。昭，彰明也，显扬也。《尔雅·释诂下》：“昭，见也。”《诗·大雅·文王》：“文王在上，於昭于天。”是其证也。

22. ，即𠭯，亦即其。𠭯乃其之增繁字。《秦公镈》：“具即其服”作“其”，而“秦公𠭯畯黔在位”作𠭯，可证𠭯即其。

23. ，郭沫若隶定为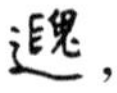，云“殆歸之异文，从辵从帚省，鬼声也”。（参见郭沫若：《两周金文辞大系考释·秦公簋》，第249页）

24. ，即疐。郭沫若云：“‘畯才天’，畯读为畯，高也。疐即《诗·豳风·狼跋》：‘载疐其尾’之疐，疐谓蹶也。（《尔雅·释言》训疐为仆，又为跲。又，《说文》云：‘跲，踬也。’然踬有蹶意，见《广雅·释诂》，则跲与疐亦有蹶意可知）。犹言高蹈在天也。”（以上材料引自郭沫若：《两周金文辞大系考释·秦公簋》，第249页）

25. ，即麐，亦即慶（庆）。慶（庆）甲骨文作（前4.47.3），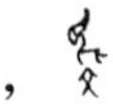（后下35.8），从鹿从文，麐即麐，其为兽也为麢、麖，麞属也。麐或麐为祥兽，故引申为吉庆。金文“文”字多从心作（旂鼎）、（改盨），故金文麐字又作（伯其父簠），又讹为（㠱伯盨）、（陈公子仲庆簠），而当当即小篆之所从来。庆，赏赐也。《孟子·告子下》：“入其疆，土地辟，田野治，养老尊贤，俊杰在位，则有庆，庆以地。”赵岐注：“庆，赏也。”是其证也。

26. ，即竈，亦即竈，读为造。《广雅·释言》：“竈，造也。”王念孙疏证：“造即竈之借字也。《大祝》‘二曰造’，故书造作竈。是竈与造通。”造，至也。《广雅·释言》：“造，诣也。”《书·盘庚中》：“诞告用亶其有众，咸造勿亵在王庭。”孔安国传：“造，至也。”“竈囿四方”，读为“造有四方”，谓凡所到四方之地，皆拥有之也。《秦公钟》铭作“匍又四方”，读为“溥有四方”，又作“竈又下国”，读为“造有下国”，与此意同。

27. ，即宜，祭名。《尔雅·释天》：“起大事，动大众，必先有事乎社而

后出，谓之宜。”邢昺疏：“其祭之名，谓之为宜。”《书·泰誓上》：“类于上帝，宜于冢土。”孔安国注：“祭社曰宜。”是其证也。

28. 以上铭文（器文接盖文）而外，尚有器之刻铭“西元器一斗七升簋”和盖之刻铭“西一斗七升大半升盖”。

现代汉语翻译：

秦景公自述道：“我的声名显赫的伟大的先祖秉受天命，静居于禹王所开辟的土地上。先王襄公、文公、宁公、出公、武公、德公、宣公、成公、穆公、康公、共公、桓公等十二公居于天帝的圣地上。严肃恭敬天命，临保治理秦国，小心谨慎地教化诸夏，并安抚百蛮。作为国君，我虽然还不成熟，但我却郑重地遵行正道，弘扬明德，倡导威重，用以训教万民。我们已经培养出的许多俊士，强而有力，文武兼备，安抚那些不向大周皇朝称臣的国家和邦族。我将始终虔诚恭敬地祭祀我的先祖，特地制作了文公宗庙所用的礼器，用以彰明先祖的功德。愿先王在天之灵归来，我将得到既大又多的福祉，并将得到万年永寿。愿先王高蹈在天，给我以大量的长久的赏赐，并使我拥有一切足迹所至的四方之地。”（写于宜祭之后）

第六节　战国时期铭辞选读

战国时代，政治分立，字不同体，其地域性表现得更为强烈。秦国文字保持正体规范，是金文发展正脉所在。六国文字极不统一，齐韩赵魏尚保秦之仿佛；东北方中山国则颇多异体，南方楚国则或奇诡，或支离，难于指认，如之为爲，之为戚，等等，其艺术化之甚者，出现鸟书或虫书，致有不少单字，至今不能确识。

一、姑冯勾鑃

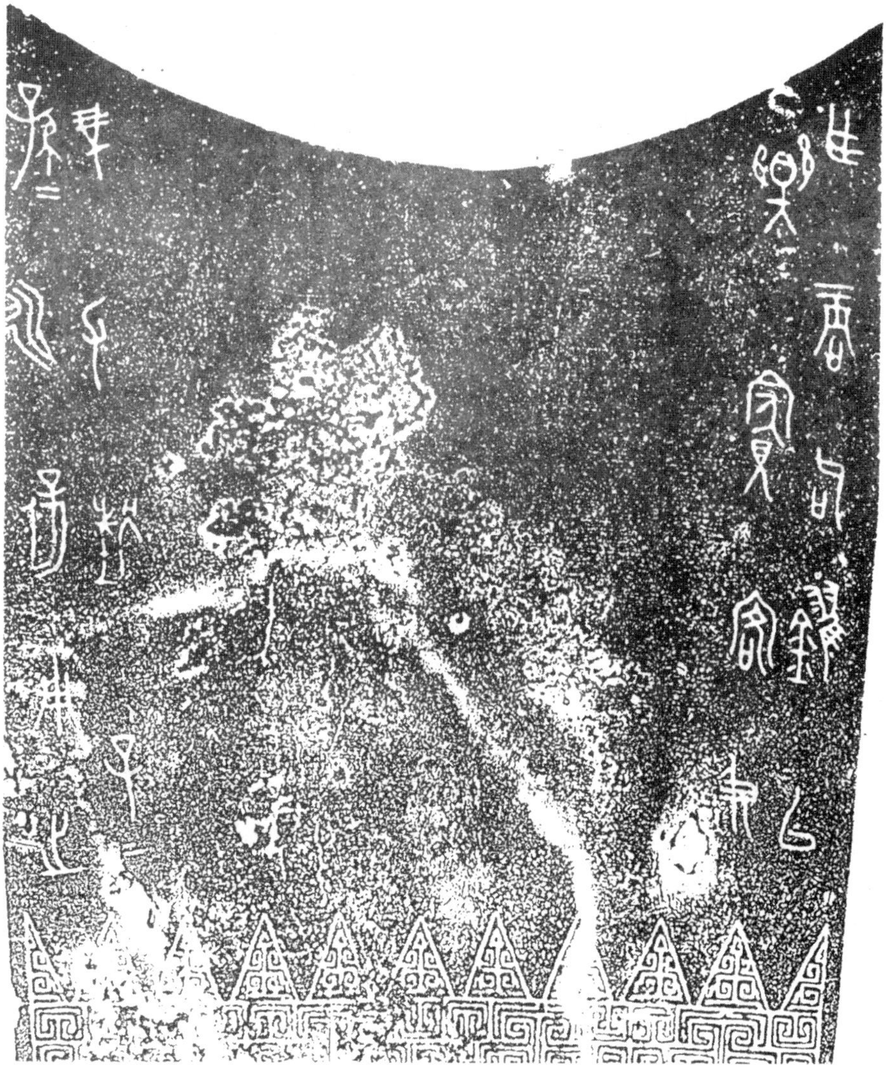

释文：

隹王正月初
吉丁亥，姑馮
昏同之子
睪(擇)氒吉金
乍(作)商句鑃。㠯
樂賓客及
我父蜺(兄)。子子
孫孫永保用之。

注释：

1. 此器为战国时期越国冯同之子之遗物。吴镇烽云：“姑冯昏同，见《姑冯昏同句鑃》，春秋末战国初期人，越国大夫，与越王勾践同时。”（参见吴镇烽：《金文人名汇编》，第161页）郭沫若云：“姑冯昏同者当即越王句践时之大夫冯同。《越绝书·请糴内传》及《外传记范阳》又《德序》如是作，《外传纪地》作逢同，《计倪内经》作佚同。《史记·越世家》及《韩非·说疑》作逄同，《吴越春秋·勾践入臣外传》作扶同。扶、逢、冯古为双声，佚乃误字也。”（参见郭沫若：《两周金文辞大系考释·姑冯勾鑃》，第223页）

2. ，即冯。郭沫若云：“‘姑’下一字原作，旧释为冯，人多疑之。案此字左旁所从冰固无疑，右旁所从实凤之奇文。卜辞凤字作若，此犹存其意，知此则释冯至当。盖此字本从奇文凤声。从凤者取凤鸟之冯风也。冯字从马作者，乃后来之讹变。”（以上材料引自郭沫若：《两周金文辞大系考释·姑冯勾鑃》，第223页）

3. 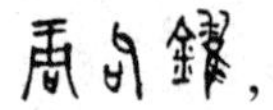，即商勾鑃。其所发之音为商之句鑃。《吕氏春秋·孟秋纪》：“其音商。”《淮南子·天文训》：“太蔟为商。”吴大澂《说文古籀补·补遗》云：“鑃，铎之大者，似钟而口向上，军中所用之器，执而鸣之，所以止鼓。疑即古铙字。”由于每一句鑃形制一定，器腔一定，则所发之音赫兹数一定，亦即音高一定。商勾鑃者音高相当于太蔟之勾鑃也。

现代汉语翻译：

周某王某年正月上旬丁亥日，越大夫姑冯昏同之子选择其质地上好的青铜，自己制作了音高相当于太蔟的乐器勾鑃，用来宴乐宾客和我的父兄。愿子子孙孙永远宝而用之。

二、楚王酓章鼎

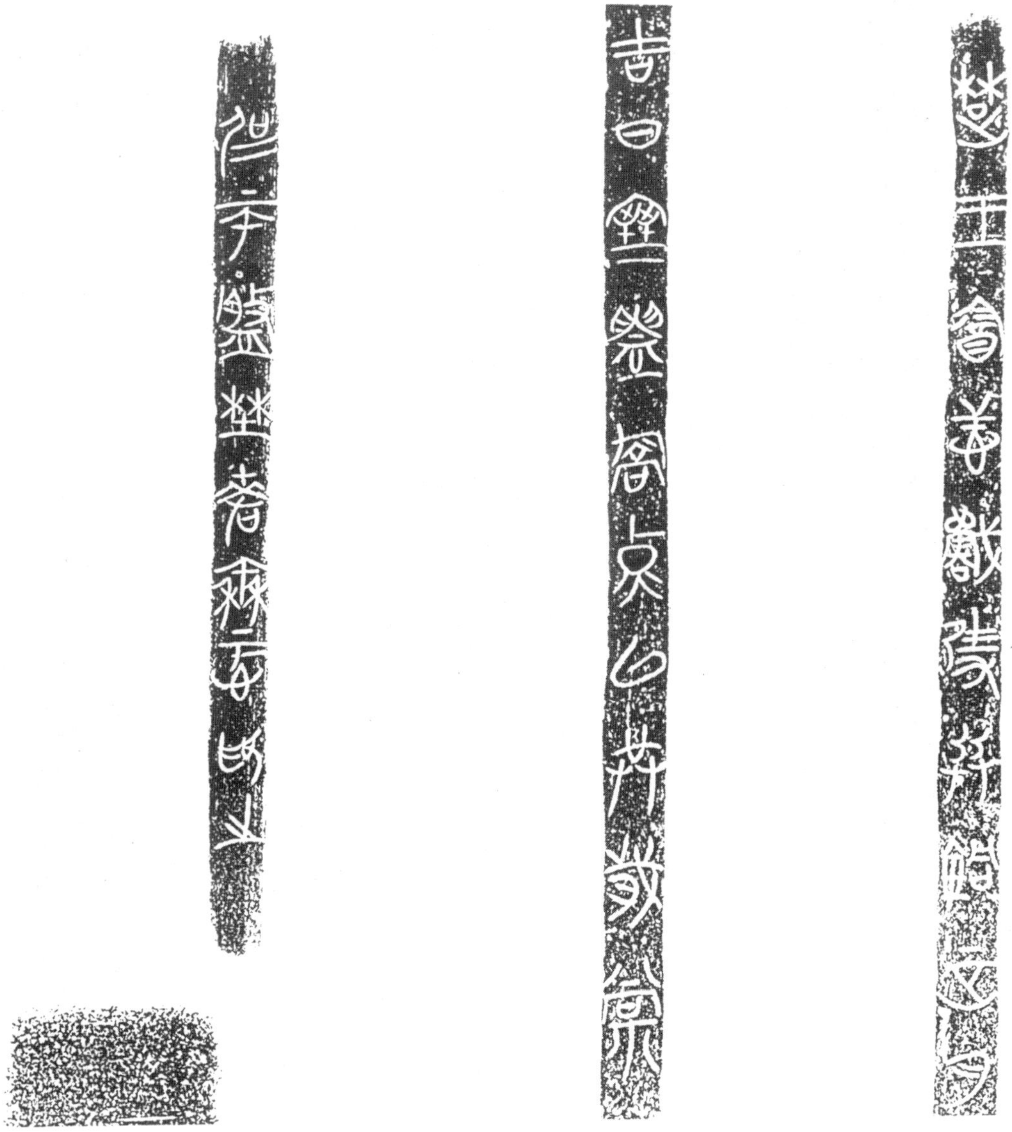

释文：

（器铭）

楚王酓恙戰隻（獲）兵銅，正月吉日窒（室）盌（鑄）匐（鐈）貞（鼎），呂共（供）㦰棠（嘗）。但（冶）夲（師）盤埜差（佐）秦忑爲之。三楚。

（蓋铭）

楚王酓恙戰隻（獲）兵銅，正月吉日窒（室）盌（鑄）匐（鐈）貞（鼎）之蓋，呂共（供）㦰棠（嘗）。但（冶）夲（師）吏秦（秦）差（佐）苛膳爲之。集脰（厨）。

注释：

1. 此器为战国楚幽王熊悍遗物。吴镇烽云：“酓恙，见《楚王酓恙鼎》、《楚王酓恙盘》，即楚幽王熊悍。公元前 237 年即位，在位十年。”（参见吴镇烽《金文人名汇编》，第 223 页）此鼎有器铭，亦有盖铭，铭文正文器盖略同，惟盖铭多“之盖”二字。此外，制作者与地名行文格式同。

2. ，即恙，亦即忎，读为悍。郭沫若云：“此鼎最近出土于安徽寿县。酓恙，即楚幽王熊悍（此据《楚世家》，《年表》作悍，乃字误）。恙从心羊声。羊即干字之异。干，金文之较古者作，乃圆盾之象形，上有羽饰而下有蹲。古文凡圆点之字大抵演化为一横，故由而，更进则为干。然亦有演化为二横者，如朱字本作

，而《师酉簋》文作，其他如《眉脒鼎》、《上乐床鼎》及鼀器之鼀所从朱字亦系二横，故字可作也。《说文》说干为‘从从反入’，未得其意。又收羊字于干部，谓‘撖也。从干。入为干，入为羊，读若任，言稍甚也。’又以为南字之声符，然殷周古文南字均不从羊作。许于干既失，于南亦误，故羊说尤不足信。”（参见郭沫若：《两周金文辞大系考释·楚王酓忎鼎》，第 169 页）

3. ，即戬，亦即戰（战）。金文嘼、單每通作。如“獸”字作（宰甫簋），亦作（嘼爵），嘼下之口乃于單下置装饰性构件，无实义可说。“戬隻兵铜”，当即《史记·楚世家》所载“秦魏伐楚”之役，楚获胜利而得青铜之兵器，战后销熔之以制祭鼎。

4. ，即窒，郭沫若云：“窒当是室之繁文，同出之器（按，指《楚王酓肯镐鼎》）言‘钗（作）鑄鬲（镐）鼑（鼎）’则义当与作近，殆假为设也。”（以上材料引自郭沫若：《两周金文辞大系考释·楚王酓忎鼎》，第 169 页）

5. ，即盟，金文或作（国差罎），乃鑄之简率，存其仿佛而已，即铸。

6. ，隶定为鬲。郭沫若读为镐，云：“鬲鼎者，盖高脚之鼎。《说文》：‘镐，似鼎而长足’，盖此类。”（以上材料引自郭沫若：《两周金文辞大系考释·楚王酓忎鼎》，第 169 页）

7. ，隶定为貞。金文“鼎”字或或作（㦰鼎）、（中山王嚳鼎），盖其简率草就也。

8. ，即戠祟，亦即㦸嘗。郭沫若读为蒸嘗，云：“祟即秋祭之嘗之本字。‘㦸祟’连文则㦸盖假为蒸。㦸声在之部，与蒸为对转。”（以上材料引自郭沫若：《两周金文辞大系考释·楚王酓忎鼎》，第 169 页）

9. ，即佁，当为楚国“冶”之专字。《说文》：“，销也。从仌，台声。”当得金文“冶”形体之仿佛。“佁帀盘埜”，即冶师盘埜，盘埜，其名也。

10. ，即羞，亦即差，读为佐。金文（左）（右）每多通作。“差秦忑”，读为“佐秦忑”，谓秦忑为冶师盘埜之辅佐也。

11. “佁帀吏秦差苛膽”，冶师吏秦为主，苛膽为辅佐也。

12. ，即爲。金文“爲”字或作（𩰫镈）、（邾公华钟），此铭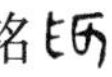乃从左旁之，而右旁则仅存其头也。楚国文字之简率奇诡，于此可见一疵。

13. 三楚、集脰（厨），盖铸造地点。

现代汉语翻译：

楚王熊悍在同秦、魏联军作战过程中，缴获了大量青铜兵器。某年正月的一个吉日，熔销之后铸造了这只高脚祭鼎（之盖），以供作进行蒸祭尝祭之用。[冶师盘埜（吏秦）负主责，秦忑（苛膽）为辅佐，作成此鼎（盖）。冶铸地点为三楚（集厨）。]

三、曾姬无卹壶

释文：

隹王廿又六年，聖趄之夫人曾姬無卹，望安丝（茲）漾陲，蒿（告）閖（閒）之無⿷匚馬。甬（用）乍（作）宗彝尊壺。逡（後）嗣甬（用）之，⿱戠目（職）才（在）王室。

注释：

1. 此器为战国曾国曾姬无卹遗物。吴镇烽云：“曾姬无卹，见《曾姬无卹壶》，战国时代人。姬姓曾国之女，名无卹，嫁于楚王……李学勤先生认为是楚声王之妻，楚宣王的祖母，楚宣王二十六年仍健在，享年约七十余岁，故壶铭称‘圣趄之夫人’。”（见《论汉淮间的春秋青铜器》，《文物》1980年一期）。（参见吴镇烽：《金文人名汇编》，第250页）

2. 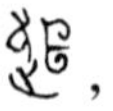，即趄，读为宣。“圣趄之夫人曾姬无卹”，指楚声王之夫人、楚宣王之祖母。

3. ，即望。金文或作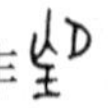（《无叀鼎》：“既望”）。此铭当其稍稍讹变者，其为“望”字无疑。望，遥祭也。《广雅·释天》：“望，祭也。”王念孙疏证：“望者，遥祭之名。”《字汇》：“望，祭名。望而祭之，故曰望。”《尚书·舜典》：“望于山川。”孔安国传：“皆一时望祭之。”《淮南子·人间训》：“郊望帝尝。”许慎注：“望祭日月、星辰、山川也。”均其证也。

4. 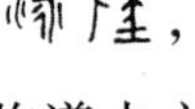，即漾陲，地名也。漾为水名。《说文》：“陲，危也。从𨸏，垂声。”漾陲以临漾水之高地而得名。漾水当在楚地。湖北江陵出土有《漾伯簠》，此漾伯应为漾水流经之国之国君，而诸侯望祭山川又必在国境之内，是其证也。

5. 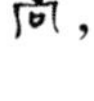，即蒿，读为告。上古蒿，晓母宵部字；告，上古见母觉部字，音近

可通。

6. ，即閖，亦即閒。《说文》：“閒，隙也。从門从月。，古文閒。”此铭閖（閒）读为简。

7. ，即嗎，当为从马匹声之形声字。马承源读为拂，云：“匹、拂古音同。无嗎即无拂，就是无违戾。《诗·大雅·皇矣》：‘四方以无拂。’郑玄笺：‘拂，犹佹也，言无复佹戾文王者。’”（参见马承源：《商周青铜器铭文选·曾姬无卹壶》，第四册，第454页）

8. ，即甬，读为用。甲骨文作（前1.21.4）、（京津4588）、（铁116.1），象桶之形，为桶身，为把手。金文甬字作（毛公鼎），乃由分化出来，甬用一字。

9. ，即彝。金文或作（善夫克鼎）、（酓章乍曾侯乙镈）。此铭为其稍稍讹变者。铭云：“甬（用）乍宗尊壶”，由字形和文义两视之，之为彝可无疑也。

10. ，即，亦即職（职），犹職既作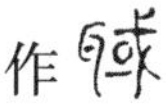（職），又作（䎺）也。职，职务也，职事也。《广雅·释诂三》：“职，事也。”《淮南子·俶真训》：“农乐其业，大夫安其职。”高诱注：“职，事也。”是其证也。

现代汉语翻译：

楚宣王二十六年，王的祖母老夫人曾姬无卹举行望祭，以安定此漾陲地方，其告祝简册所记全无拂违之处，于是用来制作宗庙礼器祭壶。但愿后嗣子孙传而用之，并且以服务王室为自己的神圣职责。

四、哀成叔鼎

释文：

正月庚午，嘉曰：
余鄭(鄭)邦之産，少
去母父，乍(作)鑄飤
器黄鑊(鑊)。君既安
叀(惠)，亦弗其𣵠(墜)蒦(蒦)。
嘉，是隹哀成弔(叔)。哀成弔(叔)之
鼎永用禋祀，死(尸)于下
土，台(以)事康公，勿或能詞。

注释：

1. 此器为战国时代郑国哀成叔遗物。吴镇烽云：“嘉，见《嘉鼎》（按，即《哀成叔鼎》），即哀成叔，成国中期人，郑康公之子。少年时因韩哀侯灭郑（公元前375年），便离开了父母之邦，寓居周都王城。”（参见吴镇烽：《金文人名汇编》，第270页）

2. ，即嘉，作器者，下文称“嘉，是隹哀成叔”，则嘉为名，哀成叔为字。

3. ，隶定为，亦即鄭。

4. ，即産，出生也。《正字通》：“産，本其所生长之地曰産。”《左传·僖公二年》：“晋荀息请以屈産之乘与垂棘之璧假道于虞以伐虢。”杜预注：“屈地産良马，垂棘出美玉。”《孟子·滕文公上》：“陈良，楚産也。”赵岐注：“陈良生于楚。”“余邦之産”，读为“余鄭邦之産”，谓我在郑国出生。

5. ，即厺，亦即去，离去也。《说文》：“，人相违也。从大厶声。”段注：“违，离也。”“去母父”犹言“去父母之国”，指离开故国。《孟子·万章下》：“（孔子）去鲁，曰‘迟迟吾行也，去父母国之道也’。”与此意同。

6. ，即飤。《说文》：“飤，粮也。从人食。”段注：“以食食人。本作食，俗作飤，或作飼。”

7. 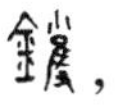，即鑊，亦即镬，无足之鼎也。《说文》：“鑊，鑴也。”《周礼·天官·亨人》：“掌共鼎鑊。”郑玄注：“鑊，所以煮肉及鱼腊之器。”《淮南子·说山训》：“尝一脔肉，知一镬之味。”高诱注：“有足曰鼎，无足曰镬。”“乍飤器黄镬”，读为“作铸食器黄镬”。

8. ，即叀，读为惠。惠，恩爱也。《尔雅·释诂下》：“惠，爱也。”邢昺疏：“爱谓宠惜也。《诗·郑风·褰裳》：‘子惠思我，褰裳涉溱。’”毛传：“惠，爱也。”是其证。“君既安叀”，读为“君既安惠”，谓郑康公既能安和惠爱下民。据《史记·郑世家》：“二十五年，郑君杀其相子阳。二十七年，子阳之党共杀缧公骀而立幽公弟乙为君，是为郑君。郑君乙立二年，郑负黍反，复归韩。十一年，韩伐楚，取阳城。二十一年，韩哀侯灭郑，并其国。”裴骃集解引徐广云：“一本云：‘立幽公弟乙阳为君，是为康公。’《六国年表》云：‘立幽公子骀，是以郑君阳为郑康公乙。’班固云：‘郑康公乙为韩所灭。’”知君当指郑末代国君郑康公。

9. ，隶定为溘，读为墜，“述”字金文作（盂鼎）、（小臣谜簋）、（中山王譽壶）。王国维云：“隊鼎文作，《书·君奭》：‘乃其隧命’，《魏三体石经》古文作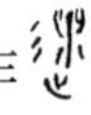，《说文》‘，古文遂’，此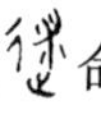命即隊命矣［按：指《大盂鼎》：‘我闻殷述（隊）命。’］”（参见王国维：《观堂集古今文考释·盂鼎铭考释》，第2页；《王国维遗书》第六册，第70页）述从术声，溘亦从术声（溘从皿沭声，而沭又从水术声），故溘亦当读为隊（墜）。术，上古船母物部字，墜，上古定母物部字，音近可通。

10. ，即蒦，亦即蒦，规蒦也。《说文》：“蒦，规蒦，商也。从又持萑。一曰：视遽貌；一曰：蒦，度也。彠，蒦或从尋。尋亦度也。《楚辞》曰：‘求彠之所同。’”《汉书·律历志》：“夫度者，别于分，忖于寸，蒦于尺，张于丈，信于引。”是其证也。“亦弗其溘蒦”，读为“亦弗其坠彠”，谓亦不废失规度也。

11. ，即㝠，读为𥛊，亦即禋，敬祀也。㝠从宀，煙声，煙，从火，垔声。𥛊，从宀，禋声，禋，从示，垔声。故㝠、𥛊可通。《说文》：“，洁祀也。一曰：精意以享为禋。从示，垔声。，籀文从宀。”

12. ，即死，同尸，主管也。饶炯《说文部首订》：“𣦵（死）即尸之或体。”《墨子·大取》：“一爱相若，其类在死也。”于省吾新证：“死应读为尸……尸之通诂训主……言无论兼爱一爱，均以他为主，而非为我也。”《晏子春秋·内篇谏上五》：“死三日而毕。”于省吾新证：“主管其事曰尸，犹今人言职务。《尔雅·释诂》：‘职、尸，主也。’是职、尸同训。……此云‘尸三日而毕’，言其职尸之事三日而毕也。”均其证也。“死于下土”，读为“尸于下土”，谓主持郑国山川之祭祀也。

13. 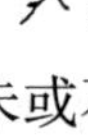，即或。《广雅·释诂一》：“或，有也。”《尚书·五子之歌》：“有一于此，未或不亡。”《吕氏春秋·贵公》：“无或作好，遵人之道”，均其证也。

14. 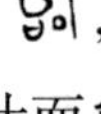，即䛐，读为怠，怠忽也。《玉篇》：“怠，懈怠也。”《吕氏春秋·达郁》：“壮而怠则失时，老而解则无名。”高诱注：“怠，懈。”是其证。

现代汉语翻译：

正月庚午日，嘉自述道：我在郑国出生，幼年离开故国，（每多哀伤，）特铸作食器：黄色无足之鼎。现在，郑康公既能安和并康惠百姓，也不废坠先王法度。我名嘉，字哀成叔。我哀成叔之祭鼎永远用于敬祀列祖列宗，我哀成叔精意主持郑国山川之祭，用以事奉康公，决不有所怠忽。

五、十四年陈侯午敦

释文：

隹十又四年，塦（陳）医午台（以）羣者（诸）侯䝬（獻）金乍（作）皇妣（妣）孝大妃祐（祭）器鈛錞（敦），台（以）登（烝）台（以）嘗，保又（有）齐邦，永世（世）母（毋）忘。

注释：

1. 此器为战国时期齐国陈侯午遗物。吴镇烽云：陈侯午，见《陈侯午簋》、《十年陈侯午敦》、《十四年陈侯午敦》（二件），齐太公田和之子，名午。齐康公二十一年（前 384）称侯，史称田齐桓公。《史记 · 田敬仲完世家》："齐侯太公和卒，子桓公午立，六年卒。"索隐："纪年梁惠王十三年当齐桓公十八年"，后威王始见，则桓公十九年而卒。陈侯午在位年数不止六年，《史记》记载有误。

2. ，隶定为䝨，即獻。金文或作（遹鼎）、或作（召伯簋），或省作（奠大师甗），从虍从犬，省作（叀甗），从鼎从犬。此铭亦省式，从贝从犬。金文从鼎从贝每通作也。献，进献也，进奉也。《广雅 · 释诂二》："献，进也。"《玉篇》："献，奉也，进也，上也。"《字汇》："献，凡以物相馈，下之于上曰献。"《周礼 · 天官 · 内府》："凡四方之币献之金玉、齿革、兵器，凡良货贿入焉。"郑玄注："诸侯朝觐所献国珍。"是其证也。

3. ，即皇。金文或作（曾伯霥匠）、作（叔角父簋），此铭与之形近，其为皇字无疑。《说文》："皇，大也。"

4. ，即妣，亦即妣。《说文》："，殁母也。从女，比声。，籀文妣省。"

5. ，即孝。其上所从老省通常作或。但春秋战国山东之齐、鲁、薛、铸、杞诸国作、、等形，此乃古文构形呈现地域性之一例。孝大妃，当为大公之妃。

6. ，即祐，亦即祭。金文或作（邾公华钟）、（鄘侯簋）、（陈侯因資敦）、（中山王嚳壶），此铭形旁与之相同，唯形旁排序有异，其为祭字无疑。

7. ，即器，乃犬之泐，恐系范损所致。

8. ，马承源释鉞，云："鉞，字铭作，从金从，为弋字的繁变。"《尔雅 · 释器》："鼎附耳外谓之釴。"

9. ，即，亦即錞，亦即敦。徐中舒云："敦有团意。《诗 · 七月》'有敦瓜苦’。传云：‘敦犹專專也’；專團同。團團正是敦形。《尔雅·释丘》云：‘如覆敦者敦丘。’郭璞注：‘今江东呼高堆谓敦’；据此则敦之形团亦可想象得之。纬书《孝经钩命诀》云：‘敦，规首，上下圆相连（《尔雅·释丘》疏引）’，‘敦与簠簋容受虽同，上下内外皆圆为异’（《礼仪·少牢馈食礼》疏引）。此上下内外皆圆，正是陈侯三敦（连《因資敦》而言）之形制。”（转引自郭沫若：《两周金文辞大系考释·陈侯午錞》，第217页）由是，知（錞、敦）乃圆形食器。朱德熙云：“从甲骨文金文一直到小篆，亯（荐神）和章（庸和郭）的写法一直是有区别的。战国文字才开始把从章的字简化为从亯。……汉代在亯字下边加了一竖笔：（新嘉量）、（同上）。以后又因为要区别亯字荐神和任物两种意义，在竖笔上加一横笔，把亯字分化为享和亨两个字。而‘享’这个字形除了代表亯本字和章字（仅作偏旁用）之外，还代表‘辜’（淳、錞、熟等字偏旁），这个形体的职能就更加繁复了。”（参见朱德熙：《古文字考释四篇·释椁》，《古文字研究》第八辑，第21页）既亯、章、辜入汉以后方合为一，知之作錞乃汉世之事。（錞），文献作敦，器与盖均呈半球形，俗称西瓜鼎也。

10. ，即羿，读为蒸，以登蒸古皆端母蒸部字故也。蒸，祭名，指古代冬祭。《五经文字》：“蒸，《尔雅》以为祭名。其经典祭烝多去草，以此为薪蒸。”《国语·鲁语上》：“夏父弗忌为宗，蒸，将跻僖公。”韦昭注：“凡祭祀，秋曰尝，冬曰蒸。此八月而言蒸，用蒸礼也。凡四时之祭蒸为备。”是其证。

11. ，即甞（尝），祭名，指古代秋祭。《尔雅·释天》：“秋祭曰尝。”《诗·小雅·天保》：“禴祠烝尝，于公先王。”毛传：“秋曰尝。”

12. ，隶定为莖，亦即世。陈侯午錪作，分明从世从立。《说文》云：“，三十年为一世。从而曳长之，亦取其声也。”张日昇云：“许谓‘亦取其声’者，盖指声也。陈侯诸器（按，指《陈侯午》《錪》《簋》诸器）世字并从立，不与宗同［按，指世作（㪙伯簋）、（趩簋）、（且日庚簋）］。窃疑陈地方音世读立声。立、卅古音并在缉部，立当作 klịəp，卅当作 sĕp，而许氏所记亦陈音也。”（参见周法高主编：《金文诂林》，第1223—1224页）

现代汉语翻译：

田齐桓公十四年，午用众诸侯所奉献的青铜，为伟大的母后孝大妃制作了祭器鈛敦，供作举行冬祭和秋祭之用。愿田氏常主齐国，子孙永世不忘。

六、𡚱䖵壶

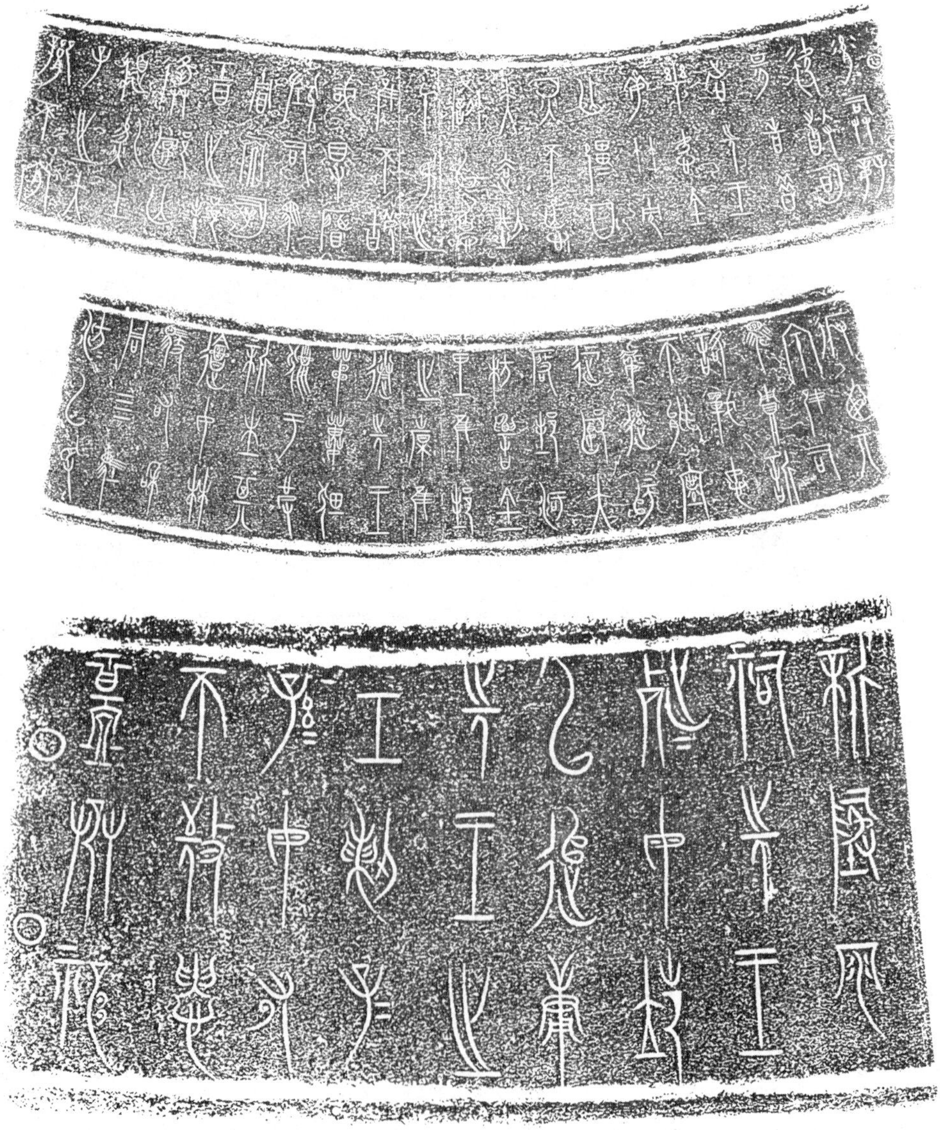

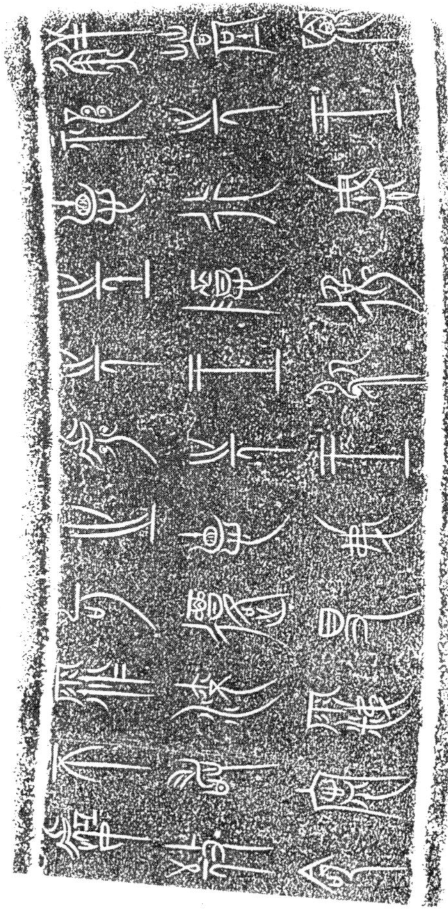

释文：

𦣞(胤)𤔲(嗣)好
盗敢明
易(揚)告：昔
者先王
𢀜(慈)悉(愛)百
每(謀)，竹(篤)克
亡彊(疆)，日
夜(夜)不忘
大去(去)型(刑)
罰，以㥁(憂)
氒民之
隹(罹)不𧾸(辜)。
或(又)旻(得)賢(賢)
𢦏(佐)司馬
賙(賙)，而冢(重)
貢(任)之邦。
逢(逢)郾(燕)亡
道(道)，𨗈(易)上，
子之大
辟(辟)不宜(義)，

彶(反)臣亓(其)
宗。隹司
馬賙訢
諤(諤)戰(憚)怒(怒)，
不能寍(寧)
處。達(率)師
征郾(燕)，大
啟邦河(宇)，
枋(方)譻(數)百
里，隹邦
之榦。隹
朕(朕)先王，
茅蒐狃(田)
獵，于皮(彼)
新杢(埜)，其
會(會)女(如)林。
駿(馭)右和
同，四駐
汸汸，以取

鮮薑(莧)，鄉(饗)
祀先王
惪(德)行盛
生(旺)，𠄢(隱)逸
先王。於(嗚)
虖(呼)！先王
之惪德弗
可復(復)旻(得)，
霖霖(潸潸)流霖(涕)，
不敢寍(寧)
處，敬命
新墜(地)，雨
祠先王。
世世(世世)毋(毋)𡉚，
以追庸
先王之
工(功)剌(烈)。子子
孫孫，毋(毋)又(有)
不敬，愳(寅)
祗(祗)丞(蒸)祀。

注释：

1. 孙稚雏定中山国墓地所出铸器（包括《中山王胤嗣好蛮》《中山王𰯼鼎》和《中山王𰯼方壶》）作于战国齐破燕之时，云：“鼎（按，指《中山王𰯼鼎》）铭在引述燕王哙让国于之子这一历史事件时说：‘昔者，燕君子哙……犹迷惑于之子，而亡其邦，为天下戮。’我们知道，燕王哙让国于之子，而后为齐所灭，王哙、太子平及相子之皆死，是在公元前 314 年，因此，铸器的年代不能早于这一年……壶（按，指《中山王𰯼方壶》）铭说：‘燕君子哙，不顾大义……而臣宗易位。’又说：‘燕故君子之，不用礼仪，不顾逆顺，故邦亡身死。’对于燕王哙这种‘不顾大义’‘不用礼仪’而‘臣宗易位’的做法，中山王𰯼曾派相邦赒统率三军去进行征伐。鼎铭说：‘今吾老赒亲率三军之众，以征不义之邦。’这个不义之邦明显是指以燕王哙和子之为首的燕国。根据历史记载，破燕的主要是齐国，齐宣王利用燕国内乱，秦魏攻韩，楚赵救之而无暇东顾的时机，派匡章率大军，一举攻下了燕国。在破燕以后，齐国军队对燕国人民除了大肆杀掠以外，还‘毁其宗庙，迁其重器’。中山利用了这一时机，出兵攻燕，在掠地攻城的同时，自然会抢到一些青铜彝器。所以在成争以后，中山王为了纪功庆盛，就命令他的相邦将从燕国抢来的这些良好的青铜铸作彝器，并在上面附以长篇铭文，记其事以告诫后代。从一般情理来推测，铸器庆功应在成争胜利之后不久，这段时间不应超过一年以上。所以铸器和破燕的年代基本上应该是一致的，即这批器物应铸作于公元前 314—公元前 313 年。”（参见孙稚雏：《中山王𰯼鼎、壶的年代史实及其定义》，《古文字研究》第一辑，第 274 页）

2. ，即膋，亦即胤。《说文》：“胤，子孙相承续也。从肉，从八，象其长也。从幺，象重累也。”此铭从，重八也，八与意义全同。

3. ，即弅，从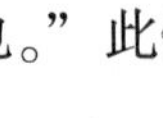，司声，读为嗣。弅、嗣同以司为声符，例可通假。《说文》：“嗣，诸侯嗣国也。”

4. 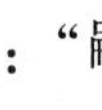，隶定为妌，从妾从子，会意，字不识。

5. ，隶定为蛮。从虫，次声。《玉篇》、《广韵》并云：“蝨，似蜘蛛。”此铭用为人名。就文意揣之，蛮当是中山王𰯼之后人。作壶之时，𰯼初死未葬，新君未即位，故唯称胤嗣妌，不称嗣王也。

6. ，即昜，读为扬，显露也，彰明也。《字汇》：“扬，显也，明也。”《淮南子·览冥》：“不彰其功，不扬其声，隐真人之道，以从天地之固然。”高诱注：“彰、扬，皆明也。”“昜告”读为扬告，谓明白宣告也。此铭自“昔者先王”起至铭末凡一百九十六字，即蛮告中山王䜌之祝词也。

7. ，即者。金文或作（者女觥）、（白者君匜）。此铭与之形近，其为“者”字无疑。《说文》：“，别事词也。从白声。，古文旅字。”

8. ，即先。金文或作（秦公镈）、（𠫑羌钟）。此铭与之形近，其为“先”字无疑。《说文》：“，前进也。从儿从之。”“先王”，指中山王䜌。

9. ，隶定为𢆶篝，读为慈。《说文》：“慈，爱也。从心，兹声。”

10. ，即炁，亦即爱。《说文》：“，惠也。从心，旡声。”又“（爱），行皃。从夂，炁声”。通，后遂代，而湮之也。

11. ，即百，倒书也。春秋战国金文货币文百作。本铭下文“方譻（数）（百）里”同。又中山王䜌铜版《兆域图》中百字同作。

12. ，即每，读为晦。《说文》：“谋，虑难曰谋。从言某声。，古文谋。”“𢆶炁每”，读为“慈爱百谋”，谓（中山王䜌）既慈爱又多谋也。

13. ，即竹，读为笃。笃，专一也，笃信也。《吕氏春秋·孝行》：“朋友不笃，非孝也。”高诱注：“笃，信也。”

14. ，即克。金文或作（秦公镈）、（公克錞）。此铭与此形近，均象人著胄力克胜任之形。《说文》：“，肩也。”徐锴系传：“肩者，任也。……能胜此物谓之克。”“竹克亡彊”读为“笃克亡疆”，谓（中山王䜌）诚笃任劳，无有限止也。

15. ，隶定为炙，即“夜”。上从夕，下从火。火实亦（）字之简讹也。犹此铭“贝”率简讹为“目”也。

16. ，隶定为迲，当为从止去声之形声字，读为去，弃也。《汉书·匈奴传》：“得汉食物皆去之，以视不如重（湩）酪之便美也。”颜师古注：“去，弃也。”

17. ，即恖，亦即憂。《说文》：“恖（），愁也。从心从页。”又“憂（），和之行也。从夊恖声。”憂，通恖，后遂代恖，而恖湮之也。

18. ，即隹，读为罹，惟以隹为声符，而罹又以惟为声符故也。罹，遭遇也。《集韵》：“罹，遭也。”《尚书·汤诰》：“罹其凶害，弗忍荼毒。”孔安国传：“罹，遭也。”

19. ，隶定为殆，即辜，左旁从古（口内小画为装饰性笔画），右旁从，即《说文》“死”之古文。殆，盖从死古声之字，即辜之古文。《说文》：“辜，辠也。从辛，古声。，古文辜从死。”

20. ，即或，读为又。《广雅·释诂一》：“或，有也。”有、又互通。就声韵而言，或，上古匣母职部字；又，上古匣母之部字，二字声相同，韵极近（入阴对转），故可通假。

21. ，即㝵，亦即㝵（导、得），从又持贝，会意。后贝讹而为目，再讹而为旦，于是成隶楷之㝵（得）。本铭用字多讹简，凡从贝之字多讹简为目，如赒作，即其一例。

22. ，隶定为䝿，即贀，当即賢之别构。就文义而言，“或（又）㝵（得）䝿（贤）䢦（佐）司马赒（赒）”，释贤亦适。

23. ，即㹹，读为佐。䢦、佐同以左为声符，例可通假。

24. ，盖即下文“司马賙”之朋（倗、赒）。

25. ，隶定为冢，读为重。冢，上古明母东部字；重，上古定母东部字，二字声相近，韵相同，故可通假。

26. ，即𦣻，亦即赁之讹简，读为任。任，负担也。《正字通》：“任，负也，担也。”《诗·大雅·生民》：“是任是负，以归肇祀。”郑玄笺：“任，犹抱也。”是其证。

27. ，即逢，即逢，亦即逢，古文字从彳从辵每通作。逢乃逢之增繁字。逢，遭遇也。《说文》：“逢，遇也。”《诗·王风·兔爰》：“我生之后，逢此百凶，尚痳无聪。”是其例。

28. ，即郾，读为燕。金文燕国字均作匽或郾。容庚云：“匽，孳乳为郾，经典作燕，国名，姬姓。武王封召公奭于蓟，为北燕。”（参见容庚：《金文编》，第 841 页）如《匽侯鼎》：“匽侯旨初见事玙（于）宗周”，作匽；《郾侯脮戈》：“郾侯脮乍力萃鍨铕”，作郾。

29. ，即道，亦即道。古百首一字。《说文》：“，头也。”又“，百同，古文百也。巛象发，谓之鬊，鬊，即巛也”。

30. ，隶定为，即潒，盖从水从火易声之字，读为易。易，改换也，替代也。《广韵》：“易，变易也，改也。”《易·系辞下》：“上古穴居而野处，后世圣人易之以宫室。”是其证。

31. ，隶定为臂，读为僻。僻，邪回也。《集韵》：“辟，邪也。”《论语·先进》：“柴也愚，参也鲁，师也辟，由也喭。”何晏集解引马融注：“子张才过人，失在邪辟文过。”朱熹集注：“辟，便辟也，谓习于容止，少诚实也。”是其证。

32. ，即宜。《令簋》作，《天亡簋》作，《秦子戈》作，象置肉于且上之形，初与俎为一字。由省略之，则作。古钵文亦多作、、。此铭宜读为义。宜、义，上古均疑母歌部字，例可通假。“大臂不宜”，读为“大僻不义”，谓大行邪辟不遵道义也。

33. ，即亓，读为其。《说文》：“，下基也。荐物之亓。象形。读若箕同。”

34. ，即宗，从从（之小点为装饰性笔画）。甲骨文“示”作（后上 1.2）、（乙 3400），金文“示”作。〔《墙盘》（祁）字偏旁〕宗，宗子也。《说文》：“宗，尊祖庙也。从宀从示。”《诗·小雅·白华·序》：“以妾代妻，以孽代宗。”郑玄笺：“孽，支庶也；宗，适子也。”《史记·燕世家》：“王因收印自三百石吏以上，而效之子之。子之南面行王事，而哙老不听政，顾为臣，国事皆于子之。……三年，国大乱。”“仮（反）臣亓（其）宗”，盖指此事。

35. ，即马。甲骨文作（粹 254），金文作（盂鼎），玉简文字作

（盟书 185.9）。此铭与之形近，其为马字无疑。其中和为装饰性笔画。添加装饰性笔画，乃春秋战国时期某些诸侯国的构形特点。

36. ，即貫，亦即賙。司马賙，官司马名賙者。

37. ，即訢，读为断。断，争辩也。《集韵》：“断，断断，争讼也。”《史记·鲁周公世家》：“太史公曰：余闻孔子称曰：‘甚矣，鲁道之衰也！洙泗之间断断如也。’”裴骃集解引徐广曰：“断断争辞，所以为道衰也。”

38. ，即詻，论讼也。《说文》：“詻，论讼也。传曰：‘诰诰孔子容。’‘诰诰，同谔谔，直言争辩也。’”《广雅·释训》：“诰诰，语也。”《六书故》：“诰，辞厉也。”《墨子·亲士》：“君必有弗弗之臣，上必有诰诰之士。”王筠《说文句读》：“诰，《墨子·亲士篇》之诰诰，即谔谔也。”

39. ，即戰，读为僤，僤，笃厚也，多盛也。《字汇》：“僤，笃也。”《诗·大雅·桑柔》：“我生不辰，逢天僤怒。”毛传：“僤，厚也。”孔颖达疏：“僤亶音相近，义亦同。”

40. ，即忞，读为怒。盖以怒从心奴声，而奴从又从女女亦声故也。《魏三体石经·无逸》怒作忞。“诉诰戰忞”，读为“断诰僤怒”，谓（司马賙）疾言争辩，盛怒不止也。

41. ，即處。《说文》：“，止也。得几而止。从几从止。，或从虍声。”此铭處从虎声。“虍”者，“虎”之省也。从虍声与从虎声，不应有别。又乃增繁笔画，古文每于于腿部加。者，之变。，之变。

42. ，即逹。《说文》：“逹，先道（導）也。从辵，率声。”又“率（），捕鸟毕也。象丝罔，上下其竿柄也”。后以率代逹，而逹反湮。经籍或以帅为之。

43. ，即啟。《说文》：“啟，教也。从攴，启声。《论语》曰：‘不愤不啟。’”按：甲骨文“啟”作（粹 645），金文“啟”作（召卣），《鄂君启节》“啟”作，战国钵印文字“啟”作，此铭与之形近，其为啟字无疑。又，甲骨文有字（甲 999），即启。《说文》：“，开也。从户从口。”又有字（粹 639），即启。商承祚云："案启为开启之本字，以手启户为初义，或增口作启（啟），或又省又作启。罗师叔言谓'自名以呼门者往以又启之'，是也。"（参见商承祚：《殷墟文字类编》卷二，第 6 页）

44. ，隶定为河，疑为从水，吁声，盖即汙之异构，读为宇。宇，土地，居土也。《诗 · 鲁颂 · 閟宫》："建尔元子，俾侯于鲁。大启尔宇，为周室辅。"传："宇，居也。"

45. ，即枋，读为方。方，方圆也，周圆也。《孟子 · 梁惠王上》："地方百里而可以王。"是其例也。

46. ，隶定为譻，从言⿰臼角声。张政烺读为数，云："又见《譻鼎》：'门启封疆，方譻百里，列城譻十'，皆读为数。按《说文》数'从攴，娄声'，而娄'从毋，从中女'，其籀文'从人中女，臼声'，分析字形不够明白，又出一古文似从角从女，今据此字知娄字盖从女⿰臼角声，《说文》之正篆、籀文、古文虽稍有讹误，犹依稀可辨。⿰臼角字字书不见，《尔雅 · 释器》讲到'治樸之名'，说'角谓之觷'，大概就是这个字。"（参见张政烺：《中山国胤嗣𡴘壶释文》，《古文字研究》，第一辑，第 240—241 页）

47. ，即榦。《说文》："（倝），日始出光倝倝也。从（㫃），旦声。"按：，甲骨文作（前 5. 5. 7），金文（休盘），"象旌旗之游㫃蹇之貌"，讹变为（《卓林父簋》字偏旁），再讹为（《王孙遗者钟》字偏旁）。此铭，与形同，唯旌旗之游左右为异耳。盖为旦之省形，由是知之为榦为无疑也。《说文》："榦，筑墙耑木也。从木，倝声。""邦之榦"，国家桢榦之臣也。《诗 · 大雅 · 崧高》："维申（按：申侯）及甫（按：甫侯），维周之翰（榦）"，亦此意也。

48. ，即㣶，亦即送（为装饰性笔画），假为朕。《说文》："（送），遣也。从辵，省。，籀文不省。"又："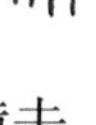（朕），我也。阙。"丁山云："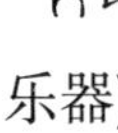即舂之上半，从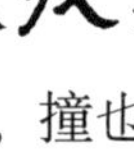持杵（象杵形）有所撞击，盖舂牍之本字。"《释名 · 释乐器》："舂牍，舂，撞也；牍，筑也。以舂筑地为节也。"（参见丁山：《说文阙义笺》，第 36 页）由此，送（）乃从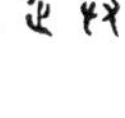（应作，上讹作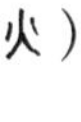）声之字。朕

（ ）乃从 声之字，二字以 为声符，例可通假。“朕先王”，朕之先王譻也。

49. 即茅。《说文》：“ （矛），酋矛也。建于兵车，长二丈。 ，古文矛，从戈。”知 之为矛无疑。此铭茅读为苗。茅，上古明母幽部，苗，上古明母宵部字，音近可通。段玉裁《说文解字注》：“苗，古或假苗为茅。”苗，田猎之名。《尔雅·释天》：“夏猎为苗。”郭璞注：“为苗稼除害。”《左传·隐公五年》：“故春蒐、夏苗、秋狝、冬狩，皆于农隙以讲事也。”一说春猎之名。《公羊传·桓公四年》：“春曰苗，秋曰蒐，冬曰狩。”

50. ，即䔢，亦即蒐。 即鬼， 为增饰笔画，一如“允”（ ）加 作 者然。《说文》：“ （甶），鬼头也，象形。” 即鬼，有无“厶”旁，无害于义也。金文鬼字或作 （鬼壶），其证也。又，古文字从艹从茻，每可相通，如甲骨文“蒿”或作 （甲 3940），金文“蔷”或作 （井侯簋）。侯马盟书“蒐”正作 （盟书 85. 10）。蒐，亦田猎之名，秋猎也。《公羊传·桓公四年》：“春曰苗，秋曰蒐，冬曰狩。”《穀梁传·桓公四年》：“春曰苗，夏曰礿，秋曰蒐，冬曰狩。”

51. ，即狃。 为装饰性笔画。狃读为田，田猎也。蒋礼鸿云：“有树谷之田字，有猎禽之田字，形同而非一字也。《诗·郑风·叔于田》传曰：‘田，取禽也。’《说文》有以田为田猎字者。唐本木部残卷校篆下曰：‘木田也’，莫友芝以为当作‘交木田也’，即为栏校以取禽兽。详子彝孙跋其所为笺异。又《说文》畢下曰：‘田网也。从𠦒，象畢形微也。或曰由声。’田网即猎网，字盖从田𠦒声。‘田’者，象网之形，云‘从𠦒’，非也。‘或曰由声’，则后人窜以野言也。率下曰：‘捕鸟畢也’，《国语·齐语》：‘田狩畢弋’，韦注：‘畢，掩雉兔之网也。’是畢所以捕鸟兽。郑玄注《月令》：‘网小而柄长谓之畢。是田与畢一类而小异，田无柄而畢有柄耳。’《说文》畢下云‘微’，恐有脱误，或即谓网之小欤。知田象网者，奮下曰：‘奞在田上，奞，鸟张毛羽自奮也。’夫鸟之奮卂，何取在土田之上乎！盖奮者将飞张羽之称，陷网之禽，得出网外，奮羽而作，故从奞在田上，田即网也。……凡取鸟兽皆曰田矣。”（参见蒋礼鸿：《读字臆记》《说文月刊》三卷十二期，第 86 页）

52. ，即獵，取兽也。《说文》：“獵，放獵逐禽也。”《广韵》：“獵，取兽也。”《白虎通》曰：“四时之田，总名为獵，为田除害也。”

53. ，即皮。《说文》：“，剥取兽革者谓之皮。从又，爲省声。，古文皮。，籀文皮。”此铭与形近。金文“皮”正作（叔皮父簋）。高鸿缙云：“按，此为兽皮，象手剥取兽皮之形。字倚又（手）而画兽（，象兽头及其身）皮（）剥起之形。由物形生意，故为兽皮之剥取者。名词。原为兽皮，后亦谓人皮肤之皮。”（参见高鸿缙：《中国字例》二篇，第228页）此铭皮，读为彼，指示代词也。

54. ，即埜，当为埜（野）之省形。《说文》：“，郊外也。从里，予声。，古文野从里省，从林。”甲骨文“野”作（前4.33.5），金文“野”作（克鼎），简为埜，亦如《嚳壶》简嚳为嗸，简嚳为䜂也。新野，指新都灵寿之郊野。《世本》：“中山武公居顾（今河北定县），桓公徙灵寿（今河北平山县）。”灵寿，乃中山国新都，故称其郊野为新野。

55. ，即遭，读为會。金文“會”作（屭羌钟），“遭”作（王子匜），可证。《说文》：“，合也。从亼，从曾省。曾，益也。，古文會如此。”段注：《礼经》：“器之盖曰會，为其上下相合也。”《尔雅·释诂》：“會，合也。”《尚书·禹贡》：“雷、夏既泽，灉、沮会同。”孔颖达疏：“谓二水會合而同入此泽也。”是其证。

56. ，即女，读为如。上古女如同为泥母鱼部字，例可通假“其遭如林”，读为“其會如林”，言田猎人众之盛也。亦犹《诗·大雅·大明》：“其會如林”，言攻战人众之盛也。

57. ，即馭，亦即驭。《说文》：“（御），使馬也。从彳从卸。。古文御，从又从马。”古文从支从又，每通用不别。金文驭作（师寰簋），可证。驭，车御也。右，车右也，又称骖乘。古人乘车，尊者居车之左，御者居中，然战车则君主或主帅居中，御者在左，骖乘在右。《左传·成公二年》：“癸酉，师陈于鞌。邴夏御齐侯，逢丑父为右。晋解张御郤克，郑丘缓为右。”此为交战设也，揣想模拟交战之田猎，亦当如是也。“驭右和同”，谓车御与车右配合相契也。

58. ，即駐，读为牡。郭沫若云：“卜辞牡牝字无定形，牛羊犬马鹿均随类赋形，而不尽从牛作……是则且实牡器之象形，故可省为⊥。”（参见郭沫若：《甲骨文字研究·释祖妣》，第10页）今案之甲骨文，“牡”或作（乙2327），或作（前7.17.4），或作（粹396），可知郭说至确。唯尚未见从马之字，此铭“駐”字正可聊补其阙也。

59. ，即汸汸，读为騯騯。《说文》：“騯，马盛也。从马，旁声。《诗》曰：‘四牡滂滂。’”又云：“（旁），溥也，从二。阙，方声。”旁从方声，故方旁可通假。“阙”者，阙形也。商承祚云：“《说文》‘，古文，，亦古文。’案甲骨文作、、，金文《旁尊》作。《说文》所从之、，即之变。”（参见商承祚：《说文中之古文考》，第4—5页）

60. ，即取。金文或作（《卯鼎》：“取我家室用丧”）、（《倗生簋》：“取良马乘于倗生”）。此铭与之形近，其为取字无疑。《说文》：“取，捕取也。从又从耳。《周礼》：‘获者取左耳。’《司马法》：‘载献聝。’聝者，耳也。”

61. ，即薨，读为薧。《说文》：“薧，死人里也。从死，蒿省声。”段注：“凡死而枯槁谓之薧，不必如许所说。”按，段说是也。《周礼·天官·庖人》：“庖人掌共六畜、六兽、六禽，辨其名物。凡其死生鱻薧之物，以共王之膳，与其荐羞之物，及后世子之膳羞。”郑司农云：“鱻（鲜），谓生肉，薧，谓干肉。”

62. ，即鄉，读为饗。古文字从皀从食，每通用不别，如𣪘（簋）字金文作（㾜簋），亦作（鲁原父簋），即其证也。

63. ，即祀。乃装饰性笔画。

64. ，即㞷（往）。甲骨文“㞷”作（前2.27.5），战国望山简作（望山M2），此铭㞷读为暀（旺）。《说文》：“暀，光美也。从日，往声。”

65. ，张政烺释㥿，云：“㥿，从心，陲声。字书不见，陲与差音近，疑读为差。这句话（按，指‘㥿𢓜先王’，，即𢓜，亦即逸，读为轶）是说差不多超过了先王。”（参见张政烺：《中山国胤嗣好盗壶释文》，《古文字研究》第一辑，第243页）

66. ，即䲨，亦即乌。《说文》：“（乌），孝鸟也。象形。孔子曰：‘乌，盱（于）呼也，取其助气，故以为乌呼。’，古文乌，象形。，象古文乌省。”金文“乌”或作（𨬖镈），与字形略同，盖即之省体。

67. ，即復，亦即復。《说文》：“（復），往来也。从彳，声。”又“，行故道也。从夊，畐省声。”按：復、复义不别，当为同字。古文字具有行动意义之字，每加彳旁。如“各”金文作（虢季子白盘），亦作（沈子也簋）。金文“復”或作（散盘），从辵。此铭与之形近，唯右上所从多装饰性笔画。“”亦为装饰应笔画置于其下。

68. ，即霖霖。霖，张政烺读为潸，云：“霖，从雨，散省声，霰字异体。《说文》：‘霰，稷雪也。’今言雪豆。字在此读为潸。《说文》：‘潸，涕流貌。从水，散省声。’《诗》曰：‘潸然出涕。’《史记·扁仓传》：‘流涕长潸。’索隐：‘潸，音山。长潸者谓长垂泪也。’”（参见张政烺：《中山国胤嗣𡚱蚉壶释文》，《古文字研究》第一辑，第244页）

69. ，即流。《说文》：“，水行也。从林、㐬，㐬，突忽也。，篆文从水。”此铭字右上所从，盖增繁笔画所致。

70. ，即，张政烺读为涕，云：“，从雨，声。当是稊之异体，小米也。读为涕，今言泪。潸和涕皆从水，壶铭从雨，有夸张之意。”（参见张政烺：《中山国胤嗣𡚱蚉壶释文》，《古文字研究》第一辑，第244页）

71. ，即敬。《说文》：“敬，肃也。从攴、苟。”古苟、敬一字。甲骨文“敬”（苟）作（乙7280），金文“敬”（苟）作（盂鼎）。此铭之左边所从，盖为之讹变者。

72. ，即墬，亦即地。《说文》：“地，元气初分，轻清阳为天，重浊阴为地。万物所陈列也。从土，也声。，籀文地从隊。”此铭与《说文》籀文地形近，其为墬（地）字无疑。新墬（地），谓新辟之地，盖中山桓公复国，徙都灵寿，于是有新地之称。

73. ，即雨，当读为禴。雨，上古匣母鱼部字；禴，上古喻母药部字，音近可通。禴，祭名也。《尔雅·释天》：“夏祭曰礿。”释文：“本或作禴。”《易·萃》：“孚乃利用禴。”王弼注：“禴，殷春祭名也，四时祭之省者也。”《诗·小雅·天保》：“禴祠烝尝，于公先王。”毛传：“春曰祠，夏曰禴，秋曰尝，冬曰烝。”文籍记载各殊，不可深究。此铭“雨（禴）祠”均用为祭之通名也。

74. 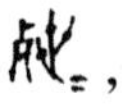，即𦙶𦙶，𦙶，读为世。《𠑇鼎》《𠑇壶》均有此字。鼎铭云：“虽有死罪及三𦙶亡不若。”壶铭云：“并立于𦙶”。此铭云：“雨（禴）祠先王，𦙶𦙶毋𡰜。”三处读𦙶为世，均无滞碍。揣其造字之意，盖为古人以终人一生作一世，故于“世”加义符“肎”，以“肎”之义为“列（裂）骨之残也”。

75. ，隶定为𡰜。张政烺读为贬，云：“𡰜，从立，从中，从㔾。字书不见，音义皆不能定。李学勤同志谓从范省声，然则此字盖读为贬。贬，损也，减也。”（参见张政烺：《中山国胤嗣𡞞䖵壶释文》，《古文字研究》第一辑，第245页）

76. ，即庸，显明也。《国语·周语中》：“叔父若能光裕大德，更姓改物，以创制天下，自显庸也。”俞樾《古书疑义举例·两字一义而误解例》：“显、庸二字，亦同义。”

77. ，即恖，当为从心寅（）省声之形声字，读为寅。寅，恭敬也。《尔雅·释诂下》：“寅，敬也。”《字汇》：“寅，恭也。”《尚书·尧典》：“寅宾日出。”孔安国传：“寅，敬。”是其证。

78. ，隶定为𦣻，即祇。郭沫若云：“𦣻即祇字。三体石经《君奭》残字‘祇若兹’之古文作，即此字之稍稍诡变者。”（参见郭沫若：《两周金文辞大系考释·召伯虎簋二》，第145页）又云：“《匽侯簋》铭‘祇敬禓祀’作，字象两缶相抵。《石鼓文》作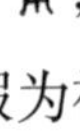，则象在两缶之间有物以垫之，原文当即抵或底之本字。石经与《匽侯簋》假为祇，《石鼓文》假为祁。”（参见郭沫若：《由寿县蔡器论到蔡墓的年代·蔡侯钟铭考释》，《文史论集》，第300页）

79. 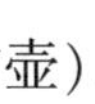，即丞。丞，甲骨文作（后下30.12），金文作（丞卣）、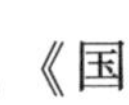（令瓜君壶）。此铭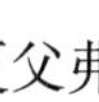与之形近，其为丞字无疑。丞读为蒸，祭名，指冬祭。《国语·晋语上》：“夏父弗忌为宗，蒸，将跻僖公。”韦昭注：“凡祭祀，秋曰尝，冬

曰蒸。此八月而言蒸，用蒸礼也。凡四时之祭，蒸为备。”是其证也。

80. 此壶另有圈足铭，文曰：“十三𠦬（年），左使车，啬夫孙固，工蒕。冢（重）一石三百卅九刀之冢（重）。”盖言工匠名与器之容也。

现代汉语翻译：

中山王嚳继嗣人好䖵谨此播告如下之辞：从前我中山国先王嚳既慈爱和惠，又长于谋划，笃诚任劳，没有止境，日日夜夜尽去刑罚，以体念其蒙受无辜的子民。又得到贤能的辅佐司马赒，并委以国家重任。适逢燕国君臣无道，臣代君位，相邦子之大行邪僻，不遵道义，以臣之职，反命其主。司马赒对此疾言争辩，盛怒不止，甚至不能安居。于是，率中山师众，征伐燕国，广开国家疆域，方圆竟达数百里之多，实为国家之栋梁。我父王嚳，四时田猎，便在新辟国都灵寿的郊野，参加人众，聚而如林。车御与车右配合默契，车前之马，既众多又威武。猎获之物，无论生肉干脯，都可用于宴飨祭祀。我父王嚳德行美盛，几乎超过了他以前的诸位先王。啊！我父王嚳的德操，不可复得。（每念及此）我潸然流涕，不敢宁居而无所作为。于是，我在新都灵寿，谨慎而恭敬地发出治国安邦之命，礿祠诸位先王，世世代代，不予改变，以此追显诸位先王的不朽功业。愿我的子孙后代，没有不孝之人，永远敬行祭祀。

七、新郪虎符

释文：

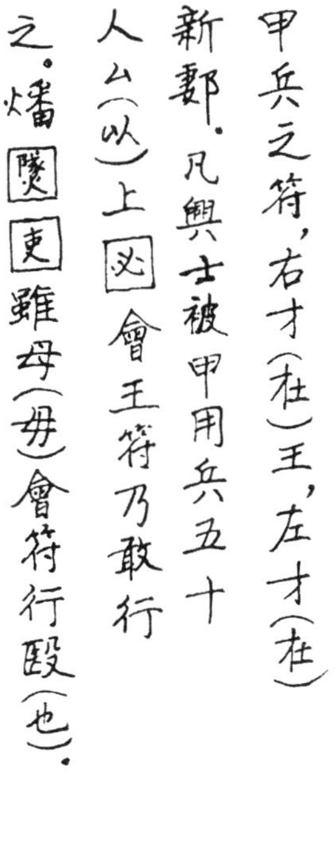

注释：

1. 王国维定此器为秦王政时物，云：“新郪虎符，文四行，错金书。……其文甲作，兵作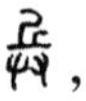，在作，与《秦阳陵虎符》同。凡作，与《散氏盘》同。敢作，也作，与《诅楚文》同。余字皆小篆。余谓此秦符也。新郪本魏地，《魏策》苏秦说魏王‘大图之南有许、鄢、昆阳、舞阳、新郪’，至安釐王时尚为魏有。《史记·魏世家》：‘安釐王十一年（秦昭王四十一年），秦拔我郪丘’，应劭以为即新郪。然郪丘《秦本纪》作刑丘，《六国表》作廪丘。《秦本纪》言是年攻魏，取刑丘、怀，刑丘与怀二地相接，自当以刑丘为长。其后公子无忌说魏王云：‘秦叶阳、昆阳与舞阳邻’，是彼时叶阳、昆阳属秦，舞阳属魏，新郪在舞阳之东，其中间又隔以楚之陈邑，时楚正都陈，秦不能越魏楚而东取新郪。至昭王五十四年，楚徙钜阳。始皇五年又徙寿春，新郪入秦当在此前后。此符当为秦并天下前二三十年间物。”（参见王国维：《观堂集林·史林十·秦新郪虎符跋》，第11页；《王国维遗书》第三册，第70页）

2. 第三行第四字仅有笔。王国维径书为“必”。盖即“”之泐余也。

3. 第四行第三字仅有形旁，其下空。按其文意，此字当即字。燧，同燧，夜间举火告警也。《史记·司马相如列传》：“夫边郡之士，闻烽举燧燔，皆摄弓而弛，荷兵而走。”司马贞索隐引韦昭曰：“烽，束草置之长木之端，如挈皋，见敌则烧举之。燧者，积薪，有难则焚之。烽主昼，燧主夜。”是其证。

4. 第四行第四字仅有，右上空。按其文意，此字当即字。

5. ，即殹，读为也。秦文成例如此，后为“也”字取代。

现代汉语翻译：

表示兵权的虎符，右半在秦王内府秘藏，左半在新郪驻军首长之手。凡动用兵众五十人以上者，必定将新郪的一半与秦王内府的一半相合后才敢行动。至于负责举烽燧报警的官吏，即使来不及合符，也可以动用军队。